谨 以 此 书

纪念中国共产党成立90周年
纪念恽代英同志牺牲80周年

恽代英思想研究

YUNDAIYING SIXIANG YANJIU

◎ 李良明 等著

人民出版社

目 录

前　言

恽代英(1895—1931),中国共产党早期著名的理论家、中国青年运动的杰出领袖。1921年加入中国共产党。1923年任中国社会主义青年团中央宣传部长,创办和主编《中国青年》。1926年在国民党第一次全国代表大会上当选为中央执行委员。同年3月任黄埔军官学校政治总教官。在中国共产党第五次全国代表大会和党的六届二中全会上均当选为中央委员。

1927年年初,恽代英奉命到武汉中央军事政治学校工作,任军校常务委员,并实际主持军校工作。

第一次国内革命战争失败后,他参与领导了南昌起义和广州起义,任南昌起义前敌委员和广州苏维埃政府秘书长。1928年秋以后,相继担任中共中央组织部秘书、中共中央宣传部秘书,主编党中央机关刊物《红旗》。1929年因反对李立三"左"倾冒险主义错误遭到错误打击,调离党中央,先后任沪中、沪东区委书记。1930年5月6日在上海被国民党逮捕,1931年4月29日在南京英勇就义。

恽代英短促的一生,是为中华民族独立富强而英勇奋斗的一生。他英勇牺牲时还不满36岁。然而,这36年的短促生命,"却散发出销熔金石的热力,迸射出绚丽多彩的光焰"①。

我从1979年开始研究恽代英。这一年是五四运动60周年,华中师范大学政教系中共党史教研室承担了湖北省社联委托的课题《五四运动在武汉》(由我执笔)。在完成这个课题的过程中,我被恽代英五四时期的才智

---

① 章开沅:《豪情似海　垂范千秋》,《恽代英学术讨论会论文集》,华中师范大学出版社1985年版,第1页。

与人格魅力深深感动,也为学校有这样一位杰出的前辈校友而感到自豪!恽代英因此成为我最崇敬的老一辈无产阶级革命家之一,他的思想与生平也就成了我科研的重要方向之一。

30多年来,我先后与人合著了《恽代英传记》,主编了《恽代英年谱》,撰写了30多篇恽代英思想与生平事迹的研究论文,还持之以恒地坚持做了收集、整理恽代英遗著的工作。

每当恽代英思想与生平事迹研究深入一步,我就受到一次震撼。的确,恽代英太感人了!他在华中师范大学前身之一的中华大学学习工作期间(1913—1919),就怀抱着救国的远大理想,时刻不忘伺候国家,伺候社会,组织爱国团体,积极投入五四爱国洪流;他严于律己、立志向上,从公德、公心、诚心、谨慎、谦虚、服从、礼貌、利他八个方面刻苦修养,不谈人过失、不失信、不恶待人、不做无益事、不浪费、不轻狂、不染恶嗜好、不骄傲,是当时广大青年无限景仰的当代墨子;他热烈追求真理,认真学习各种新学说、新思想,欢迎新的,还要欢迎更新的,从不满足,通过认真学习,反复实践与比较,最终抛弃了曾一度影响过自己的无政府共产主义、新村主义等错误思潮,选择了马克思主义,并将马克思主义作为自己的终生信仰而从不动摇。1921年恽代英成为职业革命家以后,主要战斗在党的思想理论战线上,为中国共产党早期思想理论建设作出了杰出贡献。

恽代英短促的一生,留下遗著300万字,写于1914—1930年间,时间跨度16年。这16年间,他先是担负着繁重的学习和教学任务,加入中国共产党以后,又全身心地投入党的事业、担负党的重要领导工作,每天日理万机,不分昼夜。他身体不好,患有肺病,20世纪20年代末30年代初,又受到李立三"左"倾冒险主义错误的打击。在这样的历史环境下,恽代英能写出这么多的著作(含译著),实在是令人敬佩。

恽代英的遗著,内容丰富,思想深邃,概述如下:

(一)关于恽代英的哲学思想。恽代英是五四运动前毕业的哲学专业本科生,他坚持了哲学的唯物主义性质,认为世界是物质的,物质必为实在,世界统一于"以太"——物质。他对认识的过程进行了详尽考察,将人的认识分为经验和智识两个阶段,随着经验的不断丰富,人的智识也不断发展,从而坚持了唯物论的反映论。恽代英的人生观包括生死观、苦乐观和善恶观。他的马克思主义历史观形成于五四之后,包括无神论、人民群众是历史的创造者、社会历史发展是一个自然历史的过程等内容。不难看出,恽代英在五四前后便初步构建了其哲学思想体系。这个体系由物质观、认识论、人生观、历史观组成,代表了我国早期具有初步共产主义思想的知识分子在哲学领域的最高成就。

(二)关于恽代英的政治思想。恽代英的早期政治思想曾一度受到泛社会主义思潮特别是无政府共产主义思潮的影响,但他不是无政府主义者。他和李大钊、毛泽东、蔡和森、周恩来等老一辈无产阶级革命家一样,是从资产阶级民主主义向马克思主义转变的。成为马克思主义者以后,恽代英以马克思主义为指导,运用马克思主义的立场、观点和方法,紧密联系中国国情,深刻论述了中国社会的性质以及中国革命的对象、任务、动力、性质、前途和转变等基本问题,为中国新民主主义革命思想的形成作出了重要贡献。尤其应该指出,他在论述必须推翻帝国主义、封建主义的压迫,争取中华民族独立时,早在1922年9月就提出了"真老虎"、"纸老虎"的概念,认为帝国主义和一切反动派既有虚弱的一面,也有凶恶的一面,已经包含有二重性的思想。1924年11月,他更是从战略的高度论证了"帝国主义是一戳便穿的纸老虎"。恽代英关于"纸老虎"、"真老虎"的提法从时间上看比蔡和森略早一些,但应该看到,他俩是代表了中共早期领导人在同一时期对帝国主义本质的认识。他坚定地站在无产阶级立场上,英勇捍卫第一次国共合作的统一战线,深刻批判了国家主义派、国民党右派和戴季陶主义,大革命失败后,又深刻批判了国民党改组派。尤其难能可贵的是,早在1930年春,恽代英便对党在闽西局部执政的成就与经验进行了初步总结,认为"闽西苏维埃确实表现出来是工农的政府",党在闽西要执政为民,民主执政。这对当今党的执政能力建设具有重要启示。

(三)关于恽代英的经济思想。恽代英深入分析了中国半殖民地半封建社会的经济特征,以大量翔实的经济数据论证了帝国主义的经济侵略是中国贫穷的根源,强调改造社会,必须迅速地彻底地改造旧的中国经济制度。他高度评价了列宁的新经济政策,明确指出中国民主革命胜利后的社会主义前途,并对社会主义的经济制度和政策提出了科学的预见。第一,必须收回关税主权,废除一切不平等条约,没收帝国主义在华的工厂银行为国家所有,将其资产用于中国的经济建设。同时,将关系到国家经济命脉的生产资料和企业,如矿山、土地、大工厂、银行等逐渐收归国有;没收军阀及卖国官商积聚的财产。第二,要鼓励发展国营经济与合作经济,对私人资本主义经济既要允许其发展,又要对其加强管理与限制。第三,产业落后的国家进行社会主义建设,要改革开放,引用外资和外国的智力,"中国欲救贫乏,实际非开发富源不可"。欲开发富源,"终不能不借入外资","尽可以请外国的技术家为我们服役"。新中国成立60多年,尤其是改革开放30多年来的实践证明,恽代英的上述思想极具前瞻性。

（四）关于恽代英的军事思想。毛泽东曾指出,在大革命时期,中国共产党对武装斗争的重要性是认识不足的。但这并不是说,所有的中共党人都是这样。恽代英就是党内最早认识到军事斗争重要性的杰出领导人之一。他深刻地论述了党的军事工作的重要性,是人民军队思想政治工作的奠基者之一。恽代英也是在大革命失败以前亲率部队赴前线直接作战,具有一定实战经验的少数几位中共领导人之一,同时,像他那样在大革命失败后既参与领导南昌起义,又参与领导广州起义,这在中共领导人中也是仅见的。恽代英有两次担任军中要职的机会:一是1929年3月,中国工农革命军第四军在湘鄂西改编为红四军(后改为红二军),党中央任命贺龙为军长,恽代英为党代表。二是同年4月,党中央要毛泽东、朱德离开红四军,毛泽东代表红四军前委致信中共中央,要求派刘伯承和恽代英分别来任军事及政治。这说明党中央和毛泽东、朱德都是看中了恽代英的军事工作才能的。由于他牺牲得太早,又没有像毛泽东、朱德、周恩来等后来那样长期直接指挥革命战争的伟大实践,所以恽代英的军事思想,不可能像毛泽东、朱德、周恩来等那么丰富。譬如,恽代英关于人民军队战略战术的思想就基本阙如。尽管如此,恽代英关于武装斗争重要性的思想、关于军队政治工作的思想、关于党独立领导武装斗争的思想,仍然是中国共产党军事思想宝库的一颗璀璨明珠。

(五)关于恽代英的文化思想。恽代英文化思想最重要的内容,一是在新闻思想方面。他认为革命报刊是无产阶级的宣传工具和战斗武器,具有指导、宣传和组织革命群众的巨大作用,新闻必须真实且具有可读性,党要坚持依靠群众办报办刊。尤其要指出的是,早在五四时期,恽代英便揭示了新闻的定义,即"'记事',用简明之笔,将已发生而社会应知晓的事实,条述之"。这与学界公认的1943年陆定一给新闻下的定义"新闻就是新近发生的事实的报道",有异曲同工之妙。二是在文学思想方面。恽代英坚持了五四新文学发展的正确方向,为无产阶级革命文学的诞生付出了艰辛的努力,他积极倡导无产阶级革命文学,坚决反对党八股,积极鼓励和引导青年作者投身革命斗争实践,培养自己高尚圣洁的无产阶级革命感情,创造出革命的文学,做一个真正的无产阶级革命文学家。

(六)关于恽代英的教育思想。恽代英的教育思想是一个比较完整的、科学的、缜密的体系。其教育思想的基本点是:以"改造教育与改造社会相统一"为前提,以"养成健全的公民的教育"为中心实施教育改造,包含了一系列建立在其实践基础上的教育思想:儿童教育应为"健全的公民"打好基础;中等教育应是"养成健全的公民教育";高等师范教育必须被改造成培育"养成健全的公民的教育"的师资的教育。与此相联系,还形成了根源于"养健全的公民教育"的系统教育理念,即"事业与职业统一"的职业教育观,"全面发展"的教育观,"以人为本"的教师观等。"养成健全的公民"既是恽代英教育思想的灵魂和核心,又是他教育思想和目标的归宿,也是他教育思想在中国近现代教育史上享有重要影响,独具魅力,具有恒久的认识和借鉴价值之所在。

从以上简单的评介可以看出,恽代英的确思想丰富,学识渊博。他的遗著,不仅内容丰富,而且全面,在哲学、政治、经济、军事、文化、教育等各个领域,都形成了自己独特的思想体系。他作为中国共产党早期著名的理论家是当之无愧的。

　　本书的写作,基本上是按当年申请立项的思路写的。但在写作过程中略有变动。如政治思想研究,因内容较多分为了上下两章。原来打算将恽代英军事思想的内容放在政治思想中的新民主主义基本思想一节去写,不另设专章,但由于资料丰富,现另设恽代英军事思想一章。此外,为了帮助读者更好地了解恽代英的思想发展及恽代英思想和生平事迹研究的历史与现状,我们编写了《恽代英著译目录》和《恽代英研究篇目索引》,作为附录,一并收入此书。这也是我们写作本书的主要参考文献。

　　当本课题完成后,我的心情既高兴,又深感不安。我不敢妄说《恽代英思想研究》写得如何如何,这要留给相关专家和读者去评判。但我要说的是,我们完成本课题的态度是认真的,而且我们还要继续将恽代英思想及其生平深入研究下去。因此,本课题的结项,不是恽代英思想和生平研究的终结,而是新的开始。

　　恳请各位前辈师长、史学界同行及广大读者提出宝贵意见。

李良明

2011 年 3 月 20 日

第 一 章

绪 论

本章旨在说明恽代英思想产生的历史背景、主要特点,通过恽代英研究学术史的回顾,指出恽代英生平与思想研究已取得的成就和存在之不足,阐明本书的基本思路和恽代英思想研究的现实意义,以为全书之纲。

一、恽代英思想产生的时代背景

恽代英生于甲午中日战争失败、马关条约签订之年(1895 年),英勇牺牲于九一八事变、日本帝国主义大举入侵中国之际(1931 年),真是生于忧患,死于忧患。这正是中国社会历史大变迁的重要历史阶段。恩格斯指出:"每一个时代的哲学作为分工的一个特定的领域,都具有由它的先驱传给它而它便由此出发的特定的思想材料作为前提。"①人的思想发展也是如此。固然人的思想理论来源于社会实践,但先驱者的思想养料,对后学者思想理论的产生和发展,无疑也将产生深刻的影响。后学者一般都会在先驱

① 《马克思恩格斯选集》第 4 卷,人民出版社 1995 年版,第 703—704 页。

者思想理论的基础上,根据新的社会实践,扬弃先驱者的思想理论而形成自己的思想理论。恽代英也是这样。所以,我们研究恽代英的思想,既要考察恽代英所处历史时代的家庭、学校与社会背景,又要把握在此背景下恽代英投入社会实践及社会实践对其思想产生、发展的影响。

(一)恽代英与他的家庭

恽代英祖籍江苏省武进县(现常州市)小河镇石桥恽家村,1895 年 8 月 12 日生于湖北省武昌一个名门世家。

恽家原本姓杨。据武进县小河镇石桥附近出土的恽代英七世祖恽轮墓志铭称:"恽本杨氏汉平通侯恽,其子违难,以父名为氏。"平通侯恽即杨恽。杨恽,字子幼,华阴(今陕西华阴县)人。司马迁的外孙。汉宣帝时任左曹,因告发霍氏谋反,封为平通侯,升中郎将,后因遭宣帝宠臣太仆戴长乐陷害,削为庶民。"家居治产业,起室宅,以财自娱"。一年之后,其友人安定太守西河人孙会宗写信劝诫他:"大臣废退,当阖门惶惧,为可怜之意,不当治产业,通宾客,有誉称。"杨恽未领友人之情。他本"宰相子,少显朝廷,一朝暗昧语言见废,内怀不服",于是在《报孙会宗书》中说:"窃自私念,过已大矣,行已亏矣,长为农夫以没世矣。是故身率妻子、戮力耕桑,灌园治产以给公上,不意当复用此为讥议也。"①其言辞气怨甚激,表现了对朝廷的不满,被加上"大逆不道"的罪名,遭腰斩。杨恽的哥哥杨忠全家也受到株连,其子逃难到毗陵(今江苏省武进市孟城一带),不敢再姓杨,以杨恽之名改为姓,从此才有恽姓。

据恽仲坤先生考证,恽氏传至宋朝恽方直为四十四世(代),恽方直膝下二子,长子名绍恩,世居河庄(今武进市孟城一带),次子继恩迁居上垫(清咸丰年间改称上店)。恽氏遂分为南北两支,世称"北恽"、"南恽"。北支自恽东麓始,迁石桥、西夏墅等地。恽代英的八世祖恽士璜(六十三世),字子谓,号望公,曾任浙江海宁知府、湖南巡抚。七世祖恽轮,字其柄,号印

---

① 杨恽:《报孙会宗书》,《古文观之》卷之六·汉文,岳麓书社 1988 年版,第 397 页。

槐,曾任浙江富县知县,海宁知府、诰封荣禄大夫,湖南巡抚。六世祖恽敷,号逊堂,历任浙江临安、定海知县、海宁知州、湖南巡抚。五世祖恽俭,曾任吏部主事,晋赠通议大夫。四世祖恽广德,授登士郎,诰封奉直大夫。恽氏传至恽代英辈,已是七十世(代)。①

恽代英的祖父恽元复,字伯初,壮年以候补知县分发湖北,曾任两湖总督张之洞的幕僚。恽元复丹青妙笔,尤善山水,1924 年曾由中华书局刊印《莲瑞老人花鸟画册》。

恽代英的父亲恽宗培,字爵三,号乐三,曾以"候补府经历"的资历,在湖北老河口(现光化县)、德安县(现安陆市)等州县府内任幕僚。

恽代英的母亲陈葆云,出身于湖南长沙一个仕宦之家,旧学根底颇深,生有四子,长子恽代钧(字子刚),三子恽代兴(字子发),四子恽代贤(字子强),恽代英排行第二。母亲是恽代英的启蒙老师。恽代英幼年,常听母亲讲孔融让梨、岳母刺字等故事。这使恽代英从小就受到良好的思想教育,在他的心田播下了中国传统道德和爱国主义的种子。

恽代英为自己出身名门世家而荣耀,并以此为激发自己志气的动力。1919 年 2 月 5 日,他读《欧香馆叙》。该书首言:"恽氏,世家也。"这使恽代英激动不已。他在日记中写道:"余自幼以世家故受人敬爱,亦因缅怀祖德,用以自发其志气,不敢自暴弃。今见此语,心怦怦动。"②

(二)恽代英所处的时代

恽代英生在武汉长江边,喝着长江的水渐渐长大。这时的他耳之所闻,目之所及,除却家藏古代经籍外,还有一幕幕触目惊心的列强入侵、不平等条约和先辈知识分子革故鼎新、对外开放之类的富强之计。一部近代中国屈辱史,给少年时代的恽代英留下了难忘的印记。以至在成为职业革命家

---

① 恽仲坤:《恽代英的八世祖不是恽南田》,载《恽代英证辰 100 周年纪念会暨学术讨论会议论文集》,华中师范大学出版社 1996 年版,第 346—347 页。

② 《恽代英日记》,中共中央党校出版社 1981 年版,第 479 页。

后,他常能用通俗而又生动的朴实语言,娓娓向青年工人、农民、学生宣讲自鸦片战争至五四运动80多年的中国民族革命运动史。鸦片战争"蛮夷小邦"打败"天朝王国"的事实,引起国人思想的巨大震动,一批忧国忧民的知识分子开始猛醒。从魏源"师夷长技以制夷"到林则徐"睁眼看世界",代表了中国近代早期知识分子企盼改革开放的思想观念。这种思想观念导致了洋务运动的兴起。如果说洋务运动将"师夷长技"的理念化为具体行动,使开放意识成为朝野上下涌动的新潮的话,那么,《马关条约》后,在中国思想界活跃起来的新一代知识分子康有为、梁启超、谭嗣同等人,继承早期改良主义知识分子改革开放的思想,更是把开放意识推向了一个崭新的阶段,其标志就是他们领导的维新运动。然而,戊戌变法以失败而告终,光绪帝被囚,慈禧太后重新执政;"百日维新"期间所颁布的一切新政皆被废除;康有为、梁启超亡命香港和日本,谭嗣同、杨锐、林旭、刘光第、康广仁、杨深秀"戊戌六君子"被杀。戊戌变法的悲剧教育了中国人,单以温和、合法的方式改良封建专制政治是不可能的。这只能是幻想。而"沉迷于幻想是弱者的命运"①,失败自然就不可避免了。

以孙中山为代表的辛亥一代知识分子从数量素质上都有明显的提高。他们吸取先辈的教训,直接激烈地、理直气壮地宣传资产阶级民主,并以三民主义为指导,组织革命团体,开展革命活动,领导了辛亥革命,终于推翻了清王朝的统治,结束了两千多年的君主专制制度。毛泽东在评价这场革命的历史意义时指出:"中国反帝反封建的资产阶级民主革命,正规地说起来,是从孙中山先生开始的。"②"从孙中山先生开始,才有比较明确的资产阶级民主革命"③。可是,辛亥革命的胜利果实没有保持住,虽然赶跑了皇帝,但没有建立起真正的民主共和国,胜利果实最终落到了军阀袁世凯手中。

---

① 《列宁选集》第2卷,人民出版社1995年版,第298页。
② 《毛泽东选集》第2卷,人民出版社1991年版,第563页。
③ 《毛泽东选集》第2卷,人民出版社1991年版,第564页。

从现在看到的资料分析,中国近代史对青少年时代的恽代英影响最大的事件是戊戌变法和辛亥革命。

戊戌变法时恽代英才3岁,尚不谙世事。但到了1909年他14岁时,便对这一历史事件发生了浓厚兴趣。原来这一年父亲恽宗培谋到湖北光化县老河口盐税局长一职,举家从武昌迁到老河口。

老河口是鄂西北重镇,位于鄂、豫、川、陕四省交界处,为江汉流域货物集散地,商船荟萃,商贸发达。但文化教育落后,竟然没有一所中学,恽代英只有在家自学。在母亲陈葆云的指导下,他先后读完了《纲鉴易知录》、《古文观止》、《战国策》等,尤其酷爱梁启超的《饮冰室合集·专集》、《饮冰室合集·文集》等著作,从而开阔了视野,对西方世界的教育科技发达情形和维新派的主张有了比较深刻的了解。他特别崇敬变法志士谭嗣同,经常吟咏谭的七言绝句:"望门投止思张俭,忍死须臾待杜根,我自横刀向天笑,去留肝胆两昆仑。"通过读梁启超和谭嗣同的作品,恽代英增长了历史知识和奋发向上的精神,萌发了强烈的爱国主义思想。1927年1月8日,恽代英回忆说:"我常回想到在我十三四岁的时候,所想象的只是'中流击楫'、'揽辔澄清'的人格。"[①]这抒发了他当时决心收复祖国失地,刷新政治,澄清天下的雄伟抱负。为警策自己,恽代英还将南宋民族英雄文天祥的《正气歌》熟读成诵[②],以表达自己不畏强暴,不怕牺牲的爱国情怀。

辛亥革命时,恽代英16岁。他虽然没有直接参与这场革命,但毕竟亲历过。10月10日,辛亥革命爆发。一个月后,襄阳士兵举行起义,杀了管带。襄阳镇守统领刘韫玉和道台喜源星夜逃离。一个叫张国荃的士兵当了司令。光化县知事投降了义军。其时,老河口无人主事,处于无政府状态。恽代英向往革命,断然剪掉头上的辫子,迈出了革命实际行动的第一步。恽代英还回忆,辛亥革命后,他曾向《群报》投稿,评议这场革命,"有时事小言

---

① 《恽代英文集》下卷,人民出版社1984年版,第984页。
② 《恽代英日记》,中共中央党校出版社1981年版,第456页。

颇长"①,但皆未被录用。这件事反映了恽代英虽身居鄂西北小镇,却心系国家的宽广胸怀。对于辛亥革命的历史教训,恽代英后来作了深刻的反思。在他看来,辛亥革命失败,实民党之"无实力也。民党自己无信用,无能力,乃借他人之信用之能力。"②"民党君子不知从养实力做去,但以呼朋引类求速效,不知以非真民党之人拉入民党,令在高位播恶于众,亦徒为民党声誉累耳。乃至自己无实力,无信用,惟知借助于官僚,借助于武人,甚至借助于外人,……果何益哉?"③这真是一语中的。

(三)恽代英所受的教育

1901 年,恽代英 6 岁,开始入家塾。塾师是从故乡请来的一位老者。他先教恽代英读《百家姓》、《三字经》、《弟子规》、《千字文》、《论语》、《大学》、《中庸》、《幼学琼林》、《诗经》、《书经》、《礼记》、《易经》、《左传》、《春秋》等书。由于恽代英悟性特强,老先生还给他补教了《千家诗》、《唐诗》、《宋词》等书,为恽代英打下了良好的国学基础,使他从小就受到中国传统文化的熏陶。

在中国传统文化中,以"仁、义、礼、智、信"为基础道德要求的儒家道德规范体系长期居主导地位,它集中地体现了中华民族的传统美德。这种传统美德,从小润育着恽代英的心田,并一直成为恽代英行为的准则。

其时,湖广总督张之洞在湖北推行新政改革。新式教育是新政的一个重要方面。张之洞认为:"中国不贫于财,而贫于人才。"基于这一认识,他在创办实业,编练新军的同时,改造旧式书院,创办新式学堂。据统计,从1891 年至 1907 年,湖北全省"有各类学堂 1500 所,学生 5.6 万余人;1910年学校数达到 2000 所,学生则有 7 万余人"。④

1905 年,恽代英 10 岁,考入武昌龙正初等小学堂,该校正是张之洞推

---

① 《恽代英日记》,中共中央党校出版社 1981 年版,第 6 页。
② 《恽代英日记》,中共中央党校出版社 1981 年版,第 87 页。
③ 《恽代英日记》,中共中央党校出版社 1981 年版,第 96—97 页。
④ 转引自罗福惠:《湖北通史》(晚清卷),华中师范大学出版社 1999 年版,第 231 页。

行新政的产物。由于有家塾的良好根基,他学习成绩一直非常优秀,虽然"好于小事中犯学规",但"教师每以余能而宽恕之"。① 两年后,恽代英考入武昌北路高等小学堂(今武昌农民运动讲习所)。这也是张之洞在湖北创办的一所新式学堂,除设有修身、读经、中文等课程外,还有算术、历史、地理、理科、图画、音乐等课程。其时,恽代英的文才逐渐显露出来,常"为师长赞美",作文常被老师整句、整段连圈朱批,有"奇男儿"之称。恽代英后来回忆:"吾脑中有无数之新奇思想,作文可数年不愁无材料",②"吾文十三岁时即为师长赞美",③"吾为文皆不预布局面,见题即直抒己意。亦不如矫作古语奇语。但偶一为之以为笑耳"。④

武昌北路高等小学堂学制四年,恽代英仅用了近两年的时间就完成了学业,1908 年年终,以甲等第一名的成绩毕业。按照大清律条关于出国留学的规定,该校有资格派员留学。学校奏请上司,欲派恽代英赴美国留学。母亲以年龄小、不放心为由,未能同意。

1909 年秋至 1913 年夏,恽代英随父母在老河口家中自学。与此同时,师从老河口邮局局长罗衡甫学英文,从此刻苦学习英文不辍。这期间,恽代英从罗局长处看到上海商务印书馆和中华书局的图书征订目录,激发了广泛阅读兴趣,将父亲每月给的零用钱全部用来选购自己喜爱的中外著作。如《人生二百年》、《静坐三年》、《馨儿就学记》、《食物论》、《衣服论》、《居住论》、《读书论》、《身心调和法》以及新出版的欧洲社会科学、教育科学等方面的书,从中汲取西方民主主义思潮和现代科学知识。恽代英的视野更加开阔了。

1913 年,父亲恽宗培失业,举家从老河口迁回武昌。

是年夏,恽代英以优异成绩考入私立武昌中华大学预科,1915 年进入文科哲学门学习。一个没有念过中学的青年却能直接考入大学,这不能不

---

① 《恽代英日记》,中共中央党校出版社 1981 年版,第 5 页。
② 《恽代英日记》,中共中央党校出版社 1981 年版,第 3 页。
③ 《恽代英日记》,中共中央党校出版社 1981 年版,第 4 页。
④ 《恽代英日记》,中共中央党校出版社 1981 年版,第 4 页。

说是一个奇迹!

为了能更好地说明恽代英受教育的背景,有必要对中华大学及其创办人陈时父子作一简要介绍。

中华大学创立于1912年5月。这是中国不依靠洋人、不依靠官府创办的最早的一所私立大学。校长陈时不仅师德高尚,敢于开拓,而且他的教育思想和实践也十分丰富。

1907年,陈时东渡扶桑,先后就读于庆应大学、早稻田大学和中央大学,并获中央大学法学学士学位。那时,在日本留学的湖北学生有二三百人,他们当中的许多人,深受庆应大学创始人福泽谕吉①的影响,将贫弱的中国与强盛的日本进行比较,认为日本的强盛,是明治维新、重视教育的结果。"有教育之国其民强,无教育之国其民弱;有教育之国其民智,无教育之国其民愚;有教育之国其民力膨胀能伸国权于海外,无教育之国其民力蓄缩不能与他族相抵抗。然则以强遇弱,以智遇愚,以进取之民族遇柔脆之民族,岂待兵战而后决其胜负……今日言兵战,言商战,而不归之于学战,是谓导水不自其本源,必处于不胜之势。"同时,他们又认为:"吾楚为九省总汇之通衢……以交易总额计……长江商埠除上海外,无一能凌驾汉口者。岂非其位置之善,为腹地所罕有耶!"②因此,在他们看来,振兴中华,唯有维新,要维新,就需要培养一批有现代化知识的施行新政的人才。而人才的培养靠教育。国家教育发展了,国民的综合素质便强,智商便高,国力也就强盛了。所以救国之本在教育,而湖北武汉,又是中国培养人才最理想的地方。

陈时一到日本,就很快接受了教育救国的思想并立志把这一思想变为

---

① 福泽谕吉(1835—1901),日本著名教育家,是明治维新时代最有影响的人物,出身于没落的下级武士家庭。1860年随日本第一批遣欧使节出国,后著有《西洋情况》一书,介绍西方政治、经济和文化情况,出版后不胫而走。明治维新前,由于提倡学习西方,曾多次险些丧命。维新后,政府请他出仕,始终未就。他著书100多种,主张采用议会制度、实行普遍教育和文字改革。1868年创办庆应义塾,后发展为庆应大学。

② 湖北学生界:《叙论》,《湖北学生界》1903年第1期。

实际行动，决心学成回国后在武昌创办一所类似庆应大学的学校，为祖国培养急需人才。这正是他创办私立中华大学的动机，也是他办学的指导思想。正如陈时先生自己所言："时家本非素丰……民国成立，以教育为陶冶共和国要图。"①他还说过："处在 20 世纪的年代，一切是宜适应时代的需要，何况是次殖民地的中国，若不陶铸人才来弥缝补缺，挽救危难，国家前途更属不堪设想。"②诚如中华大学校友吴汉雄先生评价所言，教育救国是陈时校长"兴办中华大学的教育思想主线，贯穿在整个 40 年的教育过程中"③。

中华大学以"成德、达材、独立、进取"八字为校训，按现代教育理念与方法办学，对各种学术观点大度包容，兼收并蓄，民主空气浓厚。恽代英在这样的学校读书，如鱼得水，如饥似渴，刻苦学习，勤于思考，学习成绩一直名列前茅，与同学冼震、余家菊成为学校"三鼎甲"。除了学习课本外，他还广泛阅读大量课外读物，内容涉及中外哲学史、中外古典文学名著以及物理学、植物学、生物学、医学等自然科学知识。还有《东方杂志》、《新青年》、《少年中国》、《青年进步》等期刊。据恽代英 1918 年日记"杂存"致吴致觉书透露，他有一本读万卷书斋笔记④，足见其读书之用功。

功夫不负有心人，辛勤的汗水换来了丰硕的果实。1914 年 10 月 1 日，恽代英在《东方杂志》第 11 卷第 4 号发表第一篇学术论文《义务论》。这是他"最得意之事"，为"投稿之一新纪元"⑤。该稿后被南洋出版的《舆论》转载。从此，恽代英文思如泉涌，新颖之思想由笔尖写出，"此思想之由心至手、至笔、至纸，顷刻之间耳……此笔奇境，吾每作文即遇之，仿佛若仙助者。言谈之间亦然，每有隽语冲口而出，自讶其奇，确非所料也"。"近年作文动笔辄数千言，尽日之力万言可致。"⑥据不完全统计，现在能查找到的恽代英在中

---

① 陈时：《弁文》，《中华大学 20 周年纪念特刊》。
② 陈时：《忠诚老实的陈述》，1951 年 4 月。原件存华中师范大学档案馆。
③ 吴汉雄：《陈时教育思想永远光芒》，中华大学校友会编《校友通讯》2002 年第 12—13 期。
④ 《恽代英日记》，中共中央党校出版社 1981 年版，第 439 页。
⑤ 《恽代英日记》，中共中央党校出版社 1981 年版，第 7 页。
⑥ 《恽代英日记》，中共中央党校出版社 1981 年版，第 4 页。

华大学读书与工作期间发表在《东方杂志》、《新青年》、《少年中国》、《青年进步》等期刊上的学术论文有 80 余篇①。他的这些学术论文,内容广泛,涉及哲学思想、政治思想、教育思想、编辑思想等,成为五四时期中国思想界的一颗新星。

(四)恽代英的革命实践

恽代英是一个十分注重社会实践的人,读他的日记和著作不难发现,早在中华大学读书期间,他就反对坐而论道,主张彻底改革数千年来中国封建社会遗存的"重文轻实之弊",倡导理论联系实际。他大学毕业从教以后,更是以身作则,率先垂范,鼓励和带领青年学生走向社会,深入民间,了解社会实际情况。他积极创建互助社、利群书社等进步社团,领导湖北武汉地区的五四爱国运动,始终站在斗争的前线阵地。他热烈追求各种新思想,欢迎新的,还要欢迎更新的,但又不迷信、不盲从,对一切新思想,都要拿来放在社会实践中检验,从而决定自己的取舍。正是这种可贵的实践精神,促使他抛弃了无政府共产主义、新村主义等错误思潮的影响,最终选择了马克思主义,并把马克思主义作为终生信仰的"光明之灯"。因此,他对马克思主义的信仰完全是理性的,对马克思主义揭示的人类社会发展规律——社会主义必然代替资本主义坚信不移。

1921 年年底,恽代英加入中国共产党。②

恽代英加入中国共产党以后,将毕生精力和生命全部献给了党,献给了壮丽的伟大的共产主义事业。他在五四时期就是中国青年运动的领袖,成长为职业革命家以后,继续从事青年工作。他是中国社会主义青年团的主

---

① 参见田子渝、任武雄、李良明:《恽代英传记》附录"恽代英著译目录",湖北人民出版社1984 年版,第 193—197 页。

② 关于恽代英入党的时间和地点,是一个存疑的问题。有 1921 年底上海入党说,也有1922 年春四川入党说。据张浩(即林育英)1938 年 11 月所填写的"党员登记表"来看,张浩是1922 年 2 月由恽代英、林育南介绍入党的,由此可知恽代英入党时间应在 1922 年 2 月以前。《周恩来选集》上卷注释 229 条认定,恽代英是 1921 年加入中国共产党的。笔者同意此说。

要领导之一,和邓中夏等一起创办了《中国青年》并主持该刊的编辑工作,除精心编辑该刊外,还以"代英"、"但一"、"FM"等笔名发表论文与通信200多篇,指导全国革命青年,认清中国社会的性质和现状,指明中国革命的动力、对象和前途,引导他们投身革命洪流,成为中国青年的良师益友。

恽代英拥护党的统一战线理论和政策,在第一次国共合作初期,他担任国民党上海执行部宣传部秘书,与打着全民革命旗帜的国家主义派和国民党右派展开了不妥协的斗争。1926年1月,他出席国民党"二大",被选为中央执行委员,会后留任黄埔军校主任教官兼中共党团书记。他是中国共产党内最早认识到武装斗争重要性的领导者之一,与周恩来等一起,为建立一支革命的党军作出了重要贡献。他支持周逸群等组建的青年军人联合会,同蒋介石扶植的孙文主义学会作斗争,使蒋介石极端地仇恨和害怕。蒋介石背后骂恽代英与邓演达、高语罕、张治中是"黄埔四凶"。

1927年年初,恽代英回到武昌,主持中央军校武汉分校的工作。他与毛泽东等一起在党内反对陈独秀的右倾机会主义错误。在中共"五大"上被选为中央委员。蒋介石发动四一二政变后,恽代英与宋庆龄、邓演达等国民党左派一道,坚决讨蒋,反对蒋介石篡夺革命统一战线的领导权。当夏斗寅联蒋反共,率部进攻武汉、威胁武汉国民政府安全时,恽代英亲自率领由中央军校武汉分校、中央农民运动讲习所学员组成的独立师,随叶挺部赴前线作战,讨伐夏逆,在湖北咸宁大败叛军,暂时稳定了武汉的形势。大革命失败后,他以坚强的意志和大无畏的革命精神,参与领导了八一南昌起义和广州起义。他是南昌起义前敌委员会的委员之一(南昌起义前敌委员会书记周恩来、委员为谭平山、李立三、恽代英、彭湃),又是广州起义后诞生的广州苏维埃政府的秘书长(政府主席为苏兆征,未到任前,由张太雷代理)。

1928年中共"六大"以后,恽代英转移到上海,从事地下斗争,秘密主编党的机关刊物《红旗》和负责培训党的干部,并先后担任中共中央组织部和宣传部的秘书长,协助周恩来工作。他和夫人沈葆英与周恩来、邓颖超夫妇编在一个支部过组织生活,情同兄弟姐妹。1929年6月,中共六届二中全会在广州举行,恽代英被增补为中央委员。

1930 年春,恽代英因反对刚刚冒头的李立三"左"倾冒险主义错误而遭到打击,被调离党中央,任沪中区行委书记,不久调到工人集中的沪东区任行委书记。他忍辱负重,顾全大局,穿上工作服,日夜活动在工人群众之中。5 月 6 日,恽代英穿着短衣,一副工人打扮,带着一包传单到杨树浦韬明路(今通北路)附近的老怡和纱厂(今上海第五毛纺织厂)门前等人联系工作,突然遇上抄靶子①,不幸被国民党巡捕逮捕。

恽代英将国民党的监狱作为新的战场,不屈不挠,坚持斗争。他用亲身经历向同监难友讲述南昌起义的经过和意义,用通俗易懂的语言编写了一本解释党的"十大纲领"的工人读本。

1930 年 8 月,周恩来从莫斯科回国。他严厉批评李立三将恽代英调离中央的错误,并迅速组织营救。正当营救工作有了眉目,恽代英准备提前出狱时,不料被叛徒顾顺章出卖。1931 年 4 月 29 日,恽代英在南京慷慨就义,时年 36 岁。"然而,这三十六年的短促生命,却散发出销熔金石的热力,迸射出绚丽多彩的光焰。"②

在狱中,恽代英留下了气壮山河的七绝一首:"浪迹江湖忆旧游,故人生死各千秋,已摈忧患寻常事,留得豪情作楚囚。"③这充分表现了他对共产主义理想的坚定信念和为党、为人民英勇献身的壮志豪情。

综上所述,恽代英思想的产生,是其家庭、学校教育和社会政治、经济、文化影响及其社会实践等各种因素相互作用的结果,是特定的历史时代的产物。

二、恽代英思想的主要特点

恽代英短暂的一生,留下遗著 300 万言,内容丰富,涉及文史哲方方面

---

① 抄靶子:即搜查行人。

② 章开沅:《豪情似海 垂范千秋》,《恽代英学术讨论会论文集代前言》,华中师范大学出版社 1985 年版,第 1 页。

③ 《恽代英文集》下卷,人民出版社 1984 年版,第 1075 页。

面,涵盖哲学、政治、经济、军事、文化、教育等各个领域,而且形成了较完备的理论体系。这在中国早期共产党人骨干中是少见的。他不愧是中国共产党早期著名的理论家。

恽代英思想具有以下鲜明的特点:

(一)恽代英思想是发展的、与时俱进的

恽代英是五四时期的先进知识分子。他既受到良好的中国传统文化的教育,对于经史百家、宋明学案等都熟谙于胸,又系统地接受过西方文化的洗礼和熏陶。五四以后,他认真学习马克思主义,并将马克思主义作为自己的终生信仰。因此,恽代英是早期中国共产党人中少有的主要精英中博学多才者之一。

恽代英最先接受的是中国优秀传统文化,其思想吸收了中国优秀传统文化的精华。读恽代英遗著可以清晰地发现,中国博大精深的传统文化,对恽代英影响最深的是儒学和墨学。我国古代以"仁、义、礼、智、信"为基本道德要求的儒家道德规范体系长期居于主导地位,它集中体现了中华民族的传统美德,在两千多年的中国社会生活中产生了巨大的影响,也潜移默化影响着恽代英。他对儒学有着比较深刻的研究,即使在五四时期一片批孔声浪中,恽代英也能坚持对孔子一分为二。他认为:"孔子之学说,自然不尽可信,然苟确有所见之大学者,其根本观念每每不谬,其余则受当时社会之影响,有不正确处,亦有不可讳者。"他特别推崇孔子的《礼运·大同》等篇说,这"何曾不好"![1] 正如恽代英中华大学同班同学冼百言所说,恽代英对中国古代优秀的文化遗产下了不少功夫,并消化它,实践它。例如:"'言而有信'、'身体力行'、'不愧不怍'、'先天下之忧而忧,后天下之乐而乐'等等治学做人各方面的古训,在别人不过视为教条,文学方面写文而已,而他只要认为现在看来还是适用的,就踏踏实实地努力实践。"[2] 墨学在恽代

---

[1] 《恽代英日记》,中共中央党校出版社 1981 年版,第 530 页。
[2] 冼百言:《恽代英的青年时代》,《回忆恽代英》,人民出版社 1982 年版,第 268—269 页。

英的思想中也占有重要地位。他特别推崇墨子"兼爱","摩顶放踵,利天下为之"的理念,并在自己日常学习、工作中切实践行。恽代英的挚友萧楚女说:"代英很像墨子,摩顶放踵而利天下。""像代英这样的人,我在古往今来的圣贤中没有听说过,只有墨子倒有点像,代英就是现代的墨子。"①

恽代英正是从中国优秀传统文化中吸收营养,培养了自己强烈的民族主义思想和向往大同的理念。辛亥革命失败后,他又大胆借鉴西方文化,从资产阶级思想库中寻找反对帝国主义、封建主义的利器,培养了自己资产阶级民主革命的思想。五四运动后,他的思想从资产阶级民主主义迅速向马克思主义转变,成为中国共产党早期伟大的马克思主义者之一。

恽代英并没有到此为止,他的思想随后又根据中国新民主主义的实践和历史进程不断发展。在大革命时期,他的理论著述围绕着对中国新民主主义革命理论的探索展开,为中国共产党新民主主义革命理论的产生和发展作出了独特的贡献。大革命失败后,他又开始研究党从反帝反封建的全民族革命向土地革命转变的理论与实践,特别是对苏维埃建设的理论与实践研究,取得了相当丰硕的成果。因此,恽代英的思想是随着党的历史发展而发展的、与时俱进的。

(二)恽代英思想具有极大的感召力和影响力

恽代英五四时期的著作,大都发表在当时全国极具影响的《东方杂志》、《新青年》等著名学术期刊上,受到了包括学界泰斗蔡元培、五四运动的领袖陈独秀在内的著名学者的赞誉。他的著述理论联系实际,贴近社会、贴近生活,通俗易懂,深受广大读者尤其是青年读者的喜爱,在他们中产生了深远的影响。他还把自己的日记公开,以日记会友。"他不在家时,朋友来了,可以看他的日记,从中得知他近来的思想情况,等于和他作了亲切的

---

① 转引自阳翰笙:《照耀我革命征途的第一盏明灯》,《回忆恽代英》,人民出版社1982年版,第18页。

会见。他的日记成了朋友们最有兴趣的读物。"①于是,他在日记中所阐发的哲学、教育、文化及道德修养等方面的思想,便深深地感动着、影响着他的朋友。他主编《中国青年》和在该刊上发表的论文,感动和影响了一代青年。杨闇公读了《中国青年》和恽代英的文章,慕名从四川到上海,找恽代英晤谈,受益匪浅。他在日记中写道,恽代英谈话"很有一部分真理在,他们研究的方法都是从实际入手,不是像他们光唱高调,漠视一切,故我很有动于中。""有研究的人,开口就看得出。代英对于现实的情形,一定了解无余,故很重视行动的工作。"②杨闇公返回四川后即加入中国共产党。郭沫若说:"四川那样山坳里,远远跑到广东去投考黄埔军校的一些青年,恐怕十个有九个是受了代英鼓舞的吧!"郭沫若还说:"在大革命前后的青年学生们,凡是稍微有些进步思想的,不知道恽代英,没有受过他的影响的人,可以说没有。"③

恽代英在大革命失败以后所写的著作,深刻揭露帝国主义侵华的新阴谋,猛烈抨击国民党新军阀奴役人民的罪行。特别是他热情讴歌朱毛红军与农村革命根据地的相关论文,极大地鼓舞了人民斗争的信心和勇气。吴黎平回忆说,1929 年,一批在莫斯科学习的同志回到国内,这些同志懂理论,但缺乏革命实际经验。为了让这些同志尽快适应革命工作,中共中央专门组织了一个训练班,由恽代英负责培训工作。恽代英以他坚实的马克思主义理论功底,结合丰富的斗争实际经验,向他们讲形势、讲党的任务,介绍党的艰苦斗争情况和大革命失败后白色恐怖及地下工作等,使这些同志深受感动。

恽代英视察闽西回到上海后,非常兴奋。他从朱毛红军的壮大和革命根据地的发展看到了中国革命胜利的曙光。吴黎平还回忆说,恽代英回来后找我去谈话,"他说,农民走在斗争的前面了,他们分田分地、搞土地革

---

① 许德珩:《怀念恽代英同志》,《回忆恽代英》,人民出版社 1982 年版,第 4 页。
② 《杨闇公日记》,四川人民出版社 1979 年版,第 118—119 页。
③ 郭沫若:《由人民英雄恽代英想到"人民英雄列传"》,载《中国青年》1950 年第 38 期。

命,搞武装斗争,中国革命有了新内容,开辟了新局面,这是毛泽东创造性领导的成果。"他还兴奋地说:"他在闽西看到了新的世界。他谈到毛泽东同志把农民发动起来,创立革命武装、建立革命根据地的正确主张。他说,中国革命要走这条光明的道路。"恽代英的话,给吴黎平"很大的教育"。受恽代英思想的影响,吴黎平写了有关中国土地革命的文章,刊登在《新思潮》上。①

综上所述,恽代英的论著,理论联系实际,在人民群众特别是广大青年中产生了强烈的震撼。正如董必武在恽代英牺牲30周年所写的一首七绝中所说:"抓住青年进取心,手书口说万人钦。"②恽代英手书口说,达到了万人钦佩的地步(董必武在这里所讲的"万人钦",不是一个实数,而是泛指全国广大人民群众),足见其思想的感召力和影响力之强大。

(三)恽代英思想具有极强的批判性与战斗力

恽代英是无产阶级的革命战士。他的理论著述,是坚定地站在无产阶级和人民大众的立场上,为无产阶级和人民大众的根本利益服务的。因此是革命的,具有极强的批判性与战斗力。他虽然不像革命军人直接拿着枪冲锋在对敌斗争的火线上,但他那支战斗的笔,是比革命军人手中的武器更让帝国主义和中国新旧军阀及形形色色的政敌都感到恐怖和害怕的。

早在五四时期,他便作了《祸害的根本》,"痛斥武人之误国"。③ 认为南方同北方,安福系、研究系同国民系、武人、政客,都是"恶势力"。

1924年,国共两党合作的革命统一战线正式建立,中国革命高潮即将来临。10月,曾琦、李璜等为代表的国家主义派在上海创办了《醒狮》周报,打着全民革命的旗帜,以国家民族为幌子,将"五四"时期革命群众提出的"内惩国贼,外争国权"的口号,篡改为"内除国贼,外抗强权",攻击中国共

---

① 吴黎平:《我的良师益友代英同志》,《回忆恽代英》,人民出版社1982年版,第79页。
② 《董必武诗选》,人民出版社1977年版,第143页。
③ 《恽代英日记》,中共中央党校出版社1981年版,第569页。

产党是"卖国贼",列宁领导的苏联是"强权者",疯狂地反对中国共产党,反对苏联政府。

面对国家主义派的嚣张气焰,恽代英挺身而出,与萧楚女、瞿秋白等一道口诛笔伐,奋起反击。他不仅组织大批揭露、批判国家主义的论文在《中国青年》上发表,编辑出版反国家主义的丛书,而且写了《评醒狮派》《答醒狮周报三十二期的质难》等脍炙人口的论文,痛斥国家主义派的无耻谰言,深刻揭露了他们反共反苏的本质。恽代英与萧楚女还经常当面与国家主义派进行激烈辩论。阳翰生回忆说:"当时国家主义派和我们争夺青年,在上海、南京一带活动很厉害,我们和他们的斗争非常激烈……凡是曾琦、李璜、余家菊、左舜生常去活动的地方,我们也在那里作好布置,和他们唱对台戏。他们的人一讲完,我们就立即有人接上去讲,针锋相对,逐条批驳。经常在这种场合出现的,不是恽代英,就是萧楚女。恽代英亦庄亦谐地批判他们,萧楚女嬉笑怒骂地驳斥他们。恽代英分析深刻,条理分明;萧楚女口齿清楚,坚定有力,驳得他们体无完肤。在一场一场的论战中,击败了这伙为虎作伥的国家主义分子,教育了广大的知识青年。"①

1925年,中国大革命的高潮逐渐兴起。5月,戴季陶在国民党一届三中全会上,提出了所谓"建立纯正的三民主义"的谬论,其目的是反对国共合作。六七月间,他又在上海出版《孙文主义之哲学的基础》《国民革命与中国国民党》等小册子,为蒋介石集团夺取革命统一战线的领导权制造舆论,提供理论依据。

针对戴季陶的理论观点,恽代英与瞿秋白、周恩来、毛泽东、萧楚女等团结国民党左派奋起反击。恽代英先后写了《读〈孙文主义之哲学的基础〉》《民族革命中的中国共产党》《国民党与阶级斗争》《真三民主义》《孙中山主义与戴季陶主义》等战斗檄文,逐一批驳戴季陶主义,使戴季陶处于十分孤立的境地。

---

① 阳翰笙:《照耀我革命征途的第一盏明灯》,《回忆恽代英》,人民出版社1982年版,第19页。

此后,恽代英又写了大量著述,揭露批判蒋介石集团、汪精卫集团先后叛变革命,投靠帝国主义,屠杀工农罪行的论著,使全国广大人民群众进一步看清了国民党新右派和假"左派"的真面目。

恽代英对中国共产党内的陈独秀右倾错误和李立三的"左"倾冒险主义,也进行了严肃的批判。

因此,恽代英不愧是战斗在思想理论战线上的一名无产阶级勇敢的战士,他那充满革命战斗力的论著,是批判旧世界、旧势力的锐利思想武器。

(四)恽代英思想内容丰富,具有完备的思想体系

有关这方面的内容,详见本书各章。

三、恽代英思想研究的历史、现状和主要问题

(一)恽代英研究的历史与现状

恽代英牺牲至今已经80年了。应该说,恽代英思想研究自恽代英牺牲以后便开始了。80年来,可分为三个阶段:

第一阶段:从恽代英牺牲至中华人民共和国成立前。

这一段的研究,主要是刊发了一些有关恽代英生平事迹的纪念文章。

恽代英牺牲的当天(1931年4月29日)下午,与他同监的难友杨镇铎①就写了一篇悼念恽代英的文章,在难友中广泛传阅,激发了全体难友坚定踏着烈士血迹前进的决心。晚上,狱中党支部根据全狱难友的意见,作出了三条决定:

1. 大家应以代英的精神,继续斗争。

2. 每年4月29日上午12时,全体难友默念为代英同志致哀。

3. 要求中国红军克服南京后,在代英同志死难处立碑纪念,并将国民

---

① 杨镇铎(生卒年月不详),山西人,曾任共青团江苏省委书记,沪中区委书记。1930年4月28日被捕,1933年冬英勇牺牲。

党反动派用以拘禁共产党人的南京中央监狱,改变为代英纪念学校。这可谓是恽代英生平与思想研究的滥觞。

1932 年,《社会新闻》第 1 卷第 8 期(1932 年 10 月 25 日)和第 1 卷第 12 期(1932 年 11 月 6 日)分别刊登了杨新华和谭公写的《恽代英的生涯》、《恽代英印象记》。1933 年,该刊第 2 卷第 27 期(1933 年 3 月 21 日)又刊发了少离和陈征凡写的《恽代英被捕前访问记》、《为恽代英生死问题质疑》,介绍了恽代英的革命生涯和工作态度、俭朴作风以及他的生死观。

1940 年,在山城重庆出版的《新华日报》,冲破国民党新闻机关的检查,于 6 月 29 日发表了张方、刘光等深情悼念恽代英的回忆文章《十年回顾——忆恽代英同志》和《谈恽代英同志的工作作风与生活态度》,高度赞扬恽代英"是一颗充满热力放射着无限光芒的巨星","他当年快要照耀过掀起万丈波涛的淞沪江滨,照耀过一度沉浸在战斗狂潮中的武汉三镇,照耀过中国人民追求新生活和光明的史篇中不可磨灭的广州和南昌,他的光彩曾经辉映在世界潮流激荡下的中国全部。"1941 年 6 月 29 日,该报又刊登了可安写的《恽代英年谱》。此后直至中华人民共和国成立前,未发现新的相关文字见诸报刊。

上述文章,显然谈不上对恽代英思想的研究,但意义重大。它告示了全国人民恽代英被国民党当局杀害的确切信息,引起了广大人民(特别是青年)对恽代英的深切怀念,激发了他们为推翻帝国主义、封建主义、官僚资本主义三座大山的统治、建立新中国而斗争的决心和勇气。

第二阶段:从中华人民共和国成立至中共十一届三中全会以前。

这一阶段的研究,较之解放前有所进步,据不完全统计,从新中国成立到中共十一届三中全会以前,有关宣传研究恽代英方面的各类文章约 40 篇。主要集中在两个时段:一是 1949—1950 年,新中国刚刚成立。革命胜利以后党和人民更加怀念革命英烈,所以全国各地报刊宣传研究包括恽代英在内的革命英烈的文章较多。在这一时段,仅宣传研究恽代英的文章就达 10 篇之多,其中影响较大的有:中共广州市委宣传部 1949 年出版的《中国共产党烈士传》,其中收有柏林的《纪念恽代英同志》、邓拓写的《〈中国青年〉和恽代英同志》（《中国青年》1949 年第 23 期），郭沫若写的《由人民英雄恽代英想到〈人民英雄列传〉》（《中国青年》1950 年第 38 期），该刊同期还刊登了恽代英夫人沈葆英写的《学习代英同志的革命精神》、谢云巢写的《与恽代英同志在狱中的时候》、温济泽写的《恽代英同志在狱中二三事》、肖枫写的《永远是青年的榜样——代英同志生前友好访问记》以及《恽代英同志传略》等。这些文章宣传了恽代英为推翻三座大山，建立新中国艰苦卓绝、英勇奋斗的革命历程和坚忍不拔、勇于献身的无产阶级革命精神，号召全国人民特别是广大青年，在革命胜利以后，不要忘记恽代英先烈的功劳，要继承和发扬他的革命精神。

二是 1959—1961 年。这时年轻的新中国处于严重的国民经济困难时期，党和人民需要用革命英烈艰苦奋斗的革命精神激励全国人民克服暂时困难的信心和勇气，所以宣传革命英烈的力度较大。这阶段，全国各地发表宣传研究恽代英的文章有 14 篇。其中主要有：郭煜中写的《恽代英同志创办利群书社的动机、目的和时间》（《光明日报》1959 年 10 月 15 日）、陈同生写的《恽代英同志给我的教导》（《老共青团回忆录》，中国青年出版社1959 年版）、董必武写的七绝：《纪念恽代英同志被害三十周年》（1961 年 4月 29 日，载《董必武诗选》，人民出版社 1977 年版）、沈葆英写的《高度爱人民　无比恨敌人——关于恽代英同志生活和斗争的一些回忆》（《中国青年报》1961 年 4 月 29 日）、李伯刚写的《五四时期的恽代英同志》（《武汉晚报》1961 年 5 月 4 日）、恽子强写的《回忆恽代英烈士生平》（《中国青年》1961 年第 9 期）、江上风写的《革命先驱的伟大脚印——读恽代英日记》（《解放日报》1962 年 4 月 28 日）等。

上述文章仍然以追记、回忆恽代英革命史事、弘扬他的革命精神为主。但也初步涉及恽代英生平及思想的研究。如对利群书社和恽代英日记的研究等。这些文章的发表，无疑对全国人民特别是广大青年统一思想紧跟党走，坚定革命意志、战胜困难，增添了勇气和信心。

此后，宣传研究恽代英一度停滞不前，特别是"文革"十年完全停顿，一篇文章也未见到。

第三阶段:从中共十一届三中全会至今。

恽代英思想研究的兴起和繁荣严格说来始于中共十一届三中全会以后。这次大会以来,全国广大恽代英研究者,遵照党的解放思想、实事求是的思想路线,不断开拓,深入研究,特别是 1985 年、1995 年和 2005 年,在恽代英的母校华中师范大学,先后召开了纪念恽代英诞辰 90 周年、100 周年和 110 周年三次学术研讨会,出版了三本学术讨论会论文集,使恽代英研究持续向前发展,取得了可喜的成绩。

第一,对恽代英遗著以及关于他革命活动史料的搜集、整理出版工作,取得了重大成就。1981 年 4 月,中央档案馆、中国革命博物馆、中共中央党校出版社联合编辑整理《恽代英日记》(包括恽代英 1917 年至 1919 年的日记),由中共中央党校出版社出版。同年 5 月,北京出版社出版了由张羽、姚维斗、雍桂良编校的恽代英书信集《来鸿去燕录》。1963 年,上海革命历史纪念馆筹备处(现上海中共"一大"会址纪念馆),花费巨大精力,收集了恽代英 1914 年至 1930 年的主要著(译)作。在这个基础上,任武雄、田子渝、李良明编写,张注洪校订《恽代英文集》上下两卷(共 195 篇),1984 年 5 月由人民出版社出版。1985 年 1 月,河南人民出版社出版了钟碧惠、魏天祥编注的《恽代英论青年修养》。1991 年 3 月,湖北教育出版社出版了由中央教育科学研究所整理编辑的《恽代英教育文选》。

在生平革命史料研究方面,1982 年 5 月,人民出版社出版了张羽、万罔、刘凤珠、马志卿编辑的《回忆恽代英》。该书收录了许德珩、陆定一、阳翰笙、吴黎平等的回忆文章共 39 篇。内容包括恽代英家世及他各个时期的主要革命活动,具有极高的史料价值和研究价值。1995 年,江苏省常州市恽代英研究会对恽代英的家世进行了详细的考证,发表了《恽代英家世考》,这是恽代英家世研究的最新成果。

恽代英遗著的搜集也取得了新进展。1995 年,常州市恽代英研究会征集到恽代英的遗著两篇,即《为廖仲恺先生之死告一般革命民众》和《苛刑歌》。《为廖仲恺先生之死告一般革命民众》是恽代英与谭平山合写的,对研究廖仲恺先生和中国大革命史有重要参考价值。

1997年，日本后藤延子教授在日本发现了恽代英1915年春应邀在武昌共进会上的演讲——《愚蠢的提问》。这篇刊登在《学生杂志》第2卷第2期(1915年2月)英文版上的论文，提倡启发式教学，认为所谓愚蠢的提问，其实正是整个世界发展的源泉，"是世界上所有精妙绝伦的发明的第一步"。这对研究恽代英的教育思想具有重要的学术价值。

2004年，湖北大学田子渝教授在台湾中国国民党党史馆发现了1925年5月由恽代英领衔包括高尔松、向警予等24名国民党上海执行部宣传部附设教育运动委员会委员联名签署的致国民党中央执行委员会诸同志的一封信，以及7月7日邹鲁、廖仲恺联署的国民党中央执行委员会函复上海宣传部的信。还有1925年10月12日和11月3日，恽代英与韩觉民致国民党中执委的两封信。这为研究恽代英在大革命时期的生平事迹与思想增添了新的内容。还有近年来在湖北、四川、河南、广东、福建等省编辑出版的革命历史文件汇编中，也有不少反映1922年至1925年恽代英在团中央工作情况的信函。这对研究中共党史和中国社会主义青年团史都具有重要的历史价值。

以上恽代英遗著和革命活动史料的搜集、整理和出版，为恽代英研究提供了珍贵的历史资料。

第二，关于恽代英生平大事活动记事及著译系年目录的研究，也取得了新的进展。

恽代英生平记事研究中，田子渝、任武雄、李良明合著的《恽代英传记》，1984年11月由湖北人民出版社第1次出版，1995年第2次印刷。这是我国出版最早的一本恽代英历史传记。1995年，中国青年出版社出版了由张羽、铁风合著的《恽代英传》。这本文学传记，是献给恽代英诞辰100周年的一份厚礼。2006年，华中师范大学出版社还出版了李良明、钟德涛主编的《恽代英年谱》。这是目前为止史料最翔实的一本恽代英年谱。

关于恽代英著译系年目录的研究，1963年，上海革命历史纪念馆筹备处在收集恽代英著译作的同时，便编印过《恽代英著作目录》初稿，包括《恽代英著译系年目录》、《恽代英著译书目录》和《恽代英编辑的期刊目录》。

1980 年,张注洪编写了《恽代英著译系年目录》,发表在《近代史研究》1980 年第 4 期上。随后,任武雄、田子渝、李良明也合编了《恽代英著译目录》,附在《恽代英传记》中。

第三,出版了一批学术水平较高的研究论文。据不完全统计,自恽代英牺牲至今,全国各地报刊发表恽代英生平事迹及思想研究的各类文章约 430 多篇,其中约有 390 多篇是 1978 年以后发表的。1979 年,王宗华、欧阳植梁的《五四时期恽代英同志的思想发展和革命实践》(《武汉大学学报》1979 年第 3 期)和丁守和的《恽代英同志革命思想的发展》(《中国哲学》1979 年第 2 辑),率先将恽代英的研究引向深入。随后有李良明、田子渝的《大革命时期恽代英对中国革命基本问题的认识》(《党史研究》1983 年第 3 期)、吕希晨的《恽代英哲学思想研究》(《社会科学战线》1984 年第 4 期)、胡长水的《反帝反封建思想就是民主主义吗?》(《党史研究》1985 年第 1 期)、李良明的《恽代英是走着由无政府主义到马克思主义的道路吗? ——与胡长水同志商榷》(《党史研究》1986 年第 1 期)、胡长水的《再论恽代英早期政治思想的基本倾向——答李良明同志》(《党史研究》1987 年第 2 期)、田子渝的《论五四时期恽代英政治思想的主流》(《湖北大学学报》1989 年第 3 期)、李怡的《恽代英早期伦理思想的主要特点》(《华中师范大学学报》1991 年第 5 期)、田子渝的《浅析恽代英的经济思想》(《中共党史研究》1996 年第 3 期、宣英的《十年来恽代英早期思想研究评价》(《华中师范大学学报》1996 年第 3 期)、曾成贵的《也谈恽代英在军校的实践和理论建树》(《江汉论坛》1997 年第 3 期)、徐飞的《论恽代英对党的新闻出版事业的贡献》(《新闻出版交流》2002 年第 1 期)、李良明的《论恽代英在中华大学的教育理论与实践》(《华中师范大学学报》2003 年第 4 期)和《恽代英对党在闽西苏区局部执政经验的总结》(《光明日报》2005 年 1 月 9 日)、《恽代英研究如何深入》(《中共党史研究》2006 年第 2 期)、《九原可作在民苑——深切缅怀薄老对华中师范大学中共党史学科建设的支持》(《中共党史研究》2007 年第 2 期、朱迎的《论当代创新型青年的培养——以青年恽代英为实证》)(《吉林省社会主义学院学报》2007 年第 3 期)、李天华、朱迎的

《恽代英青年思想与当代中国青年运动》(《中国青年研究》2007 年第 10 期)等。

在海外,则有日本学者小野信尔的《从恽代英看五四时期的理想主义》(日本《东洋史研究》第 38 卷 2 号,1979 年 9 月)、后藤延子的《恽代英在五四前夜的革命思想》(日本信州大学《人文科学论集》1982 年第 16 号)和《论恽代英五四时期的思想——以恽代英日记为中心》(《恽代英诞辰 100 周年纪念会暨学术讨论会论文集》,华中师范大学出版社 1996 年版)、狄间直树的《五四时期的精神背景——对恽代英无政府主义思想的历史评价》(《广东社会科学》1989 年第 3 期)。美国加州大学伯克力分校历史系的夏海博士,专攻恽代英早期思想研究,他的博士论文《五四时期恽代英及其湖北的朋友》。论文的前期成果《从教条到实践:西方学者对于恽代英研究的简介以及我对于互助社的来源与实践的看法》(《中共党史研究》2006 年第 6 期)发表时,题目改为《恽代英研究中的两个问题》。

以上说明,中共十一届三中全会以来,恽代英思想研究取得了长足进步,成绩斐然。

(二)恽代英思想研究的主要内容

学者们对恽代英思想的研究,主要集中在以下几个问题:

1. 关于恽代英早期政治思想

这一直是恽代英研究的一个热门课题。早在 1985 年恽代英诞辰 90 周年学术讨论会上,对这个问题便进行了热烈讨论,存在着两种对立的观点:一种观点认为,恽代英是由民主主义向马克思主义转变的;另一种观点认为,恽代英是走着由无政府主义到马克思主义的道路。会后,这两种观点展开了学术争鸣。

1986 年,李良明在《党史研究》第 1 期发表《恽代英是走着由无政府主义到马克思主义的道路吗? ——与胡长水同志商榷》,不同意胡长水同志关于恽代英"是走着由无政府主义到马克思主义的道路"这一观点。文章认为,恽代英的早期思想中,确实含有无政府主义等错误思想的杂质,这是十分明显的。"但是,从他当时整个思想体系看,只能说他的思想受到了无政府主义等错误思潮的影响,而不能说是无政府主义。"理由是:"第一,从历史上看,无政府主义等错误思潮,是作为社会主义思潮传入中国的,包括恽代英在内的老一辈革命家,他们的早期思想都不同程度地受到这些错误思潮的影响。这是一种历史现象。要把受到无政府主义等错误思潮的影响与无政府主义严格区别开来。""第二,对恽代英的日记和早期著作,要全面分析,把握住他当时的主要思想,分清主流和支流,实事求是地评价。""第三,研究恽代英的早期思想,必须结合考察他的社会实践活动。"因此,作者认为,尽管恽代英早期思想中受到无政府主义等错误思潮的影响,但他对无政府主义的认识浅薄得很,而且行动上也往往与无政府主义是相抵牾的。"所以他思想上主流和本质的东西始终是民主主义而不是无政府主义,不能说他是由无政府主义走向马克思主义。他与李大钊、毛泽东等一样,也是走着由民主主义到马克思主义的道路的。"

1987年,胡长水在《党史研究》第2期发表《再论恽代英早期政治思想的基本倾向——答李良明同志》,坚持他的看法,认为恽代英早期信奉的正是克鲁泡特金的无政府共产主义,"他以互助、改良为手段,以无政府共产社会为目标,这正是稍加改造的克鲁泡特金的无政府共产主义"。

随着这一争鸣的展开,全国学术界产生浓厚兴趣。同年,韩凌轩在《文史哲》第3期发表《恽代英早期思想的特点和主流》,认为恽代英早期的思想特点:一是主张以伦理改革为手段改造社会,但比较注意内省功夫;二是较早地看到资本主义的弊病;三是受到无政府主义思潮的严重影响;四是受到空想社会主义思想的影响,但却具有积极进取的务实精神。作者最后指出:"恽代英虽然受到无政府主义思潮的严重影响,且在1919年年底以前有逐渐加深趋势,但在对一系列重要问题的看法上与无政府主义者有着原则区别。其早期思想的主流是资产阶级民主主义,不是无政府主义。早期的恽代英是一个受到无政府主义思潮影响的资产阶级民主主义者。"

1989年,田子渝在《湖北大学学报》第3期发表《论五四时期恽代英政治思想的主流》,针对胡长水同志的观点进行争鸣,论证了恽代英早期政治思想的主流经历了由激进民主主义到空想社会主义,再到科学社会主义的转变和发展过程。论文说,无政府共产主义不是恽代英早期政治思想的主流,"从1914年至1921年,他留下了大量文章和日记,只要认真地阅读这些资料,不难发现这一时期他的思想十分活跃,对于异域文化是采取拿来主义,并未将自己封闭在哪一种主义或思想的圈子内"。"另一方面,恽代英的观点与无政府共产主义者的观点有着质的区别。""恽代英早期政治思想的主流是处在变动过程中,如果从1914年他首次发表《义务论》作为始期,到1921年7月成立共存社为止的话,那么他思想的主流经历了激进民主主义——空想社会主义——科学社会主义的变动。"

恽代英早期思想研究,是日本学者一直关注的问题。日本有4位教授研究恽代英,发表学术论文6篇,都是探讨恽代英早期思想的。小野信尔教授认为,理想主义是新文化运动——五四运动的精神基调,在新文化运动影响下,中国各地出现的青年进步团体,首先是克鲁泡特金的互助论和托尔斯泰的泛劳动主义占据了青年们的思想,所以,这些运动受无政府主义影响很深,不过,多数人是从当时最科学、进步、长远的纲领无政府主义的武器库中借用顺当的工具,并非完全皈依它。作者援引恽代英《怎样创造少年中国》中对无政府主义表示怀疑的一段话后说,这触及五四时期很多青年对无政府主义的主张产生共鸣而又不能完全赞同的原因的内核。小野信尔教授指出,人们不是直线地接近马克思主义,而是在工读互助等理想主义的实验中探索通向社会主义的独特道路的。工读互助运动的失败和五四运动后大众斗争的体验,把人们从小市民的幻想中解放出来。通过各种经验的总结,他们得出了走俄国人的路这一结论。作者正是以这样的观点分析了恽代英五四时期是怎样逐渐地抛弃无政府主义等错误思想的影响而转向马克思主义的。[①] 后藤延子教授在其《恽代英在五四前夜的革命思想》一文中,把恽代

---

① [日]小野信尔著,李少军译:《从恽代英看五四时期的理想主义》,见《恽代英学术讨论会论文集》,华中师范大学出版社1985年版,第382—407页。

英的思想发展分为三个阶段：第一阶段是五四前夜，其思想只停留在一般的宣传道德修养和社会服务方面；第二阶段从 1919 年到 1921 年夏，这一时期他的思想已经明显地出现了理想社会的方案；第三阶段是加入中国共产党以后的情况。她认为，恽代英早期思想倾向无政府主义的原因有两个：一是以否定权利竞争、批判近代文明为依据的；二是他把作为动物的人类"天生同情的本能"产生的"喜群恶独的性格"看做是利他的根据。她在论文中还探讨了恽代英这一时期的"认识论、思想方法论"和"理想社会方案的萌芽"。①

狄间直树教授在《五四运动的精神背景——对恽代英无政府主义思想的历史评价》中认为恽代英所"懂得"的"安那其的真理"，看来与其说是一种理论毋宁说是一种精神。该文在剖析了恽代英的早期论文《义务论》和《我的人生观》等后说："我们要注意恽代英所谓的'无政府主义'是有着它特定的内容、带着它的时代印记的，我们可以看到，当时的无政府主义，在民国初期的社会里，就其可以实践的范围内（无论在新思想的启蒙、提倡生活自立的人生态度以及五四运动那样的追求民族独立的爱国运动中），只能发挥它的实际性效用。换句话说，其最重要的意义正在于让人们认识到了目前运动变为社会改造运动的可能性。我们并且可以据此认为，中国近代无政府主义在五四时期的时代特征，正表现在这里。"②

美国学者夏海考察了恽代英组织互助社的动因与实践活动后认为，"确切地说，恽代英和他的助手有意地使用本土的语言以及本土的形式来表达外来的思想。虽然克鲁泡特金式的无政府主义起到了明显的启发作用，但是对于社团的形式与实践的影响——至少在成立后的最初几个月——最大的还是青年会。""恽代英及其同事除了受中国传统伦理思想的影响外，青年会也对他

---

① ［日］后藤延子著，喻枝英译：《恽代英五四前夜的革命思想》，华中师范大学出版社 1985 年版，第 408—428 页。

② ［日］狄间直树：《五四运动的精神背景——对恽代英无政府主义思想的历史评价》，《广东社会科学》1989 年第 3 期。

们的'互助'思想和活动形式产生了重要影响。"①

2. 关于恽代英的爱国主义思想

恽代英是一个赤诚的爱国主义者,过去对他的爱国主义思想的研究,主要反映在恽代英爱国实践活动的研究中,理论研究深入不够。近年来,随着以爱国主义为核心的民族精神的弘扬,学者们愈来愈重视这个问题。李力安先生在《恽代英诞辰100周年纪念会暨学术讨论会论文集》的序言中指出,恽代英由一个封建士族子弟转变为坚定的共产主义战士,除了时代的条件外,"根本的一条,是由他那强烈的爱国主义思想做基础。为救国图强,他探寻了各种方案,但一一被严酷的现实所打破。最后他终于找到了救中国的唯一道路——共产主义,并为之献身。他的这种强烈的爱国心和对真理的执著追求,以及最后选择了共产主义,这反映了中国革命的知识分子发展的规律——真正的爱国主义、追求真理的人最终必然要走向共产主义。他们要么成为共产主义者,要么成为共产党的亲密朋友,这正是我们今天的青年需要好好学习和继承的"。② 晓叶在《试析恽代英的爱国情结》③中指出,青年恽代英在探索救国之途时,特别强调"行"。他反对空谈,反对无休止的争辩,提倡"力行"。作者认为,爱国主义是积淀在龙的传人的血脉中对祖国最深厚的感情,是中国各族人民团结奋斗的一面旗帜,恽代英在投入爱国主义运动中的同时,对爱国主义作了精辟的论述,赋予了它时代的精神,主要表现为:(一)恽代英对爱国主义作了马克思主义的解释。他运用历史唯物主义的观点,指出爱国主义是一种观念,属于上层建筑,必定有其经济背景。若经济背景遭到破坏,爱国主义便不能维持。因此爱国主义是

---

① ［美］夏海:《从教条到实践:西方学者对于恽代英研究的简介以及我对于互助社的来源与实践的看法》,见《恽代英诞辰110周年学术讨论会论文集》,华中师范大学出版社2006年版,第68页。

② 见《恽代英诞辰100周年纪念会暨学术讨论会论文集》,华中师范大学出版社1996年版,第3页。

③ 见《恽代英诞辰100周年纪念会暨学术讨论会论文集》,华中师范大学出版社1996年版,第23—29页。

一个历史范畴,在社会发展不同阶段,有不同的具体内容。"爱国主义在民主革命的时代特征就是与反对帝国主义、反对军阀斗争紧密联系在一起。"(二)批判了形形色色的错误救国之策,如教育救国、学术救国、实业救国、人格救国等。恽代英认为,在中国政治制度没有根本改变之前,"这些主张不仅仅是空想,而且还转移人民斗争的视线,因而必须加以批判,将群众引向正确的解放道路上去"。(三)阐述了中国的二重任务是民族独立和中国现代化。作者指出,恽代英在将主要精力放在民族解放和独立斗争上的同时,对中国现代化也提出了一些精辟见解,他十分关注列宁的新经济政策,强调应学习列宁一切从俄国实际情况出发制定政策的思想路线。作者又指出,恽代英是中国共产党领导人中最早提出利用外资的人。他在 1924 年写了《如何方可利用外资》,具体谈了利用外资的必要性和具体办法。王国新在《浅析恽代英的外交经济观》[①]中也指出,恽代英在对中外社会经济的发展形态、经济规律和经济发展模式的选择设计等方面也有深刻的研究。它的内核是谋求中华民族经济的振兴,摆脱西方列强的经济侵略,实现强国富民,经过一条适合中国国情的、类似苏俄新经济政策模式的、社会经济发展的"长的阶梯",最终实现共产主义社会。恽代英外交经济观的基本框架是:(1)提倡国货;(2)引进外资、开发富源、发展民族工业;(3)实现关税自主;(4)废除非法外债,扩大对债权国贸易,实现国际贷借均衡;(5)革命成功后的对外经济政策的制定必须从中国国情出发。何祥林教授在《恽代英精神的当代价值》[②]中指出,恽代英崇高的爱国主义精神,积极探索、勇于创新的精神,艰苦朴素、先人后己的精神,矢志不渝地为共产主义理想而奋斗的精神,是我们弥足珍贵的财富。一、恽代英崇高的爱国主义精神激励我们为中华民族的伟大复兴而奋斗。二、恽代英积极探索、勇于创新的精神激励我们走自主创新道路。三、恽代英矢志不渝地为共产主义理想而奋斗的精

---

① 见《恽代英诞辰 100 周年纪念会暨学术讨论会论文集》,华中师范大学出版社 1996 年版,第 36—45 页。

② 何祥林:《恽代英精神的当代价值》,《光明日报》2005 年 11 月 9 日第 10 版。

神,激励我们排除万难,不断夺取社会主义现代化建设的新胜利。钟德涛教授在《恽代英:永葆党员先进性的典范》①中说,恽代英"以中国共产党员的身份冲锋在民族解放的最前列,以其坚定的信念,杰出的才干,无私奉献的精神,艰苦奋斗的作风,对党无限忠诚、宁死不屈的品格,充分展示出共产党员的先进性,为中国共产党在中国人民的心中树立了一尊高大的光辉形象"。

3. 关于恽代英对中国革命理论的贡献

学者们一致认为,恽代英对中国革命理论的贡献是多方面的,特别是在大革命时期尤为突出。李良明、田子渝的《大革命时期恽代英同志对中国革命基本问题的认识》,首先涉及恽代英大革命时期的思想研究。该文概述了这一时期恽代英对中国社会和革命性质、动力、对象以及统一战线、武装斗争等基本问题的认识,认为他的这些理论著述,完全应该作为学习和研究第一次国内革命战争时期中国共产党历史的重要文献。

张光宇的《恽代英与第一次国共合作》②论述了恽代英为第一次国共合作作出的杰出贡献。文章指出,恽代英不仅积极宣传国民党改组的意义和革命的三民主义及三大政策,主张壮大国民党组织,努力促进国民党革命化,而且为巩固和发展第一次国共合作,参加了反对冯自由派、批判戴季陶主义、反对西山会议派和参与领导反对蒋介石的斗争。他还参加领导中央军事政治学校的工作,为革命军队的建设建立了功勋。戴绪恭、田子渝的《恽代英在统一战线方面的实践与理论贡献》③简述了恽代英在第一次国共合作中的光辉业绩后指出,恽代英在统一战线理论上的贡献有以下四个方面:第一,论述了建立统一战线的重要性;第二,阐述了国共合作的必要性和

---

① 钟德涛:《恽代英:永葆党员先进性的典范》,《光明日报》2003年9月29日第10版。

② 张光宇:《恽代英与第一次国共合作》,《恽代英学术讨论会论文集》,华中师范大学出版社1985年版,第119—223页。

③ 戴绪恭、田子渝:《恽代英在统一战线方面的实践和理论贡献》,华中师范大学出版社1985年版,第225—246页。

可能性;第三,强调了统一战线中无产阶级的领导权问题;第四,提出了统一战线根本策略原则的基本思想。李良明在《试述恽代英的思想发展与理论贡献》①中认为恽代英对中国革命的理论贡献表现为:他正确地论述了中国社会的性质与革命的对象、动力等问题,对党的新民主主义革命总路线基本思想的形成作出了贡献;他坚决拥护党的革命统一战线政策,坚持了党在统一战线中的正确立场和策略原则;他是我党最早认识到武装斗争重要性的领导人之一,和周恩来一起,为我军政治思想工作的建立奠定了基础;他揭露了国民党新军阀政权的反动性质和国民党改组派的欺骗性,讴歌了中国共产党领导的苏维埃政权,向工农民众指出了革命的方向。徐晓林、张文有的《恽代英关于农民运动的实践和理论探微》②论述了恽代英在农民运动方面的革命实践和理论贡献,指出,早在 1927 年前,恽代英就对中国的新民主主义革命实质上就是农民革命这个问题进行了基本的研讨。他一生关于农民运动的实践虽不如彭湃的影响大,在理论上也不如毛泽东概括得科学,但他在这方面的影响是巨大的。他关于农民问题的著作,贯穿了马列主义关于农民问题的基本理论,充满了求实精神。胡长水在《恽代英中国革命前途思想评述》③中认为,第一次国内革命战争前期在党的"四大"及个人论著中,在提出无产阶级领导地位时,都没有明确否认资产阶级专政的资本主义道路,而恽代英 1923 年年底以后的文章中就否定了资产阶级专政的资本主义道路。

李敬煊在《试论恽代英的国民革命思想》④中说,恽代英国民革命思想的杰出贡献是:首先精辟分析了中国社会各阶级的地位及其在革命中的作用;其次是指明了中国革命的根本目的是打倒帝国主义和封建主义;再次是

① 李良明:《试述恽代英的思想发展与理论贡献》,华中师范大学出版社 1985 年版,第4—22 页。

② 徐晓林、张文有:《恽代英关于农民运动的实践和理论探微》,见《恽代英学术讨论会论文集》,华中师范大学出版社 1985 年版,第 185—198 页。

③ 胡长水:《恽代英中国革命前途思想评述》,《四川党史月刊》1990 年第 9 期。

④ 李敬煊:《试论恽代英的国民革命思想》,见《恽代英诞辰 100 周年纪念会暨学术讨论会论文集》,华中师范大学出版社 1996 年版,第 161—168 页。

认识到农民及农民问题在中国革命中的重要性;最后是分析了中国资产阶级的特殊状况,把中国资产阶级分为"大商买办阶级"和"工业资本家"(民族资产阶级),明确指出前者是革命对象,后者具有两重性,是可以联合的革命力量,但不能担当起中国革命的领导责任。作者最后说:"恽代英国民革命思想中的真知灼见已走在当时中国共产党人的前列,代表了早期中国共产党人对中国革命基本问题认识的优秀成果,并为以毛泽东为代表的中国共产党人所吸收、借鉴和集中,对中国革命的胜利产生了巨大指导作用。"

徐晓林在《恽代英对黄埔军校政治工作的贡献》①中认为,应该说,黄埔军校时期,是我军政治工作的创立时期。可以说,恽代英是我军政治工作的创立者之一。理由是:(一)提出了军队政治工作的主要内容;(二)阐述了军队政治工作的方法;(三)完善了政治教育制度。"因此,把恽代英作为我军政治工作的创立者或奠基人,是合乎事实的。"罗润成在《大革命时期恽代英对我党武装斗争理论的卓越贡献》②中指出,综观恽代英的武装斗争思想,有这样几个特点:(一)必须注重建立自己的武装,没有革命的武装就不能完成反帝反封建的革命任务,就不会有革命的成功;(二)强调政治建军;(三)重视从组织上建军;(四)强调武力与民众结合。张光宇、涂上飚在《恽代英在武汉军校的历史功绩》③中说,武汉军校在形式上是国共合作的学校,但负实际责任的却是中国共产党著名的政治活动家恽代英。文章特别强调了恽代英在武汉军校期间反对蒋介石和平叛夏斗寅的斗争中所起的特殊作用,最后指出,武汉军校后来改编为军官教导团,军官教导团几经曲折,参加了广州起义,并成为广州起义的主力部队,最后在中国共产党领导下,

---

① 徐晓林:《恽代英对黄埔军校政治工作的贡献》,华中师范大学出版社 1996 年版,第 275—283 页。

② 罗润成:《大革命时期恽代英对我党武装斗争理论的卓越贡献》,华中师范大学出版社 1996 年版,第 155—160 页。

③ 参见张光宇、涂上飚:《恽代英在武汉军校的历史功绩》,华中师范大学出版社 1996 年版,第 284—294 页。

走上了从城市武装起义转向农村武装斗争,深入农村,建立农村革命根据地的道路。这里面也应该有恽代英的一份功劳。

4. 关于恽代英的哲学伦理思想

学者们一致指出在恽代英思想中,哲学思想占有重要地位。他的《新无神论》、《论信仰》、《物质实在论》、《智识与经验》、《怀疑论》等文,不仅宣传了无神论和唯物主义思想,还宣传了唯物主义的认识论,对当时提倡科学,破除迷信,解放思想具有重要意义。吕希晨在《恽代英哲学思想研究》①中分析了恽代英哲学思想的发展,指出他的唯物主义哲学及其对唯心主义哲学的批判,在中国现代哲学史上占有重要地位。文章说,恽代英早期,以物质实在论和怀疑论为武器,对封建迷信思想和宗教唯心主义进行了有力批判。成长为马克思主义者后,力图运用唯物史观,批判改良主义,宣传依靠群众,用革命手段改造社会。进而认为,他的哲学思想是在传播唯物史观与批判地主资产阶级哲学过程中形成起来的,充分显示了马克思主义哲学的实践性和阶级性的特点。恽代英诞辰 90 周年学术讨论会收到的关于恽代英哲学思想的论文,着重探讨了他早期的哲学思想。徐善广、徐卫国的《恽代英早期认识论思想初探》②说,青年时代的恽代英,虽然还处在探索真理、逐步成熟的过程中,但他的认识论思想已取得了相当大的成就,他的认识论思想坚持了唯物主义的认识原则,肯定了世界的可知性,同时包含了一定的辩证思想。虽然他的早期认识论思想还不可能完全达到辩证唯物主义认识论的高度,但其中也在一定程度上揭示了辩证唯物主义认识论的某些基本思想。

李本先教授在《试论恽代英早期的认识论思想》③中指出,恽代英早在五四运动前,就提出了"物质必为实在"的基本观点,并认为它是人们感觉、

---

① 见《社会科学战线》1984 年第 4 期。
② 见《恽代英学术讨论会论文集》,华中师范大学出版社 1985 年版,第 54—61 页。
③ 见《青海社会科学》1986 年第 4 期。

认识的来源,从而贯彻了认识论的唯物主义的基本思想。他在唯物主义基础上形成的认识论,具有明显的、相当丰富的辩证法思想。他认为,经验与知识是有区别的,又是相互联系的。他批判了哲学史上主、客观唯心主义和休谟、康德、孟子的不可知论,继承、吸收了中外认识论的优良传统。李怡在《恽代英对于中国哲学的现代思考》①中认为,恽代英的哲学思考与现代哲学相趋近。在万物的本原问题上,他认为"以太为万物之根本"。但他对"以太"的假说,既不同于康有为、谭嗣同,又有别于孙中山。他试图超越当时科学知识局限,以达成超时代的适应将来科学发展的要求,确实代表了当时对哲学的一种现代思考。同时,恽代英对认识论的哲学思考,包括认识过程的三层次说、可知论及怀疑论,从而构成了一个科学生动开放成长的认识论结构,颇与现代哲学精神相符。袁伟时的《恽代英前期哲学思想试探》②论述了恽代英早期哲学思想在中国现代思想史上的地位。文章说,在新文化运动前期,恽代英虽然还是中华大学的一个青年学生,但他已经形成了一个粗具规模的哲学思想体系。在这个体系中,物质实在论和认识论是最具特色的部分,代表着当时中国思想文化界在这些问题上达到的最高水平。当时,只有李大钊少数几个先进知识分子创造了自己的哲学思想体系,也难得有什么人在物质观和认识论的研究上可与他相提并论。因此,恽代英在中国现代哲学史上理所当然地占有一席之地。王鹏程、李良明在《论恽代英的哲学思想》③中认为恽代英的哲学思想主要由物质观、认识论、人生观、历史观组成,自成体系,代表了早期无产阶级革命家在哲学领域所取得的最高成就。

在恽代英伦理思想研究方面,李怡的《恽代英早期伦理思想的主要特

---

① 李怡:《恽代英对于中国哲学的现代思考》,见《恽代英诞辰 100 周年纪念会暨学术讨论会论文集》,华中师范大学出版社 1996 年版,第 46—54 页。

② 袁伟时:《恽代英前期哲学思想试探》,见《恽代英学术讨论会论文集》,华中师范大学出版社 1985 年版,第 23—37 页。

③ 王鹏程、李良明:《论恽代英的哲学思想》,见《毛泽东思想研究》2010 年第 4 期。

点》①指出恽代英早期伦理思想的三个特点:一是借助中国伦理精神,汇入西方伦理观念,顺应中华民族心理,更新伦理意识;二是注重伦理的实践性,试图用自己的伦理思想,制约和改造社会政治、现状;三是恽代英早期的伦理思想越来越靠近马克思列宁主义的某些基本观念,为他最终向马克思主义者转变提供了一定的条件。日本学者后藤延子的《论恽代英五四时期的思想》②(喻枝英译),通过分析恽代英日记,论述了恽代英道德修养方法,并通过与曾国藩、富兰克林道德修养比较,说明了恽代英道德修养的性格特征。这就是:恽代英在积极向上的人格修养方面,在确立并遵守合理的生活日程方面作出很大努力,他的日记就像成绩报告单一样如实记录了这方面的情况。恽代英的修养具有近代的、市民社会的倾向性。

5. 关于恽代英的教育思想、新闻思想、文学思想

恽代英的教育思想,以前虽有专文论及,但局限于他在中华大学任教时期,也不完全。哈经雄、李渝的《略论恽代英的教育思想》③较全面地论述了这个问题。文章指出,恽代英的教育思想有一个形成发展的过程,他的教育观和政治观一样,是随着时代的演变,随着马克思主义在中国的传播和自己对教育的研究、探索而由资产阶级民主主义教育观逐渐发展为马克思主义教育观的。作者认为,恽代英的早期教育思想没有脱离封建教育内容的窠臼,他也曾受到教育救国思想的影响。成长为马克思主义者以后,他以马克思主义指导论述教育,丰富了中国马克思教育理论的宝库。他的教育思想主要内容有:(一)运用马克思主义观点,驳斥了资产阶级超阶级的教育观,阐明了教育与社会、政治的关系,教育的地位与作用,教育的目的与任务;(二)抨击旧教育是"祸国殃民"的教育,强调教育要为社会培养"身(体育)

---

① 李怡:《恽代英早期伦理思想的主要特点》,见《华中师范大学学报》1991 年第 5 期。

② [日]后藤延子:《论恽代英五四时期的思想》,见《恽代英学术讨论会论文集》,华中师范大学出版社 1985 年版,第 408—428 页。

③ 哈经雄、李渝:《略论恽代英的教育思想》,见《恽代英学术讨论会论文集》,华中师范大学出版社 1985 年版,第 132—153 页。

心(智育)性(德育)各方面完全发达"的有用人才;(三)重视教育科学的研究,认为各级教育应有明确的要求,强调高等师范教育和教师对发展教育具有十分重要的作用;(四)注意教材和教法的改革;(五)反对教会教育,提倡平民教育。

刘用亚的《恽代英新闻思想初探》①首次论及恽代英的新闻思想。刘文在论述了恽代英论及无产阶级新闻学的一些重要方面,如报纸的性质、任务、作用,指导性、可读性,新闻的真实性,读者问题,群众办报的方针等问题后说,恽代英的这些论述,是在无产阶级党报发展的最初阶段那样实践并不充分的条件下总结、探索出来的,因而是十分可贵的,尽管还不够完善,但对无产阶级新闻理论的形成,无疑起了奠基的作用。随后,又相继有胡正强的《恽代英编辑思想论略》②、张秉政等的《恽代英编辑素质》③、徐飞的《论恽代英对党的新闻出版事业的贡献》④等论文面世。这些论文从编辑人员的角度彰显了恽代英的编辑特点及其贡献。

张文泰的《试论恽代英的文学思想》⑤,第一次论及恽代英的文学思想。该文认为,恽代英的文学思想在中国马克思主义美学发展史上,是带有开创性的。文章说,坚决反对洋八股式的所谓"新文学",倡导能激发国民的精神的新文学,是恽代英文学思想中的精髓。引导青年作者投身于党所领导的民族民主革命斗争实践中去,培养他们的无产阶级革命感情,创造出真实地反映那个时代的充满着革命感情的优秀作品,是恽代英文学思想中创作观的基本内容。重视无产阶级的革命文学在民族民主革命斗争中的强大思想鼓动作用,是恽代英文学思想中审美观的重要观点之一。然而,这一专题

---

① 刘用亚:《恽代英新闻思想初探》,《恽代英学术讨论会论文集》,华中师范大学出版社1985年版,第132—153页。

② 胡正强:《恽代英编辑思想论略》,《编辑学刊》1997年第4期。

③ 张秉政等:《恽代英编辑素质》,《编辑学刊》1997年第6期。

④ 徐飞:《论恽代英对党的新闻出版事业的贡献》,《新闻出版社交流》2002年第1期。

⑤ 张文泰:《试论恽代英的文学思想》,《恽代英学术讨论会论文集》,华中师范大学出版社1985年版,第172—184页。

的研究跟进不够,直到 2003 年,才又见到柯育芳的《恽代英的文化观》①发表。该文指出,在对待中国传统文化方面,恽代英运用马克思主义的文化观,指出各国文化有着共同的特征,其精华部分都是人类优秀的文化遗产,必定越过国家民族和文化的界限和壁垒而得到广泛传播。因此对传统文化的精华,要继承和发扬。同时,恽代英主张无论对中国传统文化还是外来文化,都要采取一分为二的态度。

除此之外,还有一些关于恽代英经济思想、青年思想、妇女思想、中共局部执政思想等方面研究的论文,但数量不多。

四、恽代英思想研究的基本思路和意义

检阅恽代英研究的成果,我们感到无比喜悦,也增强了继续深入研究恽代英思想的勇气和责任感。我们认为,尽管中共十一届三中全会以来,恽代英研究成绩很大,但还远远没有达到成熟的水平,仍需继续深入开拓。试将恽代英研究与李大钊、陈独秀、毛泽东等人的研究相比,李大钊、陈独秀、毛泽东等人的研究成果汗牛充栋,而恽代英的研究成果,则与这位党内早期著名的政治家、理论家、青年运动领袖的身份极不相称。从已有的恽代英研究成果看,明显存在三多三少。

一是恽代英生平史料研究的论文较多,恽代英思想研究的论文较少。这从本书后面附录的《恽代英研究篇目索引》看得很清楚。据不完全统计,在 430 多篇生平事迹与思想研究的论文中,恽代英生平事迹的研究论文有 220 多篇,超过半数以上。至今还没有一本恽代英思想研究的专著。

二是在恽代英思想研究的论文中,关于他五四时期思想的研究较多,大革命时期和大革命失败以后的思想研究较少。从《恽代英研究篇目索引》可见,我国学者现有研究主要是探讨恽代英五四时期政治思想的发展轨迹,以及少数关于他这一时期的哲学思想、教育思想、编辑思想、文化思想等方

---

① 柯育芳:《恽代英的文化观》,《武汉理工大学学报》2007 年第 5 期。

面的研究,对大革命时期及大革命失败以后恽代英思想的研究论文可谓凤毛麟角。日本学者、美国学者的论文也都是研究恽代英早期思想的。

三是对恽代英生平事迹及思想的研究,还单纯地停留在对恽代英个体研究方面,个体研究较多,而个体与个体比较研究以及个体与群体比较研究少,甚至可以说关于恽代英的比较研究至今阙如。其实,恽代英生前与陈独秀、毛泽东、周恩来等老一辈革命家个体以及与利群书社群体、少年中国学会群体、广大中国革命青年群体建立了深厚的友谊。他们相互砥砺,相互促进,探讨中国革命实际问题。将恽代英的思想和实践与他们的思想和实践进行比较研究,不仅可以部分展现中国共产党群星灿烂的历史全景图,还可以进一步提高中共党史、中国现代史的研究水平。

(一)恽代英思想研究的基本思路

恽代英遗著蕴涵着丰富的哲学思想、政治思想、经济思想、文化思想、教育思想、青年运动思想。这是党的一笔宝贵思想财富,具有极高的理论价值和实践指导意义,认真研究恽代英的这些思想,可以进一步丰富党的理论宝库,进一步促进党的理论建设和思想建设。本书将着重探讨下列问题:

1. 关于恽代英的哲学思想

恽代英1918年夏于中华大学哲学专业本科毕业。他是新文化运动中升起在中国哲学界的一颗新星。他的著名论文《新无神论》、《怀疑论》、《物质实在论》、《我之人生观》、《经验与知识》等以及关于哲学问题的一系列信函,构建了完整的哲学思想体系。恽代英坚持哲学的唯物主义性质,认为世界是物质的,物质必为实在。尤其在认识论方面,恽代英对认识过程进行了详尽考察,将人的认识分为经验与知识两个阶段,随着经验的不断丰富,人的知识也不断发展,从而坚持了唯物论的反映论。

如前所述,早在1985年,中山大学教授袁伟时就提出:"在新文化运动前期,恽代英虽然还是中华大学的一个青年学生,但已经形成了一个初具规模的哲学思想体系。在这个体系中,物质实在论和认识论是最具特色的部分,代表着当时中国思想文化界在这些问题上达到的最高水平。当时,只有李大钊等少数几个先进知识分子创造了自己的哲学思想体系;也难得有什么人在物质论和认识论的研究上可与他相提并论。"①笔者认为,袁教授的这个评断是有道理的。但至今还没有人完整系统地研究恽代英的哲学思想体系,更没有人将恽代英的哲学思想体系与李大钊等人的哲学思想体系进行比较研究。

2. 关于恽代英的政治思想

对恽代英早期的政治思想研究的确多一些。但他由资产阶级民主主义者转变为马克思主义者以后,用马克思主义分析中国国情,在 1923 年年初就提出了"建立民主联合阵线"的思想,此后,在《中国青年》等刊物上,发表了大量政治论文,涉及中国革命的领导阶级、依靠力量、同盟者、革命任务、革命对象等基本问题,为中国新民主主义革命基本思想的形成作出了贡献。他坚定地站在无产阶级立场上,深刻批判了国家主义派、国民党新老右派和戴季陶主义以及国民党改组派,坚持了革命统一战线和党的土地革命的正确方向。他十分重视毛泽东领导的中央苏区的政权建设,1930 年 3 月,他写了《请看闽西农民造反的成绩》、《闽西苏维埃的过去与将来》等著名论著,热情讴歌了朱毛红军和根据地建设的伟大成就,初步总结了党在闽西局部执政的历史经验。他的这些思想,具有深远的历史意义和现实意义。

3. 关于恽代英的经济思想

恽代英写了《庚子赔款与最新政治》、《如何方可利用外资》、《革命政府与关税问题》、《列宁与新经济政策》等大量论著,以翔实的数据分析了半殖民地半封建社会中国的经济状况,特别是帝国主义的入侵,对中国工业、农业、商贸、海关等造成的影响。他明确指出,经济制度是社会的基础,要改造

---

①　袁伟时:《恽代英前期哲学思想试探》,《恽代英学术讨论会论文集》,华中师范大学出版社 1985 年版,第 37 页。

社会,必须彻底改造旧的经济制度。他热情评价列宁的新经济政策,认为这是过渡到社会主义的"阶梯",强调中国在民主革命胜利后,对帝国主义在华的工厂、银行要没收国有,国际贸易由国家独占,允许私营经济发展。他强调要对外开放,引进外资,引进人才,学习科学技术。总之,解决中国问题,"要根据中国的情形,以决定中国的办法"。恽代英在 20 世纪 20 年代便提出这些思想,实在难能可贵。但至今有关研究论文寥寥无几,很有深入研究的必要。

4. 关于恽代英的军事思想

恽代英与周恩来、聂荣臻等,是中共党内最早认识到军事斗争重要性的领导人之一。1922 年,他在《民治运动》一文中便提出了"赶快组织作战的军队"的思想。京汉铁路工人大罢工失败后,他又指出"民主革命仍必假军队与群众之力以成功"。五卅运动中,他提出要"组建学生军"。在大革命的高潮中,他号召农民起来组织农会,编练农军。在党处于幼年时期、全党对武装斗争重要性认识不足的情况下,恽代英的上述思想是难能可贵的。他也是在大革命失败以前,亲率部队直接指挥战争的中共领导人之一。恽代英和周恩来又是人民军队政治思想工作的开创者和奠基人,正如朱德所说,研究中国共产党和人民军队的政治思想工作,"要从黄埔军校这个老根挖起"。大革命失败后,恽代英参与领导南昌起义和广州起义,是党领导的新型人民军队的缔造者之一。

5. 关于恽代英的文化思想

恽代英的文化思想包括新闻出版思想和文艺理论著述。他从五四时期开始办报办刊,先后主编《学生周刊》、《光华学报》、《新建设》、《中国青年》、《红旗》、《红旗日报》等报刊,对办报办刊的宗旨、方针、内容乃至版面设计,都有专论。对于办报纸,他强调"要浅近、有条理、真、能动人",报道应选择"有关社会重大的问题"、"社会不可少的"、"急切需要的"、"解决时局之要文"和"叙国内要事"、"国外要事"等重大问题。他还指出,党报要尽量地利用机会"扶植群众,唤醒群众,指导群众,以预备或实现各种有效的反抗运动"。对于办刊物,他则强调论文"要有学术性",无新思想的论文,一概免登。在文艺理论方面,他写了《八股》、《文学与革命》、《怎样做一个宣传家》等论文,针对五四新文学运动废除了旧八股又出现了洋八股的倾向,他提出了坚决反对洋八股的主张。他倡导无产阶级的革命文学,提出革命作家应投身革命实践,采用人民群众喜闻乐见的大众化的艺术形式,真实地反映人民群众的高尚圣洁情感生活,以适应人民大众的审美要求,使革命文学在民族解放中发挥打击敌人,动员人民的作用。他特别强调革命文学事业要由共产党来领导。这些思想在当代仍具有现实意义。然而这方面的研究才开始起步,这块富矿亟待开采。

6. 关于恽代英的教育思想

恽代英一生没有脱离教育事业。他既从事过普通中学、中等师范学校的教育,又从事过大学教育特别是革命军校的教育,写过大量关于幼儿教育、中等教育、大学教育、军校教育的理论著述。他的教育思想,既继承了中国传统教育理论的精华,又吸收了西方教育的先进理念。他极力主张教育改革,主张使学问与职业一贯,学问当注重适合社会之实际,使学生在德、智、体、美诸方面全面发展。他尤其注重对学生思想品德的教育,强调要培养社会有用之才。他特别鼓励学生走向社会,深入民间,把学习与民族解放、民族兴旺结合起来。这些思想在今天看来,仍具有指导作用。恽代英教育思想的研究,也只是刚刚起步,目前只有一些关于中学教育思想的研究论文,幼儿教育、大学教育、革命军校教育的研究都涉及不多。我国广大的教育工作者,应该从恽代英的教育思想中汲取丰富的营养。

为了实现上述目标,笔者将运用历史学、社会学和比较学的研究方法,从以下思路展开研究:

第一,以往学人对恽代英的研究往往从政治思想发展的角度,注重史事的考量与研究,这当然是十分必要的。但恽代英短暂的一生与中国现代化的历史进程息息相关。我们现在将把恽代英放在中国现代化的历史进程中,以恽代英与中国现代化为主线,全景式地研究他的思想。

第二,以往学人对恽代英的研究,往往忽视了恽代英独特的理论建树。例如他关于青年思想政治教育的思想,特别是在黄埔军校,他与周恩来一起,奠定和开创了中国共产党和人民军队的思想政治工作基础。所以朱德总司令说,研究中国共产党和我军的思想政治工作,"要从黄埔军校这个老根挖起"。我们将以历史唯物主义为指导,力求写出恽代英从事思想政治教育的特点。

第三,以往学人对中共党史人物的研究,往往只注重个体研究,忽略了个体与群体的联系、个体与个体的比较研究。恽代英的研究也大体如此。我们将认真研究恽代英与利群书社群体成员、少年中国学会群体成员及陈独秀、毛泽东、周恩来等的相互影响和互动,提高恽代英研究的水平。

(二)恽代英思想研究的意义

恽代英是中国先进知识分子的杰出代表之一,他短暂一生所走过的道路,代表了中国社会前进的方向。他的理论与实践,是中国现代化历史进程中一定阶段的产物。

什么是现代化?中国学界权威的解读是:"自产业革命以来,现代生产力导致世界经济迅速发展和社会适应性的大趋势。以现代工业、科学和技术革命为推动力,引起传统农业社会向现代化社会的转变,以及在经济、政治、文化、思想各个领域引起相应的深刻变革的历史过程。对于经济落后的国家来说,意味着采用适合国情的有效措施,实行有步骤的经济技术改造和适应生产力发展需要的广泛社会变革,加速生产力发展和向现代工业化社会转变,尽快赶上经济发达国家,适应世界新的生产和发展环境。"①

将现代化分为内生型现代化和外生刺激型现代化两种模式,是当前学术界的共识。从全球化的视角观察,由于现代化潮流是自西而东滚滚而来,所以包括中国在内的东方国家的现代化,都属于外生刺激型。中国早期现

---

① 《中国大百科全书》(简明版)第9卷,中国大百科全书出版社1996年版,第5307页。

代化发轫于 19 世纪 40 年代。

中国早期现代化，是指 1840 年鸦片战争到 1919 年五四运动期间，一批又一批志士仁人追求现代化的社会历史进程。毛泽东深刻指出："自从一八四〇年鸦片战争失败那时起，先进的中国人，经过千辛万苦，向西方国家寻找真理。洪秀全、康有为、严复和孙中山，代表了在中国共产党出世以前向西方寻找真理的一派人物。"①这些先贤在他们所处的历史年代为中国的现代化都曾作出过历史性的贡献。但是他们的理想总是不能实现，其根本原因是其选择所走的道路不对，都是希冀通过改良之路在中国达到实现现代化的目的。然而，西方列强入侵中国的目的，并不是要使中国发展资本主义，实现现代化，而是要将中国变为他们的殖民地。所以，先生老是侵略学生就不奇怪了。

十月革命一声炮响，给中国送来了马克思主义，惊醒了中国五四新一代知识分子，李大钊、陈独秀、毛泽东、恽代英等一批杰出代表人物，用无产阶级宇宙观作为观察国家命运的工具，重新考虑中国的问题，决心走俄国人的路。历史证明，虽然中国资产阶级有着在中国实现现代化的美好愿望并为此付出了很大的努力，但它却无力担负起领导中国实现现代化的艰巨重任，必须有一个代表中国先进生产力发展的要求、代表中国先进文化前进方向、代表最广大人民群众根本利益的先进阶级及其政党取而代之，将马克思主义与中国实际相结合，走中国特色的革命道路，推翻帝国主义、封建主义和官僚资本主义三座大山的统治，夺取国家政权，为中国的现代化提供前提条件，中国的现代化梦想才有希望实现。

研究恽代英关于中国现代化历史进程中的理论与实践，具有重要的意义：

第一，中国共产党从成立的那一天起，就一直为开辟中国现代化的前提条件而奋斗，毛泽东等老一辈革命家，把马克思主义的普遍真理与中国革命实践相结合，创立了一条具有中国特色的革命道路。在这条道路的指引下，

---

①　《毛泽东选集》第 4 卷，人民出版社 1991 年版，第 1469 页。

经过28年的艰辛努力,终于取得了胜利。恽代英就是为开辟中国现代化前提条件而英勇奋斗的勇士。他虽然过早地牺牲了,但他在中国共产党内的重要地位决定了他在中共党史、中国现代史上的重要地位。恽代英一生的主要实践活动和理论著述,与中国共产党的发展史上许多重大事件紧密相连,无论是在新文化运动中,还是在五四运动后的建党活动中;无论是为建立和巩固第一次国共合作的统一路线,还是参与领导南昌起义和广州起义;也无论是在求真务实,反对教条主义的斗争中,还是在白区艰苦奋斗的日子里,他都有独特的贡献。因此,研究恽代英的生平事迹与思想,可以丰富中共党史、中国现代史等学科的内容,补充和修正过去研究中的某些不足。

第二,中国共产党是一个善于理论创新的党。作为党内著名理论家的恽代英,他以马克思主义为指导,紧密联系中国国情,深刻地分析了半殖民地半封建中国社会的政治、经济、文化状况,从事了大量的理论著述。有关他马克思主义中国化的理论成果,如他对中国社会性质和主要矛盾、革命动力、革命对象以及革命前途的深刻分析;他对建立革命统一战线的必要性并在统一战线中坚持无产阶级领导权的精湛论述;他对创建一支革命化的服务于党、服务于人民的革命军队的独到见解;他对中国革命根据地建设经验的科学总结以及对中国青年运动的宝贵指导意见等。他的这些理论成果,和陈独秀、李大钊、瞿秋白、邓中夏、毛泽东、蔡和森等的理论著述一起,成为中国共产党新民主主义革命理论体系的重要元素,是中国共产党人实现现代化奋斗征程的指南和经验总结,为党的第一次理论飞跃成果——中国新民主主义革命理论的产生、发展、形成作出了历史性贡献。所以,研究恽代英的理论著述,可以进一步丰富中国共产党的理论宝库,促进党的理论建设和思想建设。

第三,中国共产党老一辈无产阶级革命家,几乎都是从五四精英分子转变而来的。恽代英就是其中之一。他们是一群有理想、有抱负的青年,在为实现中国现代化的征程中艰难探索前行,寻求救国救民的真理。他们在中学阶段,就刻苦学习,注重品德修养,立志成才。经过努力学习、认真比较、反复实践,最终选择了马克思主义并认识到只有马克思主义才能救中国,只有马克思主义才能指引中国现代化的征程。他们在树立了马克思主义的坚定信仰后从不动摇，并矢志不渝为之奋斗。广州起义失败以后，恽代英以豪迈的神情、坚毅的目光、坚定的信心鼓励周围的革命同志说："挫折是不可避免的，要坚得起挫折……古语说，'秀才造反，三年不成'，假如我们下决心造三十年反，决不会一事无成的。年轻人！有决心干三十年革命，你不过五十岁。接着再搞三十年建设，你不过八十岁。我们的希望，我们的理想社会主义、共产主义恐怕也实现了，那时的世界多么美妙，也许那时年轻人不相信我们曾被又残暴、又愚蠢的两脚动物统治过多少年代，也不领会我们走过的令人难以设想的崎岖道路，我们吃尽苦中苦，而我们的后一代则可享到福中福。为了我们最崇高的理想，我们是舍得付出代价的。"[①]他在英勇牺牲的前夕，还留下了一首气壮山河的七言绝句："浪迹江湖忆旧游，故人生死各千秋；已摈忧患寻常事，留得豪情作楚囚。"这感人肺腑的豪迈诗篇，体现了一个真正的共产党人用生命捍卫自己信仰的崇高品质。可见研究恽代英思想，对于引领今天的青年勤奋学习，努力进取，树立正确的世界观、人生观、价值观，坚定共产主义信仰，为建设中国特色社会主义，把我国建设成为富强、民主、文明、和谐的社会主义现代化国家而奋斗，也具有重大的现实意义。

---

① 陈同生：《恽代英同志给我的教导》，《上海青年报》1957 年 4 月 26 日。

第 二 章

恽代英的哲学思想

恽代英是中国早期具有初步共产主义思想的知识分子中于五四运动以前唯一的哲学本科毕业生①。他在中华大学学习期间,便在中国的思想界脱颖而出,成为耀眼的新星之一,初步建立了自己的哲学体系。这个体系主要由其世界观、认识论、人生观、历史观组成。马克思、恩格斯指出:"一切划时代的体系的真正的内容都是由于产生这些体系的那个时期的需要而形成起来的。所有这些体系都是以本国过去的整个发展为基础的,是以阶级关系的历史形式及其政治的、道德的、哲学的以及其他的后果为基础的。"②恽代英哲学思想体系也正是这样的。

一、恽代英的世界观

世界观是人们对世界总的看法和根本观点。哲学作为一门被称之为

---

① 这是笔者考察了陈独秀、李大钊和出席中共"一大"13 位代表的学历后得出的结论。据《恽代英日记》记载,他于 1917 年 7 月毕业于中华大学哲学系。

② 《马克思恩格斯全集》第 3 卷,人民出版社 1960 年版,第 544 页。

"智慧"的学问,它以世界整体以及人和世界的关系为研究对象,其首要的根本的任务便是对世界的认识和解答。从对世界是先有物质还是先有意识这个哲学基本问题的不同回答,人们通常将哲学划分为唯物主义和唯心主义两大基本派别。唯物主义承认先有物质,后有意识;物质决定意识,意识是物质的反映。唯心主义则与之相反。恩格斯曾深刻指出:"世界的真正的统一性在于它的物质性。"①列宁在批判俄国马赫主义者巴札罗夫时也说:"唯物主义的基本前提是承认外部世界,承认物在我们的意识之外并且不依赖于我们的意识而存在着。"②恽代英在大学学习期间就鲜明提出了"物质必为实在"、"'以太'(即物质)一元论"等基本哲学观点,清楚地表明了他的唯物主义世界观的根本立场。

(一)物质实在论

恽代英是从物质的客观实在性开始,论证自己的哲学思想的。1917 年 3 月,他发表《物质实在论——哲学问题之研究》一文,集中阐发了"物质必为实在"的唯物主义思想。

1. 对近代哲学的"物质"观概述

恽代英在论证物质必为实在过程中,首先以常见的自然现象"目实见形色"、"耳实闻声音"开题,以哲学家奇思妙想"凡尔所见之形色,非真形色也,凡尔所闻之声音,非真声音也","更进一步,于对谈之间,明明有尔有我也,乃谓尔本无尔,我本无我"发问,表示被称为"学艺之花"的哲学家们关于物质实在问题与普通人的认识存在巨大差异。而且经过数年对"哲学家之绪论"的学习和"哲学家之历史"的探究,他发现哲学家们对于物质实在问题"意见初不止一种,然自最少之一部分外,鲜有与吾人表完全之同意

---

① 《马克思恩格斯选集》第 3 卷,人民出版社 1995 年版,第 383 页。
② 《列宁全集》第 18 卷,人民出版社 1988 年版,第 80 页。

者。或虽谓物质为实在,然其所以决物质为实在者,仍自与吾人异"①,进而提出了这个问题的研究价值。

接着恽代英就物质实在论问题综述了哲学史的一些观点。他指出,欧洲近代哲学史上对于物质实在问题有四种不同回答。

一是绝对实在说(Absolute Realism)。以英国哲学家黎德(Thomas Reid,1710—1796)和哈密尔顿(Sir William Hamilton,1788—1856)为代表。他们认为,人可以直接感觉外物。黎德说:"当人以手抚案时,则感案之硬性。所谓硬性者何耶,必以其有所感触,而生知觉;经此知觉,径推论而知有实在之外物存在。"哈密尔顿指出:"吾人观物而有知觉,此知觉乃一种复杂之组织也。其组织之成分,观物之心居其三之一,使吾人得有此物直觉之媒介物,居其三之一,实在之物质,居其三之一。故吾人所能直接观察者,盖仅实在物质三分之一也。"恽代英认为,他俩虽然认为人们在观察物质时有能直接观察物质全部和只能观察物质三分之一的区别,但又都认为"物质实在"是一个不可否认的"常识"。恽代英将这类哲学家称为"常识派",认为唯独他们的学说有与普通人认识相近的地方。

二是假定实在说(Hypothetical Realism)。以法国的狄卡尔(Descartes Rene,1596—1650)、英国的陆克(Locke,1632—1704)(今多译为"笛卡尔"、"洛克"——笔者注)为代表。他们认为,实在之外物,非有"直接证据",是"假定为存在"的。笛卡尔以心理学知识即神经传导人脑而反映外物为基础,表示"人之见物,非能见身外之真物也,但见吾人脑中所现物之现象而已。由是可知吾人之谓外物为存在者,非有何等直接证据,初不过就吾得脑中所观之现象而推论之,假定之,以为存在耳",他还认为:"吾人对于物之观念,与实在之物,必不尽一致。"恽代英认为洛克之说,大抵师承笛卡尔,"其解释吾人对于物之观念,谓观念非外物,可知其与绝对实在说者之主张相异,旗帜较狄氏尤为鲜明"。

三是批评派实在说(Critical Realism)。以德国康德(Lmmanuel Kant,

---

① 《恽代英文集》上卷,人民出版社1984年版,第35页。

1724—1804）为代表。康德一方面承认"物质之实在"，另一方面又认为人们"对于物质无知识可言"。恽代英分析说，康德之说首先区别了物质与物象，即"物质者，实在之外物也。物象者，吾人脑中所现物之现象也"。他认为康德与古代哲学家相比更能明确了解物质与物象的真义，但他又不满康德接下来的认识。康德说："吾人知识，限于物象一方面而止，吾人之研究，亦宜限于物象一方面而止。过此必徒劳而无功也。"恽代英表示康德对于物质实在问题实则取旁观的态度而与诸哲异其趣。

四是物质非实在说（Idealism）。以英国主观派柏克尼（George Berkeley，1684—1753）和德国客观派黑智儿（Hegel，1770—1831）（今多译为"贝克莱"、"黑格尔"——笔者注）为代表。他们认为，"物质非实在之物，亦非存在于外界，初不过吾人心灵之所构成而已"，是观念的产物。贝克莱认为"天下万事万物，皆为心灵之作用矣"。黑格尔则说一切外物内心，均为神之现象，并认为此"神"不能与宗教之所谓神相混，其意"盖谓一种普遍之心灵，贯彻于宇宙间，而为外物内心生灭变化之原因也"。恽代英认为，在物质实在问题上无论是客观派黑格尔的神理说还是主观派贝克莱的神意学，"其为说虽不一，究其终止皆此物此志而已"，皆属观念论。因此，他表示，"吾人对于此说，实有不能赞一辞"。他还指出，印度佛学，即好像是这种学说的一种。恽代英对于上述四派关于"物质"实在与否的综述，实则是他关于唯物主义与唯心主义基本观点、主要形式的概括，反映了他对古代朴素唯物主义、近代机械唯物主义、客观唯心主义和主观唯心主义的认识。

恽代英在列举了上述四种观点后，继而对它们进行了分析与批判。他说："绝对实在说，与心理学原理悖谬。吾人始终未尝见所谓物质，则吾人自不能知物质之形状。彼以为吾人能知物质之全部或一部分者，其为非理甚明也。谓物质为非实在者，与前说绝对相反。然主观派既混真境与幻境为一物，客观派又有所谓普遍之心之奇幻学说，为吾人所不愿承认。康德之说，弥近理矣。然谓物质非为吾人所知，则可，并其究竟实在与否亦下一有力之断语，则似非也。假定实在说，以吾意言之，似为最近确实之一说，惟其说者,每不能举充分之理由,且其主张常不免陷于矛盾,令人有所指摘,此则所不能满意者也。"①恽代英认为,上述四说都没能正确解释物质"实在"问题,然言语间却也表达了四说之与自己内心所思的偏离与接近。他反对绝对实在说,因为他知道物质现象的存在仅仅是一个经验事实,作为哲学专业学生他所要探求的是对物质本原的最高抽象,对世界统一性基础的最深刻概括,因此认为既然未能亲眼看到物质,自然不能知道物质的形状,当然也就不能说知道物质全部或其一部分了。把物质与物质的具体形态混为一谈显然是错误的,对物质实在进行直观猜测,又缺乏实证科学依据,而且也与已出现的心理学原理相悖。他不愿承认物质非实在说实则是对唯心主义的批判。他反对将物质看做"观念"或"绝对精神"的产物,认为主观唯心主义者的明显错误是真幻不分,客观唯心主义者的观念则纯属歪理奇谈。他批判批评实在说和假定实在说皆肯定了它们近似于真理性的认识,即肯定物质非能目睹,或为"实在"之物,但认为批评实在说错在康德结论上模棱两可的答案即康德关于物质实在与否,不敢下一武断结论;而假定实在说则错在物质"实在"原因方面表述得不充分,甚至是常有矛盾之处。

恽代英对欧洲近代哲学史上四种"物质"观的分析是全面的,甚至可以说它已经达到了当时中国哲人所能了解关于"物质实在"问题的最宽泛、最深层的高度。他对这些观念进行的综述和批判,与其哲学发展的时代背景和他独特的哲学思辨有关。随着近代自然科学产生、发展以及心理学的出现,物质绝对实在说与非实在说已被明证其错误之处,但是批评实在说与假定实在说一方面皆承认有外物存在,它符合近代科学认识所能够达到的关于物质结构的深层了解,也符合心理学所显露的一般规律;可另一方面,由于同一时期物理学等方面许多新的发现不断冲击着形而上学的物质观,因此把物质与精神割裂开来的笛卡尔学说和康德学说显然又有可批之处,并且康德学说的错误表现尤甚笛氏。那么,在辩证唯物主义尚未传入中国之前,恽代英内心所思"物质"问题究竟是一个怎样的状况呢? 在批判上述

① 《恽代英文集》上卷,人民出版社1984年版,第39页。

"四说"后,他旗帜鲜明地提出了"物质必为实在"的观点,对哲学基本问题作出了唯物主义回答。

2. 物质必为实在

恽代英从不同的角度和层次对"物质必为实在"进行了论证。

首先,恽代英认为:"吾以为物质必为实在。何以知物质为实在也,曰:吾人之知觉,必待感官受外物之激刺而后发生。虽吾人不能直接以见外物,因感官之既受激刺而发生知觉,遂决为外界必有实在之物质,此亦宜可信也。吾人对于真幻之分,鲜不以为若天渊之悬绝,试思此悬绝之点何在乎?一有对象,一无对象而已。"①这就肯定了物质是不以人们的主观意志为转移的客观实在。

其次,恽代英针对所谓未见实在的物质,"安知当吾人知觉发生时,必有外物以为激刺乎"的质疑回答说,无论唯心学者还是唯物学者皆承认真幻之分,所以知真有对象者。恽代英认为,某一事物作用于不同的人,不同的时间,会引起同一的、共同的感觉和认识,因此物质不是虚假的,而是真实存在的。"吾人苟非有精神病者对于一真物或一真境,每起同一之认识或感想。如有方丈之塘于此,甲见之以为方丈,乙见之亦以为方丈,昼见之以为方丈,暮见之亦以为方丈。如非确有物焉存立于吾人感官之外,以激刺吾人之感官,吾人何以不约而有此同一之认识与感想乎?"相反,如果没有客观实在的事物,没有真实的对象,就不可能产生同一感觉和认识。他以幻境为例说,甲幻一境,为方丈之塘,乙幻一境,断不能与甲一致,千万人各逞其幻想之能,亦断不能互相一致。此何也?以幻境本无对象,故无拘束。即就甲一人言之,其幻境似能一致矣,然时时不同,日日不同,亦绝不能互相一致。此何也?亦唯以幻境本无对象,故无拘束。恽代英在比较真境与幻境后,指出:"真幻之分明,真境之必有对象了然矣。且真境明显,幻境暗昧,真境可分拆,可集合,有原因,有结果,而幻境一切反是。凡此各种区别,皆

---

① 《恽代英文集》上卷,人民出版社1984年版,第40页。

足知真境之有客观实在物质之关系,非如幻境完全为主观一方面之活动也。"①在这里,恽代英已明白表示他所指"对象"为"客观实在物质"。为进一步论证物质的客观实在性,他还举例说,盲者不见形色,聋者不闻声音,然形色、声音不以不见不闻而遂不存在。这就进一步肯定了物质必为实在。

最后,恽代英针对所谓"物质必为实在"却又不能亲眼看见物质,而近似假定实在说的怀疑,他引佛勒顿教授的话进行了回答。佛勒顿教授在回答"我有心,但何以知他人亦有心"时说:"吾人之论他心,实无求证据之理,盖初无证据可求也,惟直接得以感官观察者,然后有证据。他心固不可直接观察,而于此求证据,不亦惑乎?颜色之存在,吾人不容以鼻不能嗅而否认之。以颜色本非鼻所能嗅,苟能嗅且不为颜色矣。吾人之求证据,亦必求于其可求之处然后可。"恽代英认为佛氏此言,是十分透彻的。他以此观点类推"物质必为实在"并不需要直接可见的确切证据。他说:"他心如此,物质亦如此。吾人既谓物质不可观察,而必欲于前之理论外,求一种尤确之证据,是何异必欲以鼻辨颜色之存在,而不顾颜色之不可以鼻辨乎。"②这就再一次论证了物质必为实在。

恽代英在论述了物质的"客观实在"特性后,和其他众多哲学家一样也欲了解物象(物质的形状),欲求物质与物象的关系。他在综合了世人论物质形状、物质与物象关系的几种说法后认为:世人皆犯武断之弊。恽代英指出,物质之形状、物质与物象之关系皆不可知,因为"吾人既始终未见所谓物质,则其形状及其与物象之关系,从何而得知之"。因此,恽代英认为当时能够讨论的,即物质必为存在而已,物质与物象必有关系而已。

对于物质"实在"问题,恩格斯曾指出:"物质本身和各种特定的、实存的物质不同,它不是感性地存在着的东西。"③物质这个名词无非是简称,"我们就用这种简称把感官可感知的许多不同的事物依照其共同的属性概

---

① 以上引文见《恽代英文集》上卷,人民出版社1984年版,第40页。
② 《恽代英文集》上卷,人民出版社1984年版,第42—43页。
③ 《马克思恩格斯全集》第20卷,人民出版社1971年版,第598页。

括起来。"①19 世纪末 20 世纪初,列宁在同唯心主义作斗争中,在总结当时哲学和科学发展成果的基础上,运用辩证思维的方法,进一步对哲学的物质范畴及其属性作了明确规定。列宁指出:"物质是标志客观实在的哲学范畴,这种客观实在是人通过感觉感知的,它不依赖于我们的感觉而存在,为我们的感觉所复写、摄影、反映。"②"物质的唯一'特性'就是:它是客观实在,它存在于我们的意识之外。"③纵观恽代英以上概括论证"物质必为实在"的理论观点,我们认为,他正恰如其分地表达了唯物主义关于物质含义和特性的观点。不管人们认识与否,承认与否,物质总是客观实在的。恽代英对"物质必为实在"作出的周详解释,反映了他扎实的专业基础和敏捷的哲学思辨。

3. 物质实在论的时代价值及缺陷

从恽代英论述物质实在论中,我们发现:善于从现实生活和专业学习中观察和发现问题,体现了他作为哲人必备的品质;敢于提出和分析物质实在问题并将西方大哲们作四派划分且逐一分析与批判,表明了他宽广的哲学视阈和无畏的理论勇气。他关于"物质必为实在"这一哲学思想的提出,在马克思主义未传入中国之前,在中国哲学史上无疑具有划时代的意义。在当时,老一辈无产阶级革命家和理论家中,只有李大钊 1917 年 2 月在《自然伦理观与孔子》一文中对此有过论述。李大钊与恽代英一样,也分析归纳了中国、印度乃至欧洲自古传入中国的种种宗教哲学,指出这些中外哲学家,"要皆以宇宙有一具绝对理性、绝对意思之不可思议的、神秘的大主宰。曰天,曰神,曰上帝,曰绝对,曰实在,曰宇宙本源,曰宇宙本体,曰太极,曰真如,名称虽殊,要皆指此大主宰而言也"。李大钊在批判上述观点时指出,此神秘的大主宰"非生于今日世界之吾人所足取也",并坦陈"吾人以为宇

---

① 《马克思恩格斯选集》第 4 卷,人民出版社 1995 年版,第 343 页。
② 《列宁选集》第 2 卷,人民出版社 1995 年版,第 89 页。
③ 《列宁选集》第 2 卷,人民出版社 1995 年版,第 192 页。

宙乃无始无终自然的存在。由宇宙自然之真实本体所生之一切现象,乃循此自然法而自然的、因果的、机械的以渐次发生渐次进化"。① 1918 年,李大钊在《今》这篇文章中,又进一步间接表述过宇宙乃是"大实在"②的观点。但客观地说,李大钊论证的宽广性和深度皆不能与恽代英所论相比,而且其论述中以进化论为特征的旧唯物论倾向也甚为明显。瞿秋白虽不是哲学专业毕业,但一直有研究哲学的积习,他也曾对物质有过研究。他说:"凡是可以用我们的外部感觉去接触,并且有分量体积等可以称量的东西都是物质","物质不过是'电'的种种表现而已","全宇宙只是统一的物质之种种组合或混合的方式",并依据普列汉诺夫的论述指出了物质与精神的区别。但瞿秋白的这一思想发表比恽代英要晚得多,他是在 1926 年年初所写的《唯物论的宇宙观概说》中表述的,而且该文直到 1927 年 3 月才以附录的方式随其译注的《无产阶级之哲学——唯物论》一起,由新青年出版社出版。

恽代英"物质必为实在"观念的提出坚持了物质第一性、意识第二性这个唯物主义哲学的根本立场,有力地批判了各种唯心主义及其对唯物主义的非难和攻击;"物质必为实在"强调物质是一种客观实在,可以为人的感觉所感知,虽不能直接观察,但可以被人们认识,有力地反驳了哲学上的不可知论;"物质必为实在"是从哲学高度概括出的物质的唯一特性,它舍弃了物质具体形态的种种特性,抓住了客观世界一切事物和现象的共同本质,也为其他具体科学的研究和发展提供了正确的世界观和方法论。恽代英提出"物质必为实在"的观点,初步划清了唯物主义与唯心主义、可知论与不可知论的原则界限,批判了在这些问题上的一些错误看法,表明他的哲学思想明显有唯物主义性质。但不可否认的是,虽然他关于"物质必为实在"思想的逻辑思辨十分明晰,但就当时哲学尤其是中国哲学产生的自然科学基础来看,还是缺乏大量的有充分说服力的证据,因此,也难以对它展开严格

---

① 《李大钊选集》,人民出版社 1959 年版,第 79 页。
② 《李大钊选集》,人民出版社 1959 年版,第 95 页。

的精密论证。恽代英此时提出的"物质必为实在"思想在一定程度上并没有完全克服旧唯物主义的不彻底性,以至于他在稍后与教授佛学的刘子通老师探讨"以太"时一度陷入困境。

(二)"以太"一元论

1917 年 8 月,恽代英在试图建构自己哲学体系的时候曾于"世界观"部分拟了一个提纲:一、物质实在论;二、心灵实在论;三、假定一元论(以太)。① 物质实在论已如前所述,在《物质实在论——哲学问题之研究》发表后,即算基本完成。但从现在已出版的恽代英著作和恽代英研究专家所掌握的资料看,他打算写"心灵实在论"的意愿却并未实现,而且就 1917 年前后他所发表的文章以及与师友往来书信的内容看,这个时期,他主要坚持的还是物质和心灵要统一于世界的本原"以太"。

恽代英认为"以太为万物之根本"。那么"以太"为何物呢?"以太"是古希腊哲学家首先设想出来的一种媒质,最初由亚里士多德提出,他认为"以太"是一种"最纯洁"的元素。1644 年,笛卡尔首先把它应用于自然科学,他认为"以太"是一种充满整个宇宙,作旋涡运动的球形的无重量的物质,它不能被人的感官直接知觉到,但能传递力,并对物体产生作用。以后,人们为了解释光的传播,以及电磁相互作用和引力相互作用等现象,长期以来"以太"被设想为充斥宇宙的基本介质。在我国,近代以来,康有为、谭嗣同、孙中山等人皆将它借用为哲学名词,以表达对宇宙构成的哲学思考,如孙中山即认为:"元始之时。太极(以太)动而生电子,电子凝而成元素,元素合而成物质,物质聚而成地球。"与孙中山等人不同,恽代英借助于"以太"来构筑自己的哲学本体殿堂,是由于他对当时哲学界以及自己对"物质"解说的不满足,力求更深刻地揭示"物质"的含义,并进一步探索"科学之物质"或"万物"背后有没有本原。

恽代英在发表的《物质实在论》中对"物质必为实在"曾作出充分肯定,

---

① 《恽代英日记》,中共中央党校出版社 1981 年版,第 130 页。

但他对物质的其他特性如物性、物象及其关系等持不可知态度。恽代英是一个勤于探索的人,他在与师友谈论物质及其特性中,逐步澄清了疑问并进而提出和完善了他的"以太"说。1917年5月13日,恽代英在回答教授印度佛学的刘子通老师时说:"以太在近世科学家亦假设之物,非质亦非力,而又质力之根本也。然此说似究与佛异。盖以太形成物质,物质究为实在之存在,非如佛说谓六尘为妄境界也。"这可以看做是恽代英对"以太"观念的较早阐发。他这个时候认为:"以太不能谓之为物质。"并表示自己在此时所信者,"或亦谓之一原质论(但不可目为唯神论)"。"以太为物心之本,以太非物亦非心",并由此声称,"以太"本原是不能谓为唯物论或唯心论的。对于自己所属何派,恽代英也认为他此时还在择善而从的阶段,"不能自明主于何派"。① 与前述《物质实在论》鲜明的唯物主义思想相比,恽代英此时哲学思想的唯物主义性质为什么反而模糊起来了呢?看来主要是他在意图从更高层次去认识世界本原时,受一度在世界范围内流行的"以太"说的影响,而不知当时爱因斯坦"相对论"提出后,"以太"假说在西方正逐步被否定。无法了解西方最新的哲学思想,而国内自然科学水平又无法解答这一问题。因此,恽代英只好通过反复辩难,逐步摆脱这一困境。

在回答刘子通师第四次来信时,恽代英继续阐发他的"以太"观,表示:"以太不可思议之实性,即物质之来因,非物质之实性也。"并举例说:"如冰出于水,水是冰之来因,然冰自有其实性,物质出于以太,物质亦应自有其实性(实性即物相之客体)。"②辩难论学是最好的前进工具,恽代英在与刘子通老师的多次辩难中感觉自己"于佛学渐知其真义,于西哲之学观念较前亦更清楚",以至他在六答、七答刘子通师书(函)时,开始颇有条理地来陈述他的"以太"说思想。

在六答刘子通师书中,恽代英总结曾经一答、二答、三答子通师书中"以太"及物质观说:(一)以太为万物之根本。而生物质、物相者,即此物质

---

① 《恽代英日记》,中共中央党校出版社1981年版,第259页。
② 《恽代英日记》,中共中央党校出版社1981年版,第259页。

对于吾人所生映像。此代英所谓三分区域也（答来书一）。（二）三者未见截然是三。然如取冰水为喻，水是以太，冰之实体是物质，吾人心目中之冰，是物相，水冰各别存在也（答二）。（三）物质成于原子之聚集（答三）。并表示：代英之为此文，但以明物质实在，证一般绝对唯心家或唯神家，以为除心无物，或谓万有空无之弊也；抑不但物质不可知，以太亦非人智所知。①由此可见，恽代英利用自然科学知识，试图在更高层次的"以太"说中摆脱唯心论的困境。

七答刘子通师函中，恽代英进一步完整清晰地梳理物质、物相、以太的关系。他说，物质者非指以太，即指物象之本体，即以太变化所组成。并用一图表示如下②：

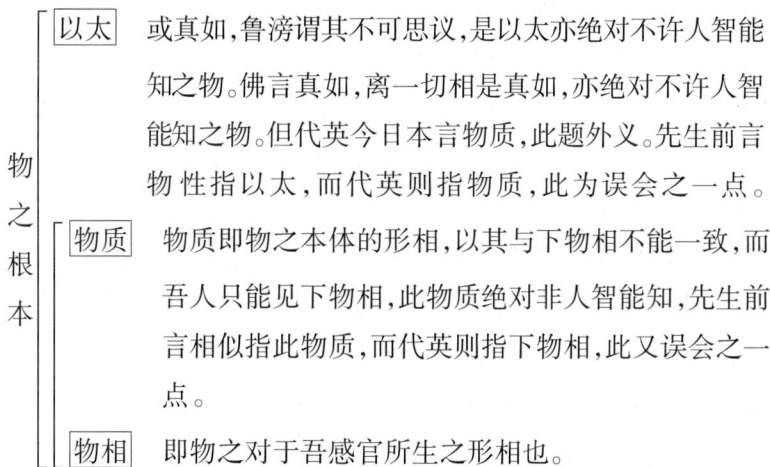

物之根本
┌ 以太：或真如，鲁滂谓其不可思议，是以太亦绝对不许人智能知之物。佛言真如，离一切相是真如，亦绝对不许人智能知之物。但代英今日本言物质，此题外义。先生前言物性指以太，而代英则指物质，此为误会之一点。
├ 物质：物质即物之本体的形相，以其与下物相不能一致，而吾人只能见下物相，此物质绝对非人智能知，先生前言相似指此物质，而代英则指下物相，此又误会之一点。
└ 物相：即物之对于吾感官所生之形相也。

恽代英于此详作三分区域是依刘子通老师所用"名言"划分的，刘子通认为以太是如来藏心，物质是外五尘，物象是内心取像。恽代英在比较刘子通老师佛学理论与自己哲学所思时，一方面他以所历所见对"以太"与"物质"的区别，机智作回答以消除误会；另一方面他又充分利用所学已有的自然科学知识等对"以太"和"物质"的本质，谨慎作解释以求真。恽代英认为

---

① 《恽代英日记》，中共中央党校出版社 1981 年版，第 267 页。
② 《恽代英日记》，中共中央党校出版社 1981 年版，第 267 页。

"物质是客观,物相是主观",表示"物理、化学所研究之一切对象,不必为物质之本体"。意即物相与物质本不必一致。他说:如言物重,物本无重,依引力而有重。如言物色,物本无色,依日光而有色。是物质本体,只有受引力,受日光的不同疏密度,无物重无色也(此可证物相与物质不必一致)。恽代英在归纳表述物质、物相的关系后,仍以冰水各自独立存在为证,努力揭示以太、物质的根本属性。他说,不但"以太"为实在,缘以太而生之外物内心(统名为物质),亦为实在。"就根本言,世界仅有一以太,不言根本而但言存在之物,则物质亦实在也"。

至此,恽代英"以太"一元论初步建立起来。他这种世界源于和统一于"以太"这一假设但又为实在的本体观,同马克思辩证唯物论的本体观中世界是物质的,并统一于物质的观念已十分相近。恽代英从开始宣称"以太非物亦非心"到承认"以太为实在,缘以太而生之外物内心(统名为物质),亦为实在",表明了他对世界唯物的肯定,虽然在此时他还不承认他所称的"以太"实为物质,但他认为世界从根本上"仅有一以太",还是回答了世界的统一性问题。

恽代英并不满足于刚建立的"以太"一元观,在八答、九答刘子通师书以及后来与之回信中,恽代英进一步补充与完善了他的这一哲学思想。首先他认为自己的这一本体观绝非僵死的封闭的体系,也并无绝对正确之理,因为"以太""物质"皆不能眼见,毕竟仅为"假说"。他说:"假说者,皆非确定之说也。然如既经成立一假说,而未经人破坏以前,此假说亦不能不承认为一种知识。吾人现在知物质实在,将来知完全物质情状,皆将借可恃之假说之力。吾人之信假说含有一种不得已之态度,即万有引力,以及以太、以太之涡动,皆不得已而信之,觉其尚可以解释世间诸事。如发见(现——笔者注)若干事为彼所不能解释,或更得一较良之假说,则此说立破。"①在未得自然科学等持续发展的证明以前,恽代英一方面对于长期以来流行的"以太"说作出了与众不同的独到的诠释;另一方面他对"以太"的质疑同样

① 《恽代英日记》,中共中央党校出版社1981年版,第270页。

显而易见。对于何以推知有"以太"？他认为世间万物必有来源,讨论此问题者,虽有多说,"惟'以太'之说最似圆满(代英之信以太说,理由不过如此)"。因此表示,虽然不知"以太"的情状,但仍相信世界有"以太"存在。

恽代英曾长时间纠缠于"以太"与物质、物相的关系,他认为,"以太"与物质二者有转生之关系。在流行的"以太"说面前,他想用"以太"来解说物质的来源,由此表示:"虽不知其与物质为何如关系,其必为物质本源,即必有转生之关系矣。"他也认为物质与物相有转生关系,因为"言物质,本以说明物象之本体,故虽不知其与物相有何如关系,其必为物相本体必有转生之关系矣"。但由于自己所论"以太"越来越接近自己所论"物质"的概念,恽代英又不得不表示:"以上所言,物质皆指科学之物质(非以太),物相皆指主观之观念与映像。"流行的"以太"说果真正确吗？恽代英一直试图在哲学思辨的框架内图解,可他经过反复辩难与深入思考后发现,自己所论"以太"实则与当时某些西方哲学家和自然科学所提出的"以太"有异,与自己曾深入分析的"物质"颇同。于是恽代英在针对曾经回书刘子通老师所论以太非质非力的言辩,经过一段时间精推细思之后,果断转变了自己的观点。他在1917年10月16日又一次致书刘子通时表示"代英实未能见到,天下有一种非质非力之物之地位","吾但知以太为一种物质而已,不得谓以太为力,亦不得谓以太为非质非力也"。[1] 从引用西方哲学家以太"非质非力"到自己最终提出其为"物质",恽代英终于明确肯定了世界的本原是"物质"的思想。

恩格斯曾指出:世界的真正统一性是在于它的物质性,"而这种物质性不是由魔术师的三两句话所证明的,而是由哲学和自然科学的长期的和持续的发展所证明的。"[2]恽代英论世界的物质统一性有一定的自然科学基础,但其主要方面还是表现在其哲学上的论证。自然科学的证明是重要的,但它的全部论证都是具体的,有限的,是个别、特殊,而整个世界是无限的,

---

① 《恽代英日记》,中共中央党校出版社1981年版,第274页。
② 《马克思恩格斯选集》第3卷,人民出版社1995年版,第383页。

它是普遍、共性、全体。恽代英用正确的逻辑思维,把有限和无限、普遍和特殊、共性和个性、部分和全体辩证地统一起来,成功地论述了世界的物质统一性,反映了他扎实的哲学功底和专业素养。他把物质分为三个层次考察即反映在人的主观上的物相,客观存在的物质和作为万物本原的"以太"——物质一般,这种分层思维在当时中国是极其少见的,它远远超出了古代朴素唯物主义把世界本原直接等同于某种物质的思想,也有别于近代机械唯物主义关于物质是一种"无重的物质"等观点。从承认西方一些科学家关于世界是由非物质性的"非质亦非力"的"以太"构成的观点,到质疑该观点,并最终表示"吾但知以太为一物质而已"。这一陈述实际上已表明恽代英的"以太"一元论即为"物质"本体论。恽代英既表示世界源于一"原质"(物质)——以太,又强调世界统一于这种"原质",明言"就根本言,世界仅有一以太","'以太'不但为物之本,而且为心之本"。从而也表明了他不同于二元论的本体观。

恽代英的世界观思想集中体现在他的"物质"观上。他对哲学史上有关"物质实在"问题不同派别的阐释甚为精当,关于"物质必为实在"的论证颇为严密,对于世界统一于"以太"——物质的表述极富思辨。从总体上看,恽代英在论证自己的"物质"观中,一方面以自然科学尤其是物理化学方面的知识为基础,另一方面又以其思维方式上的多辨性为手段,由此准确把握了物质的唯一特性"客观实在",并最终认识到世界源于"物质"又统一于"物质"。恽代英唯物主义的世界观,不仅为其自身迅速转变成长为马克思主义者奠定了思想基础,而且为五四以后马克思主义的广泛传播创造了条件,起到了推动作用。

二、恽代英的认识论

认识论是研究人类认识的本质、来源及其发展规律的哲学理论,其主要内容包括认识的本质和结构、认识的前提和基础、认识发生发展的过程及其规律、认识的标准及可知性等。认识论是哲学基本问题的第二个重要方面内容,对于哲学基本问题第一方面内容的回答不同也必然引出不同的认识论结论。唯心主义认识论从否认物质世界的客观实在性出发,否认认识是人脑对客观世界的反映,如古希腊柏拉图认为,认识是对理念的"回忆",黑格尔认为,它是对"绝对精神"的自我意识,中国孔丘的"生而知之",陆九渊的"发明本心"等皆是坚持从思想到物。唯物主义认识论则从物质第一性出发,认为人的意识是人脑对客观物质的反映,人的思想和观念来源于客观对象,人的认识可以提供客观世界的正确图景,坚持从物到感觉和思想。如前所述,恽代英在论及物质、物相及相互关系时就曾表示,物质必为实在,物相皆为主观之观念与映像等,即初步表达了物质第一性,人的意识是人脑对客观物质的反映这一唯物论基本前提的思想。恽代英的认识论哲学思考还包括认识的来源及形成、认识的层次、认识的有限性和无限性、怀疑论及可知论、真理的绝对性与相对性、认识的实践价值等。

(一)经验与智识

恽代英在构筑其认识论体系时,曾将自己的认识论分为两部分,即:一、智识与经验;二、怀疑论。① 并将智识与经验放在首位。1917 年 10 月他发表《经验与智识》一文,集中阐述了智识与经验的关系。对于此文,恽代英自我评价道:"《智识与经验》篇,余自许为认识论中最有价值之文字。"并认为"天启派哲学经此一打击,无死灰复然(燃——笔者注)之理"②。

恽代英从自己所见所学出发就经验与智识的真关系,从八个方面进行了"具体的叙述"。③ 由于他在论文中主要表述的是经验、智识、学问三个递进的认识层次及其相互关系,因此,笔者也将这八个方面的叙述集中归纳概括为三个部分的内容:

第一,智识皆从经验中来,天启之说多为谬误(恽代英表述的一、二方

---

① 《恽代英日记》,中共中央党校出版社 1981 年版,第 130 页。
② 《恽代英日记》,中共中央党校出版社 1981 年版,第 129 页。
③ 《恽代英文集》上卷,人民出版社 1984 年版,第 48—53 页。

面)。恽代英首先指出:"智识未有不从经验中得来者也。"他将人类所获得的智识分为两种:一种是由简单经验直接认识出来的智识,如声色臭味之辨别等;一种是由复杂经验推论出来的智识,如各种学术原理等。表示:"凡可称为智识者,非直接从经验中得来,即间接从经验中得来。"认为除此以外,"欲求一种可称为智识者,盖渺不可得也"。随后,他又对许多哲学家认为智识从天启而来的观点进行了批判。他说:"今日神学既衰,科学日盛,天启云云,揆之于理,断不能合。"并将天启之智识分为两种:一种是不正确的妄执偏见,认为它"于论理既不可通,则惟有托之天启之说,以欺世人"。另一种则是由不自觉的经验或推理而得来的智识。恽代英将"不自觉"称为"在潜意识",认为由于"在潜意识"忽然涌出,人们自身也不知其所以然,于是诧为神奇,归之为天启。他称这种"天启"说可视为完全正确或部分正确,并有待考察。为弄懂"在潜意识",他还表示拟翻译美国作者威廉·沃克·阿特基森所著《The Inner Consciousness》一书以明察。

第二,堆积经验于智识无益,必须加以研究,且单纯之经验每不正确(恽代英表述的三、四方面)。恽代英在批判天启之说表示智识源于经验后,又认为智识(指正确智识言,恽代英语)并不等同于经验。他说只是堆积经验而不加以"研究",对智识的获得是没有帮助的,因为无论多么富有经验的人,只有研究事物的原因结果,才能增进智识。他以奈端(即牛顿——笔者注)知万有引力为例,表示:"此苹果之坠,宜见之者无虑亿万人也,而引力之智识,仅奈端一人能得之者。惟奈端研究,而余人不研究也。"认为瓦特见壶水沸而知汽力也是一样,在于瓦特善于研究。同时,恽代英又指出,单纯之经验每不正确。他举例说:"吾人见白色之日光,即以日光为白色,此即不正确之单纯经验也。经物理学家研究,然后知日光非白色,而为七色所合成。"又如"吾人持重量之物品,即以物品为有重量,此又不正确之单纯经验也。经物理学研究,然后知物品本无重量,而为地心引力所影响。"恽代英认为这类认识实在太多,切不可认为经验就是智识,由此强调,增进智识,还是要靠多研究经验。

第三,学问是反复经验所得较正确智识的传授,信学问既经济又安全,学问中不正确的智识可补救矫正（恽代英表述的五、六、七、八方面）。智识从经验中来，而单纯的经验又每不正确，那么正确的智识从何而来呢？恽代英指出：唯从学问为可得之。他从学理上给学问下了一定义，学问"即由自有人类以来，反复经验，反复研究，自不正确的智识，而进于正确的智识者也"。对于人类智识的获得途径，恽代英一方面承认智识可遗传于子孙全部或一部分，称人们偶然发现的天才即是智识存留于子孙心理之不自觉的方面；但另一方面，他更深刻指出："吾人普通所谓智识，与其谓由家庭遗传中得来，不如谓由社会数千万年互相传授之学问中得来。"并认为当世之人要获得较正确的智识或者今后要获得完全正确的智识，也必须通过求学问道。为进一步论证学问的效用性，他还将学问与经验（指单纯之经验，恽代英语）进行了详细比较，认为经验虽可贵，但甚为有限，由此明确指出："吾人之信学问，乃较经济而较安全之方法也。"针对有人说学问不及经验可恃的说法，恽代英表示，如果这样"则不得谓之学问"。对一般人称读书人"为有学问之人也，使之处事，恒不如工农商贾"的发问，他解释说："夫以彼素未涉足之学问勉强之，不能胜任，则以为学问为无益，可谓谬矣！"那么学问是否可认为是绝对正确呢？恽代英表示："谓吾人学问，即为完全正确，固未免言之过情"，也就是说，不能说学问是完全正确的。他认为即使他所处时代的学问，比以往正确处更多，但仍"不乏不正确之处"。既然学问中尚有不正确之处，因此还需补救矫正。学问不正确当如何来补救矫正？恽从英以为："惟能细心研究其经验者，为足以发现之，亦即惟彼等为足以补救矫正之。"

由上可见，恽代英是从正反两个方面集中论述了一个问题的中心：智识来源于经验。他一方面认为智识未有不从经验中得来者，另一方面又批判天启之智识多为谬误，实质上所阐述的是认识（知识即恽代英所表述的"智识"）的来源问题。从认识的来源看，任何人认识事物，都是在实践基础上从感性认识开始，然后再上升到理性认识。感性认识作为认识的初级阶段，是人们在实践中把客观事物转化为主观观念的第一步，是关于事物的现象和现象之间外部联系的反映，是以感官直接感触为特色的生动、具体、直观形象的认识；理性认识作为认识的高级阶段，是关于事物的全体和内部联系的反映,是以间接性和抽象性为特征的关于事物本质和规律的认识。恽代英把声色臭味辨别之类的认识和各种学术原理等当做智识的两种形式,显然是将认识划分为了感性认识与理性认识两种。对于这两种认识,他从认识过程的秩序本身发现它们都源于"经验",指明它们或源于"简单经验",或源于"复杂经验",表明了只有在社会实践基础上人的认识才开始发生,开始从客观外界得到感觉经验的唯物论思想。他的这一思想极大地契合了马克思主义认识论的基本观点。

然而,需要指出的是,由于恽代英明示"智识未有不从经验中得来者",因此,或许有人从字面上理解即断定他的认识论当属于经验论。但我们认为,哲学史上经验论无外乎唯物主义经验论和唯心主义经验论,唯物主义经验论承认感性经验直接来源于外部世界,把对事物的感性经验当做是认识的全部,唯心主义经验论则把经验当做是主观自生的东西。恽代英在论及智识的来源时显然是有别于这两种观点的。他既承认感性经验,也不否认各种学术原理等理性认识,明确区别了唯物主义经验论。他对天启学说进行批判,认为"天启云云,揆之于理,断不能合",更是明示了与唯心主义先验论的区别。恽代英反对天启说的思想与毛泽东所说的"人的认识不是从天上掉下来的"一样,所不足的是,囿于当时自己所能了解的心理学及其他科学的局限,恽代英对认识活动中的直觉思维即所谓"在潜意识"还缺乏深入了解,他将这类思维活动也归于天启,虽然表示对这类思维还要进行研究,但这也说明恽代英认识论这时尚存在一定的局限。

同样,恽代英也是从正反两个方面论述经验必须经过研究才能成为智识的。他一方面指出,智识和经验不是一个东西,经验多不等于智识就多,经验必待研究而后成其为智识;另一方面又表示,单纯经验具有局限性,每不正确,也需要加以研究才能进为正确智识,实质上所反映的是认识的产生形成过程。对于认识的产生形成,列宁曾在《黑格尔〈逻辑学〉一书摘要》中指出:"要理解,就必须从经验开始理解、研究,从经验上升到一般。"①恽代

---

① 《列宁全集》第55卷,人民出版社1990年版,第175页。

英也认为认识开始于经验，他关于牛顿见苹果坠地而后研究发现万有引力等分析，即充分反映了列宁关于认识形成的思想。正确认识的形成，第一步是开始接触外界事物，属于感觉的阶段。第二步是综合感觉的材料加以整理和改造，属于概念、判断和推理的阶段，也就是恽代英所说的"研究"阶段。为什么要对"单纯经验"和所堆积的经验进行研究呢？因为就人的单纯经验而言，它属于认识形成的第一步即感性认识。感性认识形式中的感觉、知觉、表象所反映的事物是具体的、生动的、丰富的，但它们毕竟是客观事物现象直接作用于人的感觉器官而在人脑中所产生的认识，是认识中低层次的，不能反映事物的本质和全体，因而很难形成对事物的正确认识。恽代英关于日光颜色的分析和物体重量的解释即是对感性认识易于出现偏差的科学认知。既然感性认识易于出现偏差，单纯之经验每不正确，显然堆积单纯经验于智识是无益的，因为"只有感觉的材料十分丰富（不是零碎不全）和合于实际（不是错觉），才能根据这样的材料造出正确的概念和论理来"。而且由感性认识上升到理性认识，"必须经过思考作用，将丰富的感觉材料加以去粗取精、去伪存真、由此及彼、由表及里的改造制作工夫，造成概念和理论的系统"。[①] 但这一科学思想是近 20 年后毛泽东在《实践论》中才完整表述出来，毛泽东还指出："认识开始于经验——这就是认识论的唯物论"，"认识有待于深化，认识的感性阶段有待于发展到理性阶段——这就是认识论的辩证法"。[②] 恽代英关于认识源于经验，而且需要加以"研究"的分析，是对人的认识始于感性认识并需要发展到理性认识的深刻阐述。

从恽代英对"学问"所下的定义看，他强调人的正确认识的获得是一个"反复经验，反复研究"的过程，实为由实践到感性认识再上升到理性认识，并不断反复总结从而接近真理的过程。20 年后毛泽东在《实践论》中也明确指出："实践、认识、再实践、再认识，这种形式，循环往复以至无穷，而实

---

① 《毛泽东选集》第 1 卷，人民出版社 1991 年版，第 291 页。
② 《毛泽东选集》第 1 卷，人民出版社 1991 年版，第 290—291 页。

践和认识之每一循环的内容,都比较地进到了高一级的程度。这就是辩证唯物论的全部认识论,这就是辩证唯物论的知行统一观。"①从认识的层次、中间环节和不断研究总结逐步形成真理性认识的过程看,恽代英与毛泽东的认识有异曲同工之处。当然他俩相距20年各自所表述的认识论思想显然又并非全然一致,从其内容分析看,恽代英重在从学理上表述,而毛泽东则重在从实践方面剖析。

关于认识的作用,恽代英认为学问传授对于增进人的知识意义重大,有利于推动人类历史向前发展。对于学问的可靠性,他更是直接将其与单纯之经验(即直接经验)相比较,表示学问更经济更安全。他举例说:"譬如深山之中,崎岖曲折,往者辄迷其途,或至误入虎穴,堕死崖谷之下,于是后之行者,树之木标,以示途径。吾人之学问,譬之此等示途径之目标也。设使入此山者,熟视此标,等于无有,仍复师心自用,以为凡非己身有所经验,即世界无可恃者。是必至仍迷其途,至于误入虎穴堕死崖谷矣,其为不安全何如哉!即令如天之福,不至误入虎穴,堕死崖谷,以丧其生命,然亦必辗转奔走,忽前忽却,其不经济亦未为合算也。"实际上一个人一生中不可能事事都亲自去做而获得直接经验,相反,每个人的知识多数是由前人所传授学问中得来。因此,恽代英进一步表示:"人之不信学问而信经验者,其为愚拙甚矣。夫徒恃一己之经验,以为智识,虽一生之中,艰苦备尝,其所得多不及由学问中得来者万分之一。""经验之可贵,至有限矣"。恽代英在此并非不论直接经验的重要性,他只是表示学问比经验更有益,因为"学问之可贵"是"论之已经经验的事实",因此,它经济又安全。

学问虽然可贵,但恽代英又反对把它当成是终极真理来对待。他说:"以学问与单纯经验比,学问固较正确,就学问自身言,则固尚有不正确之处,以待逐渐补救矫正,而进于完全正确。"认为这才是学问的真正价值。恽代英的这一思想,准确反映了认识的有限性和无限性的辩证关系。因为就认识运动过程的推移来看,人们的认识由感性推移到理性,只是造成了大

① 《毛泽东选集》第1卷,人民出版社1991年版,第296—297页。

体上相应于客观实践过程的法则性的思想理论,如果该理性认识能够在该同一客观过程的实践中实现预想的目的,那么它无疑具有正确性。但一般来看,变革实践中的人们的认识,常常受到许多的限制,"不但常常受着科学条件和技术条件的限制,而且也受着客观过程的发展及其表现程度的限制(客观过程的方面及本质尚未充分暴露)。"①由此一个正确认识的形成往往需要反复多次,不断纠正错误后,才能实现和客观过程的规律性相符合。恽代英一方面要求人们于所处之世"求较正确的智识",另一方面也要求人们于他日"进而求完全正确的智识",同样是上述理论的相应表述。但颇为遗憾的是,恽代英把"细心研究经验"当做是补救矫正学问的基础,应当说这还不能全然看做是马克思主义的观念,因为"经验"在某种程度上掩盖了哲学上唯物主义和唯心主义不同的路线,唯物主义认为研究"经验"只是认识论的一个步骤,要获得正确的认识,当以实践为起点,不断反复地走"实践、认识、再实践、再认识"的路方可求得,而且检验认识正确与否的唯一标准也只能是"实践"。然而恽代英的《经验与智识》中,对这方面的论述尚还欠缺。

在全面阐明智识和经验的关系后,恽代英对经验、智识和学问的关系还作了一般性概括。他说:"谓智识不由经验来者非,谓经验即智识者非,谓学问与经验无关系者非,谓学问不及经验之可恃者非,谓经验最可恃或学问最可恃者皆非。总之最正确之学问,即最正确之经验,即最正确之智识,于此三者之真关系,豁然了解。"②"智识源于经验","经验必待研究而后成为智识","学问是反复经验所得较正确的智识之传授"这三个方面,应当说恽代英表述甚为清楚,说理也颇为充分。他关于"谓学问不及经验之可恃者非"的论述同样甚为合理。但我们认为恽代英对"谓经验最可恃或学问最可恃者皆非"的表述,虽然反映了他谨慎科学的哲学思考态度,表现出了一位哲人所应具备的特质,但究竟谁为"最可恃"? 恽代英在此并未给出明确

---

① 《毛泽东选集》第 1 卷,人民出版社 1991 年版,第 294 页。
② 《恽代英文集》上卷,人民出版社 1984 年版,第 53 页。

答案。如果说恽代英曾以反证法分析了"谓学问不及经验之可恃者非"的论断,那么"谓经验最可恃或学问最可恃者皆非"的论断,则是他对前面反证法之表述及"于智识方面,又不能不冀世人研究其经验,以补救矫正之"的推断所得。本来关键词是"可恃",恽代英对此是不能不回答的,但由于不能将实践的理念明确而直接引入认识论,自然难以明了"实践"是检验正确认识与否的唯一标准,以至于他对三者关系的最终回答是"最正确之学问,即最正确之经验,即最正确之智识"。他只能在认识的层次中去补救认识的偏差,还不了解何为"最正确"之源,其实这也正是他社会实践和革命实践活动还未广泛深入展开使然。

需要说明的是,虽然恽代英在《智识与经验》中通篇所述全然未提"实践"二字,但我们认为,他在论及学问的作用及可靠性时,还是间接表达了认识与实践的辩证关系,并指出了认识运动过程后半部分的重要性,即认识运动的全过程还需要有一个从理性认识到实践的飞跃。因为"学问"只有在实践中才能谈得上经济、安全,所以恽代英谈学问"经济"、"安全"的对象性显然也必然只能是实践。斯大林指出:"离开革命实践的理论是空洞的理论,而不以革命理论为指南的实践是盲目的实践。"①革命实践需要经济安全的理论来指导,也只有经济安全的理论才能进一步推动革命实践的发展。恽代英正是把握了认识的本质所在,才突出强调学问的重要性、可靠性及其不正确处还需要补救的。

综上所述《经验与智识》的确是恽代英认识论中最有价值的文字。他关于"智识未有不从经验中得来"的论述,并非简单的经验论,而是从认识过程的秩序来说的。今天我们强调社会实践在认识过程中的意义,是因为只有社会实践才能使人的认识开始发生,开始从客观外界得到感觉经验。恽代英论智识从经验中来所反映的正是认识论的唯物论思想,较为彻底地断绝了智识天启之说的根源和影响。他关于智识源于经验而又高于经验,必须加以研究方能形成的论述,是感性认识有待于发展到理性认识的集中

---

① 《斯大林选集》上卷,人民出版社 1979 年版,第 199—200 页。

表述,所反映的恰恰是认识论的辩证法思想,克服的是认识形成中的形而上学的观点。他关于"学问"的全面分析,其实质反映的还是正确认识的形成、完善、可靠性以及它于人类生活的重要性问题。总的来看,恽代英的《经验与智识》一文,不仅在认识论的思想内容上涵盖全面,而且就其实践中的作用来说,也意义重大,确实不愧为一篇弥足珍贵、价值巨大的哲学论文。

(二)怀疑论

作为一种认识倾向的怀疑论,古已有之,其创始人辟罗(Pyrrho,今多译为"皮浪"、"皮洛"——笔者注)与亚里士多德属于同一时代。从现象上看,怀疑论的起因是当人们对世事、自然等难以作出准确把握时,他们就会对认识的可靠性产生怀疑。而且,由于不同的人对同一现象常有着不同甚至对立的观点,这一事实在现实生活中极其普遍,它也使人们对公认的认识结论往往产生怀疑。但从深层次原因来看,怀疑论的起因,则是"希望获得安宁"。古希腊的怀疑论者恩披里克在他的《皮浪主义概略》中就明确表示:"怀疑论的起因,我们说是希望获得安宁。有一些有才能的人,对事物中的各种矛盾感到困惑,在就二者中选择一件加以接受时发生怀疑,于是进而研究事物中间什么是真的,什么是假的,希望通过这个问题的解决得到安宁。"怀疑论将人的认知缺陷和知识的不可能阈限完全暴露出来,体现了人类思维的智慧,也表现了人们一种追求智慧的品德,但由于其最初产生的自然科学基础缺乏实证,以至于怀疑论往往从怀疑发展到崇神,因而对哲学思想发展的建树其实远远少于破坏。恽代英在五四前后曾先后发表文章集中阐述过怀疑论思想,但他的怀疑论思想与皮浪等人的思想却有根本不同,恽代英不仅批判了过去的怀疑论者,而且在自己所提怀疑论思想的基础上展示了其科学开放的可知论哲学思考。

1. 怀疑论思想初论

1915年、1916年,恽代英于《光华学报》分三期第一次发表《怀疑论》。

他首先纵论了历史上的各派怀疑论者之说,将其分为绝对的怀疑派、绝对的独断派和折中派三派。他认为这三派"皆有可议者在也"①,对它们都表示出疑义。

关于绝对的怀疑说。恽代英先是旁征博引,用庄子所说"吾生也有涯,知也无涯",和牛顿所说"以吾之智比于海洋之一沙"说明,人类的认识是有限的。同时他又表示,即使今天科学发明进步了,人智进化了,但猿人从何而出等诸多根本问题,人们仍然不知所以然。因此,许多学者"绝圣弃智,以求安心立命",走上了怀疑论鼻祖皮浪之路是不足为奇的,也有合理之处。但恽代英接着笔锋一转,认为绝对的怀疑派"彼以为人类为无所知,其为过当明甚"。他举例说人类对日月星辰的认识就不是不知道,实为不全部知道,而且表示现在不能全知的,将来是否可以全部知道,即便圣人也无从断言。他认为人类智力(即认识或知识)的范围,绝非一成不变,"盖随文明之进化以渐次扩张者也"。他说:"今人智力之范围,较古人为大。城市之人,较乡人为大。读书之人,较农工为大。此三尺童子所能称道之者也。"认为学者如果走皮浪之路,绝圣弃智,不仅不能知古人之所不能知,而且更不能知今人之所不知。因此,明确反对皮浪的绝对怀疑说,称"辟罗之说果不为可信之说也"。②

关于绝对的独断说。恽代英认为它与绝对的怀疑说相反,含有宗教的气味。他发现这类学者承袭宗教的精神,奉圣贤为神智,以为圣贤无所不知,无所不能,因此对于圣贤的指导,从不怀疑。认为他们偏重于己之所知,而藐其所不知。对于所不知者,"或以为不足信,或以为不足论"。总之,这类人"信天下之事,苟非其所谓不足信或不足论者,即彼以为无一事不能知,无一事不可信,而无一事有怀疑之必要也"。对此,恽代英明确表示反对,认为怀疑实有必要。他说:"不怀疑者,对于圣贤未发明之事,苟非其证据昭彰,归之于自然无理可言之境。即以其证据稍不完全,而疑为实无其

---

① 《恽代英文集》上卷,人民出版社1984年版,第13页。
② 《恽代英文集》上卷,人民出版社1984年版,第14页。

事,实无其理。"否则,"皆其自阻进步之法,举而发之,亦可笑也"。①

恽代英进而分析了怀疑与文明的关系。他指出:"怀疑者,开文明之先路者也。"

第一,"精神文明之进化,其始每本于一新说"。他举例说,"卢梭疑王权之悖而倡民权之说,卒以开今日民权之世界。嘉利生(今译杰斐逊——笔者注)疑蓄奴之非而倡释放之论,卒以开今日人道之美国。"由此可见,若自限于一境而不怀疑其境之不完备,则无新思想。"无新思想即无新学说,无新学说即无新世界。新世界之所以发生,即人心对于现在世界有所怀疑之结果,则怀疑之关系亦大矣"。

第二,"物质文明之进化,始于物理之发明,而发明之始基莫不起于疑世之。不足论者为未必不足论,疑世之不足信者未必为不足信。"他进而指出,"吾人居于某境而不疑,则终身学识限于此一境,稍进一步而不疑,则终身进步限于一步,使吾人疑而不止者,其进步亦无止也"。因此,学贵知疑,大疑则大进,小疑则小进,"今学者不知疑,此所以终其身大惑而不解也"。②

关于折中说。恽代英指出,宗教徒不自用其心,而以其心徇天神,不足责也。然而学者笃信圣贤,折中于圣贤,则足怪矣。他对"群言淆乱,则折诸圣","舍五经而济乎道者末矣"这类常出于学者之口和文章的言论表示疑义,认为"自吾观之,则大异于是矣"。并明确表示:"吾以为吾人之于圣人,有不应折衷者,有不能折衷者,有不可折衷者。"③

在批判了上述三种观点后,恽代英开始重点剖析人们对天下事理有所不知或有所知而不能正确对待这一普遍现象的原因,并从主客观方面进行剖析。他认为,产生这一普遍现象,主要是人们受到四蔽的影响,即"习俗"之蔽、"信仰"之蔽、"感情"之蔽、"耳目"之蔽,进而提出了自己的"怀疑观"。

---

① 《恽代英文集》上卷,人民出版社1984年版,第15页。
② 以上见天逸:《怀疑论》,载《光华学报》1916年第2期。《恽代英文集》上卷收录的此文,遗漏了本期内容。
③ 《恽代英文集》上卷,人民出版社1984年版,第17页。

谈到习俗之蔽，恽代英认为习俗是不可思议的"大魔物"。他说："吾人昔日即以习俗为真理，以缠足为要务，忠君为大德，及人权主义兴，然后知昔日之大非也。顾虽知昔日之非，然今日之信习俗为真理，每每犹如昨日之所为，则安知今日之事，不亦大非如前日乎。且无论常人之溺于习俗如此；亚里士多德，希腊之圣人也，然主张蓄奴，主张杀敌，主张贵族政体，凡此皆非知其非而主张之，以囿于习俗之是非，故不觉而附和之耳。"①对于凡人与大哲皆流于习俗而导致不能认识真事理或认识有误的原因，恽代英引赫胥黎等人的话说，这都是因为世人见是习俗则以为不足察或不肯察的缘故。

谈到信仰之蔽，恽代英将它分为宗教徒信仰天神和学者信仰圣贤两种。对于信仰天神的人，他认为"以吾所知，宗教之所谓天神必非天神之本体，不过出于一二人之想象而已"，指出"其所信之教不同，其所言之天神亦各异，将谁为真谁为非，谁为全智全能而可信者乎？"②面对这些人对宗教徒的过笃信仰，恽代英说："夫大道天下之公，非圣人所得私有。圣人之言行，偶合于道，而道固自道，不必遂为圣人之附属品也。"因此，人们对于圣人也可以怀疑。他认为圣人并非全智全能，即使如尧舜也是如此。他还进一步分析说"且圣人之言，有为一时言者，有为一人言者……学者不思时势之不同，而惟欲窃圣贤之糟粕，以行于世，则亦将乘殷之辂，服周之冕"，"圣人之言行，有迹可考者也。若其意，则无迹而不可考。不可考，安知其为圣人之意而能无谬误乎"。③ 因此，他表示即使自己想折中于圣人，也不能够，故而不可折中圣人。

关于耳目之蔽，恽代英从三个递进的层面进行了概括：首先他认为耳目之所以不可信，是因为它不足以知晓天下之事，不能知道事物的全部。他举例说乡里农夫不见飞艇而不信飞艇，可飞艇却是徐柏林成功发明之物。接着他又表示，人们不仅仅是对事物不能全部知晓，即使其所知道的，也往往

---

① 《恽代英文集》上卷，人民出版社 1984 年版，第 15 页。
② 《恽代英文集》上卷，人民出版社 1984 年版，第 16 页。
③ 《恽代英文集》上卷，人民出版社 1984 年版，第 17 页。

不正确,如人们不知太阳为七色,而以为白色,这就是因为人们"不足以知事物之真也"。最后,他认为即使人们有所真知,"又往往不揣其本而齐其末"。并以女子参政的研究为例,表示世人研究女子参政问题,多是以女子生理心理的弱点作为根据。恽代英说这种说法从道理上讲也并非一点也不可信,但他认为这些人唯独不知道今天的所谓生理心理,都是积世进退所致,因此不足以代表本来的生理心理。他指出,政治的事,不欲女子干预,故女子掌治的才能,遂与日俱退。然若据此而说是老天限制女子不使她们参政,则无以服女子之心也。

对于感情之蔽,恽代英引《淮南子》的话说,载哀者见歌声而哭,载乐者见哭声而笑。认为哀可乐者,笑可哭者皆载使然也。他认为感情完全可以让人们难辨事物的真相,并进一步引《大学》之言说:"心有所忿愤,则不得其正;有所恐惧,则不得其正;有所好乐,则不得其正;有所忧患,则不得其正。"由此表示,情感往往不合于理,因此也不可信①。

恽代英此时作《怀疑论》是他在中华大学学习哲学专业时,就中外哲学史中的怀疑论思想进行的初步研究。从怀疑论发展的过程看,早期古代的怀疑论者如皮浪等,他们由怀疑知识的真理性、正确性入手,认为人的感觉经验和理性思维都不能保证其正确地反映事物,从而由相对主义和怀疑论走向了不可知论。近代的怀疑论者如休谟和康德等,他们或根本避而不谈感觉能否反映客观世界的问题,或虽然承认人的认识能达到事物的现象,但又否认人的认识能达到"自在之物"本身。怀疑论的共同特点是怀疑人类科学知识的客观性和可靠性,否认人类能够认识或能够充分认识客观世界。但恽代英于《怀疑论》中所阐述的思想,与早期古代的怀疑论根本不同。恽代英在《怀疑论》中,一方面反对"绝圣弃智"的绝对怀疑说,不仅指出这类学者"以为人类为无所知,其为过当明甚",而且表示人类的认识能力范围将"随文明的进化以渐次扩张",认为天下万物即使现在不能全知,也不能因此断言人类将来不能全知,由此明示了自己的可知论思想。另一方面也

① 参见《恽代英文集》上卷,人民出版社1984年版,第19页。

反对偏重于已之所知而对不能知者表示没有怀疑必要的绝对独断派,反对习惯于折中圣贤的折衷派,表示作为学者应从推动人类认识进步的使命出发,当学会怀疑,并进而从习俗、信仰、情感、耳目之蔽提出了自己的怀疑论观点。以上说明,恽代英提出怀疑论的思想其分析过程(承认认识的有限性和无限性并主张世界可知)较之过去的怀疑论(不承认人类能认识真理而走向不可知论)有着明显区别,其落脚点(由怀疑而研求事物之真)与曾经的"怀疑论"(由怀疑而消极以安心)更有显著不同。

2. 怀疑论思想的进一步阐释

为进一步阐明自己怀疑论思想与皮浪怀疑论的异同,进而表达自己怀疑的真态度和目的,恽代英于 1920 年 4 月再作《怀疑论》一文以正视听。他说:"我于辟罗对于一切事理都持一个怀疑的态度,是很赞同的;却对于他那所说真事理不能研求出来,而且不必研求出来的话,根本上很反对。"①

恽代英一直认为对于一切事理应该都持一个怀疑的态度,表示怀疑有益,而且世事多有怀疑的余地。与曾经所发表《怀疑论》言及习俗、信仰、耳目、感情之弊的表层次原因相比,在此次发表的《怀疑论》中,他以哲学的深层次角度从三个方面对此进行了解说。

一是形而上学方面。恽代英以物界为例,认为人们常说它"真实无妄"就值得怀疑。他说,平时人们看见、触着的物界,都不是真实的物界,从生理学或心理学看,不过是感官与物界接触,因而脑筋中所生的映像罢了,人们其实永远未知道什么物界。他还以闭眼摸或睁眼看身上疮节会有大、小不同,放木箸一端于水中看或摸这木箸会有弯、直不同为例,表示人们信感官,是靠不住的,应当有所怀疑。二是伦理学方面。他以道德是圣贤的话,世俗的传说,良心的命令发问:道德是圣贤的话吗? 倘若两个圣贤对于一件事说了两样的话,哪一样的话是道德? 他说的话,便一定是道德吗? 而且恽代英对圣贤本身也表质疑。对于道德是世俗的传说,他认为世俗的传说,至少中

---

① 《恽代英文集》上卷,人民出版社 1984 年版,第 150 页。

间包含有许多违反道德的地方。他指出前十几年尊王攘夷，重男轻女，都是世俗所以为天经地义，现在则一齐从根本上推翻了。关于把良心的命令看做道德，恽代英表示应当对从古以来良心的命令有没有违反道德进行考问。他说那些愚忠愚孝的就不论了，像复辟的康有为等，他们不以为顺着良心命令做事吗？如果说那是良心业已为习俗染了，物欲蔽了，不是真正良心了，那么什么是真正的良心？用什么标准知道它是真正的良心呢？由此指出："现在伦理学上已经决定的理论，都值得重新考虑一番。"①三是自然科学方面。恽代英认为科学是最精密最切实的人类知识，已经经过了许多观察同实验，似乎没有怀疑的余地了，其实不然。他指出，人们现在所称为科学的，无非从古以来学者由观察实验推论所设立的许多假设；便是一切学说、定理，亦仍然不过略高等的假设罢了。他认为科学的假设有两种情形可以失去假设的价值：一种是发现了一件事与假设相矛盾，证明那假设不正确；一种是发现了有些事不在那假设所包括范围之内，知道那假设不尽正确。他发现许多科学假设都还有逐渐进步修改的地方，并以爱因斯坦相对原理（Principle of relativity）出世为例表示，它就使牛顿的第二运动法则，又有些不稳靠了。因此，"科学上亦原本没有甚么天经地义"②。他认为既然使科学进步的是怀疑，就不能说科学中无怀疑的余地。

人们需要对事理持怀疑态度，但并不表明人们就不能正确认识事理，从而不必研究事理。恽代英对皮浪说真事理是不能研求出来，而且不必研求出来的观点明确表示反对，并进而提出了真理的相对性与绝对性、真理的实践价值等思想。

首先，恽代英明确指出："辟罗（皮浪）说真事理是不能研究出来，而且不必研求出来的，这话却很不对。"恽代英认为，在皮浪看来，值不得研求的原因"一是以为与人类幸福无关，值不得人们研求"；"一是以为非人智所能解决，所以研求亦是没有益处"。对此，恽代英反驳说："今试问真事理的研

① 《恽代英文集》上卷，人民出版社 1984 年版，第 152 页。
② 《恽代英文集》上卷，人民出版社 1984 年版，第 153 页。

求,果然与人类幸福无关么？若是古人以为地圆的说,没有研求的价值,东西洋的文明……有今天蓬勃的壮观么?"①由此可知,"各种精神学科,物质学科的进步,虽然有些地方被今日狭隘的国家主义者利用,酿成所谓文明之毒;然而社会组织若加个根本的修正,这些文明亦处处给人类以远大的希望,这是已往的人类研求真事理的效益"。②恽代英指出,现在世界还有许多缺陷,许多痛苦,应该补救,今天人类研求真事理,正是以学术的进步,补救世界的缺陷,与人类幸福恰恰有很大的关系。如果听信皮浪的话,世界进化的将来,人类幸福的将来,都将中止。因此,人们是需要对事理持怀疑态度的。恽代英在这里深刻阐释了真理性认识对人类实践是有益的,从而表达了他关于真理的实践价值的思想。

其次,恽代英认为辟罗说"真事理非人智所能解决,所以研求亦是没益处;这便是真事理不能研求出来的意思。"这完全"是骗人的话","很可以教人类绝望"。他深入研究了人的智力问题后表示,常人以为人是无所不知的,是错误的;辟罗派哲学家以为人是毫无所知的,也是错误的。对有的学者所说人智有一定范围的说法(即在这范围之中,人是无所不知的,出了这范围,人却毫无所知)恽代英也是否定的。他认为人智范围不是一成不变的,因为从历史进程看,"人智是一天天进化的,倘若有个甚么人智范围,这范围一定有随时代以扩张的可能性,一定不是一成不变的。"③所以,人智是没有一个不可逾越的界限的。恽代英先从简单现象分析说,野蛮人以为人智无论如何,总进步不到能在天上飞,在水里泳的田地,然而现在的飞机潜水艇,小孩子都知道是的确有的事情了。乡村的人,以为人智无论如何,总进步不到能不帆而驶不御而趋的田地,然而现在的汽船摩托车,城市的人看得都十厌烦了。他再从高深的形而上学对于物界的讨论分析道:康德以为人智只限于物界的现象,永远不能知物界的本体,其实是限制人智的范围,

---

① 《恽代英文集》上卷,人民出版社1984年版,第154页。
② 《恽代英文集》上卷,人民出版社1984年版,第154页。
③ 《恽代英文集》上卷,人民出版社1984年版,第155页。

也是靠不住的。他说，当世的人所知道的，已不是仅仅只知道物界的现象，而是已能了解一些事物现象背后的本质，如过去人们认为物是有重有色，然而其实这物本无所谓重，只有向心力离心力；这物也本无色，只有疏度密度。恽代英认为，康德以为人的智识，必定限于感官摄取的映像，是他立论的根据不全面。因为人智并不限于感官，科学的进步，已经为人们证明了许多超感官的事理。因此，恽代英认为人类只要肯前进，"有一天得着他所求的真事理"，应该是很有希望的。总之，恽代英说："我的意见，是以为对于一切事理，都要存一个怀疑的态度；然而对于怀疑的事理，应该研求；研求出来的结果，我们仍然要用个怀疑的态度看待他。"①

最后，为准确无误地表达自己的怀疑论思想，恽代英还对"怀疑"与"不信"两个词进行了区分，认为人们平常把疑看做不信，其实疑是一个人在信与不信中间的一种态度。他认为，怀疑的人，不应该说任一件事一定是的，亦不应说任一件事一定不是的；一定信一件事是武断，一定不信一件事仍然是武断，最妥当的是怀疑。他认为"世界各方面的进化，都起源于怀疑"，因此要求人们养成一种习惯，表示"只有养成一种性质，对于事理不轻可决，不轻否决。无论甚么天经地义的律令训条，无论什么反经悖常的学说主张，我们总是一律看待。这便是怀疑。世界将来若是有进化，这便是促世界进化的惟一工具"。恽代英宣称：康德称笛卡儿是武断，然而康德人智范围的学说，亦武断了。辟罗以为除他以外的哲学家是武断，然而辟罗人智不能知真事理的学说亦武断了。因此他"奉劝学者都慎重些，常预备欢迎新学说到我心里来，亦欢迎他到我耳朵里来。能欢迎新的，还应该欢迎更新的"。②这说明恽代英的目标正是通过集思广益从怀疑到鉴别最终达到求真。

比较恽代英前后两篇《怀疑论》所阐述的思想，我们认为后一篇的分析无疑更为全面和更具有深度。他要求人们认识要深入全面，反对形而上学的机械性和片面性；要求对世俗传说、圣贤伦理、良心命令持科学态度，反对

---

① 《恽代英文集》上卷，人民出版社 1984 年版，第 156 页。
② 《恽代英文集》上卷，人民出版社 1984 年版，第 158 页。

盲从旧伦理学;要求对自然科学这门哲学的基础学科也不要绝对迷信,因为使科学进步的正是怀疑。从这里可以看出,恽代英正是从哲学的层面上认识到了真理性认识的重要性,从哲学对相关伦理学的考问中了解了认识与实践的源原之辨,从哲学与各门具体科学的关系上洞悉了人类认识的嬗变与发展。从表象看,恽代英和辟罗对于一切事理都持怀疑的态度,但两者却有着本质的不同。

辟罗认为真事理是不必研求的,纵然人类可以对事物的认识持怀疑态度,但认识必然不能更进一步,只可求得认识过程的安宁,无益于现实痛苦和缺陷的补救;恽代英则认为真事理是可以研求而且应当研求,认为人类从怀疑出发研求真理对于人类物质和精神的进步皆大有益处,人类认识过程中研求的不安宁其最终结果恰恰可以补救世界的缺陷,增进人类的幸福。辟罗认为真事理不能研求出来,认为人类毫无所知,结果必然是放弃研究,这种求得心灵安宁的后果只可能从怀疑发展到不可知论进而到崇神;恽代英则明确表示人智是一天天进化的,人智范围一定有随时代发展以扩张的可能性,认为人类只要肯前进,有一天是很有希望得到他所求的真事理。恽代英在这里实际上则揭示了真理的客观性,真理的绝对性与相对性的辩证关系。恽代英承认人智范围随时代发展以扩张,表明了其对真理相对性的认识,因为每一真理性认识只能是对于无限宇宙某一部分某一时间具体事物的正确反映,只能是某一时间对于某一具体事物某一层次、某一方面的正确反映,它是有限的、有条件的、相对的;而他表示人智一天天进化,只要人类肯前进,终有一天他很可能得到他所求的真事理,则表明了其对真理绝对性的认识,突出了真事理的客观对象性,因为真理包含着不依赖于人的意识的客观内容,而且人类认识的本性也总能够不断地向认识对象逼近,不断地、深入地达到认识与对象的一致,它是无条件的、绝对的。任何真理都是绝对与相对的统一,真理的发展过程就是一个不断由相对走向绝对的过程。这一论断表现了恽代英马克思主义哲学的可知论特征。

恽代英立足于近代科学,在五四前后先后发表的《智识与经验》和《怀疑论》,不仅较为系统地阐述了认识的来源及形成、认识的层次、认识的有限性和无限性、真理的绝对性与相对性等重要内容,而且还逐步提出了认识的实践价值等思想。如果说恽代英在《智识与经验》中还只是间接表达了认识于实践的作用,那么,他在1920年发表的《怀疑论》,则直接阐释了认识对实践的重要性,他开始明确地将认识与人生幸福相联系,认为研求真事理能增进人类幸福,表示怀疑是"促世界进化的惟一工具",折射出了认识源于实践又指导实践的理性火花。他从怀疑出发却没有最终走上皮浪的所谓怀疑之路,而是从怀疑中发掘了人类认识的可知性,并最终找到了怀疑和认识的目标归宿——益于人类,反映了恽代英与时俱进,与实践俱进的思辨品质。恽代英是一个不墨守古训,也不一味力求西学的人,他十分反感当时中国学术界所表现出的这两方面状况,曾明确表示"墨守古训犹古人奴隶,力求西学犹西人奴隶,不得为真学者"。① 并认为那些窃取古训或西学皮毛而自矜的人是可耻的。作为一个哲学门的学者,恽代英始终保持着自己独立思考的品质,并常常以此要求朋友和同仁,比如他曾在致啸虎书中就表示:"足下有志著书又好哲学,则启发自己独立之思想,实为急务。不然著书尽抄袭陈言,哲学亦随人走路矣。"②恽代英的认识论思想既融会了当时中西哲学认识论的主流思想,又有所增益,内容涵盖全面,是其独立思考的成果。

三、恽代英的人生观

人生观是对人生的根本观点的总和,它包括生死观、苦乐观、荣辱观、幸福观等内容。由于在社会实践中所处地位、生活境遇、文化素养和身处时代等不同因素存在,不同人形成的人生观往往各不相同。在阶级社会里,基于人生观所建立的经济基础不同,人生观又往往带有阶级的烙印。大体上看,阶级社会中的人生观主要表现为两大对立的人生观,即剥削阶级人生观和

---

① 《恽代英来鸿去燕录》,北京出版社1981年版,第13页。
② 《恽代英来鸿去燕录》,北京出版社1981年版,第37页。

无产阶级人生观。剥削阶级人生观从一己私利出发看待人生,或宣扬自己骄奢淫逸的生活,或欺骗人民群众、麻痹人民精神,宣扬人生的天命思想,具体表现有享乐主义人生观、权力意志主义人生观、极端利己主义人生观、宿命论人生观以及悲观厌世人生观等。无产阶级人生观则以辩证唯物主义和历史唯物主义看待人生,以社会主义道德和共产主义道德作为准则,坚持社会利益高于个人利益的集体主义精神,把全心全意为人民服务作为人生最大价值,把实现共产主义作为人生的最高理想。从恽代英业已形成的世界观和其终生追求分析,我们认为恽代英的人生观当属无产阶级人生观之列。恽代英人生观的形成有一个过程,在其人生观形成之初,真正革命的、科学的社会主义共产主义思想还未传入中国,也就是说,严格意义上的社会主义、共产主义道德标准和行为准则并不能明显表露于恽代英早期人生观中。但由于受中国传统哲学中大量积极进步的人生价值思想,如孔子的“仁”、孟子的“义”、墨子的“爱”等熏陶和西方哲学伦理思想影响,并结合当时社会改造事业的需要,恽代英在人生观形成之初却又初步流露了无产阶级人生观的基本思想,而且其思想中还颇有独特新义的东西。随着他革命实践的展开,其革命的、科学的人生观逐渐充实与完善。恽代英的人生观决定着他的理想与奋斗目标,对其生活追求与走上革命道路起着决定性的作用。作为20世纪初深受爱戴的青年领袖,他的人生观在当时还深深影响了一代青年的道德品质和道德行为。

(一)恽代英的人生观思想的基本内容

恽代英的人生观反映了他对人生的根本观点和态度。早在中华大学读书期间他就于《光华学报》分两期发表过《我之人生观》一文,该文是他“数年来对于人生真正价值之研究”①的集中表述,其内容包括生死观、苦乐观、善恶观等,而且这些思想一如编者所言,“此篇净扫陈言”,“独标新义”,“有助于研究人生目的”。

---

① 恽代英:《我之人生观》,《光华学报》1917 年第 2 期。

1. 生死观

生死观是人生观的一大基本范畴,它要解答的是人类为何而生,生又有何意义? 为何而死,死又有无价值等命题。

首先,恽代英认为,人类无目的而生存,无目的故无价值。他在论人类生存"无目的"前先是对前人关于人类为何而生存的问题作了一个概述。他说,伦理学家劝人为善,"故必为善而后其生乃有价值";政治学家劝人爱国,"谓人类者为国家而生存,故必爱国而后其生存乃有价值";利己者"以为人类为己而生存";利他者"以为人类为利他而生存",如此等等,都以不同"假设"为前提,实为"一种不详确之研究",因而于"人类何为而生存"不能得一惬心解决。他联系"人类文化进步,何以犯罪与自杀者日益增加"发问,表示研究"人类何为而生存"在理论与现实中至关重要。恽代英说:"浅见之人言之,必以文化进步,则犯罪与自杀者应日益减少,以至于无,而按之事实,其结果乃适相反,不禁惊其非意料之所及。"他担心顽固之徒"执此以为反对文化之资,以为文化进步,实为人类之祸,而绝非人类之福",并认为极有思想者如卢梭、叔本华辈也不能免,因而确需对这个问题加以根本研究。

接着恽代英以较长篇幅一方面从历史的角度对人类文化愈进步而犯罪与自杀者日益增多的原因进行了分析,指出:"明晰之脑筋常为人类犯罪或自杀之原因。"另一方面他也从现实中发现,随着各人所处时代文化的进步,不满意道德学说假设的前提,已渐渐被一般优秀少年所观破。认为这些少年的涵养有限,知识又不完全,因此观破这前提,流毒就大了,"很让人担心"。恽代英说,这些少年以其既不满意遂完全不承认该前提不服从该前提,就积极方面看,他们会完全纵肆其兽欲,并藐视一切道德宗教及法律规定,因而犯罪就出现了。就消极方面看,他们又以人生在道德上既无价值,遂生自杀之事。他认为这才是近世文明所以增加犯罪与自杀的真正原因。为把握道德学说的真正前提,他明确告诉人们"人生本无价值,盖人类无目的而生存,无目的故无价值也"。

对于"人类无目的而生存"的解释,恽代英说:凡谓人类有何目的而生存者,其立说皆不圆满,其根据皆不正确。因为他认为"目的者意志活动之一种结果,而意志活动,乃人生后天心理之进化,非未生以前,人类之所具有"。那么,说今天某甲以何目的而投胎,以何目的而坠地,就甚为可笑了。对于西方宗教界认为"冥冥之中造物,实先有一种目的,然后使某甲生存"的说法,恽代英表示:所谓上帝造亚当夏娃,其说虽容于教会中谈述之,始无复相信者,欲待此以研究人类生存之目的,不亦诬乎。他接着还对中国传统的所谓"养儿防老"、"扬名显宗"等看法进行了批驳,认为"此说妄也,养儿防老等语,皆人类于其已有子女后之言说,决非真即先以此等目的而生子女"。

为证明"人类无目的而生存,无目的故无价值"的观点,恽代英将人与牛猪狗无目的而生存作比较,表示"人类之生存为无价值,犹牛犬羊豕之生存为无价值也"。他认为世人对于人生问题生种种妄解主要原因在于人类极其自大,具体表现为:一说人为万物之灵;二说人为理性动物。针对人为万物之灵的观点,恽代英反驳说:"人之有全脑,其价值不过如鸟之有翼,鱼之有鳍,同一为非他种动物之所有。"认为"人必以脑骄他种动物,此人之不自量耳"。针对有人提出人有别于牛羊猪狗为理性动物的观点,他回答道:"万物之不齐乃出于长时间生物变化之结果,人之有脑筋有理想,以异于牛犬羊豕,亦犹牛之有角,以异于人犬羊豕,犬之有奇敏之嗅觉,以异于牛羊豕耳。"[①]就父母之生子女的本因看,它本无意识,是"偶然之结果"。

我们认为,首先,恽代英在此谈人生无目的是就人类生存的前因来思考的。他认为人类天生并非就是万物之灵,也并非天生就是理性动物。就人出生的目的看,它本无意识,与其他动物没有本质区别。恽代英谈人的出生从根本上说无目的并不为错,人出生后只有与社会发生真正联系,其价值本性方能体现,而这一点恰恰是我们今天谈论人生价值的关键。

其次,人类之生存以畏死或不欲死故。人类既然无目的而生存,生存也无价值可言,那么人类为什么还会生存于世呢? 恽代英表示:人之生存无目

---

① 恽代英:《我之人生观》,《光华学报》1917 年第 2 期。

的,非为己而生,非为他而生,亦非为国家社会家庭而生。人类既无目的而生,故其生存而不死,即亦无目的无理由可言,所得而言者,但有畏死或不欲死二语而已。人类生存畏死或不欲死一说,叔本华也曾有论及,叔本华认为,举凡人生,皆不过是为生存而奋力拼搏厮杀。并认为人们之所以挺身而出直面这场斗争,是因为不为贪生苟活,而更为畏死觅活。①

　　对于"畏死或不欲死",恽代英解释说:"人类之终生存而不死者,何故乎? 曰:此无他,畏死故不死。如非畏死也,不欲死故不死。自此以外,凡假设他种高尚之理由,以为其生存而不死之故者,皆妄也。"他还对"畏死"之说作了具体分析,称:"死之为物,果可畏与否,当以死时之痛苦为断。"认为死时的痛苦,在未死的人,是无从验证的,但常人多认为人死之时痛苦极大,因此总觉得死是特别可怕的事。他认为畏死或不欲死二者已足为人类生存充分的理由,并表示"此二语本不成为理由",且人类的生存,也无须何种理由解释。恽代英在这里对人类生存"畏死或不欲死"的解释是模糊的,与叔本华如出一辙。他自己也承认,"此二语本不成为理由"。可细心研究我们还是发现,他在这里解释的是人类一般,非为单个个体之人;是从人类生存的普遍本性出发,而非指后天锻炼而成就的少数意志高尚的人。即便如此,恽代英仍虑及了意志高尚之人,"必不欲承认其生存之理由,乃仅如此之卑下"。他解释说:"在此等人,彼初不知人生本无目的无价值,则或假定以何等高尚理由而生存,亦为应有之事。然就真理言之,人生既无目的,无价值,凡彼所谓高尚理由初皆不得成立。则彼仍以畏死或不欲死而生存也。"②显然,恽代英谈人类生存"畏死或不欲死"还是就人类生存之初的本性而言,并非指强烈的社会责任意识出现之后。

　　再次,人无杀身成仁之义务、自杀绝对非罪。人类既然无目的而生存,人生无价值可言,那么对"死"的解释,恽代英也另辟蹊径,他关于"人无杀

　　① 李小兵译:《意欲与人生之间的痛苦——叔本华随笔和箴言集》,上海三联书店1988年版,第14页。
　　② 恽代英:《我之人生观》,《光华学报》1917年第2期。

身成仁之义务"、"自杀绝对非罪"的解说在当世而言,一如他自己所说可谓"骇人之说"。

"杀身成仁"见《卫灵公》"志士仁人,无求生以害仁,有杀身以成仁。"它是孔子所塑造的理想人格。就"仁"的含义而言,孔子首先把"爱亲"规定为"仁"的本始,同时又将"仁"规定为"爱人"、"泛爱众"。在"仁"德的内容上,孔子指出恭、宽、信、敏、惠是"仁"的德目。《阳货》载:子张问仁于孔子。孔子曰:"能行五者于天下,为仁矣。"请问之。曰:"恭、宽、信、敏、惠……"《子路》又载:樊迟问仁。子曰:"居处恭、执事敬、与人忠。虽之夷狄,不可弃也。"孔子将"求仁"作为最高的道德义务,指出在必要的时候,为实践"仁"的目的,就是牺牲生命也应在所不惜。孔子所强调的"杀身成仁"的理想人格对后世产生了广泛而深远的影响,其影响虽然多为积极的正面的,但也并非没有负面和消极的作用。恽代英指出,他生活之时不少年轻人,因不能真正理解"杀身成仁"而又借此之名贸然自杀,这就使恽代英不得不对这一理想人格从哲学层面进行审慎思考并作新的解释,以期从根本上为有自杀倾向的人指一条光明的路。

恽代英论"人无杀身成仁之义务"时表示:人的生死,完全为个人的自由,非道德所能干预。人既然畏死或不欲死而生存,那么就没有必要强立各种道德学说,强定杀身成仁之义务的道理。他认为,"杀身成仁"说其实是世人未加深思的结果。他以自古忠臣义士,委屈偷生以力求尽责任者为例,表示其效果与凭一旦怒气而慷慨捐躯者相比,不啻百十倍。认为凭一时的坚决态度,来博取他人无理由的感情的赞赏,平心而论,它远远不如以委屈的行为,留住身体真心为社会做事。他还举例说,西洋军士于战斗力尽之时,多投降而不自杀,这在东洋人看来,一定认为是微不足道的,可恽代英认为投降无益于国,与自杀是相同的,而且投降只是暂时的无益,自杀为永久的无益。针对有人说这一部分军士的自杀,可以鼓励其他一部分军士努力战斗。恽代英说,这一部分军士如果皆自愿自杀,那么他们自杀无可非议,若他们不愿自杀,使他们必出于自杀而后快,则就极无理极不道德了。

最后,恽代英认为"人无杀身成仁之义务"可能足以使一般畏死的懦夫气壮,但他又说,轻死之说使一般浮薄少年白白断送头颅也很多。在比较古今"杀身"的现象结果后恽代英指出:古人之杀身以成仁,必仁可成而后身可杀,今人则以为身既杀而仁自成矣,岂不诬乎。由此明示:"读者应知吾所以辟杀身成仁之说者,非徒顺人畏死之情,盖一则杀身成仁四字,可为自律的道德,不可以迫之他人。二则凡不杀身者,亦正以希望成仁之故。非谓偷得一死,即为能事。"①他的真正意图是希望现实生活当中那些真正的仁人志士,与其以杀身求成仁,不如以不杀身求成仁。

关于"自杀绝对非罪"说,恽代英指出,人的生死绝对是他个人的自由,如同他不愿死,就不应强迫使他死一样。反之,如果他不愿生,也不应强迫他生。他认为,无论何等自杀,道德皆不应禁止。表示人一旦不再想生存于世上,那么一切所谓善,所谓论理,就应当立刻停止,如果现在某人决定自杀,而仍然以善与伦理责备他,是不成道理的。恽代英意识到自己所提"自杀绝对非罪"将冒极大风险,因为若因此自杀的人日益增多,那么他无异在以文字杀人。但他接着冷静分析道:凡世人皆有贪生畏死之情,此乃不可诬之事实。他发现自古以来,一般不近情理的学者,以忠孝等大名目逼人于死,可到至今都不见有多少人因此而死。所以他认为他的一席话,一定不会使众人视生命如敝屣。并认为世人自杀的原因有两点:一是不堪社会压迫而自杀;二是确解生存无意义而自杀,并表示出于第一种原因的更多。恽代英对于第一种自杀分析说:"每有贫苦之辈,或失意之人,虽自信自杀为罪,而终不能不出于自杀之途,此岂尚得加罪于自杀之身耶! 今世社会间一切不平均不合理之事,为人类互相侵损残害之媒。每有孤弱之辈,为人鱼肉,尽心竭力,以事社会,而不能得一饱暖,如昔日之奴隶,今日之劳动家者,为彼等计,社会既不加怜惜,非自己团结以革命,则惟自杀耳。"对于第二种自杀,他认为能确解生存无意义而自杀,此非常人之所能也。表示如能更进一步,知生存无意义,自杀也无意义,则这类人一定会将自杀视为多事。

综上所述,恽代英论"自杀绝对非罪",其目的并不是要人人自杀,相反

---

① 恽代英:《我之人生观》,《光华学报》1917 年第 3 期。

他是希望人们了解自杀的深层原因后,进一步减少当世的自杀率。他说:"吾辈论事,当探其本原立说,故吾人但当减少使人不得不自杀之原因,不当问其自杀与否。"①他认为若真正了解了上述原因,则人人有爱生之心,自然不禁止也没有人自杀了。

2. 苦乐观

恽代英论苦乐的真意义与其论生死观一样,仍紧紧围绕现实生活中的"自杀"问题展开。他在《我之人生观》一文中说:普通之人,恒以世事为可厌恶,此等厌恶之感情,常为其人自杀之因。但他接着分析说,"然究之彼以世事为可厌恶者妄也"。

为论证世事究竟是否令人厌恶,恽代英首先从纯粹理论的角度给予了分析。他说,苦乐皆属于主观,而不属于客观,因此凡是认为某事可苦,某事可乐,从道理上讲都是不通的。他以甲乙观察同一事物为例,指出:观同一事,而甲以为可乐,乙以为可苦。并认为,甚至同一人,而今日以为可乐,明日以为可苦。因此可知视苦乐为客观是错误的。恽代英推论说:"苦乐既非客观的,可知世事无所谓可厌恶,今以为可厌恶,岂非妄乎!"②

为让人们更加明白苦乐的主观性,不厌恶世事,恽代英又进一步从人与衣食住行关系这一浅层次进行了分析。他说:大抵非极端明白,极端淡泊之人,于衣食住等有密切关系之事物中,不能不觉有所谓苦乐。由此表示:"诚不能期人人为以箪瓢屡空不改其乐之颜回,肘见踵决歌声如出金石之原宪,故于此等为生存关系而感觉苦乐之人,不能加以苛议。"但现实中的多数人毕竟不是颜回与原宪,他们关心更多的仍然是生存的问题。恽代英认为,如果真是为生存关系而感觉苦乐,那么求乐避苦的法则就更容易明白了,人们也就不会认为世事可厌了。

既然世事不可厌,那么为什么天下许多人又以为人生多苦呢?恽代英

---

① 恽代英:《我之人生观》,《光华学报》1917 年第 3 期。
② 恽代英:《我之人生观》,《光华学报》1917 年第 3 期。

指出："皆以求而不得之故,而所以求而不得者,则以所求过奢故也。"他举例说："今人有为不得无益之衣饰,不得无谓之虚荣,而感其苦者,此等之苦,皆求者之自取也。"他认为,无益的衣饰,无谓的虚荣,本是不须得的东西,而且也是不容易得到的东西,现在人们因为一时的私欲,必欲得到它们,就怪不得这些人常常感觉人生很痛苦了。

在恽代英生活时代,内忧外患使得广大民众生活艰难是一个不争的事实。面对民不聊生的境况,恽代英一方面承认现实确实如此,那些为生存而殚精竭虑的人们确实有许多痛苦,但另一方面他又鼓励众人不要向现实低头,要勇敢面对世事,要求他们学会全面分析引起痛苦的主客观原因,从而尽可能找到一些可以从自身方面克服痛苦的方法。他分析当时的状况说:单就吾国言之,生活纵艰难,谓一人劳力终日,而不能自养其一身,则虽最不幸阶级中人民,吾敢其断不至于如此。他认为当时人民生活之所以艰难,原因有四个方面:(一)谋生者无充分的生活之技能;(二)执业者无充分的执业之诚心;(三)家庭中倚赖以为生者之人多;(四)用财不知节俭,而为无益之欲望,不正当之交接,损其月入之大半。有这四方面原因,世人当然把"生活艰难"常挂口头边,当成了口头禅。恽代英表示,社会中人之所以为生活者,亦"有不当",因此不应认为世事可厌。

单从文字解读,恽代英上述对苦乐的分析看似仅教人破除私欲,与影响我国人数颇众的出世主义佛教人生观相同,但实则不然。首先,恽代英并不反对"生活必要之欲望",相反,对于生活必要之欲望,他主张依正义以行,则无有求而不得。其次,恽代英对于"苦"的原因分析、解决"苦难"的途径找寻等都远非佛教所能相比。佛教人生观认为,人生是一个生、老、病、死的过程,而贯穿于这一过程的只是一个"苦"字。佛教《中阿含经》甚至把人的一生概括为"八苦":生苦、老苦、病苦、死苦、怨憎会苦、爱别离苦、所求不得苦、五盛阴苦。① 表面看,在所谓"苦"的内容与原因分析上佛教所言较恽代

---

① 朱贻庭:《中国传统伦理思想史》(增订本),华东师范大学出版社 2003 年版,第 304 页。

英所论似乎更为全面,但在解释人生之"苦"的根源上,佛教将其归为个人的"无明"而不是社会自身,其错误却是明显的,它主张"涅槃"即灭障度苦作为解决"苦"的途径,显然更不能与恽代英要求从社会与人自身两个方面去努力趋乐避苦相提并论。恽代英表示:"吾意一方面扫除社会间一切不平均不合当之事,一方面打破个人一切过分之欲望,于是人间而天堂矣,何苦之有。"①恽代英对黑暗社会给人们所造成的罪恶其实深为痛恨,他的苦乐观的立意在于面对客观的现实,人们在还没有找到根本解决社会黑暗的方法前,从主观上需要克制自己过分的欲望,从而能以"苦"为"乐"。

恽代英的苦乐观与德国人生哲学家叔本华关于人生的态度也有本质的不同。叔本华以为,人生即为一大痛苦。他说,一切生命在其本质上皆为痛苦。其理论的清楚表述是:人生即意欲(或曰意志)之表现,意欲是无法满足之渊薮,而人生却总是在追求这无法满足的渊薮,故人生来就是痛苦的,其本性逃不出痛苦之股掌。对于人生的现象,叔本华描述道:人在根本上,不过是活脱脱的一团欲望和需要,是各种需要的凝聚体。人带着一身欲望和需要,在这个世界上孑然前行。因此,举凡人生,皆不过是为生存而奋力拼搏厮杀。② 与叔本华论苦乐相比,恽代英虽然也重在剖析人生的欲望对于个人"苦乐"形成的影响,但他关于人生应不懈努力以去苦求乐的解释却较叔本华所论有着天壤之别,这也正是二人所属不同阶级的本质反映。

3. 善恶观

恽代英在讨论"善恶"之前,先论证了他心目中的一个视为基本常识的前提,即"人类为自身之幸福而为善"。他说,"为善"不是道德上的责任,实际上是道德上的权利。他认为,人类有道德行为,初非出于何项责任之督策,乃出于为自身谋幸福自然的结果。他细思人类道德行为后发现,其结果

---

① 恽代英:《我之人生观》,《光华学报》1917 年第 3 期。
② 《意欲与人生之间的痛苦——叔本华随笔和箴言集》,上海三联书店 1988 年版,第 1—16 页。

常足以致自身的利益,因此恽代英指出:"凡为自身谋幸福者,自然趋而为善。"他反对为国家社会家庭而为善的说法,因为他认为从根本上看,凡人类之所以为国家社会家庭者,"皆所以自为也"。

在分析了人类为自身幸福而为善后,恽代英接下来便开始对"何谓善"等进行分析。他认为要弄清"善"、"恶"观,必须首先弄清人们"善"、"恶"观念的由来。恽代英指出,人们善的观念的由来,不外乎两种原因:(一)反复经验之结果;(二)心理同情之作用是也。对于"反复经验之结果",恽代英解释说:"吾人以数千万年之人事为借鉴,考其间成败利害之原因,其为成功有利之原因者,吾人即谓之善;其为失败有害之原因者,吾人即谓之恶。"并将反复经验分为三种:数千年祖宗之经验,其影响于吾人者,吾人谓之遗传;并世人民之经验,其影响于吾人者,吾人谓之习惯;吾自身之经验,即吾人所谓经验是也。对于"心理同情之作用",他分析道:"吾人因有天生同情之本能,乐群恶独之性,自然存在,自然发达。故曰:恻隐之心,人皆有之。故曰:同声相应,同气相求。故曰:一人向隅,满座为之不乐。"认为同情是人类与生俱来的特性,与耳目手足共存。

恽代英以上述二原因分析为据,进一步指出学者们在研究善的观念的由来时常常以偏赅全,将上述两方面原因割裂开来。他以自利派伦理学家说"各种利他皆自利之变象是也"为例,批驳说:像加藤弘论感情的利他心,其目的不过是为自己除苦取快乐,不知必须利他而后痛苦可除,快乐可取,此则所谓心理同情之作用,此则天生之利他性,初于自利无关也。他还批判泡尔生"凡为祖国牺牲生命者,其目的在自完其高等生命"的观点。恽代英认为所谓高等生命不过是一欲立的美名或大德。他说,如果自古人类仅有自私之心,无所谓同情作用,必不会为祖国牺牲生命。认为自利派伦理学家谓利他皆自利变象实则是错误的。在上述分析基础上,他进一步归纳善之观念的由来说:"吾人善之观念,乃由吾人祖先之遗传,社会之习惯,自身之经验,与心理同情之作用相混合而产生之物也。"

知道了善的观念的由来,就不会再认为善为宗教伦理学所说的神意或康德等提出的超经验而存在。知道了善根本于经验与同情,其价值指向为自身幸福,因此恽代英表示:"所谓善者,即吾人幸福即吾人最大幸福之所托。"①他指出人们欲求幸福,断无反对和破坏幸福之理,故知无此,则何谓善乎之一问,可不待释而明矣。接着恽代英又对同情作用之为善似乎于己无利益关系进行了释疑。他说,或许有人认为由经验结果而得的善的观念对于人们有利益关系是无疑义的,但由同情作用所生善的观念,它对于人们起初并无利益关系,人们为什么还须遵行它呢? 对此,恽代英表示:"同情作用,所生善之观念者,自然而然者也。自然而然者,莫何使之,即亦莫何能止之者也。此外善之观念,有成于社会之制裁者,如有利于社会之事,社会则称誉之,遂因目之为善;有害于社会之事,社会则排斥之,遂因目之为恶。此在社会一方面言,则经验之结果也,在服从社会制裁一方面言,则又同情之作用也。"他对世人称之为"善"的观念还提出疑问说,"果足称为完全正确乎?"要求"吾人果疑善之观念,或不正确,则当体察吾人之经验与同情,以观此善之观念之相与符合与否以为断"。②

恽代英关于恶的分析可以反观他对"善"的剖析中,比如他初创互助社时所订自助的八条戒约:(一)不谈人过失。(二)不失信。(三)不恶待人。(四)不做无益事。(五)不浪费。(六)不轻狂。(七)不染恶嗜好。(八)不骄矜。③ 即是针对"恶"而设定的。

恽代英对善恶的分析体现了一种历史唯物主义的态度。善恶作为一种意识形态,它是社会存在的反映。从人类历史发展长河来看,善恶的起源与发展一直和人类生存的物质基础——利益密切相连,人类只有不断地让每一个个体获得更多的自身利益,才能不断推动整个社会向前进步发展。实践表明,生产力的发展是推动人类社会进步的决定力量。恽代英从"为自身谋幸福"出发去寻求善的根源,显然具有合理性。他认为"善"是人们"最大幸福之所托",其正确与否当体察人类的经验与同情,应当说既是全面

① 恽代英:《我之人生观》,《光华学报》1917 年第 2 期。
② 恽代英:《我之人生观》,《光华学报》1917 年第 2 期。
③ 《五四时期的社团》(一),三联书店 1979 年版,第 118 页。

的,也是深刻的。

(二)恽代英人生观思想的演进及原源之辨

恽代英人生观的形成有一个演进的过程。在"生死观"方面,与在大学时期习惯于从纯理论纯学术谈论一般意义上人生畏死或不欲死相反,恽代英在现实生活中尤其是五四前后,对生死观却表现出极高的理性认知。在五四的前一天,他曾于日记中写道:"吾自问于生死关颇参得透。"他一方面从自然本性出发,承认自己怕死,因为"蝼蚁犹自惜其命",因此常常要求自己今天的事一定要今天做,目的是为了防止明日死去后在人世间尚有未了之事,并表示不肯随意行险。另一方面他又从社会责任出发,表示出对死的无畏。他说:不做事不如死。要求自己有生一日,必须做事一天。不畏死又不等于可以轻言死。恽代英对自己的生存常常抱着一种宗旨,即常"找较安全的路,做较切实的事"。认为事要做得成功,成功要伟大永远,总须找较安全的路,并表示"烈士徇名,究只成得一个人的名。于事无补者,我不为也"①。在这里恽代英表达出的其实是不能只成小我,而须成大我的观点。

对于"自杀绝对非罪",恽代英在 1919 年 11 月 24 日面对当时各界讨论北京大学学生林德扬自杀问题又进一步阐述了自己的看法。他表示,"我深信道德起于求生。所以人到不求生了,他便站在道德范围外面去了,不能批判他道德或不道德",也就是说对于已自杀的人自杀是他自由地处置生命的权利,不应再以道德去评判他,相反,应去寻求和评判的是"所以酿成社会中有自杀事情的恶原因",好去"扑灭他修正他"②,如此社会上自杀的事,自然绝迹。他还再次表示:世人若能知苦乐的真意义,知奋斗是快乐不是痛苦,亦比蛮横禁人自杀好些。他说,人本有求生的天性,对于死有自然的恐怖,所以自杀原不是人肯做的事。在此他又一次表达了希望扫除社会

---

① 《恽代英日记》,中共中央党校出版社 1981 年版,第 534 页。
② 《恽代英日记》,中共中央党校出版社 1981 年版,第 665—667 页。

上自杀的原因和宣扬奋斗是真快乐的真理的愿望,以切实减少社会上的自杀。

1919年7月恽代英在复吉珊信中也再次表达了苦乐心造的观点,他说"人间之苦,看得似乎极多,究竟有何苦可言,苦乐都由心造"。如何面对困苦?恽代英认为:"生老病死惨痛之事,都人生所应有。我们只尽力为人类扫除干净,我辈借此事心有所托,情有所发,血有洒地,力有尽地,亦自然忘自身的痛苦,且能愉快奋发,病痛亦减少。"①1925年5月9日,他在答淮阴儿《怎样打破灰色的人生》中,针对淮阴儿精神的苦痛又进一步指出:人在恶劣环境之中,是不能无悲苦之感的,然也只有坐着不去与恶劣环境奋斗的人才感觉这种悲苦。他认为惊风骇浪中舟子总比坐客镇定,便因舟子要去应付这种风浪的缘故。他要求淮阴儿不要去想自杀,而要设法去应付环境,"去做一个改革社会国家与打倒帝国主义的人"。②

从发生学的视角看,任何一种思想理论体系的形成,都有"原"与"源"两个方面的综合成因。"原"即本原、根基,指社会现实的经济关系、社会结构、政治状况及其变革;"源"即渊源、资源,指历史形成的传统思想文化,也包括外来文化影响。恽代英人生观思想体系的实践形成和演进,即与他所处时代背景、所属身份、所属教育以及各个时期的生活和交往活动有关,也与他善于对中外历史文化思想进行总结紧密相连。笔者试以恽代英对"善"的品质的论析为例作一简要剖析。

恽代英对"善"的来源、本质在其《我之人生观》中进行了较为系统的分析,但对于善的外在表现形式的分析却散见于他不同时期的文章和书信中,比如他在《中国家庭改良议》中"居家之道德"一部分曾提出过(一)仁爱。(二)恕。(三)忍。(四)互助。③ 在致啸虎书中曾提到勇、慎,认为"勇猛与谨慎二德,每不能同时一人具有,然实有具有之必要"。④ 在致舒新城的信

---

① 《恽代英来鸿去燕录》,北京出版社1981年版,第48页。
② 《恽代英来鸿去燕录》,北京出版社1981年版,第225页。
③ 《恽代英日记》,中共中央党校出版社1981年版,第36页。
④ 《恽代英来鸿去燕录》,北京出版社1981年版,第36页。

中曾提过诚心、爱心、助人，他从所办互助社的教训中总结道："以诚心相感应，以高尚品性相观摩，以爱心与勇气相鼓荡，则同人多少易受感化"，"常助人则卑劣之感情自少，常进取则向上之精神愈大"。他还希望多培植善势力，认为"培植善势力，须使善人能有积极的精神，切实的能力，联合互助的团体，与恶势力奋斗而克服之之预备"。① 在《一国善势力之养成》及致若愚信中，他更明确将自由、平等、博爱、劳动、互助当做善势力的基本品质。② 恽代英也在不同时期谈过良心、恻隐之心等，他对我国传统伦理思想家如孔子的仁爱思想、孟子的性善论等皆有研究，也对西方哲学的良心之说与近世的平等、自由、博爱等理念多有了解。就性善论而言，我们认为恽代英文中所述"先天的同情作用之为善"即实出于孟子的性善论。孟子认为人从本质上有仁、义、礼、智四种特有的道德心理，即有恻隐、羞恶、辞让、是非之心。孟子说：无恻隐之心，非人也；无羞恶之心，非人也；无辞让之心，非人也；无是非之心，非人也。而且孟子认为人性"四心"是先天的，他说："仁义礼智，非由外铄我也，我固有之也。"③总之，恽代英在谈论善的品质方面，既继承了数千年祖宗的优秀遗产，也汲取了当世之人的良好习惯，同时还有自己生活的独到见解。

（三）恽代英人生观的实践路径及价值追求

恽代英树立人生观以实践为路径，十分注重在实践中培养自身高尚的人生观。在吸取中外伦理思想的过程中，他于日记中多次表示："欲立人者，不可不先己立"，"欲改造社会，必先改造自身"。要自己在学习生活中"以自己真人格以示之"，"以赤心血诚的语言感人之"，"以大公无我恒久不懈之精神灌溉之"。在同学间，他表示要"示以高尚纯洁精神（无私）"、"名利让之同学"、"劳怨自负之"等。1914 年他发表的首篇论文即以《义务论》

---

① 《恽代英来鸿去燕录》，北京出版社 1981 年版，第 41—42 页。
② 《恽代英来鸿去燕录》，北京出版社 1981 年版，第 64 页。
③ 朱贻庭：《中国传统伦理思想史》（增订本），华东师范大学出版社 2003 年版，第 102 页。

为题,反对利己,提倡利他。1917 年 10 月 8 日,他在武昌发起成立的互助社,规定了八条自助戒约:"不谈人过失;不失信;不恶待人;不作无益事;不浪费;不轻狂;不染恶嗜好;不骄矜",明示了其个人修养的主要方面。他在学习、生活、工作实践中长期不懈坚持自助助人,尤其是对青年同辈及学生表现出了极大的关心,常常给予他们最无私的支持与引导。可以说,正是在诚挚助人的实践中,恽代英逐渐培养了利他人、利社会、利天下的高尚人生观。

爱国主义的思想与实践是恽代英的人生观中表现最为突出的方面。如前所述,恽代英虽从根本上指出人无为社会、为国家牺牲的责任,但那是就人类一般的要求,而且是就理论上言之,认为"杀身成仁"是人的权利不是责任。在论述这个问题之前,恽代英在拟"人生目的"的纲目时也曾表示,"人畏死而求生,则必须牺牲小幸福以求大幸福,即为自利而利社会,利国家,利天下"。[①] 其实这才是恽代英的真义,他实际要表达的是从自利出发最终达到为国家社会牺牲的大利。在中国近代内忧外患的现实面前,恽代英于自己始终要求不忘救国和报效祖国。青少年时期,恽代英通过读文天祥、谭嗣同等历史人物的传记便产生了爱国主义思想的萌芽。上大学后,目睹祖国被帝国主义列强欺凌、瓜分,反动军阀政府对外卑躬屈膝,对内残酷压迫,他更是时刻以救国为己任。1918 年 6 月,他发表《力行救国论》,要同学摈弃只说不做的恶习,指出救国不在空谈,贵在力行。他说:"吾意今日欲救国家,惟有力行二字。力行者,切实而勇猛之实行是也","不力行,则能力不能切实而增长;不力行,不能有明确之责任心;不力行,不能有容异己者之量;不力行,不能感化他人而联络同志",这便不能"为国家社会效丝毫之力"。[②] 恽代英在抵制日货中身体力行,他调查国货,提倡国货,自己亦带头使用国货。他将点灯用的"洋油"改为食油,国货不时短缺,他则"克己"等待,自觉地为国家"忍受此等痛苦"。他将一颗赤子丹心奉献给灾难深重

---

① 《恽代英日记》,中共中央党校出版社 1981 年版,第 8 页。
② 《恽代英文集》上卷,人民出版社 1984 年版,第 70—74 页。

的祖国。他还抓住一切机会，反复地告诫同学朋友，"爱国总要克己，人须舍得牺牲个人利益才能救国"。他说："舍得金钱能力，自然不自私了；舍得精神时光，自然不懒惰了。"①1919 年五四运动爆发后，5 月 19 日他在日记中又写道："国不可不救。他人不肯救，则惟靠我自己。他人不能救，则惟靠我自己。他人不下真心救，则惟靠我自己。"②恽代英一生就是在爱国主义旗帜下点亮、燃烧、发光的。

　　恽代英人生观形成的实践中也突出强调理想、信念的重要性。恽代英认为，人不立志不行，不立志，无理想，则无希望。他说："信仰之引人向上"，③又说："有希望之人，如黑地有灯，则自增其勇往之气（有希望而不审慎，则虽陷阱亦不知顾，此固非善，然可见希望之增长人勇气矣）。无希望如无灯，则举足略有崎岖即生畏缩之心，如人遇小挫折，即生消极之想是也。希望愈大如灯光愈大，则风不能息。"④他不仅以崇高的理想，激发自己勇往直前，为振兴祖国，造福人民奋斗，而且鼓励广大青年要正确认清形势，站在斗争的前线，为实现革命的理想，尤其要本着共产主义精神，到被压迫青年群众中去，为他们的利益而斗争。对于如何才能实现革命的、改造社会的远大理想，恽代英主张："与其从理论的书籍入手，不如从具体的事实入手。"⑤他认为一个有志的青年，首先必须破除"自私"和"游惰"的恶习，从眼前的细微之处做起，为有益于社会改造的事业去牺牲时光，牺牲金钱。1923 年10 月，他主编《中国青年》，更是用以马克思主义为指导的社会主义核心价值观教育和激励革命青年，成为全国青年的良师益友。

　　纵览恽代英人生观的思想与实践，我们可以发现：恽代英人生观思想不仅具有系统性，而且充满了积极向上的昂扬精神。他既有注重学理研究，又不将自己沉溺于青灯黄卷之中，而是紧密联系中国实际，面对千疮百孔的中

①　《恽代英日记》，中共中央党校出版社 1981 年版，第 537 页。
②　《恽代英日记》，中共中央党校出版社 1981 年版，第 545 页。
③　《恽代英文集》上卷，人民出版社 1984 年版，第 44 页。
④　《恽代英日记》，中共中央党校出版社 1981 年版，第 342 页。
⑤　恽代英：《怎样研究社会科学》，《中国青年》1924 年第 23 期。

国社会现实,他一方面寄希望于从理论上找出打破一部分人灰色人生的治本之策,另一方面又在实践中严格从自身出发,努力引导人们开展积极的人生活动。就其自己的人生态度而言,他一方面不轻言死以便为国家多作贡献,而另一方面又在死得其所时毫不畏死。社会实践生活中,他对自己要求一直甚严,中华大学毕业踏入社会之前,他主要是广泛汲取中西伦理思想,尤其是中国伦理思想中的优秀成果以增进向上的力量;踏入社会在转变为马克思主义者的过程及其后来的社会革命活动中,他的人生观思想进一步被社会实践所修订和完善,其人生观最终成为无产阶级人生观的典范。

四、恽代英的历史观

社会历史观是关于人类社会历史的最基本的看法和观点,它是世界观的重要组成部分。根据对社会存在与社会意识关系的不同回答,哲学上将社会历史观通常划分为唯物史观与唯心史观,两者在重大历史问题上存在着一系列严重的对立与分歧,具体表现在:在社会历史发展规律问题上,唯物史观认为人类社会具有不以人的意志为转移的客观规律;唯心史观或否认社会历史发展的客观规律,或把这种规律看做是由精神决定的。在社会发展动力问题上,唯物史观认为物质资料的生产方式是社会发展的决定性力量;而唯心史观则把观念、思想、理性或意志等当做是社会历史发展的决定性力量。在谁是历史的创造者的问题上,唯物史观认为人民群众是历史的创造者,同时正确评价个人在历史上的作用;唯心史观则认为历史是由少数英雄人物创造的,即主张英雄史观,等等。恽代英的历史观思想也极其丰富,与其世界观、认识论、人生观等思想相比,其产生、形成与发展虽然也同样经历了一个过程,但其核心内容所形成的时间要较前述思想为晚。如果说恽代英的世界观、认识论、人生观思想在五四之前已基本形成,那么其历史观的重要思想则主要产生于五四之后,他是在走出校门后广泛从事社会和革命实践的过程中,逐步接受并确立马克思主义唯物史观的。恽代英唯物史观的基本思想主要包括无神论,人民群众是历史的创造者,社会历史发展是一个自然历史的过程等。

（一）无神论

一个人的历史观往往与其自然观密切联系，从一般意义上说，有什么样的自然观就有什么样的历史观。恽代英的历史观是其自然观的反映。如前所论，恽代英很早即认为物质必为实在，世界统一于物质，而且在《光华学报》第一次发表《怀疑论》时就曾指出："以吾所知，宗教之所谓天神必非天神之本体，不过出于一二人之想象而已。"①可以说，恽代英正是在研究物质必为实在和怀疑论的基础之上，首先提出了其唯物史观中的无神论思想。其无神论思想集中反映在《论信仰》、《我的宗教观》等文中。

1917 年 6 月，恽代英在《论信仰》中，对宗教者鼓吹唯心的信仰主义提出批判，他认为宗教家所谓"信仰为人类向上之根本"的观点是极其片面的。指出："信仰之引人向上，固不可诬之事"，但"信与智，常相冲突之物也。吾人之智，常欲破除吾人之信。吾人之信，又常欲闭塞吾人之智。然使吾人因信而弃智，是自绝文化进步之本原，而安于迷惑愚妄之境地也"，表示"以信与智较，即相形而拙"。② 恽代英在这里并非反对人们的一般信仰，他要求的是信仰必须建立在客观事物及其规律性的基础上，必须服从科学的指导，他真正反对的其实是宗教家对宗教的信仰，认为宗教信仰实则为一种愚昧的东西。他在该文文尾还明确表示：宗教的价值在今日已是微不足道，而那些意图建设宗教为国教的思想更是错误的。

五四运动时期，在思想文化战线上围绕宗教问题曾经展开过一些激烈的论战。如以梁漱溟、屠孝实等为代表的一批学者，他们在宗教产生根源上只承认本能的情感作用，反对从认识的实践本质上对它进行科学理性的分析，宣扬宗教永存论，在宗教的作用上宣扬扇慰论。对此，以陈独秀、瞿秋白、恽代英为代表的中国早期马克思主义者们提出了不同观点，他们坚持唯

---

① 《恽代英文集》上卷，人民出版社 1984 年版，第 16 页。
② 《恽代英文集》上卷，人民出版社 1984 年版，第 44—46 页。

物主义的宗教观,揭露与驳斥了宗教唯心主义的反科学性。恽代英作《论信仰》一文即已初步表达了反对宗教唯心主义的思想。为进一步对宗教唯心主义进行有力批判1921年2月他再作《我的宗教观》一文,全面细致地论析了宗教的有关问题,并进而表达了其无神论思想。

首先,恽代英就宗教起源问题表达了自己的观点。他认为宗教是"起于恐怖"、"起于误解"等六种原因,指出:"因一方人智有所穷尽,一方情感多所诱引,所以虽大哲学家大科学家,每仍跳不出宗教藩篱。"与梁漱溟等人一样,恽代英也认为宗教产生有本能的情感因素,但不同的是,他分析的重点却是宗教产生的人智原因。恽代英在分析宗教"起于恐怖"时指出:"原人处于狂风暴雨、地震、海啸种种变异之中,不能不震惊于宇宙的神威,使他小己的精神不能不屈服于不可知的神权之下,以求庶几免于罪祸";在剖析宗教"起于误解"时恽代英认为:"在科学未发达的时代,物理心理都不清晓。每遇稍有非常的事,如日蚀、地震、梦呓、颠狂,便都求不得其解说,因以为必有鬼神。"①也就是说,在原始社会,由于生产力的发展水平极端低下,人们在自然界面前常常表现得无能为力,总认为有一种可怕的超自然力量在支配自己,因此迫切要求克服自然现象所带来的灾害,不得已他们就把这种愿望寄托在对神的祈祷上。恩格斯说:"思维对存在、精神对自然界的关系问题,全部哲学的最高问题,像一切宗教一样,其根源在于蒙昧时代的愚昧无知的观念。"②恽代英着重从人对社会自然条件方面的认识来解释宗教产生的原因,反映了他对历史唯物主义基本观点的正确把握。

其次,恽代英又从科学方面指出宗教是反科学的。他说,"自然,我们只要细心研究宇宙运行的痕迹,我们不容不承认宇宙的运行,是在一定的法则支配之下。"但是,"我们既经学了点宇宙的进化,自然不能信宗教创造世界的传说;我们既经学了点生物的进化,自然不能信宗教创造人类的传说","一切传说的神迹,既然一天天证明是误解是附会;宗教至少有一部分

---

① 《恽代英文集》上卷,人民出版社1984年版,第267—268页。
② 《马克思恩格斯选集》第4卷,人民出版社1995年版,第224页。

不可信,而且是一大部分不可信,这是已经证明没有疑义的事。那便剩余的一小部分,纵然用物质科学解说得令人不能满意,亦决不能以这便反证宗教的终不灭绝"。他表示:"我们只要越肯从理智上研究,便越见上帝的存在是武断,是迷信。"①恽代英认为科学与宗教是势不两立的,表示科学的发展证明上帝根本不存在。

再其次,恽代英还从生理、化学等方面解释了上帝存在的荒谬本质。针对不少人把上帝描绘为一个有意志有五官的大神形象,他表示:"我敢说这第一念所谓 God 都只是'无以名之'的一个东西,并不真说他有意志有五官。不过那些谬误的疑似与传说,即刻到脑筋中间,生了化学作用,这个 God 便有些与宗教家所谓 God 近似了。这种化学作用,是生物自然有的;但不能因这说宗教家所谓 God 是真实。"他认为基督徒极力宣传上帝实为荒谬,因为"无聊的基督教徒,他向哲学家说,God 是一个绝对的本质;又向心理学家说,God 是一个普遍的心灵;又向科学家说,God 是以太;又向美学家说,God 是圆满的理想;但是同时又向一般普通民众说,God 是创造天捏泥土为人的主宰。"对此,恽代英发出感叹:"咳!这岂不是狡猾?这岂不是虚伪?"②由此明确表示自己是不信上帝的,反对有神论。

最后,针对宗教尉慰论,恽代英说:他们自分或者亦只求在这个世界用罗曼的精神,给这些被剥夺者心灵上的安慰,再说多些,并预备给这些阶级奋斗的民众心灵上的安慰。他表示:"我们所应做的,只是懂清我们所能得的快乐,所应受的痛苦,从理智上亦仍可以有很好的安慰。若从非理智的路上走,安慰便得着了,物质的痛苦因得不着相当的努力去对消他,反可以暗地滋长。痛苦越滋长了,这种虚伪的安慰品,亦失了效用了","聪明的人不用宗教,亦能得着安慰;不聪明的人若只得着宗教的安慰,于文化人道又有许多坏处。"宣扬宗教安慰论者,意图以宗教代替科学,在现实中必然走向僧侣主义,而且其消极作用也显而易见,虽然表面上看"给这些阶级奋斗的

---

① 《恽代英文集》上卷,人民出版社 1984 年版,第 275 页。
② 《恽代英文集》上卷,人民出版社 1984 年版,第 283 页。

民众,心灵上的安慰",但"至于剥削程度的加增,资本主义社会崩坏相随而生痛苦的加增,物质上应该求他怎样根本解决,或者不是十分注意的事"。①在此恽代英实质上是点出了这样的观点:所谓宗教的"安慰",本质上就是引诱人们脱离现实的阶级斗争,腐蚀广大人民的革命意志。而这样的观点在马克思主义者看来,它恰恰表述的是宗教产生的社会历史原因,即剥削阶级的压迫。

列宁曾经指出:"我们应当同宗教作斗争。这是整个唯物主义的起码原则,因而也是马克思主义的起码原则","同宗教作斗争不应该局限于抽象的思想宣传,不能把它归结为这样的宣传;而应该把这一斗争同目的在于消灭产生宗教的社会根源的阶级运动的具体实践联系起来。"②恽代英对宗教唯心主义的批判,鲜明地突出了列宁要求自觉对待宗教并批判宗教的思想,有力地推动了马克思主义无神论思想在中国的传播。就其现实针对性看,它也是对帝国主义、封建主义与宗教相结合的反动政治统治的批判。

(二)人民群众是历史的创造者

人是社会历史的主体,人民群众是创造社会历史的动力。是否承认人民群众是历史的创造者,历来是唯物史观和唯心史观斗争的一个焦点。唯物史观主张社会存在决定社会意识,认为社会发展史首先是生产发展的历史,所以它必然是从事物质生产的劳动群众的历史,即人民群众是历史的创造者;而唯心史观主张社会意识决定社会存在,它贬低或抹杀劳动群众在历史中的作用,或认为少数英雄人物是历史的创造者,或认为某种神秘的力量决定历史的命运。纵观五四前后恽代英的言论与活动,不难发现,恽代英的历史观有一个逐步形成和转变的过程,即大致以五四运动为界,其社会历史观是逐步由唯心史观向唯物史观转变,对于人民群众历史作用的认识也渐趋于正确,并最终坚信人民群众是历史的创造者。

---

① 《恽代英文集》上卷,人民出版社 1984 年版,第 276—277 页。
② 《列宁选集》第 2 卷,人民出版社 1995 年版,第 250 页。

五四运动之前，无论是从恽代英的《义务论》等文章还是从其实际生活中建立互助社等组织看，我们明显发现，他的思想中唯心主义英雄史观的痕迹还是表现比较明显的，他崇尚历史英雄，并身体力行效仿。他对中国历史上儒家思想及其代表人物的品格推崇备至，认为："昔儒家之道，人以为迂阔不可行矣；然孔子相鲁，三月大治。孟子在滕，四方之民归之。"①并表示"未来之世界，必不可不恃若干有真正切实品格之人，以开辟之"。② 此时的恽代英将推动历史前进的决定性力量放在包括自己在内的少数优秀人物身上，认为这些人当担起为圣的责任，应以"高尚之脑筋，引导社会，驱使社会"，称"世界惟恃此类人，才能由不可为进为可为"。③ 他还对那些立志有所作为的人说："莫说你没有大好事做，你拣你能做的做，你自然一天变一天的成个伟人了。"④显然，他此时历史观思想中表现更多的还是对英雄伟人的崇拜。

在剥削阶级社会里，那些远离政治舞台，长期地、默默地从事物质生产的劳动群众，其作用不容易为人们所看见，而那些在政治舞台上经常进进出出的帝王、将相、大臣等历史人物，其作用则表现得很充分，往往容易为人们所看到。因此，在社会历史观上，一般的群众通常是，或者夸大个人的力量，把推动或支持个人发挥作用的社会力量统统集中于个人身上；或者只着眼于人们特别是少数英雄人物的思想动机，而不是进一步去把握人们思想背后的物质动因。由于历史的本质是深藏其内的，而历史的偶然现象以及著名人物的个人特点表现得显而易见，因此，即使一些颇有影响的思想家们，他们在社会历史观上，往往同样首先表现出的是唯心史观的思想，只是随着对社会历史认识的加深才逐步表现出唯物史观的自觉。恽代英确立社会历史观也走过了这样一条路。

人民群众创造历史的决定作用，突出地表现在人民群众是社会物质财

①　《恽代英文集》上卷，人民出版社 1984 年版，第 5 页。
②　《恽代英文集》上卷，人民出版社 1984 年版，第 67 页。
③　《恽代英日记》，中共中央党校出版社 1981 年版，第 543 页。
④　《恽代英文集》上卷，人民出版社 1984 年版，第 78 页。

富的创造者,社会精神财富的创造者,同时也是社会变革的最终决定力量。在社会急剧变革时期,人民群众作为历史创造者的身份,显得极为突出。五四运动中无产阶级作为一支独立的政治力量第一次登上中国历史舞台即展示出了巨大的能量,它进一步唤醒了在科学与民主思潮影响下的人民群众的主人翁意识和革命意识。在领导湖北地区五四运动的实践中,恽代英已真正开始切身感受到了人民群众的力量。五四之后恽代英在与同仁谋划如何创造一个新的少年中国时表示:"在这排山倒海似的德莫克拉西的潮流中,我不信我们可爱的青年,还有那非为君相无以利济天下的痴心思。孔子虽被人称为素王,但他决不配真算君相。他虽做了三个月的司寇,随后席不暇暖的奔走列国,芒芒然如丧家之犬。然而他的影响,在中国是如何的大?此外中西一切不朽的事业,固然亦有些是君相所做的,然而究不如学者、平民、妇女、婆人等所做的多。"他还联系当时社会现状指出:"现在的南方政府、北方政府、甚么党、甚么系、督军、议员、政客,都只是二五等于一十,我们这几年该已经看得够了;中国的事,只有靠我们,只有靠我们从社会活动方面努力,我想这或是可以不待多说的事。所以我们对于群众生活的修养,不可不十分注意。"①他认为改造旧社会"不能利用贵族或资本家的力量",因为他们的力量,决不肯被人家利用去做有损于他们,或有利于平民的事业;"亦不能轻易的利用武人的力量",因为武人是粗暴而浅见的。那么应当利用什么力量来推翻旧世界建立新社会呢? 恽代英明确指出:"我可以说,这只有群众的力量。"他说:"群众集合起来的力量,是全世界没有可以对敌的。无抵抗的民族集合起来,强权的国家不能不让步。如日本让步于朝鲜,英国让步于爱尔兰,皆其已例。无抵抗的劳动者,集合起来,占优势的资本家,不能不屈服。若各国罢工的胜利,赤俄革命的成功,这亦是普遍眼著的事实。我们专靠自己纯粹的血与汗,是不能成功的,想利用别的靠不住的势力,是有弊病靠不住的。我们必须利用群众集合的力量。"②

---

① 《恽代英文集》上卷,人民出版社 1984 年版,第 178—179 页。
② 《恽代英文集》上卷,人民出版社 1984 年版,第 331 页。

对于人民群众思想背后的物质动因,恽代英分析说:"群众的行为,常发源于本能的冲动。在个己本能(Individualistic Instinct)方面,常因经济生活的压迫而直接唤起反动的力量。在社会本能(Social Instinct)方面,常因人家所受经济生活的压迫,而间接唤起同情的反动。""最有力量为进化主要因子的,只有群众的本能反应。这便是说,他们因为自己或者别人所受经济生活压迫而生的反动力量。这便是唯物史观所推阐的进化原理。"①恽代英一再要求人们研究唯物史观的道理,"以发现历史进化必要的条件,因用以制造历史"。在他看来,历史进化必要的条件即是"唤起被经济生活压迫得最利害的群众,并唤起最能对他们表同情的人,使他们联合起来,向掠夺阶级战斗"。② 它一方面揭示人民群众是历史的主人,另一方面也表明阶级斗争是推动历史前进的重要杠杆的思想。五四运动之前,恽代英曾深受无政府共产主义的影响,是反对阶级斗争的。他明确表示过我信安那其主义(即无政府主义),一直希望建立一个以互助为基础的充满和谐的黄金世界,但现实的残酷一步一步摧毁着他的梦想。五四以后,在对各种思潮进行审慎分析、比较、鉴别后他理智地选择了马克思主义,也由此接受了马克思主义的唯物史观。

随着国民革命的推进,恽代英对人民群众的历史作用有了进一步深切感受,他明确反对"士大夫救国论"。批评醒狮派诸君们"把士商阶级看得很重要,而很忽略农工平民的力量"。并指出士大夫之不能救国,是有他们的客观原因的,即他们的生活并不十分痛苦,而且时时有机会"出卖"救国事业以自求荣利,所以他们在没有为自己利益而奋斗的民众站在背后,结果总不能担任革命的责任。他还举例说,二三十年来,康有为、梁启超、章行严、胡适之辈,都曾经是当世之时士大夫救国者的领袖,但他们一一都堕落了,成为过去的人物。③

---

①　《恽代英文集》上卷,人民出版社 1984 年版,第 331—332 页。

②　《恽代英文集》上卷,人民出版社 1984 年版,第 332 页。

③　《恽代英文集》下卷,人民出版社 1984 年版,第 665—666 页。

士大夫不能救国,历史的命运归根到底是由人民群众决定的。人民群众的意志和愿望反映了他们的物质利益和生产力发展的客观要求,体现了历史的主流,预示着社会发展的方向。工农运动的兴起,国民革命的胜利开展,使得恽代英更充分地认识到民众的力量,更加坚定了人民群众是历史的创造者的信念。他说:国民革命一定要靠民众自己组织团结的力量,才可以压倒一切反对势力,不是靠少数英雄、侠士或义军可能成功的。要求有志青年一方面要使民众觉悟为自身的利益去奋斗,一方面要使民众组织团结起来。他确信少数人是不能完成革命的,因为"以孙中山先生的伟大,经过四十年的奋斗尚不能使国民革命成功,他积四十年之经验,最后对我们说要'唤起民众',这就是说革命并不是少数人可能完成的"。认为国民革命一定要各阶级民众觉悟。他说:"以前革命运动之所以失败,就是还没有得到民众的帮助。"表示中国的国民革命,如果不要工人、农人有觉悟有组织,要使革命成功,事实上是不可能的。① 在谈到中国人民群众的主体农民在历史中的地位时,恽代英还表示:"中国四千多年,占重要地位的只有农民。整个的国家里穿衣吃饭,都是靠在农民。古昔皇帝的三宫六院,以及大官阔富的房屋田地,极小的差役胥吏,穿的吃的,那一件不是从农民身上剥削来的么?"他告诉农民说:"真命天子欺骗我们农民,已经好几千年,现在革命领袖蒋总司令,也不是真命天子,大家不要错认。总而言之,还是要靠自己。"②他教育引导农民一定要相信自己的力量。

人民群众是历史的创造者,从世界范围看,世界人民在推动历史前进中的作用同样显而易见。恽代英在思考中国革命的问题时,也曾联系世界革命的形势指出要充分利用世界人民的力量。他说:我们应当联合世界革命势力,共同打倒帝国主义,同时,并需打倒国内军阀、买办阶级、土豪劣绅,使一切被压迫的中国民众都解放出来。他从如何谋求整个人类解放的角度指明,"我们的责任:唤起民众——三万万九千五百万被压迫的民众联合起

① 《恽代英文集》下卷,人民出版社 1984 年版,第 835 页。
② 《恽代英文集》下卷,人民出版社 1984 年版,第 1004—1005 页。

来,反抗压迫阶级五百万人。联合世界上以平等待我之民族共同奋斗——十二万万五千万被压迫的人类联合起来,反抗压迫阶级二万万五千万人。"①中国的革命是世界革命的一部分,世界人民的解放与中国人民的解放息息相关,密切相连。

恽代英相信人民群众是历史的创造者,但他并不抹杀作为这个群体的个体即个人在历史中的作用。在社会生活中,每个个人都对历史发展有或大或小的影响,其中那些反映时代要求,顺应历史发展趋势的杰出人物如科学家、政治家、军事家、文学艺术家等,他们在一定历史阶段对社会进步甚至起着重大的推动作用。恽代英曾多次谈到历史发展中革命领袖与群众的关系。他一方面指出群众需要领袖来组织,来训练,认为建立由领袖组织的党团很重要;另一方面又表示:"群众是我们革命的基础,革命运动的成败,完全要看群众运动的基础如何。我们说某某人为伟大的领袖,就是说他是能够领导群众的领袖";"若是一个人没有群众,决不配称为领袖。"②他总结苏俄革命成功的经验说:"苏俄革命的成功,是因为有了一个像铁般坚固的共产党,他有很严密的组织,抱持着一种很明确的纲领,引导着一般农工群众,为他们自身的利益而奋斗。苏俄的革命,是列宁所领导的,然而苏俄并不是专门要依赖列宁。在列宁背后,有一个伟大的革命党;在革命党背后,有成千成万为自己利益而拥护革命党的农工群众。"③恽代英认为中国革命要想成功也必须建立一个坚强的共产党,称"一盘散沙的民众,要他们怎样恒久的做全国一致的行动,无论是哪一国的人民都是做不到的。但是若在这些民众中间有了能号召指挥他们的党,便容易全国一致的行动。党应当是在各种民众中的进步分子所组成的"。④ 恽代英在这里提出的领袖、群众、政党的关系也正是马克思主义经典作家一贯坚持并强调的。

---

① 《恽代英文集》下卷,人民出版社1984年版,第903页。
② 《恽代英文集》下卷,人民出版社1984年版,第906页。
③ 恽代英:《苏俄与中国革命运动》,《中国青年》1924年第52期。
④ 《恽代英文集》上卷,人民出版社1984年版,第595页。

(三)社会历史发展是一个自然历史的过程

1859 年马克思在《〈政治经济学批判〉序言》中写道:"无论哪一个社会形态,在它所能容纳的全部生产力发挥出来以前,是决不会灭亡的;而新的更高的生产关系,在它的物质存在条件在旧社会的胎胞里成熟以前,是决不会出现的。"①社会形态的变革归根到底是由生产力和生产关系、经济基础和上层建筑这一客观的矛盾运动决定的,它推动着社会形态不断由低级向高级发展,社会历史的发展是一个自然历史的过程。

依据唯物史观上述原理,马克思主义者多将人类社会形态更替的进程依次划分为原始社会、奴隶社会、封建社会、资本主义社会、社会主义社会和共产主义社会。马克思主义者对社会形态发展的一般趋势的描述并不排斥历史发展过程中出现的跳跃式发展。今天来看,中国就从半殖民地半封建社会没有经过资本主义的充分发展而进入了社会主义社会。对此 20 世纪 20 年代的恽代英是怎样认识的呢? 他认为半殖民地半封建社会中广大无产阶级必须从努力争取自己的经济利益入手,通过国民革命的胜利实现无产阶级专政,并最终进入社会主义社会和共产主义社会。

20 世纪 20 年代的中国,半殖民地半封建社会的性质没有丝毫改变,中国革命从形式上看是要通过无产阶级对帝国主义和封建主义的斗争完成无产阶级专政的任务,但从社会现代化的视角看,中国革命的实质其实是要扫除落后的生产关系对生产力发展的阻碍以推动中国社会历史向前发展,因为是帝国主义经济的侵略和封建主义经济的压迫使中国人民处于水深火热中。在革命斗争的实践中,恽代英以其敏锐的眼光发现了这一基本历史规律,他强调无产阶级要努力争取自己的经济利益,为实现无产阶级专政而努力,认为在中国,只有建立无产阶级专政,才能为建立新的生产关系促进生产力发展创造条件。

1925 年 4 月,恽代英在《与李琯卿君论新国家主义》一文中说,新国家主义者同那些无知的"反共产大同盟"诸先生一样,总要假定中国在今天有

---

① 《马克思恩格斯选集》第 2 卷,人民出版社 1995 年版,第 33 页。

什么人主张"即刻"要实现无产阶级专政,这简直是一个笑话,因为任何人都清楚当前最要的事务,只有国民革命。但他随即表示,"我们所以主张今日最要的事是国民革命,并不是说中国在无论如何情形之下均无无产阶级专政之可能。"为证明无产阶级专政的可能性,恽代英借用国家主义派所谓"生之欲望"的观念深入剖析了包括无产阶级在内的各阶级的"生之欲望"。他说"生之欲望"决定人类的行为,这是不错的。无产阶级必须为"生之欲望"才能踊跃参加革命;换一句话说,便是无产阶级必须为自己的利益(解除自己的经济压迫)而参加革命。他指出:无论唯心派怎样嘴硬,两千年的历史,许多读书明理的"士大夫"的实例,都证明"经济(便等于你说的生之欲望)是决定人类行为的最重要的原因(注意,我们并未说他是唯一的原因),所以我们便是为国民革命,亦必须由经济争斗以引导一般人到政治争斗上面,对于无产阶级尤须由阶级争斗以引导之到民族解放运动"。因此,恽代英认为广大人民群众最应当注意的是顺着无产阶级的"生之欲望",努力参加他们的阶级争斗,并表示,无论如何"我们要引导无产阶级为自己的利益同一切压迫他们的人争斗(争斗的对象,还有一部分是在中国设厂的外国资产阶级),用这来号召无产阶级,用这来得着一般无产阶级的同情,使他们都来参加我们的革命运动,用这来随时打倒资产阶级一部分的压迫,以求无产阶级革命势力之发展"。① 而无产阶级革命势力发展和阶级斗争的最终结果必然导致无产阶级专政。

接着恽代英以其睿智的眼光和明晰的思维又深入分析了革命成功以后仍然必须继续坚持和巩固无产阶级专政。他从生产力与生产关系、经济基础与上层建筑的矛盾运动规律出发,分析了革命成功以后国内外资产阶级可能的动向。从国际上看,恽代英认为在世界革命的机缘还未成熟时,如果中国先成就了国民革命,而那时国外资本主义的祸根又并未铲除,"那些眼明手快狠心辣腕的西方式的资本家为保全自己的利益,自然会利用中国的资本家做工具,以压迫中国无产阶级的彻底的打倒帝国主义运动"。从国

---

① 《恽代英文集》下卷,人民出版社1984年版,第657—658页。

内看,他认为"脑满肠肥的中国式的资本家呢,他们在国民革命成功以后,并不见得便不觊觎政权,在外国资本家来勾结他们的时候,尤未必不心花缭乱"。他还举例说,你只消看前一两年美国舒尔曼等吊中国买办阶级的膀子,便居然会发生商人政府之说;去年(1924 年——笔者注)英国帝国主义利用买办陈廉伯等,便居然发生广州商团谋叛之事;可知这些脑满肠肥之辈并不见得便不像今日军阀官僚一样的可怕。恽代英表示:"倘若世界革命成功,根本铲除了这些眼明手快狠心辣腕的西方式的资本家,那时这些脑满肠肥之辈或真无所凭借而不能逞其恶毒;要是不然,纵然这些脑满肠肥之辈本不过是一般行尸走肉,眼明手快狠心辣腕的西方式的资本家亦会唆使他们结成联合战线,以为妨害中国革命发展的一种阶级力量。"①31 年后毛泽东在《论十大关系》中也指出:"无产阶级政党和无产阶级专政,现在非有不可,而且非继续加强不可。否则,不能镇压反革命,不能抵抗帝国主义,不能建设社会主义,建设起来也不能巩固。"②实践证明,中国社会主义革命和建设时期实行无产阶级专政实属必要。

关于无产阶级专政,马克思曾在《哥达纲领批判》中作过经典性的论述,他说:"在资本主义社会和共产主义社会之间,有一个从前者变为后者的革命转变时期。同这个时期相适应的也有一个政治上的过渡时期,这个时期的国家只能是无产阶级的革命专政。"③在实践方面,列宁则从俄国的基本国情出发,领导俄国无产阶级和革命人民创造了苏维埃政权作为无产阶级专政的形式,有力地反驳了现实生活中一些人用自由、平等等口号欺骗人民群众批判无产阶级专政的做法。恽代英关于无产阶级专政的理论分析从形式上看即鲜明体现了他对马克思主义的继承,他既明确了民主革命胜利后实行无产阶级专政的可能性,也指出了无产阶级专政的必然性。与列宁批驳那些拿抽象的自由、平等口号反对无产阶级专政一样,恽代英也深入

---

① 《恽代英文集》下卷,人民出版社 1984 年版,第 659 页。
② 《毛泽东文集》第 7 卷,人民出版社 1999 年版,第 35—36 页。
③ 《马克思恩格斯选集》第 3 卷,人民出版社 1995 年版,第 314 页。

批驳了国家主义者拿抽象的国家利益反对对"生之欲望"进行阶级分析的做法。从无产阶级的"生之欲望"即根本经济利益来分析无产阶级专政正是恽代英论析的显著特点。

对于未来共产主义社会的分析,恽代英将它与当时国民革命中出现的一些争论相联系。他在批判戴季陶主义中,将孙中山的共产主义思想与马克思主义的共产主义思想作比较。他说,孙先生的思想不完全同于马克思或列宁,因为他有他的复杂背景,所以他的思想是不能完全合于根据马克思列宁学说的共产党的。认为孙中山虽不说无产阶级革命,他却是要消灭阶级。他要世界上没有资本家压迫工人,没有地主压迫农民,换句话说,他仍旧是要达到共产主义的社会。恽代英表示,我们说孙先生要实现共产主义社会,有许多人——尤其是不信共产主义的人,一定很怀疑的,但这只由于他们不懂共产主义到底是什么。共产主义就是要消灭阶级,所以孙先生说:"民生主义就是共产主义。"①恽代英认为孙中山的学说虽然不能纯粹等同于无产阶级的革命学说,但是一样要达到无产阶级革命的目的,即达到最终实现共产主义的目的。恽代英对孙中山的民生主义进行了共产主义的诠释,认为孙中山说民生主义,是要使人民在经济上平等。"他要平均地权,节制资本,不使地主、资本家自由的发展,以至于做到消灭阶级,成功一个共产主义社会"。这个社会里没有资本家,没有地主,没有经济上地位高的人,也没有给别人剥削的人。他还从平等的视角来挖掘三民主义的真义,指出"三民主义完全是要平等"。认为平等也就是孙中山所说的王道。恽代英指出,孙中山就曾说,俄国所行的是王道公理,帝国主义者所行的是霸道。"所谓王道公理是要平等,要没有一个民族压迫别个民族,要没有一个人在政治上在经济上压迫别一个人"。② 恽代英始终坚信共产主义,并对共产主义的未来充满憧憬。

对于唯物史观恽代英还有着自己独特的理解。他说:"唯物史观,只是

————————

① 《恽代英文集》下卷,人民出版社 1984 年版,第 750 页。
② 《恽代英文集》下卷,人民出版社 1984 年版,第 746 页。

学术界中,很普通的一种唯物的历史观察法——研究法。凡是不以唯心的认识去研究历史,不承认历史上一切变迁演化是由于神意或一二英雄所造作——而对于一切客观的事实,作一综合的研究,以发见其一定的物质上之因果关系者,便都是个'唯物史观者'。马克思用了这种唯物的历史研究法,在以往的历史中,去觅出了一切社会变迁演化之根本的原则,乃是由于人类生活上物质的经济条件之无机而又有序偶然变化之推移。"①恽代英的唯物史观及其对戴季陶主义与国家主义的批判,有力地驳斥了历史唯心主义的种种谬论。虽然其唯物史观不像其世界观、认识论、人生观思想那样系统与精当,但小庇不足以掩大醇。恽代英唯物史观在马克思主义传入中国之初,对广大人民唯物主义的宣传教育起到了极大的推动作用,它指明了人类发展的方向,有力地推动了当时反帝反封建革命斗争的发展,为在中国传播马克思主义哲学作出了重要贡献。

总之,恽代英哲学内容十分丰富,思想十分清晰。笔者将其划分为世界观、认识论、人生观、历史观四大部分及若干节、目的主要依据是其1917年8月16日恽代英本人所作的哲学论文纲目。作为一个优秀的哲学门学生,他所拟的提纲本已相当完善,即(一)世界观:物质实在论。心灵实在论。假定一元论(以太)。(二)人生观:生死自由论。善慈自由论。苦乐之真义。(三)认识论:智识与经验。怀疑论。② 但走出书斋,恽代英的哲学思想又必然受其历史环境和现实活动的影响。虽然他早期阐述的世界观、认识论、人生观思想极为系统与精当,也是以其所处时代中国的阶级关系及政治、经济、道德、哲学等为基础,而且佐之以西方哲学的成果,但阶级关系、政治、经济、道德、哲学在相对稳定的基础上却又非一成不变,人们对它的认识也非一成不变,因此,恽代英对于世界、人生的理解也必然相应发生变化。五四之后,恽代英一方面进一步完善其世界观、认识论、人生观的思想,另一方面他的社会历史观思想相应地凸显出来,而且从总体上一改过去的认知,

① 恽代英:《唯物史观与国民革命》,《中国青年》1925 年第 95 期。
② 《恽代英日记》,中共中央党校出版社 1981 年版,第 130 页。

是一个重大内容,从而构成他自己完整的哲学体系。恽代英哲学思想不仅在同一时期那些后来成为老一辈无产阶级革命家的同志中有较高的成就,就是在同一时期哲学门同仁中,其哲学思想也达到了一个相当高的水平。对此,袁伟时教授评价说,恽代英哲学思想"代表着当时中国思想文化界在这些问题上达到的最高水平。当时,只有李大钊少数几个先进知识分子创造了自己的哲学思想体系……因此,恽代英在中国现代哲学史上理所当然地占有一席重要的位置"①。

①　袁伟时:《恽代英前期哲学思想试探》,载《恽代英学术讨论会论文集》,华中师范大学出版社 1985 年版,第 37 页。

第 三 章

恽代英的政治思想(上)

从辛亥革命至中国共产党成立前后,是恽代英由资产阶级民主主义向马克思主义转变的重要历史时期。本章追寻恽代英思想发展的历史轨迹,着重论述他这一时期的政治思想及其转变。

一、资产阶级民主主义的思想

19 世纪末 20 世纪初,中国的民族危机、社会危机日益加深,中国民族资本主义也得到进一步发展,资产阶级的民主革命思想随之产生并发展。资产阶级民主革命思想主要体现在两个方面:一是反对帝国主义侵略,争取国家主权独立的爱国主义思想;二是反对封建专制统治,争取人民民主的革命思想。

恽代英资产阶级民主革命的思想产生于辛亥革命前后,五四运动后得到迅速发展。

(一)主张"义务论",反对"权利论"

恽代英登上中国政治思想的历史舞台,是在辛亥革命失败以后。这正是中国开始由旧民主主义革命向新民主主义革命急骤变革的时代。还在中华大学学习的恽代英,便以鲜明的反帝反封建的资产阶级民主主义者的战斗姿态,活跃在中国的思想界。1914 年 10 月,他因发表首篇论文《义务论》而崭露头角,引起国人注目。

首先,恽代英比较了"义务论"和"权利论"这两种政治主张,开宗明义指出:"今之持论者,大别为之二端:宗教道德家,以为人应知其义务,不必知其权利,所谓利他派也,亦谓之义务论。法律政治家,以为人应知其义务,亦应知其权利,所谓完美之利己派也,亦谓之权利论。"①恽代英认为,这两种政治主张,"初原无所大悖,任取其一,皆可以治天下"。所以,世人对此两说未能深入探究。

恽代英接着说:"吾中国数千年圣哲之所传说,每每为义务论。自海禁开,值欧洲大革命,平等自由之学说,随太平洋之潮流而东注,而义务论之樊篱稍稍撤矣。迩年以来,法律之势力日益澎涨,权利之欲望日益发达……权利论之势力,日兴而未有已"②。他指出:"夫人情本不免于自私,故天下自然而入于纷争之域。使吾主张义务论,欲人人易其利己而利他人,其成功与否,犹在不可知之数。今乃坦然昌言权利论,权利论者,天下争攘之泉源也……今日欧美上下争轧之祸,大抵由权利论影响而来,是可为前车之鉴也。"③

从以上言论可以清楚地看出,恽代英是主张"义务论",反对"权利论"的。

其次,恽代英批驳了主张权利论者的理由。

权利论者说,"人人自卫其权利,而以不侵犯他人之权利为界,则是天下永无事也"。恽代英驳斥道:"今日列强者,畴不以不相侵犯为言耶? 顾自卫二字,即为其侵犯之又一名词。何以知其然也? 昔英人以保护其海权

---

① 《恽代英文集》上卷,人民出版社 1984 年版,第 1 页。
② 《恽代英文集》上卷,人民出版社 1984 年版,第 1 页。
③ 《恽代英文集》上卷,人民出版社 1984 年版,第 2 页。

而攘印度，今又以保护印度而进窥西藏矣。他日得西藏则又何如。日人以保护其本部而攘高丽，今又以保护高丽而进窥南满矣。他日得南满则又何如……日日言不侵犯，而侵犯无已时也！"①

权利论者又说，"世有竞争，而后有文明"。恽代英针锋相对地指出："凡今日欧美之声明文物，皆竞争之功也。夫不惜人民肝脑涂地，以博所谓文明……夫今世所谓文明者，巨大之军舰也，猛烈之炸弹也，一切不可防御之战斗品也，凡此者皆仅以屠戮人类而著名。而其所屠戮，必人类之贫且贱者，是文明者，屠戮贫贱者也……夫如是而谓之文明，则文明亦仅富贵者之事。综而论之，盖文明者，杀贫贱以利富贵者也。"像这样的文明，实则"为万恶之凶手而已"②。

19 岁的恽代英这时就能深刻认识到列强所鼓吹的"自卫"，"即为其侵犯之又一名词"；所鼓吹的"文明"，实为"杀贫贱以利富贵者也"，这就彻底揭露了帝国主义侵略的本质。

再次，恽代英解释了反对义务论者的质疑，明确主张义务论。

恽代英指出，大同之世，"无贫贱富贵之阶级，无竞争防御之忧患，而后利人类之文明日益发达，可以作福全世。然其所以发达者，即由于人类之利他心，亦即义务论之效力所致，决不由竞争中来也"。这说明，他是主张义务论的。紧接着，恽代英解释了反对义务论者的种种质疑。

反对义务论者说，虽然我国海禁未开以前，固一义务论之国家，但能看到的效果，"不过守己奉公之学说，日浸淫于一般之平民中，乃至知有国家而不知有己，知有政府而不知有己。故在上者骄淫而莫制，在下者懦弱而莫助，驯至为积重难返之制度矣。义务论非不悦耳而可听也，然独野心家之利而已"。

恽代英回应道，所谓野心家，"亦知为权利论者耶？抑义务论者耶？夫义务论之唯一主义，在使天下人无权利思想。使天下之人，尽无权利思想，

---

① 《恽代英文集》上卷，人民出版社 1984 年版，第 2 页。
② 《恽代英文集》上卷，人民出版社 1984 年版，第 3 页。

是无野心家也。今犹不免有野心家，是义务论之势力犹未充足，决不足为义务论流弊之证据。且说者亦疾首于野心家，欲灭此朝食，乃又不深求其故，而主张权利论，是何异抱薪而救火"①。

反对义务论者又认为，从我国历史看，"义务论之流弊，每有见义不为，为之亦不力者"。"义务论者，不知人情利己之心，每较利他为愚至，辄欲人先弃其利己心。夫我以不周至之利他心，固不足以利他人，他人以不周至之利他心，亦不足以利我，是两败而俱伤也。又惟以其利他心之不周至，故每有巨大之事……无人肯为矣，此义务论所以不可信也。"

恽代英解释说，反对义务论者"亦知利他心之所以不周至，即由于利己心妨害之耶；又知利他心而不周至，即不得谓为义务论耶。使人能笃信义务论，则义可以安天下，有不为者乎！利可以利天下，有不兴者乎！抑有为之兴之而不致力者乎！""今以非义务论之行为评义务论，其亦安能中綮乎！"②

反对义务论者还认为，"以为权利论顺人情，故易行。义务论逆人情，故难行。此权利论之所以优也。"

恽代英指出："难易之辨，岂容易言耶！""权利论为易行，而天下未必治，则易行无益也。义务论为难行，而天下可以日治，则难行无害也。"

最后，恽代英坚决主张义务论。他说："义务论之为较优明甚。且无论权利论为不易行，即使可行矣，亦不如义务论"。他向社会发出强烈呼吁："天下之人，如真欲治平者，请自今无言权利，无言竞争，举天下之富贵贫贱，皆使服膺于义务之说，则私产制度，不期而自破，黄金世界，不求而自现矣"。③

由此可见，从《义务论》全文看，恽代英主张义务论，反对权利论，希望天下之人都服膺于义务之说，从而达到实现消灭私有制，实现黄金世界的美

①　《恽代英文集》上卷，人民出版社 1984 年版，第 4 页。
②　《恽代英文集》上卷，人民出版社 1984 年版，第 5 页。
③　《恽代英文集》上卷，人民出版社 1984 年版，第 5 页。

梦。恽代英的这个美梦不免带有空想性。但他在该文中所表达出来的热爱祖国、反对帝国主义列强侵略的思想却是明确的。

(二)反对君权神授,主张自由平等

反对君权神授,主张自由平等的思想,最早产生于英国文艺复兴时期,继而由 18 世纪法国启蒙思想家所倡导,其代表人物是霍布斯①、洛克②和卢梭③。自由的实质是民主,民主的终极原则是平等。这一思想,在反对封建专制制度,建立资产阶级民主制度方面发挥了重要作用,对中国近代尤其是对中国的知识界产生过深刻的影响。中国的知识精英,无论是戊戌时期的康有为、梁启超,还是辛亥时期的孙中山,抑或是五四时期的陈独秀、李大钊等,都曾揭起这面旗帜,作为反对中国封建专制制度的思想武器。恽代英也是如此。

1916 年 3 月 7 日,恽代英在《光华学报》发表《原分》④。这篇重要学术论文,深刻分析了辛亥革命失败以后,祸国的根本原因依然在于"分乱",而"分乱者,不过权利义务之关系,对于人类不明瞭而已"。恽代英是怎样分

---

① 霍布斯(1588—1679 年),英国哲学家,出身于英国威尔特省一个牧师家庭,早年就学于牛津大学,后做过贵族家庭教师,游历欧洲大陆。他创立了机械唯物主义的完整体系,认为宇宙是所有机械运动着的广延物体的总和,同时继承了 F. 培根的唯物主义经验论的观点。他是社会契约论的最早代表之一,反对君权神授,主张君主专制。著有《论物体》、《论公民》、《论人》、《论社会》等。

② 洛克(1632—1704 年),英国哲学家。出身于乡村律师家庭,早年入威斯敏斯特学院和牛津大学学习,后在牛津大学任教,研究医学和哲学。1688 年成为英国皇家学会会员。他的哲学思想继承和发展了唯物主义经验论,否认天赋观念,提出了"白板说",认为人的心灵本是一块白板,一切知识来源于经验。其社会政治思想以自然权利和社会契约论为根据,反对君权神授,提出分权说。著有《人类理智论》、《政府论》等。

③ 卢梭(1712—1778 年),法国启蒙时代的政治思想家。生于日内瓦一个钟表匠家庭,曾当过学徒,后定居巴黎。他政治思想的中心内容是关于人类不平等的起源和克服不平等的方法。他认为人类的不平等和一切灾难都是由私有制造成的,要使人类由不平等转变为平等,必须消灭封建专制制度,建立以社会契约为基础的民主的国家制度。他还据此提出了人民主权的思想,既反对君主制,也反对君主立宪制,主张建立一种比较彻底的民主制,即资产阶级比较激进的民主制。主要著作有《论人类不平等的起源和基础》、《社会契约论》、《爱弥尔》等。

④ 恽代英:《原分》,《光华学报》1916 年第 3 期。

析这个问题的呢?

首先,恽代英指出,辛亥革命后,使时局即于大乱不治,其原因不一而足,但"推其根本之所由然,则分乱二字尽之矣"。分乱者,不但有在上者,也有在下者,不但小人分乱,君子亦分乱,所以才造成了国家今日大乱不治。他说:"在上者之分乱,故有越权,有黩法;在下者之分乱,故有作奸,有犯科;小人之分乱,故有贪得,有争利,君子之分乱,故有躁进,有遯世。"简而言之,"有过其分者,有不及其分者;有取其分之所不当取者,有不取其分之所当取者;有为其分之所不当为者,有不为其分之所当为者。"他认为,举目前一切政治社会之罪恶,举古今中外一切政治社会之罪恶,都不外乎上述原因,不廓清上述原因,欲求天下之治是不可能的。

其次,恽代英驳斥了"君权神授"论。中国历代君王均自称为天子,极力鼓吹"君权神授",谎称其权位是"受命于天",神圣不可侵犯的。袁世凯复辟称帝,也是如此。恽代英指出,近日主张人权者之流,不承认分之一字,用"君权神授"的邪说,蒙蔽天下人之耳目,而自表其神圣不可侵犯。针对上述言论,他批驳道:"彼既富且贵,夺天下人之脂膏以自享,虑天下人群起而诘之,则假宗教以立说。曰人生于天,各有其分,而分各不同,我生而富贵者也,汝等生而贫贱者也,生而富贵则不能为人夺,生而贫贱,则不能夺于人。不能夺而欲夺焉,则是逆天之命,所谓乱分也,所谓不安分也,所谓希冀非分也。故分之说,起于在上者,欲掩其攘夺他人之迹而预防他人攘夺之端。"这只不过是在上者"要以欺玩劫制在下者耳"。除此之外,毫无其他意义。

恽代英接着分析说:"考之历史,盱衡当世,野心家之在上者,先立足于不正确之论点故也。夫同为是人,即同有是分,富贵不得优,贫贱不得绌也。"所以在上者所鼓吹的"分各不同",所谓之"乱分不安分希冀非分",是毫无道理,不足为信的。

恽代英进一步指出,所谓分者,"非但指应享权利而言,亦且兼指应尽义务,亦且兼指享权利尽义务之应有分限。苟非兼此数义,则其所谓分者,先已为不完全之学说矣。富贵者之享权利逾其分限,尽义务又不及其分限,如此尚安足与明分之义乎？今以富贵者假分之各以逞其邪说,遂并明分之义而去之……苟如此,则分之乱且日甚矣。"因此,对权利和义务不可以不明分。

再次,恽代英认为,"人各有其应享之权利"。他说:"权利者,天赋而平等,神圣不可侵犯之物也。天下之乱,野心家之繁滋,其为原因非一,然人权之说不昌,权利之为野心家蹂躏者,或不敢与之反抗,或不肯与之反抗,致使野心家得以肆其狂谋,此实为主要之原因也。"所以恽代英指出,假使人人都知道应保护自己所享受的权利,那么野心家就不能乘机蹂躏之,天下便可治矣。在野心家看来,中国人权说不昌,是由于世人不懂享受权利而自愿放弃。恽代英批驳说:"非甘于放弃也,不得已放弃也。"野心家以其凶猛阴险之手段压迫之,世人虽不想放弃也得不到。今不谓有野心家然后有放弃权利者,反谓有放弃权利者而后有野心家。这样的理由恰当吗？如果说先有放弃权利者而后有野心家,则正说明野心家不过当初未纱之臂,夺取了他人之所弃。为什么于被夺者之中常有不平之声、不安之感？这就正好说明,不是先有世人放弃权利而后有野心家,而是恰恰相反。在恽代英看来,野心家的权利是逐渐扩充的,先压他人所弃,扩弃以后又陵及于不愿放弃权利者。这样天下便逐渐由野心家所掌控。不平之声不安之感都是由此而起。

最后,恽代英认为"欲求天下大治",举国之人均应享其权利,尽其义务。他说:"且人人各知己有应享之权利,固不肯放弃以供人蹂躏;人人又知亦有应享之权利,则亦无处心积虑以蹂躏他人为快者。"恽代英指出:"权利为人所固有,所谓天赋人权,一律平等是也。权利既为天赋,则非人能所舆,亦非人所能夺;非人能所增,亦非人所能灭。故苟非挟有私心,杂以邪说,决无由断定谓甲之权利应优于乙,此甚易知易明也。"然而,野心家巧夺豪取他人天赋之权利,"其为道犹盗耳",不以为耻,反以为自己尽义务大,权利亦应随之而大。恽代英认为,野心家所谓的义务,实际上是"以便其盗之行"。

恽代英同时认为,除人人应享受权利外,还应尽义务。因为人不能离群而独居,故必有居群之道。"吾人舍群亦能不安其居,故将欲保自身,亦必以保群为要义。此吾人所以对于国家社会而有所谓应尽之义务也。""且人人各尽其义务，天下自然日安。"

恽代英的上述思想，是其《义务论》思想的深化，不仅深刻指出了辛亥革命后国家大乱不治的根源，批判了"君权神授"论，而且论述了权利天赋平等，神圣不可侵犯，在享受权利的同时，还应尽义务。这的确反映了他当时的思想受到了法国启蒙思想家和中国近代先贤思想的影响。他的这些思想，与《新青年》所倡导的"民主与科学"的精神完全合拍，是新文化运动中的重要组成部分。

（三）批判孔孟之道，宣扬男女平等

1913 年，袁世凯在实行专制独裁、复辟帝制的同时，又抬出孔孟的亡灵，祭起"敬天"法宝，掀起了一股复古的逆流。1916 年秋，保皇党人康有为上书黎元洪，主张将孔教定为国教，并列入宪法。

恽代英坚决反对将孔教定为国教，作为宗教教义愚昧人民。在《论信仰》中，恽代英开宗明义写道："今日已为宗教之末日矣。"文章分析了智、爱、信的关系，认为信（此处的信指的是宗教）与智是常相冲突的，"吾人之智，常欲破除吾人之信。吾人之信，又常欲闭塞吾人之智"。他提倡人们要积极思考，不要盲目信仰宗教而弃智。盲目信仰，"不过引导吾人于迷惑愚妄之境地。使吾人倒行逆施，自绝于进化之门，不为有益，但有害耳"①。他驳斥孔教卫道者以西方宗教自由传播为由宣扬中国也应该建立宗教、国教的谬论说："异哉吾国学者，于此日此时，乃欲大倡信仰之说于吾国，宗教也，国教也，纷呶不可辨晰。"②在《怀疑论》中，他用孔孟之徒、墨子之徒、老庄之徒所崇圣者不一的事实质问道："所谓圣者又不一"则吾安从而折中之？并宣布："吾不为圣人，故吾不知谁为圣人。"③由此可见，恽代英对树立

---

① 《恽代英文集》上卷，人民出版社 1984 年版，第 45 页。
② 《恽代英文集》上卷，人民出版社 1984 年版，第 47 页。
③ 《恽代英文集》上卷，人民出版社 1984 年版，第 17 页。

了几千年的"圣贤"偶像提出了有力挑战。

恽代英主张男女平等。毫不留情地鞭笞吃人的封建礼教,尤其对"男尊女卑"的封建理念深恶痛绝。他撰文痛斥孟子的"不孝有三,无后为大"这八个字,"不但是错,而且是荒谬"。恽代英指出,在孟子看来,无后"祖宗便会没有香烟血食了",不把无后看做一件大坏事,人类将会"灭种"。他接着驳斥道:"甚么教叫祖宗的香烟血食? 是说已经死了的祖宗的阴灵来享受子孙的供菜供品吗? 是说没有子孙上供,那祖宗们的阴灵便会打空肚子闹饥荒吗?"这完全是迷信。如果说,孟子当时知识贫乏,不知道这些是迷信,"那吗,今天自命为孔孟之徒的,亦应该进化些","中国的人,在孟子以前,没有谁知道这八个字,亦没有看见灭种"①。

恽代英又说,有了这八个字,青年男女结婚后,头一件事就是一定要生儿子,生女儿都不能算数,因为女儿迟早是别人的,是一个赔钱货,她不能继承祖宗的香火,所以是可以丢弃的、淹死的。多生女儿,不生男儿,那便是不贤的死症。女子过了四十岁还不生儿子,男子便一定可以讨小老婆,这是比天还要大的道理。因为他们若没有儿子,人人都可以指责咒骂,他们所有的一切东西也可以被剥夺掉。所有这一切,"都是孟老夫子造的好孽"②。

然而,恽代英批判孔孟之道,并不是全盘否定,他是学哲学的,懂得"扬弃"的道理,同对待传统文化的其他方面一样,一律抱着"择其善者而从之,其不善者而改之"的态度。他说:"孔子之学说,自然不尽可信,然苟确有所见之大学者,其根本观念每每不谬,其余则受当时社会之影响,有不正确处,亦有不可讳者。如《礼运》《大同》及《论语·道之以政》章,何曾不好。""一个人必定要争孔子是大圣,没有一句错的。一个人必定要争孔子是大愚,没有一句不错的。若不是为孔子,是为世界人,我看这都错了。"③这正是恽代英的过人之处。

---

① 《恽代英文集》上卷,人民出版社 1984 年版,第 111 页。
② 《恽代英文集》上卷,人民出版社 1984 年版,第 113 页。
③ 《恽代英日记》,中共中央党校出版社 1981 年版,第 530 页。

(四)培养"善势力",扑灭"恶势力"

辛亥革命赶跑了皇帝,给中国曾吹来了一丝民主的清新空气,使饱经苦难的国人看到了一线亮光。这是一个胜利。但是,这场革命虽然推翻了君主专制的政体,却没有唤起广大的工农群众,更没有触动封建社会的经济制度,因而最终归于失败,国家政权落到了军阀袁世凯手中。

年轻的恽代英痛心疾首。他和陈独秀、李大钊、毛泽东、周恩来等五四新一代知识精英一起,继承前辈仁人志士的革命精神,在血海中继续苦斗,在荆棘丛中开辟救国的新路。当时的恽代英,还不知道马克思主义,只能从中国古代传统的道德观中吸收营养。而新文化运动中,提倡新道德、反对旧道德又是其重要内容之一。这便与恽代英的思想产生了共鸣。于是,他自然而然地接受了道德救国的思想,先后发表了《文明与道德》、《社会性之修养》、《一国善势力之养成》等论文。在《文明与道德》中,他讨论了自古至今,自野蛮以至文明,道德是与日俱进,还是与日俱退的问题。其时,世人对这个问题有三种认识:第一,认为道德无进步亦无退步;第二,认为道德随时代而退化;第三,认为道德随时代而进化。恽代英对这三种观点一一作了评介后指出,不能离开人类文明单独论说道德随时代进化或退化,因为道德进化与退化同人类文明的关系密切关联,不是固定不移的。人类愈文明,为善之人愈多,道德愈进化,反之道德则退化。"使天下为善之人多,而为恶之人少,则道德进化之处多,退化之处少,使天下为恶之人多,为善之人少,则道德退化之处多,进化之处少。进而论之,使天下之人,皆为善而不为恶,则道德有进化无退化,皆为恶而不为善,则道德有退化无进化……故将来之世界,在道德界之价值……皆视现今人类之行为而判定之"。所以,在论文的最后,恽代英殷切希望有志之士,"善用其由文明进化所得之智力,群出于善之一途,使道德有进化无退化,以早促黄金世界之实现也。"①这是恽代英继《义务论》后第二次提到"黄金世界"。

在恽代英看来,实现这种理想的社会,在改良风俗,使天下之人,皆为善

---

① 恽代英:《文明与道德》,《东方杂志》1915 年第 12 卷第 12 号。

而不为恶。这就必须加强社会性之修养。因为人是具有社会性的,不能离群而独居,只有加强人的社会性修养,才能凝聚人心,建立强固的社会,振兴社会事业。因中国社会事业之不振兴,所以,中国"故弱,故危,故吾人之生命财产,国家之存亡,种族之存亡,均仰息于眈眈虎视之强邻手中"①,有人认为,当今中国应急于建设一个良善政府(好人政府)。恽代英不同意这种看法。他说:"社会不强固,政府即不强固。纵有良善政府,安能遂造就良善国家耶?"②因此,恽代英主张治国先治本,"治天下之本,在改良风俗,不在改良政治"③。为改良风俗,中国的每一个公民,都应该从八个方面加强修养。

1. 公德。要使每个公民知道,"当视公共之事业,如己之事业。公共事业之成败,如己之成败。苟非然者,事未有济者也。"因此,"吾人不欲为社会事业则已,苟欲为之,则公德之履行,当为重要之条件"。不然,吾人社会永远如一盘散沙,那就"无进化于强固之望矣"。

2. 公心。公民从事社会事业,不但应当有履行公德之义务,而且还应有大公无我之心。"吾人果为社会倡社会事业,则当以社会之利害为行为之标准,不可以一己之利害参于其中。以一己之利害参于其中者,使一己利害,与社会利害相冲突,必至为一己而牺牲社会。"

3. 诚心。"吾人欲与他人协力以成事,则必望他人以至诚为吾协力。欲使他人以至诚为吾协力,吾必先有至诚之心,以感发之。惟诚心感诚心,亦唯机心感机心。吾人欲得他人之诚心,而以机心感之,其道岂不远哉"。恽代英真诚希望有志青年,为了社会利益和社会事业,"用诚心愈多,用手段愈少"。

4. 谨慎。吾人苟欲为社会事业,"均当以精密之计划,详慎之手续从事之,方能责其成功,社会事业亦犹是也"。所以,有志为社会事业者,"当随

---

① 《恽代英文集》上卷,人民出版社1984年版,第26页。
② 《恽代英文集》上卷,人民出版社1984年版,第26页。
③ 《力行救国论》,载《青年进步》1918年第17册。

时守其谨慎之德,而作始尤甚。彼轻心以掉者,皆不崇朝而败者也"。

5. 谦虚。为社会事业,"必守吾人谦虚之德,乃能日进光大之域。满遭损,谦受益,此天地之常经,无论在何方面,皆可验其不诬。故吾人为社会事业,乃不能不秉守此德也"。

6. 服从。恽代英认为:"吾人社会团结之不强固,一般国民无服从性格,亦为最大之原因。"所谓服从,就是要本"敬爱之心,以服从其应服从之事,如交际则服从其友人之规则;结社则服从多数人之意见是也"。在自己的意见与多数人的意见不合时,不但有牺牲自己的意见服从大多数人意见的义务,"即自身之利益,有不能不牺牲时,亦当尽其可牺牲者而牺牲之,此居群之道,不得不尔也"。

7. 礼貌。恽代英指出:"吾人为公共事业,礼貌亦不可缺乏之条件"。"礼貌者,即自相约束之表现也"。在公共事业中,如果发一言,行一事,迕有持异议者,其商榷的语言,大抵与争哄无异,必易生误会,致恶果,"可见礼貌之不可不讲也"。

8. 利他。投身于社会事业,无须强取有利益之地位而占据之。真正有志者,心目中只知有事业,不知有地位,为促成事业的成功,务求共事者诚心以与之协力。为此,要将利益多给予共事者。"非有此等之志士应运而生,社会事业之进行无可望也"①。

恽代英认为,如果每个国民都立志修养品德,整个社会都能按这"八德"行事,中国社会风俗必将大变,中国社会必将臻于强盛,社会的善势力也便得以养成。这是今日中国有志之士,"所应持救国之唯一方法"②。所以,恽代英说:"窃尝谓今日世界,最要之事,为善势力之养成。而所谓善势力者,必根基甚稳固,能力甚厚大,足以抵抗恶势力,与之奋斗,而能以扑灭之"。③

---

① 以上八德,详见《恽代英文集》上卷,人民出版社 1984 年版,第 27—32 页。
② 恽代英:《一国善势力之养成》,《青年进步》1918 年第 16 册。
③ 恽代英:《武昌来涵》,《劳动》1918 年第 1 卷第 4 期。

在《一国善势力之养成》中，恽代英还勉励有志青年，维持和修养自己的品德，养成善势力，还须"有积极进取的精神"、"有切实自信的能力"、"有联合互助的团结"、"有与恶势力奋斗而扑灭之之预备"。他希望有志青年，不仅自己要维持自己的真品格，懂得这些道理，而且还要晓谕同志，"劝诱而扶掖之"。使"凡同志者，亦知所以各维持其自己之品格矣。于是联合为一种之团体，日儆戒而惕厉之，自问精神果能积极乎？能力果能实在乎？能助人乎？能受人助乎？能预备与恶势力奋斗而扑灭之乎？故不勇猛不可也，不切实不可也，不谨慎不可也，不恒久不可也，不谦逊不可也，不公心不可也。"若自问者不足，"又必得同志之互问，有懈弛者，则众提携之；有竭獗者，则众扶助之。如此以为恶势力争，如经甚良之训练的军队，实力既充，又能互相援应，安有不胜者乎？"

恽代英坚信，善势力是能养成的，恶势力是能扑灭的。"天下兴亡，匹夫有责"，有志青年勇于起来担当救国之责，则是"国家之福矣"。

道德当然不能救国。但道德救国的思想，毕竟是恽代英在接受马克思主义以前，在寻求补苴济世道路上留下的一个深深的脚印。

五四运动后，恽代英更加深刻地认识到培养善势力的重要性和紧迫性。他指出，中国的前途不能依赖别人，更不能依靠军阀、武人、政客这些恶势力。"以前都是靠袁世凯，靠段祺瑞，所以受了他们的欺骗，国事亦一天天坏了。现在应该靠自己"①。他还在日记中写道，民国元年、二年，同盟会及社会党的健全分子，差不多都是好人，"后来都被恶势力压服了，吞灭了。所以我想，若没有善势力，我们是不能扑灭恶势力的。"同时，恽代英又指出："恶势力没有经久而不失败的。我们看见的恶势力，清室、袁世凯、张勋都失败了，便段祺瑞亦失败了。"他接着写道："几次中国的事不坏于恶势力不失败，而坏于恶势力失败的时候，没有善势力代他起来，所以仍旧被别的恶势力占住了……这便是不注意善势力的养成。"所以，恽代英决定要做培养善势力养成的工作。"我很信靠我同我的朋友的力量，一定可以养成更

---

① 《恽代英日记》，中共中央党校出版社1981年版，第633页。

大的善势力。很信这善势力是中国各方面欢迎的,很信中国一定可以靠他们得救。"①他满怀豪情地坚信:"应觉我们是中国唯一可靠的救星"②,"中国的惟一希望是在我们——我们便是说恽子毅同恽子毅的朋友"③。

在恽代英看来,养成善势力最应注意的:"(一)求友。(二)造友。总教可交的人都被我们交着,可以进益的人亦都得我们的力量,得到他所需要的进益。如此便朋友一天天多,团体一天天大,势力亦一天天大"。他希望他和他的所有朋友,"人人应该盼望做太阳系,教他的周围的人做行星,教这等行星周围的人做他的卫星——不仅如此,我们还要教行星都进而为太阳系,教卫星都进而为行星,再教他们自己还去得他的卫星。如此的轮回促进,总教国内生出许多太阳系,那时才是百足之虫,死而不僵"④。

恽代英五四运动后彻底抛弃对军阀、武人、政客这些恶势力的幻想,把拯救中国的希望寄托在自己和自己朋友的身上,并通过自己和自己的朋友都去"求友"、"造友"、"做太阳系",从而养成"更大的善势力"去扑灭"恶势力"。这些思想在当时是难能可贵的,是其爱国思想的充分体现。

(五)赤诚的爱国主义思想

恽代英是一个赤诚的爱国主义者,他的爱国主义思想是与他的爱国主义实践活动紧密相连的。

1914 年,第一次世界大战爆发,列强无暇东顾。日本帝国主义趁机扩大对中国的侵略。9 月,日军伸入山东内地,11 月 7 日占领青岛,驻青岛德军向日本投降。至此,日本取代了德国在胶州湾和山东的一切权益。但是,日本帝国主义并不满足。1915 年 1 月 18 日,日本驻华公使日置益向袁世凯递交了灭亡中国的"二十一条"。1915 年 5 月 7 日,日本以最后通牒强迫中国于四十八小时内承认。袁世凯为复辟帝制当儿皇帝,不惜卖国求荣,竟

---

① 以上见《恽代英日记》,中共中央党校出版社 1981 年版,第 622—623 页。
② 以上见《恽代英日记》,中共中央党校出版社 1981 年版,第 632 页。
③ 以上见《恽代英日记》,中共中央党校出版社 1981 年版,第 633 页。
④ 以上见《恽代英日记》,中共中央党校出版社 1981 年版,第 633 页。

于 5 月 9 日承认了"二十一条"。于是举国共愤,掀起了反对日本帝国主义和袁世凯复辟的浪潮,定 5 月 7 日为"国耻纪念日"。恽代英痛心疾首,和中华大学的爱国学生一起走上街头,示威游行,检查和抵制日货,投入反日救国的爱国运动①。

1917 年 2 月,美国政府宣布对德绝交后,北洋军阀内就是否随美对德宣战这个问题,展开了激烈的府(总统府)、院(国务院)之争。这实际上反映了日、美帝国主义对中国的争夺。恽代英以满腔的爱国之情,写了《欧战与永远和平》,表达了自己的政见。他没有就事论事,而是高屋建瓴,提出要寻找世界不能永远和平的"恶因",并"免除此恶因的方法",以求世界永久和平。囿于历史的原因,恽代英当时不可能认识到帝国主义是现代战争的根源,但他却用中国古谚"斩草不除根,逢春再发生"来说明,要想世界永远和平,必须铲除战争的祸根。

恽代英指出,"凡扰乱和平者,挑起战衅者,其人则为祸首,其事则为祸根"。那么,此次欧战的祸首是谁? 祸根何在? 他接着作了明确的回答,祸首祸根就是德奥皇室及其独裁政治与种族主义。因此,"一、扰乱和平之人,如德奥皇室,不可以不推倒。二、扰乱和平之事,如独断政治与民族之仇恨,不可以不扫除。"如何才能达到上述目的呢? 恽代英说:"德奥国民和其他各国人民应互相结纳,合力以推倒其皇室。其他各国人民,应以诚心欢迎而赞助之"②。他在日记中进一步解释说:"中国外交今日已至进退维谷之地,吾人不如索性倡大义于天下,不统笼言战德,但劝世界各国以仇德之精神,转为助德人锄除和汉索伦皇室为愈"。③

以上恽代英不同凡响的新论,真是惊世骇俗。

据恽代英日记记载,他还将这篇论文(原标题为《中国今日对于欧战之大任务》)寄给北京政府总统黎元洪、总理段祺瑞、外交部长伍廷芳,还寄给

---

① 参见胡治熙:《缅怀恽师》,《回忆恽代英》,人民出版社 1982 年版,第 165 页。
② 恽代英:《欧战与永久和平》,《光华学报》1917 年第 2 期(据恽代英日记记载,该刊实际出版日期为 7 月中旬)。
③ 《恽代英日记》,中共中央党校出版社 1981 年版,第 65 页。

了王正廷、蔡元培（托陈独秀转）、冯国璋、汤济武、北京《京报》、北京《民治日报》、上海《时报》各一份，还请中华大学同班同学梁少文托人译为世界语，分布世界各国，希望他的政见被北洋军阀政府当局采纳和受到世界人民的重视①。但遗憾的是，北洋军阀政府当局各要员热衷权力角逐，对他这个"小人物"根本不理睬。仅有时任护法军政府外交总长的王正廷于 4 月 29 日回了一封短信，内称"言佩极，但国力不及，容缓图之"②。但这件事本身反映了恽代英的满腔爱国热情和对帝国主义的无比仇恨，也表明他这时对北洋军阀政府还存在一定的幻想。但是随着时局的变化，恽代英很快便认识到北洋军阀政府和袁世凯都是一伙别有用心的"权利论者"、仰列强鼻息的"野心家"。他在日记中悲愤地写道："时局日非，国是又反握于强者狡者之手，廉耻荡丧，纲纪无存，可叹、可恨！"③"今日之事，顽凶之武人，阴险之帝制党构成之也。然两方均无实力，将来或仍不免敷衍议和而已，又未知褐乱之何极也……继袁世凯之后，而以袁氏之法祸国者，其惟段氏乎？"④在短暂的三个月中，恽代英从对北洋军阀政府心存幻想到彻底批判这个政府，表明其政治思想向前迈进了一大步。

1918 年 5 月，日本帝国主义与北洋军阀段祺瑞政府签订《中日陆军共同防敌军事协定》，出兵中国东北，蹂躏我国同胞。中国留日学生率先在日本举行抗议集会。消息传到国内，全国青年学生怒不可遏，纷纷走上街头游行演讲，反对日本帝国主义的侵略，谴责北洋军阀政府的卖国行径。恽代英在武汉立即行动起来，组织中华大学、湖北第一师范、外国语学校的爱国学生走上街头，调查国货，编写武汉国货调查录和提倡使用国货的传单，还向社会募捐谋印国货调查录，分发武汉三镇各商家，共同提倡国货，抵制日货。广大师生的爱国热情空前高涨，"同学颇闻风兴起捐款，极拥挤，约得十千之谱，出油印费外，尚余七千左右。决以排印"。第二天，"捐款如雨而至，

① 《恽代英日记》，中共中央党校出版社 1981 年版，第 69 页。
② 《恽代英日记》，中共中央党校出版社 1981 年版，第 236 页。
③ 《恽代英日记》，中共中央党校出版社 1981 年版，第 95 页。
④ 《恽代英日记》，中共中央党校出版社 1981 年版，第 97 页。

此可见人心未死"①。由于印刷厂奉警察局通知不准承印爱国宣传品,恽代英便和师生一起动手连夜油印。他还以身作则,带头使用国货,在日记中写道:"社会非有一班人先决定牺牲一切,以实行其用国货主义,以为社会先倡……欲用国货,乃为国家,故忍受此等痛苦"②。6 月 20 日,恽代英写了《力行救国论》,强调"吾意今日欲救国家,惟有力行二字"③。

恽代英反对帝国主义、反对封建军阀的爱国激情,在五四运动中更是像火山一样喷发出来。1919 年 5 月 6 日,《汉口新闻报》在湖北地区首先报道北京爆发五四运动的消息。恽代英悲愤填膺,当夜与林育南等谋印《四年五月七日之事》传单 600 份。传单上写着:"有血性的黄帝的子孙,你不应该忘记四年五月七日之事,现在又是五月七日了。那在四十八点钟内,强迫我承认二十一条协约的日本人,现在又在欧洲和会里,强夺我们的青岛,强夺我们的山东,要我们四万万人的中华民国,做他的奴隶牛马。你若是个人,你还要把金钱供献他们,把盗贼认做你的父母吗? 我亲爱的父老兄弟们,我总信你不至于无人性到这一步田地!"④这篇言简意赅的爱国传单像烈火一样,在爱国师生的心中熊熊燃烧,特别是经 5 月 9 日出版的《大汉报》刊登后,更是如滚滚春雷,响彻在武汉三镇的上空。一场大规模的反帝爱国运动就这样在湖北武汉地区发动起来了。

在恽代英、林育南等领导下,武汉爱国学生迅速团结起来,5 月 17 日,武汉学生联合会正式成立。恽代英为武汉学生联合会写了大量的各种传单、通电和宣言。其中激动人心、影响最大的有《呜呼青岛》、《武昌学生团宣言书》、《武昌中等以上学生放假留言》、《〈学生周刊〉发刊词》、《武汉学生会宣言书》、《武汉学生联合会对于全国学生联合会意见书》等。这些传单、通电和宣言的主要内容是:

---

① 《恽代英日记》,中共中央党校出版社 1981 年版,第 382 页。
② 《恽代英日记》,中共中央党校出版社 1981 年版,第 413 页。
③ 《恽代英文集》上卷,人民出版社 1984 年版,第 70 页。
④ 《恽代英文集》上卷,人民出版社 1984 年版,第 79 页。

　　第一,高度评价北京学生的爱国热情。《武昌学生团宣言书》①明确指出:"自北京学界之有四日义举,举国有血气者莫不敬服……此正我中华民国未死尽之正气,有以迫之使然。"《宣言》强调说,北京学界所为,"实举国之所赞同",曹、章受惩,"盖其误国之罪",妇孺皆恨之入骨。北京学生加以痛惩,"无异为全国学生代表","无异为全国国民代表",对卖国贼的惩治,是"无可厚责"的。《宣言》还强烈要求北洋军阀政府"下令斥逐"曹、章之徒,"欲绝祸根,惟去恶务尽之一法"。

　　第二,愤怒谴责日本帝国主义的侵华罪行,号召全国人民铭记国耻,坚决抵制日货。恽代英指出,日本帝国主义"谋我久矣……课我之心,得寸进尺"②,"没有一天忘记了我这地大物博的中华民国……国一天不亡,我们一天不做奴隶,日本人总不会餍足"③。因此,每一个有人性的中国人,对五七国耻应永远铭记在心,"一息尚存,永不敢忘",都"莫买日本货,亦不卖日本货,把日本商业排斥个永远干净;莫伺候日本人,向日本人要饭吃。是有血性的饿死了亦罢,为什么甘心做奴隶?"④

　　第三,强烈要求政府当局尊重民意,力争青岛。恽代英在《致大总统暨国务院电》中说:"青岛得失交涉胜负,国体主权至为重要,民国四年交涉,吾国忍辱签字以待和会,和会再不得直,国亡种奴,万劫不复。请电专使,力争勿懈……生等四年之中不敢忘五月七日之事,再受耻辱,宁死不甘,甚望尊重民意,力荷艰辛为幸。"⑤在包括湖北武汉人民在内的全国人民的坚决斗争下,北洋军阀政府被迫于6月9日、10日"批准"曹汝霖、章宗祥、陆宗舆三个卖国贼"辞职"。6月28日,参加巴黎和会的中国代表拒绝在和约上签字。

　　第四,严厉申讨湖北督军王占元镇压武汉爱国学生的罪行。6月1日、

---

①　见《大汉报》1919年5月13日至17日。
②　恽代英:《武昌学生团宣言书》,《大汉报》1919年5月13日至17日。
③　《恽代英日记》,中共中央党校出版社1984年版,第546页。
④　《恽代英日记》,中共中央党校出版社1984年版,第546页。
⑤　恽代英:《致大总统暨国务院电》,《汉口新闻报》1919年5月17日。

3日,湖北督军王占元派军警镇压爱国学生,制造了"六·一"、"六·三"惨案。恽代英满腔怒火,于6月5日奋笔挥毫写下了《武汉学生被官厅解散最后留言》①,将惨案真相公之于世,愤怒声讨王占元镇压学生运动的滔天罪行。《留言》尖锐指出,武汉爱国学生尽自己所能尽的力量,来做一点爱国的事情,未必这还是一个极大的罪,竟然应受这样的待遇吗?"我们所受的待遇,简而言之,有用刺刀戳穿胫骨的,有用刺刀直撞心窝的,有用枪背打得筋肉青肿的,肺部损伤的,有用老拳打得上头留血、下面便血的……若是这狠的警察,这狠的保安队,能够替我们向日本争青岛,他便打死我们,亦所心甘。只是他们除了对于我们手无寸铁的学生,诬以扰乱秩序,将我们毒打以外,看了外国人哼亦不敢哼一句。"《留言》最后还深刻嘲讽道,索性请湖北官厅贴个告示,"写明禁止爱国,违者重惩,免得一般像我们的糊涂虫,当真爱起国来,又要累官厅生气"。寥寥数语,将湖北督军王占元镇压爱国学生运动的嘴脸暴露无遗。

第五,热情指导全国学生会的工作。恽代英不仅始终站在斗争的前线领导湖北的五四运动,还对全国学生联合会的工作进行具体的指导。

6月16日,全国学生联合会在上海成立。余上沅、林育南等当选武汉学生代表应邀出席。恽代英受武汉学生联合会的委托,起草了《武汉学生联合会提出对于全国学生联合会意见书》②,交林育南、余上沅到全国学联会上宣读。

《意见书》首先认为,全国学生联合会的建立,是全国学生空前的大联合,"(一)可以为政治界之最后有力的援助机关;(二)可以为学生道德上、知识上互助的机关;(三)可以为下级社会承受通俗教育的机关"。因此应使"学生联合会永远成立"。

---

① 恽代英1919年6月5日日记记载:"起作《武昌学生最后的留言》。"该文原载1919年6月7日《大汉报》,《湘江评论》临时增刊第1号(1919年7月1日)转载。《恽代英文集》上卷收入此文时,题目改为《武昌中等以上学生放假留言》。我们认为还是用原标题为好。

② 该文原载上海《时事新报》副刊《学灯》1919年7月8日至12日。《汉口新闻报》1919年7月15日至23日转载。

《意见书》接着强调说,中国是宗法专制社会,政治界的龌龊,不是一手一足之举,一次政治运动,就能廓而清之,打扫干净的。中国要图根本改革,学生联合会必须采取正确的革命方法与策略,把工商界及整个社会都发动起来,坚持斗争,积而久之,国家和人民的前途才有希望。

《意见书》还对全国学生联合会的组织原则、工作人员的职责、学生应尽的义务、《学生报》的办报目的以及学联会的斗争策略等问题,均作了详细的论述。这份文件对全国学生联合会的工作起了重要的指导作用。

综上所述,恽代英五四时期政治思想的核心内容是爱国主义。他正是从强烈的爱国主义出发,不断追求真理,最终走向马克思主义的。

二、泛社会主义思潮在中国的传播与影响

(一)泛社会主义思潮在中国的传播

五四运动以后,包括马克思主义在内的各种社会主义思潮在中国广泛传播,曾一度深刻地影响了五四时期的一代知识精英,尤其是无政府主义、新村主义和工读主义,像灿烂的星辰,吸引了他们的眼球。李大钊、毛泽东、恽代英等概莫能外。为了说明这个问题,先有必要简单介绍无政府主义、新村主义、工读主义在中国的传播与涌动。

1. 无政府主义在中国的传播

无政府主义来源于法文"Aanarchisme"(一说来源于古希腊字Anarchia,一译"安那其主义")。19世纪上半叶出现于欧洲,鼻祖是德国的施蒂纳,主要代表有法国的蒲鲁东,俄国的巴枯宁和克鲁泡特金。无政府主义者对资本主义的私有制和维护私有制的各种论点曾作过尖锐的批评,在欧洲一些国家影响极大。尤其是克鲁泡特金主张的无政府共产主义将无政府主义发展到一个新的阶段,其代表作是《互助论》。克氏的无政府共产主义和其他无政府主义一样,也反对一切强权,主张个人绝对自由。但他更强调建立废除私产制度,实行各尽所能、各取所需的理想社会,实现这一理想

社会,就是通过互助的手段。他的这一理论罩上了共产主义的光环,更具有欺骗性。随着马克思主义的广为传播,无政府主义思潮日益显露其反动性,在欧洲工人运动和俄国无产阶级革命中起了极大的破坏作用。马克思、恩格斯、列宁、斯大林曾无情地批判过无政府主义。列宁明确指出:"无政府主义者的世界观是改头换面的资产阶级世界观。他们的个人主义理论,他们的个人主义理想是与社会主义背道而驰的。"①经过批判,无政府主义者在国际共产主义运动中也早已声名狼藉了。但是在20世纪初,无政府主义却作为社会主义思潮开始在中国传播,在中国的资产阶级民主革命斗争中,曾起到过积极的作用。如何解释这种矛盾现象呢?要得到正确的答案,不能从固有的观念出发,而要从中国社会实际出发,首先要对当时中国社会和社会思潮的有关情况作一番研究。

20世纪初,革命风暴席卷着半殖民地、半封建的中国,这是一个历史大转折的伟大时代。在这个时代里,侵略与反侵略,压迫与反压迫,交织成一幅极其壮烈的历史画卷。"那时,求进步的中国人,只要是西方的新道理,什么书也看。"②此时,无政府主义作为纷至沓来的西方思潮中的一种传播到中国,自然受到先进的中国知识分子的欢迎。正如刘少奇所指出:"在马克思主义传播到中国的时候,各派社会主义都来了,我就看过各派社会主义的书,在最初一个时期,无政府主义受到欢迎,超过了马克思主义,很多人相信无政府主义,以为痛快得很,可以一下子解决问题。"③

无政府主义首先是经过一些留日留法学生或反清流亡者介绍传入中国的。1903年张继编译了《无政府主义》,1904年金一(即金天翮)在上海出版了《自由血》。这两本书都宣扬了俄国无政府主义者的理论和活动。1907年夏初,李石曾、吴稚晖等在法国创办了第一家中文宣传无政府主义的刊物——《新世纪》。同年,在日本的张继、刘光汉等发起组织无政府主

---

① 《列宁全集》第12卷,人民出版社1987年版,第121页。
② 《毛泽东选集》第4卷,人民出版社1991年版,第1469页。
③ 刘少奇:《一九四八年七月一日在干部会议上的讲话》,转引自《党史研究》1980年第3期。

义团体"社会主义讲习会",创办了《天义报》。1912 年 5 月,刘师复在广州
组织了"晦鸣学舍"。这是国内第一个影响较大的无政府主义的团体。五
四前后,北京、广州、南京、武汉等地出现了许多无政府主义的社团和刊物。
从清末到中国共产党建党时期 20 余年,无政府主义在中国大致经历了三个
阶段,呈现出错综复杂的情况。(1)从清末到辛亥革命前。这一时期无政
府主义是以反清为宗旨出现在中国政治舞台上,活动多限于国外,在国内影
响不大。(2)从辛亥革命后到五四运动。这一时期,无政府主义作为"新思
潮"和"社会主义"在中国广泛传播。在反对封建专制、封建文化和封建伦
理道德方面,起到过积极作用。(3)从 1920 年到 1922 年。五四运动后,随
着马克思主义的深入传播,无政府主义日益暴露出它的反马克思主义的反
动本质,成为马克思主义者在前进道路上所必须扫清的障碍,中国的共产主
义者便对其展开批判,持续一年多的时间,最后以马克思主义的胜利而
告终。

2. 新村主义在中国的传播

新村主义是日本武者小路实笃所创。1910 年,他在《白桦》杂志发表
《新村的生活》,鼓吹这种理想,提倡"人的生活",认为对于将来的时代,"不
先预备,必然要起革命。怕惧革命的人,除了努力使人渐渐实行人的生活以
外,别无他法。"所谓人的生活,"是说各人先尽了人生必要的劳动的义务,
再将其余的时间做个人自己的事。"①

新村主义运动在于"提倡协力共同生活",其精神是从"人道主义"出发,
既关注人类,又注重个人。新村的理想是以协力与自由、互助与独立为生活
的根本,即"主张以协力的劳动,造成安全的生活"②,实现"各尽所能,各取所
需"③。因此,新村主义运动是要"把国家变成一个大新村","不但没有阶

---

① 武者小路实笃:《新村的生活》,转引自周作人:《日本的新村》,《新青年》1919 年第 6
卷第 3 号。
② 周作人:《新村的理想与实际》,上海《民国日报》第 4 张,1920 年 6 月 26 日。
③ 郭绍虞:《新村研究》,《新潮》1919 年第 2 卷第 1 号。

级的界限,就连那政治的界限也渐渐地化除了"①。

1919 年 3 月,周作人在《新青年》上发表《日本的新村》,6 月 26 日,他又在上海《民国日报》发表《新村的理想和实际》。这两篇文章,详尽地介绍了武者小路实笃的新村理论与实践。同年暑假,周作人还亲自到日本九州,对新村实地考察参观数日,归国后,又发表了《游日本新村记》。经周作人介绍后,新村主义一度引起了包括恽代英在内的我国广大正在寻求真理的青年知识分子的注意和浓厚兴趣。应该说,武者小路实笃希望建立一个人人平等、互助友爱、共同劳动、共同生活的美好社会,其主观愿望是好的,对当时反对中国封建专制政治也是有一定积极作用的,因此,组织新村的实验一时成为中国热血知识青年关注的焦点。但是,新村主义从理想到实践都具有空想性,是一种不成熟的理论,"不成熟的理论,是同不成熟的资本主义生产状况、不成熟的阶级状况相适应的……这种新的社会制度是一开始就注定要成为空想的,它越是制定得详尽周密,就越是要陷入纯粹的幻想"②。所以,至 1920 年上半年,新村主义在中国便昙花一现,很快销声匿迹了。

3. 工读主义在中国的涌动

工读主义,又称工读互助主义或工学主义,是五四运动后对中国先进青年影响极大的社会思潮之一。它发轫于留法勤工俭学,原旨意是为解决留法时的学习生活费用问题,其实质是受无政府共产主义影响的小资产阶级空想社会主义。工读互助主义融合了当时传入中国的克鲁泡特金的互助论、托尔斯泰的泛劳动主义和武者小路实笃的新村主义等思潮,其倡导者是少年中国学会执行部主任王光祈③。1919 年 12 月 4 日,他在北京《晨报》发

---

① 涵庐:《武者小路理想的新村》,上海《民国日报》第 3 张,1919 年 8 月 24 日。
② 恩格斯:《社会主义从空想到科学的发展》,《马克思恩格斯选集》第 3 卷,人民出版社 1995 年版,第 724 页。
③ 王光祈:(1882—1936 年),字润玙,笔名若愚,四川温江人,1918 年 6 月与李大钊发起少年中国学会,1920 年留学德国,研究经济和音乐。遗著有《中国音乐史》等。

表《城市中的新生活》。王光祈在该文开头便说:"数月以前我与左舜生君讨论小组织新生活问题,注重乡村间的新生活,今天我所提倡的是城市中的新生活。"他把这种城市"新生活"的小组织定名为工读互助团,并认为这种组织比"新村"容易办到。"因为新村需要土地,而且我们现在生活的根据又在城市,所以这种主张比较切实可行,更为需要"。在论及工读互助团的性质时,王光祈指出:"工读互助团是新社会的胎儿,是实行我的理想的第一步。……若是工读互助果然成功,逐渐推广,我们各尽所能,各取所需的理想渐渐实现,那么,这次'工读互助团'的运动,便可以叫做'平和的经济革命'"①。工读互助团的《简章》明确规定贯彻如下原则:第一,公有制。第二,各尽所能。第三,各取所需。通过贯彻以上原则,最终达到的理想社会是:"人人作工,人人读书,各尽所能,各取所需"②。

工读互助团经倡导,立即受到全国教育界广泛支持。列名为募款发起人的有顾兆熊、李大钊、蔡元培、陈独秀、胡适、周作人、高一涵、张崧年、徐彦元、罗家伦、王光祈等 17 人,"其中最出力的,当首推陈独秀先生"③。由于有这些名家支持,所以,工读互助团拟议中的开办费 1000 元,很快就募齐了④。

北京工读互助团成立的消息传出后,广大先进青年心向往之。不仅北京有数百人报名参加,而且外地不少青年,如杭州的俞秀松、施存统、周伯棣、傅彬然等人也专程赶到北京要求参加。除北京外,武昌、上海、南京、天津、广州、扬州等地也先后成立或筹备成立工读互助团。毛泽东率驱张(敬尧)代表团第二次到北京时,于 1920 年 2 月,曾参观过女子工读互助团。他在致陶毅的信中说:"今日到女子工读团,稻田新来了四人,该团连前共八

---

① 王光祈:《工读互助团》,载《少年中国》1920 年第 7 期。
② 王光祈:《工读互助团》,载《少年中国》1920 年第 7 期。
③ 王光祈:《工读互助团》,载《少年中国》1920 年第 7 期。
④ 据《北京工读互助团消息》报道,原计划募捐 1000 元,实募得 1041 元,票洋 254 元。其中陈独秀捐洋 30 元,胡适捐洋 20 元,李大钊捐洋 10 元。见《新青年》第 7 卷第 3 期。

人,湖南占六人,其余一韩人,一苏人,觉得很有趣味。"①

以上说明,工读互助团一度在中国社会,的确涌起了一阵翻滚的波浪。但它好景不长,办了一阵便发生了经济危机,导致人心涣散而昙花一现。

工读互助团的失败证明,"平和的经济革命"在中国是行不通的。

(二)泛社会主义思潮对恽代英思想的影响

无政府主义(主要是克鲁泡特金的无政府共产主义)、新村主义和工读互助主义这些泛社会主义思潮,都曾对恽代英的早期政治思想发生过影响,这是不言而喻的。如何以历史唯物主义眼光审视这个问题,是我们现在应该特别注意的。

1. 无政府共产主义的影响

恽代英受无政府主义思想的影响,主要是指无政府共产主义对他的影响。

如前所述,恽代英在《义务论》中,就曾希望在中国建立一个没有剥削、没有私产制度的"黄金世界"。在《文明与道德》中,他又提出要在中国"早促黄金世界之实现"。此后,他还多次提到"黄金世界"这个形容词。例如1918年6月20日,恽代英在致《劳动》杂志的一封信中说:"未来之世界,必不可不恃若干有真正切实品格之人,以开辟之。若由今之道以行,其能立志修养品格之人已稀,即有立志修养之人,无实力与社会抵抗,每每仍屈服或同化。如此吾人尚安有开辟未来世界之望耶……代英在此,现极力从事学生事业,注意结交,增进完成自己与朋辈之品格,精神务求积极,能力务求切实。有志之人,必使互助,且使预备奋斗之力量……代英甚信非有现实之根据,不能谋远大之发展。颇愿同志注意此义,莫求急效,莫忘从根本上用功,则黄金世界,弹指可观矣。"②1920年2月23日,恽代英在《致宗白华》的一封信中说:"我是一个很信得过'共同生活'的利益的人。我信私有制度必

①《新民学会资料》,人民出版社1980年版,第62页。
②《恽代英文集》上卷,人民出版社1984年版,第67—68页。

须彻头彻尾的打破。不但说甚么黄金世界的实现，不能不靠经济上人类的完全解放；即如眼前社会事业的发达，亦决非人自为战的办法所能奏效。而且朋友的了解，心身的愉快，亦非把私产的离间，完全迸逐于宇宙以外不可。"①同年 10 月，恽代英在《未来之梦》中说："以乡村的共同生活，为我们解决自己问题的重要一步……我们盼望这样便可以全然共产，实行各尽所能、各取所需的理想。""我们是共同生活的社会服务，是社会服务的共同生活。局部的改造，乃全部改造的第一步。所以我们总不能自安于局部，我们的力量总要征服环境。我们的目的，是在造一个圆满快乐的黄金世界。"②

从恽代英对"黄金世界"的表述可见，他对理想中的"黄金世界"内涵的解读是：第一，"无言权利，无言竞争，举天下富贵贫贱，皆使服膺于义务之说"；第二，"必使互助，且使预备奋斗的力量"；第三，"私有制度必须彻头彻尾的打破"；第四，"全然共产，实行各尽所能，各取所需的理想"。这些思想，正是无政府共产主义的"精义"，在五四时期中国知识精英的思想中具有代表性，反映了他们对封建军阀专制政治制度的强烈愤恨和对"自由、平等、博爱"精神的追求。它既包含中国传统的"大同"文化的因子，又与当时以社会主义新思潮名义传入中国的无政府共产主义相契合。

恽代英在《致王光祈信》中也坦率承认："我很喜欢看见《新青年》、《新潮》，因为他们是传播自由、平等、博爱、互助、劳动的福音的……从实告诉你，我信安那其主义已经七年了，我自信懂得安那其的真理，而且曾经细心的研究。但是，我不同不知安那其的人说安那其，因为说了除挑起辩难同惊疑以外，没有什么好处。我信只要一个人有了自由、平等、博爱、互助、劳动的精神，他自然有日会懂得安那其的。我亦不同主张安那其的人说安那其，因为他们多半是激烈的、急进的，严格的说起来还怕是空谈的、似是而非的。所以同他们说了，除了惹些批驳同嘲骂以外，亦没有甚么好处。我信只要自己将自由、平等、博爱、劳动、互助的真理，一一实践起来，勉强自己莫勉强人

---

① 《恽代英文集》上卷，人民出版社 1984 年版，第 124 页。
② 《恽代英文集》上卷，人民出版社 1984 年版，第 237、245 页。

家,自然人家要感动的,自然社会要改变的。"①按照这段话的意思,恽代英早在1913年就开始接触到无政府共产主义,并"自信"懂得安那其的真理,还表示为避免"挑起辩难同惊疑"以及"批驳同嘲骂",他既不愿同不知安那其的人说安那其,也不愿意同那些自称主张安那其的人说安那其,只是要勉强自己将自由、平等、博爱、劳动、互助的真理——实践起来。

1917年暑假,恽代英与同学梁绍文应武昌基督教青年会的邀请,赴庐山牯岭参加青年会组织的夏令营活动。他见基督教前辈"办事的活泼立言的诚挚,律己的纯洁、助人的恒一",深受启发,回武昌后于10月8日,与梁绍文、冼震、黄负生,聚首冼震家,成立了一个小团体,"取他们所崇拜的克鲁泡特金的名著《互助论》中'互助'两字,定名为互助社。"②这进一步说明,恽代英的确是受到克氏的影响。

2. 新村主义的影响

新村主义传入中国后,1919年11月1日,恽代英与香浦(林育南)谈,"都很赞成将来组织新村"。他在当天的日记中写道:"我们预备在乡村中建造简单的生活,所以需费不多。村内完全废止金钱,没有私产,各尽所能,各取所需。举一人做会计,专管对外金钱出入的事,举一人做买办,专办向外处购买或出售各事。村内衣服都要一致,能男女都一致更妙。会食在一个地方。设图书室,工作厂。对内如有女子儿童的教育事业,应该很注意,因为是新村全体幸福所托。对外鼓吹文化,改造环境的事业,亦很要注意。我想,我们新村的生活,可以农业为根本,兼种果木,并营畜牧。这样做去,必然安闲而愉快③。恽代英与利群书社的社员谈起未来之梦,往往"谈得熏然欲醉"。他们还计划在林育南的家乡恢复浚新(学校),试办林牧,到那里去建立新村。利群书社社员郑南宣还回忆说,恽代英曾对他讲,"我们同

---

① 《恽代英文集》上卷,人民出版社1984年版,第109页。
② 《互助社的第一年》,载张允侯等编:《五四时期的社团》(一),生活·读书·新知三联书店1979年版,第118页。
③ 《恽代英日记》,中共中央党校出版社1981年版,第652—653页。

志中,学数理化的,已有他的弟弟代贤同志,还有谢远定同志,不必那么多人去学了,劝我还是学一门工业科学,将来好为我们的共同事业工作"①。恽代英这里所说的"共同事业",就是指的组织新村。他要求利群书社的社员,分别学习不同的专业,将来好为新村服务。

建立新村最终仅是一个梦想,根本不可能实现。林育南在致恽代英的信中说:"恢复浚新,试办林收,这是我以前就很想办的事;但是仔细思量一下,觉得不是容易做的事。第一,浚新校址不甚大,难图发展。第二,乡人不重新教育,难于集多数学生。第三,既无基本金,微薄的学费不敷二三教员的生活费。第四,我们没有林牧技能,怎能办这样的事业。乡人积有经验尚难发达,我们恐还不及他。第五,办林牧非钱不行,又庙上的山和我家的山均已种植,并无旷地,而且少不济事。第六,庙产薄微,并且关系复杂,难于取得;得之亦无甚补益,徒益社会怨怒,大可不必。有这种种困难,所以这桩事就要大费筹划。"②这封信深刻说明了在林育南的家乡林家大湾不可能建立新村的理由。

新村虽然未能建立起来,但新村主义对包括恽代英在内的利群书社成员的影响则是显而易见的。

3. 工读主义的影响

1919 年年底,王光祈、陈独秀、李大钊等在北京发起工读互助团以后,王光祈给恽代英写信,希望恽代英在武昌也成立类似的组织。恽代英极表赞同,并与陈时、陈昭彦、梁空 4 人发起,拟定了《武昌工读互助团组织大纲》③。这个大纲共十条:

(1)宗旨　本互助的精神,实行半工半读主义。

---

① 郑南宣:《永远的景仰》,载《回忆恽代英》,人民出版社 1982 年版,第 126 页。

② 《毓南致代英》,载张允侯等编:《五四时期的社团》(一),生活·读书·新知三联书店1979 年版,第 175—176 页。

③ 载上海《时事新报》副刊《学灯》1920 年 2 月 2 日。

（2）团员　凡志愿入本团者须团员一人之介绍,全体团员之认可,得为本团团员。

（3）服务　团员每人每日必须工作四小时,若生活费用不能支持,得临时由团员公议加增作工钟点。

凡厨中事务及打扫房屋由团员轮流担任。

（4）权利　团员生活必需之衣食住由团体供给。

团员所需之教育费医药费书籍费由团体供给,惟书籍系归团体公有。

（5）工作种类　洗衣服;制浆墨汁墨水及粉笔;贩国货商品;石印;卫生饮料如咖啡豆浆牛奶等;代售各处出版的书报。

（6）工作所得归团体公有。

（7）组织　由全体团员组织团员会选举事务员并讨论团中重要事务及审查新入团员。

事务员设总会计一人。管理全团钱银出入事务。会计若干人,分管各组会计事务。

设庶务二人,管理全体买卖及一切什务。

事务员于每月末日选举一次,得连任一次,组织细则另行规定。

（8）规约　凡团员有怠于工作情事。由团员会提出警告。经继续三次警告仍不努力尽职,即令出团。

（9）出团　团员得自由退出团体,惟须提出理由书。

第 10 条为附则。明确写道:

本团与北京工读互助团组织情形大同小异,惟工作一层因地方不同稍有改变。

组织大纲还规定,凡愿入团者须守下列条件:

（1）须能耐劳。

(2)确有志愿为半工半读的独立生活。

(3)完全以自由意志加入，无丝毫强迫。

(4)须充分服从本团工读互助之旨趣。

同时还规定,凡具下列情形而诚心倾向本团者,本团亦欢迎其加入。

(1)在高等小学毕业而欲升学而无力上进者。

(2)在中学肄业因家景困难势至缀学者。

(3)在商店当职工或工厂做工而有志求学者。

组织大纲最后声明:

> 凡身染烟赌等嗜好或体有疾病者,本团均不收留。
>
> 现在系试办时期,先设第一组,俟款项充裕再办第二组第三组,以及其他。
>
> 开办费系发起人临时捐出,不足时再向筹募。
>
> 本团定民国九年三月开办。

从这个组织大纲看,武昌工读互助团与北京工读互助团性质一样,是一个勤工俭学、半工半读的组织。但实际上,武昌工读互助团并没有开展什么具体活动。然而,恽代英与林育南等创办的与"工读互助团相近的东西"①的利群书社却在武昌小有名气。

在《武昌工读互助团组织大纲》发表稍前,恽代英与余家菊、沈光耀、廖焕星、李书渠、林育南等12人联署发表了《共同生活的社会服务》②宣言。

---

① 《代英致光祈》,载《少年中国》1921年第12期。

② 《共同生活的社会服务》1919年12月首先刊登于湖南新城端风团的刊物《端风》第2期附录中,1920年1月20日,又在上海《时事新报》副刊《学灯》发表,后收入利群书社,1920年10月出版的内刊《互助》第1期上。

这个宣言开门见山指出,我们几个完全彼此相互了解的朋友,现在正进行用自己及社会各方面合理的互助的力量,创办一个独立自给的共同生活……我们同时做两件事:"一、于城市中组织一部分财产公有的新生活;二、创办运售各种新书报的商店。我们为什么要做这两件事呢?笼统地说起来,我们恳切地盼望:(一)有一个独立的事业;(二)有一个生产的事业;(三)有一个合理些的生活;(四)有一个实验各尽所能、各取所需的生活机关;(五)有一个推动工学互助主义的好根基;(六)有一个为社会兴办各项有益事业的大本营。"这一思想,在恽代英写的《我们的新生活》中表述得更清楚。他指出:"这是创办一个独立的事业,投身生利场合的第一步,实行一部分的共产主义,试办近乎各尽所能各取所需的团体。看机会以尽力于工读互助主义,尽能力为社会兴办各项有益事业。他的办法,初步是共同生活与书报贩卖。共同生活是以书报贩卖的赢余,及团体中分子此外收入的自愿投为共同财产者的金钱,为维持全团衣食住的费用……至于将来的希望,盼望得团员人人无论何方面的收入都归为共同财产(但这都须出其自愿,不可有一毫勉强),无论何方面正当的支出,乃至养生养送死,儿童教育费,都由共同财产中拨付。能到这样,便成了纯粹共产的生活。"①

利群书社于1920年2月1日开始营业,1921年6月7日夜,在督军王占元陆军第二师兵变中被毁之一炬②,仅艰难维持了一年零四个月。继利群书社后,恽代英与林育英等创办的利群毛巾厂不久也宣告破产。

综上所述,恽代英的早期政治思想,受到泛社会主义思潮的影响是毋庸置辩的。在这些思潮中,他尤其受无政府共产主义的影响最大。因为新村主义和工读主义都是受无政府共产主义影响而产生的一种空想社会主义,其政治主张和目标,与无政府共产主义几乎完全一致,只不过是表现形式不同罢了。

---

① 《恽代英日记》,中共中央党校出版社1981年版,第678页。
② 关于武昌兵变详情,参见涛公:《鄂州惨记》,1922年5月刊印。

(三)正确认识恽代英早期政治思想的倾向

如前所述,恽代英五四时期所企求的理想社会"黄金世界",实质上是克鲁泡特金的无政府共产主义。而且,他又是将无政府共产主义和新村主义、工读主义融合在一起的。在五四运动以后,他的新村主义和工读主义的思想倾向又特别明显。

但是,能否仅凭以上所说便断定恽代英早期政治思想的主要倾向是无政府主义甚至认为他是走着由无政府主义到马克思主义的道路的呢? 我们的回答是否定的。

列宁指出:"在分析任何一个社会问题时,马克思主义理论的绝对要求,就是要把问题提到一定的历史范围之内。"[1]

第一,克鲁泡特金的无政府共产主义所以能在辛亥革命后,在中国这样广泛地流行,是有其深刻的社会根源的。首先国际上,恩格斯逝世以后,由于第二国际领导者的机会主义错误,助长了无政府主义在工人中的恶意宣传,使它在工人群众中发生了一定的影响。第二国际领导们忽视了殖民地附属国的民族解放运动,"忘记了东方",没有积极宣传马克思主义。同时,列宁当时的主要精力放在与第二国际的机会主义斗争和俄国国内革命上,这就使无政府主义作为"社会主义"思潮在中国传播,比马克思主义和各派社会主义先走了一步。

其次,辛亥革命失败后,特别是袁世凯复辟帝制的阴谋活动,使广大愤世嫉俗的先进知识分子感到苦闷、彷徨,寻找出路。他们的民主主义思想体系,还是"同社会主义空想、同使中国避免走资本主义道路即防止资本主义的愿望结合在一起的"[2]。因此憧憬着克鲁泡特金所鼓吹的反对私有财产制度,主张废止一切权威,在人类的"互助"进化中实现所谓"各尽所能,各取所需"的共产社会。

再次,中国是一个小资产阶级汪洋大海的国家。广大小资产阶级和知

---

[1] 《列宁选集》第2卷,人民出版社1995年版,第375页。
[2] 《列宁选集》第2卷,人民出版社1995年版,第292页。

识分子对于残酷的封建专制和帝国主义强盗的掠夺极其反感和厌恶,急于改变国家的处境。克氏的无政府共产主义猛烈抨击了资本主义,使他们获得猛烈抨击封建专制的力量。无政府主义鼓吹的"最彻底革命"的口号,正合了他们的心理。他们将无政府主义和中国传统的老庄虚无思想、孔子的大同思想糅合在一起,作为医治中国的一剂良药。

由此可见,在中国特定的历史条件下,无政府主义是与中国资产阶级革命派,激进民主主义者(除少数政客外)的爱国主义、民主主义混合在一起的,作为拯救中华民族的一种思想武器。

第二,在马克思主义传入中国以前,包括恽代英在内的五四知识精英,都不同程度地受到无政府主义思潮的影响。这是一种历史现象。要把受到无政府主义思潮的影响与无政府主义严格区别开来。

只要我们初步阅读一下中国现代政治思想史便不难发现,在五四时期,与恽代英同时代的先进知识青年,几乎都毫不例外地受到无政府共产主义等思潮的影响。因为当时人们痛恨帝国主义的侵略,痛恨封建军阀的专横,又听说社会主义是专治资本主义百病的,"所以学生运动倏然一变而倾向社会主义"①。1918年8月,毛泽东第一次来到新文化运动的中心——北京。他回忆当时自己思想时说,北京对我来说开销太大。我是向朋友借了钱来首都的,来了以后,非马上就找工作不可。我从前在师范学校的伦理学教员杨昌济……把我介绍给北大图书馆主任李大钊。李大钊给了我图书馆助理员的工作,工资不低,每月有八块钱。"我在北大图书馆工作的时候……我的思想还是混乱的,用我们的话来说,我正在寻找出路。我读了一些关于无政府主义的小册子,很受影响。我常常和来看我的一个名叫朱谦之的学生讨论无政府主义和它在中国的前景。在那个时候,我赞同许多无政府主义的主张"②。直到1921年年初,毛泽东、蔡和森领导的新民学会,

---

① 《瞿秋白选集》,人民文学出版社1959年版,第20页。
② 埃德加·斯诺:《西行漫记》,生活·读书·新知三联书店1979年版,第128页。

还在一份《紧要启事》中说："本人同人结合,以互助互勉为鹄。"①蔡和森准备赴法留学时,也在给毛泽东的信中提倡办"新村",要毛泽东"着手办法",说:"惟有吾兄所设'乌托派'为得耳。"②当时,甚至中国最早的马克思主义者之一的李大钊,也是深受无政府共产主义思潮影响的,他也不可能将马克思主义和无政府共产主义严格区别开来。1919 年 7 月,他在《阶级竞争与互助》③一文中说:"一切形式的社会主义的根萌,都纯粹是伦理的。协合与友谊,就是人类社会生活的普遍法则……我们试翻 Kropotkin 的《互助论》(Mutual Aid),必晓得'由人类至禽兽都有他的生存权,依协和与友谊的精神构成社会本身的法则'的道理。我们在生物学上寻出来许多证据。自虫鸟牲畜乃至人类,都是以互助而进化的,不是依战争而进化的。"8 月,李大钊在《再论问题与主义》中又指出,社会主义,"他那互助友谊的精神,不论是科学派、空想派,都拿他作基础"④。但可以肯定,毛泽东、蔡和森、李大钊等人,当时并非主张无政府主义。事实上,这种情况的存在,仅仅是五四时期的一种特殊现象。所以,我们认为在研究恽代英的早期思想倾向时,必须考察到这种特殊的历史现象,而决不可以将复杂的历史现象简单化。

第三,对恽代英五四时期政治思想主要倾向的分析,既要全面研究理解他当时的日记和主要著作,更要结合考察他的革命实践活动。

有关论者认为恽代英是由无政府主义走向马克思主义所依据的资料,主要是摘引了恽代英日记和他早期著作中的某些话。然而我们认为,这些学者似乎对恽代英的日记和早期著作分析不够全面。

恽代英五四时期思想的本质、主流是什么? 只要我们全面分析他的日记和早期著作,不难发现,无政府主义在他的思想中,是占次要方面的,主要方面则是反帝反封建的民主主义思想。

---

① 《新民学会紧要启事》,1921 年 1 月 2 日,《新民学会会员通信集》第 3 集。转引自《五四时期的社团》(一),生活·读书·新知三联书店 1979 年版,第 11 页。
② 《新民学会会员通信集》第 1 集。
③ 载《每周评论》1919 年第 29 号。
④ 载《每周评论》1919 年第 35 号。

以五四运动为界,可以大概把恽代英的早期思想分成两个阶段:辛亥革命到五四运动;五四运动到中国共产党成立。

打开《恽代英文集》,我们清楚地看到,他在五四运动以前发表的文章,宣传的主要思想是反对帝国主义和封建专制主义以及朴素的唯物主义、无神论和鼓励青年力行救国,奋发向上(详见《义务论》、《新无神论》、《物质实在论》、《经验与知识》、《力行救国》、《向上》等篇)等,并没有专门宣扬无政府主义的篇目。即使他1918年6月20日致无政府主义者创办的《劳动》杂志的信——《实现生活》,也不能说是宣扬无政府主义的。

从五四运动到中国共产党成立前后,是恽代英思想大转变的时期。通过五四运动,他更加看清了北洋军阀的反动本质,对其专制统治极为不满,迫切要求改造,以建立理想的"少年中国"。但是,一时又找不到改造的正确道路与方法,只有在黑暗中探索前进。这时,马克思主义在中国广泛传播开来,无政府主义等错误思潮也潮水般涌来。恽代英在接受马克思主义的同时,也进一步受到无政府主义等错误思想的影响,思想呈现出十分复杂的状态。一方面,马克思主义的世界观不断冲击着无政府主义等错误思想的樊篱,正在萌芽发展;另一方面,无政府主义等错误思想的影响也不可能一下子克服掉,仍然顽强地表现着。但随着实践的发展,他不断克服了无政府主义等错误思想的影响,而逐渐接受了马克思主义,树立了对马克思主义的信仰。因此,这一阶段恽代英总的思想发展主线还是清楚的。这从《驳杨效春君"非儿童公育"》、《致少年中国学会同人》、《致少年中国学会全体同志》、《怎样创造少年中国》、《未来之梦》、《论社会主义》、《致杨钟健》、《为少年中国学会同人进一解》等篇中是看得比较清楚的(下节将具体分析)。

恽代英早期思想中的确曾受到无政府共产主义和新村主义思潮的影响,他梦想的"黄金世界"显然是一种空想。但列宁说得好,空想社会主义"是千百万小资产阶级劳动群众要求根本消灭封建旧剥削者的愿望的反映和'同时'消灭资本主义新剥削者的幻想"。它是"腐蚀群众的社会主义意识"的。但是,列宁又说,马克思主义者应当透过空想社会主义的外壳,"细心剥取它所包含的农民群众的真诚的、坚决的、战斗的民主主义的健全而宝贵的内核"①。列宁的这一教导,为我们研究中国早期共产主义者的思想提供了一把金钥匙。"细心辨别",就是认真分析的意思。纵观恽代英日记和他的早期著作,我们不是同样可以看到恽代英"民主主义的健全而宝贵的内核"吗?

让我们再来考察恽代英五四时期的实践活动。

恽代英十分注重实践,他一贯反对不着实际的空谈。研究恽代英早期政治思想,这是必须要注意的,绝对不能忽略。

1917年,恽代英组织互助社,不能说没有受到无政府主义思潮影响。但是,互助社并不是无政府主义的团体,而是武汉进步青年的结合。互助社的《互励文》写道:"我们都晓得,今天我们的国家,是在极危险的时候,我们是世界上最羞耻的国民。我们立一个决心……不应该忘记伺候国家,伺候社会。"②爱国之心,溢于言表。本着《互励文》的精神,他们在武汉广泛开展了反帝爱国活动。

1920年2月,恽代英在武昌横街头创办利群书社,发表《共同生活的社会服务》宣言,将书社作为在城市实验共同生活的基地。这无疑也是受到了无政府主义的影响。但利群书社的活动,和无政府主义是大相径庭的。利群书社不在赢利,在于介绍新文化,专门经销《共产党宣言》、《社会主义从空想到科学的发展》等马克思、恩格斯著作和《新青年》、《每周评论》、《新潮》等刊物,客观上成了长江中游传播马克思主义和新思想的阵地,为追求进步的青年提供了大量的精神食粮,给他们指明了前进的方向。施洋、萧楚女、吴德峰等都是通过利群书社学习到马克思主义而走上革命道路的。湖北早期共产党组织的成员,也常在利群书社举行读书报告会,相互交流马克思主义的学习心得体会。恽代英自己和书社成员,在书社内部也常常开

---

① 《列宁选集》第2卷,人民出版社1995年版,第301页。

② 《互助社的第一年》,转引自《五四时期的社团》(一),生活·读书·新知三联书店1979年版,第123页。

展学习讨论,学习到了马克思主义。利群书社创办不久,他和林育南、林育英(即张浩)还在武昌大堤口创办了利群毛巾厂,这也是他们准备实现共同生活的一个试点。恽代英等常到毛巾厂做工,与工人打成一片,这在客观上促使了他们与工人的结合。

综上所述,我们认为,仅凭恽代英日记及其早期著作中的某些话,就断定恽代英在五四运动前便信仰了无政府主义,他是从无政府主义走向马克思主义道路的立论是难以成立的。恽代英早在 1917 年《致志道涵》中便明确地说:"与人言,不言安那其,而取其精义"①。这有力说明他只是要利用无政府共产主义作为反对帝国主义和封建主义的工具,并不是信仰无政府主义。

同年 6 月 16 日,恽代英在日记中记下了他会见无政府主义者黄凌霜的情况。日记写道:"安那其之讲论今又渐就发达。然今在少文处见凌霜君之见解,似仍不免旧日误见也。其所表录如下:

播传：
- 教育
- 演说
- 报纸
- 暴动(革命)(罢工)(暗杀)

实行：
- 实现安那其
- 组织一切公共团体

吾于此有不能赞同之三点:(一)教育之中包含实行计划,不可以为空言。(二)暴动非进行之方法,此等手段皆非根本破坏。(三)彼以实行为将来事业,然大同世界必先习处之之法,故组织一切公共团体,练习将来处理大同之法乃今日之事业也。"②这也说明,恽代英是不完全赞同无政府主义者的理论观点的。

1920 年 4 月,恽代英对他 1915 年 5 月至 1916 年 3 月所写的《怀疑论》

---

① 《恽代英日记》,中共中央党校出版社 1981 年版,第 266 页。
② 《恽代英日记》,中共中央党校出版社 1981 年版,第 100—101 页。

进一步阐述。在这篇新的同名论文中,他明确指出:"对于事理不轻可决,不轻否决。无论甚么天经地义的律令训条,无论甚么反经悖常的学说主张,我们总是一律看待……常预备欢迎新学说到我心里来,亦欢迎他到我耳朵里来。能欢迎新的,还应该欢迎更新的"①。这再次说明,恽代英是将无政府共产主义作为一种新学说进行学习研究,并没有特别的倾向和看法。

1925年,恽代英回忆自己早期思想时曾说道,在五四运动以前,我在武昌做学生。"武昌在那时是格外比别处更死气沉沉的地方,教职员多半是前清遗留下来的老朽,与浅薄而不好学的东洋留学生;学生多半是凡庸懒惰的个人主义者,不知道什么叫做团体活动……那时候全国一般的思想界都可怜极了,只有《新青年》与其他一二刊物,稍稍鼓吹一点'离经叛道'的思想。这一种鼓吹,对于我便发生了影响"②。他还回忆说,那时候,我实在想不出我应该怎样开步走,便常常与比较亲密的朋友讨论,成立了一个小团体(指互助社——笔者)。"我们组织这个团体,还不过是一方督促自己学业品性上的进步,一方帮助朋友,有时亦做一点为社会国家的事情;那时候,我们并没有真正主义的信仰,更不知道甚么叫国民革命"③。笔者认为,这一总结是符合当事人当时的思想实际的。因此,尽管恽代英早期思想中受到无政府共产主义等错误思想的影响,但他对无政府主义的认识浅薄得很,而且行动上也往往与无政府主义是相抵牾的。所以在他的思想中,主流和本质的东西始终是民主主义而不是无政府主义,不能说他是由无政府主义走向马克思主义的。他与李大钊、毛泽东等一样,也是走着由民主主义到马克思主义的道路的。

三、恽代英马克思主义世界观的确立

在讨论恽代英以前,笔者想先探讨一下如何研究中国五四知识精英思

---

① 《恽代英文集》上卷,人民出版社 1984 年版,第 158—159 页。
② 《恽代英文集》下卷,人民出版社 1984 年版,第 732 页。
③ 《恽代英文集》下卷,人民出版社 1984 年版,第 733—734 页。

想转变的问题。笔者认为,目前中国学界,对五四时期知识精英思想的转变,从微观上考察研究的多,一般都要确定一个具体的转变时间。这当然很有意义。但若只从微观上考察,就必然仁者见仁,智者见智,很难得出一个统一的意见。

以毛泽东、周恩来两位领袖为例。

关于毛泽东何时转变成为马克思主义者,吴正裕、蒋建农认为:"在1920年冬至1921年初,青年毛泽东寻找救国救民的真理,经历许多探索、追求和比较,完全抛弃了一度受到影响的自由主义、民主改良主义、无政府主义、空想社会主义等思想,最后选择了马克思主义革命道路。"①关于周恩来转变的时间,力平说,1921年2月,周恩来回到法国,"辨析了工团主义、行会社会主义、无政府主义等各派思潮,终于认定:中国应该走社会主义的道路。这年春天,周恩来经张申府、刘清扬介绍,加入在巴黎的共产主义小组……从此,周恩来一直是坚定的马克思主义者,为共产主义奋斗终身"②。这里顺便指出,李新、朱成甲在《李大钊》传稿中,根据《周恩来年谱》(上)的认定,说周恩来是1922年春经张申府、刘清扬介绍,加入巴黎共产主义小组的,时间比力平文中所说整整晚了一年③。力平对周恩来转变时间的认定,显然是以张申府、刘清扬的回忆为根据的。张申府、刘清扬说,他们是1921年春(2、3月间)于巴黎介绍周恩来加入巴黎共产主义小组的④。

上述对毛泽东、周恩来转变成为马克思主义者时间的认定,当然是有道理的,刊登在《中共党史人物传》上,无疑又具有一定的权威性。

---

① 《中共党史人物传》(精选本)第1卷,人民日报出版社、中央文献出版社2001年版,第19—20页。

② 《中共党史人物传》(精选本)第1卷,人民日报出版社、中央文献出版社2001年版,第148—149页。

③ 参见《中共党史人物传》(精选本)第2卷,人民日报出版社、中央文献出版社2001年版,第30页。

④ 《"一大"前后》(二),人民出版社1980年版,第549页。

但是,学术界对毛泽东、周恩来何时转变成为马克思主义者,是存在争议的①。吴正裕、蒋建农和力平对毛泽东、周恩来转变时间的认定,吸收了学术界的研究成果②,目前已成为学术界的主流认识。

人的思想发展,是一个复杂的动态过程,具体而微地分析何时实现思想转变,是一件很困难的事情。再说,实现向马克思主义转变以后,也并不是说,其思想就完全是马克思主义的而不存在其他思想的杂质。毛泽东1920年冬至1921年初实现向马克思主义者转变后,思想上还保留有空想社会主义的杂质。这从《新民学会通信集》第1集蔡和森致毛泽东的信中看得很清楚。因此,如果一味具体而微地分析,毛泽东1920年冬至1921年初实现向马克思主义的转变的观点就要受到质疑。

有鉴于此,笔者认为,分析中国五四知识精英的早期思想转变,只能从宏观上把握。从五四运动到中国共产党成立,是五四时期中国知识精英思想转变的重要时期,他们的思想转变,都是在这一时期完成的。判断是否实现转变和何时转变有两条标准:一是从理论上看,拥护马克思主义的基本观点;二是从实践上看,积极参与创建中国共产党的活动。

下面具体分析恽代英是怎样从资产阶级民主主义转向马克思主义的。

无政府主义尽管是打着"社会主义"的招牌传入中国的,但它在本质上却是反对科学社会主义的。列宁认为,在社会主义者和无政府主义者中间横着一条鸿沟……无政府主义者的世界观是改头换面的资产阶级世界观,他们的个人主义理论是与社会主义直接对立的。无政府主义虽然在青年恽代英的思想中起过积极的作用,但这仅仅是特定历史环境下的产物。随着历史的发展,这种情况也发生了根本的变化。十月革命和五四运动后,马克

---

① 参见曾成贵主编:《中国革命史人物研究综览》,河南人民出版社1989年版,第44—45、538—539页;翟作君等主编:《中国革命史研究荟萃》,华东师范大学出版社1989年版,第451—453、457—458页。

② 1981年,刘仁荣发表在《湖南师范学院学报》第1—3期上的论文《毛泽东从民主主义者到马克思主义者的转变》认为,毛泽东最后完成向马克思主义者转变的时间应该是在1920年冬到1921年初。1983年李志伟发表在《天津师范学院学报》第4期上的论文《周恩来青年时期世界观的转变》认为,周恩来到1921年10月,才最后确定了共产主义信仰。

思主义春风吹进了闭塞的中国,李大钊、陈独秀等激进民主主义者很快接受了马克思主义,并自觉地用马克思主义的理论清算自己头脑中的自由主义、空想社会主义、无政府主义等非马克思主义的思想。同时,中国的无政府主义者也愈来愈暴露出他们的反动性,公然反对十月革命,反对马克思主义在中国的传播。因此,马克思主义者从 1920 年下半年开始,对无政府主义进行了严肃的批判和不妥协的斗争。恽代英正是在这场斗争中,逐渐抛弃了无政府主义,树立了对马克思主义的坚定信仰。

恽代英开始倾向马克思主义是 1920 年年初。这年 2 月,恽代英在武昌创建利群书社后,离开武汉来到北京,与李大钊、邓中夏取得了联系。4 月,他受少年中国学会的委托,编辑《少年中国学会丛书》时,在致学会会员的一封信中,将"唯物史观"、"布尔塞维克"等列入研究项目。虽然这个书目中,也有克鲁泡特金、罗素、杜威等学说,但是联系到当时胡适、张东荪已经祭起杜威、罗素学说的旗幡反对马克思主义,无政府主义者攻击布尔塞维克是"杀人放火的强盗",要大家"不要奉集产主义为怀宝为家珍"①的时候,恽代英将"马克思及其学说"列为"社会急切需要的"26 种书的首位②。可见他的思想倾向是十分明显的。同年秋,恽代英在翻译恩格斯的《家庭、私有制和国家的起源》(译名为《英哲尔士论国家的起源》)部分内容的《译者志》中写道,"英哲尔士为马克思的挚友,终身在宣传事业中联系努力,读马氏传的无有不知。"③这简单的几句话,表达了他对恩格斯的崇敬心情。7 月,他在《怎样创造少年中国》中写道:"我从一方面很信唯物史观的意见,他说道德是随经济演化而演化的。"(恽代英并准备专门写一篇有关唯物史观的文章,可惜我们至今也未看到)对于暴力革命,他也有了初步的认识:"我想只要平情达理的人,他或者不信政治活动或流血是必要的手段;然果遇着显见政治活动或流血,为简捷有力的改造手段的时候,甚至于显见其为

---

① 黄凌霜:《评"新潮杂志"所谓今日世界之新潮》,《进化》1919 年第 2 期。
② 《恽代英文集》上卷,人民出版社 1984 年版,第 140—141 页。
③ 见《东方杂志》1920 年第 19 号。

改造的独一无二不可逃避的手段的时候,亦没有不赞成取用政治活动或流血的手段的道理。"①这年下半年,恽代英受《新青年》杂志的委托,翻译了考茨基的《阶级争斗》一书(新青年社 1921 年 1 月初版)。这本书正确阐述了马克思的阶级斗争学说,对毛泽东、周恩来、董必武等向马克思主义的转化起了很大的推动作用。毛泽东在与斯诺的谈话中回忆说:"有三本书特别深地铭刻在我的心中,建立起我对马克思主义的信仰。我一旦接受了马克思主义对历史的正确解释后,我对马克思主义的信仰就没有动摇过。"②这三本书是:《共产党宣言》、《阶级争斗》和《社会主义史》。《阶级争斗》这本书对恽代英的影响也较大。根据利群书社社员廖焕星等人的回忆,恽代英曾将《阶级争斗》一书的主要内容介绍给利群书社的社员,使他们第一次懂得了要推翻黑暗统治,必须搞阶级斗争。

　　以上表明青年恽代英新的世界观在萌芽,他开始向马克思主义转变,但还不是一个马克思主义者,思想仍呈现出十分复杂的情况。一方面他正突破无政府主义、新村主义的藩篱。他在《怎样创造少年中国》中写道:"若我们一天天在受掠夺的路,欲谈甚么无政府主义,这只是割肉饲虎的左道,从井救人的诬说。"③在《未来之梦》里,他承认"个人主义的新村是错了"④。但另一方面,他又说:"世界不但应为德莫克拉西的,而且应为安那其的,这些话我实在深信"⑤。他还认为"现在所通行个人主义的社会主义有两种:一新村运动,一阶级革命运动","我信阶级革命的必要,与新村的必要一样真实。"⑥他仍企望"最好莫如利用经济学的原理,建设个为社会服务的大资本,一方用实力压服资本家,一方用互助共存的道理,启示一般阶级。而且靠这种共同生活的扩张,把全世界变为社会主义的天国。"⑦

---

① 《恽代英文集》上卷,人民出版社 1984 年版,第 169 页。
② 〔美〕埃德加·斯诺:《西行漫记》,生活·读书·新知三联书店 1979 年版,第 131 页。
③ 《恽代英文集》上卷,人民出版社 1984 年版,第 162 页。
④ 《恽代英文集》上卷,人民出版社 1984 年版,第 244 页。
⑤ 《恽代英文集》上卷,人民出版社 1984 年版,第 183 页。
⑥ 《恽代英文集》上卷,人民出版社 1984 年版,第 251 页。
⑦ 《恽代英文集》上卷,人民出版社 1984 年版,第 244 页。

青年恽代英思想的这种矛盾性不是偶然的,这是中国复杂社会的反映,具有时代的特征。瞿秋白回忆那个时代说道:"社会主义的讨论,常常引起我们无限的兴味,然而究竟如俄国十九世纪四十年代的青年思想似的,模糊影响,隔着纱窗看晓雾,社会主义流派,社会主义意义都是纷乱,不十分清晰。"①周扬也曾回顾说:"五四新文化运动给我们带来了科学和民主,也带来了社会主义新思潮。那时我们急迫地吸收外国来的新知识,一时分不清无政府主义和社会主义,个人主义和集体主义的界限。尼采、克鲁泡特金和马克思当时几乎是同样吸引我们⋯⋯"②事实正是这样,它正反映了近代中国具有初步共产主义思想的知识分子在寻求真理的道路是特别曲折和复杂的。

青年恽代英在不断追求真理的过程中,敢于承认旧的过去,否定旧的过去,通过革命的实践,逐渐抛弃了资产阶级民主主义思想,转变成具有初步共产主义思想的知识分子,其标志是 1921 年 7 月共存社的成立。

1920 年年底刘仁静在北京给恽代英写了一封信,宣传了俄国劳农革命,批评了恽代英空想的"社会主义的天国",指出中国革命要获得成功,必须走苏俄的道路③。与此同时,陈独秀在与张东荪讨论社会主义时,对恽代英的《未来之梦》也提出了尖锐批评:"在社会底一种经济组织生产制度未推翻以前,一个人或一个团体决没有单独改造的余地。试向福利耶以来的新村运动,像北京工读互助团及恽君的未来之梦等类,是否真是痴人说梦?"④1921 年 4 月,林育南也给恽代英写信,赞成用阶级斗争解决社会问题。6 月,林育南在给恽代英的另一封信中,对《未来之梦》中的一些观点也提出了批评。他说:"我们的理想是仿佛对的,但审查社会情形和我们的力量,恐怕终久是个'理想',终久是个梦啊!"⑤这些思想对恽代英有较大的影响,促使

---

① 《瞿秋白文集》第 1 册,人民出版社 1953 年版,第 53—54 页。
② 周扬:《文艺战线上的一场大辩论》,《新华半月刊》1958 年第 6 号。
③ 参见《少年中国》1920 年第 9 期。
④ 陈独秀:《关于社会主义的讨论》(13),载《新青年》1920 年第 4 号。
⑤ 《我们的》第 6 期,1921 年 6 月 1 日。

他的思想迅速向马克思主义转变。1921 年 7 月 15 日到 21 日,恽代英、林育南等在湖北黄冈浚新学校召开了利群书社及其有联系的各团体代表大会。大会决定成立"共存社",其宗旨为"以积极切实的预备,企求阶级斗争,劳农政治的实现,以达到圆满的人类共存的目的"①。这表明,共存社是一个具有共产主义性质的革命团体。不久恽代英在致少年中国学会会员杨钟健的信中写道:"我私意近来并很望学会为波歇维式〔布尔什维克〕的团体。"②这标志着恽代英已由一个激进的民主主义者转变成为一个马克思主义者。

从五四运动到中国共产党成立,我国一大批具有初步共产主义思想的知识分子,实现了向马克思主义的革命转变。恽代英同李大钊、陈独秀、毛泽东、蔡和森、周恩来等,都是在这同一历史时期内成长起来的马克思主义者。他比起李大钊、陈独秀来,当时在全国影响虽然不及,可是在湖北及长江流域,威望却是屈指第一。共存社的成立与中国共产党的成立同在 1921 年 7 月,共存社的纲领和中国共产党的第一个纲领内容也基本一致。

恽代英等湖北五四知识精英从资产阶级民主主义转变为马克思主义的历史过程说明,像他们这样的先进知识青年五四运动后虽然没有与共产国际和俄国来华代表取得联系,也没有与湖北早期共产党组织联系上,但是他们同样也在独立探索在中国建立无产阶级政党的问题。这个事实有力说明,中国共产党的成立,是马克思主义与中国工人运动相结合的产物,是中国近代社会历史发展的必然结果,那种认为中国共产党的建立是俄共"包办的"、是"舶来品"的观点是十分荒谬的、站不住脚的。同时也说明,即使没有俄共的帮助,中国迟早也要诞生共产党,而俄共的帮助,也起到了加速中共建立的作用。当恽代英等获悉中国共产党成立的消息后,他们立即解散共存社,其中的大部分成员先后分别加入了中国共产党。

恽代英在实现向马克思主义转变的过程中,有他自己的显著特点,这就是他十分注意理论与实践相结合。

---

① 《我们的》第 7 期,1921 年 8 月 10 日。

② 《恽代英文集》上卷,人民出版社 1984 年版,第 322 页。

五四运动后,恽代英对各种新思想广泛研究,经过反复研究和实践检验后,才决定取舍。这种研究精神今天仍值得我们借鉴。他当时诚然不懂得"真理的标准只能是社会的实践。实践的观点是辩证唯物论的认识论之第一的和基本的观点"①。但是,他的实际活动却体现了这一根本原则。他特别强调对社会进行考察,并身体力行。通过在城里创书店、建工厂、主办平民教育社和在乡村办学校等,广泛和社会接触,与工人农民交朋友。恽代英正是从广泛的社会实践中,抛弃了各种错误思想,树立了对马克思主义的坚定信仰。因而,一旦确立了马克思主义的世界观后,便从不动摇,义无反顾地为真理而斗争。

恽代英的可贵之处,还表现在他敢于否定"旧我",对自己过去所受的错误思潮影响毫不讳忌,严于解剖,用以教育青年。他曾自我批判说:"我记得我从前痴想以为我开办了一个小商店,便可以由怎样的发展以至于完全改革社会,于是做了一篇《未来之梦》大发其狂热……但是事实上证明我只是一个荒谬的空想,改革社会决不是像这样做下去所能有功效的。"②这进一步说明,正是他过去的社会实践,促进了他的革命转化。

从五四运动以来恽代英的思想和社会实践来看,他在探索真理的道路上,步子也是迈得十分稳健踏实的。他不是那些追风赶浪来去匆匆的政客,也不是为了时髦而去猎取的"小资",而是怀着拯救中国的崇高信念去研究去探索的。尽管表面看起来,似乎他受各种错误思想的影响多一些,但这也正反映了他对各种新思想的深入研究。因此,他的世界观的转变,不单停留在文字语言上,更表现在实际斗争中。他掌握了马克思主义的真理后,便立即运用这一武器,投入战斗。也正是由于他广泛深入地研究各种思想,因此使他思想更加敏锐,善于在错综复杂的形势下,识破各种伪装的假象。在反对国民党新老右派的斗争中,在反对国家主义派的斗争中,在后来对党内"左"的和右的错误路线斗争中,一直是冲锋陷阵的猛士。

① 《毛泽东选集》第1卷,人民出版社1991年版,第284页。
② 恽代英:《我们应当开办小工厂吗?》,《中国青年》1926年第114期。

第 四 章

恽代英的政治思想（下）

　　恽代英从中国半殖民地半封建社会的国情出发,将马克思列宁主义的普遍原理与中国革命实践相结合,论述了中国社会性质、中国革命的领导权、中国革命的动力、对象、任务、性质、前途等基本问题,为中国共产党新民主主义革命理论的产生和形成作出了重要贡献;他坚定地站在无产阶级立场上,深刻批判和揭露了国家主义派"反苏"、"反共"和超阶级的国家观等谬论及其阶级实质;他坚决维护革命统一战线,与国民党新老右派进行了坚决斗争;他坚决支持毛泽东走中国特色的革命道路,批判了国民党改组派的政治主张,并总结了中国共产党在闽西局部执政的历史经验。

一、关于新民主主义革命的思想

（一）中共四大前后党对新民主主义革命基本问题的认识

　　第一次国共合作统一战线的建立,推动了中国大革命的兴起。随着大革命高潮的到来,统一战线中阶级斗争日趋激化,要求中国共产党对中国革命的一些基本问题,作出科学的回答。中国共产党关于新民主主义革命的基本思想就是在这种背景下应运而生的。

新民主主义革命的基本思想,是关于对中国社会性质、中国革命的领导权、革命动力、革命对象、革命任务和前途等一系列问题的基本认识,其中最重要的是对无产阶级领导权的认识。

中国共产党成立之初,对这些问题的认识是不清楚的。1921年中共"一大"通过了《中国共产党宣言》,颁布了第一个党纲,承认无产阶级专政,正式组建了共产党。但大会没有认识到党即将领导进行的革命是新民主主义革命。1922年党的"二大",根据列宁关于民族和殖民地问题的思想,通过了《中国共产党第二次全国代表大会宣言》,制定了党在现阶段反帝反封建的民主革命纲领,明确指出中国革命分两步走,首先进行民主革命然后再进行社会主义革命。"二大"宣言同时初步指出了中国革命的动力是工人、农民和小资产阶级,民族资产阶级也是革命的力量之一。这是正确的。但是"二大"宣言又指出:"我们无产阶级有我们自己阶级的利益,民主主义革命成功了,无产阶级不过得着一些自由与权利,还是不能完全解放。而且民主革命成功,幼稚的资产阶级便会迅速发展,与无产阶级处于对抗地位。因此无产阶级须对付资产阶级,实行'与贫苦农民联合的无产阶级专政'的第二步奋斗。如果无产阶级组织力和战斗力强固,这第二步奋斗是能跟着民主革命胜利以后发即刻成功的。"[①]这说明,年轻的中国共产党人对民主革命的前途有两种估计:一是如果无产阶级在民主革命中"组织力与战斗力强固",力量发展很大,民主革命胜利后便能够"即刻"实行无产阶级专政的社会主义革命;二是民主革命胜利后,资产阶级"从封建夺得政权","无产阶级不过得着一些自由和权利,还是不能完全解放",无产阶级还要联合贫苦农民,再经过一个长时期奋斗使自己力量壮大之后,才能实现第二步奋斗目标。但是,在中国这样一个半殖民地半封建的国家,究竟通过怎样的途径实现这种前途,党还不可能有清楚的认识,也就不可能提出无产阶级领导权

---

① 《中国共产党第二次全国代表大会宣言》,转引自《中国共产党重要会议决策历程》上卷,湖北辞书出版社2003年版,第14页。

的问题。

在中共"三大"前后，陈独秀发表了《资产阶级革命与革命的资产阶级》、《中国国民革命与社会各阶级》两篇论文，对中国革命的一些基本问题虽然也有一些比较正确的论述，如他认为中国社会的现状正处在由封建宗法主义向资本主义转变的时期，中国需要进行一场资产阶级民主革命。但从总的指导思想与基本观点看却是错误的。在陈独秀看来，"工人阶级在革命中固然是重要分子，然亦只是重要分子，而不是独立的革命势力"。资产阶级虽然亦幼稚，但它的力量"究竟比农民集中，比工人雄厚"①，因此，资产阶级是中国资产阶级民主革命的社会基础，资产阶级民主革命的正轨应该是："统帅革命的资产阶级，联合革命的无产阶级，实现资产阶级民主革命"②。这实质上是旧式的资产阶级民主革命的思想。

在这期间，党内一些其他同志也先后发表文章，提出了与陈独秀不同的思想观点。

1922 年 10 月，高君宇在《向导》上发表《读独秀君造国论底疑问》，明确提出"在国民革命中，无产阶级是要站个主要地位"，因为"无产阶级较资产阶级为强壮"，"无产阶级那一时总是较多数"，"资产阶级是被召集而参加"的。他还特别强调"无产阶级要独立的组织起来"，并强调不可放松了无产阶级"对资产阶级的阶级利益斗争"③。

1923 年 2 月，瞿秋白写了《现代劳资战争与革命》。他在论文中指出："务使最易于组织最有战斗力的无产阶级，在一切反抗旧社会制度的运动中，取得指导者的地位，在无产阶级之中则共产党取得指导者的地位"④。

高君宇、瞿秋白的理论观点，是中国共产党人对无产阶级领导权的最早认识。1923 年 6 月，中共"三大"确立了与国民党建立革命统一战线的策略。"三大"以后，随着革命形势的发展，越来越多的共产党人注意研究新

---

①　陈独秀：《中国国民革命与社会各阶级》，《前锋》1923 年第 2 号。
②　陈独秀：《资产阶级革命与革命的资产阶级》，《向导》1923 年第 22 期。
③　高君宇：《读独秀君造国论底疑问》，《向导》1922 年第 4 期。
④　瞿秋白：《现代劳资战争与革命》，《新青年》1923 年第 1 期。

民主主义革命基本思想问题。

1923 年 9 月,瞿秋白又写了《自民治主义至社会主义》,该文根据列宁《两个策略》的思想,比较完整地阐述了无产阶级领导权的思想,明确回答了"中国革命的最终胜利究竟是资产阶级的,还是无产阶级的"这个问题,指出中国资产阶级的民族民主革命,"非借重国际的及国内的无产阶级不可。独有无产阶级能为直接行动,能彻底革命,扫除中国资本主义的两大障碍,就是以劳工阶级的方法进行国民革命。劳工阶级在国民革命的过程中因此日益取得重要的地位以至于指导权"①。12 月,邓中夏写了《论工人运动》,强调工人群众是中国革命"最重要的主力军"②。1924 年 11 月,邓中夏在《我们的力量》一文中更明确地指出:"中国将来的社会革命的领袖固是无产阶级,就是目前的国民革命的领袖亦是无产阶级。"③"只有无产阶级有伟大集中的群众,有革命到底的精神,只有它配做国民革命的领袖"④。

1925 年 1 月召开的中共"四大",明确提出了无产阶级领导权和农民同盟军问题,明确指出:"中国的民族革命运动,必须最革命的无产阶级有力的参加,并且取得领导的地位,才能够得到胜利。"农民"是中国革命运动中的重要成分……天然是工人阶级之同盟者"。

"四大"将中国的资产阶级分为"大商人买办阶级"和"新兴的工业资产阶级",认为大商买办阶级,"完全是帝国主义之工具",他们和剥削农民的地主阶级都是中国资产阶级民主革命之"反革命派"。新兴的工业资产阶级,"现在还是由买办官僚的资产阶级到民族的工业资产阶级之过程中,所以还不能参加民族革命运动"。

"四大"同时认为,因外货侵入而濒于破产的小商人、手工业主,尤其是生活不安的知识阶级,都希望有一个民族德谟克拉西的革命;游民无产阶级多出于破产的农民及手工业者,"如果能在无产阶级指导之下,在民族革命

---

① 瞿秋白:《自民治主义至社会主义》,《新青年》1923 年第 2 期。
② 邓中夏:《论工人运动》,《邓中夏文集》,人民出版社 1983 年版,第 42 页。
③ 《邓中夏文集》,人民出版社 1983 年版,第 101 页。
④ 《邓中夏文集》,人民出版社 1983 年版,第 102 页。

运动中,也有相当的作用。"①

中共"四大"的召开说明,党在革命斗争的实践中不断总结经验,努力把马克思主义的基本原理运用于中国的革命实际,对党的新民主主义革命基本思想的认识向前迈进了一大步。

中共"四大"召开以后,包括恽代英在内的一大批中共党人,如李大钊、瞿秋白、蔡和森、邓中夏、周恩来、毛泽东、张太雷等,进一步对中国新民主主义革命思想进行深入探讨。李大钊指出,自耕农与佃农是"农民中最多数最困苦的阶级"②,耕地农有是"广众的贫农所急切要求的口号"③。周恩来指出:"工人是国民革命的领袖,要领导农人兵士而为工农兵的大联合,共同来打倒帝国主义。"④他还是最早认识到武装工作重要性的领导人之一,强调"工人不仅要努力工人运动,而且要努力跑入军队里去做军事运动"⑤。

尤其要指出的是,1925 年 12 月毛泽东首次发表在《革命》半月刊第 4 期上的《中国社会各阶级的分析》,运用马克思主义的阶级分析方法,全面深入分析了中国社会各阶级的经济地位及其对革命的态度,最后指出:"一切勾结帝国主义的军阀、官僚、买办阶级、大地主阶级以及附属于他们的一部分反动知识界,是我们的敌人。工业无产阶级是我们革命的领导力量。一切半无产阶级、小资产阶级,是我们最接近的朋友。那动摇不定的中产阶级,其右翼可能是我们的敌人,其左翼可能是我们的朋友——但我们要时常提防他们,不要让他们扰乱了我们的阵线。"⑥毛泽东的这一精辟论述,吸收了党内其他同志的思想理论成果,代表了中国共产党人当时对中国新民主

---

①　《对于民族革命运动之议决案》(1925 年 1 月),以上见《中国共产党重要会议决策历程》,湖北辞书出版社 2003 年版,第 60—61 页。

②　《李大钊选集》,人民出版社 1959 年版,第 528 页。

③　《李大钊选集》,人民出版社 1959 年版,第 532 页。

④　周恩来:《在省港"罢工工人"代表第六次大会上的政治报告》,《工人之路》1925 年特号第 37 期。

⑤　周恩来:《在省港"罢工工人"代表第六次大会上的政治报告》,《工人之路》1925 年特号第 37 期。

⑥　《毛泽东选集》第 1 卷,人民出版社 1991 年版,第 9 页。

主义革命基本思想认识的最高水平,标志着中国共产党新民主主义革命思想的基本形成。因此,中国新民主主义革命思想,"是中国共产党集体智慧的结晶。我党许多卓越领导人对它的形成和发展作出了重要贡献"①。恽代英就是其中之一。

(二)恽代英关于新民主主义革命的思想

1. 恽代英深刻分析了中国社会和革命的性质、对象问题。

认清中国社会的性质,就是说,认清中国的国情,是认清一切革命问题的基本的根据。恽代英在大革命初期先后在《南洋周刊》、上海《民国日报》副刊《觉悟》以及《中国青年》等报刊上发表了《我们要雪的耻岂独是"五九"吗?》、《中国民族独立问题》、《中国革命与世界革命》等论文,对中国社会性质作了深入的分析,说明他对这个问题有比较深刻的认识。

恽代英说:"中国今日,既不完具独立国的资格,已不啻一个半亡的国家。"他指出,中国领土权的丧失,帝国主义各国在华的治外法权的存在,以及海关、邮政、铁路等事业都被列强所操纵,这一切"都可以证明中国不啻成为一处半殖民地,也可以说是一个半亡国。况且如在上海,外人势力的膨胀,我国人事事之无能力,可说是已成为一个完全的殖民地了"②。"中国已成了殖民地,这是实的。恭维一点说,中国已成了半殖民地的国家了。"③他特别指出:"中国有今日的地位,完全是外国人来造成功的。"④如何改变中国这种社会状况? 恽代英指出,只有实行资产阶级民主革命,对内打倒压迫人民的军阀,对外打倒侵略中国的帝国主义。"我们不打倒军阀,便不能组织革命的人民的政府,以引导全国的民众,以反抗帝国主义;同时,我们不

---

① 中共中央文献研究室:《关于建国以来党的若干历史问题的决议注释本》,人民出版社1983年版,第47页。
② 恽代英:《我们要雪的耻岂独是"五九"吗?》,《南洋周刊》1924年第4卷第9号。
③ 《恽代英文集》上卷,人民出版社1984年版,第541页。
④ 《恽代英文集》上卷,人民出版社1984年版,第545页。

打倒帝国主义,便不能灭绝外国的经济侵略,便不能求本国实业的发展。"①
他认为,帝国主义"强盛",国内军阀"凶横",人民"软弱",国家"衰乱",这
些都是表面的现象,军阀和帝国主义终究都是要被人民打倒的。恽代英以
清王朝被打倒的例子说明:既然统治二百几十年的清朝皇帝能够推翻,为什
么这十余年长成功的军阀不能推翻呢?"军阀一定是要打倒的。"②他分析
了帝国主义与中国的矛盾,帝国主义与殖民地半殖民地国家的矛盾,帝国主
义之间的矛盾以及帝国主义和本国人民的矛盾后指出,帝国主义也没有什
么了不起,"是一戳就穿的纸老虎"。③

　　关于"纸老虎"的提法问题,笔者有必要多讲几句。李军海、夏洪帅在
2010 年 2 月 22 日的《解放军报》上发表《蔡和森首先提出"纸老虎"概念》
一文。文中说,1922 年 12 月,蔡和森在《向导》第 13 期发表《革命的希腊》
指出:"戳穿了的纸老虎是吓不住民众势力之发展的"。1924 年 10 月,蔡和
森又在《向导》第 88 期发表《商团失败后广州政府的地位》再次指出:"反革
命的纸老虎经 15 日那一日的恶仗便完全戳穿了"。由此,他俩认定,在中
国共产党人中,首先提出"纸老虎"概念的是蔡和森。其实,早在 1984 年,
黎永泰先生便在《党史研究》第 6 期上发表了《略论"纸老虎"理论形成的历
史过程》,明确指出"最早对帝国主义和反动派的本质作了二重性的分析,
并把它和革命力量对照起来认识,并在这个意义上使用'纸老虎'说法的,
是恽代英、蔡和森等人"。李军海、夏洪帅两位在发表文章前,显然没有读
过黎文。1922 年 9 月 25 日,恽代英在《东方杂志》第 19 卷第 18 号发表《民
治运动》指出:"纸老虎是不好戳穿的,一经戳穿了,还盼望用愚民政策,使
他再信这是个真老虎,这简直是可笑的梦想。"④由此可见,恽代英在使用
"纸老虎"这个概念的同时,也使用了"真老虎"这个概念,承认反动派既有
虚弱的一面,也有凶恶的一面,已经包含有二重性的思想。1924 年 11 月 22

---

① 《恽代英文集》上卷,人民出版社 1984 年版,第 552 页。
② 《恽代英文集》上卷,人民出版社 1984 年版,第 553 页。
③ 《恽代英文集》上卷,人民出版社 1984 年版,第 596 页。
④ 《恽代英文集》上卷,人民出版社 1984 年版,第 337 页。

日,恽代英在《中国青年》第54期发表《怎样进行革命运动》一文,更是从战略的高度论证了"帝国主义是一戳便穿的纸老虎"。①

首先,帝国主义国家之间存在着尖锐的矛盾。"他们朝野间,他们国际间,意见还十分纷歧"。他们钩心斗角,互相倾轧,常常你争我夺,明争暗斗,正如列宁所指出的那样:"帝国主义重要特点,是几个大国争夺霸权,即争夺领土,其目的与其说是直接为了自己,还不如说是为了削弱敌方,破坏对方的霸权"。② 这样对于中国的革命势力而言,"不但不易于各国联合起来以压迫我们,便是任何一国亦不能拿全力来压迫我们"。③ 中国的革命势力完全可以利用帝国主义国家之间的矛盾,集中自己的全部力量,各个击破他们。

其次,帝国主义与本国革命群众之间存在着尖锐的矛盾。这种矛盾主要表现为剥削与反剥削,控制与反控制。一旦国内出现统治危机的时候,帝国主义就会借侵略他国,尤其是侵略殖民地半殖民地国家来转移国内人民斗争的视线。但本国劳动阶级不愿意负担战争的损失。因此,"一国侵占我的国土,可以惹起别国的忌妒冲突,他自己国家的革命民众亦不肯放过他"。正是因为这两点,中国虽无抵抗力,"然而至今不完全灭亡","苏俄革命之初,各国无法直接干涉,各国派兵驻西比利亚,不久又即撤退,都是由于上述原因。"

再次,帝国主义国家与殖民地半殖民地国家之间存在着矛盾。帝国主义的资本输出、原料供给完全依赖于殖民地半殖民地国家。对这些国家敲骨吸髓的掠夺必然激起被压迫民族解放运动的兴起。列宁说过:"帝国主义意味着瓜分世界而不只是剥削中国一个国家,意味着极少数最富的国家享有垄断高额利润"。④ 因此对于中国的革命势力而言,"我们只要能团结国民,与外人抵御……中国四万万人的独立战争,一定能激动东洋各被压迫

---

① 《恽代英文集》上卷,人民出版社1984年版,第596页。
② 《列宁选集》第2卷,人民出版社1995年版,第653页。
③ 《恽代英文集》上卷,人民出版社1984年版,第596页。
④ 《列宁选集》第2卷,人民出版社1995年版,第665页。

民族的革命潮流,那时列强纵欲干涉,亦将不知从什么地方干涉的好。"失去这些大市场,帝国主义及其附属的反动势力必将根本动摇。

最后,苏俄革命的胜利,使全世界反帝国主义运动扩大,殖民地半殖民地国家人民的民主革命与无产阶级结成反帝国主义的统一战线,将给帝国主义及其依附势力以致命打击。"所以中国的革命一定在世界革命中间完全可以成功。"①

1919 年 11 月 7 日,列宁在《苏维埃政权成立两周年》一文中曾经指出:"当时人们认为,世界帝国主义是一种巨大的不可战胜的力量,一个落后国家的工人要起来反对这种力量,简直是发了狂。现在,我们回顾一下过去两年的情形就可以看到,连我们的敌人也愈来愈认为我们是正确的。我们看到:像一个制服不了的巨人似的帝国主义,在大家眼中已经成为一个空架子;我们在斗争中度过的这两年,愈来愈鲜明地标志着俄国无产阶级的胜利,而且也标志着国际无产阶级的胜利。"这段话中的"空架子"一词,是人民出版社 1960 年版的译文,1986 年版译为"泥足的巨人"②。列宁通过"空架子"或"泥足的巨人"这样的比喻,科学地分析了帝国主义的基本特征、内部矛盾和历史地位,指出了解它外强中干的本质。恽代英、蔡和森关于帝国主义是纸老虎的提法与列宁关于帝国主义是"空架子"或"泥足的巨人"的论断异曲同工。由此笔者认为:(1)在未能全部认真读完中国共产党人早期全部著作的情况下,不要轻易武断地下"首先"、"第一"这样的结论;(2)恽代英提出"纸老虎"的概念在时间上尽管比蔡和森略早一些,但应该看到,他俩是代表了中国早期共产党人在同一时期内对帝国主义本质的认识,而且这种认识,是在中国共产党探索中国新民主主义革命基本理论的前提下进行的,应该是中国新民主主义革命理论体系的一部分。从这个意义上讲,恽代英、蔡和森不仅继承了列宁主义,而且在革命实践中将列宁主义中国化,从而创造性地发展了列宁主义。

---

① 《恽代英文集》上卷,人民出版社 1984 年版,第 596 页。
② 《列宁全集》第 37 卷,人民出版社 1986 年版,第 287 页。

　　受到恽代英、蔡和森这一科学论断的启发，以毛泽东为代表的中国共产党人在后来长期的革命实践中一步步深化了对帝国主义本质的认识，明确提出了"帝国主义和一切反动派都是纸老虎"的著名论断，并逐渐形成了比较完善的新民主主义政治、经济纲领。而我们不能忘记的是，其理论源头，则应该从恽代英、蔡和森追溯起。

　　2. 恽代英在指明中国社会和革命的性质、对象的同时，又分析了中国社会各阶级的经济地位和他们对革命的政治态度，从而论述了中国革命的动力问题。

　　1924 年 4 月，他在《中国革命的基本势力》一文中，对中国社会各阶级进行了初步分析，明确指出农工是中国革命的希望。他说："真正与一切统治阶级利害完全相反的，只有农人与工人。所以说到革命，亦只有他们还可以有希望。"①他明确指出，中国工人阶级是最富于革命的阶级，"只有他能做民族革命的主要军队。""中国有一百六十万产业无产阶级（据《中国工人》第二期中夏君估计），他们掌管海陆交通运输、市政及各种重要工业。他们的联合，是中国打倒帝国主义与军阀的唯一可靠的力量。"②1926 年 2月，在纪念京汉铁路工人大罢工三周年时，恽代英更是明确指出："产业无产阶级遂成为最容易觉悟的革命势力，遂成为最富于革命性的阶级力量"③。他还特别强调，在资产阶级民主革命中，无产阶级要做其他阶级的"中心与领导人"④。

　　恽代英是中国共产党最早重视农民运动的领导人之一。早在五四运动时期，他就深入湖北黄冈农村，宣传发动农民。他看到陶行知先生搞乡村工作有成效，便写信给毛泽东说："我们也可以学习陶行知到乡村里搞一搞。"毛泽东说："现在城市工作还忙不过来，怎么能再去搞乡村呢"，说明毛泽东

---

① 《恽代英文集》上卷，人民出版社 1984 年版，第 500—501 页。
② 《恽代英文集》下卷，人民出版社 1984 年版，第 636 页。
③ 《恽代英文集》下卷，人民出版社 1984 年版，第 781—782 页。
④ 《恽代英文集》下卷，人民出版社 1984 年版，第 636 页。

当时还没有顾到农村工作。①但恽代英把关注的目光继续投入农村。他在有关文章里深刻地指出,农民感受的政治经济的痛苦最深切,他们是革命的大力量,中国革命若不是能得着大多数农民的赞助,不容易有力量而进于成功。"农民哪一天觉醒,改造的事业便是哪一天成功。"②他又进一步指出:"农民占全国人口百分之七十以上,所以是民众的一大部分。""农民终岁勤劳耕作甚至不能供养妻子儿女,所以他们最应当渴望革命。"他号召革命青年到田间去,到农民中去,接近农民,学习农民,教育农民,研究农民,调查他们的生活实在情形,"这是中国革命最重要而且必要的预备"③。

恽代英将中国的资产阶级分为"大商买办阶级"和"幼稚工业资本家"。这里所说的幼稚工业资本家,实际上指的是民族资产阶级。他指出,大商买办阶级是"倚赖外国资本主义而享其余沥,所以他对于打倒外国资本主义的国民革命,一定是反革命的"④。而中国的民族资产阶级则是一个具有两面性的阶级。五卅运动后,他进一步指出,无产阶级在同资产阶级合作中,必须保持警惕,要"善于应付"他们,而"不牺牲自己的利益"⑤。

对于小资产阶级和其他阶级,恽代英均作了分析。他说,小资产阶级有其革命的一面,但"每是怯懦而自私的","游民兵匪比较勇悍,然而为自己的利害,亦易于卖民族"⑥。

通过对中国社会各阶级的分析,恽代英明确认识到中国革命的主要动力是工人和农民。因此他强调,要打倒国内军阀和帝国主义,就必须对内发动民众,对外联络各国被压迫的人民。他还指出,无产阶级政党"必须建筑在被压迫的农人工人的上面,他一定是代表着农人工人的利益,而且一定要简直是农人工人的团体"⑦。"党应当是在各种民众中的进步分子所组成

① 《周恩来选集》上卷,人民出版社1980年版,第333页。
② 《恽代英文集》上卷,人民出版社1984年版,第511页。
③ 《恽代英文集》上卷,人民出版社1984年版,第561页。
④ 《恽代英文集》下卷,人民出版社1984年版,第657页。
⑤ 代英:《五卅运动与阶级斗争》(通讯),《中国青年》1925年第103期。
⑥ 《恽代英文集》上卷,人民出版社1984年版,第560页。
⑦ 代英:《评王光祈著〈少年中国运动〉》,《中国青年》1924年第53期。

的,这样的分子,每个人都要活动,每个人都要逐渐具有号召指挥他那一方面的民众的能力。"①

综上所述,恽代英在中共"四大"前后对党的新民主主义革命基本思想进行了广泛的探索,取得了可喜的成果,为党的新民主主义革命基本思想的形成,作出了重大贡献。从时间上看,恽代英探索这个问题,比起高君宇、瞿秋白虽然要稍晚一些,但他所探索的范围,涉及中国社会各个阶级,却又比高君宇、瞿秋白要广泛一些。尤其在"四大"后不久,他对中国民族资产阶级两面性的认识,深化了"四大"的分析。这在党内是不多见的。恽代英的这一思想,和毛泽东在《中国社会各阶级的分析》中关于民族资产阶级两面性的分析有异曲同工之妙。毛泽东指出,中产阶级"这个阶级的欲望为欲达到大资产阶级的地位,然受外资打击军阀压迫不能发展。这个阶级对于民族革命乃具有着矛盾的态度。即其受外资打击军阀压迫感觉痛苦时,需要革命,赞成反帝国主义反军阀的革命运动。但因现在的革命运动,在国内有本国无产阶级的勇猛参加,在国外有国际无产阶级的积极援助,对于其欲达到大资产阶级地位的阶级的发展及存在感觉着威胁,又怀疑革命。"②所以,我们可以清楚地看到恽代英对民族资产阶级的分析比毛泽东早八个月,但是毛泽东的分析比恽代英更精彩、更生动。

二、批判"国家主义派"的理论主张

国家主义派是18世纪末和20世纪初出现在欧洲的一种社会思潮,主要鼓吹资产阶级民族主义,抹杀国家的阶级本质,宣扬"国家是一切政治的最高理想"。其代表人物是费希特。

费希特(Fichte Johann Gottlieb,1762—1814),德国哲学家。生于拉梅诺一个手工业者家庭,先后就读于耶拿大学、莱比锡大学。他是先验唯心主

---

① 《恽代英文集》上卷,人民出版社1984年版,第595页。
② 毛泽东:《中国社会各阶级的分析》,《中国青年》1926年第116期。

义运动的主要代表人物。这一运动起源于康德，在 19 世纪头 30 年支配着德国哲学。受康德的影响，费希特从一个最高原理——"自我"出发，"认为自我作为纯精神性活动，首先是使自己具有实在性，即'自我设定自我本身'；然后'自我设定非我'，给自我创造一个对立面。自我是绝对的、能动的，在克服了非我，并形成对自我本身和外在的非我的认识后，达到自我和非我的统一，即绝对自我。这种主客体双方的矛盾构成了经济世界的全部内容"①。其主要哲学著作有《对一切启示的批判试论》、《根据认识原理谈天赋人权的基础》、《以认识科学为基础的伦理科学》、《通向神圣生活之路》等。1806 年法国拿破仑进入普鲁士，攻陷柏林。1807 年至 1808 年，费希特在柏林发表《对德意志民族的演讲》，提出国家主义，鼓励德国人民抵抗侵略，起过一定的积极作用。但同时他又大肆宣扬德国"民族优越论"，鼓吹"德国人和具有崇高品德的人是同义语"，"德国人应该是其他民族的榜样"。在第一次世界大战特别是十月革命后，国家主义开始转化为法西斯主义，宣传"国家至上"、"民族至上"，对外鼓动侵略战争，对内镇压人民革命。

（一）中国国家主义派的形成

中国国家主义派原是五四时期"少年中国学会"中的右翼分子，其代表人物是曾琦、李璜、左舜生、余家菊、陈启天等。

少年中国学会成立于 1919 年 7 月 1 日，它是五四时期历史最久、会员最多、分布最广、分化也最明显的一个社团。其宗旨为"本科学的精神，为社会的活动，以创造'少年中国'"，并以"奋斗"、"实践"、"坚忍"、"俭朴"为信条②。

应该指出，自 1840 年鸦片战争以来，中国饱受帝国主义的侵略和封建

---

①　《中国大百科全书》第 3 卷（简明版），中国大百科全书出版社 1996 年版，第 1348 页。

②　《少年中国学会规约》，张允侯等编：《五四时期的社团》（一），生活·读书·新知三联书店 1979 年版，第 225 页。

主义的压迫。帝国主义与中华民族的矛盾,封建主义与人民大众的矛盾成为中国社会的主要矛盾。因此,争取民族独立和人民解放,国家强盛和人民民主,是一代又一代政治精英的奋斗目标。少年中国学会的会员,在学会成立之初,他们大都也是怀抱救国之志的热血青年。恽代英在《致少年中国学会全体同志》的信中说:"记得他原发起的意思,记得他原加入的意思。中国若盼望他有救,一定是要盼望一班有能力的青年,一班有能力的青年的团体。这个任务,我们同志应该肩负起来,我们学会应该肩负起来。无论甚么救国活动,没有改造我们自己、改造我们团体更切实更有效力。盼望大家不要让他败坏了……少年意大利党,既已经救了意大利,少年中国学会一定可以救中华民国"①。可见,学会的成员,大都是有识之士,最初也是主张从欧洲的国家主义思潮中吸取精神力量,并以德意志民族复兴运动和少年意大利党为榜样的。

然而,五四运动后,以李大钊、毛泽东、邓中夏、恽代英等为代表的具有初步共产主义思想的知识分子接受了马克思主义,并加入了中国共产党。以王光祈为代表的小资产阶级知识分子,他们虽然不满半殖民地半封建的旧社会,力图改变中国贫穷落后的面貌,使国家繁荣富强起来,却迷恋于不切实际的空想中,积极发起组织工读互助团,结果归于失败。而以曾琦、李璜、左舜生等为代表的右翼资产阶级知识分子,则反对马克思主义。李璜说,马克思主张的阶级战争,"每次都生出暴动,不知连累了多少平民";"现在俄国的社会革命,以致彼此相杀,闹得无有人道了"②。应该说,会员其时的讨论都还是理性的,虽有思想分歧,但还没有达到分裂的程度。这表明,少年中国学会是一个宗旨不明、会员思想不一致的涣散组织。1921 年 1月,恽代英发表了《少年中国学会的问题》③一文,对有些会员"把读书太看重了,把创造少年中国太看得轻了"等脱离实际的缺点提出批评,并建议

---

① 《恽代英文集》上卷,人民出版社 1984 年版,第 148—149 页。

② 李璜:《留别少年中国学会同人》,《少年中国学会会务报告》1919 年第 1 期。

③ 详见《少年中国》1921 年第 7 期。

1921 年 7 月学会成立两周年时在南京召开全体会员大会讨论会务。这个建议得到会员们的热烈响应和评议部的同意。

1921 年 7 月，少年中国学会在南京召开大会，讨论"宗旨主义问题及政治活动问题"。这时，会员中的思想分化日趋明显，展开了激烈争辩。已经参加了中共早期党组织的北京总会部分会员邓中夏、高君宇、黄日葵、刘仁静等于会前的 6 月 17 日提议，"学会有采用一种主义的必要，而且不可不为社会主义"①。他们在会上明确说，学会应有共同的目标作为标准，"故必须采取或创造一种主义"。"主义是时代的产物，今日为中国的改革，实觉有一种主义的必要"。左舜生、李璜等则坚决反对。左舜生说："学会系学、行兼顾的团体，即欲实现一种主义，总少不了一般为学的人。故学者即不谈主义，不必定须分裂出会。"李璜更是公开批评共产主义者"未免太马克思派一点，太偏重于经济生活一方面了"②。

恽代英在会上也作了重要发言，他起初主张使学会成为一个能最大限度地团结要求进步的知识分子的团体，强调会员要注意两种事："一、会员不可狭义的彼此责望太多，徒伤感情，生隔阂，而无补于事情，反败坏了最小限度一致的可能。二、会员尽可在学会外作他项理想极端些的活动与组织。事实上明明不能将一切活动都求全会一致的努力"③。这说明，恽代英不想提出更高的要求，以免学会分裂。但是，当他发现事实上这是不可能以后，便在会后的一封通信中明确地表明了自己的共产主义立场，明确指出："我在南京曾力为学会作调和派。调和非我本意，然当会及会后均见学会有树立一定明确旗帜的必要，实无调和的余地。"④恽代英这里所说的旗帜，就是布尔什维克主义的旗帜。

1922 年 7 月，少年中国学会的部分会员在杭州举行会议。这时，中国共产党已制定了反帝反封建的民主革命的纲领。北京委员李大钊、邓中夏、

---

①　北京总会方面六月十七日的谈话会，《少年中国》1921 年第 1 期"少年中国学会消息"。

②　以上见《南京大会纪略》，《少年中国》1921 年第 2 期。

③　以上见《南京大会纪略》，《少年中国》1921 年第 3 卷第 2 期。

④　《恽代英文集》上卷，人民出版社 1984 年版，第 321 页。

黄日葵、刘仁静等虽然没有出席会议,但向会议提交了《为革命的德谟克拉西(民主主义)(For Revolutionary Democracy)的提案》。《提案》分析了当时的国内形势后指出:"鉴于中国内军阀政治的横暴,国外资本帝国主义的压迫,将中国改良的各种希望都澌灭殆尽了,我们不能忍了,是有诚意改革社会的人们都应该不能再忍了。起来引导民众,打倒军阀和国际资本帝国主义啊!"《提案》又说:"中国的国民党,抱民主主义的理想,十余年来与恶势力奋斗,始终不为军阀的威力所屈服……我们不能不佩服他们的革命精神。"《提案》最后号召:"为革命的民主主义,我们全体动员了。我们不要躲在战线后,空谈高深的主义和学理,我们要加入前线,与军阀及军阀所代表的黑暗势力搏战了。"①这一提案对大会产生了深刻影响,经出席会议的共产党人高君宇等的努力,经过激烈讨论,大会通过了《本会对时局的主张》的决议,表示了反帝反封建的立场。但在讨论对政治的态度时,大会不顾共产党人的意见,仍然拒绝接受马克思主义。

这场争论继续到1923年10月少年中国学会苏州大会上。当时英帝国主义和直系军阀进一步勾结,京汉铁路工人大罢工遭到血腥镇压,曹锟通过贿选登上了总统的位子,颁布宪法,妄图以武力统一中国。恽代英、邓中夏、杨贤江等共产党人与左舜生、陈启天等经过激烈辩论,大会终于通过了恽代英等起草的《一九二三年苏州大会宣言》,决定学会进行的方针为"求中华民族独立,到青年中间去!"宣言明确指出,军阀的后台是国际帝国主义,"一切内部的祸乱,无非国际强压之所引起,亦无非国际阴谋之所促成",所以"打倒国际势力为救国的根本"。宣言说:"一致以求中华民族独立相号召,务以打倒国际势力还我自由为目的。同人等为求此目的,决定同人的任务为到青年中间去,以鼓吹预备而切实进行民族独立的运动事业。"②

由此可见,苏州大会总的精神还是值得肯定的。但是对"求中华民族独立,到青年中间去"的理解仍存在严重分歧。由于与会者多数是从事教

---

① 《北京同人提案——为革命的德莫克拉西》,《少年中国》1922年第3卷第11期。
② 《一九二三年苏州大会宣言》,《少年中国》1923年第4卷第8期。

育工作的,因此他们心目中的"到青年中间去"仍脱离不了教育救国的窠臼。在同年 12 月 2 日南京梅庵召开的少年中国学会南京分会第三次集会上,却又通过了国家主义派的提议,即曹刍提出的"南京同人须标揭新国家主义作为教育上努力之目标,以期觉醒现在一般教育者之迷梦,而造成中华民国之教育,不要徒事贩卖洋货"①。会后,左舜生、陈启天、余家菊在《少年中国》月刊上发表大量宣传"新国家主义与大学教育"、"新国家主义与中学教育"的文章,极力鼓吹新国家主义,公然反对马克思主义。

与此同时,曾琦、李璜等在法国,见"中国共产党已成立,得俄之援助,大肆活动于国内外,而国民党孙中山又有联俄密共之议","决意另组新革命党",②"与之对抗"③,遂成立中国国家主义青年团。同年 10 月余家菊、李璜还出版了《国家主义的教育》一书。

《国家主义教育》全书收录了 1922 年以来他俩在《中华教育界》、《少年中国》上发表的学术论文 7 篇,其中有余家菊的《民族主义教育》、《退款兴学问题》、《中国教育的统一与独立》、《国庆日之教育》、《基督教与感情生活》、《教会教育问题》6 篇。余家菊、李璜在该书"序"中说:"我们审顾内外,惧国命之将斩,特重提十年来国人因内乱而遗忘之教育救国论。先后作文以明此文",还强调指出:"书中所用名词如民族教育、国民教育,表明的主要精神则完全一致。主要精神为何? 就是国家主义之教育而已。"④从而在国内开始系统宣传国家主义,主张用"教育救国"的改良主义道路替代反殖民地反封建的革命道路,正式揭起了国家主义的旗帜。

恽代英思想敏锐,洞察力强。当他读到《国家主义的教育》一书时,立即"感觉他们有'唯心'的弊病"。针对余、李避而不谈帝国主义对中国的侵略,军阀对人民的压迫,竭力宣扬"教育救国"的谬论,他于 1923 年 12 月 16

①　见《少年中国》1923 年第 4 卷第 8 期。
②　《曾慕韩(琦)先生日记选》,台北文海出版社 1971 年版,第 76—77 页;转引自《中国青年党》,中国社会科学出版社 1982 年版,第 93 页。
③　李璜:《学纯室回忆录》上卷,台北传记文学出版社 1973 年版,第 96—97 页。
④　余家菊、李璜:《国家主义的教育》"序",中华书局 1923 年版,第 1 页。

日写了 1 万余言的《读"国家主义的教育"》一文,发表在 1924 年 2 月出版的《少年中国》第四卷第九期上。

恽代英对余家菊、李璜的著作主要提出了三点"质证":"(一)国家主义的教育,不应当从中国民族特性,或东方文化上立说。(二)教育方针,宜明定在用以救国,不应仍游移于和谐的或专门化的教育。(三)但只同情或自爱的教育,不足以救国。"[1]

关于国家主义教育的目的。余家菊虽屡言应提倡民族性的教育,究对于什么是中国的民族性,却提得很少。恽代英说:"我以为所谓民族性,实则系由各民族经济状况所反射而形成的。"[2]他认为,"我们尤要提醒国人西方的文明全在剥夺弱者","国人都知外国人现用经济侵略方法对付我,但不知经济的侵略,必须从经济上去抵御他……如此下去,如何能不亡国?"[3]因此,"我们要救国,最要是指示国民在经济上为争存的奋斗。我们要夺回关税主权,要努力从事于大量生产。这在我认为是救国最要的一着。亦是国家主义的教育最应注目的一点"[4]。

关于国家主义教育的方针。余家菊奢谈要为国家培养专门人才。恽代英指出,余家菊所言只适用于谈一般教育问题。"因为中国今日最要是能造成救国的人才",所以,"今日最要是能革命的人才。是革命中,与革命以后,能了解世界政治经济状况,以指导国民行动的人才。是能善于运用国家政权的人才。其余的人才,均非急要。现在许多人不注意中国社会实况,只喊着要专门人才。不知国内秩序紊乱,百业不兴,专门技术的留学生,回家每每找不着事做……本此,故我以为中国今日的教育,宜单纯注意救国的需要,才能举救国的实效"[5]。

关于国家主义教育的方法。李璜极力提倡"同情自爱的教育",认为用

---

[1] 《恽代英文集》上卷,人民出版社 1984 年版,第 397—398 页。
[2] 《恽代英文集》上卷,人民出版社 1984 年版,第 399 页。
[3] 《恽代英文集》上卷,人民出版社 1984 年版,第 400—401 页。
[4] 《恽代英文集》上卷,人民出版社 1984 年版,第 401 页。
[5] 《恽代英文集》上卷,人民出版社 1984 年版,第 402 页。

这个方法"可以救正国人不爱国的观念"。恽代英指出,一种伦理的观念,必定有他的经济背景。"中国非能打倒外资,使自己成一个独立的经济单位不会能有很够的爱国信念的……吾人必须在经济上得着独立,中华民族乃能独立,中华民族的精神,乃得完全恢复常态。"①

总而言之,恽代英认为,余家菊、李璜"有一个共同忽略之点,即全书均未注意中国人所受经济侵略的势力,与中国人以后应从经济上求脱离外人的束缚。我亦不信人类的行为一切都受经济的支配,但经济问题——生活问题——影响于人的生活与心理,实在是非常重大。中国今日精神的堕落,许多地方都是出于物质的贫乏。不从物质上救济中国,恐怕终如前几年前几十年所空唱的救国自强,结果终只是空唱而已"②。

所以,要救国,就要争取成族独立。"要求经济的独立,终必须经过一番政治革命"③。

恽代英上述所言,完全是立于马克思主义唯物史观之上的,充分体现了他坚定的马克思主义立场和鲜明的政治态度。这正是马克思主义者与改良主义者的根本区别之所在。

如果说在第一次国共合作的统一战线正式建立、中国大革命高潮兴起之前,共产党人与国家主义派的论争尚属学术研讨范围内的话,那么,在这之后,就完全变成政治斗争了。

(二)恽代英对国家主义派的批判

1924 年,国共两党合作的革命统一战线正式建立,中国革命的高潮即将来临。同年 7 月,左舜生、陈启天等在少年中国学会南京大会上,将 1923 年苏州大会通过的纲领中的第五条全文推翻。他们认为第五条"含有浓厚的唯物史观之色彩",反对"经济改造为国民道路改造的重要途径"。对于

---

① 《恽代英文集》上卷,人民出版社 1984 年版,第 405 页。
② 《恽代英文集》上卷,人民出版社 1984 年版,第 405—406 页。
③ 《恽代英文集》上卷,人民出版社 1984 年版,第 408 页。

第六条,他们认为民族独立是外国(苏联)的口号,不合中国国情,因而要取消。

恽代英在会上与国家主义派进行了多次辩论,每次讲话都在1小时以上,他的发言感动了不少会员。但出席这次会议的25人中,国家主义分子占多数,表决时以"多数"通过了修正案。这表明国家主义分子在学会中占了上风。这次会议决定《少年中国》停刊。9月,曾琦、李璜、余家菊等青年党首领纷纷回国。

1924年10月10日,国家主义派在上海创办了《醒狮》周报,为其反共喉舌,鼓吹他们反共反苏的观点,掀起一阵阵恶浪。他们打着全民革命的旗帜,以国家民族为幌子,将"五四"时期革命群众提出的"内惩国贼,外争国权"的口号,篡改成"内除国贼,外抗强权"而作为他们的政治纲领。他们所谓的"国贼",主要是指领导中国人民争取民族独立的中国共产党;所谓的"强权",主要是指同情和支持中国革命的社会主义苏联。从而疯狂反对中国共产党,反对方兴未艾的大革命运动。

中国共产党人以《向导》、《中国青年》为主要阵地,在理论战线上对国家主义进行了彻底揭露和批判。萧楚女的长文《显微镜下之醒狮派》,对国家主义派展开了全面的讨伐,是中国共产党人反对国家主义派的代表作。该书由中国青年社1925年10月出版,受到广大青年和民众的热烈欢迎。瞿秋白1926年写的《国民革命运动中之阶级分化》,是继《显微镜下之醒狮派》又一篇极其重要的文章。文章将国家主义派和国民党右派联系起来分析,使人们看清楚了这两个反共政治派别的内在联系。

恽代英也是这一战场上的骁将勇士。他组织了大批揭露、批判国家主义的文章在《中国青年》上发表,编辑出版反国家主义的丛书。并且写了《国家主义者的误解》、《与李璜卿君论新国家主义》、《评醒狮派》、《答〈醒狮周报〉三十二期的质难》等脍炙人口的论文,批判国家主义派的政治主张。

首先,恽代英彻底否定了国家主义派的立论理由。在《国家主义者的误解》中开篇便指出:"有甚么理由主张国家主义呢?我看一般自命主张国家主义的人所说的理由,都是不成其为理由的。"①

第一,一国的文明不可以为主张国家主义的理由。因为"爱中国的文明与爱国,是两件绝对不相干的事"②。

第二,一国的历史也不可以为国家主义的理由。因为历史所包含的内容"是一个民族的祖先,如何克服土著人民的光荣"或"被压迫者的奴隶道德行为,如忠臣、孝子、节妇、义仆的故事",亦许"还有已经失了时效的古代文化,偶然流传下来的思想与发明,由夸大狂所描述的本国的人物山水"等等,这"都是有些偏见的人所引为爱国理由的;然而只要是头脑清醒的人,都不能因为这些事情来主张甚么国家主义罢"③!

第三,所谓"国民有一种与物质生活无关的爱国精神",这是受了统治阶级历史欺骗的结果,更不足成为国家主义理论的根据。恽代英认为,就经济进化说,凡人类之所爱,"皆由于人类经济之需要,并没有甚么先天神秘的关系"④。国家主义者不懂得这进化的原因,因而不了解中国今天不是一个独立自主的国家,所以无法能实现他们的国家主义。要使中国经济独立自给,就应当"打倒帝国主义的压迫,发达国内产业"⑤。故主张国家主义"现在已经不是时候了"⑥。

第四,被压迫者的自卫同样不可以为主张国家主义的理由。因为"'自卫'两个字,本来每易为侵略者所借口","国家主义的'自卫',只是扰乱和平之工具而已"。在恽代英看来,在今天真正要为被压迫者谋自卫之法,"最要是考察压迫者的性质,而研究被压迫者有甚么有把握的切实自卫的力量"。今天居压迫地位的,是产业进步国家的少数资本家同他们的走狗,他们在国内压迫工人和一般平民,在外压迫殖民地的弱小民族。要反对他

---

① 《恽代英文集》上卷,人民出版社 1984 年版,第 589 页。
② 《恽代英文集》上卷,人民出版社 1984 年版,第 590 页。
③ 《恽代英文集》上卷,人民出版社 1984 年版,第 590 页。
④ 《恽代英文集》上卷,人民出版社 1984 年版,第 591 页。
⑤ 《恽代英文集》上卷,人民出版社 1984 年版,第 591 页。
⑥ 《恽代英文集》上卷,人民出版社 1984 年版,第 591 页。

们,不是讲国家主义,拿一国去敌对一国,因为他们国中的工人平民,与我们并没有什么仇怨。反过来说,今天被压迫者要反对他们的仇敌,还应当使殖民地弱小民族与产业进步国家的工人平民联合起来,以共同反对那些压迫者。因此,恽代英质问道:"为甚么唱国家主义,把殖民地的被压迫者与产业进步国家的被压迫者分开呢?为甚么唱国家主义,把经济利害绝对不同的产业进步国家的资产阶级、劳动阶级合做一块,而把经济利害上同样要反对那少数资本阶级的人反分做几块呢?"①

因此,恽代英在文中最后指出:"我们对于所谓国家主义,第一以为不合理,第二以为不合用"。为了中国解放的前途,"我们以为宁是要顺应国际主义的潮流,联合世界革命势力,以共同打倒帝国主义。我们要揭破国家主义乃是资本阶级用以愚弄人民,驱使一般压迫的工人平民,以蹂躏同运命的殖民地弱小民族的口号"②。

其次,恽代英揭露了国家主义派的"反共"、"反苏"的真面目。

国家主义派高唱"爱国",可是到底贩卖的什么货色呢?恽代英在《评醒狮派》中深刻揭露说:"他们名为讲国家主义,其实对于帝国主义的罪恶,军阀政府与帝国主义勾结的实况似乎没有多少精力顾到,他们最大的努力,处处看出只是一个反对共产主义。"国家主义分子恶毒攻击列宁领导的苏联是"强权者",中国共产党是"卖国派"。恽代英痛斥道:"我们不必问苏联是否强权,共产党是否卖国;今日有眼睛的人都看见苏联是最以平等待中国的国家,共产党人最艰苦奋勇在帝国主义军阀压迫之下过他们的革命生活。"在《答〈醒狮周报〉三十二期的质难》中,恽代英还驳斥了国家主义派"联俄便是依靠外力,便是与张作霖、吴佩孚等勾结外力作国内私斗一样的事情"的谬论指出:"现在的问题,应当先问帝国主义及他们所勾结的军阀是不是应当打倒,再问是不是中国已经有许多投身要打倒帝国主义与军阀的革命党人,倘若我们自己有了革命的决心与力量,为甚么我们定要不许别

---

① 《恽代英文集》上卷,人民出版社 1984 年版,第 592 页。
② 《恽代英文集》上卷,人民出版社 1984 年版,第 592—593 页。

国的同志援助"?① 醒狮派帮着帝国主义、军阀来诅咒共产党联俄主张，"这真只有国家主义者有这种希奇的见解"。恽代英强调说："我们现在的努力，是要注重人民的组织宣传，使他们起来担负打倒一切军阀、帝国主义的责任，但是我们决不拒绝外国同志对于我们革命运动的援助"②。他质问国家主义派："今日不努力攻击现在侵略中国的帝国主义及卖国军阀，却专来无理取闹想出苏俄怎样侵略中国，共产党怎样卖国的话，攻击苏俄和共产党，究竟有何道理？……中国共产党人被一般帝国主义、军阀的走狗们诬赖造谣，是已经很多的，不过稍知事理的人，只要看一看他们的牺牲、勇敢的精神，他们的刻苦努力，为中国农工群众的利益而奋斗，亦应知道自己愧勉。"他进而揭露说，中国共产党人决不会到法庭上去与帝国主义的走狗起诉，要求恢复名誉。他们的出版物，且受到军阀和上海工部局的严厉阻止和查禁，"决不如《醒狮周报》在被帝国主义、军阀压迫之下的中国之能通行无阻，便在这一点，醒狮派诸君亦当反躬自省，不好随着流俗悠悠之口，被识者所耻笑！我勉励醒狮诸君节省些有用的时间精力，多向帝国主义、军阀下攻击，让我们看看你们革命的真面目"③。几句幽默的话，将国家主义派充当帝国主义和封建军阀反动工具的丑恶嘴脸暴露无遗。

再次，恽代英批判了国家主义派反对阶级斗争，宣扬超阶级的国家观。马克思主义认为，国家是人类社会在一定发展阶段上的产物，"国家的存在证明阶级矛盾不可调和"④。

国家主义派反对阶级斗争，宣扬超阶级的国家观，欺骗无产阶级和人民群众，不去推翻旧的国家机器，维护帝国主义和封建军阀的统治。恽代英在《答〈醒狮周报〉三十二期的质难》中，列举大量的事实，说明中国劳资阶级的严重对立，阐明阶级斗争的客观存在，进而论证了在中国实行无产阶级专政的必要性。他指出："国家主义者总想拿国家观念来压倒阶级观念，《醒

---

① 《恽代英文集》上卷，人民出版社 1984 年版，第 688—689 页。
② 《恽代英文集》上卷，人民出版社 1984 年版，第 689 页。
③ 《恽代英文集》下卷，人民出版社 1984 年版，第 666—667 页。
④ 《列宁选集》第 3 卷，人民出版社 1995 年版，第 114 页。

狮》自出版以来,处处表现这种见解,这与我们为中国人实际生活而奋斗,自然凿枘不能相容。"①"他们所谓自卫的国家主义,总含有反对阶级争斗的意思在内,我们主张民族独立,全中国的解放,与他们那样主张反对阶级争斗的国家主义!如何能混为一谈呢?"②他明确地说:"我们心目中的国家,是为抵御国际资本主义的压迫而存在的;我们心目中的政府,是为保障无产阶级平民的利益而存在的;我们要全民族自爱自保,是为要使全民族从帝国主义政治经济压迫之下解放出来;要求全民族解放,我们自然更要注意力求那些最受压迫而占人口最大多数的农工阶级的解放。""我们要求全民族解放,自然没有反转让人民中大多数工人、农民受资产阶级的压迫而不求解放的道理。"③这就给了国家主义派散布的抽象的国家观有力的一击。

最后,恽代英深刻指出了国家主义派的阶级本质。

1925年7月15日至19日,少年中国学会在南京召开第六届年会,这也是少年中国学会的最后一次会议。恽代英在这次会议上又一次与国家主义派进行了针锋相对的斗争。其时正是"五卅"运动的高潮,国家主义派无耻地为帝国主义效劳,反对中国共产党领导的群众斗争,蓄意要把少年中国学会改变为国家主义的团体。18日下午第一次大会,他们就提出所谓"本会对于外患与内乱交逼之中国应争取何种方针案",并由左舜生说明旨趣,"就本会历史及性质看,始终是一个学会,虽私人有直接间接参加政治活动者,然于学会本身无关,故吾人仍当保持学会之精神,而不作政团之活动。……故吾人应持之态度为:'本学会之精神决定某种方针,求精神方面使群众发生影响'"④。

恽代英当即就从他们隐晦的言论中觉察到其阴谋,质问提案人有无将本会方针定为国家主义之意。左舜生、陈启天、曾琦、余家菊等绝对主张国

① 《恽代英文集》下卷,人民出版社1984年版,第684页。
② 《恽代英文集》下卷,人民出版社1984年版,第685页。
③ 《恽代英文集》下卷,人民出版社1984年版,第684页。
④ 见《少年中国学会第六届年会消息》,《五四时期的社团》(一),生活·读书·新知三联书店1979年版,第504—505页。

家主义,恽代英、沈泽民坚决反对。在讨论具体方案时,陈启天提议应将本会方针定为"以国家为前提"。恽代英认为,现在帝国主义压迫中国,利用军阀制造内乱,若不打倒帝国主义,取消不平等条约,首先恢复民族的独立自立,则所谓国家仍是压迫、欺凌人民的工具,我们不应爱这样的国家。因此,他提议将"以国家为前提"修改成"注重民族独立"。由于国家主义分子在这次会议上仍占多数,结果通过了陈启天的提案。恽代英提议对"五卅"反帝运动时局发表宣言,也被否决。最后,他和沈泽民宣布放弃对会议宣言的表决权,以示抵制。

这次会议以后,少年中国学会便无形地停止了活动。为争取中间派脱离国家主义派的影响,不久,恽代英致柳亚子先生一信,详细向他介绍了六届年会上的斗争情况,提出了要做争取中间派的工作。恽代英在信中说,醒狮派诸君用种种方法贯彻他们之目的,用含糊语气,"以爱国运动四字忽略一切民族自决、阶级斗争等理论……我辈不过姑与相持,能拉若干分子过来,便拉若干过来也"①。接着,他和萧楚女等继续在《中国青年》上发表批判国家主义的文章,解答青年关于"国家主义是什么"的疑问。恽代英明确告诉青年:"国家主义是欧战以后,无产阶级革命潮流高涨所激起的一种极反动的思想,这种思想是一小部分资产阶级被大战的损害,逼得他们发狂了……甘为帝国主义大资产阶级的工具,作反共反俄争斗的最凶猛的后备军"。"中国的国家主义也是乘中国工人在国民革命中渐取得领导地位而兴起的……如果说孙中山先生说他的三民主义是救国主义,那么我们可以说国家主义是仇视无产阶级,企图征服无产阶级的主义"②。这一针见血的揭露,道明了国家主义的本质,给了国家主义派致命打击,使广大青年提高了觉悟。

北伐战争节节胜利之时,帝国主义、军阀、国民党右派和国家主义派,不

---

① 《恽代英致柳亚子先生》,转引自《五四时期的社团》(一),生活·读书·新知三联书店1979年版,第534—535页。

② 《国家主义是什么?》,《中国青年》1926年第133期。

约而同地麇集在一起,唱起"反赤"的大合唱。恽代英义不容辞,在《中国青年》上发表了《思想界"反赤"运动之过去现在与将来》、《敬告从歧路上自拔归来的青年》等文章,一面继续抨击国家主义派的反动言论,一面争取和挽救歧路而归的青年。

在中国共产党人有力的打击下,国家主义派在广大青年中终于陷于空前的孤立而归于失败。

从以上分析可以看出,恽代英在反对国家主义派的斗争中,始终从中国的国情出发,抽丝剥茧,理论联系实际,坚持了历史唯物主义的观点。

三、坚持革命统一战线思想

恽代英坚决拥护中共三大制定的与孙中山领导的国民党建立革命统一战线的政策,坚持了中国共产党在统一战线中的正确原则和立场,强调在统一战线中要为无产阶级势力树根基。批驳了国民党右派的种种谬论,沉重打击了国民党右派的嚣张气焰。

(一)在统一战线中"须完全注意于无产阶级势力树根基"

1922 年 4 月,根据列宁起草的《关于民族与殖民地问题的决议》精神,共产国际驻华代表马林"向中国共产党建议同孙中山领导的国民党建立联合战线"①,其方式是"中国共产党及社会主义青年团均加入国民党"②,即所谓的党内合作。而中共中央则坚持应取党外合作的方式。因此,马林的这个建议开始未能被中共中央接受。马林在其建议被中共中央拒绝后于24 日离沪往莫斯科汇报。7 月 11 日,他在莫斯科《向共产国际执行委员会的报告》中说:"我建议我们的同志,改变对国民党的排斥态度并在国民党

---

① 《包惠僧回忆录》,人民出版社 1983 年版,第 129 页。
② 《陈独秀致吴廷康的信》,1922 年 4 月 6 日,转引自中共中央党史研究室第一研究部编:《共产国际、联共(布)与中国革命档案资料丛书》第 2 卷,北京图书馆出版社 1997 年版,第222 页。

内部开展工作,因为通过国民党同南方的工人和士兵取得联系要容易得多。同时,共产主义小组必须不放弃自己的独立性,同志们必须共同商定在国民党内应该遵循的策略。国民党的领导人告诉过我,他们愿意在国民党内进行共产主义宣传。我们的同志拒绝这个主意"[1]。中共中央不同意马林的意见,其理由是:"(一)共产党与国民党革命之宗旨及所据的基础不同。(二)国民党联美国、联张作霖、段祺瑞等政策和共产主义太不相容。(三)国民党未曾发表党纲,在广东以外之各省人民视之,仍是一个争权夺利之政党,共产党倘加入该党,则在社会上信仰全失(尤其是青年社会),永无发展之机会。(四)广东实力派之陈炯明,名为国民党,实则反对孙逸仙派甚烈,我们倘加入国民党,立即受陈派之敌视,即在广东亦不能活动。(五)国民党逸仙派向来对于新加入之分子,绝对不能容纳其意见及假以权柄。(六)广东、北京、上海、长沙、武昌各区同志对于加入国民党一事,均已开会议决绝对不赞成,在事实上亦已无加入之可能"[2]。这六条理由,是陈独秀于4月6日在致吴廷康即共产国际远东支部维经斯基的信中陈述的,虽然不无道理,但毕竟在中国,帝国主义和封建军阀联合的力量大大超过刚刚组织起来的革命力量,因此,反帝反封建的历史重任,单靠中国无产阶级孤军奋战是不能实现的。中国无产阶级只有在中国共产党的领导下,团结一切可以团结的力量,组成广泛的革命联合战线,才能战胜强大的敌人。至于参加联合战线的形式,是党内合作还是党外合作,则要视当时的具体情况而定。其时,孙中山领导的国民党是中国政治舞台上最具影响力的一支革命力量,党内合作也是孙中山唯一能够接受的条件。因此,中国共产党若一味强求合作形式,坚持党外合作,中国的革命联合战线就难以建成。这就势必要影响中国革命的历史进程。

---

　　①　马林:《向共产国际执行委员会的报告》,1922年7月11日,转引自中共中央党史研究室第一研究部编:《共产国际、联共(布)与中国革命档案资料丛书》第2卷,北京图书馆出版社1997年版,第239页。

　　②　《共产国际、联共(布)与中国革命档案资料丛书》第2卷,北京图书馆出版社1997年版,第222页。

共产国际研究了马林的报告后,决定由远东支部吴廷康于 1922 年 7 月 18 日向中共中央发出指令:中国共产党中央委员会"应据共产国际主席团 7 月 18 日决定,立即将驻地迁往广州并与菲力浦(即马林)同志密切配合进行党的一切工作"①。同时派马林从莫斯科重返中国。

马林回到上海后,通知中共中央全体委员于 8 月 29 日至 30 日到西湖开会。马林在会议上传达了共产国际的新指示,再次提议共产党员应加入国民党组织,强调国民党不是一个资产阶级的党,而是各个阶级联合的党,无产阶级应该加入,去改进这个党以推动革命。出席西湖会议的五名中共中央委员陈独秀、李大钊、张国焘、蔡和森、高君宇都一致反对马林的提案,认为党内联合"乃混合了阶级组织和牵制了我们的独立政策"。马林无奈,拿出了杀手铜,提出"中国党是否服从国际决议?"于是中共中央"为尊重国际纪律遂不得不接受国际提议,承认加入国民党,从此国际代表(及中共代表)进行国民党改组活动。"②1923 年 6 月,中共"三大"正式确立了与国民党实行国共合作的政策与方针。

恽代英坚决拥护中共"三大"确立的与孙中山领导的国民党建立革命统一战线的政策与方针。1923 年 6 月 15 日,在中共"三大"召开期间,恽代英在四川成都就"讨论中国社会及我们目前的任务"问题致信中国社会主义青年团书记施存统③,明确阐述了他的思想观点。

---

① 《共产国际、联共(布)与中国革命档案资料丛书》第 2 卷,北京图书馆出版社 1997 年版,第 321 页。

② 《共产国际、联共(布)与中国革命档案资料丛书》第 6 卷,北京图书馆出版社 1998 年版,第 351 页。

③ 施存统(1899—1970),即施复亮、伏量。浙江省金华叶村人。五四前后受到新思潮的影响,积极参加了五四爱国运动。1920 年 8 月参加了中国共产党上海发起组,曾担任中国社会主义青年团书记,化名方国昌。建党时期和第一次国内革命战争时期,他在宣传马克思主义,抨击戴季陶主义等方面做了些工作。大革命失败后,脱离了中国共产党。1945 年与黄炎培、章乃器等发起组织中国民主建国会。在抗日战争和解放战争时期,在中国共产党正确路线指导下,与国民党作过斗争。社会主义时期拥护党,拥护社会主义,曾任劳动部第一副部长,全国人大常委、政协常委。1970 年 11 月 29 日在京病逝。

1. 阐述了与国民党合作的必要性

恽代英认为,中国工业落后,产业工人阶级人数较少,除上海、武汉等城市外,像四川这样的地方,"求所谓'近代意义的无产阶级'求所谓'产业劳动者'可谓少极少极",且工人分散而不易团结,"工人之无团结,或团结而无力量,欲求社会革命之完成诚不易言。"因此,在这样的现实情况下,"吾人取加入民主主义联合战线政策殊有意义"①。这就深刻地说明,在半殖民地半封建的中国,要打倒帝国主义、封建军阀,无产阶级除执行加入民主主义联合战线的政策外,别无他法。

2. 论述了改造国民党的必要性及其目的

在恽代英看来,中国当今的国民党中除孙中山和少数坚贞分子外,其余多系"借名招摇,何曾真肯为民主主义作战? 即如四川民党中且有派别,互相水火"。所以,中共加入联合战线后,必须对国民党实行改造,否则,无益于革命和主义的进行。因此,恽代英说:"我视此举只认为我们借此改造民党②,借此联合一般真诚热心于民主的人向恶势力奋斗,因以握取政权,为无产阶级专政树立确实根基如俄国前例"③。

恽代英的这一思想,深邃而高远。他在第一次国共合作之前,就认识到无产阶级加入联合战线,是要借此最终像俄国无产阶级一样握取政权,在中国实现无产阶级专政,实在难能可贵。

当然,恽代英同时也指出,"我本上之所见,以参加民党须完全注意于为无产阶级势力树根基"。但这并不是说"吾等今日能领率若干无产者军队,以助成民主革命",而是认为,中国民主革命"必假军队与群众之力以成

---

① 恽代英:《致施存统》,1923 年 6 月 15 日,载《先驱》1923 年第 23 期。
② 民党:指中国国民党,其前身为 1905 年 8 月孙中山创立的中国同盟会,1919 年改组为中国国民党,在共产国际与中国共产党的帮助和推动下,1924 年 1 月孙中山在广州主持召开国民党第一次全国代表大会,确定了联俄、联共、扶助农工的三大政策,实现了第一次国共合作。
③ 恽代英:《致施存统》,1923 年 6 月 15 日,载《先驱》1923 年第 23 期。

功"。革命成功之后,一方面"力求能用近于苏维埃的选举法",建立无产阶级专政的政权,一方面"又尽力求大生产化",这样,无产阶级便"有了确实坚固的基础"①。可见,恽代英思考问题,是立足现实,面向未来,思维前瞻,目光远大。

3. 说明了实现改造国民党目的的具体途径

恽代英指出,要实现为无产阶级专政树立确实根基的目的,在今日要从三方面努力:"(一)在产业进步地方,促进工人觉悟为重要,然尤要莫过于促成政治,注意军人与群众的革命。(二)在产业不进步的地方,搜出一二出类拔萃的革命青年学生与工人,并作普泛鼓吹,固有其价值,但更不可视自此以外,即无他事。(三)参加民党,总须能有力改进民党,真为民主势力作战。"②这三方面的具体努力途径,具体而切实,具有极大的操作性,反映了恽代英一贯务实的作风。

综观恽代英上述关于与国民党合作的思想,我们不得不感佩的是,他当时"囿居偏僻"的四川,显然信息不如上海、武汉等大都市,照理说应该保守一些。可是,我们却看到,与同时代的党的领袖们相比,他的思想不仅没有落伍,而且超前。他不仅赞成参加国民党以促革命统一战线早日形成,而且强调在统一战线中要为无产阶级势力树根基。这实际上蕴涵有保持无产阶级在统一战线中的独立性和领导权的思想。特别要指出的是,恽代英在写这封信之前,未曾与共产国际的代表联系过,也没有出席过党的会议。他的这些思想,完全是他独立运用马克思主义理论,结合中国实际独立思考的结果,反映了他当时较高的马克思主义理论水平。

(二)批判国民党右派

1924 年 1 月国民党一大的召开,标志第一次国共合作的革命统一战线

---

① 恽代英:《致施存统》,1923 年 6 月 15 日,载《先驱》1923 年第 23 期。
② 恽代英:《致施存统》,1923 年 6 月 15 日,载《先驱》1923 年第 23 期。

正式建立。这本来是中国国民革命之必需,也是孙中山的心愿,既合世界革命之潮流,又顺国人之民心。但是,孙中山改组国民党的正确决策,却遭到国民党内大地主、大资产阶级右派分子的激烈反对。在国民党"一大"上,冯自由就提议禁止党员跨党,反对共产党员以个人名义加入国民党,遭到了孙中山的拒绝。会后不久,1924 年 3 月 14 日,邓泽如等人致信孙中山,称国民党"一大"党纲党章等草案,"实多出自俄人鲍罗廷之指挥",共产党员以个人名义加入国民党,是"借国民党之躯壳,注入共产党之灵魂",反对联俄联共的政策。在孙中山病危期间,他们在北京公然成立"国民党同志俱乐部",反对广州革命政府,反对共产党。同年 6 月 18 日,国民党中央监察委员邓泽如、张继、谢持向国民党中央执行委员会提出《中央监察委员会弹劾共产党案》,说共产党员和青年团员以个人名义加入国民党,"确于本党之生存发展,有重大妨害"[1],声称"绝对不宜党中有党"[2]。这个提案于 7 月被国民党中央执行委员会否决。8 月,张继等人又发表所谓《护党宣言》,坚持他们的政治立场。孙中山逝世后,1925 年 11 月,谢持、邹鲁等人又假借国民党中央委员会的名义,在北京西山碧云寺召开所谓"国民党一届四中全会",非法决定在上海另立国民党中央,取消共产党员的国民党党籍,解除鲍罗廷的顾问职务,大搞分裂活动,与设在广州的国民党中央相对抗。

中国共产党联合国民党左派坚决反对国民党右派破坏革命统一战线的分裂活动,严正批判他们对中国共产党的种种无理责难和攻击,阐述了中国共产党的统一战线理论、路线、方针、政策。

1924 年 7 月 21 日,中共中央发出《中央通告第十五号——对国民党右派的斗争》指出,自统一战线建立以来,国民党右派对我们或明或暗地攻击排挤日甚一日,意在排除我们,"以和缓列强及军阀对于国民党的压迫","我们为图革命的势力联合计,决不愿分离的言论与事实出于我方,须尽我

---

[1] 罗家伦主编:《革命文献》第 9 辑,中国国民党中央委员会党史史料编纂委员会,1995 年 6 月,第 1271 页。

[2] 罗家伦主编:《革命文献》第 9 辑,中国国民党中央委员会党史史料编纂委员会,1995 年 6 月,第 1272 页。

们的力量忍耐与之合作。然为国民党革命的使命计,对于非革命的右倾政策,都不可隐忍不加以纠正"。同时还一针见血地指出了国民党右派"不愿反对帝国主义的列强"、"反对中苏协定,并根本反对苏俄"、"压迫工人组织工会"、"摧残工人农人"、"排斥共产派"等主要错误,强调我们的同志,应在国民党各级党部开展对国民党"左右派政见不同之讨论";"今后凡非表示左倾的分子,我们不应介绍他入国民党","须努力获得或维持'指挥工人农民学生市民各团体的实权'在我们手里,以巩固我们在国民党左翼之力量,尽力排除右派势力侵入这些团体";"各地急宜组织'国民对外协会'……加入分子目前不必急求数量之增多,而应注意质量之明确,当以不满意国民党右派主张为重要标准。此会为社会运动一种独立团体,不可与国民党团体混合,尤不可受国民党支配;惟在国民党不能公开地方,完全由我们造成国民党党部,可用此协会名义对外公开,但此协会内万不能容留右倾观念的分子在内"①。

根据中共中央通告的指示精神,为发展和巩固初步建成的革命统一战线,打击国民党右派攻击排斥共产党的猖狂活动,恽代英与毛泽东、邓中夏、向警予等共产党人,团结柳亚子等国民党左派,不仅在国民党上海执行部内与国民党右派叶楚伧、谢持、张继等国民党右派展开了面对面的斗争,而且还写了《国民党中的共产党问题》、《国民党左派与共产党》、《矫正国民党中最流行的误解》、《民族革命中的共产党》等重要论文,在理论战线上开展斗争,痛快淋漓地批驳了国民党右派的种种谬论,从思想上武装了共产党人和国民党左派。

1. 恽代英深刻论述了国共两党合作的历史必然性

他深刻地分析了中国近代以来特别是五四运动后中国的政治形势,指出中国共产党民主革命时期的最低纲领和孙中山先生的新三民主义是基本

---

① 以上见《中央通告第十五号——对国民党右派的斗争》,1924 年 7 月 21 日,转引自中央档案馆编:《中国共产党八十年珍贵档案》第 1 卷,中国档案出版社 2001 年版,第 117 页。

一致的,这就给国共两党合作奠定了思想政治基础。恽代英指出,十月革命后,"俄国革命思潮逐渐输入中国,陈独秀先生,首先接受了这种思潮,开始宣传,组织共产党,并领导青年努力做工人运动……后来虽不幸引起了'二七'的惨案事件,然而工人运动的重要,已为人人所公认的事了。自从'二七'失败之后,陈独秀先生等,觉得单做工人运动,实在还是不够,必须兼做农民运动,并联合各阶级,努力于国民革命,去打倒帝国主义和军阀,所以他们希望国民党改良,希望国民党能与共产党共同工作,常在《向导》周报发表劝告国民党的话"[①]。至于国民党,"自民国元年至十三年,国民党可说是一个很混沌的状态之下,孙先生所说的三民主义,没有人去研究宣传,人民自然更不会了解相信。反对的人讥笑国民党开烟赌抽捐,是三民主义,苛税杂捐,是三民主义,兵匪骚扰,是三民主义,最好的人亦只是说孙先生的人格是好的,但三民主义是不行的,国民党是不可加入的,十三年来的国民党,其情形便是如此。"[②]虽然孙中山和廖仲恺诸先生"很恳切想完成中国的革命,然而正没有好的路走,从前不是受陆荣廷的压迫,就是受陈炯明的压迫,到现在杨希闵、刘震寰等的压迫,仍旧与陆陈没有什么两样,所以当时对于《向导》的提议亦很注意,后来又得着鲍罗庭来粤与孙先生谈话,更明白俄国革命情形,孙先生决意把国民党改组,仿俄国共产党的组织,改从前只注意军事政治运动,忽略民众宣传组织的缺点"[③]。所以,孙中山先生决心改组国民党,不顾右派分子的极力阻止,"并决定容纳共产党分子加入国民党,使其帮助努力改组的工作",于是,"中国革命运动,因此得了很大的进步,农工的组织,亦日益发达了起来"[④]。所以,国共两党的合作是中国近代历史发展的必然。

恽代英还指出,反对国民党改组的一般老右派虽然受到了孙中山的严厉惩处,冯自由被开除国民党党籍,从前在党中央居重要地位的右派分子居

---

① 《恽代英文集》下卷,人民出版社1984年版,第955页。
② 《恽代英文集》下卷,人民出版社1984年版,第952页。
③ 《恽代英文集》下卷,人民出版社1984年版,第955—956页。
④ 《恽代英文集》下卷,人民出版社1984年版,第956页。

正、谢持也置之无足轻重的地位,继承孙中山的遗志的国民党左派,更是打倒了杨希闵、刘震寰,开除了林森、邹鲁一般右派,但可以预言,国民党右派的活动不会停止,反共排共这一类的纠纷还会发生,"这是国民党要完成改组,不可避免的困难"①。但是,实现国共合作,是中国近代七八十年以来,许多志士仁人摸黑路走了许多走不通的道路,得了许多教训后才由今日我们很勇敢、很有眼光的革命领袖,为我们找出的"一条光明的大路","大家不要有一点怀疑,要奋勇地一直依照我们领袖所指示的革命的策略,去应付一切的问题"。这样,"革命自然可以成功的";若仍如右派或其他反动派之执迷不悟,到如今还谈七八十年前的话,还要走从前走不通的道路,那么,"革命是一定不会成功的"。

恽代英通过总结七八十年来中国近代革命历史的经验,旨在鼓励共产党人和国民党左派,要认清历史发展的方向,不要被国民党右派的言论所迷惑,要坚信国共合作这条"光明的大路",因为"经验已经告诉我们了!"②

2. 恽代英强调国民党要认清自身的历史使命

他说:"国民党倘若认定了他自身对于国民革命的使命,倘若认定了他自身应当提携全国进步的民众以从事于国民革命的使命,在今天革命势力还很薄弱的时候,正应当多向各方面活动联络,本不应当有排斥共产党不使加入合作的道理。"③恽代英指出,孙中山领导的国民党是革命的政党,不是为谋广东军政界地盘的扩张而革命,也不是为拥护孙中山先生个人而革命,否则与南北军阀就没有什么区别。"我们只知道三民主义是为全国民众谋利益的;孙中山先生与他所统率的国民党,是为全国民众的利益而奋斗的"。而排斥共产党的国民党右派,却居然说共产党员要国民党对帝国主义与军阀不妥协,"这是破坏国民党"。他质问国民党右派道,难道

---

① 《恽代英文集》下卷,人民出版社 1984 年版,第 596 页。
② 《恽代英文集》下卷,人民出版社 1984 年版,第 956 页。
③ 《恽代英文集》上卷,人民出版社 1984 年版,第 570 页。

你们自认国民党是对帝国主义妥协、对军阀妥协的政党么？"果然如此，那便与头发党、马蜂党有何区别？拿这样立脚点来排斥共产党，那便无异自己证明他们连孙中山先生的三民主义是甚么都闹不清楚了。"①恽代英在这里表述的思想非常明确，即国民党右派根本没有认清国民党的历史使命，他们排斥共产党，实际上是背叛了孙中山革命的三民主义，背叛了国民革命。

恽代英在强调国民党要认清自身历史使命的同时，对国民党右派排共反共的阴谋也进行了深刻揭露。他指出，国民党右派纵然要排斥共产党，"亦只好就那些确实已经名隶共产党籍的人使他退出国民党，至于对于那些明明是纯粹国民党而略略有共产主义思想的人，乃至那些明明是纯粹国民党而仅仅主张容纳共产党合作的人，没有因为排斥共产党的原故一并加以反对排斥的道理。"然而，主张排斥共产党的国民党右派却不是这样，他们"把一切反对他们的人都指为共产党，又立一些共产派、准共产派的奇异名目，欲为一网打尽之意"。由此可见，其所谓排斥共产党的险恶用心，"不过是他们威胁异己的一个武器，根本便是要扫除国民党中一切比较进步的势力罢了。"②

3. 恽代英重申了共产党加入国民党和保持独立性的理由

他坦然地说："共产党的加入国民党，他们的理由是很显然的。"第一，共产党人是信仰马克思主义的，他们的大师马克思是一个唯物史观的学者，他相信共产主义是大生产业发达以后必然的趋势，只有大生产业发达以后才能够实现。因此，共产党人相信，在中国未打倒外资、发达自国产业以前，是不能实现他们主张的。"因此，他们认定了眼前最大的急务，是尽力与国民党合作，而且扩大国民党的组织与势力于全中国民众"③，以达国民革命

---

① 《恽代英文集》上卷，人民出版社1984年版，第571页。
② 《恽代英文集》上卷，人民出版社1984年版，第571页。
③ 《恽代英文集》上卷，人民出版社1984年版，第572页。

成功的目的。

第二，共产党实现国民革命的成功，必然会注意到十余年来为国民革命而奋斗的国民党。恽代英指出："国民党的明达领袖，确实是真诚勇猛为他们的三民主义而奋斗的"，孙中山先生"曾经屡次为要刷新国民党内部而改组国民党，这一点令一般共产党人明白国民党终究有代表国民革命势力的可能，所以终究认定了有他们加入国民党，以帮助完成孙中山先生等志愿的必要。"所以，共产党加入国民党，"是根据于他们的要促成国民革命；那便国民党只要一天还真有志于国民革命，在他们自身方面，终是要加入的。实在说，只要国民党一天不变成完全象头发、马蜂等私党，共产党人终不肯放弃国民党方面的工作的。你便明白的排斥他们出去，他们为了促成国民革命，终究不免要秘密的参加进来……除非国民党真个不做国民革命的工作，把广州一隅自认为与奉张、浙卢一例的事了，然后共产党才会死心，设法另谋创造国民革命的势力。"①

第三，共产党人加入国民党与纯粹国民党员在党内另有小组织完全不同。恽代英说，共产党人为了要促国民革命早期成功而加入国民党，他们自然要有种种计划，用种种机会，影响一切比较进步的国民党员，帮助而且督促国民党员切实地做国民革命的工作。"他们为了这些事议决种种议案，这是他们独立的党的活动……与纯粹国民党员在党内另有小组织的完全不同。"②由此可见，共产党人加入国民党，"仍旧保持他们的独立活动，这是不足奇异的事情。为国民党计，倘若是真心要做国民革命的工作呢，在今天没有惧怕，或者嫉忌共产党人的理由"③。

恽代英上述分析，入情入理，情深意切，体现了共产党人光明磊落的坦荡胸怀和为民族解放的奋斗精神。

---

① 《恽代英文集》上卷，人民出版社 1984 年版，第 574 页。
② 《恽代英文集》上卷，人民出版社 1984 年版，第 572 页。
③ 《恽代英文集》上卷，人民出版社 1984 年版，第 574 页。

4. 恽代英批驳了国民党右派散布破坏国共合作统一战线的种种谬论

第一,国民党右派造谣说:国民党改组之后,就要"亡党",被"赤化"。恽代英指出,国民党右派自己不做革命事业,共产党帮助国民党时,他们便说"这不是亡党了么? 于是不但共产党人来帮助他们,谓之为亡党;便是纯粹的然而进步的国民党员来了,亦谓为亡党"。这真是危言耸听! 其实,国民党是为国民革命而存在的,"倘若国民党根本忘了国民革命的使命,这才是亡党呢!"①

至于"赤化"论,原本是帝国主义和封建军阀挑拨离间,分裂革命力量的鬼蜮伎俩。恽代英指出,国民党改组后,帝国主义、军阀势力就称国民党为红党。于是,国民党右派先生们便觉得不自然起来,害怕起来。恽代英质问道,为什么怕帝国主义、封建军阀称国民党为红党呢? "红是革命的标帜,国民党的旗子明明是'青天白日满地红',党员倘若是革命的,会跟着反革命党怕起红色来了么?"②恽代英进一步分析说,共产党是要打倒一切压迫中国劳工的帝国主义、军阀和资本家的,自然帝国主义、军阀和资本家要痛恨他;国民党也是要反对帝国主义和军阀,反对资本家压迫工农的,与共产党根本没有什么冲突和不容之处。所以,"我实在想不出来国民党员对于共产党为什么有反对的必要"。恽代英忠告国民党:"赤化么? 国民党员只有认清国民革命目标的问题,决不能因为反革命党的恐怖与离间,分散了革命的力量!"③

第二,国民党右派说:共产党既有自己的主张,就不应当到国民党内来,用国民党的名义作各种活动,借国民党的屋躲雨。恽代英驳道,说这种话的人,一定是连国民党的三民主义亦不了解,或者根本不懂革命党是干什么

---

① 《恽代英文集》上卷,人民出版社1984年版,第574页。
② 恽代英:《矫正国民党中最流行的误解》,《中国青年》1925年第75期。
③ 恽代英:《矫正国民党中最流行的误解》,《中国青年》1925年第75期。

的,所以才讲出这种可笑的话来。他指出,共产党员以个人名义加入国民党,这道理是很显然的。"中国的国民党,不是曾经提倡全民政治么?不是特别揭橥民生主义么?这证明中国国民党并不忽视贫苦农工的利益,所以容纳共产党员的加入合作,并不是甚么不可思议的事。"①在当今殖民地经济状况下,中国的农工阶级,第一层受外国资本阶级的重压,第二层受本国军阀官僚的苛待,第三层受一般土豪痞绅的零割细宰。怎样为这些农工阶级觅个出路呢?国民党既是讲民族主义,就要反抗帝国主义的压迫;既是讲民权主义,就要反抗军阀官僚的压迫;既是讲民生主义,就要反抗土豪痞绅的压迫,只有这样,才"可以有利于一般农工阶级"。② 恽代英进而又指出:"共产党便是代表贫苦农工利益,而做经济与政治奋斗的党"③。他们"因为见到要渐进于共产主义,必须先联合各阶级打倒帝国主义,为打倒帝国主义而加入以民族主义为号召的国民党,这是他们自己的主张,亦便是国民党的主张,为甚么他们不可以用国民党的名义作各种活动呢?"④

至于"借屋躲雨",恽代英诙谐地说,共产党自然是在风雨中过日子的,即便在国民党的屋下面,也不敢稍存苟且偷安的心理,不天天预备去同风雨奋斗。"我便很奇怪国民党要做一个真正的革命党,为甚么可以不到风雨中间去奋斗?为甚么会有躲雨的屋?一般国民党员倘若不愿意将这个屋借给共产党躲雨,请问国民党员躲在屋里做甚么?"⑤恽代英几句幽默之语,将国民党右派惧怕革命,向帝国主义、封建军阀妥协,排共反共的嘴脸暴露无遗。

第三,国民党右派攻击说:共产党既加入国民党,就不应该在国民党内吸收共产党党员,更不应在国民党中有挑拨的事情。恽代英反击道:"这更是奇怪了!共产党在国民党中吸收党员,犹如他们在任何地方吸收党员一

---

① 《恽代英文集》上卷,人民出版社1984年版,第605页。
② 《恽代英文集》上卷,人民出版社1984年版,第605页。
③ 《恽代英文集》上卷,人民出版社1984年版,第604页。
④ 《恽代英文集》下卷,人民出版社1984年版,第714页。
⑤ 《恽代英文集》下卷,人民出版社1984年版,第715页。

样;假令共产党的理论与主张,敌不过国民党,为甚么国民党员会被他们吸收去? 假令共产党的理论与主张,确实比国民党要好些,有甚么力量能够禁止共产党在国民党中吸收党员呢?"①

至于所谓挑拨,恽代英义正词严地痛斥道,这要请问指的什么事体,倘若指的是共产党人攻击国民党右派和督促国民党中派,"请问右派是否应该攻击,中派是否需要督促,经过这种攻击与督促之后,国民党究竟得着甚么坏处或好处?"恽代英接着指出:"国民党包含许多敷衍妥协的原素,这是十余年他所以不能完成民族革命之使命的原因。为甚么不应当对于这种敷衍妥协的原素痛痛快快的加以打击,使国民党全部的精神都振刷起来? 为甚要打击这些原素,还要负挑拨的罪名呢?""是真诚要求革命的人,应当嫌恶这种挑拨么?"②

5. 恽代英揭露了国民党右派排共反共的阴谋,号召国民党左派"以党造国"

他一针见血地指出,国民党右派排共反共的目的,是企图将国民党拉向右转,压迫国民党变成帝国主义、反动军阀奴役中国人民的工具。

对于改组后的国民党,逐渐发生左、右派的分化。恽代英认为这"是国民党自身的一种进化,是国民党改组以后大大的吸收了一般革命性的青年分子的自然结果,共产党员的加入,不过促成这种活动而已"。③ 恽代英明确指出,在共产党影响下的青年国民党员,团结真正推行孙中山先生新三民主义的老党员,肩负起改造国民党,扫除一切党内堕落妥协而反革命的分子的责任,这便是今天国民党中之所谓左派。国民党员要完成国民革命,实现新三民主义,就不应该害怕国民党左、右派的分化。国民党的改造,是共产党关心的;然而倘若只让共产党关心国民党的改造,国民党自身不赶快造成

---

① 《恽代英文集》下卷,人民出版社 1984 年版,第 715—716 页。
② 《恽代英文集》下卷,人民出版社 1984 年版,第 716 页。
③ 《恽代英文集》上卷,人民出版社 1984 年版,第 606 页。

有力的左派,以自己扫除党内的右派势力,那不能说不是国民党员的羞耻。因此,他号召国民党左派要一百二十分的努力,壮大自己的力量,"以党造国,所以要改造国家,首先要改造党。今天与国民党右派的奋斗,便是改造党的必要的步骤"。共产党人和革命青年要不顾一切困难,"国民党越是有左派,我们越是要加入国民党",联合国民党左派,"为了改造国民党,为了改造中国而奋斗"①。

综上所述,恽代英的思想理论,精辟透彻,旗帜鲜明,彻底批驳了国民党右派的理论观点,捍卫了无产阶级在革命统一战线中的领导地位,从而推动了革命统一战线的发展。

(三)批判戴季陶主义

在革命统一战线的推动下,中国大革命迅猛发展,1925 年上海爆发的五卅运动,将这次革命推向了高潮。恽代英是五卅运动的实际领导者之一。他站在运动的前列,指导上海学联的工作,及时提出了代表"上海各界民众心里的话"的口号:"上海是中国人的上海,中国人不能受外国人的压制!"②极大地鼓舞了上海人民的革命斗争热情。

五卅运动是中国共产党领导的。恽代英指出:"五卅运动,最先的决定,是我们的党,向外活动的,是我们的同志"。如果没有中国共产党,"决没有五卅运动"③。

五卅运动充分显示了中国工人阶级的力量,极大地提高了中国共产党在全国人民心中的威信。这不仅使帝国主义、反动军阀日感恐惧和仇恨,而且也使民族资产阶级中的右翼害怕起来。戴季陶就是这个营垒中的代表人物。戴季陶,名传贤,字季陶,笔名天仇,原籍浙江湖州,1891 年生于四川广汉。他早年留学日本,追随孙中山,参加同盟会,参加了二次革命和护法战

---

① 《恽代英文集》上卷,人民出版社 1984 年版,第 608 页。
② 恽代英:《组织群众与煽动群众》,国民革命军总司令部政治部刊印丛书 26 种,1926 年。
③ 以上见恽代英:《五卅运动》,中国国民党政治讲习班印行,1926 年 6 月。

争。五四运动时期,他在上海主编《星期评论》周刊,作过一些对社会主义和劳工问题的研究。1924 年出席国民党"一大",当选为中央执行委员,任中央宣传部长,黄埔军校创立后出任政治部长等职。孙中山逝世后积极参加西山会议派的反共活动。随后又充当了以蒋介石为首的国民党新右派集团的谋士。他虽然也在孙中山的遗嘱上签了字,"表面上不赞成西山会议派的分裂,也说要维持国民党的统一,但他采用的是打入广东国民党从内部来分裂国民党的阴谋",是"右派中最危险的一个家伙"①。

1925 年 5 月,戴季陶在国民党一届三中全会上,提出了反对国共合作的所谓"建立纯正三民主义"的谬论,要求制定国民党的"最高原则",以实现"一个主义,一个党"。他从思想上大大发展了孙中山三民主义的消极方面,于当年六七月间,在上海写了《孙文主义之哲学的基础》、《国民革命与中国国民党》等小册子,"完全抽去了孙中山学说中的一切革命的东西"②,配合国民党老右派的反共活动,向中国共产党发动了猖狂的进攻,为蒋介石集团篡夺革命统一战线的领导权大造反革命舆论,提供理论根据,成为国民党新右派的"理论家"。

戴季陶把自己打扮成孙中山先生的忠实信徒,大讲三民主义。他说:"中国国民党的最高原则,是信奉中华民国创造者孙中山先生所主倡的三民主义……我们信仰三民主义,一定是信仰孙先生的三民主义,如果不是信仰孙先生的三民主义,那就不是信仰三民主义。我们中国国民党是三民主义的政党,无论是何种派别的思想者,一定要有了信仰三民主义的觉悟和决心,才可以来做中国国民党的党员,才是真正忠实的中国国民党党员"③。

戴季陶口头上大讲三民主义,但却不宣传三民主义的革命内容,而"大讲道统"。他说孙中山的道统"是继承了尧、舜、禹、汤、文、武、周公、孔子的"④。认为"三民主义所以不同于共产主义的原故,并不是要妥协、要调

---

① 《周恩来选集》上卷,人民出版社 1981 年版,第 113—114 页。
② 《周恩来选集》上卷,人民出版社 1981 年版,第 114 页。
③ 戴季陶:《国民革命与中国国民党》,季陶办事处 1925 年印。
④ 《周恩来选集》上卷,人民出版社 1981 年版,第 114 页。

和,也不是故意的排斥共产主义,而实在是三民主义本身,具备有更深刻而博大的思想基础"。这个思想基础,就是所谓的"继尧舜以至孔孟而中绝的仁义道德的思想",就是所谓"中国固有的仁爱思想"及贯穿智、仁、勇三德的所谓"诚"。而"共产主义是很单纯的马克思的唯物史观为理论的基础,而民生主义是以中国固有之伦理哲学的和政治哲学的思想为基础"①。他还说,孙中山先生的基本思想,"完全渊源于中国正统思想的中庸之道,先生实在是孔子以后,中国道德文化上继往开来的大圣"②。可见,戴季陶完全曲解了三民主义,阉割了孙中山先生的三大政策和新三民主义的革命内涵。

戴季陶反对马克思主义的阶级斗争学说,认为阶级斗争的思想"有纠正的必要",从根本上否定了马克思的唯物史观。他说,中国国民党目前进行的国民革命,"在事实上是联合各阶级的革命。但是这一联合各阶级的革命,一方面是要治者阶级的人觉悟了,为被治者阶级的利益来革命。在资本阶级的人觉悟了,为劳动阶级的利益来革命,要地主阶级的人觉悟了,为农民阶级的利益来革命"。在戴季陶看来,"仁爱是人类的生性",因为"革命的冲动并不单是要被压迫的阶级才有。爱人利他的仁心,更不是一定要同阶级才能够具备,那些不来革命的人,只是不知,如果是能知,他的仁爱性依然是能够发现,依然能够为受痛苦的农夫工人努力"③。所以,为要使地主资本家"能知",就要"以仁爱之心"感动他们,使他们"尊重工农群众利益"。他特别强调说:"阶级的对立是社会的病态,并不是社会的常态。这一种病态,既不是各国都一样,所以治病的方法,各国也不能同。中国的社会就全国来说,既不是很清楚的两阶级对立,就不能完全取两阶级对立的革命方式,更不能等到有了很清楚的两阶级对立,才来革命。中国的革命与反革命势力的对立,是觉悟者与不觉悟者的对立,不是阶级的对立"④。因此,

---

① 以上见戴季陶:《孙文主义之哲学的基础》,1925 年。
② 戴季陶:《民生哲学系统表说明》,1925 年 5 月。
③ 以上见戴季陶:《孙文主义之哲学的基础》,1925 年。
④ 以上见戴季陶:《孙文主义之哲学的基础》,1925 年。

他认为马克思主义唯物史观不适合中国国情,在今天的国民革命过程中,"绝不须用唯物史观做最高原则",攻击中国共产党"争得一个唯物史观,打破了一个国民革命"①。

戴季陶极力鼓吹在组织上建立一个"纯粹的"国民党,要求加入国民党的共产党员和共青团员统统退出。他认为团体是有"排拒性的",共产党员和共青团员加入国民党,国民党内就有了两个中心,这就会"同性相拒",就会"共信不立,互信不生;互信不生,团结不固;团结不固,不能生存"②。他还说:"现在我们中国需要的是三民主义的国民革命,就要老实做信奉三民主义,老实是以国民革命为目的。心里想的,口头说的,手上作的,都要一样,才可以取得国民的同情,集合国民的力量。如果心里想的是共产革命,口里说的是半共产革命,手里作的是国民革命,让一般国民看不出真象,认不清需要,共产的条件既不会因空想而具备,国民革命又因此而生出许多障碍"③。所以,"要作一个负责任的、心口如一的、三民主义的革命者,要把完成国民党的组织,作为自己道德上的任务",就必须"在组织上凡是高级干部,不可跨党"④。

凡此种种,不一而足。戴季陶以上所述,打着继承总理遗训,披着信守三民主义的伪装,因此具有极大的迷惑性和欺骗性,对革命统一战线危害极大,必须予以彻底批判。

中国共产党人立即团结国民党左派,在思想理论战线上对戴季陶主义展开了坚决回击。瞿秋白、周恩来、毛泽东、恽代英、萧楚女等运用马克思主义唯物史观,全面系统地批判了戴季陶主义。在这场思想领域的斗争中,恽代英表现尤为突出。他先后写了《读〈孙文主义之哲学的基础〉》、《民族革命中的中国共产党》、《国民党与阶级斗争》、《孙中山主义与戴季陶主义》、《真三民主义》、《在国民党第二次全国代表会上的演说》等战斗檄文,充分

①　以上见戴季陶:《孙文主义之哲学的基础》,1925 年。
②　戴季陶:《国民革命与中国国民党》,1925 年。
③　戴季陶:《孙文主义之哲学的基础》,1925 年。
④　戴季陶:《国民革命与中国国民党》,1925 年。

展现了他无产阶级理论家的风采。

1. 恽代英诠释了中山主义的革命真谛,揭露了戴季陶歪曲三民主义,阉割孙中山新三民主义和三大政策革命内涵的实质。

恽代英概括了孙中山先生一生的思想行为。他说:"孙先生一生的思想行为有两句话可以概括的",这就是他的"绝对平等的思想"和"革命的精神"。

首先,关于"绝对平等的思想"。

恽代英指出,孙中山先生的思想最重要的当然是三民主义。什么是三民主义?"(A)民族主义,简单的说是要使中国民族与世界各民族平等,不受别的民族的压迫"。"(B)民权主义,是要使人民在政治上平等,甚么人在政治上都平等。政治是全体人民的,是不许资产阶级垄断私有的……要政治不被资产阶级一阶级拿去,要人人平等。(C)民生主义,是要使人民在经济上平等。他要平均地权,节制资本,不使地主、资本家自由的发展,以至于做到消灭阶级,成功一个共产主义社会。这个社会里没有资本家,没有地主,没有经济上地位高的人,也没有给别人剥削的人。"所以,孙中山先生的三民主义完全是要平等。"平等也就是孙先生所谓王道,孙先生曾说,俄国所行的王道公理,帝国主义者所行的是霸道。所谓王道公理是要平等,要没有一个民族压迫别个民族,要没有一个人在政治上在经济上压迫别一个人"①。

其次,关于孙中山先生的革命精神。

恽代英认为,孙中山先生的革命精神主要表现在两个方面:(1)他勇于为主义而造党,不顾一切。恽代英指出,孙中山先生是要造一个"为他的主义而奋斗的党来救中国",但他造党是十分费力的,没有人能够了解他。"他的党始终没有造好,他的主义被人漠视",国民党内散漫而没有团结,虽说有几十万党员,但是不信主义,不守纪律。然而无论怎样,孙中山先生"还是设法要达到他的理想,实行他的理想"。所以"他勇于淘汰不明主义

---

① 《恽代英文集》下卷,人民出版社1984年版,第745—746页。

的党员"。尤其是1924年国民党"一大"改组,"他决定要老党员接受宣言重新登记,他把一切老党员反对的意见置之不问。这样的勇敢是难得的"。他还勇于联合符合于党义的友邦和友军,如苏俄和共产党。"孙先生见到要中国革命非与他们联合不可,便主张要他们联合。他明知这样下去要受帝国主义者的压迫,他明知要给别人造谣言。但是他不管这些!""他不怕联俄容纳共产党,反而还说他的民生主义就是共产主义。这统是表现他的革命精神,不是别人所能及到的"。(2)反对与违反主义者妥协。恽代英说,孙中山先生"是不赞成和反动势力妥协的,他反对袁世凯,反对一切军阀官僚;虽然别人说他和陆荣廷、杨希闵以及段祺瑞、张作霖等有时有些妥协意味,不过他的意思实在是想利用机会,扩张人民势力"。这如1924年11月,他应冯玉祥电邀北上提倡国民会议和军阀奋斗一样,"并没有与军阀妥协的意思"。"他到军阀队伍中去是为要用人民的力量去和军阀奋斗"①。

总之,恽代英认为,孙中山先生的主义,可包括在"绝对的平等思想"与"革命的精神"之中。"但有平等的思想一定要有革命的精神,不然那平等的思想会变成空想。孙先生是要用革命的手段去达到三民主义的。虽然他是仁慈大量,同时他又很富于革命精神,并且他勇于为主义而奋斗"②。

正因如此,"孙先生在晚年又接受了无产阶级世界革命,便是列宁主义的影响,相信世界革命势力的联合,工人和小农的联合,被压迫民族和无产阶级的联合。所以主张联俄及容纳共产党"③。"因为列宁以为工农应该联合,而且以为无产阶级应该联合被压迫民族;孙先生以为中国要打倒帝国主义,而且要人民在政治上经济上一切平等,所以要联络世界无产阶级。这两个要求互相联合的思想,就是促进革命成功"④。

恽代英上述所论,诠释了孙中山先生新三民主义和三大政策的真谛,无

① 《恽代英文集》下卷,人民出版社1984年版,第747—748页。
② 《恽代英文集》下卷,人民出版社1984年版,第748页。
③ 《恽代英文集》下卷,人民出版社1984年版,第749页。
④ 《恽代英文集》下卷,人民出版社1984年版,第751页。

疑是对戴季陶歪曲三民主义,阉割孙中山新三民主义和三大政策革命内涵的深刻揭露。

2. 恽代英批判了戴季陶无视孙中山思想的发展,把新三民主义的哲学基础归结为中国固有的道统论的谬论,强调孙中山先生不是一个教主,而是一个革命领袖。

首先,恽代英分析了中山主义产生的历史背景。他首先指出,孙中山先生的为人,思想是很高尚的(平等思想是孔子及释氏的最高思想),感情是很浓厚的(他确乎很爱人,时常喜写"博爱"、"天下为公"等句子)。但是,他又不仅仅如此,若仅是思想高尚,感情浓厚,那他便变成了孔子或者释迦牟尼,变了一个教主,而不是一个革命领袖了。孙中山先生同时是一个富于革命的进取的态度的人。他是用主义用各种方法为人类奋斗,他的方法是由于他自己时时刻刻接受世界上最新的潮流而制定的。"我们可以说他的学识是世界上最进步的学识的集合。他是革命的,进取的,他是不怕一切困难,不丝毫犹豫疑虑,他用革命手段来达到他的理想的。他用各种最进步的方法来实现他的平等的思想"。因此,"我们看孙先生应从两方面看:一是他的革命进取的精神,一是他的仁爱平等的思想。只从一方面看,是不会能了解孙先生真正的人格与思想的"①。

其次,恽代英分析了孙中山先生思想发展的过程。他指出,孙中山生于封建社会的中国,自然会受到封建社会思想的影响。"他不忘东方道德,他叫人注意东方道德,他讲王道、讲公理,这都是东方人的思想。孙先生在封建社会学说教义之中,把其中最好的部分便是仁爱、平等的理想接收了,我们说孙先生恭维东方文化,这是不错的。不过我们要知道孙先生绝对不是和那些腐儒一样。他是要将封建社会中仁爱、平等的空谈,用近代的各种方法实现出来"。恽代英说,孙中山先生在 30 岁以后,又受到欧美资产阶级革命与社会主义运动的影响,他"赞成资产阶级的民主革命,同时他反对资产阶级的垄断把持政权。他接受了直接民权、平均地权、节制资本的学说。

①《恽代英文集》下卷,人民出版社 1984 年版,第 749 页。

在那时,确是很进步的了。"①孙中山先生晚年,又与时俱进,在共产国际和中国共产党的帮助下,改组了国民党,实现了国共合作。可见,孙中山先生一生都能在各种环境里,接受各种进步的思想。在他的思想中,有封建社会的资产阶级的与无产阶级的各种思想。他主张用欧美民主革命及无产阶级革命的方法来实现他的仁爱平等的思想。所以,孙中山先生的思想,不完全同于马克思或列宁,也不能完全合于根据马克思列宁学说的共产党的。但是,"他虽不说无产阶级革命,他却是要消灭阶级。他要世界上没有资本家压迫工人,没有地主压迫农民,换句话说,他仍旧是要达到共产主义的社会。"由此可见,"孙先生的学说虽然不能纯粹的同于无产阶级革命的学说,但是一样要达到无产阶级革命的目的"②。他几十年革命不能成功,吃亏的地方就是因为他太好了,太仁慈。"他实在是大量、仁慈……上了人家的当"。但"他勇于改革,见到应做的,马上便做,见到应改的,马上便改。因为他能用革命手段改正他自己的错误,他要用革命手段达到他自己的理想,所以他不失为一个革命领袖"③。

中山主义产生的历史背景充分说明,戴季陶称孙中山思想的哲学基础,"完全渊源于中国正统思想的中庸之道",把孙中山颂扬成继孔子之后"中国道德文化上继往开来的大圣",完全是别有用心的。戴季陶把孙中山的书看成宗教经典,旨在限制广大国民党员掌握中山主义中的两个最高原则,即平等思想和革命精神。恽代英强调指出:"我们因为孙中山先生的话是救中国的,我们要救中国,所以信孙先生主义,我们不是信宗教。所以象戴先生这样要限制党员以最高原则的办法是不好的,这是违反孙先生的进取精神"④。这就彻底揭穿了戴季陶鼓吹道统论的实质。

最后,恽代英驳斥了戴季陶所谓"不相信中国固有文化的价值,便没有民族自信力"的奇谈怪论。

---

① 《恽代英文集》下卷,人民出版社1984年版,第749页。
② 《恽代英文集》下卷,人民出版社1984年版,第750页。
③ 《恽代英文集》下卷,人民出版社1984年版,第752页。
④ 《恽代英文集》下卷,人民出版社1984年版,第753页。

恽代英指出:"孙先生有时亦讲到中国固有文化,这是不错的;但若因此便说不相信中国固有文化的价值,便没有民族的自信力……这些话未免太过火而不近情理了。"①他说,对待中国固有的文化应和对待外国的文化一样,科学的、有价值的"才有存在的意义",反科学的则必须排斥。"固然我们要排斥'反科学的'中国文化,这亦犹如要排斥'反科学的'别国文化一样,我们认'中国的一切'亦不过与任何国的'一切'一样的有价值,中国文化在世界文化'史'上,亦犹如犹太文化、埃及文化一样,当然有存在的意义,但这与民族革命的自信力没有什么必要的关系。"因为"革命的能力,发源于主义的信仰与群众的党的组织"②。所以我们不能拿一国的文化来决定他的命运,"这样才不至于因赞美人家的文化而自甘屈服(如一般美国化的留学生),亦不至于因鄙夷人家的文化而公然自认有任意蹂躏宰割的权利(如一般人对蒙、藏、苗的观念),更用不着因不愿屈服于人家而虚骄恃气将自己的文化高举起来"③。

恽代英还指出,人类精神文明结晶的优秀文化成果,是属于人类共同的精神家园的,中国优秀传统文化不是中国人所独有的,因此,我们也决不能说"马克思的学说是德国的文化,列宁的学说是俄国的文化"④。这就是说,马克思列宁主义是无产阶级革命的思想,它既能指导俄国革命,也可以指导中国革命。而戴季陶硬是将孙中山先生的三民主义歪曲为是继承了中国封建的道统论,并认为这所谓的"正统"思想"是中国的固有文化",并声称"不相信中国固有文化的价值,便没有民族自信力"。这实际上就是借中国的固有文化之名,行反对马克思列宁主义在中国传播之实。

3. 恽代英批判了戴季陶超阶级的国家民族观和"仁爱"论,强调要实现孙中山先生的新三民主义,最根本的就是要发动广大民众与帝国主义、反动军阀以及地主、资本家进行阶级斗争,从而坚持了马克思主义的唯物史观。

---

① 《恽代英文集》下卷,人民出版社 1984 年版,第 702 页。
② 《恽代英文集》下卷,人民出版社 1984 年版,第 703 页。
③ 《恽代英文集》下卷,人民出版社 1984 年版,第 703 页。
④ 《恽代英文集》下卷,人民出版社 1984 年版,第 703 页。

　　唯物史观是马克思主义对人类社会历史的总的根本的看法。它认为人类社会的发展是自然的、历史的过程;社会存在决定社会意识,社会历史发展的根本原因是物质资料的生产方式,而不是个别人物的思想、意志;人类社会发展有其本身固有的客观规律,它是由社会基本矛盾,即生产力和生产关系之间、经济基础和上层建筑之间的矛盾运动所决定的,在阶级社会,阶级斗争是社会发展的直接动力;人民群众是历史的创造者。这就彻底宣告了历史唯心主义的破产,把它从其最后的避难所清除出去,为各门具体社会科学从各个不同的方面研究社会生活提供了科学的理论基础和指导方法,使它们成为真正的社会科学。

　　戴季陶鼓吹的超阶级的国家民族观和"仁爱"论,与马克思主义的唯物史观是格格不入的,是地地道道的唯心史观的反映。

　　首先,针对戴季陶阶级斗争的思想"有纠正的必要"的谬论,恽代英从中国历史现实出发,明确指出:"戴先生以为阶级斗争的思想有纠正的必要,以为我们要促起全国国民的觉悟,不是促起一个阶级的觉悟,我颇觉他不能自圆其说"。他说,"外国资本家移殖资本于中国境内,财政资本有汇丰、花旗等银行,工业资本有内外棉纱厂、英美烟公司等工厂,津、汉、青、沪的工钱奴隶已数十万人,对此等资本主义不应宣战吗? 再则中国资本家资力虽然薄弱,然心不在小,将来决不能很爽快的屈服于国民党节制资本的政策之下,对这种人不应当'预备'宣战吗? 戴先生以为资产阶级反对三民主义,真正站在利害敌对地位的不过百分之一,最没良心和知识的占百分之九十九,其实站在利害敌对地位和没良心知识有何分别。即欧美资产阶级之反动,其酷待劳工又何尝不可说是没良心? 其违背进化潮流何尝不可说是没知识? 不过他们站在与劳工利害敌对的地位,使他们不易有良心有知识耳。"①恽代英进一步指出,阶级斗争"是从古已然的","任何时的阶级争斗,都是为的工人反抗剥削的资本家,或是为的农民反抗剥削的地主;为甚么因为要联合起来从事革命,便应当宽纵这种资本家或地主,便应当使农

_____

① 《恽代英文集》下卷,人民出版社1984年版,第704页。

民、工人牺牲他们的反抗的正当权利呢……只要一天还有资本家、地主剥削工人、农民的事,这种争斗亦是无法避免的。只有为这种资本家、地主做走狗的人应当反对这种争斗。你们只知反对这种争斗,为甚么不肯负责纠正这种剥削工人、农民的地主、资本家? 对于你们自己无法纠正的地主、资本家,怎样不能说出一个对付他们的切实办法呢?"①

其次,恽代英批驳了戴季陶的"仁爱"论。恽代英指出,对资本家与地主,诱发其仁爱的性能,使其接受三民主义,这自然是很好的。但是,"假定资本家、地主的仁爱性能竟诱发不起来,他们竟不接受三民主义,或虽名为接受三民主义而不肯切实照三民主义的精义做事呢?" 如果这样,"国民党自然应当用农民、工人以及各阶级表同情于农人、工人之分子的力量去遏制他们,甚至于打倒他们,褫夺他们的政权。对于这,你亦可以说是阶级争斗,或是无产阶级夺取政权,但国民党若非这样做便不能防止个人资本主义发展的时候,忠实的党员决不应畏怯不前;因为国民党所以要这样做,并不是要奖励阶级争斗,但非如此便不能达到防止争斗、消弭阶级的目的"②。因此,"国民党决不能等候地主、资本家的仁爱性能被诱发以后,再去组织训练农人、工人;国民党在此时应当预备与阻碍农人、工人以组织训练的地主、资本家相奋斗,遇必要时,为发展农人、工人之组织与训练,便遏制乃至于打倒这种反动的地主、资本家,亦是没有不可以的。这种遏制或打倒地主资本家的行为,乃为防止争斗、消弭阶级所必需的,这决不可以说是奖励阶级争斗"③。

最后,恽代英明确指出,在已发现阶级争斗时,国民党员应即刻站在农人、工人方面,并且纠正地主、资本家,使他们不对农人、工人取争斗之态度与手段,"这是每个国民党员应当记得的。我们若是要得着农人、工人的同情,使他们都站在国民党旗帜之下来进行革命的工作,那便不但不应当对于

---

① 《恽代英文集》下卷,人民出版社 1984 年版,第 714 页。
② 《恽代英文集》下卷,人民出版社 1984 年版,第 720—721 页。
③ 《恽代英文集》下卷,人民出版社 1984 年版,第 722 页。

已发现之阶级争斗,借口'农人工人胡闹',或者说'有共产党在中间煽动',而每一种反对厌恶的心理;对于这种阶级争斗,我们应当毫无疑惑的立刻去做农人、工人的友军,尽力解除地主、资本家的武装,使他们不取争斗的态度与手段"。① 他还坚定地说:"一个忠实的国民党(员),一定要预备着恒久不倦的与各种反动的(或者说是不觉悟的)势力相战斗,因为怕赤化的嫌疑,便要借种种说法来回避战斗,根本便不配做一个国民党员。"②

恽代英以上所述,持之有故,论据有力,表明了一个共产党员光明正大的磊落胸怀。

4. 恽代英彻底揭穿了戴季陶所谓"真三民主义信徒"、"纯粹国民党员"的画皮,还了他背叛孙中山先生的真面目。

首先,恽代英一针见血揭露了戴季陶反共的手法。他回顾了国民党改组以来经过几次分化的历史,指出每一次分化时期,总有许多人自称为"真正的国民党员",都以"反共产"为名,排斥一切与他们意见不同的同志。然而这些"真正的国民党员"现在做什么去了呢?"被段祺瑞收买了(如彭养光、冯自由等),甚至于被齐燮元收买了(如凌钺),与广东国民政府完全站在反对地位了(如杨希闵、刘震寰、邹鲁等)! 这种'真正的国民党员'与陈炯明、洪兆麟等之'真正的国民党员'有甚么两样?"

在揭穿了国民党老右派的真面目后,恽代英笔锋一转,接着说,现在又有一句口号,是说他们是"真正三民主义的信徒";他们说这句话,便表示要请那些在他们认为不是"真正三民主义的信徒"的人(共产党,或者是与他们意见不相合的国民党员)滚出去的意思。这种手法和国民党老右派如出一辙。

恽代英接着说,这些人当真配得上"真正三民主义的信徒"吗?"哼!我敢说他们中间许多人连一民主义亦还配不上,自己不研究'真正的'三民主义,而且怕人家宣传'真正的'三民主义,却偏要诬蔑总理的三民主义,拿

---

① 《恽代英文集》下卷,人民出版社 1984 年版,第 722 页。
② 《恽代英文集》下卷,人民出版社 1984 年版,第 723 页。

来做他们排斥异己的武器,若此辈同志得逞,总理真要死不瞑目啊!"①

其次,恽代英回答了什么样的人才配得上称为真正的三民主义的信徒和纯粹的国民党人的问题,进一步揭穿了戴季陶所谓"真三民主义"、"纯粹国民党人"的画皮。

恽代英指出,真正的三民主义信徒,"一定要无论如何艰难危险敢与帝国主义相奋斗(民族主义);同时,一定要打倒军阀为全体人民争回政权,不许政权落于资产阶级少数人之手(民权主义);同时,一定要有很切实有效的方法,实行'节制'资本,'平均'地权,不许在中国有资本家地主压迫工人农民的事(民生主义)。"②而戴季陶呢?他既不敢提打倒帝国主义,打倒军阀,也不敢提"节制资本"、"平均地权"八个字。"对于眼前中国已经有了的资本家地主压迫工人农民的事,闭着眼睛置之不问不议之列。这种人配得上称为真正三民主义的信徒吗?他们只是有意作践三民主义,有意作践我们的总理与我们的国民党罢了!"③

那么,什么样的人才配得上称为纯粹的国民党员呢?恽代英说,一个真正纯粹的国民党员,"一定要真正能相信革命的三民主义,一定要不是口是心非的党员,而且亦一定不是甚么二民主义、一民主义的党员……国民党人的责任,是要用国民革命的手段,来实现三民主义——便是要国内一切民族平等自由,贫苦农工都得一律享受政权,而且用国家的权力使资本家、地主不得发生,以引导中国到共产主义的路上去。不能相信象这样做的人,如何配得上称为真正三民主义的信徒?如何配得上称为一个国民党员?"④

恽代英还强调说:"不错!每个国民党员要做一个真正的三民主义的信徒,一定为实现完完全全的三民主义而奋斗,决不应怕说民生主义,决不应怕说国民革命是为要做到国内民族平等自由,穷苦农工享受政权,资本家、地主不得发生;决不应怕说节制资本、平均地权……倘若不能这样,那便

---

① 《恽代英文集》下卷,人民出版社 1984 年版,第 765—766 页。
② 《恽代英文集》下卷,人民出版社 1984 年版,第 766 页。
③ 《恽代英文集》下卷,人民出版社 1984 年版,第 766 页。
④ 《恽代英文集》下卷,人民出版社 1984 年版,第 766—767 页。

只能证明他们不是三民主义的信徒，他们违叛了总理，违叛了国民党"①。

最后，恽代英表示了始终站在孙中山先生三民主义一边，并始终为之奋斗的决心。1926 年 1 月 4 日，国民党第二次全国代表大会在广州开幕，19日闭幕。在闭幕式上，恽代英发表了重要演说。他回顾了国民党一大以来所取得的成绩，衷心希望国民党二大以后"党要变成一个更有力量的党"，"我们的同志要更加认清楚本党的主义"。他再次重申"讲三民主义的国民党，一定是反对帝国主义，一定是反对军阀，一定是要为平民——尤其是大多数的农工的利益奋斗，必如此乃可以言国民党，不如此者决不配称做国民党"②。与此同时，恽代英强调，本次会议通过的议案，不是说空话，而是要执行的，并表达了他始终站在孙中山先生三民主义一边，并为之而奋斗到底的决心。他说："姑无论我是不是共产派，我要请问共产派是违背了民族主义或民权主义或民生主义吗？如果没有违背三民主义，便是一个共产派亦没有被开除的理由。我相信我始终是站在总理的三民主义这一边的。"他还坦率地宣称："那末我当真是永远忠心于本党的事吗？也不一定。如果本党丢了三民主义，我便要反叛起来，这是没有什么客气的。我的入党是因为想做官吗？想认识某要人吗？我完全是因为国民党能反对帝国主义、军阀，为被压迫农工利益而奋斗所以来的。如果国民党会有一天和帝国主义妥协，和军阀勾结，和大多数的农工反对，这是冯自由的国民党，已经不是总理的国民党了；到那时，我一定起来反对，和现在反对上海的伪中央执行委员会一样。""总而言之，各位同志不要管我是不是共产派，只要问我是不是实行三民主义。如果有违背三民主义去做反革命的事情，便马上可以拿去枪毙。如果没有，便不能开除。我的理由在这里说得很明白了，如果你说我是共产派，我这个共产派便是这样主张的。"③

恽代英的演说，光明磊落，旗帜鲜明，表明了他虚怀若谷、革命到底的坚

---

① 《恽代英文集》下卷，人民出版社 1984 年版，第 768 页。
② 《恽代英文集》下卷，人民出版社 1984 年版，第 777 页。
③ 《恽代英文集》下卷，人民出版社 1984 年版，第 779 页。

定立场和献身精神。

四、批判国民党"改组派"的理论主张

由于共产国际、联共(布)的错误指导和陈独秀右倾错误的危害,致使轰轰烈烈的中国大革命归于失败。1927 年 7 月 15 日,汪精卫在武汉分共,宁汉合流,国民党疯狂屠杀共产党人和革命群众。中国社会的政治生态开始重新凝聚和演变。

中国共产党人从血泊中爬起来,掩埋好同志的尸首,抹干净自己身上的血迹,高举起武装反抗国民党的旗帜,走上了农村包围城市、武装夺取政权的中国特色革命道路。

蒋介石排斥异己,一心想用武力统一中国,妄图在中国建立其法西斯独裁政权。

曾是国民党左派,小资产阶级激进代表的邓演达等人,既反对蒋介石的专横统治,又不同意中国共产党的政治主张,于 1930 年 8 月在上海成立中国国民党临时行动委员会,简称第三党。

第三党开始成立时,一度发展很快,曾在全国 11 个省和 3 个市建立了地方组织,出版《革命行动》等刊物。1931 年 8 月,第三党在上海愚园坊 30 号办了一个训练班,举行结业典礼时,邓演达出席。由于叛徒出卖,国民党上海警备司令部会同上海租界巡捕房包围了会场,逮捕了邓演达。同年 11 月 19 日深夜,邓演达被国民党特务秘密杀害。邓演达的被害,对第三党打击沉重,有的退党或另组新党,但仍有一部分成员坚持继续斗争,1935 年 11 月更名为中华民族解放行动委员会,1947 年 2 月,决定正式改名为中国农工民主党。

与蒋介石合流的汪精卫等辈,在国民党中央未能当权,没有什么地位。1927 年 12 月,因蒋汪矛盾,汪精卫被迫出国,汪派中的陈公博、顾孟余等亦被蒋所排斥。这些失意政客在上海秘密集会,拥汪为领袖,以改组国民党相号召,进行反蒋活动。1928 年 5 月、6 月,陈公博、顾孟余分别创办《革命评

论》和《前线》半月刊。同年冬,正式在上海建立中国国民党改组同志会,下设总务、宣传、组织三部,分由陈公博、王乐平、顾孟余、王法勤、朱霁青、潘云超任正副部长,陈公博为总负责人,并在各省市和海外设立支部或分会,积极从事反蒋的政治和军事活动,鼓吹改组国民党,对外主张在不宣传不实行共产主义的前提下和苏联在反帝战线上恢复邦交;联合东方各民族资产阶级;组织三民主义的新国际。对内主张国民党一党专政,恢复 1924 年国民党改组精神,改组南京政权等。

改组派的政治主张,迎合了一部分资产阶级、上层小资产阶级及其知识分子和青年学生不满蒋介石独裁的心理。他们既反对国民党的屠杀政策,又反对共产党的暴动政策,幻想在半殖民地半封建的中国走一条中间道路。因此也纷纷加入,一度推动了国民党改组运动的开展。

在改组派中,还有一些人,他们原是中共早期党员,曾为党做过一些有益的工作,但在国民党严重白色恐怖、中国革命"一时没有胜利的希望"①的情况下退出共产党,但又不愿意与蒋介石同流合污而加入了改组派。施存统先生就是这类人中的典型代表。大革命失败后,他在国民党的《中央副刊》发表《悲痛中的自白》,重新决定了自己新的"政治立场",即鼓吹建立"工农及城市小资产阶级联合的党",进而到广州参与了"改组派"的筹组工作。这期间,他还在《现代中国》、《革命评论》等刊物上发表了《中国革命的理论问题》、《恢复十三年改组精神》等文章,较系统地鼓吹改组派的理论,具有一定的代表性。

改组派的活动遭到蒋介石的严厉镇压,其所办刊物、领导机关相继被封闭,陈公博、顾孟余、甘乃光等被开除国民党党籍。1930 年春,改组派实际负责人王乐平在上海被暗杀,改组派的基层活动全部陷于停顿,只有少数上层分子继续利用改组派的招牌与蒋介石进行权力角逐。他们联合西山会议派,以"树立民主政治"和"倒蒋反共"相号召,策动冯玉祥、阎锡山等发动中原

---

① 代英:《施存统对于中国革命的理论》,《布尔塞维克》1929 年第 2 卷第 4 期。以下引文,皆见该文,不再另注。

大战。同年8月,汪精卫在北平主持召开中国国民党中央扩大会议,改组派分子活跃一时。9月,随着冯玉祥、阎锡山的失败,中原大战结束。汪精卫、陈公博先后出逃国外,改组派于是"树倒猢狲散"。1931年年初,汪精卫在香港发表声明,宣布解散改组派。

改组派在中国的政治舞台上虽然昙花一现,但其鼓吹的理论具有极大的欺骗性。根据共产国际的指示,中国共产党在坚持中国特色革命道路、武装反抗国民党统治的同时,对改组派的理论也进行了彻底批判。恽代英与瞿秋白等共产党人,站在批判改组派斗争的最前沿。

1929年,恽代英在中国共产党中央机关刊物《布尔塞维克》第二卷第四、五期和《红旗》第二十二期上,相继发表了《施存统对于中国革命的理论》和《新军阀混战与改组派的作用》等论文,系统地批判了改组派原理论,教育了上当受骗的群众,从理论上武装了中国共产党。

(一)批驳了改组派鼓吹的所谓两个理论系统论

改组派认为,中国革命有两个理论系统,"一个是继承孙中山的国民革命系统,以解放整个被压迫民族为革命的出发点,在国民革命中去完成社会革命;一个是继承第三国际无产阶级革命的系统,以解放无产阶级为革命的出发点,中国革命只是以帮手的资格参加世界革命"。他们把自己打扮成孙中山先生三民主义的继承人,说什么"中国革命只有在孙先生这个国民革命的理论之下才能完成,这好像帝国主义国家的革命只有在马克思那个无产阶级革命的理论之下才能完成一样"。而且还说,"中国革命自有他自己的立场"。透过这段冠冕堂皇的言辞,我们不难看出改组派的隐意,那就是第三国际无产阶级革命的理论系统。"不适合中国国情",中国革命只有实行孙中山那一革命系统,中国才能走上"非资本主义前途"。

恽代英一针见血地指出,改组派是一定要咬着说第三国际那一系统是怎样不适合中国国情的,因为这一句话"是一切摇笔作反共文章者的天经地义不可不说的话",这一点也不新鲜,在改组派讲这句之前,国家主义分子曾琦、国民党老右派冯自由那般人"久已说过"。改组派拾人牙慧,实在

"可怜了"！仅用了几句幽默言辞，恽代英便将改组派反共的本质揭露无遗。

恽代英指出："不错！被压迫民族的革命，是不能与资本主义先进国相提并论的"，中国共产党"是采取了各国革命的经验，同时又参照中国特殊的国情"，依据这样得出的理论所决定的革命道路，比起孙中山主义更值得"我们注意多了"。这表明，恽代英对正在形成的中国特色的革命道路理论是持肯定态度的。

恽代英进而尖锐地指出，孙中山有什么革命系统呢？"一部三民主义，国民党的圣经"。然而，孙中山的学说"是逐渐演进的"，"确实是有很多自相矛盾"的地方。他深刻剖析了孙中山的三民主义后说，现在，三民主义的理论家真多得很，"最好笑的，是戴季陶的仁慈说，胡汉民的连环性说，吴稚晖的阿斗说，李宗仁的反社会主义说等等……老实说，一切的所谓三民主义理论家，都只是各就其便利之所在以发挥三民主义，正是戴季陶'我池引水'的办法"。改组派的诸位先生居然在国民党整个反叛革命以后，又要来继承三民主义这个伟业，这正是"冒孙中山之名"，以售其奸。这就彻底戳穿了改组派所谓继承孙中山国民革命系统的庐山真面目。

（二）批判了改组派曲学阿世的"国民革命的基本理论"

第一，改组派攻击中国共产党"主张直接实行社会主义革命"。恽代英指出，中国共产党现在所领导的革命，很明白不是改组派所攻击的"主张直接实行社会主义的革命"，"而是要无产阶级直接起来领导一般工农平民（包括城市贫苦小资产阶级在内）完成民主革命，建立无产阶级所领导的工农贫民苏维埃政权"。因为只有这样，才可以"保证中国革命非资本主义的前途，以转变到社会主义革命"。恽代英说，中国共产党的这个主张，"仍旧是汪精卫背叛以前第三国际所指导的关于中国革命的前途的一贯主张"。但若改组派"藉此想暗伤共产党主张直接实行社会主义革命，甚至于说共产党大吹特吹土地革命是社会革命，共产党不要工农及城市小资产阶级革命势力，一意孤行，一味暴动，这与一般的反共的流氓说共产党公妻、杀人、放火、领金卢布、住洋房、坐汽车,简直是一样下流无耻的造谣"。

第二,改组派否认无产阶级对中国革命的领导地位。恽代英指出,改组派偷窃了共产国际指示的"建立工农及城市小资产阶级革命的联盟",与所谓"非资本主义的前途"的话头,"却否认了最重要的无产阶级的领导"。在他们看来,中国只有二百多万无产阶级的产业工人,他们又充满了小资产阶级的关系和思想,组织训练都还很幼稚,所以不能领导中国革命。

针对改组派的谬论,恽代英明确说,不错!难道二百多万无产阶级的力量是很小的么?刷洗他们的小资产阶级的关系和思想、加强对他们的组织训练,难道是不可能的事么?二百多万便占了四万万的二百分之一,只要能用各种政治经济的实际问题,继续发动群众的斗争就能从斗争中切实地组织他们,而且从斗争中使他们在思想与行动上一天天布尔塞维克化。我们承认客观上还存在许多困难,"但无论如何,这二百多万无产阶级,总可以形成一个伟大的力量"。这种伟大的力量,是其他任何阶级的力量都不能比拟的。因此,恽代英质问改组派:你们"有什么理由否认无产阶级的领导"?他坚定地指出,中国民主革命一定要在无产阶级领导下,以工农为主力,才能取得胜利。中国大革命的失败,完全是由于"我们误认第三国际的指示",放弃了无产阶级对中国革命的领导权,"对上层小资产阶级做了太多的妥协之所致。这种严重的教训,我们是永远不能忘记的"。

第三,改组派也鼓吹土地革命,而且自称"为土地革命,为非资本主义的前途而奋斗"。他们攻击中国共产党领导的土地革命"是土匪流氓的暴动"。

对此,恽代英明确指出,共产党的土地革命,"目的是在领导一切贫农自己起来要求解放","所以直接提出没收地主阶级土地的主张,使他们都可以起来参加夺取土地,成为民主革命的一部分重要力量"。

然而,改组派鼓吹的土地革命是什么玩意呢?恽代英指出,他们所鼓吹的土地革命不敢触动封建土地所有制,"每次说到地主阶级,便一定要加上'尤其是大地主'几个字做尾巴,结论便是扫除反动的大地主,而将中小地主撇开不谈"。陈公博对农民问题的主张是农村自治、农村合作、二五减租、严禁高利贷,完全不谈农民迫切要求的土地问题。恽代英说:"孙中山先生还能特别揭穿中小地主压迫剥削农民的罪恶,还能坚决的提出耕者有其田的主张",而改组派连这一点认识与决心都没有。"这大概亦是因为中国资产阶级'没有彻底反抗封建阶级的决心和力量',所以反映成为这样软弱动摇的理论罢!"恽代英质问改组派:不没收中小地主的土地,这样反封建的民主革命,对于被大多数中小地主压迫下的贫农有什么作用呢? 陈公博的这些主张,能够领导农民为铲除乡村封建基础奋斗么?"假如陈公博所提出的农民政纲,是要靠'党国'用法律文告来实行,并不要农民自己起来奋斗,那便乡村的地主豪绅可以将这种法律文告看作一纸空文。假如要农民起来,牺牲身家性命以与地主豪绅奋斗,他们为什么不可以自[己]动手的直接解决土地问题,而限于陈公博这几条改良主义纲领呢? 没有勇气解决土地问题,如何能领导他们起来奋斗?"恽代英进而指出,改组派口口声声说,"现在的革命是民主势力对封建势力的斗争,但同时却不坚决主张灭绝中小地主,这是什么理论呢"?

由此可见,改组派所鼓吹的土地革命主张,在中国根本是行不通的。他们攻击农民参加土地革命,"是土匪流氓的暴动",这正暴露了他们的封建买办性。

(三)揭破了改组派理论的欺骗性,明确指出他们的理论"是中国资产阶级的圈套"

恽代英说,改组派的理论是为中国资产阶级预备下一个很好的圈套,"利用民主革命的美名,转移工农小资产阶级的眼光使[其]不反对资产阶级,而且使资产阶级可以在民主革命名义之下,继续压迫工农小资产阶级,实际是消灭中国的民主革命"。他将改组派的理论概括为八个方面,并一一予以批驳。

第一,改组派将中国革命分为民主革命和社会主义革命两个阶段,强调目前应"集中于民主革命"。这是什么意思呢?

恽代英指出,中国革命目前确实是民主革命阶段。"但目前工农参加民主革命,若忽略了扩大自己的组织力量与提高自己的阶级觉悟,坚决反对背叛革命的资产阶级,便决不能保障这一革命能依照工农的意志与利益而发展,决无法抵抗资产阶级破坏革命行为,所以亦决不能保障民主革命的完成与非资本主义的前途"。而改组派鼓吹目前应"集中于民主革命","便是不要反对资产阶级,不要注意到工农自己的组织与阶级觉悟……正如蒋介石'为了国民革命',随时提出限制甚至于取消民众运动一样"。因此共产党坚决主张,在民主革命过程中,"必须特别注意于加紧反对资产阶级,民主革命一定要在无产阶级领导下,以工农为主力来完成他[它]"。"民主革命完成之日,亦一定便是工农贫民夺取政权之日,但这并不是说即刻完成了社会主义的革命(这是无常识的人说的话),而是要以工农贫民政权保障非资本主义的前途。"可见,改组派高唱目前"应集中于民主革命",这种理论,实际上"是为资产阶级欺骗工农妨害其组织与阶级觉悟的发展"。

第二,改组派说民主革命完成后,"一定会走上非资本主义的前途","不然就是投降、失败,决无革命教育可言"。恽代英认为,这几句话都是正确的。问题是,民主革命怎样才能完成呢?改组派承认中国的大革命是失败了,"失败的原因是封建势力的猖狂,与资产阶级的妥协投降,他们又接受了帝国主义的领导"。再追问为什么有这一次失败呢?改组派说,"是由于革命的领导权不统一","大家忘记了中国是一个宗法封建社会"。

恽代英深刻指出:"这些鬼话完全只是故意想将真正的原因掩饰住,使大家不能看得出来。"他客观回顾了从国民党改组至中山舰事件、再由中山舰事件到蒋介石、汪精卫叛变革命的历史全过程后说:"蒋介石公开叛变革命以后,不久汪精卫逐渐走到动摇反叛的地位,共产党不能跟从他们反动,当然不会反转去接受他们反革命的领导,于是表面上亦似乎发生革命领导权不统一的问题。"改组派还要认为"非消灭共产党将革命领导权通通统一于蒋介石、汪精卫之手不可。那样的结果是什么呢?"

恽代英明确指出:"只有资产阶级上层小资产阶级的领袖背叛出卖革命,使封建势力乃至帝国主义的势力逐渐膨胀起来,才将中国的革命引到今天这种失败投降的地步。"正因如此,在民主革命的过程中,在反对帝国主义的同时,也"一定要特别反对资产阶级及上层小资产阶级破坏革命的行为"。而改组派完全不将这种事实指明出来,很明显是为了替资产阶级"欺骗工农贫苦小资产阶级群众!"

第三,改组派说,中国"资产阶级不能领导革命"。又说,近来,"革命势力被封建阶级领导到反动路上去了,反动的封建阶级重复稳定起来,自然他们又受帝国主义者的领导",资产阶级"现在实际上却已经脱离了革命战线,与帝国主义及封建阶级妥协,或竟投降帝国主义及封建阶级了"。

恽代英指出,中国资产阶级不能领导革命这句话也是不错的。这个阶级是最软弱无能力的一个阶级,"他们不但不能领导什么革命到最后的胜利,而且常常还要为他们自己的利益,直接成为反革命的领导者,出卖革命于帝国主义"。

恽代英质问改组派:"为什么中国革命会被封建阶级帝国主义所领导?中国资产阶级既然将革命出卖给封建阶级帝国主义,是不是我们还要将它团结在民主革命战线之内呢? 我们在民主革命过程中应当如何对付资产阶级?"他提醒读者,切不要见改组派说中国革命必然向非资本主义的路上走,"便以为他这种话一定不会只是为资产阶级帮忙","须知他们说革命必然向非资本主义路上走,便是不要人们准备对资产阶级奋斗"。这就彻底戳破了改组派的谎言,揭穿了他们"革命必然向非资本主义路上走"的实质。

第四,改组派说,中国无产阶级在"客观上本来应该由他们来领导革命,不过主观上现在还做不到"。

恽代英指出,改组派的这一论调更是胡说。"二百多万产业工人,无论其本身有如何的弱点,未必其力量不如汪精卫陈公博个人么? 未必其力量还不如蒋介石与他所代表的中国资产阶级么?"

改组派又说,"无产阶级的力量,总不如工农及城市小资产阶级联合起来的力量,为能领导中国的革命"。

恽代英说:"这样的话,若非表明他自己的无常识,便一定是有意欺骗人家。工农小资产阶级三个阶级联合起来,去领导革命。但这三个阶级彼此间便没有谁领导谁的问题么？是工农受小资产阶级领导么？是农民领导工人么？是手[工业]工人领导产业工人么？假如这三个阶级间，用不着谁领导谁，这三个阶级联合起来，怎样决定他们的行动呢？"恽代英接着深刻指出，改组派的意思，实际上"是要将这三个阶级联合起来，去接受他所谓革命的国民党之领袖的领导……是要藉此骗得他们受蒋介石汪精卫等的自由摆布。"对此，恽代英断然予以否定："呸！"他坚定地说："中国无产阶级站在领导革命的地位，是毫无疑义的，若没有任何阶级力量更能比无产阶级的力量强大，谁亦不能否认这一个天经地义！"

由此可见，恽代英坚决捍卫了无产阶级在中国革命的领导地位。

第五，改组派说，"共产党为其阶级性所限，不能集中现时一切革命势力"。

恽代英指出："这又是闭着眼睛胡说！"他说，只有封建社会形式的国民党才有要将一切革命势力吸收于它的组织范围以内这种荒谬的办法。"共产党在党的组织方面，它确只限于吸收一切无产阶级及其他无产阶级化的革命分子。但它要靠它在民主革命运动中英勇的奋斗，使一切工农城市贫苦小资产阶级群众团结在它的周围，以与一切革命敌人决死战！只有在战斗中能集中一切革命势力，决不是在党的组织上去集中一切革命势力。在组织上，各种工会、农会及其他贫苦小资产阶级的职业团体，一定有他们自己独立的地位，决不像国民党将一切民众组织当做它的荷包里的东西。共产党只是用自己的革命主张与行动，号召一切革命的群众起来，为他们自己的利益，团结在共产党旗帜下共同奋斗！"

恽代英进而指出，国民党现在虽然已经整个地背叛了革命，但仍始终不忘记"包办一切"，"要每一个做事吃饭的人都一定要加入国民党，不加入国民党便绝对不许做事吃饭，无论国民党本身如何腐化反动，凡在国民党以外从事革命的人一定要杀头"。表面看起来，国民党是一个集中了一切革命势力的组织，"然而国民党中现在所包含的小资产阶级，实际不过是封建阶级资产阶级的俘虏而已，工农则显然变成了他们的敌人"。改组派现在亦明白主张"一个党"，"消灭其他一切党"。这一个党就是所谓"革命的国民党"，它能够做成集中一切革命势力的组织么？当然不能。恽代英说，改组派"实际仍旧准备将资产阶级上层小资产阶级包括在内，它亦不过要将工农贫苦小资产阶级当猪仔卖给他们而已!"

经过分析比较，恽代英又说，究竟是共产党还是国民党能集中一切革命势力呢?"国民党根本已经是封建阶级资产阶级反革命的联盟了，现在仅仅靠蒋介石的屠刀与江浙资产阶级的金钱留存着一个死尸，还说什么集中一切革命势力么?"这是对国民党及国民党改组派的有力讽刺和嘲弄。

第六，改组派说，"只有工农城市小资产阶级这三个阶级结成革命的联盟，才能实现革命的三民主义"。

恽代英指出，他们讲这句话用意何在呢? 无非"是要藉'联合战线'一语将实际领导权移转到上层小资产阶级手里而已"。改组派"不但要用城市小资产阶级这一名词将他们那一般上层小资产阶级混入民主革命战线，而且还想实际使他们站在领导工农及城市贫苦小资产阶级的地位"。改组派明知中国的小资产阶级"日在动摇分化"、"不会成为一种势力"。既然如此，恽代英反问道：难道这个阶级现在"反转可以领导任何别的阶级吗"? 这简直是"笑死天下人了"!

恽代英坚定地说："共产党一定要特别加强无产阶级的领导，加强城市工作，扩大深入土地革命，使城市小资产阶级能够减少其动摇的态度。共产党决不忽视城市小资产阶级，但非常坚决的认为一定以工农群众来影响小资产阶级，决不能稍为使工农群众迁就小资产阶级动摇的态度，因为非如此便会不能保证革命前途的发展。"这正是共产党与改组派的根本不同之处。

第七，改组派说，"中国现在需要一个革命的国民党"。

恽代英指出，这更是明显反动的欺骗的话了，现在"从什么地方会有一个革命的国民党呢"? 他分析了国民党的历史后指出，国民党自成立以来，就具有向帝国主义、封建主义"妥协的根性"，只有一段最彻底不妥协的时期，"那便是共产党员加入国民党而且领导国民党群众向右倾势力奋斗的时期"。自从中山舰事件和整理党务案后，国民党"便逐渐发挥其妥协性的本来面目,自从清共分共以后,国民党的革命立场便抛到九霄云外去了!"改组派也曾是这样认识的,但现在却鼓吹"革命的国民党"这个东西,"硬要说这种革命的国民党在客观上是有群众的,而且其群众还多过共产党几多倍"。这"通通都是胡说八道,想以一手骗尽天下人"。

恽代英进而揭露,你以为改组派真要组织什么革命的国民党吗?这真是笑话!改组派为什么要组织革命的国民党?"很显明的便是要大家拥护他们所谓革命干部蒋介石汪精卫等","不但要骗人家去妥协拥护国民党反动的领袖,而且还要为这种领袖统一反革命领导权,消灭其他一切的党"。这真是一针见血,将改组派险恶用心彻底暴露无遗。

第八,改组派说,在民主革命中,"要增进工农地位与利益"。恽代英说,这真是要谢谢了!他指出,从前仰望于国民党拥护农工政策的人,"已经被蒋介石汪精卫'为了国民革命'而发展工农运动,而取缔工农运动,而停止工农运动,而恢复工农运动等把戏,教训得很懂得了"!蒋总司令从前不是说过"拥护工农利益,乃是什么天经地义"吗?我们已经领教过了!现在,忽然又喊出来拥护农工利益是什么天经地义,"真正是不要面孔到了无以复加的极度了"!至于改组派说国民党要以代表无产阶级利益消灭共产党的势力,"国民党想消灭共产党的势力是真的,为了要消灭共产党势力想做许多欺骗无产阶级乃至一般工农小资产阶级的事情亦是真的"。但是,国民党"既不能抵抗帝国主义,又不能稍微采用改良政策,减低地主豪绅资产阶级压迫剥削的程度,它能欺骗谁呢?""到如今,每个工人都知道国民党只是资产阶级压迫欺骗工人的工具"。

恽代英还故意挖苦改组派说,改组派想消灭共产党的势力,"假如这是可能的事,戴季陶蒋介石白崇禧等早已经都做了,还要你现在批评国民党过去太不努力么"?这就严正地告诉改组派,企图欺骗工农、消灭共产党的势力,真是自不量力,白日做梦!

恽代英以上所论,从八个方面条分缕析,深刻剖析了改组派假冒革命的外衣欺骗工农的种种谎言。这就彻底识破了他们布下的"一个天罗地网的大圈套",擦亮了广大无产阶级和工农群众的眼睛,还了他们假革命、反革命的真面目。

(四)深刻揭露了改组派的阶级本质

恽代英在《新的军阀混战与改组派的作用》中,深刻揭露了改组派的阶级实质。他指出,继续不断的军阀混战,打破了群众对于国民党的一切幻想。"谁亦再不会相信资产阶级有统治中国的能力,谁亦再不会相信在资产阶级统治之下,中国会有和平统一的日子"。蒋介石的欺骗,在人民群众中的作用已经是很有限的了。"无论他再发几多狗屁宣言,群众都知道他所说的没有一句真话。他实际是卖国求荣的军阀,他所代表的民族资产阶级,不过是帝国主义的一种新工具而已"。在这种情况下,资产阶级又需要"一种欺骗群众的新旗帜,这一新旗帜便是所谓改组派的政治主张"①。他又指出,改组派的政治口号是非常可笑的,他们的政治主张,"很简单的说,他们亦不过是中国民族资产阶级的代表。民族资产阶级本身便是一个最无用的东西,他[它]的代表,无论是蒋介石或改组派,总不会提得出象样子的政治主张来"。因此,改组派"不会比蒋介石有一丝一毫高明的地方"②。

由此可见,恽代英讲得十分清楚明白,改组派与国民党新右派一样,都是代表中国民族资产阶级利益的。

恽代英进一步分析了改组派的性质与作用,深刻指出,改组派"实际便是一种右派的运动,他[它]只能分裂革命的势力,使反革命派得到最后的胜利!"③因此,他反复强调一定要在反对军阀战争中间揭破改组派的欺骗作用,使"群众再不要陷入资产阶级欺骗的网罩",只有如此,资产阶级便"无法能苟且维持他们的命运,中国才能在工农政权之下,建立真正和平统一的国家"④。

---

① 《恽代英文集》下卷,人民出版社1984年版,第1053页。
② 《恽代英文集》下卷,人民出版社1984年版,第1053页。
③ 代英:《施存统对于中国革命的理论》,《布尔塞维克》1929年第2卷第4期。
④ 《恽代英文集》下卷,人民出版社1984年版,第1054页。

综上所述,恽代英对改组派的批判,分析深刻,雄辩有力,既论述了他们鼓吹的"两个理论系统"的实质,又指出了他们"国民革命的基本理论"的反动性,还揭露了他们"理论"的种种欺骗性及其阶级本质,从而让中共党人和广大革命群众更加认清了改组派名为恢复国民党十三年的"改组精神",实为国民党新右派蒋介石效"犬马之劳"的新工具。

五、抵制"左"倾错误,总结党在
闽西局部执政的历史经验

(一)指导中共福建省委工作

1930 年 2 月 15 日至 20 日,中共福建省第二次代表大会在厦门召开,恽代英以中央代表的身份,出席并指导这次会议。

过去,我们一直把 1930 年 6 月中央政治局通过的《新的革命高潮与一省或几省的首先胜利》,作为李立三"左"倾冒险主义形成的标志,但实际上,从新解密的《共产国际、联共(布)与中国革命档案资料丛书》看,从 20 世纪 20 年代末起,中国共产党总是就共产国际某些决议和指示作出一些专门的决议,而且这些决议的评价和指导方针中,"占主导地位的是极'左'倾向,有时要比在共产国际文件中更甚"①。从 1929 年 12 月 24 日于上海召开的《中共中央政治局特别会议记录》看,这次会议由特(生)②主持,主要议程是两个问题,其中第一个问题就是"涉及接受共产国际执行委员会第十次全会决议的远东局决议问题"。而且指出,关于这个问题,"在政治局最近的两次会议上,柏山③同志作了报告"④。这说明,李立三从 1929 年年

---

① 中共中央党史研究室第一研究部译:《联共(布)、共产国际与中国苏维埃运动》(1927—1931)第 9 卷,中央文献出版社 2002 年版,第 11 页。
② 即向忠发。
③ 即李立三。
④ 中共中央党史研究室第一研究部译:《联共(布)、共产国际与中国苏维埃运动》(19274—1931)第 8 卷,中央文献出版社 2002 年版,第 310 页。

底,"实际上领导了中共中央政治局"①。

1929 年 7 月召开的共产国际执委第十次会议,具体贯彻斯大林在共产国际"六大"提出的所谓"第三时期理论"。这个理论认为,从 1928 年起,世界革命已进入新的革命高潮时期。这个时期是资本主义危机增长,帝国主义内部和外部基本矛盾迅速激化,从而必然导致帝国主义战争,导致大规模的阶级冲突,导致各主要资本主义国家新的革命高潮的发展,导致殖民地伟大的反帝国主义革命的时期。米夫在会上更明确地说:"我们看到中国共产党的阵地巩固起来。中国工人运动的高潮,证明工人阶级中意志消沉的状况开始消除,证明失败的最低点已成为过去,工人阶级又大显身手了。"②10 月 26 日,共产国际给中共中央发出了《共产国际执委会给中国共产党中央委员会的信》,从极"左"的指导思想出发认为中国已进入了深刻的民族危机时期,并要求中国共产党迅速使全民族的危机"转变为直接革命的形势"。12 月 30 日,中共中央作出了接受共产国际执委第十次会议精神的决议。1930 年 1 月 11 日,中共中央政治局又通过了《接受国际一九二九年十月二十六日指示信的决议》,强调要与"一切动摇、犹豫、机会主义、取消主义"作"无情的斗争",使国际路线"坚决地有保证地执行"。这说明,共产国际的"左"倾指导思想,完全被中共中央所接受,表明李立三"左"倾冒险主义错误已经形成。同时也说明,李立三的"左"倾冒险主义错误的出现,也是与共产国际"左"的指导思想分不开的。

中共福建省第二次代表大会就是在这样的历史背景下召开的。作为中央代表的恽代英,在这重要的历史关头,他虽然不可能阻挡"左"倾冒险主义错误的潮流,但却保持了清醒的头脑,在自己工作的范围内,尽量减少"左"倾错误对党的工作的危害。这体现了他独立运用马列主义解决中国实际问题的高超智慧和能力。

---

① 中共中央党史研究室第一研究部译:《联共(布)、共产国际与中国苏维埃运动》(1927—1931)第 9 卷,中央文献出版社 2002 年版,第 12 页。

② 转引自《共产国际有关中国革命的文献资料》第 2 辑,中国社会科学出版社 1982 年版,第 53 页。

中共福建省第二次代表大会，"主要任务是传达六次全国大会和二中全会的指示，检阅过去的工作，特别是估计目前的政治形势，指出福建党的政治路线和各种工作方针"。大会通过了政治、组织、职工、农运、军事工作、苏维埃、宣传、CY、妇女、互济会等决议，并通告"五一"纪念工作计划及大会告民众书。"在中央代表恽代英同志的帮助和指导之下，我们很顺利的完成了大会的任务"①。

从会后《中共福建省委给中央的报告——福建党代表大会》这份文件看，大会在对福建革命前途的估量上，比较盲目乐观。《报告》指出："大会认为福建的革命高潮，不可避免的快要到来，目前群众斗争的发展，在走向全省总暴动的前途。"因此，"大会认为在目前革命形势之下，福建的主要路线是在党的政治口号下加紧发动与扩大士兵工农群众的斗争，造成全省总暴动的形势"。这反映了李立三"左"倾冒险主义错误对大会的影响。

但是，大会在对全省工作总体布置时，却又制定了一系列正确或比较正确的方针。

一是毫无疑义地加紧厦门、福州、漳州三大城市的工作，福州与厦门，省委应该直接负责指导……在三大城市的中心工作，与市郊农民工作，必须切实建立起来坚决发动群众斗争，组织同盟罢工，政治示威以确立全省暴动的城市领导。

二是加强闽西特委对群众的领导，深入和扩大闽西的土地革命，无条件扩大闽西的工农军向外发动群众开展游击战争，特别要与漳州所属地区的斗争联系起来，造成广大范围的地方暴动。

三是加紧发动和领导漳州附近和各县农民抗捐抗税抗粮抗租抗债的斗争，并与闽西斗争联系起来造成地方暴动。没收地主土地，建立苏维埃政权。

四是建立闽北特委指导延平、建瓯、崇安的斗争，造成闽北广大范围的

---

① 《中共福建省委给中央的报告——福建党代表大会》，1930 年 2 月 24 日，原件存福建省档案馆，以下内容，除注明出处者外，皆见本文件。

地方暴动。

五是加紧发动和领导群众反军阀战争的斗争,由群众的游击战争发展到地方暴动,造成泉州所属地区广大规模的赤色区域,使闽北闽西漳州所属地区的农村斗争联系起来。

六是开辟新的工作区域,要打进党过去没有工作过的区域,特别是福州邻近各县,如长乐、福清、连江、古田等县的工作,使这许多县份的群众斗争走向广大范围的游击战争与地方暴动。

七是为保障工农斗争的胜利,对全省的兵运工作应坚决地有计划地进行……在兵士群众中应发动要求发欠饷、改善待遇的斗争,扩大土地革命与红军的影响,士兵的斗争与工农的斗争应当会合起来。

大会还分析了福建目前的政治形势,并确定了目前的工作路线。

一是加紧三大城市工人的工作,有计划地发动工人群众斗争,特别是码头工人、人力车夫工人群众的斗争,因为这些工人在城市工人中占了很大的数量,反抗捐税和要求失业保障十分迫切,我们要联络各种工人斗争,举行同业、同区、同盟的同盟罢工与政治示威。

二是在漳州、泉州、莆田等区域加紧对农民斗争的领导……我们首先要布置漳州地区,因为漳州与闽西、东江在客观上很有前途。革命赤潮若扩大到漳州,泉州、莆田的斗争可打成一片,震动全省,以至全国。而且漳州的地形很有利于军事上的作战,使帝国主义和军阀的军队都不十分容易对付我们。

三是闽西赤色区域应该向外扩大,一方面向东江的大埔、饶平,一方面向漳平、永福、华平[安]等地发展到漳州,以便与漳州联结起来。

四是闽北、崇安的斗争应该向建瓯延平方向发展,应该和闽西一样,尽量扩大红军,并使闽北的斗争与闽西及莆田泉州的斗争发生联系。

五是即刻加紧在张贞、刘和鼎部开展兵士运动,在军阀战争与工农斗争区域,尤其是赤色区域的周围,如漳州、泉州等地组织兵变。

在目前工作路线之下,大会还制定了福建省委当前应做的 11 项主要工作:如加紧发动和领导反对军阀战争的斗争,发动群众反捐税的斗争;准备五一纪念大示威;召集工人代表大会,马上先整顿和发展厦门、福州、漳州等地的工人团体,并召开各地工人代表会议;召集全省的农民代表会议,马上动员整顿和发展各地的工农团体;闽西各县应该召集苏维埃会议,讨论扩大赤色区域和扩大红军的计划,并成立闽西苏维埃政府;在漳州、泉州、莆田至闽北各地组织工农参观团,以农会的名义到闽西参观,提高农民对农会的信仰,扩大各地的斗争;在闽西附近的区域和漳泉东江等地选派工农群众到闽西进红军学校培训三四个月后回到各地参加武装斗争;各地应召集代表会、扩大会等传达大会的政治路线,并布置当地的群众斗争等。

由上可见,中共福建省第二次代表大会,虽然受到了李立三"左"倾冒险主义错误的影响,但大会对全省工作总的布置、目前的工作路线和决定的当前主要工作,在文字表述中虽然存在"左"倾的词语,但应该肯定基本上是正确的。这证明恽代英和中共福建省委的领导者们是坚持了马克思主义实事求是的思想路线,是坚持了党的土地革命路线、坚持走中国特色革命道路的。同时,这次代表大会所取得的理论成果也是恽代英和福建省委集体智慧的结晶,也反映了恽代英当时的政治思想。

然而,实际上掌控了中共中央领导权的李立三,这时已被"左"倾冲昏了头脑,在收到福建省委的报告和听取了恽代英的汇报后,即于 3 月 11 日和 4 月 10 日以中共中央的名义致信福建省委,对第二次代表大会的决议和恽代英横加指责,强令福建省委推行其"左"倾冒险主义路线。

1. 关于一省或数省首先胜利的问题

3 月 11 日,中共中央在给福建省委的信中说:"关于一省或数省政权的问题中央七十号通告中,根据目前政治形势的分析以及革命形势的日加开展,我们特别把这一个问题提出来了!更明显地指出武汉与广东有首先胜利的可能……因此我们在红军的配比上在全国范围内是向着武汉与广东的两个中心发展,争取这两个中心省份的首先胜利,如果这个形势开始了即是全国直接革命形势的开始,如果能站在这一个意义上来了解这一个问题,我们就不会做出一省或数省割据的结论,取消其他省份的直接革命形势"。

信中指出："如果你们了解了这一点,就不难确定闽西红军发展的方向,如果现在把闽西红军调向漳州发展,实际上是分散了革命武装的力量与削弱了广东先胜利的力量。所以我们反对闽西红军向着漳州发展的意见,要坚决地使闽西红军向着东江发展,出梅县大埔,向韩江下游发展,以与东江红军配合"。信中还强词夺理地说："如果广东首先胜利了,即是福建直接革命形势的开始,就是福建夺取政权胜利的保障"①。

在 4 月 10 日的来信中,中央对福建省委和恽代英更是提出了严肃批评。信中指出："最近代英同志回,把闽省兵运与红军问题虽略为提及,然对一般军事问题仍然未说到,而且关于兵运与红军的策略上更犯了错误"。来信说："在目前全国革命形势发展到成熟的复兴时期,并且日迫接近革命高潮,党对武装拥护苏联,武装反军阀战争,武装实现全国暴动以及武装争取一省数省的首先胜利前途,无疑的成为当前最迫切的行动问题"。因此,在红军发展方向问题上,"代英同志与你们共同的决定——向闽南发展,也是不正确的。这是以'福建的红军'为出发点来决定他[它]的发展方向,而离开了红军全国政治任务的意义——争取南方政治中心的任务。在目前全国革命形势来看,包围着南方的政治中心广州,显著了闽粤桂三省首先胜利的前途,争取这一前途,无疑的在红军力量上是集中各部(闽西、东江、广西以及北江快生长的红军或游击队),齐向广州进展的,当然这一进展的路线,仍是发动群众斗争,组织地方暴动以推向前进。因此闽西红军之主要发展前途,在目前是应向大埔韩江沿岸帮助东江的地方暴动之胜利,在很快的将来是与东江红军向惠州发展。自然执行这一策略时,一样的要注意闽西以及福建地方暴动之扩大与当地农民武装之发展,但前者是红军的主要路线,后者是不能与前者对立的"。同时,信中还强调说："闽西六团红军,中央已决定由你们立即集中起来,建立红军第十二军",并规定红十二军前委

①　《中共中央给福建省委关于一省或数省首先胜利等问题的一封信》,1930 年 3 月 11 日,原件存福建省档案馆。

"应是直接归中央指挥"①。还要求福建省委"立即成立行动委员会"②,以推行"左"倾冒险主义。

由上可知,以李立三为首的冒险主义党中央,把共产国际的指示与苏联经验神圣化、教条化,不顾中国国情,盲目照搬照抄,"闭着眼睛说瞎话",认为"全国革命形势发展到成熟的复兴时期","武汉与广东有首先胜利的可能"。因此,要求集中全国还很弱小的红军,去攻打国民党军队占据的中心城市。正因如此,李立三认为,恽代英与福建省委决定的党和红军应深入扩大闽西的土地革命,扩大闽西红军的游击战争,向外发展,与漳州所属地区的斗争联系起来,即向闽南发展的正确决策是错误的。他强令闽西红军集中起来,建立红十二军,由中央指挥,"应向大埔、韩江沿岸帮助东江红军向惠州发展",即"齐向广州进展",以去实现其"广东首先胜利"。历史已经证明,这只不过是一场美梦而已!

2. 关于革命的策略问题

马克思主义者认为,正确的革命策略指导,"需要正确的形势分析(正确地估计阶级力量的对比,判断运动的来潮和退潮),需要由此而来的正确的斗争形式和组织形式,需要正确的'利用敌人阵营里的每一缝隙,善于给自己找寻同盟者'"③。特别是在形势与条件不利于我们的时候,一定要暂时避免和敌人决斗,应该严格地将党的组织由公开转变为秘密,而且在群众工作中,应尽可能地利用公开合法手段,使党的秘密组织能够在群众工作中长期地隐蔽力量,深入群众,聚积与加强群众的力量,提高群众的觉悟。对于群众斗争的领导,也应当"根据当时当地的环境和条件,根据群众觉悟的程度,提出群众可能接受的部分口号、要求和斗争方式,去发动群众的斗争,并根据斗争过程中各种条件的变化,把群众的斗争逐渐提高到更高的阶段,

---

① 《中共中央给福建省委的信——武装工农、红军、兵运以及党员军事化问题》,1930 年 4 月 10 日,原件存福建省档案馆。

② 《中共中央给福建省委的信》,1930 年 4 月 10 日,原件存福建省档案馆。

③ 《毛泽东选集》第 3 卷,人民出版社 1991 年版,第 978 页。

或者适可而止地暂时结束战斗,以准备下一次更高阶段和更大范围的战斗"①。

恽代英自大革命失败后,转入地下斗争,一直坚持在国民党特务横行的香港和国民党统治的中心城市上海从事党的秘密活动,具有丰富的白区斗争经验。他将这些丰富经验带到中共福建省第二次代表大会,强调在福州、厦门、漳州等城市,要讲究斗争策略,要利用国民党提出的口号,组织广大群众特别是青年学生,积极参加斗争。这在当时的历史环境下无疑是正确的。

但是,被李立三"左"倾冒险主义错误控制的党中央,不讲斗争策略,一味盲动,认为"群众只要大干,不要小干",不顾客观环境和条件,要求全国各地都要准备马上起义,中心城市尤其要首先发动以形成全国革命高潮的中心。在这种冒险主义错误思想指导下,中共中央完全否定了恽代英的正确意见。在 1930 年 3 月 11 日中共中央致福建省委的信中指出:"代英来信说:'现在国民党召集群众大会援助国民革命运动,我们利用这个机会号召群众参加,尤其是学生群众,提出打倒中国国民党,反对军阀战争等口号'……我们不知道省委最后是否照此意见决定的,如果是这样,这个策略是错误了!"并且认为:"代英提出这个策略意见的立场,我们分析是这样的:国民党用革命的名义来召集群众大会,因为名义是革命的,所以我们要号召群众参加,来转变他们的领导与我们的领导。"这表明李立三为首的党中央,是了解恽代英这一策略思想的,然而却又武断地说:"这一个策略在去年五一、五卅的时候,是对的,现在来运用就是错误了!"因为:"1. 革命成熟的复兴,与群众斗争更加尖锐化;2. 党的政治影响一天一天的在群众中扩大起来;3. 国民党因为害怕群众[和]共产党,很少可能公开号召一个群众大会。"这完全是教条主义的鹦鹉学舌!

那么,党的所谓正确策略是什么呢? 信中说:"我们毫无疑义地应当以援助韩[国]革命运动的名义起来独立号召这一示威运动……打破他们(指国民党——笔者)在群众中的欺骗作用。如果他们仍召集群众大会,我们

_____

① 《刘少奇选集》上卷,人民出版社 1981 年版,第 26 页。

应在他们的会期四五天前独立召集一个大会并作示威运动,他们开会时,我们仍须有组织的用独立的面目在里边夺取群众"①。这种严重脱离中国革命实际的策略不仅是好笑的,而且所谓"独立召集一个大会并作示威运动",实际上就是反对在革命低潮时保存积蓄革命力量、而是要执行集中力量积极进攻的策略,将党在白区辛苦培育的有限的革命力量全部公开暴露在国民党军警的面前,这只能给革命造成极大的损失。

3. 关于兵士运动

"左"倾冒险主义的党中央,对福建省的兵运工作也是不满意的,在1930 年 4 月 10 日的来信中说:"据代英同志报告,你们对兵运是没有组织的,而且代英同志同你们决定兵变的策略,也是错误的。""闽委这样对兵运的不紧张,也是必然要严厉纠正的现象"。如前所述,从中共福建省委给中央的报告看,恽代英和福建省委是非常重视兵运工作的,强调在国民党士兵中,"应发动要求发欠饷、改善待遇的斗争,扩大土地革命与红军的影响,士兵的斗争与工农的斗争应当结合起来"。并特别指出要"在军阀战争与工农斗争区域,尤其是赤色区域的周围,如漳州泉州等地组织兵变"。这就是说,从事兵运工作,要讲究方法、策略,要看具体条件。而"左"倾冒险主义的党中央,却一味强调:"组织兵变在目前兵运中是一个最中心问题,因为兵变的条件是一般的成熟。我们应该一开始兵运,即要有决心组织兵变,当然所谓组织兵变,是要从组织上宣传鼓动[上][日]常斗争上建立起群众基础,使变时可以给敌人一大打击,变后立即成为红军。在城市不兵变专做日常斗争或开小差,这是取消兵变的办法。在城市我们同样要注意兵变,你们一定要懂得如果在城市有一营或一团有显明旗帜的兵变是有积[极]大的政治意义与影响的,只是在城市固定驻扎的军队或要塞等处,我们主观上布置工作时要注意到准备暴动的配合,但如果到特殊情形非变不可之时,须坚

---

① 以上引文皆见《中共中央给福建省委关于一省或数省首先胜利等问题的一封信》,1930 年 3 月 11 日,原件存福建省档案馆。

决地领导"①。这些不切实际的空谈,今天读来实在可笑至极。

以上"左"倾冒险主义党中央对恽代英和福建省委无端的批评和指责,从反面进一步证明了恽代英的政治思想是完全正确的。

这次会议以后,恽代英更是深刻认识道:"今日中国共产党已被李立三取消了,马克思和列宁主义都被他们打倒了,我们现在真正执行着立三发明的白郎吉主义,同时又好像托洛茨基主义般一部分到中国来复演。换言之,我们现在已经不是从事干革命工作,而是做一阴谋式的活动和冒险,我们将在不估量客观和主观的力量,轻视敌人的力量,乱撞盲干中复没,好像是没有问题的。"他又气愤地说,当我回到上海之初,李立三便对我说,上海工人不要罢工,"他们需要暴动……这真糟了! 今日党中央已经将最低限度的民主制都取消了,立三实际上已经统治了全党,他已经取得了独裁的权利,较之陈独秀专制有过之无不及","他们是玩弄暴动,把人命当作儿戏,实际上在今日布置暴动,不如叫同志和群众一齐去跳黄浦江的好"。② 这进一步表明了恽代英对李立三"左"倾冒险主义错误的深刻认识。

(二)充分肯定闽西农民的造反成绩,并初步总结了党在闽西局部执政的历史经验

在指导中共福建省第二次代表大会期间,恽代英的理论修养和工作能力感动了福建省委每一个成员。中共福建省委在给中央报告的最后向中央提出了一个请求:"大会对中央恳求:大会认为福建革命形势开展和加强党的领导力量,头先要加强省委的指导力量,因此大会恳求中央〔将〕恽代英留在福建工作,万望中央允许电复为盼!"③这个请求当然没有被中央批准。

恽代英在指导完福建省第二次代表大会以后,怀着激动的心情,沿着秘

① 《中共中央给福建省委信——武装工农、红军、兵运以及党员军事化问题》,1930 年 4 月 10 日,原件存福建省档案馆。
② 少离:《恽代英被捕前访问记》,《现代史料》1933 年 3 月 21 日。
③ 《中共福建省委给中央的报告——福建党代表大会》,1930 年 2 月 24 日,原件存福建省档案馆。

密交通线,穿过崇山峻岭,到梦寐以求的闽西苏区视察。他广泛接触广大贫苦农民、红军指战员和苏维埃政权各级干部,深入开展调查研究,对闽西苏区的形成、巩固和发展,所取得的成就、经验及存在的问题,都作了全面的了解。通过视察,他开阔了革命视野,对中国苏维埃政权的前途充满了信心,从而更加认清了中国革命的前进方向,坚定了走中国特色革命道路的坚定信念。

恽代英抑制不住自己的激情,视察闽西苏区后,当即写了《请看闽西农民造反的成绩》、《闽西苏维埃的过去与将来》两篇文章,发表在 1930 年 3 月党中央机关刊物《红旗》第 83 期和第 87 期上,充分肯定了闽西农民造反的成绩,并初步总结了党在闽西局部执政的历史经验,具有重要的历史意义和现实意义。

1. 充分肯定闽西农民造反的成绩

恽代英热情讴歌了中国共产党领导的农民暴动"是一件大了不得的事"。他写道:"列位,你们都听见过国民党张贞、刘和鼎、金汉鼎诸位大人,怎样劳师动众的去围剿闽西朱毛土共,你们都亲身受过国民党摊派剿共公债,领受过反动军队拉夫骚扰的深仁厚泽,你们可曾知道闽西出了一件什么大了不得的事?"他接着指出,这个大了不得的事,就是"闽西农民造反了!"这绝不是普通的什么革命,"好比蒋介石革命便打倒张作霖、吴佩孚,自己做起国民政府主席,好比汪精卫又要革蒋介石的命,亦想来抢一个国民政府主席做做? 闽西完全不是这一回事情"。闽西农民的暴动是造反,"是要闹一个天翻地覆,把全世界翻转过来"①。他说,闽西 80 万工农群众在中国共产党的领导下,"从斗争中建立的苏维埃政权,获得朱毛红军长期游击战争经验的帮助与指导,在政治上确实已表现了伟大的成绩"②。

第一,赶走了国民党。闽西的农民都发动起来了,他们像发狂一样,不

---

① 以上见《恽代英文集》下卷,人民出版社 1984 年版,第 1064 页。
② 《恽代英文集》下卷,人民出版社 1984 年版,第 1069 页。

但要打倒"那般收租的地主绅士",而且"一样是要打倒那般坐地收捐、收税、派款、派粮的国民党官府",将国民党旅长郭凤鸣杀了悬首示众,将国民党另几位大人如卢新铭、陈国辉等,打得夹起狗尾巴向漳、泉、闽北一带乱跑,就连东江、大浦一带的地主豪绅也已经气馁,不敢得罪苏维埃来往人员,因为知道苏维埃迟早一定要发展起来。

第二,成立了苏维埃政府。在赶走了国民党,推翻了国民党政权后,闽西工农群众,经过民主选举,建立了乡、区、县各级苏维埃政权。在红色政权之下,工农群众"过得非常舒舒服服"。在乡村里面,许多事都是靠着开群众大会解决。例如他们分田地,便是由群众大会自己讨论,自己定出分配标准,自己指定调查并照料分配的人。"这样分配下来,大家心满意足,没有一句话说"。不但一乡的事这样办,"一区的事,一县的事,亦差不多是这样办的"。自然一区一县的事,不能将一区一县的群众都召集在一处开大会解决问题。他们的办法,"是在各乡举代表到区开会解决一区的事。各区举代表到县开会解决一县的事。同时亦由县、区以下各工厂、作坊、军队举代表参加……这样的群众大会或代表大会,便是他们的政府"①。这是闽西农民的一个伟大创举,也是中国共产党实行民主政治的最先尝试。

第三,分配土地给农民。在苏维政权的领导下,"闽西把所有田地都分配了"。不仅"将地主绅士的田地拿出来给佃户与贫农分",而且五分之四的不够养活自己的自耕农,也获得了比以前"更多的田地"。分配土地的方法,"多半是拿各地人口与田地平均分配"②,"他们在大会中举了人到各家去调查田亩人口,举了老练的农民估定田地的大小肥瘦,便定出了分配的方针。削了很多木签,写上田的号数,收几石谷,及归谁个耕种,带同群众前去插定。这便算将田地分给了谁个,以后便由他耕种"③。恽代英认为,这种按人口平均分配土地的办法也有一定的局限性。"这样分配田地,是不问

---

① 《恽代英文集》下卷,人民出版社 1984 年版,第 1066 页。
② 《恽代英文集》下卷,人民出版社 1984 年版,第 1067 页。
③ 《恽代英文集》下卷,人民出版社 1984 年版,第 1067—1068 页。

分得田地的人耕作能力如何的,这样便会使老弱残病的人都得了田地,但他们自己却不能耕种"。这就造成了"有些田地荒废起来,再不然便会私自租给人家耕种……亦会看见有些地方,许多青年儿童亦去耕田,反转将他们读书游戏的时候白送掉了"①。但恽代英相信人民群众的创造力,相信闽西农民会设法改良这些毛病。

恽代英对闽西农民造反成绩的充分肯定,反映了他对朱毛开创的闽西革命根据地的坚决支持。这与李立三"左"倾冒险主义者教条式地认为中国革命高潮正在到来,鼓吹城市中心论,指责朱毛以农村包围城市,走中国特色的革命道路"只是一种幻想,一种绝对错误的观念"的错误观点形成了鲜明的对比。

2. 初步总结党在闽西局部执政的历史经验

恽代英视察闽西苏区,在肯定闽西农民造反成绩的同时,也及时初步总结了党在闽西局部执政的历史经验。

第一,恽代英认为,"闽西苏维埃确实表现出来是工农的政府"②。即是说,中国共产党在闽西局部执政,是根本代表着广大工农利益的。执政为民是中国共产党宗旨的必然要求。在半殖民地半封建社会,中国广大贫苦农民最根本的利益是土地问题。执政为民就是要坚决实行土地革命,进行土改,使无地或少地的农民获得土地。据调查,闽西苏维埃政府成立以前,龙岩、永定、上杭、连城、长汀、武平六县,田地平均85%为地主富农所有,农民所有田地不过15%。这正是农民遭剥削、受压迫的根源。苏维埃政府成立后,党领导农民实行土改,烧毁田契、账簿、契约,从而使贫苦农民翻了身。"从前闽西农民在地主官府下面,要交租,又要完粮,又要上捐,又要派款,他们那时候简直没有法子生活下去。有些农民一年都没有米进口,并且连

---

① 《恽代英文集》下卷,人民出版社1984年版,第1068页。
② 《恽代英文集》下卷,人民出版社1984年版,第1069页。

红薯亦没有吃,他们只有吃红薯渣。"①而"在苏维埃政府之下,无田地或少田地的农民都分得了田地,成年吃薯渣的贫农都改吃白米"②。"这正好比从地狱走上了天堂"③。而且乡村的水沟、桥梁、道路都大加修理起来,很多地方组织了合作社来抵制商人抬高物价的剥削,并且用很低的利息借款给贫苦农民,疾病可以找得公共的免费医生与很廉价的药品等等。由于闽西苏维埃政府给贫苦农民带来了看得见的实惠,所以得到了拥护。广大贫苦农民坚决团结在苏维埃政府的周围,明白了"只有拼命扩大斗争才是一条生路"。因此,自觉行动起来配合红军粉碎国民党军队的围剿,使金汉鼎部龟缩在长汀城不敢越城池一步,刘和鼎、张贞部被迫离开闽西,国民党军队、民团的士兵向红军投诚日益增多,地主豪绅垂头丧气。

第二,恽代英认为,党在闽西要民主执政。民主执政的重要体现便是广大贫苦农民的政治参与。由于闽西苏维埃是工农的政府,所以经常有群众会议与代表会议,"有很多工人、贫农以至妇女参加苏维埃代表会与委员会,一切权力都属于苏维埃"。农民许多事都是靠着开群众大会解决。如前所述,分配土地就是如此。由于中国几千年来一直是一个封建专制制度的国家,根本谈不上什么民主。因此,在闽西初成立苏维埃的地方,民主政治还不够发展,每开会多是几个领袖发言,农民只是在台下点头或鼓噪,表示赞成与否,而且多半是赞成领袖提出的意见,妇女发言多半不受人重视。但苏维埃成立稍久的地方,民主政治就要进步得多,"获得许多改进","农民渐次能发表意见,他们已经实行撤回不称职的上级苏维埃代表,妇女在苏维埃中间的地位亦日益抬高。"④由此可见,党在闽西民主执政是不断完善的。

第三,恽代英在肯定党在闽西局部执政经验的同时,也指出了存在的缺点:第一个缺点是"群众的创造力还未能充分发展,苏维埃一切政治设施还

①　《恽代英文集》下卷,人民出版社 1984 年版,第 1066 页。
②　《恽代英文集》下卷,人民出版社 1984 年版,第 1069—1070 页。
③　《恽代英文集》下卷,人民出版社 1984 年版,第 1069 页。
④　《恽代英文集》下卷,人民出版社 1984 年版,第 1070 页。

表现很多自上而下的精神。"①例如,办理合作社、俱乐部、列宁学校等,都是由县苏维埃及至各县联席会讨论规定办法,交各乡执行,上级主观上亦要求各乡工作一致。苏维埃最高执行权力实际还是在委员会,代表会议或群众会议好像只是一个讨论机关。因此,广大贫苦农民虽然都认识苏维埃政权的好处,但仍觉得只是一部分上级领袖、委员替他们做事的好政府,还未能完全行使自己的权力。恽代英强调,最高权力机关重要的事情必须经过代表会议或群众会议充分讨论。他指出,闽西的党组织已经意识到这一缺点,并提出两条改进措施:第一,以后除军事财政外,"一切政治、经济、文化事业,要尽可能帮助各乡群众自己创造,党的好意见一方面固然要影响上层苏维埃指导工作,另一方面尤其是要发动每个支部到群众中去发展讨论,推动群众在会议中提出意见,使各乡一切设施都可以各出心裁,互相观摩争竞";第二,"党不仅是要帮助群众发展自己的意见,而且要帮助群众自己做,这样便可以使苏维埃的群众基础更为巩固。"②第二个缺点是"还不能坚决集中一切力量向外发展"。恽代英指出,闽西农民很多武装还停留在地方性的赤卫队手中,不能自由集中调度。筹集款项、帮助军事与群众工作的因怕农民误会不易执行。由于向外发展没有把握,所以解决经济上出入口商品比较困难。针对以上情况,他强调说:"要使每个工农群众都认识向外发展是生死存亡的斗争,要集中一切武装与人力、财力,实现向外发展的计划"③。

恽代英指出,工农群众在国民党长期统治与欺骗宣传下,现在还是第一次建立自己的政权,"自然不会一件件事都做到尽善尽美的,工农群众现在已经有机会自己试验,自己批评,并且随时改正自己的缺点"。这正是共产党领导下中国民主政治进步的表现。他坚信,"只有苏维埃政权是工农群众自己的政权。全中国工农群众都应当起来为苏维埃政权奋斗。"④

---

① 《恽代英文集》下卷,人民出版社 1984 年版,第 1071 页。
② 《恽代英文集》下卷,人民出版社 1984 年版,第 1071 页。
③ 《恽代英文集》下卷,人民出版社 1984 年版,第 1072 页。
④ 《恽代英文集》下卷,人民出版社 1984 年版,第 1072 页。

恽代英对党在闽西苏区局部执政经验的总结,虽然只是初步的,但他所提出的一些基本理论观点和意见,对当时全国苏维埃建设具有重要的作用,对于当今中国共产党加强党的执政能力建设也具有重要的启示。

第 五 章

恽代英的经济思想

恽代英自觉地运用辩证唯物主义和历史唯物主义的科学方法来分析中国的国情,强调经济因素的基础性和根本性。他深入分析了中国半殖民地半封建社会的经济特征,对中国经济的畸形状态进行了尖锐批判,以大量翔实的数据论证帝国主义的经济侵略是中国贫穷的根源,而中国国内的封建军阀势力是帝国主义侵略中国的代理人,并对中国社会各阶级进行了深入的经济分析,强调要改造社会,必须迅速地、彻底地改造旧的经济制度。他还对列宁在苏俄推行的新经济政策进行了高度评价,认为这是产业后进国过渡到社会主义的"阶梯";强调中国在民主革命胜利后,要建立以公有制为主体的国民经济体系,并引导私营经济发展,利用外资、利用外国智力、学习西方的先进文化,"要根据中国的情形,以决定中国的办法"。① 他的经济思想,不仅对中国革命胜利后的社会主义经济建设具有指导作用,而且对于当今中国特色社会主义经济建设仍然具有重要参考价值。

恽代英的经济思想,主要体现在以下几个方面:

---

① 《恽代英文集》上卷,人民出版社 1984 年版,第 480—481 页。

一、明确指出"舍改造经济
制度,无由改造社会"

马克思主义者认为,以往的全部历史,除原始状态外,都是阶级斗争的历史。"这些互相斗争的社会阶级在任何时候都是生产关系和交换关系的产物,一句话,都是自己时代的经济关系的产物;因而每一时代的社会经济结构形成现实基础,每一个历史时期的由法的设施和政治设施以及宗教的、哲学的和其他的观念形式所构成的全部上层建筑,归根到底都应由这个基础来说明"[①]。在未能接受马克思主义唯物史观以前,在中国近代漫长的救亡图存运动中,如何从根本上寻找兴国安邦之策,始终是无数仁人志士所苦苦追寻的重大课题。教育救国、学术救国、人格救国等主张都曾活跃一时,也困惑着许多正在寻觅真理的青年。这些观点实质上是企图用文化去彻底改造社会。

恽代英自 1921 年确立马克思主义世界观以后,便运用唯物史观,正确论述了经济与文化的关系,认为各民族的文化"实则系由各民族经济状况所反射而形成的。除气候、山脉、河流等影响于一般精神生活外,生产的方法,亦给心理上很大的影响","无论唯心派怎样嘴硬,两千年的历史,许多读书明理的'士大夫'的实例,都证明经济……是决定人类行为的最重要的原因"[②]。换言之,文化属于上层建筑的范畴,实际是由特定的经济基础所决定的,正如马克思所言:"物质生活的生产方式制约着整个社会生活、政治生活和精神生活的过程。不是人们的意识决定人们的存在,相反,是人们的社会存在决定人们的意识。"[③]因此,能否救国的关键不在文化或其他因素,而在于经济。恽代英认为:"经济问题——生活问题——影响于人的生

---

① 《马克思恩格斯选集》第 3 卷,人民出版社 1995 年版,第 739 页。
② 《恽代英文集》下卷,人民出版社 1984 年版,第 656—657 页。
③ 《马克思恩格斯选集》第 2 卷,人民出版社 1995 年版,第 32 页。

活与心理,实在是非常重大。中国今日精神的堕落,许多地方都是出于物质的贫乏。不从物质上救济中国,恐怕终如前几年前几十年所空唱的救国自强,结果终只是空唱而已。"①所以,当务之急是必须尽快使中国免于"物质的贫乏",即必须尽快创造条件,使中国的生产力能够得到解放和发展。

恽代英比较了中国与西方的文化。传统的中国文化(东方文化)基本上是孔家(儒家)文化、佛家文化,是由以"小量生产、手工生产"为主要特征的小农经济所反射而形成的农业封建社会的文化。"所谓中国文化,亦只是几千年安定而单纯的小农业、小工业的产物。我并不说一般圣哲的教训,是一点没有影响的。但最大是他们生活方法所给的影响"。② 欧美文化(西方文化)则是建筑在工业资本主义社会基础之上的文化,与中国传统文化的经济基础完全不同。"普通所指西方文化,常即指他们机器生产、大量生产下的心理生活。他们那种计较心,那种冒险,那种奋进,实在是为适应于他们那日新月异的文明进步,求免于生活落伍,所不可少的条件。"③恽代英认为:"欧美文化是比中国文化为进步的,这是因为欧美的经济状况是比中国的经济状况为进步的原故。"④因此,中国文化若要进步,必须首先力求经济的发展进步。

欧美文化伴随着西方的大炮和商品侵入而强行进入东方文化场。帝国主义则试图利用文化手段软化驯服弱小民族。他们常常鼓吹中国之所以落后是因为道德低下,应该通过传播西方的宗教文化来拯救中国,其目的实际上是为了扩大对中国的经济压迫,根本消灭中国的民族精神与民族运动。

1923 年 11 月,在《基督教与人格救国》一文中,恽代英针对基督教主张的所谓"人格救国",非常尖锐地反问道:"是谁没有人格把中国弄坏了的呢? 是因外国工业品的输入,逼到失其故业的农人、工人,为他们的生活,去当兵当匪的这般人没有人格,所以把中国弄坏了的么? 是因为青年会的恩

---

① 《恽代英文集》上卷,人民出版社 1984 年版,第 405—406 页。
② 《恽代英文集》上卷,人民出版社 1984 年版,第 399 页。
③ 《恽代英文集》上卷,人民出版社 1984 年版,第 399 页。
④ 《恽代英文集》下卷,人民出版社 1984 年版,第 826 页。

主英国人、美国人等,借了义和团的小事(至多不过象泗水、旧金山以及此次日本大灾后惨杀华侨一样的事),加到我们身上,三十九年才赔得清的本利九万八千多万两的庚子赔款,以及利用我们历任卖国的政府,重利盘剥的借与我们九万九千多万元的外债,以使我们负奇重的租税,过很贵的生活,致令一般朝不保夕的人,对于积欠半年一年薪金,保不住三天五天的位置,都要象狗抢残骨样争斗的这般人,没有人格,所以把中国弄坏了的么?"①恽代英的结论是:"我们不是说人格不是十分要紧的东西。但基督教与别的教一样,不配使人有人格。卫生不是乞丐好讲的话,道德亦不能责成饿肚子的人。我们非打倒外国的压迫,非振兴实业,谈一万年的'人格救国',亦只是空话。"②

帝国主义的文化侵略与经济侵略往往相辅相成,所以要真正反对文化侵略,就必须首先反对经济侵略。恽代英指出:"基督教是用武力扶掖到中国来的,所以中国人终有些憎恶他。但是他早已抛弃武力政策,而改用经济势力来怀柔我们中国人了。……我们的邮务,原来在客卿的掌握中。而铁路又多与外资有关系。外人正欲以教会对于中国青年施其'类我类我'教育;自然凡其势力所到,乐得为此惠而不费的事,使教会学生的出路能引得一般人垂涎注意,庶几'中华归主'的运动格外容易成功。自从盐务落到外国人手上,稽核所便又成了教会学生一个大销场。现在又在酝酿铁路共管。只要铁路一天又完全到外人手里,又不知多几多西崽的吃饭地方。所以教会学生的出路,教会或青年会的介绍职业,与外国人的攫取中国权利,彼此有相对的关系。因此,希望教会学生爱国,那有这一回的事情? 总而言之,基督教的势力,完全建筑在经济上面。不是基督教能使中国人心理上奴服于外人,是外人以经济上的利益诱饵我,以经济上的贫乏压迫我,遂使我国的人,发生托庇于教会的心理。我以为基督教必须攻击,但非经济上争得独

---

① 《恽代英文集》上卷,人民出版社 1984 年版,第 371—372 页。
② 《恽代英文集》上卷,人民出版社 1984 年版,第 373 页。

立,恐究不易攻击得倒呢。"①"基督教挟经济优势以传教,非中国经济独立,不能将基督教根本打倒。"②

面对帝国主义的经济压迫和文化侵略,中国传统的儒家文化不仅丧失了抵抗外侮的力量,而且与帝国主义文化相勾结,成为压迫中国人民的精神鸦片。因此,试图通过提倡中国传统文化,实现所谓"教育救国",无异于缘木求鱼。1923 年 11 月,在《救自己》一文中,恽代英举了一个例子:"昨天接了一个女学校同学的一封信,他又给我一个这类的论证了。他说:'昨天某先生向我们讲,你们走路要重,说话要迟。古人说得好,刚毅木讷近仁。爱说话便是轻薄,好运动便不庄重,便是不仁,——不仁便是禽兽。'大家听啊!这都是主张所谓'师严道尊'的'师'说的话,这都是他们给一般青年的教训。全中国谁知道有多少青年男女,正在听受这种教训啊!……还要说甚么'教育为立国之本',这些白面书生,真是善于骗人家的供养呢。"③

那么,用同情或自爱的教育,能够救国吗? 恽代英认为,基于中国的经济国情,这同样不可能。他在《读〈国家主义的教育〉》一文中指出:"家的经济背景破坏了,家的观念便不能维持。然则国的经济背景若是并未完成,希望用同情自爱等教育养成爱国的观念,这是可能的事吗? 我们都知道中国是在外国经济侵略之下的。中国的家庭工业,已为曼彻斯德、大阪等处的大工业所打破。但并不因此而中国能进成为一个独立的经济单位。中国的关税,是受外人劫制的,商场是对外国无限制公开的。中国各行省的人除了因为有相同的历史,相同的文字,以及还未忘记的祖宗时称为天朝的光荣等观念以外,经济上有时并无显著的关系。言交通,则成都到宁、沪比中国到欧美还困难。言语言,则北部中部人与闽、粤人简直如同异国一般。言经济上彼此的需要,则陕、甘、云、贵之与长江数省,本关系不多;近且渐因洋货的输入,而愈使其关系疏远。如此,而欲望爱国的观念如孝之观念的油

① 《恽代英文集》上卷,人民出版社 1984 年版,第 407—408 页。
② 《恽代英文集》上卷,人民出版社 1984 年版,第 412 页。
③ 《恽代英文集》上卷,人民出版社 1984 年版,第 378 页。

然若生于天性,谈何容易呢? 再则我们必须知道眼前国内私利的冲突,固由爱国观念薄弱,其中一大半仍由受外资压迫之所驱遣。……我们若不能打倒外资压迫,欲以空谈弭国内冲突,恐终不能生效呢。"①"要用教育救中国,需先知中国究要如何才能得着经济独立,——才能得救。"②

所以,归根结底,经济压迫是万恶之源。所谓道德、人格的堕落,教育、学术的不兴,宗法家庭的破坏等等,均不过是经济压迫在观念方面的折射。"旧社会的罪恶,全是不良的经济制度所构成。舍改造经济制度,无由改造社会。"③这是先进的中国人在救亡运动中于理性认识上的一次质的飞跃。

现有的经济制度究竟如何不良呢? 恽代英从中国特殊的经济结构入手,考察了中国半殖民地半封建社会的经济形态,分析了中国社会各阶级的经济地位,明确指出:"在这种经济制度之下,人类全靠榨取掠夺,才能营谋他的生活;全靠能受最能榨取掠夺的阶级——资本阶级役使,才能保全他的地位。一种不正当的经济关系,是许多人的生活问题之所倚托。所以无论贵族或资本家,他们自身不能不榨取掠夺人家,即他们的附属物,亦要用各种法子欺骗引诱,使他不能不榨取掠夺人家。"④因此,"须将眼前不良的经济制度,从根本上加一种有效力的攻击。不然,总是没有益处。"⑤恽代英掷地有声地指出:"吾人必须在经济上得着独立,中华民族乃能独立,中华民族的精神,乃得完全恢复常态。"⑥

那么,如何才能使中国获得经济上的独立呢? 恽代英指出:"要求经济的独立,终必须经过一番政治革命。……这个政治革命,完全是为求经济独立去障碍的法子。"⑦"我们便是为国民革命,亦必须由经济争斗以引导一般

①　《恽代英文集》上卷,人民出版社1984年版,第404页。
②　《恽代英文集》上卷,人民出版社1984年版,第412页。
③　《恽代英文集》上卷,人民出版社1984年版,第326页。
④　《恽代英文集》上卷,人民出版社1984年版,第327—328页。
⑤　《恽代英文集》上卷,人民出版社1984年版,第329页。
⑥　《恽代英文集》上卷,人民出版社1984年版,第405页。
⑦　《恽代英文集》上卷,人民出版社1984年版,第408页。

人到政治斗争上面,对于无产阶级尤须由阶级斗争以引导之到民族解放运动。"①"无产阶级必须为'生之欲望'才能踊跃参加革命;换一句话说,便是无产阶级必须为自己的利益(解除自己的经济压迫)而参加革命。"②具体而言,"要中国工业发达,必须一方面废除一切不平等条约,收回租界租借地,彻底实行关税自主,取消领事裁判权,撤退外国驻军炮舰,没收外国企业银行,打倒一切帝国主义及其走狗买办阶级;另一方面废除军阀制度,取消苛捐杂税,没收地主阶级土地归农民。只有这样,中国工业才会发达,只有这样,中国才会太平。……这便是共产党所号召的工农民权革命,共产党领导工人、农民群众,便是为要做到上述的事情,与一切反革命势力坚决奋斗到底。"③总之,必须通过无产阶级政党领导的阶级斗争,打倒帝国主义和封建军阀,彻底摧毁半殖民地、半封建的经济制度,建立新型的社会经济制度,中国经济才能独立,生产力才能得到解放和发展。

二、对近代中国经济国情的深入分析

(一)对中国沦为半殖民地半封建社会过程的分析

中国长期封建社会的主要经济形态是传统小农业与家庭手工业紧密结合的自给自足的自然经济。这种自然经济产生于并依赖于中国的封建土地制度,对资本主义商品经济和工业大生产有着比较顽强的抵抗力。中国广大农村男耕女织的传统生产方式限制了资本主义生产所必不可少的社会分工和生产规模的扩大,排斥着商品经济的发展,因此中国本土的资本主义经济自其萌芽以来历经数百年而一直发展缓慢且力量薄弱。

毛泽东曾指出:"中国封建社会内的商品经济的发展,已经孕育着资本主义的萌芽,如果没有外国资本主义的影响,中国也将缓慢地发展到资本主

---

① 《恽代英文集》下卷,人民出版社 1984 年版,第 657 页。
② 《恽代英文集》下卷,人民出版社 1984 年版,第 656 页。
③ 《恽代英文集》下卷,人民出版社 1984 年版,第 1038 页。

义社会。"①

正当中国最后一个封建王朝——清朝国势日趋衰微的时候,欧美资本主义的发展却非常迅猛。掠夺是一切资产阶级的生存原则。随着西方资本主义的迅速发展,资产阶级开始寻找新的商品销售市场和原料供应市场,开拓自己的殖民地。"资本主义如果不经常扩大其统治范围,如果不开发新的地方并把非资本主义的古老国家卷入世界经济的漩涡,它就不能存在与发展。"②尤其当西方先进资本主义国家发展到帝国主义阶段之后,为加速进行资本积累,在世界各地更加疯狂地瓜分殖民地,用战争、掠夺和欺骗的方式抢夺原材料和商品市场。列宁指出:"凡是资本主义工业发展很快的国家,都要急于找寻殖民地,也就是找寻一些工业不发达、还多少保留着宗法式生活特点的国家,它们可以向那里销售工业品,牟取重利。"③对此,恽代英的论述在实质上几乎与列宁完全一样:"帝国主义是因为资本主义发展,资产阶级为了自己经济的利益必须向国外寻觅殖民地,以推广商品销路,采买原料,移植资本,故帝国主义对于弱小民族最重要的是施行经济侵略。"④古老的中国因为有广袤的土地、丰富的物产和无限供给的廉价劳动力,使得各帝国主义列强垂涎不止,成为它们进行侵略,尤其是进行经济侵略的重点对象之一。

1840 年鸦片战争中国的战败,标志着中国从此开始沦为半殖民地半封建社会。对于鸦片战争爆发的原因,恽代英从经济角度作了非常正确的分析:"到了道光时候,中国变化了,帝国主义的势力西侵了。……后来,外国的产业,渐渐发展起来;尤其是英国资本主义已极发达,出产物品增多,想在东方找市场,而中国却紧紧闭关不纳,这是英人最感困难的。……所以英人虽欲将中国的门户打开,而中国则紧紧将门关闭起来,英人到了无奈何的时候,便用起武力来了! 因此,便发生了鸦片的战争。……鸦片战事完全是英

---

① 《毛泽东选集》第 2 卷,人民出版社 1991 年版,第 626 页。
② 《列宁选集》第 1 卷,人民出版社 1995 年版,第 232 页。
③ 《列宁选集》第 1 卷,人民出版社 1995 年版,第 279 页。
④ 《恽代英文集》下卷,人民出版社 1984 年版,第 824 页。

国要在中国施行其经济侵略的政策的原故。"①

鸦片战争以后,中华民族开始了近代饱受帝国主义列强侵略和压迫的悲惨命运。正如马克思所描述的那样:"中国在 1840 年战争失败后被迫付给英国的赔款、大量的非生产性的鸦片消费、鸦片贸易所引起的金银外流、外国竞争对本国工业的破坏性影响,国家行政机关的腐化,这一切就造成了两个后果:旧税更重更难负担,旧税之外又加新税……所有这些同时影响着中国的财政、社会风尚、工业和政治结构的破坏性因素,到 1840 年在英国大炮的轰击之下得到了充分的发展"。②

对此,恽代英同样有着深刻的分析:"自从南京条约订定之后,英国资本家得到许多利益;从前只可在广州通商,现在可自由到上海、宁波各地了!从前外人在中国通商,须经过行家,不能直接和中国人交易,现在可自由做买卖了!从前外国输入货物,每值百元,要抽四十元以上,现在海关税则定了,值百只能抽五了!至于香港从前虽是一个荒岛,而此地距广州甚近,所以一落入英人之手,他便致意经营,该地适当交通要冲,船只来往,均停泊于此,货物销流,最为利便;于是广州的出入口货,皆渐受香港操纵,所以香港在经济实有控制广州之权,成为八十年来英人侵略中国之中心。至于我们吃南京条约的亏,不但割香港或五口通商。我们因开放五口通商,于是外国货物自由畅销于国内,这么一来,中国的一般农工民众的生计,便大受影响了!洋货在中国畅流无阻,把中国固有之土货,抵制下去,所以中国的手工业者、贫农,生活上便日日受压迫,而一天一天趋于贫穷!卒之工人失业日众,农民贫穷无可谋生,于是便去当兵当匪,而中国情形更糟了!"③所以,南京条约使中国吃了大亏。

如果说鸦片战争的爆发及南京条约的签订标志着中国半殖民地半封建社会的开端的话,那么经过第二次鸦片战争、中日甲午战争,到 1900 年八国

---

① 《恽代英文集》下卷,人民出版社 1984 年版,第 926—927 页。
② 《马克思恩格斯选集》第 1 卷,人民出版社 1995 年版,第 692 页。
③ 《恽代英文集》下卷,人民出版社 1984 年版,第 928—929 页。

联军联合侵华及 1901 年辛丑条约的签订则标志着中国终于彻底沦为半殖民地半封建社会。恽代英详细地分析了中国半殖民地半封建社会的形成过程,特别是以辛丑条约为代表的一系列不平等条约的签订给中国人民带来的深重灾难及对中国经济发展的严重影响。他指出:"在辛丑条约以前,已经有虎门条约加我以裁判权及关税的约束,已经有天津条约规定外人在内地传教与内河航行的权利,已经有马关条约规定外人在中国设厂制造的权利,此外割地赔款、开租界、租军港、干涉各项税务的事,更不胜指数。但为这一切条约作有力的保证,而且进一步给中国人民以空前的无理负担,剥夺中国的一切自卫权的,还要算辛丑条约。"①

恽代英具体分析道:"辛丑条约对于中国的影响,最使人不能不注意的,是规定所谓庚子赔款。该约规定'付诸国赔偿海关银四百五十兆两',即四万五千万两;……赔款数目商定以后,帝国主义者又照会中国,说中国国家摊还之总数,不过仅足赔款之本而已,并未算及利息,应请再行酌核示覆。中国于是于赔款正额以外,又承认此项赔款按年息四厘,由中国分三十九年清还。预计三十九年须支付的利息,共为关平银五万三千二百二十三万八千一百五十两,超过赔款正额之数。……中国民穷财尽,国家所用教育费每年不过六百余万元,全国公私立小学校仅十四万余所,全国无受教育机会约三万余万人;国家所用实业费每年不过三百余万元,全国公私有荒地至八万余万亩,全国农户耕田不满十亩的占农户总数中百分之四十二(一千七百余万家)。我们每年有银一二千万两,为甚么不用以为扩张教育发达实业的费用,却只任帝国主义者勒索讹诈去满足他们贪鄙的私欲呢? 全国的青年记着罢! 帝国主义者每年掠夺三四倍于全国教育费数目的赔款,这所以使你们没有学校读书,使你们的学校都苦于穷窘而不能维持。全国的贫民记着罢! 帝国主义者每年掠夺六七倍于全国实业费数目的赔款,这所以使你们没有田种,没有工做,使你们种田、做工的人得不着一点国家的补

---

① 《恽代英文集》下卷,人民出版社 1984 年版,第 725 页。

助。"①在这里,恽代英通过非常具体而翔实的数据对比,将帝国主义对中国人民触目惊心的掠夺和庚子赔款对中国经济发展构成的严重障碍一目了然地勾画了出来。

"庚子赔款为中国之祸害,还不止此"。② 恽代英进一步详细总结了帝国主义列强如何通过金银汇率差价、税款担保等各种无耻手段极力使辛丑条约对中国人民的经济掠夺达到最大化:"辛丑条约对于中国的影响,一为总数五万余万两赔款本利之损失,每年须付赔款一千二百余万两至二千四百余万两;二为使中国因'赔款用金'之含糊规定,每每发生意外的负担;三为使帝国主义者攘得保管将近四分之一的关税之权;四为使帝国主义者攘得海关附近常关的管理权;五为开不忠实的修改税则之恶例,税收方面于值百抽五之标准下尚每年有巨数的损失;六为北河、黄浦两水道之修治,堕于国际势力支配之下"。③

辛丑条约使中华民族不但在物质方面沦为亡国奴隶,而且在精神方面更受到沉重打击。帝国主义列强除了穷凶极恶地对中国人民敲诈勒索外,还成为控制中国封建统治者的太上皇,而腐朽的清政府以及后来的军阀统治者都成为帝国主义列强统治中国的忠实代理人,再不敢对帝国主义国家要求独立平等的民族权利。恽代英指出:"自从有了辛丑条约,中国人几乎完全失了民族独立的意识,没有人做梦还想到要申诉庚子赔款的残酷与其他一切约束限制蛮横无理,没有人做梦还想到可以撕毁辛丑条约与一切不平等条约。"④换言之,辛丑条约的签订标志着从此以后,中国无论在物质层面还是在精神层面都已经彻底沦为半殖民地半封建社会。

(二)对中国半殖民地半封建社会经济状况的分析

恽代英在多篇著述中对清末以来中国半殖民地半封建社会的政治经济

---

① 《恽代英文集》下卷,人民出版社 1984 年版,第 725—727 页。
② 《恽代英文集》下卷,人民出版社 1984 年版,第 727 页。
③ 《恽代英文集》下卷,人民出版社 1984 年版,第 729 页。
④ 《恽代英文集》下卷,人民出版社 1984 年版,第 730—731 页。

状况进行了细致的描述。1922年9月,在《民治运动》一文中,恽代英指出:"满清政治腐败,而无为人民的诚意……国际帝国主义的压迫,使战败而赔款,通商而利权外溢等原因,造成生活程度增高的结果。于是人民精神与物质生活俱受摇动。"①1923年10月,在为少年中国学会苏州大会起草的宣言中,恽代英指出:"我中华民国创造迄今,已十二载。然而内政日益紊乱,外交日益险恶。因经济的压迫,兵匪的纷扰,民生既日窘迫,民气亦渐消沉。英、美、法、日挟其帝国主义的淫威,干涉税务,勒派赔款,劫制政局,欺蔽人民,以至一国政治、经济的大权,俱为外人所掌握"②。所以,中国已经完全成了帝国主义国家的殖民地或半殖民地了。

1923年11月,在《新建设》第一卷第一期上发表的《中国贫乏的真原因》一文中,恽代英提出"在中国今天的境内货物比从前加多了,中国应当比从前更富足。何以中国大家一天天露出民穷财尽的样子?"接着他分析了几点原因,实际上也是他对中国半殖民地半封建社会经济状况的解析。

第一,"由于失业者的加多。"而失业者加多又缘于中国外贸年年逆差。"固然去年(指1922年——笔者)土货出洋亦有六万五千余万两;但两抵起来,仍是洋货多输入了二万九千余万两。这便是说土货原有的销路被洋货夺去了将近三万万两。大家想一想,土货既为洋货的输入失去了将近三万万两的原有销路,那不是有生产这将近三万万两土货的农人工人,失去了他原有的职业吗?"恽代英在文中列出了十年的中国外贸逆差(入超)数据表:

年份	入超(以海关银为单位)
民国二年	166 857 011
民国三年	213 014 752
民国四年(欧战开始之次年)	35 614 555
民国五年	34 609 629

① 《恽代英文集》上卷,人民出版社1984年版,第335—336页。
② 《恽代英文集》上卷,人民出版社1984年版,第357页。

续表

年份	入超(以海关银为单位)
民国六年	86 587 144
民国七年	69 010 051
民国八年(欧战议和之年)	16 188 270
民国九年	220 618 930
民国十年	304 866 902
民国十一年	290 157 717

恽代英指出:"就这十年看来,每年都是入超。最少亦入超一千六百余万两,而多的入超至三万万两以上。由此可知,入超是固定的趋势。除欧战期间入超之数较为减少外,其余每年都在万万两以上。这万万两的入超,都是说明洋货夺了我们国内生产者生路的一件事实。我们生产者的生路既这样的被剥夺,怎会不成为一个普遍的贫乏光景呢?"

第二,"由于国民负担的加重。"因为战争赔款的支付,因为历年政治当局的糜费,于是内外债的数目一天天膨胀起来,成为国民的一个重大负担。

恽代英在1918年6月7日的日记中,便记载了中国向鸦片战役、英法联军、中日战役、庚子联军割地赔款及至民国五年七月止借款和民国四年进出口价值的具体情况:

鸦片战役	赔军费	12 000 000 元
	商　欠	3 000 000 元
	鸦片赔偿	6 000 000 元
	割让	香港
英法联军	偿英国	12 000 000 两
	偿法国	6 000 000 两
中日战役	赔　款	200 000 000 两
	赎辽费	30 000 000 两
	割　让	台湾

庚子联军	（因赔款所借债赔款）	640 000 000 元
	赔款	450 000 000 两
	一切赔款共	21 000 000 元
		293 000 000 两
五年七月止	长期债务	1 512 389 865 元
	短期债务	29 710 201 元

海关报告（四年）

　　　　输出价值　约 11 000 余万元

　　　　输入价值　约 15 000 万元①

恽代英还列出了民国二年、三年、五年、八年中国预算国债项下的支出情况：

年份	国债
民国二年	300 738 407 元 （因兼补偿元年债务故数特巨）
民国三年	98 564 793 元
民国五年	137 683 527 元
民国八年	127 962 826 元

　　由上可见，除了巨额赔款外"我们既是每年要支付一万万元左右的国债，自然不能不从加征税款种类与数目上着想。我们现在租税的名目亦太繁多了。地丁漕米契税的附加税，既进至正税额三四分之一，而盐课的加重，印花税所得税验契费烟酒牌照税的举办，几于凡可以向国民刮取金钱的法子，无一不被人想出做到。而又因中国的税几于尽是可以转嫁于人家的，遂使税款的加征，贫苦的人与富人负同样的责任，其结果愈使贫民加增其生活的悲惨。"

　　第三，"由于财产的集中。这是外国资本主义侵入，直接间接的影响。"

---

① 《恽代英日记》，中共中央党校出版社 1981 年版，第 401 页。

恽代英分析道:"资本主义以下的大工业,因为组织伟大,分工精细,成本低廉,每压倒在他下面的资本家。而使资本流入少数战胜者的手中。又加以银行的组织,股票的招募,更使小资产家所有的钱财,汇流到他们那里。我们只看近几年外国银行存款的膨大,与本国几个资本家的勃兴,便可知一国的富已是不可遏抑的渐要流到少数人手里来了。"至于中国的军阀,更是利用其淫威,厚自封殖。"即自命廉洁的李纯,家资亦二百万。其余如王占元曹锟之辈,一行作吏,遂成骇人听闻的富豪,所以我们可知中国境内并非没有从前那么多的金钱,不过从前分配较匀的金钱,现在渐渐都聚集中到少数国内国外资本家军阀手里去了,所以遂造成今日一般国民生活日趋窘迫的现象。"

第四,"由于国民生活的不安定"。恽代英认为:"由于这个原故,大之则酿成军阀的互相残杀,小之亦酿成一般职业界倾轧排挤的恶现象,以致一国均陷于杌捏摇动的状况中。因百业不兴,运输阻滞,而工商更凋敝。因兵灾频仍。匪祸日甚,而民生更疲敝,这成了全国普遍的现象了。"

恽代英最后总结道:"然则我们要怎样才好? 我们必须挽救这华洋贸易的入超趋势。我们要大规模的发达大产业,以抵抗外资的压迫,使失业者得以有生路。我们要反对那些利用政府愚闇而规定的不合理的协定关税,庚子赔款,与历来重利盘剥的债款。我们但能为一般国民开生路而减轻他的负担,现在一切的危险自然不会有了。"①

1924 年 1 月,在《革命政府与关税问题》一文中,恽代英对中国当时的经济国情进行了更深入的分析:"我们都知道外国人是用经济政策侵略中国,我们都知道中国现今是在国际帝国资本主义的剥削之下。……我们被外人勒索的赔款,只庚子一役,本利便是九万八千多万两,还须二十二年才得还清。甲午一役,赔款与赎辽费用,虽对日本已交付清讫;然因此而起的俄法债款,美德债款,英德续债款,亦还须二十年才得清楚。……对于这些债款,每年摊还本利,总在一万万元以上。这是如何一个重大的负担? 然而

① 但一(恽代英):《中国贫乏的真原因》,《新建设》1923 年第 1 卷第 1 期。

这比较还是小事。更值得我们注意的,是就海关报告册所告诉我们的,民国十年外国输入货物,价值九万万余两;而我们的输出货物,价值六万万余两;两抵输入货物超过三万万余两。民国十一年外国的输入货物,价值九万四千余万两;而我们的输出货物,价值六万五千余万两;两抵输入货物仍是超过将近三万万两。……自然这种输入超过,便是表明外国的机器生产打倒了中国的手工生产。外国机器生产制度之下,出品迅速,成本低廉,品质精美。到了中国的市场上,因为人性自然爱好价廉物美的物品,于是中国的土产处处不能维持他原有的销路。"[1]由此可见,恽代英提醒国人,帝国主义向中国人民勒索大量战争赔款固然是中国经济发展的沉重负担,但是更大的威胁在于帝国主义列强凭借其现代化的大工业生产,通过国际贸易中的商品倾销和不平等交换,对贫穷落后的中国进行剥削和经济掠夺。

像中国这样的产业后进国,主要生产劳动生产率低、技术落后、价格低、收入弹性小的农产品和初级产品。用这些产品与发达国家生产的劳动生产率高、技术先进、价格高、收入弹性大的工业制造品进行贸易,贸易条件和经济后果当然对中国极为不利。"据海关报告,每年有几千万银两的米和布匹自外国输入,总计全年输入与输出相抵之后,输入超过输出竟达三万万银两。中国许多农夫、织女以至手艺工人所产货物都是没有销路,全国因外货的畅销而陷于失业状态的至今已不下数千万人,而且还是在一天一天的增加。"[2]

能否通过"极力提倡维持土产,购用国货",甚至尽力保存中国"为一个农国",即尽力维持中国自给自足的自然经济状态来尽量减少外国产品的进口,从而规避外国资本主义的经济掠夺呢? 恽代英用实证的方式作出了解答:"虽然我们曾经屡次极力提倡维持土产,购用国货;然而就民国十一年海关册报告,我们已经用了外国输入的:棉货类共价二万一千八百余万两;米、谷七千九百余万两;杂粮粉一千六百余万两;赤糖、白糖、冰糖六千一

---

① 《恽代英文集》上卷,人民出版社 1984 年版,第 416—417 页。
② 《恽代英文集》上卷,人民出版社 1984 年版,第 542 页。

百余万两;煤油六千三百余万两;纸烟、烟四千一百余万两。我们由这可知外国机器生产品已占了无敌的优势。再以日本货物为例,我们自民国四年以来,每年几于无不抵制日货;然而日货在民国四年入口只一万二千余万两,民国十一年却进而至于二万三千余万两,这亦可知机器生产的优势,非一时的排货运动所能加以影响。中国除了机器生产化,没有法子抵抗人家,即没有法子免于经济破产的惨祸。居今日还有些人说中国要保存为一个农国,真要怪他太不长眼睛了。"①恽代英的结论是"中国今日必须由小量生产进为大量生产,由手工生产进为机器生产,乃可以免于外国的经济侵略。"②"中国要自己救拔,只有发达机器生产"。③

其实,早在 1848 年,马克思、恩格斯就在《共产党宣言》中一针见血地指出:"资产阶级,由于开拓了世界市场,使一切国家的生产和消费都成为世界性的了……古老的民族工业被消灭了,并且每天都还在被消灭。它们被新的工业排挤掉了"。④ 他们当然不是在赞扬帝国主义对落后国家的侵略,而是在其唯物史观的基础上说明市场经济作为一种在本质上超越国家或民族疆界的经济形式的发展趋势,即市场经济将在全世界范围内全面取代自然经济或半自然经济的客观必然性。因此,任何落后国家都根本不可能通过尽力维持自给自足的自然经济状态来保护本国落后的手工业免受外国工业制造品的冲击。恽代英明确指出,中国"免于经济破产"的正确方法绝对不是继续使自身"保存为一个农国",而是必须实现"发达机器生产"的目标,这是完全符合马克思主义经济学基本原理的。

然而,问题的关键就在于当时的中国"不能发达机器生产"。帝国主义对中国的商品倾销,一直是中国民族工业发展的严重障碍和压力。这种障碍和压力,仅仅在第一次世界大战爆发期间,由于欧美帝国主义国家忙于战争而暂时地有所缓和。根据海关统计,中国在 1913 年的进口总额是 5.7 亿

---

① 《恽代英文集》上卷,人民出版社 1984 年版,第 417—418 页。
② 《恽代英文集》上卷,人民出版社 1984 年版,第 399 页。
③ 《恽代英文集》上卷,人民出版社 1984 年版,第 419 页。
④ 《马克思恩格斯选集》第 1 卷,人民出版社 1995 年版,第 276 页。

余两,1915 年减至 4.5 亿余两,减少了五分之一左右。以后逐年递减,到
1918 年,法国货的进口额比战前减少了三分之一,英国货减少了一半,德国
货则完全停止进口。与此同时,由于交战国急需从中国进口大量的面粉和
日用品,中国的出口贸易额出现了增长的趋势,1913 年为 4.03 亿两,除
1914 年略有下降外,此后四年都比 1913 年增长了 14.8% 到 20.5% 。这样,
中国对外贸易多年来入超逐年严重的情况也有一定缓解,由 2 亿多海关两
减至 3000 万海关两。① 进口下降,出口增加,而国内市场需求并未减少,这
使得中国民族资本主义经济获得了暂时的发展。仅以面粉进出口为例,
1912 年至 1914 年中国每年入超都在 200 万担以上,从 1915 年起开始出超
19000 余担,到 1920 年,出超达到 300 多万担。② 但是,由于中国民族工业
是趁欧美帝国主义在第一次世界大战期间无暇东顾的机会发展起来的,因
此这种发展根本不具备可持续性。等到第一次世界大战结束后,各列强均
卷土重来,中国的民族工业立即开始萎缩,逐渐萧条。出口量猛增的面粉产
量战后急剧下跌,马上重新转为入超。"铁厂积货如山,无人过问,至于闭
炉停机。纱厂结账,大多无利……其他工业亦皆消沉。"③恽代英对此有着
精辟的论述:"在欧战期间,因战争诸国生产失其常态,我们国内纱厂、面粉
厂等颇多创办;然而自从战争诸国喘息既定以后,他们已注意要回复他们原
有的市场。在这种情况之下,民国十一年机器的输入,已减少价值五六百万
两。本来产业后进国在他的产业基础未固以前,要与先进国发生争竞,是必
然失败的事。何况还加以我国内的纷扰,我们如何有发达机器生产的
日子?"④

　　在恽代英看来,之所以中国"不能发达机器生产","最重大的原因,一

---

① 《六十五年来中国国际贸易统计》第 1 表,转引自李侃、李时岳等编著:《中国近代史》
(第 4 版),中华书局 1994 年版,第 473 页。

② 李侃、李时岳等编著:《中国近代史》(第 4 版),中华书局 1994 年版,第 474 页。

③ 陈真、姚洛:《中国近代工业史资料》第 1 辑,第 26 页,转引自李侃、李时岳等编著:《中
国近代史》(第四版),中华书局 1994 年版,第 476 页。

④ 《恽代英文集》上卷,人民出版社 1984 年版,第 418 页。

是国内的纷扰,一是先进国机器生产的压迫。然而再进一步研究,国内的纷扰,是由于有割据的军阀;有割据的军阀,是由于有可以听他们豢养驱遣的兵匪流氓;有这等流氓,是由于中国百业凋敝而生活腾贵,许多人找不着正当的生活路径;百业凋敝,是由于国内手工生产被国外机器生产打倒,而国内机器生产又因外力竞争不能发达起来;生活腾贵,是由于一切赔款借款的本利,既加到国民的负担上面,而内乱的损失,一般兵匪流氓的生活费用,均须国民分担。由此可知,中国机器生产不能发达,国内的纷扰还不是他最初最主要的原因。只有先进国机器生产的压迫,才是他致命的打击呢。"①

恽代英在这里实际上已明确指出,归根结底,中国民族工业发展乃至整个国民经济发展的最大障碍,就是帝国主义的侵略和压迫。

这种侵略和压迫,仅从帝国主义强加给中国的"畸形"关税制度就可以窥豹一斑。关税原本是一个国家保护本国经济利益的重要手段,但近代中国的关税制度是西方列强强加给中国的一种协定关税,剥夺了中国的关税自主权,严重破坏了中国经济的正常发展,加深了国民经济的半殖民地性,凸显帝国主义对中国经济压迫的一般特征。

恽代英指出,税率是关税的核心,也是主权国家保护本国民族产业的重要经济工具。"中国应用关税政策,以保护本国产业的发达,以消弭本国的游民;亦须靠聪明的税则,减轻一般人民的负担,使他转嫁到外国或本国资产阶级身上。中国能用这种法子,既可以减少内乱,便可渐图挽回输入超过的倾向。即令偿还外债,亦只有这样才有可能的希望。"②然而,根据帝国主义强加给中国的不平等条约规定,一切货物不分贵贱,海关税一律为值百抽五的税率,外货进口外加 2.5% 的子口税便可畅通无阻。中国商品由于工业落后,成本就高于"洋货",在国内运转,却要缴纳许多厘金,加起来的税额要高出"洋货"数倍以上,这样中国货没有政府的保护,外国货没有海关的限制,中国的民族工业根本不可能有振兴的希望。恽代英尖锐地指出:

---

① 《恽代英文集》上卷,人民出版社 1984 年版,第 419—420 页。
② 《恽代英文集》上卷,人民出版社 1984 年版,第 420 页。

"象我国这种办法,现在是全世界唯一无二的奇怪制度。他使外国货物用很廉的成本输送进来,夺去许多土货原来的销路。同时加重土货在本国所负的税率,使不能与外国货争竞。中国自己需要的原料物品,亦不能加重关税阻遏他的输出。外国的关税是保护自己的产业,以防遏人家的工具;我们的关税,却成了帮助人家经济的侵略,以损害自己的东西。我们不但不能用关税政策抵制外国的经济侵略,我们现有的关税制度,正是国际资本主义征服中国最重要的武器。"①

恽代英通过对光绪二年(1876 年)至民国十一年(1922 年)海关统计的分析,说明这种不平等关税制度造成中国进口大于出口,使国民经济陷入万劫不复的绝境。他具体考察了 1922 年中国棉花、茶叶、生丝、羊毛等商品进出口情况,论证这种不公正的出口税,造成外国可以自由在中国掠取各种原料,中国反而要以高昂的价格进口"洋棉"的"奇特"现象。指出,这种半殖民地性的关税不仅不从价抽税,而且不以成交年的实际物价收税,而是按咸丰八年(1859 年)的税则,一直保持 44 年不变。辛丑条约后,又维护了 16 年。在此期间,由于物价不断上涨,给中国造成的损失无法计算。仅以民国六年(1917 年)为例,中国就少收白银 2800 万两,据此推算,中国通商迄今将 80 年,损失将几十万万两。

问题的严重性还在于中国关税完全不能自主,成了偿还所谓战争赔款的主要抵押品,关余成为北京政府内债的担保品。管理关税的权柄(总税务司),又由外国人把持。每月税款由总税务司交汇丰银行,按月由总税务司分配用途,中国根本无过问之权。"北京政府,既须仰承总税务司之色笑,冀得沾余沥以供挥霍,国内奸商,持有大宗内国债票的,亦视总税务司如神明,来则欢迎,去则欢送,以力结总税务司,使可以相勾结以朋分税款。于是总税务司乃成了中国第一等有力的人了。"②这样的关税制度使中国"完全立于经济全隶属的地位"。

---

① 《恽代英文集》上卷,人民出版社 1984 年版,第 420—421 页。
② 《恽代英文集》上卷,人民出版社 1984 年版,第 431 页。

1924 年 5 月,在《新建设》第一卷第六期上发表的《中国财政状况述评》一文中,恽代英根据 1923 年 8 月北洋政府成立的财政整理会所公布的数据,分析了当时中国所面临的非常严重的财政问题及其形成原因,并提出了相应的解决对策。

财政收入项目	北京政府近年应收数额	北京政府实收数额
海关及 50 里以内常关税款	约 9400 余万元	约 9400 余万元
50 里以外及内地边陆各常关税款	约 600 余万元	约 200 万元
盐税	约 8900 余万元	约 4900 余万元
烟酒公卖税	约 1500 余万元	约 100 余万元
印花税	约 300 万元	约 30 余万元
五项共计	20900 余万元	14800 余万元

(以上数据表系本书作者根据恽代英原文数据整理而成)

恽代英指出,北京政府实收款项一万四千八百余万元,仅抵应收之数十分之七,其余十分之三均为各省所截留。"即此一万四千八百余万元之数,应提约九千八百万元,为有确实担保内外债偿本付息之用,约四千三百万元为协济各省及应付特种债款库券等用,余仅七百万元,为北京军政费用。北京近年军费约七千万元,即超过收入九倍;加之政费五千八百余万元,共超过十七倍。而无确实担保债务七万万余元,每年仅付利息已须四五千万元,尚未计算在内。"

北洋政府财政收入如此入不敷出,是怎么解决财政问题的呢?根据恽代英的分析,不外乎以下几条:(一)借款,即向外国政府、外国银行以及国内银行借款;(二)拖欠薪饷,"最近北京国立八校,欠薪已九个月,军队欠饷至十余月";(三)加捐款,"例如前年邮电加价,以及去年今年谋于北京征收警捐,均是其例";(四)滥发纸币,"即是常于人民不知觉间,滥发纸币,或挪用纸币准备金";(五)卖国,"为要筹得些少现钱,以救眼前之急,每不顾国家主权,人民负担,自甘外交上的失利,以谋换得若干现款";(六)断送国营事业,"这如中国银行原有官股五百万元,因连年借款抵押,现已完全过户,故该行成为纯粹商办性质"。

　　恽代英通过大量数据证明,北洋政府的财政穷窘至此,其主要原因在于各省任意截留应缴北京的财政款项。至于各省截留款项的原因,又分几种情况。像广州的革命政府根本不承认北京政府是中国的中央政府,正准备北伐,不可能向北京政府缴纳任何款项;某些省份游离于北京政府和广州政府之间,假独立之名,行割据之实,也截留款项;即使是名义上归北洋政府控制的北方各省,例如直隶、山西、河南等,也以种种口实截留款项。因此中国的所谓统一,根本就是有名无实。

　　"各省截留北京的解款,每年九千余万元",那么各省是否因此就很富裕呢?

　　恽代英于是又对各省的财政状况进行了分析。

民国十一年(1922 年)各省区原报国家收入支出表　　(货币单位/元)

省份	岁入	岁出	不敷
直隶	9 253 757	11 463 394	2 209 637
河南	9 104 688	10 578 209	1 463 521
山东	10 033 585	10 047 966	14 358
江苏	16 871 031	17 498 002	626 971
江西	7 801 633	8 146 491	344 858
浙江	11 177 868	11 793 155	615 287
湖北	7 436 481	12 319 747	4 883 266
甘肃	2 976 795	5 501 421	2 524 626
新疆	2 465 055	10 671 359	8 206 304
黑龙江	6 583 793	9 393 892	2 810 099
热河	950 977	1 678 905	727 928
绥远	586 999	1 259 723	672 724
察哈尔	586 999	1 259 723	672 724

(以上数据表出自恽代英原文)

　　可见,凡有完全报告的十三省区,无一不是支出超过收入。为什么各省也这样"闹穷"呢？恽代英分析了几点原因。

第一，各省都在增加军队，因此军费年年上升。

民国十一年（1922 年）与民国八年（1919 年）各省区军费支出对比表

（货币单位/元）

省份	民国八年军费	民国十一年军费	增加
直隶	4 505 250	7 087 119	2 581 869
河南	4 646 881	6 814 396	2 167 515
湖北	4 552 133	7 014 656	2 462 523
江西	3 276 778	3 397 668	120 890
浙江	3 851 007	4 836 910	985 903
甘肃	3 056 512	3 239 256	182 744
新疆	4 524 695	8 491 209	3 966 514
黑龙江	3 444 715	7 202 925	3 758 210
热河	986 902	1 091 303	104 401
绥远	630 622	932 125	301 503

（以上数据表出自恽代英原文）

由上表可知，数年之间，各省军费都增加十几万元至几百万元。"财政整理会曾就民国八年预算之岁出款项分析之，彼时中国军费占岁出百分之五十。……至最近发表整理结果，则全国军费进至占岁出十分之七。如此，固不怪北京与各省都要叫穷了。"

第二，军阀中饱国帑。"各省截留国家税之风盛行以后，国家税既不受省议会的监督，而北京财政部又不敢过问，于是各省军阀得以自由私饱。例如江苏截留一百万元，而财政厅长说只收到五十二万元，竟有四十八万元化为乌有，其情弊可知。湖北军饷，财厅方面有五月未经发给；然军署却欠饷八月，这又由于军署扣留二百万元为放帐之用。其他各省，如山西则浮报旱荒赈款，安徽则侵蚀造币赢余，此等牟利之法，莫不直接或间接的损害国家财政；于是北京既穷，各省亦复陷于不能自给之境了。"

无论如何，北京政府毕竟还实收款项一万四千八百余万元，为何仅有数百万元可以作为军政费用呢？"则又不能不痛心疾首于来路不明的内外债了。"恽代英指出:"我们负有内外债二十五万万余元。关税收入,每年偿付外债本息须六千万元以上,而偿付内债不足三千万元。去年关税偿还内债尚短少七百七十二万两。盐税方面,北京所能净得之数既仅四千余万元,以此偿付到期债务本息往往互相争执,顾此失彼,所以名为北京净得一万四千八百余万元,其不能得用的却有一万四千一百余万元之多"。

那么,中国何以有这么多债务呢? 恽代英总结了两点原因。

第一,外国勒索我们的赔款。"由甲午赔款所起的俄法债款,英德债款,英德续债款,截至十一年底止尚欠将二万万元;庚子赔款除俄德奥不计,尚欠约四万万元。民国元二年为偿付上述债款而起的五国善后借款又将近五万万元。此数项债务占全部外债之一半。而此数项债务,除善后借款有一部分供袁氏滥用以外,余皆只是供外人剥削,中国并未曾得一文之实惠,而无端加重负担如此。"

第二,北洋政府的"浪用"。"在民国三四年北京既有各省解款,且多辟税源,收入丰裕,然北京利用人民的盲信,两年募内债将五千万元,在此时袁氏正骄盈无度,添设骈枝机关,预谋帝制自为;人民以苟安之浅见,遂甘于受他们的欺蔽,对于此等不急要的内债,踊跃输将,民三至购买溢额九十余万元。民四溢额百八十余万元。至七八年,因对德奥宣战,德奥债务均暂停支付,而八国又允延缓赔款五年,此时北京每年腾出可供应用之款在四五千万元以上,然彼时又因北庭甘于以卖国之借款供其穷兵黩武之浪费,于是大借日款,如所谓西原借款四项七千万元,在无抵押债务中首屈一指。"

中国的财政问题如此严重,解决之道究竟何在呢? 财政理事会提出了五种救济方法:①各省不再截留应缴款项;②开辟税源;③削减普通政费和军费;④交通事业不受政局影响;⑤设法促进关税会议,使附加二五税得以早日实行。恽代英对于上述五种方法逐一进行了分析,认为都是不现实的"呓语"。中国人要自救,必须做到以下四点:第一,是要打倒绝对不可信任的北京政府;第二,是要扫除那些贪婪割据的军阀;第三,是要籍没这些军阀与官僚不正当的财产;第四,是要审查取消不正当的债款。"我们要整理我们的财政,必须同时对付三种仇敌:第一是掌握我们政治权的军阀官僚,第二是与军阀官僚因缘为奸的银行奸商,第三是利用我们软弱贪婪的政治当局以敲吸勒索我们的外国人。我们要救自己,必须首先除去三害。我们必须根本铲除所以使我们这样穷困的原因,必须惩罚那些有意陷害我们到这样穷困的人。亦只有这样,我们才能够有从穷困中挣扎出来的希望。"①

简而言之,根据恽代英的分析,中国的财政问题要想从根本上得到解决,其前提条件就是必须彻底打倒压迫中国人民的封建军阀、资产阶级和帝国主义势力。

1926年,在《世界革命与中国革命》一文中,恽代英用实证材料和大量数据归纳总结了帝国主义在经济上和财政上对中华民族的压迫:"甲、经济上的压迫:A、外国加华货入口税,影响华货销路,因而影响中国人民生计,如烟台因美增税发网工人失业者数万;大连因日复征进口税,八十三家油房歇业者四十家。B、外国物产竞争,抵制华货,影响中国人民生计。如华茶受印、锡、日本茶之竞争,出口由三万万磅(光绪十二年)减到一万万五千磅(民国六年);华丝受日、意之竞争,贸易额由占全世界之半减至百分之二七·七(民国五年)。以上犹系国际贸易倾轧之常事,不过中国积弱,更可肆意倾轧耳。C、外国货物利用关税协定制,自由输入,破坏中国固有产业。民国十三年入口超过出口二万四千万两(米谷、麦粉一万余万两,棉布一万四千余万两,糖七千余万两,煤油五千余万两,皆夺我工农固有生路)。D、外国银行利用条约保障,吸收中国军阀官僚存款,把持中国海关税款,因有雄厚之流通资本,操纵中国市面金融。汇丰银行以一千五百万元之资金,有一万四千余万元之放款。前年汉口汇丰银行不肯通融放出现银,以救中秋节银根之紧,商店挤倒七八家。E、利用中国人之愚昧贫乏急需款项,缔定条约或合同,预付若干款项,以低于成本之价收买产品。前年山东、直隶种棉之农民,曾与日资本家因此引起许多纠纷,又汉冶萍公司因按条约须以十余年前之价额付铁砂于日本,此项价额不能抵工资成本,故赔累不堪,永无

---

① 恽代英:《中国财政状况述评》,《新建设》1924年第1卷第6期。

翻身之日子。F、攘取中国航行权（轮船在中国境内载货,外轮较华轮多三倍余,民国十三年英轮载货较多二千六百万吨,日轮较多五百万吨）、筑路权（铁路在外人管理下的六千余里,其余国有铁路无一不与外资有关）、开矿权（煤矿用新法开采的,外资或中外合资之矿较中国自办之矿产额多一倍以上）、开工厂权（在华之英、日纱厂机锭,较多于华厂二十余万锭）,肆意夺占渔取中国经济利益,役使中国劳动者如牛马奴隶。乙、财政上的压迫:A、用武力勒索赔款,与勾结军阀私借外债,使中国对于国外负十八万万元之债务,每年须以全国收入一半以上（二万余万两）为偿债之用。B、借口保障债务,把持海关税款,即偿债以后之关余,中国亦无自由支配之权。C、限制中国铁路运费,剥夺中国加增关税、一切洋货厘税之自由权。"①

　　总之,根据恽代英的分析,作为一个半殖民地半封建社会的国家,中国的经济命脉已完全掌控于帝国主义势力之手。帝国主义列强一方面通过侵略战争向中国勒索了巨额战争赔款,使中国丧失内生工业化的资本积累,一方面大量地向中国倾销商品,把中国变为他们的工业品销场和原料供应场。它们还勾结利用中国军阀封建势力,控制中国关税等经济命脉,输出资本,开办厂矿企业,直接利用中国丰富的原材料和廉价的劳动力牟取高额利润并以此对中国民族资本主义经济进行压迫,阻挠中华民族生产力的发展。"外债不能清偿,对外贸易的入超如此的继长增高,中国眼见不免于经济破产之祸。"②因此,"我们对内要打倒压迫我们的军阀,对外要打倒侵略我们的帝国主义","我们不打倒军阀,便不能组织革命的人民的政府,以引导全国的民众,以反抗帝国主义;同时,我们不打倒帝国主义,便不能灭绝外国的经济侵略,便不能求本国实业的发展"③。

（三）对中国社会各阶级的经济分析

　　在中国共产党内,恽代英是最早对中国半殖民地半封建社会中各阶级

①　《恽代英文集》下卷,人民出版社 1984 年版,第 897—898 页。
②　《恽代英文集》上卷,人民出版社 1984 年版,第 419 页。
③　《恽代英文集》上卷,人民出版社 1984 年版,第 552 页。

的经济地位及其对革命的态度进行科学分析的思想家之一。早在 1924 年 4 月《中国革命的基本势力》一文中,恽代英就对中国社会各阶级——"智识阶级"、"商人阶级"、"俸给阶级"、"绅士阶级"等进行了初步的经济分析,并得出结论,在革命运动中,他们都是不可依靠的:"为甚么智识阶级不能依赖呢?……他们自己没有经济上的地位;虽然他们在恶劣的政治经济中间,亦要受许多窘迫,然而他们并不一定与统治阶级的利害相冲突。……为甚么商人阶级不可依赖呢?商人阶级是惟利是视的。就现在中国商业的实况说,商人的利益已经与外国势力发生了密切的关系。每一个比较开通的地方,都是充斥了各种洋货。即照料收买,转运各种农业品的,亦无非是外国商业家的代理人。他们在这种外力压迫之下,并不感觉苦痛。一切加于他们的租税捐款,他们都可以转嫁于生产或消费的人。他们靠着做外国人的中介,可以分取少许的余利。所以他们并不一定感觉时局的不满意,他们不感觉革命的需要。为甚么俸给阶级不可依靠呢?俸给阶级在此薪金折扣拖欠的时局中间,固然是不满足的,然而他们没有革命的力量。……为甚么绅士阶级不可依靠呢?绅士是有权力以武断乡曲的。然而他的权力,完全靠他能与军阀官僚相勾结。……想靠他们为民众努力,以反抗军阀官僚,这又无异于缘木求鱼的痴想了。"①恽代英指出,为什么说到革命,只有农人与工人可以有希望呢?因为"农人、工人所身受的毒害,例如赔款的横索,外债的滥借,国帑的浪费中饱,无一不使租税捐款一天天加增起来。而一切租税捐款的加增,最后仍使生产者感受其痛苦,至于使劳动的结果,与消费的需要不能相应,于是农人与工人的生活日益堕落于苦境。……只有农人、工人,最穷而无告。他们的生活,永远是濒于破产危殆之境,他们没有与统治阶级的利益妥协调和的余地。"②因此,就中国革命而言,"我们所应当依赖的,必须是真正的生产者——农人,工人。"③

① 《恽代英文集》上卷,人民出版社 1984 年版,第 499—500 页。
② 《恽代英文集》上卷,人民出版社 1984 年版,第 501 页。
③ 《恽代英文集》上卷,人民出版社 1984 年版,第 499 页。

从 1924 年到 1926 年,恽代英先后发表《农村运动》、《上海日纱厂罢工中所得的教训》、《为什么产业无产阶级最富于革命性?》、《世界革命与中国革命》、《国民革命与农民》等文章,对中国社会各阶级进行了更为科学的分析。

关于无产阶级,恽代英认为:"产业工人确实是革命的主要力量,只有他能做民族革命的主要军队。"①他还对中国无产阶级的经济地位和特点进行了详细的分析,解释了无产阶级最富于革命性的原因:第一,"他们是一般穷光蛋,因为是穷光蛋所以没有甚么挂念,对于革命事业特别勇敢"。第二,"他们是直接受军阀(或中外资本家)压迫,因为是直接受压迫,所以仇人相见分外眼明,敌对的态度很明显"。第三,"他们全路工人都是在一个管理机关之下,所受政治、经济的压迫是一致的,因为所受压迫是一致的,所以容易发生同仇敌忾的观念,一致的与压迫势力相反抗"。第四,"他们的工作与居处是集中的,每一个地方,或一段地方,常常有几百几千工人,因为有许多工人集中于一个地方,再为他们传递消息极其便利,所以容易互相宣传煽动,亦容易互相督促约束,没有散漫的民众比得上他们"。第五,"他们在铁路(或工厂、矿山)上做工,占交通(或生产)事业的重要地位,因为所居地位重要,他们容易觉悟自己一种武器有一部分实力,可以与压迫阶级相抵抗。有了这五种原因,产业无产阶级遂成为最容易觉悟的革命势力,遂成为最富于革命性的阶级力量。"②因此,无产阶级"人数虽少(占全人口二百分之一)",但"他们的联合,是中国打倒帝国主义与军阀的唯一可靠的力量"③。

早在 1848 年,马克思和恩格斯就在《共产党宣言》中明确指出:"在当前同资产阶级对立的一切阶级中,只有无产阶级是真正革命的阶级。其余的阶级都随着大工业的发展而日趋没落和灭亡,无产阶级却是大工业本身

---

① 《恽代英文集》下卷,人民出版社 1984 年版,第 636 页。
② 《恽代英文集》下卷,人民出版社 1984 年版,第 781—782 页。
③ 《恽代英文集》下卷,人民出版社 1984 年版,第 636 页。

的产物。中间等级,即小工业家、小商人、手工业者、农民,他们同资产阶级作斗争,都是为了维护他们这种中间等级的生存,以免于灭亡。所以,他们不是革命的,而是保守的。不仅如此,他们甚至是反动的,因为他们力图使历史的车轮倒转。如果说他们是革命的,那是鉴于他们行将转入无产阶级的队伍,这样,他们就不是维护他们目前的利益,而是维护他们将来的利益,他们就离开自己原来的立场,而站到无产阶级的立场上来。"①恽代英把马克思主义的基本原理同中国的革命实践相结合,得出了无产阶级是中国革命"主要军队"的正确结论。而他结合中国的具体国情,对这个问题所作的科学解析,则是马克思主义中国化的生动体现。

恽代英认为,只有无产阶级才能成为革命的"中心与领导人",但"打倒帝国主义的工作,无产阶级单独的力量是还不够的,而且各阶级为自己的利益亦可以参加这种运动"②。他指出,占中国人口绝大多数的农民是无产阶级的同盟军,也是革命的主力军。1926年,在《世界革命与中国革命》一文中,恽代英用具体数据对中国农民的经济状况作了细致的描述:"农民约三万万人,种田不到三十亩的占百分之六十四(不到十亩的占百分之三十六)。因资本不足,灾歉频仍,每亩收入减少(民国三年平均每亩产米三石六斗,民国九年只产一石六斗),租税加重(田赋制本惟贫农负担最重,近又借口漕粮改征银元,及加设各种附加税,加增贫农负担不少,厘金杂税亦间接加于贫农),生活程度提高(上海平民生活去年比前年高一半),贫农不但无使子女受教育之希望,且多困于穷窘,或重利盘剥,弃田不耕(民国六年全国荒地九万余万亩),流为兵匪或都市工人。"③恽代英分析了农民在中国所处的低下经济政治地位,总结了农民的各种痛苦:第一,土匪、军队、民团的骚扰;第二,内战;第三,苛抽暴敛;第四,土豪劣绅和大地主的剥削;第五,水旱天灾。这种种的痛苦是从哪里来的? 恽代英指出,是帝国主义及其走

---

① 《马克思恩格斯选集》第1卷,人民出版社1995年版,第282—283页。
② 《恽代英文集》下卷,人民出版社1984年版,第655页。
③ 《恽代英文集》下卷,人民出版社1984年版,第904页。

狗军阀官僚、买办阶级以及土豪劣绅和大地主的压迫造成的："假使没有帝国主义,则我们国内不再有这样的不太平了,一切的事业都可以发达了。假使没有帝国主义的走狗和反革命派,则一切土匪、军队、民团的骚扰都可免除了,一切苛捐杂税,一切敲剥都可以免除了。所以我们要解除我们的痛苦,保持我们应得的利益,我们便不能不打倒帝国主义和帝国主义的走狗及一切反革命派,军阀、官僚、贪官、污吏、土豪、劣绅、大地主、买办阶级。……国民革命成功,我们最辛苦的耕田人便同时得到解放,得到应有的利益。"①

恽代英十分强调工农联盟在革命中的重要意义："最重要的我们要认清工农在国民革命中的重要。因为工农人数极多,生活上又最有革命的要求,中国反帝国主义运动定要得着他们的帮助,我们必须设法使农工群众越发团结,越发有力量,国民革命,才越发有成功的希望"②。

就国民革命而言,恽代英不仅认识到"我们的势力根基在工农身上",而且认识到"工农联合亦还不够",除了加强工农联盟以外,"各势力亦当设法尽量利用,以扩大我们的力量"③。恽代英认为小资产阶级,包括小商人、青年学生、官吏、教员、兵士及其他俸给生活者,从他们的经济地位来说,都具有倾向革命的可能性。恽代英指出:"小资产阶级固然可以要求不犯革命之危险而觅取比较安定的生活,但在他们的生活已经象今日之陷于贫乏摇动,非革命不能觅取比较安定的生活时,他们亦会要求革命。"④恽代英还对小资产阶级的各个阶层进行了具体分析,认为小商人"除少数奢侈业外,余均因人民购买力薄弱,无发展之希望。且因兵匪之扰乱,大商人之操纵,与生活程度之提高,每惴惴于不能自保",因此"一般小商人,也是需要革命"⑤;青年学生"因家庭经济地位堕落或动摇,与教育经费困窘,各地加征学费,每至不能完成学业。即完成学业以后,亦因百业衰败,谋业者充斥,党

---

① 《恽代英文集》下卷,人民出版社 1984 年版,第 918 页。
② 《恽代英文集》下卷,人民出版社 1984 年版,第 882 页。
③ 《恽代英文集》下卷,人民出版社 1984 年版,第 903 页。
④ 《恽代英文集》下卷,人民出版社 1984 年版,第 686 页。
⑤ 《恽代英文集》下卷,人民出版社 1984 年版,第 881 页。

派排挤之风盛行,不易得相当之职业",因此"他们除革命亦是别无生路可走的"①;至于官吏、教员、兵士及其他俸给生活者,"除少数幸运或能勾结帝国主义、军阀、买办阶级、土豪劣绅的人以外,多饷薪微薄,不能与生活程度相适应,而又每有折扣拖欠之事,尚有许多必要之应酬,同时又因百业衰败,排挤之风盛行,每不易保此等位置"②,由于经济地位的不稳定,也是"易于倾向革命"的。总之,小资产阶级当中的各个阶层在革命潮流高涨时,都是有可能参加革命的。因此,对于国民革命而言,"小商人、学生、俸给生活者之一部分,亦当使觉悟其自己的经济地位,加以革命的下层组织,使成为革命的军队"③。

恽代英将中国的资产阶级分为买办阶级和幼稚工业资本家即民族资产阶级。恽代英将买办阶级定义为:"一般直接与外国资本有关系的大商人、银行家、工厂主",并详细分析了他们的经济特征:"A、他们的地位等于是帝国主义的经手人,所以反对一切反帝国主义运动。B、他们与总税务司英人相勾结,借整理内政之名,朋分海关税款。C、他们利用北京军阀急需财款,得进为财政总长,退为银行经理。惟视自己利之所在,操纵公债,扰乱民生。D、垄断商会,冒称商界全体,进而与军阀勾结助其压逼人民。E、因循怯懦,自高身价,且只知自己的利益,在每个爱国运动中,总不与多数人民合作,或中途卖掉多数人民,以见好于军阀、帝国主义。F、为自己利益,反对农工组织,更反对一切改良农工生活之运动。"④简而言之,"大商买办阶级的'生之欲望',在倚赖外国资本主义而享其余沥,所以他对于打倒外国资本主义的国民革命,一定是反革命的。"⑤至于民族资产阶级,则具有两面性:"资产阶级做事,只问于自己利益有何关系,他一方挟无产阶级以与帝国主义争自

---

① 《恽代英文集》下卷,人民出版社 1984 年版,第 882 页。
② 《恽代英文集》下卷,人民出版社 1984 年版,第 904 页。
③ 《恽代英文集》下卷,人民出版社 1984 年版,第 902—903 页。
④ 《恽代英文集》下卷,人民出版社 1984 年版,第 900 页。
⑤ 《恽代英文集》下卷,人民出版社 1984 年版,第 657 页。

己的利益,一方挟帝国主义以制无产阶级使不敢摇动自己的权利",①"工业资本家与国货商人,为自己利益赞成收回海关主权,取缔外国工厂,但反对工农运动,且因与外资、军阀买办阶级有密切关系,颇有妥协反对性。"②

军阀和土豪劣绅是旧中国封建势力的代表。恽代英详细揭露了军阀在经济上和财政上对广大人民的压迫剥削:"甲、经济上的压迫:A、自由派款加税,不顾人民负担力量。B、铸造低质货币,滥发纸币,使物价腾贵,生活程度提高。C、疏忽并妨碍一切经济政策,使人民颠倒于贫乏灾祸之中。D、召募许多饥军,饷需不足,则放任使劫掠人民。E、造成内战,断绝交通,扰乱社会生活。乙、财政上的压迫:A、因谋私饱或扩张军队,侵蚀教育、实业经费乃至其他经费。B、把持财政,使中国财政无统一整理之希望。"③土豪劣绅则与军阀狼狈为奸,助其作恶,从中渔利,"A、不问贫农生活情形,只知苛责完租纳税。B、高利贷款,以盘剥贫农。C、侵吞地方公益款项,不作正当之用"④。因此,军阀和土豪劣绅,与帝国主义和买办阶级一道,都是阻碍中国发展进步的反动势力,都是国民革命的敌人。"我们应当联合世界革命势力,共同打倒帝国主义,同时,并需打倒国内军阀、买办阶级、土豪劣绅,使一切被压迫的中国民众都解放出来。"⑤

恽代英关于中国社会各阶级在中国革命中基本立场态度及地位的分析,与毛泽东1925年12月发表的《中国社会各阶级的分析》一文所阐明的思想是一致的,表明中国共产党人在把马克思主义的基本原理同中国革命的实践相结合方面,已经迈出了重要的一步,这不仅为中国革命指明了方向,也为整个新民主主义革命时期中国共产党的经济斗争和经济工作指明了方向。

---

① 《恽代英文集》下卷,人民出版社1984年版,第737页。
② 《恽代英文集》下卷,人民出版社1984年版,第902页。
③ 《恽代英文集》下卷,人民出版社1984年版,第899页。
④ 《恽代英文集》下卷,人民出版社1984年版,第901页。
⑤ 《恽代英文集》下卷,人民出版社1984年版,第903页。

三、在考察中国革命问题时
重视经济方法的运用

恽代英在考察中国革命问题时,非常强调经济因素的基础性和根本性,特别重视经济方法的运用,这包括对经济资料的分析研究和对经济问题的实证调研。他留下的大量论文或演讲稿,常用具体的经济事实,包括用翔实的经济数据作为论据,因此逻辑严谨、充满说服力,直到今天都还有相当的理论价值。

(一)通过对经济资料的分析,揭露帝国主义的侵略和资产阶级的剥削

以恽代英1924年发表的《革命政府与关税问题》一文为例,这既是一篇非常有感染力的政治论文,也是一篇杰出的经济史论文。为了论证中国当时的关税制度"是国际资本主义征服中国最重要的武器",恽代英从入口税、出口税和税率的伸缩调整等方面详细地解析了西方发达国家自身的关税制度,并以之与中国的情况加以对比。

就入口税而言,恽代英指出:"在工业国家,因为对于生活必需的品物,与工作原料品,全恃国外供给,他对于许多这类物品,全不加课关税。例如英国课税的输入品,大别仅十余种,各国对于生棉、生丝多课税极轻或完全无税。但一般国家,对于凡外货输入可以妨害本国农工生产品销路的,或禁止其入口,如英国禁止受奖励金之精糖入口是;或加重其税率,如一九二二年美国为抵制德国廉价的钢铁,中国廉价的鸡蛋,及其他因本国生产费高不能与外货竞争的商品,因宣布增加其入口税是。对于嗜好品,如烟酒等物,各国均特别重税。美国酒精税率值百抽百,日本卷烟值百抽三百五十。其他各国无不如此。然反观我国,则无论何种输入品,均系值百抽五。我们眼望着英国、日本的疋头棉纱,如洪水的流进来,使本国的纱厂不能发展;然而我们无法抵抗。甚至受印度政府奖励金之茶,亦不能重课其入口税,以抵杀其优势。至于照民国十一年的海关报告,宁波入口的米,长江来的由二五二六六担减至三七二六担,香港西贡来的,由一五七五一担增至二〇四五六五担;厦门美国面厂与上海面厂为敌,已操胜算。这所说的米与面粉,照条约是免税货物。明明看着他们妨害我们自己的农产物销售(民国十二年芜湖米失其顾客,所销甚微),我们亦无可如何。至于烟酒等物,在民国七年以前,以税率与市价计算,本出值百抽五以外;关册所载烟酒之价,每较市价为高。然民国七年修改税则,竟亦以值百抽五相衡,英、美、日本,锱铢计较。结果至日本酒每箱抽税较前减少一分,瓶装啤酒每箱抽税亦较前减少六厘。每千枝价不及一两五钱的纸烟,抽税亦较前减少两分。为修改税则,而奢侈品反轻减税率,真世界上罕有的奇事,亦即是我们因条约束缚,所忍受的奇耻。"①

就出口税而言,恽代英指出:"出口税在历史上本只是封建时代那些诸侯认为卖货物给外国人时,须付一部分的钱给他们,以请求他们允许的意思。近世因为他是产业及通商的妨害,故英国于一八四二年,德国于一八七三年,荷兰于一八七七年,法国于一八八一年,日本于明治三十二年,均废止此种制度。现在征收出口税的,只有或出于保护民食,或出于保护国内需要的原料,或出于限制金银出口,或出于保护本国古物。然而中国则一切出口货物,亦与入口一例,纳值百抽五之税。外国因求彼国之货能在别国行销,或给以奖励金,补助其生产费用;或减轻本国产物铁路运费,使其成本低廉。故他们的货,有在外国市场中,反较在本国价廉的事,名为当平(Dumping)。我国不但对于出口业一无促进之法,反凡物品均加课税。至于课税之率,又是固定的均一制。……中国因为有这种出口税则,于是外国可以自由的在中国攘取各种原料,中国的生产状况完全受外国收买原料者的影响。外国熟货既夺了中国原有土货的销场,中国的生产事业,只有仰外国原料商人的意旨。"②

就税率的伸缩调整而言,恽代英指出:"一国的关税,应能在对外贸易

---

① 《恽代英文集》上卷,人民出版社 1984 年版,第 421—422 页。
② 《恽代英文集》上卷,人民出版社 1984 年版,第 423—424 页。

不受妨害的范围内,视国用之需要,以伸缩其税率。英国于南非战争时,恢复其已废止的谷物税则,在一年零二月余的时期,得款二百余万镑。美国在南北战争时,为筹战费,国会通过加税者有将近一千五百种货物,平均税率在百分之五十左右。然我国出入口税则均受条约牵制,不能自由变更。辛丑和议以后,外人为求担保他们所勒索的赔款,曾经修改税则一次。依各国与中国所订商约,大都有十年更改税则一次之语;至民国元年,应再修改一次。然各国以国体变更尚未经彼承认为辞,不肯允诺。及既经承认国体,俄、法、日本仍提出各种不利的条件,以为承允修改税则的交换。延至欧战,迄无解决。"①

恽代英的结论是:"外国人一方用赔款债务勒索我,一方却于应完之税百计狡赖。既夺我自由加税之权,即最低之税率仍不允按实照缴,则尚何论于用关税发达产业,便靠关税想以供应外人之敲求,亦且不能够用。在这种刀俎之下的国民,其惨痛为如何不言可知了。中国因为外债的负担,关税的束缚,全国人民喘息苦楚于贫乏扰乱状况之下,国内工业永无发达之望。"②

可见,正是因为恽代英运用了国内外大量翔实的经济数据和资料作为立论的根据,他对帝国主义经济侵略的揭露就格外地深刻。

恽代英1929年发表的《"刻薄成家"的丝厂资本家》一文,则是用具体的数据资料揭穿了中国丝厂资本家残酷剥削工人的真相。"据江海关报告,去年一月至九月出口,丝厂白丝三万九千余担,比前年出口多一万二千担;黄丝出口六百余担,比前年亦多百余担。去年上海、无锡二处新建丝厂二十余间,租价之大为从来所未有,然而尚不敷丝厂资本家的租借。从这可知,丝厂营业不但不是象那般资本家口头所说的穷窘困难,他们实际是很有利润可图的。"③"上海社会局调查,丝厂工人百分之七十七是女工,而其余

① 《恽代英文集》上卷,人民出版社1984年版,第425页。
② 《恽代英文集》上卷,人民出版社1984年版,第428页。
③ 《恽代英文集》下卷,人民出版社1984年版,第1030页。

之二十三则是童工。女工工资由二角四分至六角五分，童工工资在三角左右。每日工作十小时至十一时。这便是中国国产出口贸易所以能维持而且大获利润的理由。丝厂资本家全靠剥削抵抗力小的女工，而且在社会上散布一些不正确的消息，想造成舆论来帮助他们压迫一切工人们的经济斗争，反对一切缩短工作时间，改良工人待遇的话。'刻薄成家'是他们唯一的营业方针。中国资本家大体都是这样的一回事情！他们在外国资本主义压迫之下，决不想什么方法反抗外国资本主义，只知道保持而且加增他们对于工人的剥削，来取得一时的利益。他们现在的诉苦，只是为他们造作一些剥削工人的'理由'而已。"①文末号召工人阶级抛弃对国民党政府的幻想，自觉起来斗争："或者有人说，丝厂资本家虽然反对八小时工作制，国民党政府将要颁布八小时工作制，我们工人可以等待国民党实行工厂法，那时八小时工作制终于要实现的。这样想法便完全是一个傻子。国民党总是站在资本家方面的，尤其是对于丝厂资本家，他们去年已经两次拨款帮助。他们亦要撑持这个国产的门面。国民党所说八小时工作制，本不过说说空话罢了！若是工人不能自己起来，将来岂但丝厂资本家会要求特别规定，各业资本家都会继续起来提出这种要求呢？"②

（二）考察工农群众的经济生活，强调经济斗争与政治斗争相结合

恽代英非常重视工人运动的重要性。在 1924 年 2 月发表的《青年工人运动的注意事项》一文中，恽代英指出："青年工人运动，要注意引导青年工人为改良他们的经济地位与社会地位的争斗，以逐渐进于政治的争斗。要知道应当如何引导他们，第一件事是要考察他们的真正情形。我们必须从各种城镇各种工厂搜集材料，以查得下列的事项：一、某项产业中雇用青年工人的人数；二、青年工人与成年工人人数的比例；三、十岁内，十二岁内，十四岁内，十六岁内，十八岁内，各种青年工人的人数；四、青年工人的工资；

① 《恽代英文集》下卷，人民出版社 1984 年版，第 1031 页。
② 《恽代英文集》下卷，人民出版社 1984 年版，第 1031—1032 页。

五、青年工人工资与成年工人工资的相差数额;六、最近五年青年工人工资的变迁;七、青年工人的工作钟点,进食次数等;八、青年工人是否有每星期或每月的休息;九、工作的卫生状况;十、主要的归为青年工人的工作;十一、青年工人与成年工人间的关系。我们还可以更进一步,研究青年工人的文化程度:如考察能写字、看书的青年工人人数,与不识字的人数。以上的事都可从最近的地方,搜集材料起。自然小工商业中,徒弟教育的制度,亦可以注意。我们要考察他们要做几年的徒弟,徒弟甚么时候才可以有工钱,有好多工钱,在学徒弟时是否还要学费,徒弟住在甚么地方,住在家里还是住在师傅那里,徒弟是受的如何刻苦的待遇。我们必须要调查了这样的一些材料,才可以知道怎样保护青年工人的利益;才可以引导青年工人,为他们自己的利益而奋斗;才可以得着青年工人的同情,而指导编制他们成为革命的军队。"①总之,"我们要先研究青年工人,常与青年工人的群众相接触,为他们真实的利益而奋斗,这样,青年工人便会围绕我们而聚合拢来了"。②

除了工人运动之外,恽代英也高度关注农村和农民问题。

1924 年 3 月,恽代英在《中国青年》第 23 期发表《湖北黄陂农民生活》。这篇调查报告,以翔实的经济数据,反映了中国农村许多实际的社会问题。黄陂县位于武汉市市区北面,南临长江,西南隔府河与武汉市相望,县城距武汉市中心约 50 公里,现为武汉市黄陂区。

其时,黄陂的田,是以石、斗、升、合为单位计算的。每石田(每石为 10 斗,2 斗为 1 亩——笔者注)上好的约可产谷 20 石(每石为 100 斤——笔者注),即是可以碾糙米 10 石,若碾细米只得 9 石。恽代英指出,黄陂是一个地少人多的地方,有的家庭,只有田地若干升(10 升为 1 斗——笔者注)的。"这种人专种自己的田不能供给生活,所以每须同时兼佃人家的田"。

"佃田的人,每石田普通完租谷十石于田主,便是等于产谷总额一半左右;亦有少到完租八石或七石的。完租多的,或至十二三石。这种佃谷,是

---

① 《恽代英文集》上卷,人民出版社 1984 年版,第 453—454 页。

② 《恽代英文集》上卷,人民出版社 1984 年版,第 455 页。

以'每石田几石谷'预先约定的,除了大荒歉以外,田主是不肯减少租谷成数的。在别的地方,有按收成五成对分或四六成对分的。黄陂的田主,则不问佃户的收成,他们按一定的石数收租。若要希望他减少租谷,佃户须发轿子把田主接到家中,请他大吃喝一顿,再引他到田里踏勘,才双方商议减成的办法"①。这说明,黄陂地主对佃农的剥削程度是严重的。

由于地主对佃农剥削严重,加之佃田的人因为田地不是他自己的,地主又可随时撤换佃户,所以佃田的人"不甚肯爱惜田地",也不知道精意耕耘,所以,谷物产量低。从中可见,这种落后的封建生产关系,严重地阻碍了农业生产力的发展。

洋行对黄陂农村市场的冲击也是很大的。黄陂乡村农民生活一般变更很少。现在显然易见的变更,"便是种花生、种豆的人加多了,这是因为洋行的人收买的原故。买洋纱的人一天天多了,有些地方的纺线机,都已经劈作柴火烧个干净;虽然有些地方,还保存自己纺棉花,然而象去年棉花的价目太贵了,一些人都觉得买棉花自己纺织太划算不来。妇女们渐渐喜欢洋货布匹,穿着土布的人比从前略少些"②。这充分说明,随着洋布在黄陂乡村的大量倾销,使得农民手工纺织业几乎完全破产。

于是,黄陂乡村的社会问题越来越多。"请雇工再不是一件容易事。从前有些采樵卖柴的人,肯随时受人雇用,现在这种人渐次少了……有些人宁可在都市上作穷困的流氓,他们不愿在乡村中过生活"。恽代英还指出,乡村中有一般讨饭的人,多兼作窃盗生活,乡中人不敢得罪他们。"这等人多系没有田产的,在周围百余里中,大约可以有一百人左右。强壮而游惰的约占他们中三分之一。他们有的住在自己的破屋中,有的夜间睡在土地庙墙角一类地方。他们有很严整的联合,凡违反纪律的,他们辄殴杀而弃置于沟中,地方的人亦不过问。他们讨饭时,每家约给以一茶杯或一小半饭碗的饭;强壮的人,不要饭而要米"。

①　《恽代英文集》上卷,人民出版社1984年版,第487页。
②　《恽代英文集》上卷,人民出版社1984年版,第488页。

邻县有了荒歉，便有大批灾民到各乡村中。"这种灾民，有一种公文交给乡村中负责的人，于是这个村子便要担负供养他们的责任。他们大抵住在村子附近庙宇中间，村子里的人便要大家捐米菜给他们，他们大概住不上两三天，便会很客气的又移到别的地方去。但如招待不好的时候，他们有时亦会滋扰起来"①。

这清楚地表明，黄陂乡村的社会问题，实际上是经济问题造成的。同时也可以看出，上述各阶层群体，他们社会经济地位虽然低下，但组织严密，是一股具有两重性（革命性和破坏性）的力量。

在这样的社会背景下，农民种田是很艰难的，即使是比较富裕的农户，也感到种田"很不划算"。

恽代英的一位朋友，给他算了一笔账：

这位朋友家有五石田，雇用了三个雇农。他家里除了父亲农忙时帮着种点田以外，其余的田事便靠这三个雇农服役。这位朋友告诉恽代英，"用三个雇农耕五石田，是很经济不容易办到的"。他计算了他家中耕田的收支（虽然是上好的田）情况：

五石田的收入：（一）产谷 100 石可值 400 元

　　　　　　　（二）产麦 10 石可值 25 元

　　　　　　　（三）产杂粮菜蔬可值 50 元

　　　　　　　（四）产干草 14000 斤可值 25 元

耕田的支出：（一）雇农 3 人工资 70 元

　　　　　　　（二）雇农 3 人伙食 100 元

　　　　　　　（三）耕牛一头的刍粮及牧童食用约 40 元

　　　　　　　（四）农忙时雇短工 10 元

　　　　　　　（五）肥料 80 元

　　　　　　　（六）农具修理或添置 10 元

　　　　　　　（七）各种派捐（如学堂捐公债票等）4 元

---

① 《恽代英文集》上卷，人民出版社 1984 年版，第 488 页。

　　由上明细账目可见，收入共 500 元，支出共 314 元，收支相抵，一年劳作纯收入 180 余元。而现在的田价，五石田可值 1250 元。若以 1250 元，加耕田的本金 314 元放债，乡间利息常年 3 分，应可得 470 元。即以田地所值变为现金与耕田本金一并用以放债的人，安可坐得 470 元的息金；而有田的人加以终年的操作，却只能得 180 多元。所以"耕田是一件很不划算的事"①。

　　这个事例证明，黄陂乡村高利贷的剥削程度更为严重。

　　此外，黄陂乡村的田赋也"是不公平的"。"田赋大约每次一石田完一斗谷，即是照收成完百分之一左右，每年两次加以其他杂捐，大概不过收成二三十分之一"。但是，"有些新垦或新近淤起的田，以前没有租税，亦便相沿没有租税；有些冲没毁损了的田，以前有租税，到现在仍旧要完纳。加以有些粮书舞弊，亦有人田已卖出而课税未转移于买主，所以中国的田赋，简直是一篇大糊涂账"②。这生动地反映了当时黄陂农村行政腐败，管理混乱。

　　恽代英正是在以极大的热情投身到农村进行实地考察研究的基础上，形成了自己系统的独具特色的农运工作方法，其要点是：第一，必须了解农民实况、农民疾苦、农民利益，从农民的生活中寻找动员宣传农民参加革命的经济动力；第二，既要深入细致地进行调查研究，还要讲究宣传工作的艺术；第三，对农民的工作除了运用政治和文化方法外，尤其是要注重经济方法的运用。在 1925 年 12 月发表的《农民中的宣传组织工作》一文中，恽代英指出："经济方面的宣传，是要熟悉农村生活的实际情形，并能洞晰各种农民生活上疾苦之来源及其救济方法，就各个实际问题剖析指示一般农民；这种宣传，是比政治的宣传，更容易打动农民的心坎，而引起他们的实际行动的；亦正因为如此，这种宣传比政治宣传易于遭官府、地主、劣绅、痞棍等所嫉恶。这种宣传要想做得合当，须注意调查农民生活，农村地方状况，并须注意有关于财政经济上的各种常识。例如我们要从农民每年收入方面说

---

① 《恽代英文集》上卷，人民出版社 1984 年版，第 489 页。
② 《恽代英文集》上卷，人民出版社 1984 年版，第 490 页。

起,便要指出水、旱、虫灾如何使他们收入减少,告诉他们只有讲求农田水利可以避免水旱虫灾;同时亦要指出农民资本、土地之缺乏如何使他们不能尽力耕耘,告诉他们只有设立贫农借贷或补助制度可以解决此等困难;同时亦要指出行商之剥削如何使他们的农产物不能得着合当的市价,告诉他们只有办理合作社可以抵制这种行商。我们要从农民每年支出方面说起,便要指出税捐及其他非法勒索如何使他们负担加重,告诉他们只有改良政治与租税制度可以解决这种弊病;同时亦要指出厘金、盐税与奸商抬高物价,军阀紊乱币制,如何使生活程度增高,告诉他们只有废除苛税,改良币制,取缔奸商,可以解决这些问题。除了以上所述,我们还应告诉农民,一县或一村租税之收入与公家产业之收入若干,学田、积谷仓、善社等公共机关之收入若干,由山林川泽之经营与富农租税之切实增收,可以加增收入若干,取销赔偿外债与打倒军阀裁兵之后,可以不解省与中央之款若干,严格取缔官吏劣绅把持私饱或浪费,可以节省之款若干,如此则有一篇清清楚楚账簿摆在农民面前,都可以知道讲水利,设农民银行,办合作社,乃至其他一切公益事项,均系确有的款可能的事情。我们能从农民本身生活说起,而又能与以切实解决的方法,便可以引导他们为此加入革命的战线。"①

恽代英以上所述,强调了经济方法在从事农民运动中的极端重要性,这也是他从事农村工作的经验之谈。1926 年至 1927 年,他在黄埔军校和武昌中央农民运动讲习所讲授《中国国民党与农民运动》时,也常常运用经济方法,贴近农村实际,贴近农民生活,贴近学员心理,举出各种经济数据,理论联系实际,讲解国民政府关于农民运动的纲领和各项政策,深受学员们的欢迎。

四、对列宁在苏俄推行新经济政策的高度评价

(一)列宁的新经济政策

俄国成为世界上第一个社会主义国家之后,在现实社会生活中如何确

---

① 《恽代英文集》下卷,人民出版社 1984 年版,第 760—761 页。

立社会主义的原则和方式，引起了包括中国共产党人在内的全世界马克思主义者的强烈关注。

俄国是一个不发达的资本主义国家，自然经济半自然经济占相当的比重，俄国共产党人必须面临这些特殊的条件和环境，去探索一条符合本国国情的社会主义道路。起初，以列宁为代表的苏俄领导人力图将马克思、恩格斯对未来人类社会的预想直接付诸实践，按照巴黎公社的原则制定相应的政策措施。在确立社会主义经济体制的时候，列宁曾强调要通过高度中央集权的计划，而不是通过商品交换和价值规律来实施向共产主义的"直接过渡"。

因此，在十月革命胜利后的 1919 年至 1920 年，苏俄曾一度实施战时共产主义（军事共产主义）政策。战时共产主义主张在农村实行粮食征集制，工业体制上追求最大限度的国有化，经济关系上以实物化代替商品货币机制，劳务关系上实行普遍的劳动义务制。这一政策使苏维埃政府迅速掌握了全国一切经济命脉，商品生产和市场货币关系几乎完全被取消，商品活动几乎全部停顿。

实施战时共产主义政策，实际上是当时苏俄迫于战争的特殊环境不得已而为之的一种政策。列宁说："'战时共产主义'是战争和经济破坏迫使我们实行的……只有这样的粮食政策才能适应无产阶级的任务，只有这样的粮食政策才能巩固社会主义的基础，才能使社会主义取得完全的胜利"[1]。由此可见，战时共产主义政策在当时基本上是正确的。否则，刚刚诞生的苏维埃政权，就会陷入国外帝国主义的封锁、包围和国内白匪军的叛乱的困境中而遭到失败。因此，为了保卫新生的革命政权，无产阶级必须"建立强制性的国家垄断制"[2]。这是在一个遭到长期战争严重破坏的落后国家中保全无产阶级政权、维护世界第一个社会主义国家生存的唯一选择。但同时又要看到，战时共产主义政策又带有极大的历史局限性。在经济、文

---

[1]　《列宁选集》第 4 卷，人民出版社 1995 年版，第 502 页。

[2]　《列宁选集》第 4 卷，人民出版社 1995 年版，第 457 页。

化落后的国家,直接向马克思、恩格斯所设想的共产主义社会过渡,只能是不切实际的空想。这种局限性反映到理论上,就是过低地估计了俄国这样的落后国家进行社会主义建设先天不足的困难,以为只要对所有制关系实行社会主义改造,就可以在落后的小生产和自然经济的基础上建设社会主义。

从实践上看,战争结束后,农民对这一政策的不满高涨到几乎发生暴动的程度,对苏俄的经济造成严重影响。据统计,7 年战争(4 年帝国主义大战和 3 年国内战争),使苏维埃俄国失去了四分之一的国民财富,估计至少为 390 亿卢布。工业遭受的损失尤为严重,总产值减少约 86%。这从战争和革命时期俄国工业就业人口和总产值即可窥豹一斑。详见下表:

年份	1917	1918	1919	1920
就业人口(以千人计)	3024	2486	2035	1585
总产值(以百万卢布计)	4344	1941	1448	1001

(资料来源:H.沃罗比约夫:《战争和革命时期俄国工业的变化》,载《统计通报》1923 年第 4—6 期,第 153 页。)

1920 年,苏俄煤炭开采量为 870 万吨,只比 1898 年稍多一点;生铁冶炼量为 11.6 万吨,比 1862 年减少 1/2;棉织品产量只相当于 1857 年的水平。1920 年苏俄国内工业生产总值比 1913 年减少了 6/7。[①] 1920 年与1918 年相比,煤的采掘量从 7.31 亿普特下降到 4.67 亿普特,铁产量从3150 万普特降到 700 万普特,平炉钢产量从 2450 万普特降到 1000 万普特,钢材从 2180 万普特降到 1220 万普特,糖产量从 2030 万普特降到 550 万普特[②]。原材料储备到 1920 年已消耗殆尽。大工业总产量下降为 1913 年的12.8%,小工业也只是 1913 年的 44.1%,结果大、小工业在整个工业中的

[①] 《1921—1925 年苏维埃国民经济》,莫斯科 1960 年版,第 29 页;《1961 年苏联国民经济》,1962 年俄文版,第 196 页;转引自杨运忠:《列宁对外经济思想研究》,华中师范大学出版社1988 年版,第 66 页。

[②] 《五年材料汇编》,莫斯科 1922 年版,第 404—406 页。转引自同上。

比例变得有利于小工业了,小工业从 24.2% 增加到 52.3%①。

交通运输业也遭到了严重的破坏,7 万多公里的铁路和将近一半的车辆已经不能使用。1919 年的铁路运输量只有战前的 30% ,而 1920 年只有 20% 。

农业状况继续恶化。1920 年,农业总产量约为 1913 年的 65% 。播种面积、单产、谷物总产量、畜产品产量都急剧下降。1921 年农村供给城市的食品减少到 1913 年的三分之一②。

由于工农业生产遭到极为严重的破坏,人民生活极度困难。产业工人的平均实际工资不断下降,战前为 22 卢布,1918 年为 10.5 卢布,1920 年则下降为 8.3 卢布,扣除房租实际只有 6.3 卢布③。

在农村,战时共产主义时期的余粮收集制更是给农民带来了沉重的负担。内战时期,在苏维埃俄国的主要收入中,粮食征集的收入比重从1918—1919 年度的 20% 增至 1920—1921 年度的 70%④。余粮收集制总的情况如下:

年度	万普特	对 1917/1918 年度的%
1917/1918	7340	100
1918/1919	10790	149.0
1919/1920	21250	289.5
1920/1921	36700	5 000.0

(资料来源:《苏联经济的发展》,莫斯科 1940 年版,第 153 页。)

由于农业歉收,农民不愿交粮,1920 年收集的粮食,远不到国家最低限度需要的半数。列宁认为,余粮收集制"实际上从农民手里拿来了全部余

---

① 《1921—1925 年的苏联经济》,莫斯科 1960 年版,第 198 页。转引自同上。

② 《统计年鉴:1918—1920 年》第 1 辑,第 26 页。莫斯科 1922 年版。转引自同上书,第67 页。

③ 《在新的道路上》第 3 辑。莫斯科 1923 年版,第 194 页。转引自同上书,第 67 页。

④ C.F. 斯特鲁米林:《1913—1922 年俄国工业中的工资和劳动生产率》,莫斯科 1923 年版,第 24—25 、33 页。

粮,甚至有时不仅是余粮,而是农民的一部分必需的粮食"①。国家规定的粮食采购价格也十分不利于农民。根据中央统计局计算,1918 年各地区每普特黑麦的成本从 6 卢布 30 戈比到 12 卢布 27 戈比不等,而采购价格在全国统一规定为 1 普特 4 卢布 20 戈比,其他农产品也是同样情况②。

这种严重恶化的经济形势,对苏俄的国家安全造成了严重威胁。这使列宁不得不重新估计和评价战时共产主义政策,开始对这一政策进行深刻反思。

1920 年 12 月,列宁在全俄苏维埃第八次代表大会上作了《关于人民委员会工作的报告》,强调指出:"不使小农经济得到切实的大规模的改善,我们就没有出路,因为没有这个基础,任何经济建设都不能进行,无论多么伟大的计划都会落空。"③到了 1921 年春,列宁进一步指出:"必须立刻采取迅速的、最坚决的、最紧急的办法来改善农民的生活状况和提高他们的生产力。"④同年 10 月 14 日,他在《十月革命四周年》中,明确承认战时共产主义的错误,深刻指出:"我们计划(说我们计划欠周地设想也许较确切)用无产阶级国家直接下命令的办法在一个小农国家里按共产主义原则来调整国家的产品生产和分配。现实生活说明我们错了。为了作好向共产主义过渡的准备(通过多年的工作来准备),需要经过国家资本主义和社会主义这些过渡阶段。"⑤他还说,到"1921 年春天已经很清楚了:我们用'强攻'办法即用最简单、迅速、直接的办法来实现社会主义生产和分配原则的尝试已告失败"⑥。

因此,列宁决定用新经济政策来替代战时共产主义政策。他在《论粮食税》的结论中说:"粮食税是从战时共产主义到正常的社会主义产品交换

① 《列宁选集》第 4 卷,人民出版社 1995 年版,第 501 页。
② 苏联科学院经济所《苏联社会主义经济史》第 1 卷,三联书店 1976 年版,第 256 页。
③ 《列宁选集》第 4 卷,人民出版社 1995 年版,第 354 页。
④ 《列宁选集》第 4 卷,人民出版社 1995 年版,第 500 页。
⑤ 《列宁选集》第 4 卷,人民出版社 1995 年版,第 571 页。
⑥ 《列宁选集》第 4 卷,人民出版社 1995 年版,第 602 页。

的过渡。""结论:首先改善农民的生活状况。方法:实行粮食税,发展农业和工业间的流转,发展小工业"①。列宁新经济政策的主要包含这样几点:

第一,以粮食税代替余粮收集制;

第二,实行租让制;

第三,把在小生产基础上的私人资本主义引导到"合作制"资本主义;

第四,通过资本家(付给佣金)推销国家的商品和收购小生产者的产品等等。

综上所述,列宁的新经济政策,其实质是把商品经济关系引入到整个国民经济体系中,特别是通过商品交换来沟通社会主义大工业与农民经济的联系。

从现象上看,新经济政策与此前单一的计划经济相比较,是一种"退却"。列宁指出,"既然退却是正确的,那么,在退却之后同农民群众汇合起来一道前进,虽然缓慢百倍,却能坚定地稳步前进,使他们随时看到我们毕竟在前进。那时我们的事业就一定会立于不败之地。"②从本质上看,这种退却表明,在无产阶级革命胜利之后,资本主义生产关系能够在一定程度上被超越,然而生产力和商品经济的充分发展却不能被超越。社会主义国家在相当一段历史时期内,仍然不能脱离商品经济关系,也不能完全排除公有制之外的生产资料所有制关系,更不能通过简单地依靠政治力量建立一个纯而又纯的社会主义制度来向共产主义过渡。

列宁的认识也有一个变化过程。实行新经济政策后,最初他也主张不通过货币和自由贸易,而是将国家拥有的工业品同农民手里的剩余农产品进行交换。但是,实行粮食税后,农民根本不理睬有组织地同国家交换工业品,直接把自己多余的粮食和农产品变成商品涌入市场,使商业活动活跃起来,货币和价值规律重新发挥作用。于是,商业问题提上了日程。对此,列宁因势利导,转变观念,调整政策,提出还可以进一步退却,要"退到国家资本主义(租让制)上去,退到合作制的资本主义上去,退到私人资本主义上

---

① 《列宁选集》第4卷,人民出版社1995年版,第524页。
② 《列宁选集》第4卷,人民出版社1995年版,第664页。

去,注意还要退到商业上去"①。

列宁的观点实质就是,在落后国家实现社会主义,不能简单地抛弃资本主义,而应该善于学习、借鉴和利用资本主义的一切有用的东西。他说:"有人在这里说,不向资产阶级学习也能够实现社会主义,我认为,这是中非洲居民的心理。我们不能设想,除了建立在庞大的资本主义文化所获得的一切经验教训的基础上的社会主义,还有别的什么社会主义。"②他主张无产阶级就应当有胆略"迫使共产主义的敌人来建设共产主义,用资本家拣来打我们的砖头建设共产主义! 我们没有别的砖头! 我们就是要用这些砖头,要迫使资产阶级专家在无产阶级的领导下来建设我们的大厦"③。尽管在这里列宁还没有明确提出社会主义商品经济、市场经济等概念,但是,他主张在落后国家建设社会主义的过程中,积极利用商品、货币、市场和国家资本主义等"砖头",用"资产阶级专家"来建设无产阶级的社会主义大厦的思想,毫无疑问,是对马克思主义经济学的重大理论贡献。

列宁新经济政策的实施,迅速取得显著成效。正如《苏联共产党(布)历史简明教程》所说,新经济政策实施第一年的经验,就证实了这个政策的正确。"由于过渡到新经济政策的结果,已使工农联盟在新的基础上大加巩固。无产阶级专政已是更加坚强有力。富农的土匪运动差不多已全被肃清。余粮收集制取消后,中农帮助了苏维埃政权反对富农匪帮的斗争。苏维埃政权把国民经济中的一切经济命脉都保持在手:大工业、运输业、银行、土地、国内商业和对外贸易。党达到了经济战线上的转变。农业也很快就向前进展了。工业和运输业达到了初步的成功。暂时还很缓慢,但却真实可靠的经济高涨开始了。工农群众感觉到并亲眼看到党是站在正确的道路上"④。

① 《列宁全集》第42卷,人民出版社1987年版,第514页。
② 《列宁全集》第34卷,人民出版社1985年版,第252页。
③ 《列宁全集》第36卷,人民出版社1985年版,第49页。
④ 联共(布)中央特设委员会编:《苏联共产党(布)历史简明教程》,人民出版社1953年,第343—344页。

（二）恽代英对列宁新经济政策的高度评价

列宁在从思想上完成对战时共产主义的反思和提出新经济政策后，心情十分愉悦，便十分自豪地说："坚冰已经打破，航道已经开通，道路已经指明"①。他坚信，新经济政策是探索社会主义建设道路、巩固社会主义经济基础的唯一正确途径，不仅执行"新经济政策的俄国将变成社会主义的俄国"②，而且这一政策将会对在其他小农经济占主要成分的国家里取得政权的无产阶级建设自己的社会主义国家起到一定的指导作用。

苏俄新经济政策一出现，便引起了中国共产党人的高度重视。恽代英对此进行了深入研究，并提出了一系列闪光的思想。

首先，恽代英热情地讴歌了列宁的探索勇气和改革精神。苏俄是在极端艰难的条件下进行社会主义探索的。列宁把马克思主义基本原理与俄国的实际国情联系起来，提出了新经济政策，使苏俄经济迅速得到恢复和发展，进一步巩固了新生的苏维埃政权，为国际共产主义运动积累了宝贵的经验。恽代英这样高度评价列宁："他是一个学者，但他最注意的是俄国实际情形。他从唯物史观得着了俄国革命成功的关键；他亦从各种学术中，得着了俄国革命以后一切行政的方针。他不只是要得政权，他在未得政权以前，已经对于如何运用政权，有成熟的研究；而且他在得了政权以后，亦仍是继续不断的研究。他创造了苏维埃政体与赤卫军，他亦发明了新经济政策。他从惊涛骇浪的中间，把俄国安稳的渡过岸来"。③ 恽代英"诚心的赞美列宁，不但因为他能够根据唯物史观，引导俄国的革命群众，从'沙'的政治与伪民主政治，以达到劳农专政的苏维埃政治"，而且因为"他是一个革命家的好模范。他不曾因为失败而志气颓唐了，他亦不曾因为成功而精神懈弛了。……他要施行电气化政策，以促进农民的无产阶级化，不曾怕人议他是迂远。他要施行新经济政策，以恢复国内的生产秩序，不曾怕人笑他是反

---

① 《列宁选集》第 4 卷，人民出版社 1995 年版，第 569 页。
② 《恽代英文集》上卷，人民出版社 1984 年版，第 441 页。
③ 《恽代英文集》上卷，人民出版社 1984 年版，第 441 页。

复。他把一切虚伪的议论,统统置之脑后。他只注意俄国各方面的实际情形,平稳地引导着俄国政治的发展"。① 恽代英认为,中国的革命家应该认真学习列宁的"榜样"与"诏示"。

其次,恽代英认为列宁的新经济政策,是与十月革命胜利,"倡导无产阶级直接行动,一切权力归于苏维埃,是同样震耀全世界耳目的事情",它"可以暗示产业后进国实现共产主义的方法"②。恽代英认定经济因素是社会主义事业的决定性力量,而列宁放弃军事共产主义政策,改采新经济政策给人们的重要启示就是"在产业后进的国家不经过相当的资本主义的发展,是不能进于最低度的共产主义的"。③ 产业后进的国家要实现共产主义,关键要使生产力高度发达。"只有产业发达,无产阶级才发达,共产党的政府才有他的立脚点。因此,所以新经济政策为必要。"④恽代英指出:"有些空想家不知道社会的进行,有他一定的程序,他们或者以为如俄国前两三年的军事共产主义,是最满意的方法;或者以为还有甚么比军事共产主义更高明的方法,可以一蹴而入于各尽所能各取所需的理想境界。……列宁已经用他的行事告诉我们,两方面都是不对的;产业后进国家可以实现共产主义,但必须用新经济政策做他们中间一个长的阶梯。"⑤从表面上看,列宁是"在某种程度中重建资本主义","新经济政策似乎是共产党已经回复到资本主义来了","然而这不又回到资本主义来了么? 没有这回事的。俄国的政权,还是牢牢地握在共产党手里,他们不能让私人资本家象在别的资本主义国家中一样,无政府般生长发达;他随时可以干涉管理他们。他允许外国人有租借权,使本国私人资本家亦可以租赁,许农民自由享有纳税以外的谷物;但他仍旧不曾抛弃一丝一毫为无产阶级作战的精神"⑥。简而言

---

① 《恽代英文集》上卷,人民出版社 1984 年版,第 441 页。
② 《恽代英文集》上卷,人民出版社 1984 年版,第 480 页。
③ 《恽代英文集》上卷,人民出版社 1984 年版,第 479 页。
④ 《恽代英文集》上卷,人民出版社 1984 年版,第 479 页。
⑤ 《恽代英文集》上卷,人民出版社 1984 年版,第 480 页。
⑥ 《恽代英文集》上卷,人民出版社 1984 年版,第 479 页。

之，只要苏俄政权仍然牢牢地握在共产党手里，就根本不用担心资本主义复辟的问题，新经济政策"只是产业后进国要实现共产主义的，所必然应采取的法则"。① 恽代英在这里实际上已经预见到，像中国这种比俄国更加落后的"产业后进国"，在革命胜利后，只有务实地施行类似新经济政策这样的发展战略进行经济建设，才能加快生产力的发展，以最终实现共产主义的目标。换言之，中国只有通过新民主主义经济的充分发展，才能最终过渡到共产主义经济模式。

毛泽东于 1945 年 4 月在中共七大会议上曾指出："我们不要怕发展资本主义"，俄国的民粹派"'左'得要命，要更快地搞社会主义，不发展资本主义，结果呢，他们变成了反革命。布尔什维克不是这样。他们肯定俄国要发展资本主义，认为这对无产阶级是有利的"。② 中国的情况更是如此，绝不能想象从封建经济直接发展到社会主义，必须要"广泛地发展资本主义"。新民主主义就是这样一种资本主义，"这种资本主义有它的生命力，还有革命性"③，因为它是那种帮助我们走向社会主义的"革命的、有用的"资本主义。可见，毛泽东与恽代英的经济思想在本质上完全相同。

再次，恽代英认为列宁的新经济政策"可以暗示凡一种革命不是军事上得着胜利，便可以称为完全成功的"④。恽代英指出："要改变社会的经济状况，军事胜利以后，革命的党还须靠合当的经济政策，以坚固新政府的基础，同时亦须预防旧势力的反动。俄国共产党为要达到共产主义的目标，现在还准备用新经济政策作长时期的争斗。"⑤"所以列宁并不曾想到一九一七年十月的革命成功，共产党的战斗便可以停止；他亦不曾想到一九二〇年，内乱的荡平，共产党的战斗便可以停止。共产党现在仍旧有他所要防御的仇敌，他必须酌量的重建资本主义，然而亦必须使资本主义的发展，只足

---

① 《恽代英文集》上卷，人民出版社 1984 年版，第 479 页。
② 《毛泽东在七大报告和讲话集》，中央文献出版社 1995 年版，第 126—127 页。
③ 《毛泽东在七大报告和讲话集》，中央文献出版社 1995 年版，第 189—190 页。
④ 《恽代英文集》上卷，人民出版社 1984 年版，第 480 页。
⑤ 《恽代英文集》上卷，人民出版社 1984 年版，第 480 页。

以巩固无产阶级的政权,而不致于妨害他才好。"①这表明,通过对列宁新经济政策的研究,早在 20 世纪 20 年代,恽代英就已经敏锐地意识到,社会主义革命要想获得最终的胜利,社会主义要想真正战胜资本主义,仅靠军事上的胜利是远远不够的。社会主义国家必须通过像新经济政策这样的经济手段,"酌量重建资本主义",即一方面要利用商品货币机制和不同层次的生产资料所有制形式充分发展社会生产力"以巩固无产阶级的政权",另一方面又要充分发挥社会主义国家的职能,对国民经济进行有效管理和宏观调控,"使资本主义的发展"(即自由放任的市场经济的发展)"不致于妨害"社会主义。这一思想直到今天,对于我们建设中国特色社会主义经济,仍然有着重要的参考价值。

最后,恽代英将列宁制定新经济政策的过程抽象出来,上升到哲学高度,指出革命者应该学习列宁一切从实际情况出发,具体问题具体分析的精神。即通过研究新经济政策,学习列宁创造性地运用马克思主义,处理本国复杂问题的方法,而不能机械地照搬苏俄的经验。相对于西方发达国家,中国和苏俄都是"产业后进国"。作为世界上第一个社会主义国家,苏俄革命与建设的经验对于中国确实很重要。但是无论是在社会性质方面,还是在具体国情方面,中俄两国都有不小的差异。因此,恽代英在学习新经济政策时,特别强调"解决中国的问题,自然要根据中国的情形,以决定中国的办法"②。显然,这个思想是中国共产党实事求是思想路线的最初源头之一,也表明以恽代英为代表的中国共产党人早在 20 世纪 20 年代初,就已认识到将马克思主义中国化的必要性。

五、对中国革命胜利后经济制度和经济政策的科学构想

恽代英对中国革命胜利后的经济建设模式有过精辟论述和宝贵的

① 《恽代英文集》上卷,人民出版社 1984 年版,第 479 页。
② 《恽代英文集》上卷,人民出版社 1984 年版,第 480—481 页。

探索。

第一,恽代英明确指出了中国民主革命胜利后的社会主义前途。在1924 年 1 月发表的《革命政府与关税问题》一文中,恽代英指出:"中国必须成为一个国家社会主义的国家。而且只有这样,国内的发达产业,以求工作普及为主,不以求榨取劳工剩余价值为主;规定关税,以求负担公平为主,不以求资产阶级利润增大为主。只有这样,平民才都有生路,而且有宽裕低廉的生活。"①恽代英得出上述结论,既是基于他本人对马克思主义的坚定信仰,更是基于他对中国人口众多、经济落后等基本国情的深刻认识。在恽代英得出上述结论 63 年之后的 1987 年,我国改革开放的总设计师邓小平在解释为何中国只能走社会主义道路时指出:"中国根据自己的经验,不可能走资本主义道路。道理很简单,中国十亿人口,现在还处于落后状态,如果走资本主义道路,可能在某些局部地区少数人更快地富起来,形成一个新的资产阶级,产生一批百万富翁,但顶多也不会达到人口的百分之一,而大量的人仍然摆脱不了贫穷,甚至连温饱问题都不可能解决。只有社会主义制度才能从根本上解决摆脱贫穷的问题。"②显然,邓小平与恽代英的相关论述,虽然在时间上相隔半个多世纪,但本质观点完全相同,说明中国共产党的精英们对于中国国情的基本认识以及对于社会主义事业的坚定信念是一以贯之的。

那么,社会主义的根本内涵究竟是什么呢? 恽代英早在 1923 年 12 月发表的《社会主义与劳工运动》一文中,就对社会主义经济制度中最本质的所有制及其分配方式进行了解释:"俄国共产党注重运输交通机关,工厂、矿山、土地国有,故仍以共产为名。普通人讹传社会主义为欲均产公妻,实则社会主义重在使人不得私有资产,并非求分配平均。"③在这里,恽代英其实已经指出了社会主义经济制度的一项本质内涵,即必须在生产资料所有

---

① 《恽代英文集》上卷,人民出版社 1984 年版,第 433 页。
② 《邓小平文选》第 3 卷,人民出版社 1993 年版,第 207—208 页。
③ 《恽代英文集》上卷,人民出版社 1984 年版,第 413 页。

制领域实行以公有制为主体,至于在分配领域,社会主义并不意味着平均主义。恽代英具体地设想了社会主义的所有制形式,认为未来的社会主义经济应当由国家掌握关系国民经济命脉的大工业:"国家掌握大工业之权,自能吸收小工业而完成共产";"政治革命后必须由革命政府进行国有的大生产事业,既以安插游民,复可抵制外资压迫,挽回国际贸易之出超。"①新中国社会主义经济建设的历史事实已经证明,恽代英关于国有经济在整个社会主义经济中将发挥主导作用的见解是完全正确的。在1924年2月发表的《列宁与中国的革命》一文中,恽代英明确指出,在中国革命胜利后,新的政权"要为劳兵农乃至一般被压迫阶级谋利益,必须使矿山、土地、工厂、银行逐渐收归国有,必须使不劳而获者(田主、房主、工厂主等)担负大量的租税,而废除厘金、盐税等恶税制;必须使国家的收入,一大半用于人民的教化与其他利便生活的事业"。② 换言之,恽代英认为,除了生产资料所有制的改造之外,社会主义国家还要通过税负和财政收入转移再分配等经济手段,调节社会各阶层的收入差距,促进全民福利的共同提高。"总之,一个公有制占主体,一个共同富裕,这是我们必须坚持的社会主义的根本原则"。③邓小平于1985年所作的上述经典概括,与恽代英20世纪20年代的相关论述在本质上仍然相同。

怎样才能建成社会主义的经济制度呢? 如前所述,恽代英认定经济因素是社会主义事业的决定性力量,"在产业后进的国家不经过相当的资本主义的发展,是不能进于最低度的共产主义的"。④ 恽代英已经预见到,像中国这种比俄国更加落后的"产业后进国",在革命胜利后,只有务实地施行类似俄国新经济政策这样的发展战略进行经济建设,才能加快生产力的发展,以最终实现共产主义的目标。换言之,中国只有通过新民主主义经济的充分发展,才能建成社会主义的经济制度。恽代英于1923年12月指出:

---

① 《恽代英文集》上卷,人民出版社1984年版,第409页。
② 《恽代英文集》上卷,人民出版社1984年版,第443页。
③ 《邓小平文选》第3卷,人民出版社1993年版,第111页。
④ 《恽代英文集》上卷,人民出版社1984年版,第479页。

"国营大生产所需资本,必须于国内不劳而获的阶级中人,用财产税、所得税、公债或没收等方法筹得之。如地皮商、股票商、银行家、工厂主、房主、田主等,均须任出资之责。惟革命政府不可过于采用纷扰的政策,以自取反对失败。"①换言之,在革命胜利后,既要对资本主义工商业进行公有制改造,又要注意避免过于激进的手段,以免增加社会主义建设的阻力。众所周知,在新中国成立后,我们党采取了和平赎买、公私合营等政策,顺利地完成了对资本主义工商业的社会主义改造。这与恽代英在30多年前的构想不谋而合。

第二,阐明了革命胜利后无产阶级在经济领域应采取的具体政策。中国新民主主义革命胜利后,无产阶级政权应该在经济领域采取哪些具体政策? 恽代英对此作了明确的回答:一是要收回关税主权,制定保护本国经济发展、抵制外国经济侵略的关税政策;二是要废除帝国主义国家强加给我国的一切不平等条约,否认以庚子赔款为代表的一切战争赔款;三是要将帝国主义在华的工厂银行没收为国有,将其资产用于中国的经济建设;四是要必须使关系到国家经济命脉的生产资料和企业,如矿山、土地、大工厂、银行等逐渐收归国有,没收军阀及卖国官商积聚的财产。

恽代英曾在多篇论文中反复强调过收回关税主权的重要性和必要性:"政治革命后,最要为利用外交手腕收回关税主权。非收回关税主权,加增几种物品的入口关税,则国内实业永不发达,游民永无法安戢,乱源永无法肃清。"②"实在我们不仅是要收回关余,要收回关税全部;不仅是收回关税全部,要收回规定税则主权,保管与支配税款主权。"③"我们要关税自主,是为要能自由运用关税政策,以抵抗国外帝国主义的经济压迫,而发达本国的生产事业。"④

恽代英同样多次强调过必须否认帝国主义强加给我国的一切不平等条

① 《恽代英文集》上卷,人民出版社1984年版,第409页。
② 《恽代英文集》上卷,人民出版社1984年版,第408—409页。
③ 《恽代英文集》上卷,人民出版社1984年版,第431页。
④ 《恽代英文集》下卷,人民出版社1984年版,第1014页。

约和赔款:"欺骗或强迫的条约,应给他一齐撕碎。"①"如果国民革命成功,我们一定否认归还这无理的赔款。"②"必须否认不义的庚子赔款,必须否认各种束缚我们的债款条约,必须课国内的外国工业、商业家与本国的一样的负担"。③

在1924年3月发表的《何谓国民革命》一文中,恽代英明确提出了国民革命的"最终理想":"一、取消租界,否认不平等的条约,没收国内的外国工厂银行,归为国有。二、否认庚子赔款,与一切非法政府所借外债与内债。三、没收军阀及卖国官商积聚的财产。四、国际贸易由国家独占。"④

总之,由于帝国主义的经济侵略和封建军阀的反动统治是导致中国经济极端落后的根本原因,恽代英认为在革命胜利后,必须废除外国势力的不当得利和本国剥削阶级的财产,从经济基础上对旧中国的私有制生产方式进行根本性的改造,建立以公有制为主体的国民经济体系。只有这样,中国经济才能健康发展。

恽代英关于国民革命胜利后中国社会经济成分的设想,对中国共产党新民主主义经济理论的形成和发展作出了重要贡献。

在《何谓国民革命》一文中,恽代英实际上已经提出了毛泽东于1940年在《新民主主义论》中关于新民主主义社会五种经济成分中的最主要的三种:国营经济、合作社经济、私人资本主义经济:其一,"国家经营大工商业,开发各地富源,以安置游民,增加国富";其二,"国家拨款辅助农人,小工人,都市贫民,组织消费合作社";⑤其三,私人资本主义经济"必须受国家的管理与干涉"。⑥

恽代英鼓励发展国营经济与合作社经济,对私人资本主义经济则既要

---

① 《恽代英文集》上卷,人民出版社1984年版,第431—432页。
② 《恽代英文集》下卷,人民出版社1984年版,第943页。
③ 《恽代英文集》上卷,人民出版社1984年版,第443页。
④ 《恽代英文集》上卷,人民出版社1984年版,第469页。
⑤ 《恽代英文集》上卷,人民出版社1984年版,第468页。
⑥ 《恽代英文集》上卷,人民出版社1984年版,第469页。

允许其发展,又要对其加强管理和限制。他说:"我们一则必须设法筹集巨资,供兴办实业以及其他公益事业之用,一则必须设法防御一切外国资本势力的压迫,以免我们在建设方面受他的妨害;所以国民革命,亦必须取若干断然的处置。我们诚然不必须定要没收一切土地工厂,像一般人所想像的共产党的主张;但我们必须将租税加重到资产阶级身上,他们的事业,亦必须受国家的管理与干涉,有时甚至于为国民的利益,须酌量没收一部分财产。至于外人的借款,及其工厂银行,无非借以盘剥中国人的工具。中国人必须否认外债,没收其工厂银行;因为借此可得巨款以供正用,而且可以杜绝本国资产阶级托庇外人以谋反抗的弊病。国际贸易不许私人经营,亦因可以防止外国经济侵略的原故。"①

恽代英还对新中国的经济建设作了许多科学的构想。例如,他在1924年就提出要利用外资。在《如何方可利用外资》一文中,恽代英指出:中国在革命胜利以后,固然通过"租税的整理,税则的修正,都可以获得一部分开发富源所用的资金;然而这是不够的。以苏俄共产主义精神的租税制度,他们还是不能不利用外资,以助国内产业的发展",因此,作为一个比苏俄更加贫穷落后的国家,"中国欲救贫乏,实际非亟谋开发富源不可。欲开发富源,就事实言,终不能不借入外资"②。换言之,中国在经济建设过程中存在着对于外资的需求。另一方面,恽代英敏锐地观察到:"今天世界工业发达的程度,固然非旧时所可比拟,然而工业的发达,使过剩的商品需要觅取销场,亦使过剩的资金需要觅取收纳的地方。一般银行家所知道的,是要他所投资的地方巩固而于他有利益,他本不问将资金投给任何人种任何国家。"③换言之,国际资本市场上正好也存在着外资的供给。出于资本本身的逐利性,外资基本上是可以自由流动的。所以,利用外资来促进中国的经济发展是完全具备必要性和可能性的。

---

① 《恽代英文集》上卷,人民出版社1984年版,第469页。
② 《恽代英文集》上卷,人民出版社1984年版,第509页。
③ 《恽代英文集》上卷,人民出版社1984年版,第508页。

引进外资是否具有经济上甚至政治上的风险呢？恽代英对此有着清醒的认识。外国的投资，"自然有时是不免希望图谋分外的政治经济的利益的；然而这只看那地方的政府是不是能防护自国的利益"。① 所以，要想利用外资促进经济建设，同时又有效规避其风险，关键就在于"必须先有公忠而强固的国民政府，这种政府，监督一切公私团体；而这种政府与公私团体，又须受国民的监督"。②

恽代英提出："中国将来是应当仿效苏俄的。应当仿效他们建设一个公忠而强固的政府，应当仿效他们用极严重的条件，利用外资以开发富源。"③

总之，恽代英认为中国可以通过引进外资以弥补建设资金的不足；引进外资应以建立公忠而强固的政府为前提；政府应对公私团体引进外资予以监督，而一切又必须接受全体国民的监督。这些思想不仅在当时是一个了不起的创举，而且对今天我们建设中国特色社会主义经济仍然具有重要的启示意义。

恽代英在主张利用外资的同时，还主张利用外国智力。早在 1923 年 12 月发表的《学术与救国》一文中，他就指出，一旦"中国政治上了轨道"（即革命成功之后），现代化建设将亟须各类专业人才，"倘若中国的技术家不够用，尽可以请外国的技术家为我们服役。只要主权在我们，请外国的技术家，犹如外国人招华工一样"④。相隔整整 60 年之后，邓小平于 1983 年在《利用外国智力和扩大对外开放》的讲话中仍然在强调："要利用外国智力，请一些外国人来参加我们的重点建设以及各方面的建设。对这个问题，我们认识不足，决心不大。搞现代化建设，我们既缺少经验，又缺少知识。不要怕请外国人多花了几个钱。"⑤可见，利用外国智力确实成为中国经济

---

① 《恽代英文集》上卷，人民出版社 1984 年版，第 508 页。
② 《恽代英文集》上卷，人民出版社 1984 年版，第 509 页。
③ 《恽代英文集》上卷，人民出版社 1984 年版，第 509 页。
④ 《恽代英文集》上卷，人民出版社 1984 年版，第 388 页。
⑤ 《邓小平文选》第 3 卷，人民出版社 1993 年版，第 32 页。

建设中的一个具有重要现实意义的问题。

　　除了引进外资、引进外国智力以外，恽代英甚至主张中国可以酌量引进外国的先进文化："我们的文化与欧美比，不是程度上有高低，是性质上完全不同种类。因为是不同的生产方法所形成的。我们要求与欧美争存，不能不采用欧美的生产方法，所以亦不能不酌量移植一些欧美的文化。但这不是说我们是劣等文化的民族。我们若能好自为之（我的意思是说用社会主义的意思从事大量生产），可以有欧美生产增多、品质改良的优点，而又无他们国际侵略、劳资争斗的劣点，这将还要证明我们是优等民族呢。"①

　　综上所述，恽代英实际上是主张在全面对外开放的背景下进行新中国的经济建设。新中国成立 60 多年来，尤其是改革开放 30 多年以来的建设实践，充分证明了恽代英的真知灼见。尽管恽代英的经济思想主要产生于半个多世纪以前，刻有那个时代的烙印，其价值却历久弥珍，无论在当时与今后都有着重要的意义。

----

　　① 《恽代英文集》上卷，人民出版社 1984 年版，第 400 页。

第 六 章

恽代英的军事思想

提到恽代英,许多人首先想到的:他是中共早期著名的理论家和教育家。其实,他也应该是中共早期著名的军事家。他与周恩来、聂荣臻等,是中共党内最早认识到武装斗争重要性的杰出领导人;他在黄埔军校期间,与周恩来等一起创立了关于军队政治思想工作的理论,是人民军队政治思想工作的开创者和奠基人之一;他旗帜鲜明地反对蒋介石新右派,在讨蒋斗争的实践中明确提出组织"志愿兵"计划;他亲率中央独立师赴前线作战,配合叶挺部一举平息夏斗寅叛军,既暂时保卫了武汉的安全,为解除北伐军的后顾之忧作出了贡献,又为中国共产党独立领导武装斗争、加强人民军队的建设积累了经验;汪精卫分共后,他千方百计保存革命力量,克服党内右倾思想,坚决参与领导南昌起义和广州起义,是党领导的新型的人民军队的缔造者之一。因此,深入发掘和研究恽代英的军事思想,对丰富中国共产党军事理论宝库,具有重要理论意义和学术价值。

一、对军事斗争重要性的认识

毛泽东曾经指出,在 1921 年中国共产党成立到 1924 年实现第一次国共合作的三四年中,党不懂得直接准备战争和组织军队的重要性;1924 年至 1927 年,乃至在其以后的一个时期,"对此也认识不足"①。这个时期,中国共产党还是一个幼年的党,"是在统一战线、武装斗争和党的建设三个基本问题上都没有经验的党"②,特别是在大革命的后期,以陈独秀为代表的党中央,盲目执行共产国际关于"共产党不应当要求一定由自己的党员担任国家和军队的一切领导职位"③的指示,犯了右倾错误,致使中国共产党"自愿地放弃对于农民群众、城市小资产阶级和中等资产阶级的领导权,尤其是放弃对于武装力量的领导权"④,最终导致革命的失败。

然而,这并不是说,在大革命时期,所有的中共党人都像陈独秀那样不懂得军事的重要性。周恩来、恽代英、聂荣臻等参加黄埔军校工作的同志,就是中国共产党内最早认识到军事斗争重要性的杰出领导人。正如毛泽东所指出,从 1924 年参加黄埔军事学校开始,已进到了新的阶段,"开始懂得军事的重要了"⑤。毛泽东这里说的"开始懂得军事的重要了",就是指的周恩来、恽代英、聂荣臻等一批同志。

恽代英对建立革命武装重要性的认识可以追溯到 1922 年。这时刚刚成立的中国共产党将精力主要放在从事领导工人运动方面,还没有人关注建立革命武装问题。1922 年 9 月 25 日,恽代英在《东方杂志》发表《民治运动》,初次提出了"组织作战的军队"的思想。

其时,国家落入北洋军阀统治之下,民不聊生,各省自治与联省自治的呼声甚嚣尘上,形成群雄争长的局面。正如恽代英所说,辛亥革命的结果,"事实上已经把皇帝的尊严这个偶像打破了,只得挂个民治政治的招牌出

---

① 《毛泽东选集》第 2 卷,人民出版社 1991 年版,第 547 页。

② 《毛泽东选集》第 2 卷,人民出版社 1991 年版,第 610 页。

③ 《瓦西里耶夫给季诺维也夫的信》,1925 年 9 月 21 日于莫斯科,见中共中央党史研究室第一研究部译:《共产国际、联共(布)与中国革命档案资料丛书》第 1 卷,北京图书馆出版社 1997 年版,第 678 页。

④ 《毛泽东选集》第 4 卷,人民出版社 1991 年版,第 1257—1258 页。

⑤ 《毛泽东选集》第 2 卷,人民出版社 1991 年版,第 547 页。

来……在民治招牌之下,徒然造成了群雄争长的局面"①。

那么怎样救治这种局面呢? 国人一时议论纷纷。

有人主张复古。恽代英指出,那拉太后、袁世凯、张勋都曾做过。但都失败了。"纸老虎是不好戳穿的,一经戳穿了,还盼望用愚民政策,使他再信这是个真老虎,这简直是可笑的梦想"②。

有人主张提倡教育,兴办实业,废督裁兵。恽代英认为,当下国家内争,金融紧急,交通断绝,勒派兵饷,变乱掠劫,现有的有限几所学校都不能维持,"何论教育、实业新的扩张? 至于向武人谈废督裁兵,只好说是向老虎作揖,请他宁忍着饿肚子,莫要吃人一样"③。

有人主张制定国宪与省宪。恽代英说,法律有效力,必须有威权在后面,能够惩治破坏法律的人,现在纵有国宪省宪,因没有权威为后盾,"如何能够盼望他自身大显其圣,使一般反侧的人不敢触犯他?"④

有人主张办新村、改良家庭,改良市政,改良固有的学校与工厂,认为有了好社会,才可以有好国家。恽代英指出,"所有这些努力,其实决没有圆满成功的希冀"⑤,还有人主张建设好政府或盼望将有一个人或一党一系,能做好政府的后盾。恽代英更是明确地指出,在军阀未打倒一切异己者的势力以前,"他都不配有甚么计划——除非一个纸上谈兵的计划,原是不预备实现的"⑥。所谓一个人或一党一系做好政府的后盾,也是不现实的。

恽代英在一一评论了上述不切实际的方案后明确提出了自己的救治主张,即求真正民治政治的实现。要民治政治的实现,"最要紧还是要唤起人民的力量,建设,拥护,而监督一种为人民谋利益的政府"。他认为,这才是"正当的解决"⑦。为此,恽代英从七个方面具体论述了如何唤起这样的民

---

① 《恽代英文集》上卷,人民出版社 1984 年版,第 337 页。
② 《恽代英文集》上卷,人民出版社 1984 年版,第 337 页。
③ 《恽代英文集》上卷,人民出版社 1984 年版,第 338 页。
④ 《恽代英文集》上卷,人民出版社 1984 年版,第 338 页。
⑤ 《恽代英文集》上卷,人民出版社 1984 年版,第 339 页。
⑥ 《恽代英文集》上卷,人民出版社 1984 年版,第 339 页。
⑦ 《恽代英文集》上卷,人民出版社 1984 年版,第 339 页。

治运动的问题:第一,要唤起人民为自己的利益而奋斗;第二,要唤起人民为奋斗而联合;第三,为要作战的联合,必须受有纪律的训练;第四,为要作战的联合,大家要注意监督领袖;第五,要利用各种机会与目标,使这种作战的联合,练习作战;第六,要引导这种作战的联合,向政治上战斗;第七,要靠这种政治上的战斗,实现真正的民治政治。

恽代英最后特别强调:"时机危急了! 我们要赶快组织作战的军队,为民治政治,向一切黑暗的势力宣战。"①

这是恽代英最早论述武装斗争思想的一篇重要著作。

1923 年京汉铁路工人大罢工失败后,恽代英从血的教训中更是深刻认识到"此次民主革命仍必假军队与群众之力以成功"。6 月 15 日,他在致中国社会主义青年团书记施存统的信中说道:"我说民主革命要假军队与群众之力,朋友不有笑我仍不出资产阶级思想范围的。然在无产(者)无力时,革命未有非由军队赞助,使群众勃发之感情得以增长而能成功者。法国、我国、俄国、德国均可为证。俄国劳农会虽系革命时之产物,然决非全恃劳农会而成功革命"②。他还指出:"在产业进步的地方,促进工人觉悟自为重要,然尤要莫过于促成政治,注意军人与群众的革命。"③"无论何处,除工人外,必须注意军队、群众"④。

恽代英以上所论深刻地说明广泛组织反帝反封建的民主革命,不仅要注重产业工人的力量,发动产业工人,而且要组织军队,使武力与工人运动相结合,革命才能成功。可见,恽代英再次论述了武装斗争的重要性。

1925 年 6 月 20 日至 7 月 7 日,全国学生第七届代表大会在上海召开。大会秘密设立了党团组织,恽代英担任党团书记,具体指导这次会议的召

---

① 《恽代英文集》上卷,人民出版社 1984 年版,第 343 页。
② 恽代英:《致施存统》,1923 年 6 月 15 日,转引自《恽代英来鸿去燕录》,北京出版社 1981 年版,第 128—129 页。
③ 恽代英:《致施存统》,1923 年 6 月 15 日,转引自《恽代英来鸿去燕录》,北京出版社 1981 年版,第 129 页。
④ 恽代英:《致施存统》,1923 年 6 月 15 日,转引自《恽代英来鸿去燕录》,北京出版社 1981 年版,第 130 页。

开,向大会提出了两个重大的带有方向性的议题:一是关于在学校里建立学生军议案;二是关于知识青年到工农中去,援助工农、向工农学习的议案。他在会上对青年学生反复讲:"青年学生赤手空拳,手无寸铁,打天下是不成的"。"全国中等以上各校学生应组织学生军,讲求军事教育,以为领导农民工人武装起来,以革命手段,打倒帝国主义的准备"①。会后,恽代英写了《学生军与军事运动问题》一文,发表在《中国青年》第87期上。该文是他与一名叫郭敬的革命军人就学生军与军事训练问题进行深入讨论后的结果,提出了一些重要思想。主要是:一、学生军应由各地学生联合会主持,各校学生自由报名,由学生联合会聘请军事专家指导军事训练;二、学生军应完全过军队的生活,每期操练三个星期至一个月;三、学生军以连为单位,每连一百二十六人,一连学生军至少须聘用受过完全军事教育的训练员二人;四、学生军最好能得真枪以供使用,应进行实弹打靶练习;五、学生军应有严格的纪律,内部仍宜守军队中服从制度等。此外,恽代英还认为革命同志(包括青年学生)加入旧军队中去当兵也是"很紧要的",先用感情联络兵士,"然后告以他们自身痛苦之由来,引导他们加入革命的组织"②,参加反帝反封建的革命斗争。

1926年3月,蒋介石制造了蓄谋已久的中山舰事件,有组织有计划地向共产党进攻。由于共产国际与陈独秀的妥协退让,蒋介石排斥共产党、打击国民党左派,篡夺军权的阴谋得以实现。事后,蒋介石在黄埔军校另组黄埔同学会,公开发表反共讲话,要军校的共产党员自动"脱离CP","做一个纯粹的"国民党员,并限令学员中的共产党员和青年团员必须向连长声明自己的身份。黄埔军校的斗争更加激烈尖锐了。周恩来自东征以后实际上调离了黄埔军校,政治部的工作由副主任、共产党员熊雄负责。因此,黄埔军校中共党团的力量实际上被削弱了。

---

① 阳翰笙:《照耀我革命征途的第一盏明灯》,《回忆恽代英》,人民出版社1982年版,第21页。

② 《恽代英文集》下卷,人民出版社1984年版,第708页。

在这严峻的形势下,熊雄向中共广东区委陈延年、周恩来汇报,要求派得力的干部来军校工作。周恩来当即推荐了恽代英,并由中共广东区委报中共中央批准。

1926 年 3 月,恽代英来到黄埔军校,担任政治总教官,并成立了以他为书记的军校中共特别委员会(即中共党团),熊雄、聂荣臻、陈赓、饶来杰四人为委员。

在黄埔军校工作期间,恽代英对武装斗争重要性的认识进一步得到提升。当年,他撰著了《国民革命与农民》,作为国民革命军总司令部政治部丛书第三种印行。

第一,在这篇重要著作中,恽代英历数了农民所受痛苦的种种表现:一是土匪、军队、民团的骚扰;二是内战;三是苛抽暴敛;四是土豪劣绅和大地主的剥削;五是水旱天灾。

第二,恽代英接连提出三个问题:"究竟我们的痛苦是从哪里来的? 我们是不是听天由命坐以待毙? 我们有没有救济的方法呢?"并一一作了回答。他明确地告诉广大贫苦农民,我们所受的种种痛苦是敌人给我们的。"我们的敌人是谁? 我们的敌人有两种:一种是外国人,一种是本国人。外国人从前用战舰、大炮和种种奸计和中国订下许多不平等条约,把中国许多地方占住了,许多铁路、矿山甚而至于关税也给他握住了,因此中国的商业和货物的价格都受他支配了。并且他们时常利用我们国内的军阀官僚、买办阶级来压迫我们的农人、工人、商人。供给枪械子弹、军费与军阀和土匪,使中国内部时时扰乱,他们却从中得到好多利益。这样的外国人我们叫他做帝国主义,这样的中国人我们叫他做帝国主义的走狗、帝国主义的工具。除了这种人之外,还有许多土豪劣绅、贪官污吏、大地主鱼肉我们,压迫我们,这一种人我们呼他做反革命派。我们种种的痛苦便是这三种人给与的"。① 所以,我们农民受苦,不是命运不好,也不是风水不佳,风水命运正是压迫阶级骗人的鬼话。要解除农民所受的痛苦,就必须打倒帝国主义和

---

① 《恽代英文集》下卷,人民出版社 1984 年版,第 917—918 页。

帝国主义的走狗及一切反革命派,参加国民革命。恽代英说:"国民革命便是农民革命,农民得到了解放才算国民革命成功。"①

第三,恽代英号召农民群众团结起来,组织农会,编练农军,拥护国民政府和国民革命军,打倒帝国主义、军阀及一切反动派,实现国民革命的胜利,实现农民的完全解放。

恽代英指出,过去农民受压迫敲诈,完全是因为不团结,没有组织起来。虽然中国人农民人数众多,四亿人口中百分之八十是农民,达三亿二千万,因为没团结组织起来,犹如一盘散沙,所以任由帝国主义、军阀、土豪劣绅及一切反革命派摆布。只要农民团结组织起来,就一定有伟大的力量。他以中国近代史为例说:"山东、河南、直隶的红枪会,是被压迫的农民组织的,他们的势力是何等伟大;河南的红枪会曾经打败过国民第二军,可见农民不是没有力量,只是不能团结,便没有力量了。"因此,恽代英认为,现在农民要参加国民革命,解除自己的痛苦,就必须第一步团结起来,组织农民团体,先由每村的农民结合成小团体,再集合各村的团体成为一乡的大团体,更集合各乡的团体,成为一县的团体,以至一省的团体。"农民有了团体,便有势力,团体愈大势力愈大,可以说话了,可以要求我们的利益了,不至随便给贪官污吏、土豪劣绅及一切反革命派的摧残压迫了"。第二步,我们有了团体还不够,还要有指导我们去活动的主义和党,"我们若果没有指导、没有主义,虽有团体也很难成功的,各省红枪会的失败,便是这个原因"。恽代英这里所说的主义和党,指的是孙中山先生的三民主义和其领导的国民党,并强调"我们应该听国民党的指导,和信仰三民主义"。第三步,参加国民革命,帝国主义、军阀、官僚、土豪劣绅、大地主、买办阶级以及一切反革命派一定是反对的,一定会利用他们手中的反革命武装军警民团进行镇压的。这该怎么办呢?恽代英指点迷津,提出了具体办法:"一方面要团结我们的团体,一方面不能不靠革命军的帮助",因为"革命军是信仰三民主义的,是

---

① 《恽代英文集》下卷,人民出版社1984年版,第919页。

有训练有纪律的,是为民众的利益保护农民的"①。他说,广东全省的农民因为有革命军的保护,各级农民协会成立了四千余处,有团体的农民共六十余万。"所以我们现在要结合团体,反抗帝国主义、军阀、土豪、劣绅以及一切反革命势力,我们必定要欢迎这样的革命军,我们有了团体,有了国民党做我们的指导,有了革命军做我们的援助,我们的敌人,才可以有打倒的希望。"他还特别指出,广东省的农民因为处在国民党和国民政府的领导之下,有国民党的指导和革命军的援助,"所以他们能够组织农会,编练农军,去反抗压迫他们的土豪、劣绅、大地主及贪官污吏,剿灭蹂躏他们的土匪散兵,取销各种苛抽杂捐。海丰、普宁、广宁等处的农民奋斗的成绩是大家知得到的,他们并且能够协助政府,协助工人,去剿灭刘杨(指驻在广州地区的滇桂军阀刘震寰、杨希闵——笔者注),肃清反动势力,封锁香港,在国民革命上头建立了不少的功绩。假使全国的农民都能够和广东的农民一样团结起来……那还怕帝国主义、军阀以及一切反革命派不能够打倒吗? 那还怕国民革命不成功吗? 国民革命成功了,我耕田的农民也完全达到解放,得到自由幸福了"②

综上所述,在中国共产党创建和大革命初、中期,恽代英就认识到进行反帝反封建的民主革命,"要赶快组织作战的军队";"必须注意军队、群众",使武力与工人运动相结合;"应组织学生军";农民应组织农会,"编练农军",参加国民革命。这些思想现在看来虽然还比较浅显,不够系统,但在党的幼年时期,在全党对武装斗争缺乏认识的情况下,恽代英能够有这些独到的见解,实属难能可贵,说明他是中共早期领导人中对武装斗争有比较清醒认识的少数杰出的马克思主义者之一。

二、关于军队政治思想工作的思想

从严格意义上说,中国共产党从事军事活动是从黄埔军校开始的。这

---

① 以上见《恽代英文集》下卷,人民出版社 1984 年版,第 920 页。
② 以上见《恽代英文集》下卷,人民出版社 1984 年版,第 921 页。

是一所国共合作的学校,于 1924 年 5 月正式开学。孙中山自任军校总理,任命蒋介石为校长,廖仲恺为党代表。中国共产党十分重视黄埔军校的工作,先后派周恩来、恽代英、聂荣臻等出任教官。周恩来还担任黄埔军校政治部主任。

　　周恩来是 1924 年 11 月任黄埔军校政治部主任的。这是一个相当重要的职务。按照军校相关规定,军校的一切命令,都必须由党代表副署交校长执行,未经党代表副署无效。政治部负责全校的政治思想教育工作,政治部主任实际上是党代表的参谋长。在周恩来之前,该校曾有两任政治部主任,他们分别是国民党员戴季陶和邵元冲。但是,黄埔军校初期的政治部工作闲淡,形同虚设。周恩来到位后,健全了政治工作制度和建立了日常工作秩序,重新制订政治教育计划,并在军校建立了中共特别支部。周恩来在黄埔军校撰写了《国民革命军及军事政治工作》、《革命军部队政工与民众运动》等重要著作,提出了军队政治工作的方针、方法和目的,在中国军事史上开创了革命军队的政治思想工作,为建立一支为人民服务的军队作出了卓越贡献。恽代英任黄埔军校政治总教官后,继承和发展了周恩来的军事思想。其时,蒋介石在黄埔军校加紧培植个人势力,妄图将军校变成他个人篡夺革命统一战线领导权的工具。在这革命的危急关头,恽代英先后写了《本党重要宣言训令之研究》、《国民革命》、《政治学概论》、《政治讲义大纲》、《党纪与军纪》、《军队中政治工作的方法》等教材、著名论文和发表了一系列重要讲话,就革命军队的建设问题,作了全面的论述,使中国共产党领导的军队政治思想工作更臻完善。因此,毛泽东曾评价说:"那时军队设立了党代表和政治部,这种制度是中国历史上没有的,靠了这种制度使军队一新其耳目。一九二七年以后的红军以至今日的八路军,是继承了这种制度而加以发展的。"[1]朱德也评价道:"研究党的军史时,应当从这个老根上研究起。"[2]这就清楚表明,周恩来、恽代英是中国共产党领导的人民军队思想政

----

　　①　《毛泽东选集》第 2 卷,人民出版社 1991 年版,第 380 页。
　　②　《朱德选集》,人民出版社 1983 年版,第 393 页。

治工作的开创者和奠基人。

恽代英军队政治思想工作理论的具体内容有以下几个方面：

1. "在党军中间，党高于一切"

恽代英认为，为打倒一切压迫中国民众的黑暗势力，解放全中国人民，就必须建设一支为中华民族独立自由而作战的军队。这支军队一要明了而服从党的主人，在党的领导下与中华民族的仇敌作战。二要有充分作战的能力，为党的主义有切实把握能够杀敌致果。所以军队要进行政治思想教育和军事教育，使每个同志都要服从党纪，服从军纪。只有如此，军队才能受党的指导，为党的主义作战。他说："在党军中间，党高于一切。""所谓党高于一切，是说军队不能违背党的主义"。恽代英强调说："永远记着党军是要'为主义''作战'的。不'为主义'、或者是不能'作战'，都同样是有负党军的责任，都同样是有负于党，有负于全国瞩望我们的被压迫的劳苦工农。"[①]他还特别指出要加强军队的政治思想教育，使军队中的每个同志都服从党纪。假如我们的军队不肯受党的指导，不肯为党的主义作战，反转跟着帝国主义和军阀镇压革命，这种军队便只能是反革命的军队，而绝不可以称为党军。"任何一个高级长官想引导军队走到反革命的路上去，我们军队中的同志都应当拿出党纪来裁制他"[②]。

恽代英这里所说的党，是指改组后的国民党；主义是指国民党的新三民主义。由于孙中山颁布的新三民主义原则和纲领，和中国共产党在民主革命阶段的纲领——最低纲领的基本精神是一致的，因而成为共产党和国民党合作的政治基础，成为革命统一战线的战斗旗帜。这种论述强调的中心思想，则是军队应服从于"被压迫的劳苦工农"的根本利益。

为坚持"在党军中间，党高于一切"，恽代英在黄埔军校，反复要求军校

---

① 《恽代英文集》下卷，人民出版社 1984 年版，第 800 页。
② 《恽代英文集》下卷，人民出版社 1984 年版，第 797 页。

每一个长官和学生,都要"站在党的观点上讲话"①,即是说,其言论要符合孙中山先生的三民主义,不要听信帝国主义、军阀和反动派的谣言。

他为第四期黄埔同学录出版作序,希望每一位同学"务须努力自爱,忠实尽瘁于国民革命之一途,切不可有一个人有一个时候,因为私利或意气或其他种植关系,做了一点沾污革命,沾污黄埔精神的事实。我们要永远记得总理的志愿……唤起全国被压迫工农群众,为完成国民革命与实现三民主义而奋斗"②。

1926 年 8 月 20 日是黄埔军校创始人之一、党代表廖仲恺先生牺牲一周年纪念日。恽代英写了《廖仲恺与黄埔军校》,高度评价了廖仲恺先生服膺党的主义,致力于国共合作,支持工农运动,培养黄埔精神的业绩。文中说,廖仲恺先生"为黄埔立下了政治教育的规模,造就了许多革命的青年军人;他并且遗留了革命军人必须与农工阶级亲密合作的教训,使'农工兵大联合'成为每个黄埔学生的信条,人人都认为毫无疑义的天经地义。廖仲恺先生是为了这使人嫉忌的,他为了这死于反革命派的手中。然而廖先生的精神是不死的,他永远生存在每个黄埔学生的心中,而且永远生存在表同情于黄埔这种革命精神的人的心中。"③恽代英指出,廖先生是最诚朴最笃实的人,"他是在中国国民党改组以后,最努力党务与农工运动的。所以他在黄埔所留给学生的最大的影响,亦是为党与农工利益的奋斗精神"。廖先生"只认得党,只认得革命……真是每个革命党员的模范"④。黄埔军校"一切政治教育及与农工亲密合作之精神,都是廖先生筚路蓝缕以启山林的结果"。⑤

恽代英对廖仲恺先生的充分肯定,说明廖仲恺先生是忠于党、服从党的主义的模范。毫无疑义,他是号召黄埔革命教官和学生,要向廖仲恺先生学

---

① 恽代英:《站在党的观点上讲话》,《黄埔潮》1926 年第 48 期。
② 恽代英:《本期同学录序》,《黄埔日刊》1926 年 8 月 19 日。
③ 《恽代英文集》下卷,人民出版社 1984 年版,第 830 页。
④ 《恽代英文集》下卷,人民出版社 1984 年版,第 831 页。
⑤ 《恽代英文集》下卷,人民出版社 1984 年版,第 832 页。

习,在党军中间,坚持党高于一切,"只认得党,只认得革命",勇敢地反对帝国主义、军阀和一切反动派,永远照着廖先生的教导去做。恽代英坚信:"只要黄埔学生永远保持廖先生的精神,廖先生是不死的"①。

1926 年 10 月,恽代英为主持修改黄埔军校政治教育大纲,规定了十条政治训练条件:(1)使学生彻底了解他自己的责任,是要能够担负责任使一切已经与国民相结合的武力,渐进而成真正的国民之武力。(2)使学生彻底了解军队中政治工作的重要。因为只有借政治工作阐明本党的学说与主张,养成士兵确定革命观点,方可以保证军队的统一与为主义奋斗作战的革命精神。(3)使学生彻底了解本党总理学说与三民主义之根本原理,本党的各项宣言决议案之要点。因为这样,便可以使他们明确地认识本党坚定而勇敢地站在党的立脚点上以应付一切问题。(4)使学生彻底了解中国的国民革命。(5)使学生彻底了解各种与革命运动有密切关系的社会科学常识。使他们因此更能了解党的主义与政策的意义。(6)使学生彻底了解世界与中国政治经济方面各种重要的现象与问题,同时亦注意中国重要各省都市,与乡村政治或社会经济情形。(7)使学生彻底了解革命运动是起于农工群众的物质要求,革命的胜利,亦必须靠农工群众的势力参加始能有所保障。(8)使学生彻底了解纪律是造成统一集中的力量所必要的。(9)使学生彻底了解军事学术和军事锻炼,对于革命意义上之重要。(10)使学生彻底了解军队中政治工作应注意的事项。② 这十条训练条件,始终贯穿了"党高于一切",即军队不能离开党的主义指导的精神。

2. 军队一定要有严明的纪律

恽代英认为,党军除了服从党律外,还应该有严明的军纪。"在党军中间,党高于一切",但这并不是说我们只应当讲党纪,而不管什么军纪。"军

---

① 《恽代英文集》下卷,人民出版社 1984 年版,第 832 页。
② 《中共军事政治学校政治教育大纲草案》,《黄埔时刊》1926 年 10 月 7 日、8 日、9 日连载。

纪是在党纪监视之下的;同时亦是说军队是完全为党的主义工作的,只有严整的军纪可以集中革命的力量,有充分的力量可以打倒一切反革命的敌人,所以军纪亦是党所应极力注意。党纪是要保障革命的军纪,决不是来破坏这种军纪的"。"破坏军纪,便是破坏我们革命党的作战势力,便是破坏党"。①

恽代英指出,假如我们的军队,有人假借专重党纪,但不肯受军队的约束,不肯认真地学习军队的功课,很敏捷切实地遵行军队的号令,反转借口党纪以遂其捣乱的行为,而逞其敷衍腐败习性,结果导致军队的号令不行,全军泄沓松懈,这种军队是不可以称为党军的,这种军队亦是不能作战的军队,因为他们完全蔑视了军纪。"若蔑军纪,便证明他们不明了主义,因为他们并不急于希望主义之成功,所以不注意为主义而养成军纪很好能作战的军队,他们反转引导军队到不能作战的路上去。""任何一个同志想引导军队走到不能作战的路上去,我们军队中的同志仍旧都应当拿出党纪裁制他"②。

恽代英分析了中国不易造成一支纪律严明、战斗力强的军队的原因:一是有许多无革命觉悟,不知主义为何事的腐败分子混入;二是又有许多富于无政府主义思想,不知纪律为何物的浪漫青年参加,再加上社会上流行的偷惰狡猾的习气。这些心理自然影响到党的军队与军事教育机关,于是产生一部分根本讨厌党纪的军官和一部分根本讨厌军纪的学生兵士,"结果真正的党纪未曾树立起来,而军纪先败坏下去了,甚至于有些人借口党纪来做他们不守军纪的理由"。恽代英说:"这是很严重的错误,这种人是将要毁损我们革命军队的力量的;每个忠实热心革命的党员应极力纠正他,犹如应极力纠正军队中对于主义上的误解一样。"③

恽代英还指出:"我所谓军纪的败坏,还不是专指大家疏忽了敬礼等仪

---

①　《恽代英文集》下卷,人民出版社1984年版,第798页。

②　《恽代英文集》下卷,人民出版社1984年版,第798页。

③　《恽代英文集》下卷,人民出版社1984年版,第799页。

节,我以为还有比疏忽敬礼等仪节更重要十倍的,便是学生士兵玩视官长的命令,临时集合要很长久的时间才集合得起来,越是老资格的学生士兵,越觉得玩视一切,这种泄沓松懈的精神有时比普通学校还厉害"。他认为这不只是军队中的问题,而是我们党的问题。所以,"我们站在党的地位,觉得有严整军纪的必要。"

北伐军出征以后,为了巩固后方,恽代英还特别写了重要论文《纪律》,发表在 1926 年 8 月 5 日出版的《黄埔日刊》上。论文开篇便论述了纪律的重要性,明确指出,我们要团结精神统一意志,须注意纪律的重要。若是养成了无纪律的生活习惯,精神是不能团结的,意志是不能统一的。"没有纪律,就没有统一的团结,就没有力量做任何事情。凡不遵守纪律的,都是真正革命工作的仇人,他们是帮助帝国主义分散我们革命的力量"。

恽代英将不遵守纪律提高到"革命工作的仇人"这样的高度来认识,这在黄埔军校其他领导人中是没有先例的,足见他对革命军队养成严明纪律是何等的重视。

接着,恽代英针对当时黄埔军校存在的不遵守纪律的种种言行,进行了严厉的批评。

有人说,因为上级官长待他不公平合理,所以他有不遵守纪律的权利。

恽代英指出,"上级官长只要不叛党,不违背主义,他们就有指挥我们的全权"。他们对于所属几百几千人的部队,或许有许多顾及不到、处置不恰当的地方,但决不能因此便反抗怨恨他们,破坏军队的纪律。只有反革命才做这样的事情。

有人说,因不满意上级官长的缺点,所以他有不遵守纪律的权利。

恽代英说,人人都有缺点,就像我们自己有许多缺点一样。若因为要求纠正上级长官的缺点而牺牲了我们的纪律,这样付出的代价恐怕太大了。而且当真有不满意的事情,也应该用合理的手段去解决,"若藉此为破坏纪律之理由,我们是不能承认为有丝毫理由的"。

还有人以为自己不久就要毕业了,所以他有不遵守纪律的权利。

恽代英说,从军校快毕业了,就"应当更明了自己责任重大,加倍努力训练自己做一个好革命党员"。否则毕业以后要经战会是什么样子？请大家想想吧！

总之，恽代英强调指出："每个同学必须加倍努力的严守纪律，反对一切破坏纪律的行为……以保持我们团结的统一。"他还说，纪律松懈便会给反动派提供机会，若不将纪律十二分地严整起来，他们一定会引诱我们的少数同学，使同学与长官或同学中间出生许多误会，分裂我们的团体，使我们互相疑忌互相冲突起来。"我们为了革命必须预先塞住这种穴隙，我们为了革命，必须要用严格的纪律建造起我们的铜墙铁壁，使反动派无隙可乘。"恽代英最后严正指出："我们要努力巩固后方，尤其要巩固我们黄埔的团结"。并且坚决"剔除一切不守纪律的分子"。

3. 要使军队与人民结合，使之成为人民的军队

恽代英提出了军队中政治工作的目的问题。他说，军队中政治工作的目的，就是孙中山先生的两句话，"第一步使武力与人民结合，第二步使武力成为人民的武力"。我们就是要通过政治工作，引导军队从第一步走向第二步。我们的军队名称是国民革命军，但实际上现今还不能够做人民的军队。"现在的工作便是要用好的方法，努力使他做成人民的军队"①。

紧接着，恽代英论述了怎样才能使军队与人民结合，成为人民军队的问题。他指出，军队中政治工作要注意的，是要引导兵士走上革命的道路。他说，我们的兵士虽然大多数是被饥寒交迫逼上革命之路的。可是他们沾染旧社会的思想习惯已经很深，满脑子里还装着许多旧的观念。只有根本铲除了这些旧观念，才能使他们站稳革命的立场，"由不自觉的革命以至于自觉的很稳定的努力革命"。这就必须给他们进行三民主义的教育，"使一切士兵对于三民主义，有很正确的认识，非此不能保证我们的军队永远站在革命的战线上，为本党的主义奋斗到底"。因此，我们从事政治工作的同志要认清，使士兵明白认识三民主义，打破一切旧的反革命的观念，"是最重要

---

① 《恽代英文集》下卷，人民出版社 1984 年版，第 845 页。

的责任"。"我们政治工作人员无论在如何困难的环境中，必须要丝毫不妥协的将这种理论传达到士兵方面去……将党的真正主张，很正确的灌输到军队里去。"①同时还要"讲究政治工作的方法"。

首先，要摆正政治工作的地位，不要单纯注意政治工作而忽视教练、风纪。"如果军队中只要注重政治工作，不必要问甚么教练、风纪，那不是将军队变成了政法学校了么?"恽代英说，一般做政治工作的人，因为好看重自己的工作，于是格外将政治工作说得重要，但这是很不好的，"自然政治工作是重要，但是绝对不是唯一的重要"。我们一定要永记，"军队中所有的工作，各有其相当的重要地位，一定要尊重人家的工作"。再则，要处理好政治工作与其他工作的关系，要使从事其他工作的人了解，从事政治工作的人员是帮他们工作的，"政治工作做好了，其他的工作都可以得些好处，这样才可以使人家亦看重政治工作……这样做才是党与政府所以要在军队中做政治工作的意思"。②

其次，要善于和军事干部合作，"认清军队的官长是怎样的人"。恽代英认为，从事军队思想政治工作的人，要善于同官长相处，不要轻易以为"官长不看重政治工作，便说他们是反革命的"，如果先入为主，"心里存着这个观念，做工作就困难了"。他特别指出，做政治工作的人，无论在什么地方，都不能把傲慢的态度摆起来，过分地藐视军官，使人家一见到他们便讨厌，不愿他们去做政治工作。"这是不能证明军官不要政治工作的，不过只能证明军官不要有你这种态度的人去做政治工作罢了"。③ 因此，"切不可轻易的说这个反革命，那个反革命，因为这样使人家怕得无法，他们怎样还要你在他们的军队中做工作?"④只要善于和军事干部合作，使他们不至于恐慌起来，他们是不会有意干涉政治宣传、农工运动，使自己得罪国民党与国民政府的。

---

① 《恽代英文集》下卷，人民出版社 1984 年版，第 850 页。
② 《恽代英文集》下卷，人民出版社 1984 年版，第 850 页。
③ 《恽代英文集》下卷，人民出版社 1984 年版，第 851 页。
④ 《恽代英文集》下卷，人民出版社 1984 年版，第 851 页。

再次,要谨慎应付环境。恽代英指出,在军队中做政治工作,自然一定会有许多困难的,最要紧的是我们要学会应付任何环境。为此,有时甚至要牺牲一部分工作来与军官谋相当妥协,这是难免的。其目的是"要千方百计将党的正确主张传达到兵士方面去"①。即使是官长只允许我们每星期向士兵宣讲一点钟,只要力求这一点钟讲演的材料很好,充分利用这一点钟,"一定可以得着很大的效果"。所以,无论什么地方,不会没有机会去做政治工作的,只怕我们不去找机会,或者不满意这个机会而不去做。恽代英特别强调说,即使有满意的地方,军长、师长很欢迎我们去做政治工作,"我们还是要小心谨慎,不好有点大意的。""所以我们无论在顺境或逆境中间,都要能小心谨慎应付一切"。② 我们做一切事情,要先估量我们的力量如何,自己没有力量即使应该做的事情也不可随便去做,更不能不问自己的力量,乱管闲事,随口批评人家,这是很不对的。

最后,要讲究政治工作的实际效果。恽代英指出,军队中的宣传方法与材料,切不可拿来与农工运动相提并论。"我们在军队中做工作,是在于设法使军队进步,不是在破坏军队,这一点一定是要彻底明了的"。③ 他批评有些做政治工作的人,看见士兵不满意军官,便故意向士兵讨好,过分强调士兵要争个人利益,挑拨官兵感情。恽代英说:"这是很危险的"。"做政治工作的人员要负这种责任,军队发生纠纷时你要设法去解决,要使军队的精神团结得更坚固,决不可以不负责任的去煽动兵士"。④ 那么,怎样教育士兵走上革命道路呢? 恽代英认为,士兵的前身是农工,革命成功,士兵仍要归农工,所以只要将农工穷苦情况说给他们听,将如何改良农工生活的策略解释清楚,就一定"能增加士兵的觉悟程度与革命精神,坚定士兵对于革命的信仰……使士兵完全站在农工方面,认清为农工利益奋斗便是为自己的

---

① 《恽代英文集》下卷,人民出版社 1984 年版,第 852 页。
② 《恽代英文集》下卷,人民出版社 1984 年版,第 852 页。
③ 《恽代英文集》下卷,人民出版社 1984 年版,第 853 页。
④ 《恽代英文集》下卷,人民出版社 1984 年版,第 853—854 页。

利益奋斗,这比专教他们在军队中争自己的利益,要好得多"。① 同时,要向士兵灌输革命的基本知识,如革命是怎样一回事? 中国现在的情形怎样? 世界现在的情形怎样? 何谓帝国主义? 何以会发生帝国主义? 怎样才可以打倒帝国主义? 这都是士兵必须要知道的。

4. 军队要谦虚谨慎,反对暮气和骄气

恽代英认为,谦虚谨慎是人民的军队必须具备的优良品德,为党和主义奋斗,要胜不骄,败不绥。他指出,在最近一年中,黄埔军校的师生是以能作战著名的,但是,我们不要只知以此自豪,"我们不应有一点矜夸骄傲之气,应当时时考查自己的缺点,谨防暮气深入我们的军队中间"。只有这样,才可以"常保作战之能力"。若恃胜而骄,不努力注意内部之振刷,将来或者亦可以有意外之失败。"所以,我们应当互相警惕,努力振奋,扑灭一切暮气,亦扑灭一切骄气"。②

综上所述,恽代英军队思想政治工作的理论,突出了军队要有严格的党纪与军纪,要服从党的领导,为"主义"奋斗,使武力与民众结合,使之成为人民的军队;还论述了从事军队思想政治工作的基本方法。这不仅在当时对黄埔军校政治工作制度的建立、为培养一支为农工奋斗的党军发挥了重要作用,而且也为中国共产党独立领导军事斗争,开创人民军队的思想政治工作奠定了基础。

三、明确提出组织"志愿兵"计划

1927 年年初,恽代英奉命到武汉主持中央军事政治学校工作。其时蒋介石反共的面目进一步暴露。他与毛泽东、董必武等一起,团结国民党左派宋庆龄、邓演达等与蒋介石进行了坚决斗争,在斗争的实践中更加认识到武

---

① 《恽代英文集》下卷,人民出版社 1984 年版,第 854 页。
② 《恽代英文集》下卷,人民出版社 1984 年版,第 800 页。

装斗争的重要性,并萌发了中国共产党要独立领导武装斗争的思想。

武汉中央军事政治学校创办之初,蒋介石任校长,江精卫任党代表,由于蒋、汪当时都不在武汉,故由邓演达代理校长,顾孟余代理党代表。同年3月,国民党二届三中全会决定对武汉军校的领导体制进行改革——改校长制为委员制,以防止军校变成蒋介石军事独裁的工具。3月22日,吴玉章在国民党中央二届常委会二次会议上提议任命邓演达、谭延闿、恽代英、顾孟余、徐谦为武汉中央军校委员并获通过。国民党中央执行委员会接着正式委任谭延闿、徐谦、恽代英、邓演达、顾孟余为军校委员,并推定恽代英、邓演达、谭延闿为常务委员。① 这三位常委中,谭延闿是挂名的,基本不管事;邓演达又忙于总政治部和中央农民部的工作,且"恽代英是邓演达的灵魂,邓的许多主意,都是恽替他出的"。② 因此,恽代英当时既是武汉中央军校的公开负责人,又是学校中共党的支部负责人。③ 这是"中共直接培训军事干部的地方,对于建立党的武装力量发挥了很大作用"④。

从主持武汉中央军校工作至大革命失败,恽代英不仅对武装斗争重要性的认识更深化了一步,而且直接参与领导了平息夏斗寅叛乱的武装斗争。

这一时期,恽代英武装斗争的思想,主要体现在如下几个方面:

(一)提高国民党党权运动

这是针对蒋介石分裂革命统一战线的活动而兴起的。所谓提高党权,就是要实行国民党的民主化,巩固国民党中央的权威,打倒一切封建势力,反对军事独裁。恽代英是提高党权运动的倡导者之一,武汉中央军校则是这场运动的前沿阵地。

---

① 以上见《汉口民国日报》1927 年 3 月 27 日、30 日。

② 周佛海:《逃出武汉以后》,《黄埔潮》第 1 卷第 8 期。

③ 恽代英在《施存统对于中国革命的理论》(《布尔塞维克》第 2 卷第 4 期,1929 年 2 月 1 日)一文中写道:"我那时一方(面)是学校公开负责人,一方(面)又是学校里我们的党的支部负责人"。

④ 罗章龙:《十年道谊兼师友 试剑石前泪泗沱》,《回忆恽代英》,人民出版社 1982 年版,第 150 页。

1927 年 2 月 17 日,由军校政治部主办的《革命生活》日刊刊载了国民党中央宣传会议通过的党务宣传要点,强调"党的意志是大多数党员的意志……所以党员更须严格监督,遏抑一切黑暗的党外或党内的违反全国利益的企图,须使个人的意志与活动,完全屈服于党的意志与活动之下"。只有如此,"党的权威,才能树立起来,一切权力,才能归党掌握"。因此,宣传要点特别提出了"巩固党的权威——一切权力属于党是目前党的第一个标语"、"统一党的指导机关——拥护中央执行委员会是现在最急切的要求"、"实现民主政治,扫除封建势力"、"促汪精卫同志销假复职"、"速开中央执行委员会全体会议,解决一切问题"、"以打倒西山会议派的精神,对待一切党内的昏庸老朽的反动分子"、"军人在党指挥之下统一起来,并准备与某系的武装决斗"①七项要求。由上可见,这个宣传要点的中心内容,突出了巩固党的权威的极端重要性,特别明确指出,武装力量要由党统一指挥。

在提高党权运动中,恽代英于武汉中央军校,主要做了如下几件影响深远的事,从中可以窥见他的军事思想。

1. 限制和削弱蒋介石的权力

1927 年 2 月 22 日,恽代英在武汉出席国民党第二届中执会党委会第 75 次会议。在讨论起草将"此间对于党务意见报告于蒋介石同志,并及其他中央委员,请其即日来鄂,共负革命责任函"时,恽代英提出了四点意见:"(一)现在中央党部、国民政府已经迁鄂,不过少数人还没有来,故信里党部、政府尚未迁鄂那一句要更正。(二)要加入一层说明现在党务方面,仍然是不算胜利,因为党的威权尚不能确立,致军事、政治均没有完全的计划,不能副(负)各方民众之希望。(三)要说明因为党的权力不能巩固,致有从来无革命意志或曾作为反革命的人,现在都想来包围欺骗革命的领袖。(四)要说明现在的党权在[之]几个人手上,使革命同志会因为意气或见解

————————

①　见《革命生活》1927 年 2 月 17 日。

的争执,做出错误的事实使民众怀疑。"①会议通过由于树德、恽代英将原函修改再付签字并获通过。

恽代英的这四点修改意见,强调要确立党的权威,党权不立,军事、政治都要受到影响,尤其指出党权不能操纵在几个人手上。这是直接针对蒋介石挑起迁都之争、实行军事独裁阴谋的,目的是要限制蒋介石的权力。

2. 裁撤蒋介石把持的军人部

北伐军攻占武汉后,1926 年 11 月 26 日,广州国民党中央政治会议作出了广州国民政府及中央党部迁往武汉的决定。蒋介石开始是赞成的,他于 1927 年 1 月 13 日在湖北省党部第三次省代表大会上讲话,也承认国民政府北迁武汉后,"湖北是全国的中心"②。可是,他又出尔反尔,认为武汉共产党与国民党左派势力强大,若迁都武汉,必然失去自己对中央党部和国民政府的控制。于是遂中途变卦,"为要巩固自己的军事力量,便想在南昌另造一个中心"③。鲍罗廷评价说,蒋介石的目的,就是"要建立他个人的军事独裁,将国民政府和国民党完全置于掌握之中"④。在共产党与国民党左派的坚决斗争下,终于挫败了蒋介石的阴谋,巩固了武汉在全国的中心地位。

然而,事情绝不是那么简单。蒋介石为首的新右派阳奉阴违,在帝国主义的拉拢收买下,加紧从内部扼杀革命。为了进一步削弱和遏制蒋介石的军事独裁。1927 年 3 月 10 日,国民党中央在汉口南洋大楼(现武汉市第一轻工业局)举行二届三中全会。在全会召开的前一天,恽代英在全会提案审查会议上提议将蒋介石把持的军人部"裁撤"并获通过。这是限制蒋介石权力的一项重大措施。

---

① 《中执会常委会第七十五次会议录》,1927 年 2 月 22 日,国民党党史馆档案汉 5015 号,转引自武汉地方志编纂委员会办公室编:《武汉国民政府史料》,武汉出版社 2005 年版,第 5 页。
② 《武汉国民政府史料》,武汉出版社 2005 年版,第 43 页。
③ 华岗:《中国大革命史》(1925—1927),文史资料出版社 1982 年版,第 230 页。
④ 转引自张国焘:《我的回忆》第 2 册,现代史料编刊社 1989 年版,第 169 页。

3. 改校长制为委员制

3月10日至17日,国民党二届三中全会在武汉正式召开。为发扬民主,反对蒋介石的军事独裁,会议决定中央执行委员会采取常务委员制,实行集体领导。这实际上是撤销了蒋介石的国民党中央执行委员会主席的职务。与此同时,国民党左派彭泽民提出了军校改革提案。这个提案,遭到谭延闿的反对,而恽代英、吴玉章和国民党左派詹大悲则坚决支持。恽代英说:"改校长制为委员制,以目前的观察,是很必要的……如学生常言,我是某某的学生,造成一人的学生,比如现在中央军事学校如多说党的运动,则往往危险,可把校长改为委员长,同时也有委员。"他还主张委员长的任命"最好由大会指定之"①。经过激烈讨论,大会通过了这个提案,这就实际上撤销了蒋介石校长职务,粉碎了蒋介石妄图将武汉中央军校变为他个人工具的迷梦。随后,恽代英在军校内实行改革,"裁减人员,节省经费,就是要各部分的工作做好一点"。关于裁减人员,"队上的区队附已经裁撤了,每队加设一指导员,选择政治观念较好一点的人来担任……指导员的责任,是代替政治部做工作,也就是使政治部与学生多发生关系,他的地位与区队长差不多,于必要时可代替区队长"。恽代英强调指出:"政治认识,须特别注意。就是黄埔毕业的学生亦须注意! 本校工作人员,有许多未曾(经)过政治训练者,希望各主管官及各先进同志注意领导他们。"②

经过改革,武汉中央军校的工作大有起色。恽代英指出:"本校自从改为委员制以后,大见整顿……以前蒋介石当校长的时候,黄埔学生形成一个特殊阶级,现在改成了委员制,虽然没有完全铲除这种风气,但也纠正了不

---

① 《国民党二届三中全会速记录》,1927年3月10日—15日,见《中国国民党第一、第二次全国代表大会会议史料》(下)。

② 《恽委员在校内务会议报告最近学校改革之意义》,《革命生活》1927年5月3日。

少。"可见,"按规则去办,是可以办得通的"①。

恽代英在军校的改革,完全是出于公心。他动情地说:"譬如我,假使跟着蒋介石,也大可升官发财,但是使中国革命成功,就不能不反对反革命的甘作民众叛徒的蒋介石!这种反对,是有益于中国的。我们要真正建设廉洁政府,使每一个工作的同志都能尽职,决不像蒋介石一样的专门招致他的同学同乡同姓来占满了一切位置。党权运动发生以来,我他的日(我们是)在危险中,我并不愿对同志说我们是在冒险地工作。实在的,如果在国民政府之下,让反动派或者可与反动派勾结者尽量活动,让右派胜利,让蒋介石胜利。那,不仅我,大家均必遭殃。"②

恽代英的以上思想,是他一以贯之的军队思想政治工作思想的继承和发扬。为坚持军队正确的政治方向,提高党权,反对蒋介石军事独裁,他不计个人得失安危,一心只想国民革命早日成功,其光明磊落之心,可昭日月。

(二)严惩"三·十"事件,重挫武汉中央军校的右派势力,暂时稳固了军校的革命武装

正当3月10日下午国民党二届三中全会开幕之时,武汉中央军校的右派势力制造了"三·十"事件。其时,国民党武汉地区党员大会在血花世界(今汉口民众乐园)召开,武汉中央军校的学生前往参加。适值湖北省总工会在该处召开宣传会议。当工人宣传员领呼"打倒军事独裁!""提高党的权威!""一切权力属于党!"的口号时,军校中的右派学生以维护蒋(介石)校长威信为名,闯入会场,擅自拘捕4名工人。事件发生后,邓演达、恽代英等十分重视。邓演达首先在会上报告了此事,提议"可否由中央派代表前往镇压?"吴玉章表示支持说:"照邓同志(意见)办理。"当即推定林祖涵、陈公博到现场调查。随后,林祖涵、陈公博向大会报告调查情形。陈公博提

---

① 《恽代英关于军校情况的报告》,1927年5月12日中国国民党中央执行委员会政治委员会第20次会议速记录。
② 《恽委员在校内务会议报告最近学校改革之意义》,《革命生活》1927年5月3日。

议:"似应组织调查委员会,以调查真相。"恽代英接着说:"处置应考虑请中央训令中央军事政治武汉分校及湖北总工会,禁止挑拨工人学生间感情,如有挑拨,即为反革命。"同时由恽代英宣读他以大会主席团名义起草的对军校和总工会的训令。

训令指出:"乃因在会场中有少数不明事理之分子受人挑拨煽动,引起中央军事政治学校武汉分校少数学生与工人宣传队发生冲突,致有殴伤并捕人之事,此种事实之起因,全体会议现已指定负责委员彻底查究,候查明后自能站在党与革命的利益上,与以妥当之解决,但此事只因少数不明事理之分子所引起不容,因此惹起学生与工人群众间之恶感,以中反革命分子分裂革命势力之奸计。中央军事政治学校学生为本党培养为党作战之青年革命军人,工人群众系本党所指导的国民革命的主要力量,为革命之利益计,此两项势力务宜深相结合,方可以镇压一切反革命运动,而巩固本党革命的根基,为此特令中央军事政治学校武汉分校及湖北总工会在此彻查时间,各应严格约束学生工人服从中央党部静候解决,为防止学生工人继续发生误会冲突,中央军事政治学校武汉分校与湖北总工会应分别严禁学生与工人有传播各种挑拨感情之言辞文字之事,学生工人亦均应互相劝勉顾念革命全局之利益,反对一切挑拨煽动之行为,勿使再滋生事端,在此时间如再有挑拨煽动之行为,冀引起学生、工人间发生冲突者,即是有意破坏大局,甘心为国民革命之敌人,全体会议当训令国民政府与以严厉之处分,决不能容许此种分子之自由活动。"①

恽代英宣读训令完毕,于树德发言表示"完全赞同",但"以免为造谣者所借口",建议文字稍作改正。邓演达提议由王法勤、陈公博、詹大悲、恽代英和他5人组成调查委员会。会议通过了这个提议。

恽代英连夜赶回军校,亲自调查,并对学校进行整顿。

11日,恽代英在二届三中全会上报告了调查情形。他说:"昨日大会指定代英等为调查委员,兹将中央军事政治学校与工人冲突情形报告:会场工

_____

① 《国民党二届三中全会速记录》,1927年3月10日—15日。

人言语对蒋中正是有批评,打人是有组织的,鸣笛,捆绳,皆早已预备。学生回时,有一部分是对工人不好的,有一部分是对工人援助的。学生回各队,要求开会,官长许可,惟须官长参加,但不发言。共计十四队,打工人系少数(人)行动,当时曾派代表向工人道歉,每队四人。工兵科三队,内有一队谓蒋校长革命的,不应诋讥;炮兵三队,一队拟质问工会。工人应放,六时许,各工人开联席会议,六工人已送回,学生有自行要求惩办凶手。"①

武汉军校少数右派分子破坏反蒋斗争,破坏工兵联合的行为,引起了广大革命师生的愤慨。11、12 两日,军校接连举行两次各队党部及校属部处直属组长联席会议,通过了下列议决:(一)派代表赴总工会道歉,并声明此事系少数反动分子所为;(二)派代表赴总工会参加会议;(三)每队派代表四人慰问被捕工友;(四)集合本校全体同志欢送被捕工友至江岸,后由各队代表欢送至总工会;(五)通电全国及全世界,声明此事经过,并发宣言,解释误会,登报声明原委及向民众宣传此事详情;(六)致电并派代表促蒋介石速来武汉表明态度,并向民众解释误会;(七)调查此次肇事反动分子的事实确据,以便提交惩办,对一切反动分子,开除党籍学籍,并撤差交法庭严办;(八)对被伤工友慰劳并给予抚恤费,由政治部派员调查,当局负责给予;(九)对于一切反动分子在中央查办委员会未判决前,由校当局扣留;(十)组织联席会议主席团,执行在特别党部未成立前所有关于本校党务方面一切事宜;(十一)组织审察委员会;(十二)凡与"三·十"案有关之官生须先行停职扣留,听候查办;(十三)现在已交扣留各官生之反动事实,由审察委员会复查②。3 月 20 日,军校给省总工会的复信写道:"你们给我们的信已经读过,而且我们的革命生活日刊上发表了。'三·十'事件,你们对于我们能加以谅解,而且很明显的指出是极少数的反动派的捣乱行为,这确是你们很正确的观察。从此我们更要亲密的联合起来携手并进,务必达到

---

① 《国民党二届三中全会速记录》,1927 年 3 月 10 日—15 日。
② 《汉口民国日报》1927 年 3 月 15 日。

国民革命的完全成功,得到我们最后的胜利。"①

在恽代英领导下,武汉军校对右派分子的查办,后发展成了一次清党运动。4月9日,中国国民党中央军事政治学校各队党部暨校属部处直属小组联席会议发表通告,公布处分决定,计开除党籍学籍通缉归案者13人,开除党籍学籍撤差拘留并通令部队官署以后不得任用者15人,开除党籍学籍者18人,停止党籍记过者8人,留党察看3个月于查看期内责令研究主义者22人,警告并责令研究主义及有党职者解职38人,由公安局依法讯办者1人,由学校当局警告者2人,宣告无罪者3人②。通过这次清党,"现校中反动分子已肃清殆尽,革命空气异常浓厚,革命民众与本校武装同志旧有关系,不但未发生丝毫恶的影响,反而增进了更亲切的关系"③。对此,恽代英评价说:"近来本校对于右倾分子,处置稍从严厉,但我们要注意,革命是常有激烈的斗争的。我们看黄埔政治部副主任熊雄之被杀,许多教官之被捕,总政治部后方留守主任孙炳文之被暗杀,以及江浙各党部各革命团体主持同志之被捕被杀,我们就可以知道的,反革命派对待我们同志是怎样的凶鸩残毒……因此,我们对付右派及反革命派,不能不采用严厉手段。"④

"三·十"事件不是偶然的事件,从处理这一事件的全过程看,恽代英是将这一事件与黄埔军校熊雄、孙炳文等被暗杀、许多教官被捕以及发生在江浙的"赣州惨案"等事件联系在一起观察的。他充分看到了统一战线内部阶级斗争的严酷性,看到了反动派的"凶鸩残毒",因此,对付右派及反革命派,也"不能不采用严厉手段"。说明恽代英从斗争的实践中进一步认识了掌握武装的重要性。恽代英严肃处理"三·十"事件,沉重打击了蒋介石在武汉中央军校的右派势力,壮大了左派力量,暂时稳固了军校的革命武装。

---

① 《汉口民国日报》1927年3月22日。
② 《革命生活》1927年4月9日。
③ 《汉口民国日报》1927年4月5日。
④ 《恽委员在校内务会议报告最近学校改革之意义》,《革命生活》1927年5月3日。

(三)讨伐蒋介石,明确提出组织"志愿兵"计划

国民党二届三中全会期间和会后,蒋介石在帝国主义和江浙财阀的支持下,叛逆日著。针对蒋介石的反革命活动,恽代英和瞿秋白、毛泽东、董必武等,力倡团结国民党左派,发动民众,武装民众,与蒋介石进行坚决斗争。

1. 恽代英深刻指出,以蒋介石为代表的右派势力,是"中国封建势力的最后挣扎",同国民党新右派斗争,要将反封建主义作为重大任务。

1927 年 3 月中旬,恽代英在中共湖北省委机关刊物《群众》周刊上发表了重要论文《民主主义与封建主义之斗争》,号召每个党员,都应站在民主主义的立场上,拥护恢复党权运动,为农工利益奋斗,完成国民革命使命。

首先,恽代英指明了国民革命的目的。他说:"国民革命之目的,在打倒帝国主义军阀,解放全中国被压迫民众。"①这是一个艰巨的历史任务,只有必须完全站在民主主义的立场上,以扫除封建社会残余势力为己任的革命党,才能担负这一重大的历史使命。

恽代英认为,帝国主义所以能压迫全中国人民,"不但是专靠他的军队或经济势力,他还要靠代表残余封建势力的军阀,与依附军阀的官僚土豪劣绅,为他保障不平等条约的威权,而且帮助他在都市乡村中间剥削压迫人民"②。张作霖、吴佩孚等为自己的权力私欲都投入帝国主义的壳中,成为帝国主义宰割中国的工具。类似张作霖、吴佩孚之流,也一定不能看清世界革命的局势,不能尊重农工的利益与势力,所以便不会能有担负国民革命的力量,担负起国民革命的使命。

其次,恽代英回顾了国民党的历史,总结了历史经验。恽代英指出,中国国民党已经有四十余年的历史了。改组以前的国民党不能完成国民革命的使命,是因为"国民党内还包含许多封建社会的原素"。党员对于各种封建势力亦没有反对的意志,所以他们在四十余年中,虽然充当了各种暴动与军事运动的领导者,然而他们的活动,"始终未能摇动封建社会的基础,那

---

① 《恽代英文集》下卷,人民出版社 1984 年版,第 1000 页。
② 《恽代英文集》下卷,人民出版社 1984 年版,第 1000 页。

便是说始终未能摇动帝国主义、军阀在社会上之基础"①。所以他们的奋斗,终于是徒劳无功。

1924 年国民党改组后,"对于中国革命运动最重大的意义,便是国民党已经接受了近代科学的洗礼,渐次脱离了封建的色彩"。所以他能够打破国界与阶级的成见,将联合世界革命势力与拥护农工的组织与利益看做比一切都重要。这不是普通人能够做到的,但孙中山先生等明达勇敢的领袖毅然决然地这样做了,所以获得了国际与国内的广大农工的帮助与拥护,国民革命从反革命势力层层包围的广州弹丸之地,逐渐发展到华南、广西、湖南,乃至长江一带与西北各省。"这显然是民主主义的胜利"。"因为国民党能够注意站在为民众谋利的一方面,靠民众自己的势力推进中国的革命运动,所以他获得了一种从未曾有的力量"。②

但是改组以后国民党内引起的麻烦也是不少的。从冯自由的叛离,杨希闵、刘震寰的商团叛乱,西山会议派、"三·二〇"事件,直到现在的争党权,"无非是那些由封建社会传统下来的国家阶级的成见在中国作祟"。恽代英坚信,一切妄图利用封建势力来抵挡中国向民主主义路上走的人,"一定都会失败"③。

最后,恽代英号召每一个国民党员,都应该站在民主主义一方面来,参加最近的反封建势力的斗争。他指出:"人人都要站在党的方面,人人都要站在世界革命运动的一条线上,为农工的利益而争斗,这才可以完成国民革命的使命"④。他说,不要怕眼前出现的纠纷,这种纠纷,不过"是代表封建势力的最后挣扎罢!"我们要一致拥护这一次恢复党权运动的中心:国民党中央执行委员会,将封建社会残余的势力"一齐扫除干净"⑤。

恽代英以上所说的张作霖、吴佩孚等之流和封建势力,都是暗喻蒋介石

① 《恽代英文集》下卷,人民出版社 1984 年版,第 1001 页。
② 《恽代英文集》下卷,人民出版社 1984 年版,第 1001 页。
③ 《恽代英文集》下卷,人民出版社 1984 年版,第 1002 页。
④ 《恽代英文集》下卷,人民出版社 1984 年版,第 1003 页。
⑤ 《恽代英文集》下卷,人民出版社 1984 年版,第 1003 页。

为首的国民党新右派。3 月 19 日,他在欢迎湖北农民代表会上演讲,更是明确指出,在中国"占重要地位的只有农民",但农民的地位,"好像一座高大房子,农民就是最下的一层,受着重重的压迫"。那么,农民的解放靠谁呢? 过去,农民痛苦至深的时候,不知自救解放,只是希望真命天子出世,其实真命天子登基,农民身上的压迫,还是有加无已。恽代英明确地告诉农民代表:"真命天子欺骗我们农民,已经好几千年,现在革命领袖蒋总司令,也不是真命天子,大家不要错认。总而言之,还是要靠自己,不要再被人家欺骗"。他进一步强调说:"中国的革命,是世界革命的一部分,农工是革命的主要力量,我们今天的会,是希望各位代表回到乡下去,组织起来,解放自己"。①

由上可知,恽代英对蒋介石假革命、真反革命的本质有了更深刻的认识。他要求广大农民群众不要"错认"蒋介石;告诫农民代表,农民的解放,要靠自己组织起来,拿起武装,自己解放自己。这说明,恽代英在认识蒋介石本质的同时,也进一步深化了对武装斗争重要性的认识。

恽代英对蒋介石本质的认识没有错。

1927 年 4 月 12 日,蒋介石终于扯掉了革命的假面具,在上海发动反革命政变,疯狂地屠杀工农群众。噩耗传到武汉,湖北人民立即掀起了反蒋斗争的高潮。

2. 恽代英、毛泽东等共产党人与国民党左派宋庆龄、邓演达等站在反蒋斗争的前沿阵地。

恽代英与邓演达等共同领导武汉军校参加了轰轰烈烈的群众性反蒋斗争。4 月 20 日,武汉军校组织了讨蒋大会筹备会。筹备会发表了致武汉同志、同胞的公开信。信中说:"同人等本先总理创办敝校之初衷,与蒋贼作百倍之奋斗。惟同人等才力有限,而蒋贼之假面具一时恐未尽揭,爰于本月二十三日上午十时假阅马场开讨蒋大会,以广为宣传,务望各界同胞莅临指导,赐予援助。"公开信愤怒谴责蒋介石为"党贼","视党国为可欺,视民众

---

① 《恽代英文集》下卷,人民出版社 1984 年版,第 1005 页。

为可侮,视同人等更为己之工具。今者,结群小以踞东南,觊仇敌而抗中央"。因此,革命同志对蒋贼要不容"丝毫之姑息","与蒋贼作百倍之奋斗"①。

4月23日,武汉各界群众在武昌阅马场召开30余万人的讨蒋大会,到会者"尤以各军武装同志为多"。会上,革命群众一致高呼"打倒背叛党国屠杀民众的蒋介石!""打倒代表封建势力实行反革命的蒋介石!""打倒破坏总理三大政策的蒋介石!""蒋介石是帝国主义的新走狗!""蒋介石是反革命的魁首!""全国革命民众是蒋介石的死对头!""武装同志是蒋介石的催命鬼!""严拿反革命的蒋介石交人民来审判!""中央军事政治学校的学生是党和民众的工具!""铲除一切党贼!""打倒反革命的南京会议派!""惩办各地惨杀事变的凶手!""以革命的手段向白色恐怖复仇!""拥护总理联俄联共扶助农工三大政策!"等口号②。大会还向全国发出了《讨蒋通电》。会后,中央军事政治学校全体官兵及各军到会兵士举行了声势浩大的游行,把武汉地区申讨蒋介石叛变革命的斗争推向了高潮。

同一天,《革命生活》开辟"讨蒋特刊"专版,发表了讨蒋大会发出的《讨蒋通电》、《告各期同学书》和讨蒋宣传大纲等文告。主要内容:

一是号召黄埔各期同学,发扬军校光荣校史,完成国民革命。《告各期同学书》说:"本校同学所抛的头颅,所洒的热血,莫不随一般武装同志之后,遍于东南西北,奔腾澎湃的革命怒潮,充满着本校先烈同志的热血!馨劳葱郁的革命鲜花,表现着先死同志的精神!这一篇光荣的校史,后死的同志们,应当如何警惕,使她永保不坠……同志们,我们的责任,是要永保光荣的校史,完成革命的使命"。③

二是历数蒋介石的罪行,一致彻底打倒蒋介石。《讨蒋宣传大纲》历数了蒋介石叛变革命的罪行后指出:"我们切不要使这死有余辜的蒋介石逃

---

① 《武汉同志同胞公鉴》,《革命生活》1927年第59期。
② 《革命生活》1927年4月25日。
③ 《革命生活》1927年4月23日。

出法网呵！前进呵！包围呵！务必要把这反革命的蒋介石生擒活捉，以慰我为党国牺牲的先烈之灵！"《告各期全体同学书》最后更是明确号召："我们要保持校史呢，那就请一致彻底地打倒蒋介石！"①

4 月 23 日至 25 日，《革命生活》还连载了《发扬黄埔精神》。该文首先指出，打倒蒋介石，就是发扬黄埔精神。文章明确指出："蒋介石当上总司令，戴着革命的假面具，是黄埔学生流血的结晶和牺牲的代价，决不是娘胎里带来的！没有黄埔岛上的烈士墓，今日的蒋介石，不是仍旧五年前办交易所做市侩的蒋介石吗？从前因为他肯革命，所以抬他出来。现在他已经做了反革命了，我们应该打倒他，这才是发扬黄埔的精神"。其次，该文强调，发扬黄埔精神，就是要永远保持革命的本色。文章深刻写道："黄埔精神终久是发扬的，这次党权运动起来的时候，与黄埔历史上有连带关系的武汉中央军事政治学校同学，蒋介石视为御用品的……实出他意料之外。汉口'一·十'事件之后，多数学生竟能同情工人，主张镇压反动分子，这就是发扬黄埔精神初次的表现。现在有一二三四期的同学，保持革命的本色，不做私人的走狗，不向右转，不为利诱，不为威屈，由上海南京归来者络绎于途，这也是发扬黄埔精神"。最后，该文坚定地说："黄埔的精神，即是革命的精神；不能发扬黄埔精神，即不能进行革命的事业。打倒蒋介石及其走狗，即是发展革命势力，发展革命势力，即是发扬黄埔精神。黄埔精神能不能够发扬，便要看这次能够不能够打倒蒋介石及其走狗。"②

以上《革命生活》所载文章，反映了武汉中央军事政治学校广大革命教官、学员的政治立场和革命思想，表明他们决心拿起武器，与蒋介石斗争到底。这也是恽代英当时思想的真实写照。还要特别指出的是，22 日，《汉口民国日报》还发表了宋庆龄、邓演达、恽代英、吴玉章、林伯渠、毛泽东等 40名国民党中央执行委员、候补委员的《联名讨蒋通电》。这个历史性文件，在国共两党的历史上都具有重要意义，深刻揭露了蒋介石的罪行，指出，蒋

---

① 《革命生活》1927 年 4 月 23 日。
② 《革命生活》1927 年 4 月 25 日。

介石由反抗中央进而自立中央,是"蓄谋已久"的,自其抵沪以来,首与帝国主义妥协,不惜拾吴佩孚、孙传芳、张作霖、张宗昌之唾余,以反共产口号,博其欢心,更不惜屠杀民众,为其赞见之礼物。明知此种行为,必为中央所不许,故不得不出于反抗中央之途;对于持正不附之军队,则以总司令名义,驱之出战,而绝其援应,委之于敌;对于军队中政治工作人员,则随意逮捕,拘囚杀害;对于各省市党部党员,则唆使走狗横加摧毁,迨至异己渐去,狡窟已成,则悍然自立中央而无所顾忌,于是一切帝国主义之工具,皆麇集于其旗帜之下,以从事反革命。通电接着说:"一切革命分子,皆被以共产或勾结共产党之名,除之务尽,今已开始进行,将来必变本加厉。东南革命基础,由之崩坏,革命民众,将无噍类。"通电最后呼吁:"凡我民众及我同志,尤其武装同志,如不认革命垂成之功,堕于蒋中正之手,唯有依照中央命令,去此总理之叛徒,本党之败类,民族之蟊贼,各国民革命军涤此厚辱。"①这说明,包括恽代英在内的40名国民党中央执行委员,都认清了蒋介石的反动本质,誓以眼还眼,以牙还牙,与其斗争到底。

在一片讨蒋的浪潮中,恽代英以武汉军校的名义曾向武汉国民政府提出征募二千五百名"志愿兵"的计划。②5月中旬夏斗寅叛变,恽代英再次在国民党中央会议上提出把农工及学生两千余人编为义勇队赴前线作战。会议最后决定由武汉军校整编部队参加战斗③。这就进一步说明,恽代英已迫切要求建立革命武装。这时他对直接建立和领导革命武装、参加武装斗争的思想已十分鲜明。

(四)亲率中央独立师赴前线作战

四一二反革命政变后,蒋介石在指使粤、桂、川、黔军阀分三路进攻两湖

---

① 《国民党中央执行委员联名讨蒋通电(1927年4月20日)》,《汉口民国日报》1927年4月22日。

② 参见《中国国民党党员志愿兵征募规程》,1927年5月3日,转引自武汉地方志编纂委员会办公室编:《武汉国民政府史料》,武汉出版社2005年版,第418页。

③ 《国民党中央12次常委扩大会议速记录》,1927年5月18日。

的同时,又勾结反动军官企图里应外合颠覆武汉国民政府,达到消灭革命力量的目的。在这种形势下,武汉国民政府开始动摇,反动军官接踵叛变,夏斗寅首先揭起了叛旗。

夏斗寅,湖北麻城人,原系北洋军阀旧部,萧耀南统治湖北时,夏在其麾下当过旅长。1926 年 5 月北伐战争前夕,夏斗寅投机革命,就任国民革命军鄂军第一师师长,隶属第八军唐生智节制。1927 年年初,夏部接替王天培、何健两部进驻宜昌、江陵、沙市、荆门,担任防备四川军阀杨森进犯武汉的任务,其部队番号改为独立第 14 师,共 4 个团 1 个营,约 1.3 万人。

夏斗寅本是作为拱卫武汉西部防线的重要力量被置于战略要地宜昌的,一直为武汉国民政府所器重。但由于所部军官很多是地主出身,阶级本性决定他们对汹涌澎湃的湖北工农革命运动非常恐惧和仇视,所以倒向了国民党新右派,听从蒋介石的指使。蒋介石供认说:“夏斗寅之起而宣言反对共产;与杨森、刘湘同受余之命令。”①

1927 年 5 月 13 日,夏斗寅领衔发出反共“元电”,并在四川军阀杨森的配合下开始向武汉进攻,14 日抵沙市,15 日按计划登陆嘉鱼,16 日推进到咸宁、汀泗桥一带,并破坏武(昌)长(沙)铁路,17 日便进逼至距武昌仅 40 里的纸坊镇、土地堂。其时,武汉国民政府的主力部队正在河南一带作战,武昌防备空虚,形势十分危殆。

危难时刻方显英雄本色。5 月 18 日,恽代英根据国民党中央会议的决定,立即返校整编革命队伍,与师长侯连瀛紧密配合,亲率独立师随武昌卫戍司令叶挺指挥的 24 师 72 团和 25 师 75 团前往平叛。②

中央独立师是 5 月 10 日根据武汉国民政府军事委员会的决定,由中央军事政治学校的学生组编的,侯连瀛任师长,杨树松为副师长,宋汉英为参谋长,蓝腾蛟为步兵第一团长,史文桂为步兵第二团长,杜道周为炮兵营长,

---

① 《北京晨报》1927 年 5 月 25 日。
② 根据国民党中央 12 次常委扩大会议速记录,恽代英被正式任命独立师党代表的时间是 5 月 20 日。

柳善为工兵营长。① 接着又将中央农民运动讲习所的学生编入中央独立师第二团,列为第三营。

当天,中央独立师司令部发出通告宣布:"前奉军事委员会命令,以中央军事政治学校及中央农运讲习所学生编为中央独立师业已经竣成立,敝师长侯连瀛即于十六日正式就职,官兵所佩符号 CID 三字,除分函各军警机关查照外,恐未周知,特此通告。"②总政治部提出任命恽代英为中央独立师党代表,施存统为政治部主任。5 月 20 日,国民党中央二届常委十二次扩大会议决议"照准任命"③。

18 日晚,平叛军出征。在独立师出发前,恽代英作了简单的政治动员,鼓舞了部队士气。他说:"现在四处都充满了黑暗,只有两湖书院还在放射着光明,现在就是要用我们的光明,去冲破周围的黑暗。"④军校讨蒋委员会同时发表了《送本校同学出发宣言》。《宣言》说:"你们在这四面楚歌、一切反革命包围中国革命及世界革命中心地的武汉的严重局势当中,你们很壮烈的奉中央命令出发了! 你们将要用你们热血去杀开一条出路,将要用你们的热血去凝成本党及政府的坚固基础了! 这是在现中国及世界革命运动中如何重大的意义,如何伟大的使命!"⑤恽代英随军行动,他当时"戴着眼镜,穿着布军装,打着绑腿,走在队伍前面"。⑥ 次日凌晨 3 时左右,独立师步行抵达纸坊,与叶挺部并肩战斗。

翻开人民军队史册,在中国大革命失败前,亲率部队直接指挥战斗的中共重要领导人真是凤毛麟角! 周恩来、恽代英等,便是这样的有直接军事斗争实践经验的少数精英分子。

需要特别指出的是,这次随独立师出征的,还有武汉中央军校的女生

---

① 　见《汉口民国日报》1927 年 5 月 11 日。

② 　见《汉口民国日报》1927 年 5 月 20 日。

③ 　《国民党中央 12 次常委扩大会议速记录》。

④ 　吴忠亚:《讨平杨、夏叛乱的战场实况》,《武汉文史资料》1983 年第 4 期。

⑤ 　《汉口民国日报》1927 年 5 月 19 日。

⑥ 　沈葆英:《和代英共命运的岁月》,《回忆恽代英》,人民出版社 1982 年版,第 47 页。

队。这支队伍,是在恽代英的亲自关怀下成立的。

1926 年 12 月,恽代英在《中国青年》第 145、146 合刊发表《告投考黄埔军校的青年》一文中说:"黄埔军校是近年来国民革命运动的重心,在南方方兴未艾的'赤化'势力之下,有一般革命的领袖正在尽心力的培养熏陶将以供给中国革命的军事与政治上的需用。"①许多追求革命的热血青年,正是看到黄埔军校的招生广告和恽代英的文章后,纷纷要求投考武汉中央军事政治学校,决心为中国人民的解放事业贡献自己壮丽青春的。

报考武汉中央军校的男女青年十分踊跃,仅湖南省就达 2000 多人,即使是军阀孙传芳统治下的上海,报考的青年也有上千人。

武汉中央军校开学之初,有学员 2900 名,其中从黄埔迁来的约 1700 名,在武汉新招的约 1200 名。为适应中国大革命发展的需要,在这次新招的学员中,就有 183 名女生。这是中国革命史和人民军队史上的伟大创举,具有重大的历史意义。

军校成立女生队,刚开始受到很大的阻力。正如恽代英曾对女生队当时的负责人所说:"军校成立女生队是破天荒的大事⋯⋯办女生队阻力很大,丁维汾(国民党右派)等人反对,封建势力拼命阻挠,守旧的人也不赞成。我们党下决心要在军校培训妇女骨干,毕业后参加领导中国妇女翻身解放的斗争。你们的责任重大,你们要努力呀!"②

恽代英对女生队特别关爱和呵护,要求也很严格。开学当天,他在对全校新生的演讲中特别指出:"中国的妇女,历来受着深重的压迫,在封建礼教的束缚下,她们是男人的附属品,没有一点权力。俄国十月革命的炮声,惊醒了中华民族,也惊醒了广大妇女。在革命思想的影响下,中国妇女们正在认识和寻求解放的真理和道路,而你们女生队的同学是中国妇女的先锋,是中国妇女的榜样。"

---

① 《恽代英文集》下卷,人民出版社 1984 年版,第 884 页。
② 原武汉军校部分女战士:《恽代英与女生队》,《回忆恽代英》,人民出版社 1982 年版,第 65 页。

恽代英对女生队寄予殷切希望,还深情地说:"在中国革命事业中,你们要和男同学一样,严格要求自己,遇到困难不要后退,在革命的熔炉中不断锤炼自己,努力完成打倒帝国主义,打倒军阀,打倒土豪劣绅及一切封建势力的任务。"①

在这次平叛战役中,中央独立师的官兵们表现十分勇敢。时任副班长的臧克家回忆说:"一位高个子的连指导员,黄埔毕业,共产党员,他跑在我们前边一二十米,右手高举着枪,口里喊道:'同志们,冲呵! 谁真革命,谁假革命,现在是考验我们的时候了!'神态昂扬,声调动人。"②一营二连的周见非见证了这场战斗。他也回忆说:"一时枪声大作,敌人开始拂晓进攻了,子弹打在前后铁轨上当当的响,我们迅速左右散开,还没等卧下,前进号吹响了,一齐持枪在弹雨中向前跑百多米,在土埂卧下,抬头一看,敌人就在田沟那面,双方展开战斗。冲锋号响了,大家一齐上刺刀,喊着冲锋! 杀!跳下坡去……在弹雨中,同学们各自成单行,端着枪冲上每一条田埂,一面喊杀。敌人的机枪不是打高了,就是打矮了,子弹把田水都溅在身上脸上,幸未见倒下一人。还未冲到彼岸,敌兵已溃退,同学们缴得机枪一挺。右面的同学在铁路上打倒一个抬炮的,其余敌人便扔下迫击炮逃走了。"③

经过 3 小时的激战,独立师打退了夏斗寅叛军,缴获大炮两门,机关枪两挺,迫击炮两尊,步枪若干支,并乘胜追击,于下午 3 时多赶到武昌土地堂,将叛军包围起来。这时,夏斗寅部还剩万耀煌旅千余兵力,他们为了逃命,疯狂突围。实战经验不足的独立师学生军在敌人的反扑面前经受着极大的考验。幸好在叶挺的坚定指挥下,75 团及时赶到。学生军配合 75 团,向万耀煌部发动勇猛进攻。"有一个学生伏地开枪,一刹那间,一弹飞贯头上的帽子,穿破一大孔。该学生面不改色,反行起立追敌"④。叶挺还飞调

---

①　原武汉军校部分女战士:《恽代英与女生队》,《回忆恽代英》,人民出版社 1982 年版,第 63 页。

②　臧克家:《奔向武汉——光明的结家处》,见《新文学史料》1980 年第 2 期。

③　周见非:《大革命时期的武汉军校》,载《革命史资料》第 10 辑。

④　《施存统报告打夏斗寅情况》,《汉口民国日报》5 月 23 日。

75 团一营夺回土地堂火车站。万耀煌部经独立师和叶挺 75 团痛击,"四方溃散,已不成军……向蒲圻方面溃退"①。被夏斗寅调来增援的一个团援兵,受万耀煌部溃退的影响,也不战自逃,士气涣散,毫无斗志,"均称何时和我军开火,即准备缴械"。②

"巾帼不让须眉",武汉中央军校女生队在这次战役中也表现了高昂的战斗热情。她们编为四个队,主要担任救护和宣传工作。开赴前线前夕,湖北省妇女协会专门送来两面锦旗,锦旗上锈着"杀尽敌人"和"革命前锋"八个大字。在出征大会上,女生队代表豪情满怀地说:"我们从军的目的,就是上前线与敌人血肉相搏,现在正是我们完成使命的时期,愿以滴滴鲜血与性命去换胜利,不杀尽敌人,誓不回见武汉革命民众。"言毕高呼:"誓死杀敌!""革命成功万岁!"在土地堂前沿阵地上,女生队守了两天一夜。她们一边悲愤地掩埋牺牲战友的遗体,一边组织慰问队和救护队,紧张地救护伤病人员。同时根据师党代表恽代英的指示组织了宣传队,每到一地便四出宣传,形式有化装讲演、编演话剧,痛斥土豪劣绅、土匪流氓及其后台夏斗寅,唤起民众起来打倒他们。③

就这样,革命军于 5 月 20 日攻占贺胜桥,21 日收复咸宁。此次战役共缴获大炮 10 尊,步枪 900 余支,子弹无数,俘敌 1000 余名④,武汉局势转危为安。当天,武汉国民政府军事委员会宣布武汉解除戒严令。

5 月 22 日,咸宁县召开了 5000 余人的军民祝捷大会。中央独立师党代表恽代英发表热情洋溢的讲话,高度赞扬了革命军官兵的英勇战斗精神。他说,这次胜利完全是革命军不怕死的结果,当夏斗寅进犯武汉的时候,"我们后方兵力虽少,我们革命军是不跑的,叶师长是不怕死的,带领他们的两团人去拼命冲锋,卒把敌人打败,我们所以胜利,是因为不怕死,人人都

---

① 《施存统报告打夏斗寅情况》,《汉口民国日报》5 月 23 日。
② 《施存统报告打夏斗寅情况》,《汉口民国日报》5 月 23 日。
③ 原武汉军校部分女战士:《恽代英与女生队》,《回忆恽代英》,人民出版社 1984 年版,第 72—73 页。
④ 《施存统报告打夏斗寅情况》,《汉口民国日报》1927 年 5 月 23 日。

有死的决心,而且我们每次打仗都得着工农的帮助。前天到金口,金口农民协会是很帮助我们。前几天又有许多农民来报告敌情,我们很自信为保护人民利益而战,一定是胜利的。哪一个要再来压迫人民,我们就要继续打倒他。"①

恽代英这个简明扼要的讲话,道出了革命军打胜仗的根本原因:第一,革命军勇敢,不怕死;第二,得着工农的帮助;第三,自信为保护人民利益而战一定胜利的坚定信念。这也正是人民军队的优势所在,与反人民的军阀部队本质区别之所在,集中体现了革命军队的本质和宗旨。

革命军击败夏斗寅后,紧接着又奉命投入反击杨森的战斗。5月下旬,武汉国民政府发布了查办杨森的通令。6月上旬,军事委员会抽调第二、六、八军各一部,组织西征军,由程潜任总指挥,讨伐杨森。中央独立师也奉令协同西征军作战。中央独立师进攻沔阳峰口镇杨森部王文俊师时,该师一听到学生军的冲锋、喊杀声,立即溃逃,连王文俊本人的行李都遗弃了。6月6日晚,中央独立师占领新堤②。

从新堤溃退的敌军,又遭到由岳州渡河至白螺矶登岸的革命军的迎头痛击。6月8日,革命军指挥部下达总攻击令。6月下旬,革命军占领沙市、宜昌,杨森叛军分水陆两路向巴东逃窜。

平叛夏斗寅的胜利,产生了深远的政治影响,极大地提高了革命军和武汉中央军事政治学校的威信,受到了一致高度好评。高语罕(共产党员)说:"因为领兵的叶挺,是铁军里面的健将,而黄埔的学生,也有善战的威名,(敌)闻风丧胆,先就有几分害怕"。③ 国际代表罗易说:"当(武汉国民政府)军事委员会还在犹豫是否要采取措施反对夏斗寅时,夏斗寅已逼近武汉不到二十英里。共产党员叶挺将军采取主动行动粉碎了这次叛变。叶挺的行动得到国民党左派的支持。黄埔军校的学生(大部分是国民党小资

---

① 《汉口民国日报》1927年5月25日。
② 《汉口民国日报》1927年6月8日。
③ 《国民党中央政治委员会会议速记录》。

产阶级左派的拥护者)在叶挺指挥下打得英勇顽强。"①就连当时仍然戴着国民党左派帽子的汪精卫也讲了不少好话。他称赞"叶师官长身先士卒",黄埔生"作战勇敢"②。

恽代英亲率中央独立师参加讨伐夏斗寅战役,不仅为保卫武汉的安全、解除北伐军的后顾之忧作出了贡献,而且使武汉中央军校的学生受到了一次实战的考验,也为中国共产党今后独立领导武装斗争,加强人民军队的建设,积累了经验。

四、坚持武装反抗国民党反动派的思想

1927 年 7 月 15 日,汪精卫"分共",轰轰烈烈的大革命归于失败。腥风血雨笼罩"红都"江城。武汉三镇大街小巷和武汉中央军校里,到处贴满了"打倒共产党"的标语和逮捕共产党人的通缉令。在革命的历史转折关头,恽代英从容面对,在中国共产党独立领导武装斗争和创建人民军队的斗争中立了新功。

(一)保存武汉中央军校革命力量

本来,在平叛夏斗寅的战役中,革命军是可以乘胜前进,一举将其彻底歼灭的。但是,由于汪精卫主张调解,唐生智也说他能招呼夏斗寅,于是派陈公博等进行调停,至使夏斗寅残部经鄂南、鄂东,于 6 月底退出鄂境,逃窜安徽,投入蒋介石怀抱,被编为第十军第一师,分驻太湖以南地区。

平息夏斗寅叛变,虽然暂时稳住了武汉的危局,但并没有驱散武汉上空的层层乌云。形势越来越危殆险恶,山雨欲来风满楼,一场大的暴风雨就要来临。

---

① 《罗易赴华使命》,转引自张光宇:《武汉中央军事政治学校》,湖北人民出版社 1987 年版,第 116 页。

② 《国民党中央二届常务委员会扩大会议记录》,转引自同上书,第 116 页。

恽代英清醒地预计到未来的变局,与瞿秋白、周恩来、毛泽东、董必武等共产党人一起,谨慎应对。

继夏斗寅叛变后,许克祥又在长沙发动了"马日事变"。6 月 6 日,朱培德在江西"礼送"共产党出境。此后,汪精卫迅速右转,6 月 10 日,他到郑州与冯玉祥会谈,决定唐生智收兵回汉,镇压工农群众运动。

汪精卫视武汉中央军校为其反共的一大障碍,在加速"分共"的同时,紧紧地盯住该校。右派势力又在军校四处活动。中共中央军委十分重视武汉军校这支武装力量,军委书记周恩来、秘书聂荣臻经常到军校与恽代英一起商讨对策。周恩来要求中共党员和国民党左派提高革命警惕,随时准备对付可能出现的反革命政变,用自己手中的武器杀出一条血路来。恽代英完全同意周恩来的意见。

6 月 8 日,在武汉中央军校广场举行"安葬蒋先云同志追悼阵亡同学大会",周恩来出席会议并讲了话。大会主席团代表恽代英在致开会词中热情赞扬了蒋先云的革命精神。他说:"蒋先云同志曾做过学生运动领袖,工人运动领袖。蒋介石叛变,他不为蒋介石所笼络,不愿做官,跑到武汉做工人运动,组织黄埔学生讨蒋。此次北伐又出发前方去拼命。"他号召军校革命师生学习蒋先云的革命精神:"蒋先云同志足以引起我们牺牲的决心……我们追悼和安葬先云同志,正引起我们后死者的牺牲精神,同志们,踏着先云的杀路前进!"①

6 月下旬,国民革命军总政治部主任邓演达整顿该部,聘请恽代英任总政治部秘书长。邓演达与恽代英商定,在武汉中央军校设立教导营,训练在整顿中被精简的人员和从东南各地来汉的政治工作人员。恽代英利用这个机会,与周恩来及中共中央刚从四川调来武汉军校任专职书记的陈毅商议,将许多中共党员和进步人士安排在教导营内。6 月 30 日,教导营正式组建成立。

汪精卫集团开始向武汉中央军事政治学校进攻了。邓演达随从第二期

---

① 《汉口民国日报》1927 年 5 月 25 日。

北伐出征后,国民党中央军事委员会大权落入谭延闿、程潜、孙科、唐生智之手。他们不仅大大缩紧中央军事政治学校之经费,而且自6月30日起,取消中央独立师名义仍恢复学校原状,所有以前发出的符号 CID 等一律收回。也正是这一天,国民党左派、武汉军校校务委员邓演达愤怒谴责汪精卫集团追随蒋介石、镇压革命工农的罪行,留下《告别中国国民党同志们》的留别书,辞去了国民革命军总政治部主任等职务。据时任总政治部参谋长的季方回忆,这封留别书是邓演达脱险后于7月8日由其秘书交给恽代英、侯连瀛的。"代英同志看了这封信以后,就拿原信向中共中央请示。当时领导上已判定国民党中央已不会接受这个劝告,指定先照像再送交"①。这样才使邓演达的这封珍贵的信保存至今。

邓演达辞职后,汪精卫立即指派陈公博继任。但陈尚在江西,一时无法上任,总政治部的工作暂由恽代英主持。他鼓励教导营学员"要好好学习军事,好好练兵"。他说:"形势正在变化之中,要准备应付局面,不能放弃阵地,陈公博一时还不敢来政治部,我不是还同你们在一起吗?大家抓紧学习和练兵,要加强革命武装,准备迎接新的战斗!"②

7月15日,汪精卫终于撕下了"左派"的面纱,公开"分共"。陈公博接任总政治部主任后,"首先注意便是这一班军校学生"。③ 恽代英也极其关注这批学生。18日,在恽代英主持下,军校第5期学生800余人(包括炮兵一连,机关枪一连,工兵一连,步兵四连)举行毕业典礼。④ 这批毕业生,大部分被派到叶挺和贺龙的部队中去了。这样,军校仅剩下第6期学生了。这时,形势日趋紧张,右派在军校活动十分猖獗,"打倒中央军事政治学校的赤子赤孙"的反动标语,代替了以前的"打倒新军阀蒋介石"。在这种情况下,恽代英召开共产党员开会,准备应变。他"在会上讲清了当前的形

---

① 中国农工民主党中央党史研究资料委员会编:《邓演达》,载《文物天地》1986年第6期。
② 1981年4月10日访问骆耕谟同志记录。
③ 陈公博:《寒风集》,上海地方行政社1944年版,第167页。
④ 《汉口民国日报》1927年7月19日。

势,嘱咐我们不要紧张,听候党组织作出安排"。① 随后,恽代英在全校师生大会上,向朝夕相处的师生发表了最后一次讲话:"同志们,今天是我们最后一次聚会,明天早晨,打倒恽代英的标语,就会出现在武昌城头上了! 现在政治形势虽然一时逆转,但我敢说,中国革命必然成功,最后胜利一定属于我们! 我们分散以后,希望每一个同志,就是一粒革命种子,不论撒在什么地方,就让它在那里发芽,开花,结果。"②随即,恽代英转入地下。他置个人生死于不顾,不畏艰险,活动于基层党组织和党员之中,安排他们转移。陈毅也四处奔走,通知所属各组织提高警惕,准备应变。

在 7 月 15 日汪精卫"分共"的前三天,根据共产国际执行委员会的指示,中共中央改组。陈独秀离开中共中央领导岗位,由张国焘、李维汉、周恩来、李立三、张太雷组成临时常务委员会负责领导。在周恩来、恽代英、陈毅等谋划下,鉴于国民革命军第二方面总指挥张发奎与第四集团军总指挥唐生智有矛盾,经时任国民革命军第二方面军第四军总参谋长叶剑英与第二方面军总指挥张发奎多次交涉,武汉中央军校被张发奎改编为第二方面军军官教导团。团长由第二方面军参谋长谢婴白兼任,杨树松任副团长,季方任参谋长。全团编为三个营,一营营长吴展,二营营长宋湘涛,三营营长刘先临。全团的教育和行政均由中国国民党党部领导,但这个党部实际上由中共地下党组织所掌握,团党部执行委员和各连(队)党部执行委员,多为地下中共党员,团内还有一百多名没有暴露身份的中共党员。武汉中央军校的被改编,标志该校历史使命的终结。

7 月 23 日凌晨,恽代英离开武汉,奔赴九江,开始新的战斗。离开前夕,他还找没有暴露共产党员身份的陈同生谈话。陈同生见到恽代英,十分吃惊而又担心地说:"你在中央军校当过政治总教官,又是人们共知的共产党的领导人物,到处作讲演,认得你的人多,据各方面消息,敌人对你是注意

---

① 原武汉军校部分与战士:《恽代英和女生队》,《回忆恽代英》,人民出版社 1982 年版,第 75 页。

② 臧克家:《奔向武汉——光明的结家处》,载《新文学史科》1980 年第 2 期。

的。"陈同生焦急地催促恽代英赶快离开武汉。恽代英却说:"我来看你们不是谈论个人安全问题。"接着,他向陈同生交代了任务,强调指出军队的重要性。他说:"有军队我们可以打翻敌人,没有军队赤手空拳只好挨敌人的揍。"又说:"要记着,好好掌握着部队,要与士兵同甘共苦,热爱士兵,关心士兵,士兵才会为我们的主张拼命"。他还反复问了部队的情况,最后鼓励说:"中国革命的旧的联合战线破裂了,只要我们意志坚定,主义明确,真正能团结群众,新的联合战线不久会建立起来。丧失了的阵地会逐渐恢复起来。"①

由上可知,在大革命失败前后的危机时刻,恽代英坚毅果断,沉着应对,保存了武汉中央军校的革命武装。他重视革命武装的思想与保存革命武装的实践,在由革命高潮向低潮转变时期,为中国共产党独立领导武装斗争准备了重要条件,理应在人民军队光辉历史上写上浓墨重彩的一笔。

(二)参与领导南昌起义

南昌起义向国民党反动派打响了第一枪,是中国共产党独立领导武装斗争、创建人民军队和武装夺取政权的伟大开端。恽代英参与领导了这次起义。他坚持武装斗争的思想在起义过程中得到了进一步的发展。

1. 坚持中国共产党独立领导武装起义的思想

如前所述,张发奎与唐生智此时有矛盾,"甚冲突"。② 唐生智排挤张发奎,使张有军队,没地盘。因此,张发奎企图南回广东,独霸一方。他清楚地知道,其所部四军、十一军、二十军中有不少官兵是共产党员和共青团员,如果"清共",必将削弱部队战斗力,影响他的发展。所以,张发奎提出"保护共产党"。有鉴于此,中共临时中央决定派李立三、恽代英、谭平山、邓中夏

---

① 陈同生:《代英同志的教导毕生难忘》,载《回忆恽代英》,人民出版社1982年版,第238页。

② 蔡和森:《党的机会主义史》,参见《中共党史报告选编》,中共中央党校出版社1982年版。

等一部分中央委员前往九江、南昌,到叶挺、贺龙部组织革命力量,南征广东,重建革命根据地。

恽代英到达九江后,形势突变。张发奎在汪精卫的拉拢下决心"清共"。24 日,在九江的李立三、恽代英、谭平山、邓中夏等迫于形势严峻,作出了准备起义的具体部署,决定叶、贺军队于 28 日以前集中南昌,28 日晚举行暴动,并征得在庐山休息的瞿秋白的同意后,由李立三报告中共临时中央常委会。临时中央常委会收到李立三、恽代英等同志的报告后,同意了他们的意见,决定派周恩来赴南昌,并组成由周恩来为书记、李立三、谭平山、恽代英、彭湃为委员的前敌委员会,领导起义。为了做好起义的准备工作,恽代英还担任贺龙部第二十军总参议。7 月 25 日左右,叶挺、贺龙所部开始经九江向南昌集结。

正当起义各项准备工作紧张进行时,7 月 27 日,张国焘赶到九江召开会议。据张国焘回忆,出席会议的有恽代英、贺昌、关向应、廖乾吾、高语罕、夏曦等。张国焘借传达共产国际 7 月 26 日给中共中央电报之机,企图阻止起义,遭到与会者的一致反对。恽代英气愤地说:"我们一切都准备好了,还有什么可讨论的,谁要阻止南昌暴动,我是誓死反对的!"

7 月 29 日,张国焘接连发出两封电报给南昌的前敌委员会,一再强调起义宜慎重,无论如何要等他到南昌后再决定。

这时形势进一步恶化,当天,汪精卫、张发奎、唐生智、孙科以及张发奎部第四军军长黄琪翔、江西省政府主席朱培德及其部第九军军长金汉鼎等在庐山召开会议,讨论加紧清共反共。会议作出了三项决定:一、严令贺龙、叶挺限期将军队撤回九江;二、封闭九江市党部、九江书店、九江国民新报报馆,并逮捕其负责人;三、张发奎所辖之第二方面军实行清共,通缉共产党分子廖乾吾、恽代英、高语罕等共产党人。①

30 日清晨,恽代英与张国焘同车到达南昌。前委随即召开紧急会议。张国焘在会上传达了国际来电的内容,声称起义若有成功把握,可以举行,

---

① 　参见《南昌暴动纪要》,《革命文献》(台北)第 25 辑。

否则不可动。如果要暴动,也要征得张发奎的同意,否则不可动。周恩来、恽代英、李立三、谭平山、彭湃等同志一致反对张国焘的意见。

周恩来说:"国际代表及中央给我的任务是叫我来主持这个运动,现在给你的命令又如此,我不能负责了,我即刻回汉口去吧!"他明确表示:"还是干!"

李立三说:"起义已经准备好了,不能再有任何迁延。张发奎决不能同意我们的计划,必须彻底放弃依靠张发奎的幻想"。

恽代英坚决支持周恩来、李立三的意见,再也压抑不住其内心愤怒的心情。他严厉警告张国焘说:"如果你要继续动摇人心,我们就把你开除出去!"

恽代英愤怒的发言,使张国焘为之变色。他回忆说,恽代英平时"是一个正直而有礼貌的人,对我一直很友善,对人没有私怨,没有与人竞争的野心,在共产党人中有'甘地'之称。我听了他这些话,当时百感交集。他坚持暴动,显然积压已久的愤恨到此时才坦白发泄出来。我也佩服他这种坚毅精神,自愧没有能够用他的蛮劲去对付罗明那滋。我也感觉到,中共中央和我自己的领导威信,已经丧失了。"①

张国焘的回忆,真实反映了恽代英当时的情感。出于对蒋介石屠杀政策和共产国际代表的错误指导以及党内右倾错误的愤恨,长期以来压抑在恽代英心头的怒火瞬间爆发,直指张国焘是毫不奇怪的。

31 日,前委再次开会,经数小时激烈辩论,最终决定 8 月 1 日凌晨起义。

这说明,周恩来、恽代英、李立三等同志坚持中国共产党独立领导武装起义的思想是多么的坚定。

2. 坚持土地革命的思想

南昌起义胜利后,8 月 1 日上午在原江西省政府由谭平山主持,以国民

党中央委员会名义,召集中央委员及各省区、特别市、海外各党部代表联席会议,成立以共产党员为核心,有国民党左派参加的革命政府机构——中国国民党革命委员会,并选举苏兆征、彭湃、叶挺、周恩来、李立三、张国焘、彭泽民、吴玉章、林祖涵、恽代英、谭平山、邓演达、陈友仁、郭沫若、宋庆龄、徐特立、黄琪翔、何香凝、贺龙等25人为委员,同时选举郭沫若、贺龙、恽代英、谭平山、张发奎、宋庆龄、邓演达7人为主席团,宋庆龄任主席。

同日,南昌《民国日报》发表了《中央委员会宣言》,署名的有宋庆龄、邓演达、谭平山、彭泽民、林祖涵、吴玉章、于树德、恽代英、恩克巴图、杨匏安、柳亚子、高语罕、谢晋、白云梯、毛泽东、董用威、江浩、韩麟符、夏曦、许甦魂、邓颖超、屈武。

宣言义正词严地谴责了蒋介石、汪精卫的叛变行径,尖锐指出:"武汉与南京所谓党部政府,皆已成为新军阀之工具,曲解三民主义,毁弃三大政策,为总理之罪人,国民革命之罪人,与陈炯明、杨希闵、冯自由、谢持、邹鲁之辈实殊途同归。"并号召"全体同志"和"忠实将士","为本党真正之革命主张奋斗到底"!宣言还庄严地宣告了"反对武汉少数中央委员假借中央党部所发布之训令决议"、"拥护总理实现民有民治民享社会的三民主义,与联俄联共扶助农工三大政策,反对一切曲解或背叛主义政策之主张"、"继续为反帝国主义与实行解决土地问题奋斗"等七项主张。这七项主张,"在政治上决定组织中国国民党革命委员会为集中政权党权军权之最高机关,以反对宁汉政府中央党部,继承国民党正统,没收大地主土地"①,基本上反映了包括恽代英在内的中国共产党与国民党左派举行南昌起义的政治意图和策略思想。

8月2日,中国国民党革命委员会主席团颁布相关人事任命。任命林祖涵、恽代英、姜济寰、沈寿桢、罗石冰为本会财政委员会委员,以林祖涵为主席。任命郭沫若、恽代英、廖乾五为本会宣传委员会委员,派宣传委员会

---

① 李立三:《"八一"革命之经过与教训》,1927年10月。

委员郭沫若为该会主席,该主席未到任以前,由该会委员恽代英代理。①

以上事实,充分说明了恽代英在南昌起义中所处地位与发挥的重要作用。他作为南昌起义的领导人之一是当之无愧的。

还要指出的是,恽代英在南昌起义前后,是一直坚持土地革命思想的。李立三当年著文指出:"南昌起义前夕,党的领导机关在九江讨论土地革命政纲时,曾有争论。恽代英主张没收大地主土地。他说,南昌起义的主要意义,就是要实行土地革命。"②

作为一位具有丰富宣传经验和才干的指导者,恽代英在起义后以及部队南征途中,在宣传工作方面发挥了重要作用。郭沫若回忆,他是8月2日晚上才从九江赶到南昌的,当他见到恽代英时,恽代英已把宣传工作"处理得井井有条了。虽然明早就要出发,也没有剩下什么工作要让我们来赶夜工的"。因此,郭沫若对恽代英"表示了特别的谢意"③。

8月3日,起义部队按照原定计划撤离南昌,千里转战,向广东进发。时值酷暑,部队转经赣南山区,群众过去受土匪之害,苦不堪言,他们对起义军性质不了解,见兵就跑,相率逃避,部队给养发生严重困难。原本态度动摇,被迫参加起义的部队,也经不起考验,叛离了革命(如第11军第10师师长蔡廷锴)。在这种情况下,宣传鼓动工作尤为重要。

恽代英沿途向民众宣传土地革命的纲领,并鼓励起义军宣传队的同志们说:"你们要善于把我们革命任务向老百姓宣传,使老百姓了解我们的政策,我们才能够得到老百姓的拥护,战争就会得到胜利。"他还说:"你们要牢牢记住,要消灭几千年来的阶级剥削,这是一项极其艰巨的任务,我们青年人要勇敢肩负起这个任务来。"④

起义军进占福建长汀后,举行了一次三四百人的报告会。恽代英亲自出席讲演。他讲了南昌起义的伟大意义和党的土地革命纲领,给听众留下

---

① 命令全文见《南昌十日记》,《汉口民国日报》1927年8月16日。

② 李立三:《"八一"革命之经过与教训》,1927年10月。

③ 郭沫若:《海涛集》,载《沫若文集》第8集,人民文学出版社1957年版,第226页。

④ 胡毓秀:《第一批女兵》,见《中国人民解放军三十年征文》初选稿第1卷第1集。

了深刻的印象。30 年后,时任长汀福音医院院长的付连暲回忆恽代英当时讲演的情景时,仍记忆犹新。他说:"恽代英身材瘦小,精神却十分饱满,穿一身朴素的蓝布制服,颈项上系着鲜亮的红领巾,戴着一副深度的近视眼镜,说起话来,声音响亮,充满感情,加上有力的手势,使听众们的情绪不由得被他紧紧抓着,和他一同悲愤、激昂。我的心也深深被他的革命激情所感动。"①受恽代英的影响,付连暲后来参加了红军。

9 月末,南昌起义部队占领了潮州和汕头。恽代英更是不辞劳苦,派出宣传队,到乡镇农村宣传。宣传委员会贴出《安民布告》:

本会起义南昌,继承革命正统。

反对南京武汉,回师平定广东。

建设民主政权,领导属诸工农。

中小商民阶级,保护亦不放松。

凡我各界民众,勿为谣言所蒙。

竭诚拥护本会,促进革命成功。

所有反动团体,与及地主民蠹。

应向本会报告,检举决不宽容。

如有暗毁本会,罪与逆党相同。

为此明白布告,其各懔慄遵从。②

这时,出席"八七"会议的广东省委书记张太雷日夜兼程来到汕头,向前委书记周恩来等传达了八七会议精神和中央临时政治局的决定:将南昌起义后建立的革命委员会改为苏维埃,正式竖起斧头镰刀的红旗,由中共单独领导革命;放弃潮汕,部队向海陆丰转移,与当地农民武装相结合,建立革命根据地。恽代英坚决拥护党的决定。

10 月 2 日,起义部队在潮汕地区遭到国民党粤军伏击,部队受到严重损失。周恩来抱病主持会议,决定尽可能收集整顿武装人员,向海陆丰转

---

① 付连暲:《南昌起义的伤员》,载《星火燎原》第 1 集。

② 《晨报》1927 年 10 月 12 日。

移,坚持武装斗争。干部向海口撤退,再分赴香港、上海,继续战斗。

恽代英、李立三、叶挺、聂荣臻和汕头市委书记杨石魂安排护送周恩来撤离到安全地方后,才从海边甲子港乘船抵达香港。

从恽代英参与领导南昌起义的全过程看,恽代英坚持中国共产党独立领导武装斗争的思想、实行土地革命的思想是十分鲜明的。1933 年 6 月 30 日,中共中央革命军事委员会发布命令说:"一九二七年八月一日发生了无产阶级政党——共产党领导的南昌暴动,这一暴动是反帝的土地革命的开始,是英勇的工农红军的来源"。第二天,中华苏维埃中央政府在《关于"八一"纪念运动的决议》中指出:"中国工农红军即由南昌暴动开始",因此,"'八一'为中国工农红军纪念日。"这就是八一建军节的来源。因此,恽代英理应是人民军队的缔造者之一。

(三)参与领导广州起义

继南昌起义、秋收起义之后,1927 年 12 月 11 日又爆发了由张太雷、黄平、周文雍、叶挺、恽代英等领导的广州起义。

10 月 15 日,张太雷在香港主持召开了南方局暨广东省委联席会议,出席会议的有张太雷、恽代英、吴毅、彭湃、李求实及国际代表等 13 人。会议报告了南昌起义的经过、失败的原因以及组织、宣传、工运、农运等问题。会议由国际代表指定,张太雷、周恩来、恽代英、黄平、杨殷、彭湃 6 人为南方局委员,在南方局底下设军事委员会,由周恩来、张太雷、黄平、杨殷等 6 人组成。会议还改选了中共广东省委,新省委由陈郁、张太雷、黄平、恽代英、贺昌等 36 名委员组成,张太雷、黄平、恽代英、啸仙、杨殷、黄谦、陈郁为常委。常委分工,书记:张太雷;组织:黄平;宣传:代英;农委:啸仙;工委:杨殷;组织:黄谦、陈郁。[①] 恽代英同时任省委秘书长,负责主编省委《红旗》半周刊。这为广州起义从组织上作了准备。

---

① 《中共中央南方局和省委联席会议经过情形》,1927 年 10 月 15 日,转引自广东省档案馆编:《广东区党、团研究史料》,广东人民出版社 1986 年版,第 27 页。

根据联席会议的精神,会后,恽代英着力扩大土地革命和建立工农兵政权的宣传。

11 月 17 日,粤桂战争爆发。张发奎自任广州军委会主席,打出"护党"的旗号,派兵将李济深、黄绍竑在广州、黄埔、虎门等地的部队缴械,并在广州街头贴出"打倒南京特别委员会"、"打倒桂系军阀"等标语。桂系控制的南京政府于 12 月 2 日下令讨伐张发奎。张发奎被迫将大部分兵力调往前线,使得广州城内兵力空虚。

据此,11 月 26 日,张太雷从香港返回广州,主持召开中共广东省委常委会议作出了立即发动广州起义的决定,并于 28 日发表《中国共产党广东省委员会号召暴动宣言》,明确指出,11 月 17 日爆发的粤桂战争,"是一派军阀攻击别一派军阀——蒋介石、张发奎、黄琪翔一派白色军阀攻击一派敌对的军阀李济深、黄绍竑及南京军阀——是大广东主义攻击大广西主义"①。《宣言》号召广州工人农民士兵一致起来,"保卫广州,反对李济琛,黄绍竑,夺取政权在自己手里!""准备为广州苏维埃而战争!"②随即,张太雷将会议情况写信报告留在香港主持常委工作的恽代英和张善鸣。恽代英原文照录,作为省委报告转报中共中央。12 月 5 日,中共中央复信广东省委,明确答复:"关于广州暴动的计划,中央赞成。"③

恽代英于 12 月初从香港回到广州,直接参与起义的组织发动工作,专门负责宣传,起草苏维埃政府各种文告。在 11 月 17 日粤桂战争爆发的当天,恽代英就在《红旗》第 6 期发表《冬防》,号召工农起来暴动。

恽代英指出:"反动的军阀、地主、豪绅们,又在筹备他们的所谓'冬防'了!""'冬防'便是要严密地防范缉捕窃贼与土匪。这些军阀、地主、豪绅们一面逼得穷人走这条路,他们却又预备好了陷坑!"因此,恽代英号召:"穷

---

① 《中国共产党广东省委员会号召暴动宣言》,1927 年 11 月 28 日,广东人民出版社 1986 年版,第 64 页。

② 《中国共产党广东省委员会号召暴动宣言》,1927 年 11 月 28 日,广东人民出版社 1986 年版,第 69 页。

③ 《致广东省委信》,1927 年 12 月 5 日,载《中央政治通讯》1927 年第 15 期。

苦的人们起来罢! 我们应当不交租,不纳税,不还债!""便是这个冬天,我们要准备大暴动,解除一切冬防军队的武装,为我们的穷苦人们打一条出路!"①

12 月 6 日,张太雷在广州沙面西桥斜对面调元坊一位党员同志家里召开省委常委紧急会议,恽代英和杨殷、吴毅、周文雍、陈郁等人出席。会议决定了起义的军事行动,力量部署和日期,提出了起义后成立的广州苏维埃政府和各部门的人选问题,通过了由他起草的《广州苏维埃政府告民众》、《广州苏维埃宣言》等文件。

1927 年 12 月 11 日凌晨,教导团在处决了张发奎派来监视的参谋长朱勉芳等几个反动军官后,紧急集合,各连战士迅速起床,全副武装,在大葵棚内集中,举行起义誓师大会。

如前所述,教导团是原武汉中央军校改编的。部队原拟赶赴南昌参加南昌起义,但因通知迟到,来不及准备。8 月 2 日傍晚,教导团离开武汉南湖,4 日中午抵达九江。张发奎怕教导团暴动,决定收缴教导团武器并就地遣散。这时,第四军参谋长叶剑英为保存这支革命力量,劝张发奎留下教导团,以稳住军心,日后好派上用场。叶剑英还告诉张发奎,谢婴白不想再兼团长,表示自己愿意去接管。张发奎同意了叶剑英的意见。于是,这支队伍开始由叶剑英领导。9 月中旬,教导团到达江西赣州,进行休整。有人密告教导团要举行暴动,张发奎着令教导团交出武器。又是叶剑英挺身而出,化险为夷。

10 月中旬,叶剑英遵照中共党组织关于准备广州暴动的指示,将教导团带进了广州北郊的四标营。这就是广州起义的主力部队。

部队刚集合完毕,张太雷、恽代英、叶挺便出现在教导团官兵面前。张太雷总指挥首先作动员讲话。他简明扼要地讲了武装起义的正义性和必要性,强调指出:"革命士兵除了和革命工人、农民一道拿取武器进行反抗,别无出路。他接着庄严宣布:叶挺为起义红军总指挥,叶剑英为副指挥,徐光

---

① 《恽代英文集》下卷,人民出版社 1984 年版,第 1011 页。

英为参谋长。"

接着,由恽代英作动员。教导团指战员见到他们的老师,备感亲切。恽代英也十分高兴。他动情地说:"我离开你们好几个月了,很想念你们,我知道你们每个人的胸中都埋藏着对国民党反动派的无穷怒火。在九江,在赣州,两次被国民党反动派解除武装。前天,你们的叶团长告诉我们,反动派又想要解决你们的武装。这回我们可不交枪了。今天我们要报仇,要暴动,要起义,要和反动派算帐,要讨还血债,要夺取政权,建立自己的工农民主政府。你们要勇敢战斗,解除敌人武装,取得暴动的胜利。"①

随后,叶挺下达起义命令,分三路向敌人的各个据点进攻。

教导团第二营第五连和炮兵连在叶挺亲自指挥下,直奔沙河镇,很快解除了敌人一个步兵团的武装,俘敌600余人。随后包围了敌炮兵团,又解决了炮兵团的武装。第二营第六连,在工人赤卫队的配合下,占领了广九车站。

教导团第一营进攻的目标是广州市公安局。恽代英随第一营行动。敌人出动了铁甲车。教导团以强大的火力压住敌人,炸毁了铁甲车,黎明前占领了公安局。恽代英命令战士们继续搜查敌人,打开监狱,释放政治犯。

教导团第三营奉令袭击沙河的敌炮兵团和步兵团,配合二营行动。敌人招架不住,全线崩溃。

广州起义震惊了帝国主义和国民党反动派。"反动的领袖张发奎、陈公博、黄琪翔等惊惶失措,狼狈万状,张陈均不及穿衣履,黄亦尚未穿外衣,李福林更预备红带,以便投降。沙面帝国主义者更骇怕异常,争相赴舰去港。"②

11日黎明,广州苏维埃政府成员和工农兵代表在公安局大楼会议室举行第一次会议。张太雷庄严宣布广州苏维埃政府成立。接着由恽代英宣读

---

① 刘祖清:《广州起义中的教导团》,载《文史资料选辑》第59辑,(内部发行)1979年,第55页。

② 杨殷:《斗争中的回忆》,《红旗》1928年12月4日。

《告民众书》,并宣读广州苏维埃政府领导人名单:

主席	苏兆征(张太雷代理)
秘书长	恽代英
土地委员	彭湃
肃反委员	杨殷
劳动委员	周文雍
司法委员	陈郁
经济委员	何来
红军总司令	叶挺
党代表	恽代英
副总司令	叶剑英
参谋长	徐光英
总指挥	张太雷

随即,恽代英组织由青年学生和妇女组成的宣传队,走上街头,广为宣传。"打倒帝国主义!""工农兵起来拥护苏维埃政府"的标语遍及广州城大街小巷。由他主编的《红旗》号外和《告市民书》、《向红军致敬》、《苏维埃政府对内对外政纲》等传单广为散发。

敌人不甘心失败。12 日,帝国主义和国民党反动派联合起来,向新生的红色政权疯狂反扑。起义军虽英勇反击,但寡不敌众。午后 2 时许,张太雷遭敌人伏击,英勇牺牲。敌人从四面八方压来,继续坚守,必然造成更大损失。

苏维埃政府工作的重担几乎全压在恽代英的肩上。他临危不惧,沉着镇静地指挥战斗。为了保存革命火种,及时组织撤退。他对前来请示工作的警卫团陈同生说:"我们是乘敌人之空虚暴动起来的,现在敌人回过头来,我们要坚守广州,力量不够……我们在考虑新的部署,你们部队要作准备,郊区农民对我们已尽力支援,我看广州不能守,你们从北江转移到东江海陆丰,彭湃同志在那里,和他的农民自卫军配合起来,仍然可以造出一个新局面。"他又鼓励陈同生说:"创业总是艰难的,敢于创业的人,便不应计较艰难。世界上没有一帆风顺的革命。"①

恽代英在危难时刻,审时度势,即时组织部队撤退,充分显示了他的军事决策能力。在部队遭到严重失败的情况下,他的革命意志更加坚定,坚信革命的失败只是暂时的挫折。他还坚定地对陈同生说:"挫折是不可避免的,要经得起挫折。不承认失败的人,才有再战的勇气。失败是成功之母,我们一定要从其中学到东西……古话说'秀才造反三年不成',假如我们下决心造三十年反,决不会一事无成。年轻人!要有决心干三十年革命,那你还不过五十岁。接着再搞三十建设,你不过八十岁。我们的希望,我们的理想社会主义、共产主义恐怕也实现了。那时世界多么美妙!也许那时年轻人,会不相信我们曾被又残暴又愚蠢的两脚动物统治过多少年代;也不易领会我们走过的令人难以设想的崎岖道路,我们吃尽苦中苦,而我们的后代则可享到福中福。为了我们崇高的理想,我们是舍得付出代价的。"②

恽代英的这段话充满了哲理性,是他革命必胜的坚定信念和对共产主义远大理想执著追求的生动写照。他的这一思想,鼓舞了中国一代又一代青年。

12日深夜,恽代英和陈郁等领导人才撤离苏维埃政府大楼,13日上午,随最后撤退的起义部队撤出广州,随后转赴香港。

应该指出,像恽代英这样在大革命失败后既参与领导南昌起义,又参与领导广州起义的领导人还是不多见的。广州起义虽然最后失败了,但广州苏维埃的精神却是不朽的。他也应该是中国第一个苏维埃政权的创建者之一。

此后,恽代英根据党的指示,主要在香港和上海从事党的地下工作。其间,他有两次担任军中要职的机会:第一次是1929年3月,中国工农革命军第四军在湘鄂西改编为红四军(后改为红二军),党中央任命贺龙为军长,

---

① 陈同生:《代英同志的教导毕生难忘》,《回忆恽代英》,人民出版社1982年版,第239—240页。

② 《回忆恽代英》,人民出版社1982年版,第240—241页。

恽代英为党代表。恽代英因上海工作繁忙，未到任。第二次是同年4月，党中央要毛泽东、朱德离开红四军。4月5日，毛泽东代表红四军前委在致中央的信中说："现在党的指挥机关是前委，毛泽东为书记，军事指挥机关是军司令部，朱德为军长。中央若因别项需要朱毛二人改换工作，望即派遣得力人来。我们的意见，刘伯承同志可以任军事，恽代英同志可以任党及政治，两人如能派来，那是胜过我们的。"①这次调动因故也未执行。但这正好说明，无论是当时的中共中央，还是毛泽东、朱德，都是看中了恽代英的军事工作才能的。

综上所述，恽代英的军事思想是十分丰富的，应该认真总结。由于他牺牲过早，又没有像毛泽东、朱德、周恩来等后来那样长期直接指挥革命战争的伟大实践，所以恽代英的军事思想，不可能像毛泽东、朱德、周恩来等那么丰富。譬如，恽代英关于人民军队战略战术的思想就基本阙如。尽管如此，恽代英关于武装斗争重要性的思想、关于军队政治思想工作的思想、关于党独立领导武装斗争的思想，仍然是中国共产党军事思想宝库中的一颗璀璨明珠。

---

① 《毛泽东文集》第1卷，人民出版社1993年版，第57页。

第 七 章

恽代英的文化思想

本章主要分析恽代英的新闻思想和文学思想。他在成为职业革命家以后,主要战斗在意识形态领域,领导党的理论宣传工作,因此留下了丰富的新闻与文学思想。他的这些思想是随着革命实践的发展而不断丰富的,主要体现在他如何办报办刊的大量论著及文学作品和文学评论著述之中。

一、恽代英的新闻思想

恽代英具有新闻天赋,1910 年,他 15 岁时,便自办家庭修身小报《我家》,设有生活杂感、学习探讨、书刊摘录等栏目,自己提出问题、自己撰稿回答、自己编辑、自己誊抄,在父母兄弟间传阅。这是他办报的初次尝试。1915 年,他与黄负生创办《道枢》杂志(油印)。这是他主办的第一份杂志。

1917 年,他受中华大学校长陈时之聘,接编中华大学学报《光华学报》。由一名在读大学生主编在全国享有盛誉的大学学报,这在我国是史无前例的。五四时期,他还先后主持或指导编辑过《学生周刊》、《向上》、《新声》、《我们的》、《互助》和《武汉星期评论》等报刊。1923 年,他奉党之命,主编团中央机关刊物《中国青年》周刊。与此同时,他还主编国共合作时期的《新建设》月刊,并参与领导了上海《民国日报》副刊部和黄埔军校《黄埔日刊》的工作。广州起义失败后,恽代英任中共广东省委常委兼宣传部长,主编省委《红旗》杂志。1928 年夏,恽代英奉命调往上海,任中共中央宣传部秘书,兼任中共中央机关刊物《红旗》编辑。

长期办报办刊的丰富实践,是恽代英新闻思想的源泉。

他的新闻思想内容丰富,涉及报刊的性质及办刊办报的目的、作用,新闻工作的基本原则等诸多问题,在中国共产党新闻史上占有重要地位。

(一)关于报刊的性质和办报办刊的目的与作用

1. 五四运动前的认识

严格说来,恽代英的新闻思想,应从 1917 年中华大学校长陈时聘请他主编《光华学报》时讲起。为此,先简要介绍中华大学及《光华学报》。

中华大学创建于 1912 年,校长陈时(字叔澄)早年留学日本,受资产阶级教育思想熏陶和进化论思想的影响,他决心效法日本,将中华大学办成像早稻田大学和庆应义塾一类的学校。因此,陈时极力鼓吹新学,提倡学术研讨,紧追世界学术发展趋势,决定创办《光华学报》。该报于 1915 年 5 月 1日在武昌创刊,名为月刊,实为不定期,编辑部设在武昌南楼前街 143 号。陈时主办,刘树仁(字觉民,湖北蒲圻人,中华大学专门部教员)主编,以"研究学术,导扬国光"为宗旨,设图集、论丛、学海、译玄、评林、选粹、艺苑、思潮(专刊本校及全国各校学生优秀论文作品)、纪载(内列中央消息、武昌消息、全国消息、世界消息)、佚著、名谈、附录、鳞翰、职业绍介、著作绍介等 15个栏目。

该刊原拟设置"时评"栏目,因撰写有批评政府 1915 年对日谈判,签订卖国的"二十一条"的文字,警厅即以"讥讽时政,妨害邦交"为由,禁止注册出版。经陈时多方交涉无效,被迫取消"时评"栏目,并发布《紧要启事》:"一、本报纯主研究学术,不涉本国政论;二、本报所登载文字均由作者自署本名及别号直接负责;三、本报所登载文字均由编辑主任校阅负附带之责;四、本报为研究学术互相磋磨起见,所登载文字意见各有出入者,著作人自负其责;五、本报阅者对于论文中有质疑问难之处由原著人答复。"①这样,《光华学报》才方准出版。这说明,其时北洋军阀政府当局对新闻出版的控制是极为严格的。

创刊号首页为"先师孔子像"。陈时校长自撰《发刊词》,他开门见山指出:"大造亭毒,万物挚息,人以灵秀长其间,有条理之语言,有系统之文字,而文明日以发达,智力竞争,愈演愈剧,惟学术实左右之。黄金世界,学术造之也;铁血精神,学术鼓之也;蛮族之淘汰,学术挤之也;白皙之雄长,学术拥之也。学术足以铸文明,而思想又适以母学术,居之今世,智力进一步,个人生活、国家势力俱分共进。明此理者可与言思想,可与言学术,乃可与言国民。"陈时说:"国民思想者,国民精神之所寄也。思想不舒,精神遽萎,国民而求战胜于生存竞争之场,必先有团结之思想,其思想之强也,则胜而荣;其弱也,则负而辱。"因此,"思想发达一步,学术即演进一步,为求世界的国民,须追世界学说之趋势。"并表示"本报集愚公移山之忱,以贡献国家社会者,变舆薪撞钟之譬尔。"②这清楚地表明了《光华学报》主办人陈时教育救国、学术救国的急切思想。

恽代英是《光华学报》的主要撰稿人之一。从目前仅能见到的第一年第一期至第三期(1916 年 1 月、3 月和 5 月)和第二年第一期至第三期(1917 年 1 月、3 月和 5 月)共 6 期看,他在上面发表的论文计有《新无神论》、《怀疑论》、《苗族之文明》、《原分》、《社会性之修养》、《欧战与永久和平》、《政治家之诚意》、《我之人生观》等 15 篇之多。再加上他这一时期在《东方杂志》、《新青年》、《妇女杂志》、《学生杂志》等刊物上发表的《义务论》、《文明与道德》、《物质实在论》、《经验与知识》、《家庭教育论》等 30 多篇论文,这便在全国学术界确立了他应有的地位,成为升起在中国思想界的

---

① 《本报紧要启事》,《光华学报》1915 年第 1 期。
② 陈时:《发刊词》,《光华学报》1915 年第 1 期。

一颗耀眼的新星,不仅在中华大学受到广大师生的极大钦佩,也受到陈独秀等人的高度赞誉。

陈时校长对恽代英的才华十分欣赏,特别器重这位高才生。1917 年 2 月 24 日,陈时托恽代英好友冼震传话,全权委托恽代英主办《光华学报》。该报在刘树仁先生主持编务时,"办理颇有可观",后因"事权不统一,交稿付印不能克期",办三期后辞职。

恽代英心想,就刘先生的学识、资历和地位,都比自己强。他"自感绵薄,闻之惶怍",未能答应①。陈时求才心切,26 日亲自召见恽代英,诚恳相聘。恽代英终于被感动了,经过慎重思考,"为学校前途计",向陈时校长提出了七条要求:

"一、编辑上取舍、删改等事,名义上仍由校长或社长负责,或社长与代英共负责之。

(理由)如使代英独自负责,将来同学必有无数闲言语,以为进行妨碍。代英意,社长与代英共负责为妙。因如此,则教师、学生文字之不登者,均有推诿余地。

二、编辑取舍、删改等事,实际上由代英全权办理(不设副编辑),不受任何一人干涉,稿件注明不愿删改者,则不删改。编就后由校长或社长鉴定,如其中有视为应删改或不应登载者,得批明,交代英酌为改订。

三、论文非代英所习者,得请校长或社长鉴定,以定去取。

四、每期代英担任至少五千字(如论文篇数至少四篇,其未完或续登者,仍各作一篇计),不取酬资,至满五千字,无作文之责任。

五、数日内交款订购外国杂志至少两种,以备翻译资料。

(理由)以后《学报》中必求其多载有价值之译文,而绝对不载无意味之论文。故订购最新杂志为必要之举。两种杂志至多不过十余元,将来可留为图书馆之用。

六、定期付印,至迟不得过期半月尚不付印,不能遵此约者,则代英对于

---

① 《恽代英日记》,中共中央党校出版社 1981 年版,第 254 页。

下期编辑无责任。

此外又有一种私要求，即每期愿得赠四册《光华学报》，以资分布亲友是也"。①

陈时全部答应了恽代英提出的条件，并交他 12 元，订《大众科学月刊》、《教育的历程》、《自然指南》三份外文杂志。这样，恽代英便同意了陈时的请求。尽管《光华学报》第二年第一期《预告》中，仍说明"请刘树仁君经理其事，另请恽代英、刘竹溪两君分任编辑"，但实际上全由恽代英负责。

恽代英接办《光华学报》后，立即"大加改良"。他的新闻思想，逐渐开始显现出来。

首先，他在《光华学报》封面上登要目，并将目录要目在报上登出，以扩大影响。

其次，对来稿来函提出要求。第二年第一、二、三期上，恽代英以记者名义，在《编辑室之谈话》中提出："（一）文体求清顺，凡好为雕饰，以佶屈声雅为高，使人不知句读者不录。（二）思想务求明晰，凡无意义之诹辞，徒东涂西抹，敷衍成篇者不录。（三）立意务求纯正……（四）须不抵触现行法令。"他特别强调对于无价值的论文绝对不录，而对促进"学术之进步，贵在创造的能力"和"介绍世界最新之思潮"的稿件，"备受欢迎"。

再次，调整学报内容。为了突出学报以"研究学术，发扬国光"的宗旨，恽代英提倡学术争鸣，对"凡有怀抱特殊见解之论稿，但不抵触现行法令，而复能自圆其说者，皆本社之所欢迎"。对于"特别有所主张之论文，备致其欢迎之忱"。学报鼓励对学报上的论文持不同见解者，来稿商榷，为此特辟"读者俱乐部"一栏，"专载读者来函，互相研究，互相问难，真理以愈研究而愈出"。学报又在原有专栏的基础上，新辟有"学界纪事"，"专记教育界、出版界有关系之事实与新版书目，使读者于此事了然知吾国文化之现状"，另外还刊登有关于德育之格言、科学之论著、有兴味有意义之短篇故事等内容。

---

① 《恽代英日记》，中共中央党校出版社 1981 年版，第 225—256 页。

最后,每期发表《编辑室之谈话》,文中阐述学报的宗旨和编者的主张,对作者提出要求,对读者提出希望,介绍本期主要内容,对重要文章作扼要评介以引起读者的注意,预告下期消息等并使它成为编者、作者、读者交流思想和情况的一个窗口。

经过整顿后的学报,以崭新的面貌出现在读者面前,受到读者的欢迎。《妇女时报》立即刊登了介绍该报第二年第一期的文章,并转载了该刊的《社会性修养》一文。《妇女时报》编辑毕几菴在致恽代英的信中,对学报大加"奖饰"。① 陈独秀对恽代英也"颇赞美"。② 第二期付印后,校长陈时也"赞其内容可观"。③

值得一提的是,在这期间,恽代英与上海《妇女时报》编辑毕几菴先生关于讨论如何办报刊的两封信,也反映了恽代英这时的新闻思想。由于恽代英经常向《妇女时报》投稿,毕几菴是他投稿的联系人,因而他俩关系甚密切,成为文友。

这年 5 月中旬,毕几菴先生致信恽代英,告知《女报》亏蚀,决定停办。但毕先生却有意"改良",再行试刊数册,"以最后取决行止标准"。同时,毕还想在《妇女时报》中辟"妇女消息"栏目,一并征求恽代英的意见。恽代英收到毕几菴的信后,于 5 月 30 日回答了第一封信。

恽代英十分赞成在《妇女时报》中辟"妇女消息"专栏的举措,认为此乃"可谓女界之福星矣",而且"妇女消息"四字,"亦落落大方可用"。④ 同时,恽代英又认为,如其改良《女报》,不如另改组成一种新的杂志,其办法如同《青年进步》或《新青年》乃至《东方杂志》那样,中间内容包括"世界、国家、社会、学校、家庭、青年、妇女及其他一切问题,以代女报而刊行乎(窃拟定名为'良友',取其可为各种人之良友,又为人各方面之良友之意,但恐此二字、太朴,不可用)。办此等杂志能得一二主任撰述,加以多购译西书、西报

---

① 《恽代英日记》,中共中央党校出版社 1981 年版,第 261 页。
② 《恽代英日记》,中共中央党校出版社 1981 年版,第 50 页。
③ 《恽代英日记》,中共中央党校出版社 1981 年版,第 115 页。
④ 《恽代英日记》,中共中央党校出版社 1981 年版,第 262 页。

数种,不患篇幅之不充实……此杂志既不限于女界问题,销路因之而亦广,如能加意选材料,使对于阅者有极大之兴趣与实用,亦不至于失败矣。以目前情形言之,续办女报至无望之事也,改组此种杂志则颇有望之事也"。①

恽代英写了这封复信后继续思考《良友》杂志之办法,在给毕几菴复信思想的基础上,提出了15条意见:

"一、此志抱定为各人之良友、为人各方面之良友为惟一主义。

二、此志所研究为关于国家、世界、社会、学校、家庭、道德、学术、宗教、法政、卫生、儿童、妇女、青年、文艺及一切问题。

三、每期或译或撰均取新颖或切于实用之文字。

四、就各种问题反复讨论,广搜异同意见,以供参考。

五、间数期举行征集函文,以耐思想之问题为题目,限定字数。或第一名十元,第二名五元,第三名三元,以下如有可用者,酌给酬赠。此征集每期行之亦可。

六、设通讯栏。凡读者有各项学理,或事实上之难点,可均函询本社代为解决。本社或不能解决,则作上项征集求其答案。酬资非问者愿自认者,概由本社认之。

七、插画每期载认本志为良友读者,读者得自由寄其像片(不分男女)。

八、间数期一载《本社之良友》之照片,此则能承认竭力辅助本志或因本志请其为良友而蒙允许者也。凡认本志为良友之读者或本社之良友,如欲晋谒其他本社之良友者,得叙明事由,由本社介绍之。但事由不合者,得由本社婉谢之。其假借事由而另有目的者,如遭非礼,本社不负责任(不分男女)。

九、上二项良友,可托本社为一切人事,但金钱关系务须审慎,且复函均刊志中,不另简。如必要时须复函者,应附足数邮资或可酌办。

十、本社除论文外,常登可供参考之调查或统计。

十一、海内外名论或论文,有与本社论文有同异而可参考者,录登本报。

---

① 《恽代英日记》,中共中央党校出版社1981年版,第262页。

十二、各大埠多筹分销,价至多不超过三角。

十三、男女为本社良友而不愿接见其他良友者,得预申明。

十四、凡非良友而托本社为一切人事者,每事出资一角。其向本社直接订报一年者减价。

十五、如本社办不到之事得谢拒。如须另出办理费者,本社当片询,不出费即作罢。如寄资而办不到,寄资退还,邮费在中扣除"。①

6月8日,恽代英就上述思考,再致信毕几菴。他说:"代英自问受看杂志之利益甚多",但兹就办杂志而言,与西方国家比,中国时有不及。他提出如下意见,与毕几菴商讨。

第一,凡主办一种杂志,应以之为唯一之生活,应视办理杂志如何可以推广销路,如何可以满足读者欲望,为其心目中时时不忘研究问题,学习问题……国中办杂志者每轻心以掉,但求具一杂志之模型,即出而问世,此所以屡致失败。

第二,杂志不当但注重一理想之内容,或插图,或封面,并须视社会之需要,求所以激起其欢迎之感情。故办杂志者,当研究社会心理(然此决非阿时趋俗,只以顺其而利导之耳)。

第三,一种杂志必以一人专其责成,心不分则业易精也。商务书馆杂志之稍有起色,未始非得此办法之益。

第四,定期出版物不可有延衍之弊,非如此则失社会信用,外人辄视为若有若无,于营业上极有妨害。

第五,须使杂志与读者生一种极密之关系,愈密愈佳。中国无论何种杂志,皆与读者无多关系可言。

第六,内容须丰美,价值须廉贱,此事甚不易办,然须悬此目标以行。果能销行,将有大利。果不销行,虽高价亦不免折蚀也。②

恽代英还指出,"多译著,多新学说,多名人论文",这也是"办理杂志应

---

① 《恽代英日记》,中共中央党校出版社1981年版,第93—94页。
② 《恽代英日记》,中共中央党校出版社1981年版,第263页。

注意之点也"，而且办一种杂志，"须面面计划周到"。今日中国杂志不可办，而又不可不办。"为中国文化计，惟有属望于凡主办杂志者，以伟大之实力，冒险之精神，向比较最有利之路做去而已"①。

恽代英上述关于办《光华学报》和《良友》的理念，体现了他五四运动前对报刊性质和报刊目的与作用的最初认识：

第一，囿于历史的局限，恽代英当时不可能懂得报刊是具有阶级性的，是从属于一定的阶级并为一定阶级的政治服务的。尽管当时《光华学报》因设"时评"栏被警厅"禁止注册"具有明显的阶级属性，但是为了《光华学报》顺利出版，陈时校长迫于军阀政府当局压力，不仅被迫取消"时评"栏目，还要发表《紧要启事》，保证本报纯主"研究学术，不涉本国政论"，方准出版。恽代英接办后，秉承了陈时校长的这一承诺，也声明本刊所登稿件"须不抵触现行法令"。而且，希望《良友》"为各人之良友，为人各方面之良友"。这显然是超阶级的理念，说明恽代英当时将报刊仅仅看做是一般的进行启蒙思想教育，进行学术交流的工具，而对其阶级性政治性属性没有认识。

第二，恽代英当时对办报刊的目的和报刊作用的认识，是纯"为中国文化计"，为传承中国文化，使中华文明日益发达，在激烈的智力竞争中得以光大，即"研究学术，发扬国光"，以激发国人的爱国心。所以恽代英坚持来稿"文体务求清顺"，"思想务求明晰"，"立意务求纯正"。他认为，学术之进步，贯在创造精神。因此，为促进学术之进步，对无价值的论文绝不刊登，对有创新思想和介绍世界最新思潮的稿件，则"备受欢迎"，优先刊登。同时，他特别主张开展学术争鸣，鼓励不同的学术观点相互砥砺切磋，特设读者俱乐部和通讯栏目，专登"怀抱特殊见解之论稿"和读者来函，互相研究，互相问难，就各种问题反复讨论。他甚至设想，就广大读者关心的思想性较强的问题，举行征文活动，对获得前三名的作者给予奖励，对凡采用了的稿件，酌给酬赠。这些举措在当时报刊编辑同行中是非常领先的。

---

① 《恽代英日记》，中共中央党校出版社1981年版，第264页。

第三，发现学术新人，培养学术人才，是恽代英当时办报刊的又一目的。报刊具有培养人才的重要作用，这是不言而喻的。他在主编《光华学报》时，特设了"优秀国文"栏目。这是为中华大学学生设立的一个平台，专门刊登该校学生的优秀作文，为培养学术新人发挥了重要作用。这在当时亦是具有开拓性的举措。其时，高一学生林育南，写了《福泽谕吉教人以独立自尊之道论》、《送友留学美洲序》和《春日游鹦鹉洲记》三篇作文。在第一篇作文中，林育南评析了福泽谕吉的"独立自尊"之说，认为"独立自尊"之说，并非出自福泽谕吉，而我先贤圣哲"早已发现光大而昌其说矣"。他号召中国"有志之士"，发扬此道，奋起救国。在第二篇作文中，林育南认为二十世纪之世界，是学术竞争之时代。"优胜劣败，公例昭然"。具有"五千年文明史"和"四百兆之神胄"的中华民族，之所以遭列强各国的侵凌，是由于中国学术落伍了。因此，他激励留美好友"振其精神，发扬志气，取人之长，补己之短，光己之长，攻人之短"，这样，将来中国学术必昌，国势必强。在第三篇作文中，林育南评述了汉朝末年，名士祢衡，不满权臣横暴，"悲王室之凌夷，痛苍生之涂炭"，不为曹操效命，"击鼓骂曹"，最终被害的故事，讴歌了祢衡不事权贵，蔑视豪门，不为"一时之穷辱"而"苟且偷生"的崇高气节。这三篇作文引起了恽代英的高度重视。他将这三篇作文列为优秀国文，刊登在《光华学报》第2年第2期和第3期上，极大地鼓励了林育南等同学从事新文化运动的信心和勇气。林育南等在五四运动前夕创办《新声》半月刊，就是受到了恽代英的激励与支持。1924年下半年，林育南担任团中央宣传部主任，参与《中国青年》的编辑工作，为探索中国新民主主义革命的基本思想，宣传中国共产党的路线、方针、政策作出了重要贡献。这也是与恽代英当时的培养是分不开的。

第四，恽代英当时办报刊，还关注到了市场经营目的。这是很不容易的。中国历来重农轻商，文人耻于言商。国内一般办杂志的人，但求"具有一杂志之模型，即时出而问世"，很少过问市场行情，调查读者心理需求，因而除《青年进步》、《新青年》、《东方杂志》等少数期刊能够维持发展外，大都经营困难，甚至蚀本而失败。所以，恽代英认为，"如何可以推广销路，如何可以满足读者的欲望",这是杂志主办人时时刻刻不应忘记研究的问题、学习的问题。在他看来,只有满足读者心理需求,杂志才能打开销路,赢得市场而获利,才有进一步发展的经济基础。否则,尽管有创办杂志、传播文化的良好初衷,也是一定难以成功的。"故办杂志者,一定要研究社会心理学",要视社会的需要,与读者建立密切的联系,"愈密愈佳",组织能够激起读者情感和欢迎的稿件。同时恽代英也注意到,杂志是具有教育功能的,是读者的良友,因此也不可阿时趋俗,刊登那些品质低级的东西。

为了办好杂志,打开销路,恽代英还指出,杂志要有专人负责,多刊译著、多刊新学说、多刊名人论文;要注意封面和插图;要按时出版,并做到物美价廉、薄利多销等等。

恽代英的上述思想,现在看来仍有很强的现实指导作用。

2. 五四运动中的认识

五四爱国运动中,恽代英的新闻思想急剧发展,对报刊的性质和办报刊的目的与作用的认识深入了一大步。他热情鼓励和支持林育南、胡业裕、魏以新、汤济川四位同学创办《新声》半月刊。在《新青年》杂志的影响下,林育南等萌发了要在武昌创办一个类似《新青年》刊物的动机。他们认为,"现今是旧世界变为新世界的过渡时代",青年应"勇猛精进"去迎接"世界最新的潮流","发表自己的自由思想",故取刊名为《新声》①。在恽代英的鼓励和支持下,1919 年 3 月《新声》正式出版。恽代英为该刊写了祝词:"我以满腔的快乐,欢迎我们一般少年同志,用他们自己的能力,又建造了一种自助助人的好机关。新时代的新曙光到了,看我们未来世界新主人翁,已开始做他建造未来世界的事业。我敬祝他们能力不灭,而且企候未起来的少年,亦起来与他们一起做工。"②这里可以看出,恽代英这时不仅进一步认识到报刊在宣传和传播新思想方面的重要作用,而且更加体现了他关怀支持

---

① 《发刊词》,《新声》1919 年第 1 号。
② 《祝词》,《新声》1919 年第 1 号。

学术新人、培养学术新人的思想。

5月21日,恽代英草拟学生实行提倡国货团办法大纲,发起组织"学生实行提倡国货团",印刷《爱国周报》。他心目中的《爱国周报》分:"(一)论说,贵恳切简明。(二)记载,注重国家大势及爱国活动,以有系统的简明叙述为主。(三)国货调查,注意国货品类、价值及商情。(四)本团消息,每周必报告团务及团中款项。"①26日,他又拟订了《勿忘国耻》周刊计划:"论著,以指示人爱国方法,劝人爱国方法为目的。文字浅近平正而能动人。"②5月29日,武汉学生联合会机关报《学生周刊》正式出版。该刊以"唤起国民爱国思想为宗旨"。这是按恽代英素日所想之《爱国周报》、《勿忘国耻》周刊等报刊之办法创办的。该刊发刊词写道:"嗟我中国,强邻伺侧,外交紧急,河山变色。壮哉民国,风起云蒸,京津首倡,武汉继兴。维我学界,风潮澎湃,对外一致,始终不懈。望我学生,积极进行,提倡国货,众志成城。力争青岛,事出至诚,口诛笔伐,救国之声。愿我同胞,声胆俱张,五月七日,毋忘毋忘。"③《学生周刊》俱用白话编成,"四处散发,各界欢迎,销数约二千份"④。这个印数现在看来不算太多,但在当时数量可观。据《武汉学生罢课宣言》称,其时全市中等以上学生共5969人,就是说,平均每3位学生中就有拥有1份。值得注意的是,这个印数未包括重印数,据报道,《学生周刊》常常出版后很快销售一空,不断重印。由此可见,该刊在爱国学生和广大市民中受到欢迎的程度。

在恽代英、林育南等领导和《学生周刊》的宣传鼓动下,武汉学生爱国运动风起云涌,继5月18日举行全市集会游行后,为支持北京学生的罢课斗争,武汉学生联合会决定6月1日实行总罢课,并发表《武汉学生罢课宣言》,坚决要求政府解决:一则外交问题;二则国贼问题;三则自由问题。

---

① 《恽代英日记》,中共中央党校出版社1981年版,第547页。
② 《恽代英日记》,中共中央党校出版社1981年版,第550页。
③ 《大汉报》1919年5月31日。
④ 《汉口新闻报》1919年6月1日。

"今武汉中等以上学校全体学生概行罢课,俟上所举三端得政府圆满解决为止。"①武汉学生的爱国斗争,得到了全市各界民众的广泛同情与支持。湖北督军王占元被迫释放被逮学生,并通电北洋政府力争青岛,拒签和约。6月10日,北京政府宣布罢免曹汝霖、章宗祥、陆宗舆三个卖国贼的职务。6月28日,出席巴黎和会的中国代表拒绝在和约上签字。五四运动在全国取得了初步胜利。

恽代英在五四运动中的革命活动,既遭到湖北督军王占元的嫉恨,也为封建守旧势力所不容。湖北第一师范一个叫张复初的仁社社员,给恽代英写信,责怪他领导此次学潮。恽代英在答复张复初的同时,进一步论及《学生周刊》的办刊目的和方法。

恽代英明确指出,五四运动中最重要的事,"在唤醒工商界及多数平民"。此其主要方法之一,即"用报纸发表时事,以有系统之叙述,有眼光的批评写出之,使工商界及平民知有国家而爱之,知有武人政客之罪恶而渐廓清之。"②《学生周刊》于时事,"是传播于外界的性质。要社会生个不满现在的觉悟,且能了然时局及共和国民地位之真象(相),故不能不用有效力的语言激励社会……若一味和平,这麻木的国民,连信亦不知道"③。

恽代英上述所言,清楚地表明了如下思想:(一)报刊具有传播的性质。所谓传播,是指人类交换信息的一种过程,所以信息是传播的内容。就《学生周刊》而言,就是要"有系统"地将五四运动发生时的国内外信息即"时事"及时传播开来。(二)通过报刊传播,"唤醒工商界及多数平民",使他们"了然时局",提高思想觉悟。他还强调说:"我们总要尽量的利用机会,扶植群众,唤醒群众,指导群众,以预备或实现各种有效力的反抗运动。"④(三)通过报刊传播,最终使广大民众"知有国而爱之","知有武人政客之罪恶"而反抗之,以达到爱国和起来救国的目的。

---

① 《汉口新闻报》1919年6月2日。
② 《恽代英日记》,中共中央党校出版社1981年版,第575页。
③ 《恽代英日记》,中共中央党校出版社1981年版,第583页。
④ 《恽代英文集》上卷,人民出版社1984年版,第333页。

上述思想表明,在五四运动中,恽代英已开始认识到报刊所具有的政治属性和阶级属性。在他看来,《学生周刊》实际上是爱国学生在五四运动中反对帝国主义和封建军阀的锐利武器,不仅具有启迪国民思想,提高国民思想觉悟的作用,而且还能鼓舞民众斗志,激发民众反帝反封建的斗争热情。

3. 五四运动后的认识

五四运动后,恽代英认真学习马克思主义,迅速成长为一个马克思主义者。

1923 年 8 月,团的二大闭幕不久,团中央决定在上海创办《中国青年》。时任团中央宣传部长的恽代英是《中国青年》的主要创办人之一,并任该刊主编。从此,他成为一名职业革命家。

马克思主义认为,无产阶级及其政党手中的报刊,是无产阶级及其政党的舆论工具,是指导人民群众进行革命斗争的有力武器,必须坚决贯彻和执行党的路线、方针和政策。所以,恽代英在《中国青年》的《发刊辞》中写道:"政治太黑暗了,教育太腐败了,衰老沉寂的中国像是不可救药了。"但是,"我们常听见青年界的呼喊,常看见青年界的活动"。所以,他寄希望于中国青年,认为"中国的唯一希望,便要靠这些还勃勃有生气的青年。"他明确宣布,"《中国青年》是研究革命方法的刊物",是要引导中国青年到"活动的路上"、"强健的路上"、"切实的路上去"①,也就是要引导中国青年到反帝反封建的革命路上去。这就十分清楚地表明了《中国青年》的无产阶级革命性质,说明了它是无产阶级的宣传工具和战斗武器,也表明该刊将发挥宣传和指导革命青年、组织革命青年的巨大作用。

报刊的指导、宣传和组织三个方面的作用是密不可分、紧密结合、互为制约、互为影响的,宣传本身就带有指导性,通过报刊的宣传指导,便能达到宣传群众、组织群众的目的。

恽代英在主编《中国青年》期间,殚精竭虑,不遗余力,将该刊这三个方

---

① 《发刊辞》,《中国青年》1923 年第 1 期。

面的作用发挥得淋漓尽致。据笔者统计,在大革命时期,恽代英以本名、笔名及记者、编辑名义在《中国青年》上发表的各类文章和通信、按语、跋语等共210多篇,从篇目讲,占他一生所发表的500多篇文章中的五分之二,由此可见他对《中国青年》所用心力之勤。该刊在指导、宣传和组织方面的作用主要体现如下:

第一,恽代英把《中国青年》作为向青年进行马克思列宁主义教育和宣传中国共产党的纲领、路线、方针、政策的重要阵地和共产主义的大学校。

为满足广大青年学习马克思列宁主义的渴求,《中国青年》除向读者推荐和评介《共产党宣言》、《阶级争斗》、《唯物史观解说》、《社会主义讨论集》等马列主义的基本理论著作外,还开办了许多"特号"、"特刊",如列宁逝世时,《中国青年》第16期开辟了"列宁特号",发表了恽代英的《列宁与中国革命》、邓中夏的《列宁年谱》、敬云(刘仁静)的《列宁的政治主张》、陈独秀的《列宁之死》、仲英的《列宁之思想》等文章,使广大革命青年加深了对列宁生平和思想的了解。又如《中国青年》还开辟了"苏联革命纪念特刊"(第52期)、"列宁李卜克内西纪念特刊"(第63、64期合刊)、"十月革命号"(第139期)等专刊。

恽代英还在《中国青年》上刊发了陈独秀、瞿秋白、邓中夏、毛泽东、萧楚女、任弼时等中共著名政治活动家撰写的宣传党的民主革命纲领的文章以及他自己亲自撰写的《评国民党政纲》(第18、19期)、《何谓国民革命?》(第20期)、《中国革命与世界革命》(第35期)、《农村运动》(第37期)、《上海日纱厂罢工所得的教训》(第70期)、《与李官卿君论新国家主义》(第73期)等论著。

以上专刊与论著,较集中地宣传了马列主义的基本理论观点和中国革命的基本纲领和基本理论,使中国广大革命青年明确了革命方向,坚定了革命信心和勇气。大革命时期,全国许多进步青年,就是在阅读了《中国青年》、受到《中国青年》的宣传影响而走上革命道路的。

第二,恽代英紧密结合革命实际,根据青年在革命实践中产生的种种思想问题,及时指导,牢牢把握青年运动前进的正确方向。

　　所谓报刊对革命的指导,就是指报刊在对新闻的叙述和评论中所反映出的思想、认识、立场、观点、意图对读者产生的影响作用和指导作用。恽代英正是通过自己主编的《中国青年》,发挥其指导作用,及时地将革命理论和党的方针政策传达到全国广大青年中去,使其成为革命青年的自觉行动。

　　其时,学术救国、教育救国、科学救国等思潮对青年很有吸引力。为指导青年认清这些思潮的危害,恽代英及时在《中国青年》上对这些思潮展开讨论,并亲自撰写了《学术与救国》、《怎样研究社会科学》等文章。他向青年明确指出,在中国不打倒军阀统治,不打倒帝国主义的侵略势力,"纵然有几千几百技术家,岂但不能救国,而且只能拿他的技术,帮外国人做事,结果技术家只有成为洋奴罢了"①。只有改变了社会政治制度,才能谈得上学术、教育、科学。因此,革命青年应该研究救国的学术——社会科学。怎样研究社会科学?研究社会科学,"与其从理论的书籍入手,不如从具体的事实入手"②。作为一名有志青年,首先必须破除"自私"和"游情"的恶习,从眼前的细微之处做起,为有益于社会改造的事业去牺牲时光,牺牲金钱,这是救死不暇的中国所必要的。只有这样,才能培养起自己的革命情操,否则,无论他怎样自负有志,终究于人类全无益处。因此,恽代英在《中国青年》创刊号上就向有志的中国青年提出了三项要求:一是每星期至少牺牲六小时,做有益于社会改造的事业;二是每星期至少牺牲六小时作时事与社会改造理论与方法的研究;三是有收入时至少捐出十分之一做有益于社会改造的事。③

　　工农是中国革命的主力军,青年知识分子只有与工农相结合,才能发挥其先锋作用。为指引他们走与工农相结合的道路,《中国青年》广泛开展工农民众生活状况调查。恽代英亲自写了《湖北黄陂农民生活》、《农村运动》、《农民中的宣传组织工作》等调查报告和相关文章,呼唤知识青年"到

①　《恽代英文集》上卷,人民出版社 1984 年版,第 388 页。
②　代英:《怎样研究社会科学》,载《中国青年》1924 年第 23 期。
③　详见《恽代英文集》上卷,人民出版社 1984 年版,第 364—370 页。

民间去"，深入研究工人、农民，了解他们的生活真相。他还为暑假回乡的学生制定了"暑假农村运动成绩表"，详列了 16 个农民深感痛苦的问题，要求详尽调查；提出特别应注意农民"对于各种苦痛来源的解释，及已经或希望用何种方法抵抗"。① 恽代英还指出，只有真正了解农民的痛苦，并能切实提出救济他们方法，无论是编读物，还是演说、唱大鼓，这样的宣传"都可以使农民声入心通"②，"打中农民的心坎"③。

恽代英还指导青年正确认识社会问题和就业、婚姻等实际问题。当时，有的青年不满社会现实而奋起反抗；有的青年为封建包办婚姻而苦恼忧闷；有的青年为毕业即失业而惆怅茫然。他们给《中国青年》写信倾诉，编辑部每天都要收到几十封甚至上百封读者来信，还有许多青年不远千里登门求教。对于读者来信，恽代英与编辑部的同仁无论多忙，都一一回复。有典型意义的则在《中国青年》上刊登，对于慕名来访者，恽代英和同仁们也总是热情接待。

1925 年 5 月 18 日，正在山西省立国民师范读书的薄一波勇敢地投入了山西学生反对阎锡山"强征房屋税"、"发行流行券"的抗税游行斗争。随后，薄一波写了《山西学生抗税运动》一文，详尽介绍了当天斗争的具体情况，寄到《中国青年》编辑部。恽代英阅读后非常欣喜，很快将该稿安排在第 101 期发表，并且写了近 500 字的跋语，高度赞扬了薄一波和山西学生的斗争精神。他说："山西青年能够在阎锡山高压之下，代表本省民众利益奋斗，自然是值得各地青年仿教的……我们与其坐看人民'哑子吃黄莲'的受军阀官僚的痛苦，不如提倡山西青年这种犯法的暴举，与一般民贼搏斗……将他们引到有系统有计划的革命运动上来"④。薄一波深受恽代英的鼓舞，当年年底加入中国共产党。杨闇公为追求真理，慕名从四川到《中国青年》编辑部，找恽代英请教。恽代英热情地接待了他，并对他提出的问题一一耐

---

① 《恽代英文集》上卷，人民出版社 1984 年版，第 562 页。
② 《恽代英文集》下卷，人民出版社 1984 年版，第 639 页。
③ 《恽代英文集》下卷，人民出版社 1984 年版，第 640 页。
④ 但一：《〈山西学生抗税运动〉跋语》，《中国青年》1925 年第 101 期。

心解答,使杨闇公受益匪浅。杨闇公在日记中称赞恽代英"谈话时很一部分真理在,他所研究的方法都是从实际入手,不是像他们光唱高调,漠视一切,故我很动于中"。"有研究的人,开口就看得出。代英对于实际的情形,一定了解无余,故很重视行动的工作"①。杨闇公返回四川后即加入中国共产党,后在大革命中英勇牺牲。

《中国青年》收到读者的重要来信,主要由恽代英、萧楚女回复。一个叫郁青的青年,给编辑部写信,提出用军队或暗杀的力量推倒旧政府等八个政治问题。恽代英一一予以圆满答复。他强调说,革命必须得到广大民众的支持和拥护,这样才能彻底取得胜利。"所以革命党最重要[的]是教育民众,不但教育他们要革命,而且教育他们认识他们自己的利益,为他们自己[的]利益而参加革命。"②已婚青年张景良因家庭经济困难,陷入了是退学还是继续读书、使全家跟着吃苦的两难境地。恽代英回信说,这一在学生中带普遍性问题的根本解决,"只有改造国家,使他能担保每个家庭都有力量使子弟受圆满的教育"③。类似这样的通讯指导,几乎在《中国青年》各期都有,所以深受青年读者的欢迎,《中国青年》也因而成为中国青年的良师益友,整整影响了一代人。郭沫若曾深情地回忆说:"在大革命前后的青年学生们,凡是稍微有些进步思想的,不知道恽代英,没有受过他的影响的人,可以说没有。"④

第三,恽代英在发挥《中国青年》宣传和指导作用的同时,又引导革命青年成立青年团体,加入党团组织,积极投入革命运动,从而彰显了《中国青年》的组织作用。

大革命时期,很多青年都知道要求革命了,但不知道怎样进行革命运动。恽代英深刻指出:"我们现在最要紧是整顿革命党,向工农平民宣传革

---

① 杨闇公:《杨闇公日记》,四川人民出版社 1979 年版,第 118、119 页。
② 《关于政治运动的八问题》,《中国青年》1924 年第 39 期。
③ 《退学呢? 使全家跟着吃苦呢?》,《中国青年》1925 年第 62 期。
④ 郭沫若:《纪念人民英雄恽代英》,《中国青年》1950 年第 38 期。

命党的主义,把他们吸引而组织到革命的旗帜下面"①。又进而强调说:"一盘散沙的民众,要他们怎样恒久的做全国一致的行动,无论是哪一国的人民都是做不到的。但是若在这些民众中间有了能号召指挥他们的党,便容易全国一致的行动。党应当是在各种民众中的进步分子所组成的,这样的分子,每个人都要活动,每个人都要逐渐具有号召指挥他那一方面的民众的能力……所以我们应当把最活动而有能力的朋友介绍加入一个革命的党,应当多训练革命党的同志使他们每个人都负责活动起来。"②他还说,我们要利用各种机会,"宣传组织学生、工人、农民、小商人乃至于兵士。我们要组织学生会、工会等职业团体,尤其要组织可以指导此等职业团体之同志结合"③。这就告诉革命青年,要进行革命运动,必须要有一个革命政党的领导,应当把民众中的先进分子吸收到党内来。

恽代英还通过《中国青年》及其通讯员与各地团组织和青年组织取得联系,指导基层的工作,进行建团建党活动。为此,《中国青年》特辟了"青年团体消息"专栏,刊载各地团组织和其他青年组织的活动消息。1924 年 6月 21 日,该刊第 32 期(因印刷有误,实为第 36 期——笔者注)载文介绍了江苏南通师范进步学生组织晨光社的活动消息,称该社"以训练团体精神,应用于实际生活为宗旨",计划在校内设立读书室、平民读书处;在校内外通俗讲演;在假期内作教学的实习,调查民间实况;研究中国青年思想问题与今后新中国的教育问题。这给晨光社的青年以很大鼓舞,促使他们更加积极地开展革命活动。恽代英对晨光社也特别关心。不久,晨光社的骨干丛永琮、王盈朝等人来沪联络,恽代英亲自接待他们,经过考察,介绍他俩先后加入中国共产主义青年团(cy)和中国共产党(cp),并指导他们组建了南通师范党支部。这是南通地区最早的党支部之一。类似这样的例子在全国各地都有。所以《中国青年》杂志刊登的各地青年团体消息,成为研究各地

---

① 代英:《手枪炸弹与革命》,《中国青年》1924 年第 25 期。
② 《恽代英文集》上卷,人民出版社 1984 年版,第 595 页。
③ 《恽代英文集》下卷,人民出版社 1984 年版,第 711 页。

区青年运动开端或革命团体及党团组织建立的重要第一手参考资料。

报刊的指导、宣传和组织作用,在革命的高潮和革命的转折时期尤显突出。五卅运动是中国大革命兴起的标志,它的发生、发展及其结局,都与《中国青年》的指导、宣传和组织有关。

首先,《中国青年》自创刊以来,恽代英就非常重视进行反帝国主义的宣传,尤其是上海,学生和工人群众,"受革命运动的影响更大"。在运动的前夕,党又通过报刊媒体提出了"上海是中国人的上海,中国人不能受外国人的压制"的口号。"这都是上海各界民众心里的话,所以大得着各界的同情"①。因此,当工人顾正红被帝国主义枪杀的噩耗传开后,上海的工人、学生立即上街游行,举行抗议活动,五卅运动由此发生。

其次,在运动的过程中,《中国青年》及时刊载大量文章,分析五卅运动的性质和意义,引导革命青年正确进行反帝斗争。恽代英还亲自撰写了《革命势力与反革命势力》、《我们的战略》等重要文章,号召革命青年"认清楚谁是你的革命的伴侣,谁是你的革命的仇敌罢!"②他还指导革命青年,"应当认清客观的事实与我们主观的力量,决定我们切实可行的战斗方针"③。这就明确地指导革命青年要认清形势,分清敌我,一切从斗争的实际出发,制定正确的斗争策略方针。《中国青年》针对运动中出现的所谓"和平解决"、"法律解决"、"单独对英"等右的主张和"暗杀外人"、"对英宣战"等"左"的主张,及时刊文引导,指出这些思想都会妨碍群众进行正确的反帝运动。恽代英还在《中国青年》设了"研究题目"一栏,引导青年深入思考。例如《中国青年》第84期的研究题目是:(1)在这次五卅运动中,你对于中国底大商买办阶级的认识如何?(2)倘若中国现在对英宣战,你以为在世界历史上有什么意义没有?(3)中国国民革命的基本工作,究(竟)在何处?在这次五卅运动中,你见着些什么没有?(4)你对于怎样做一个宣

---

① 《恽代英文集》下卷,人民出版社1984年版,第909页。
② 《恽代英文集》下卷,人民出版社1984年版,第695页。
③ 《恽代英文集》下卷,人民出版社1984年版,第711页。

传家有些什么意见？（5）中山先生底民族主义底正当解释,究(竟)当如何？第85期的研究题目是:（1）你是赞成完全关税自主,还是赞成在不平等条约下增加关税收入?（2）庚子赔款及一切卖国借款,我们是否应当承认?（3）你对于华盛顿会议的认识如何?（4）你对于欧洲人崇拜东方文明,究竟有些什么感想?（5）国民党右派和醒狮派对于共产党的态度公平么? 这些研究题目正是针对五卅运动中的斗争实际提出来的,引起了广大革命青年的极大兴趣,牢牢地把握了新闻媒体正确的舆论导向。

最后,在五卅运动后,恽代英又总结经验,指导革命青年抛弃其小资产阶级性,极力求自身的无产阶级化,进一步深刻指出,"只有无产阶级能够领导各阶级从事国民革命"①。后来,他又强调:"中国的革命运动,一定要特别注重工人、农人、学生、小商人,但是亦要尽力与大商人、大学者结成联合战线;就是说,我们一方面要认清楚那种力量是靠得住的,那种力量是靠不住的,一方面要拉拢靠不住的力量,尽力使他们帮助革命,不要妨碍破坏革命。"②

1927年,蒋介石、汪精卫先后发动"四一二"和"七一五"政变,疯狂地屠杀中国共产党人。"疾风知劲草,岁寒识松柏"。在严重的白色恐怖情况下,在艰苦的地下斗争中,恽代英充分利用《红旗》这个锐利武器,与国民党新军阀进行坚决斗争,《红旗》公开声明是无产阶级的斗争工具。它热情宣传党的"六大"制定的路线、方针、政策,深刻揭露国民党军阀混战给人民带来的痛苦,批判南京国民政府奴颜媚骨、勾结帝国主义,共同镇压中国革命的罪行,号召全国人民团结起来,在中国共产党的领导下,为扩大土地革命和创建苏维埃政权而斗争。围绕着这些宣传内容,恽代英亲自写了大量文章。据笔者不完全统计,仅从1928年年底至1929年9月,恽代英在《红旗》上便发表了《关税自主与工农生活》、《卖国交易中资产阶级与豪绅阶级的斗争》、《英国的船又在南京开炮了——又一个南京条约》、《谁阻碍了中国

---

① 《恽代英文集》下卷,人民出版社1984年版,第775页。
② 《恽代英文集》下卷,人民出版社1984年版,第974页。

裁兵?——蒋介石》、《算一算国民党的帐》、《蒋介石为谁说话》、《什么时候中国才可以统一太平?》、《革命不成功中国不得太平》、《答刘三保工友》等40余篇。《红旗》在指导恢复和重建党团组织方面也发挥了重要作用。

(二)关于新闻工作的基本原则

1. 新闻的真实性原则

马克思主义认为,新闻的本源是事实,事实是第一性的,新闻是第二性的;先有事实,然后才有新闻。所以新闻报道要根据事实来描写事实,而不能任意凭空捏造,随意杜撰;没有事实依据,就构不成新闻。从这个意义讲,确有其事,是新闻真实性的基本要求,也是新闻的生命。这就是说,真实性是新闻工作的一条基本原则。

早在五四时期,恽代英就认识到这个问题,并一直遵循新闻真实性这一原则。1919年5月26日,他在拟《勿忘国耻》周刊时就指出:"记载,叙每次交涉之实情,及失败后损失之实情,务令观者一目了然,由真知识发真感情。"①6月16日,他又将《学生报》改组之办法补写在当天的日记中。他设想的《学生报》设"谈话"(即社论)、"记事"(即新闻)、"评论"(即时评)、"介绍"(即国货调查)、"浅说"(即通俗演讲材料)、"杂录"、"会讯"、"通信"等栏目。其宗旨是:"注重传播时事知识……传播以(一)浅近。(二)有条理。(三)真。(四)能动人为目的。"②在具体讲到各栏目详细办法时,恽代英说,"'谈话',用真诚恳挚之语,激动社会,兴利除弊。'记事',用简明之笔,将已发生而社会应知晓之事,条述之。'评论',用眼光叙述时事,加以评论。此:(一)为不看报的人传播时事。(二)为看报人指导其应注意地点也……"③1923年6月15日,恽代英在致施存统的信中援引他的话说:

---

① 《恽代英日记》,人民出版社1984年版,第550页。
② 《恽代英日记》,人民出版社1984年版,第560页。
③ 《恽代英日记》,人民出版社1984年版,第560页。

"马克思主义最要是处处根据事实,不凭空想"[1]。

恽代英的上述思想,蕴涵有深刻的哲理。在五四时期,尽管他的思想还没有实现向马克思主义的转变,但由于他大学本科学的是哲学专业,如前所述,早在1917年,他就写了著名哲学论文《物质实在论》、《经验与知识》等,接受了唯物主义和辩证法的思想,所以,在五四运动中,他强调新闻首先要真实就是很自然的了。事实上,他的上述言论,已深刻地提示了新闻真实性的一些最基本的要求,随后更是将这个问题提高到马克思主义实事求是的原则高度来认识了。

第一,新闻必须真实,这是不待解释的,所以凡凭空杜撰、闭门捏造之消息,均不是新闻。在恽代英看来,新闻就是将"已发生"的,"社会应知晓之事",用"简明之笔"有条理地写出来,报道出去。也就是说,写新闻必须以"已发生"的事为依据。只有"已发生"的事在先,然后才有对"已发生"的事的报道即新闻的产生。所以恽代英在五四运动中,强调对北洋军阀政府在欧洲和会上与帝国主义国家的"每次交涉之实情,及失败后损失的实情"要详为叙述,新闻传播的内容必须"真"。这就坚持了唯物辩证法的基本观点。

第二,新闻的感召力也在于真实。事实胜于雄辩。只有真实的知识(信息),才能引发受众的"真感情",使有文化、能看报的人愿意看;没有文化、不能看报的人愿意听。五四时期,《学生周报》所载内容,真实地记录了武汉各大中学校爱国学生在武汉学生联合会领导下,不畏军阀王占元的镇压,举行抵制日货、罢课斗争的英勇壮举,不仅在爱国学生中广泛传阅,而且苦力工人也争相购取。据报载,7月2日,武汉学生联合会会员将《学生周刊》沿途售卖,"行销畅旺","正至大智门附近,忽有苦力多人,争相购取。其中有不识字者,遂央人讲解,彼等俯首静听,有闻之泪下者,有长吁短叹者,又有听毕不忍去者"[2]。新闻真实性的感召力、吸引力由此可见一斑。

---

① 恽代英:《致施存统》,1923年6月15日,见《先驱》1923年第23期。
② 《时报》1919年7月3日。

《中国青年》杂志更是具有强大的感召力。它密切联系实际,贴近中国社会,贴近青年生活,所刊登的新闻和各类文章,吸引了全国青年的心。因此,尽管常常受到帝国主义和封建军阀的查禁,甚至没收,但却始终坚持出版发行,其发行量不断地攀升。1926年3月印数为10000册,到北伐军攻战武汉后,发行量增至30000册,成为大革命时期最畅销的青年读物。

第三,揭示了新闻的定义。什么是新闻?如何定义?由于国内外新闻学术观点有不同的流派,因而对新闻的定义有不同的表述。据《中国大百科全书》新闻出版卷介绍:"西方新闻界有如下的提法:'新闻是一种令人惊叫的事情'(《纽约太阳报》主编C. A.达纳);'反常的事情是新闻'(美国杂志作家W.埃尔文);'所谓新闻,就是为了向大多数人传播知识和趣味,把最新的,或者与现在有关的所有旧文物的存在、变化、兴衰、发展等现实情况印刷出来的报道'(日本新闻学者关一雄);'新闻就是把最新的现实的现象在最短的时间距离内,连续介绍给最广泛的公众'(德国新闻学教授E.多维法特)。在中国,有人认为新闻是现在新的、活的社会状况的写真;有人强调新闻就是广大群众欲知、应知而未知的重大事实;有人认为新闻是经报道的新近事实的信息。"①

上述关于新闻的定义,从不同的视角揭示了新闻的本质,都不无道理。但笔者认为,从新闻构成的"事实"、"报道"、"新近"三要素看,日本学者、德国学者和我国学者的第三种观点颇为相似。但囿于语言习惯和翻译的原因,日本和德国学者所下的定义,文字显得冗长,没有我国学者的简洁。

有人认为,在中国共产党内,给新闻下定义的是陆定一。早在1943年8月,他就指出:"新闻就是新近发生的事实的报道。"②我国学者关于新闻定义的第三种观点,应该是继承了陆定一的思想。

然而有趣的是,陆定一给新闻所下的这一定义,与恽代英早在五四运动时期对新闻的解释有异曲同工之妙。恽代英所讲的"'记事',用简明之笔,

---

① 《中国大百科全书》新闻出版卷,中国大百科全书出版社1990年版,第395页。
② 陆德:《再说我的父亲陆定一》,《炎黄春秋》2009年第9期。

将已发生而社会应知晓之事，条述之"，从某种意义上也可以理解为是对新闻所下的定义。恽代英这里所讲的"记事"，即现在所称的"新闻"或"信息"，"已发生"，当然是指已发生的事实，"条述之"，就是将已发生的事实，用"简明之笔"清晰地报道出来，让全社会都能知晓。虽然恽代英所下的这个定义没有"新近"这个时效的要求，但在 1919 年 12 月 15 日拟定《市民旬刊》办法时，他又明确指出："将十天内重要的新闻用很简单、很有效的笔法写出。"①"十天内的重要新闻"很显然就是"新近"的重要事实。由此可见，恽代英给新闻下定义的时间，要早于陆定一 24 年。考虑到陆定一回忆所说"代英同志是我的第一个共产主义的老师"②，加之 1925 年五卅运动期间恽代英主编《中国青年》时，陆定一参与了上海学联主办的《血潮报》的编辑工作。他俩经常在一起交流。由此可以断定，陆定一的新闻思想，是受到了恽代英新闻思想的影响的。陆定一给新闻所下的定义，从思想渊源分析，应该是直接来自恽代英。

2. 新闻的可读性原则

报刊的文字新闻是给广大读者看的，因此一定要适合读者阅读的程度，用当今的时髦话说，就是要具有可谈性，使读者愿意掏腰包买、愿意看。这就必须研究如何写作新闻。

自古以来我国就把写作当做一门学问，有不少论述写作的名著。近代报业产生以后，梁启超等对时论和新闻的写作曾有全面论述。1915 年 9 月，陈独秀创办《青年》杂志（1916 年 9 月第二卷起改名为《新青年》），高举民主与科学大旗，发起了新文化运动。提倡新文学反对旧文学，是新文化运动的一个重要内容。提倡新文学包括内容和形式两个方面，就是要在内容上反对封建思想；在形式上反对僵死的文言文，提倡生动活泼的白话文和新式标点。当时虽然没有使用可读性这个概念，但实际上对新闻写作产生了

①　《恽代英日记》，中共中央党校出版社 1981 年版，第 675 页。
②　陆定一：《我的第一个共产主义老师》，《回忆恽代英》，人民出版社 1982 年版，第 9 页。

深远影响,是探索新闻可读性的一次重大实践。

作为湖北武汉地区新文化运动和五四运动的主要发动者和领导者之一的恽代英,在新闻写作改革、探讨新闻的可读性方面也提出了许多有价值的思想。在他看来,中国少年,不肯买正当杂志,其病根一是"此乃中国人各怀除课堂外无学问之观念所致",二是中国杂志办理"不得其法也"①。他以自己"爱看杂志利益甚多,而以西国杂志比之,中国杂志时有不及"的深切体验说道,办理杂志,当应研究如何可以"满足读者欲望","激起其欢迎之感情"②。恽代英这里所讲的实际上就是报刊要"适合读者阅读的程度",即可读性问题。

如何才能达到这个目的?

恽代英是从报刊的读者心理及报刊的内容、形式两个方面思考的。

(1)关于读者心理问题

研究读者心理,是报刊工作者时时刻刻都应该注意的问题。这既是尊重读者,体现报刊工作者对读者的人文关怀,又是报刊工作者有针对性地采编新闻、写出读者喜闻乐见的新闻稿件、办好报刊的直接依据。尤其是革命报刊的工作者更应如此。正如恽代英所说:"他们果真为革命工作,便应钻到群众中间去,去与群众融洽接近起来,探知群众的生活、习惯、心理及要求。我们与群众发生了密切关系,群众才能相信我们,而且我们才能有把握的宣传群众。这样革命工作,才有基础,才能成功。"③他又指出:"要知道怎样群众才肯承受指导,那便不可不研究群众心理,与实务材干养成方法"④。他还对从事农民宣传的青年说:"我们努力的第一步,便是要明白农民生活的情况。你知道了什么是他们的苦痛,什么是他们的希望,什么是他们喜欢的,什么是他们不喜欢的;那么方才能够根据'因势利导'的道理,和他们讨论他们心目中所要讨论解决的问题……不明白农民生活情况的人,讨论农

① 《恽代英日记》,中共中央党校出版社1981年版,第263页。
② 《恽代英日记》,中共中央党校出版社1981年版,第263页。
③ 《恽代英文集》下卷,人民出版社1984年版,第812页。
④ 《恽代英文集》上卷,人民出版社1984年版,第343页。

民问题,还不是隔靴搔痒"。所以,"我们现在对于农民阶级所应努力的,便是接近农民,调查他们生活的实在情形"①。正因如此,无产阶级的新闻工作者,必须对自己的受众进行调查,了解读者的心理状况、生活习惯、文化程度和接受能力,知道他们关注什么、喜好什么、最需要解决什么问题,从而根据不同的读者对象及他们的特点,有的放矢地进行革命宣传。这样写出来的新闻稿,必然具有鲜明的政治导向性,紧紧扣住读者的心弦,受到读者的欢迎,从而使报刊宣传的内容能为受众接受,收到良好的宣传效果。从这个意义讲,研究读者心理,是新闻可读性的前提。这是恽代英进行革命宣传工作的经验之谈,也是他对自己长期办报刊,"满足读者欲望"、"激起其欢迎之感情"的深刻体认。

恽代英是一位善于联系群众、时刻与群众心心相印的革命家。早在五四时期,他就和追求进步的爱国师生打成一片,情同兄弟。他是革命团体互助社的核心,互助社又是武汉地区其他进步社团的核心,通过互助社和武汉其他进步社团,恽代英与湖北及全国许多进步青年建立了广泛的联系。为了提倡国货、抵制日货,他与互助社的成员,深入武汉三镇,进行国货调查,对国货的名称、产地、性能、价格详加说明,并将国货调查录编印成册,分发给武汉商民,不仅激发了武汉商民的爱国热情,而且加深了他对帝国主义在中国开办工厂,利用中国的廉价原材料和劳动力,生产商品在中国倾销,控制中国经济命脉实情的认识。他还深入农村,广泛进行社会调查。1921 年暑假,恽代英和利群书社的朋友一起到湖北黄冈调查,了解湖北农民生活的现况。同年寒假,他又组织川南师范进步师生成立童子军巡回讲演团,该团由 6 名教师、24 名学生组成,先后到达隆昌、内江、自流井、富顺、南溪、宜宾、江安、纳溪、合江等县,往返一月,行程近 2000 余里,讲演 20 余次,沿途考察社会状况②,既向广大农民宣传了革命思想,又进一步加深了他们对中国社会的了解。大革命时期,恽代英始终站在革命斗争的最前线,亲自指导

---

① 《恽代英文集》上卷,人民出版社 1984 年版,第 512 页。
② 参见《少年中国》1922 年第 3 卷第 7 期。

上海学联,组织与发动、领导爱国师生积极参加"非基运动"和五卅运动,反对帝国主义对中国的文化侵略和抗议屠杀中国工人的罪行;他给夜校的工友授课,深入穷苦工人之中,与他们促膝谈心,熟谙工厂的恶劣环境,工人的劳动时间、工资待遇等具体情况。他还应周恩来的邀请,到广东东江一带深入调查。到黄埔军校任职后,他坚定地同军校革命师生站在一边,与背叛孙中山三民主义的国民党右派坚决斗争。大革命失败以后,他先后秘密转入香港、上海,从事党的地下工作,与党的基层组织和工人群众保持血肉联系,和他们一起研究分析国内外动态,指导他们坚持秘密斗争。他还深入中央苏区,到革命根据地考察访问,如实报道朱(德)毛(泽东)红军在闽西粉碎国民党军队的"围剿"、发动农民实行土地革命,建立苏维埃政权的伟大业绩。

以上充分说明,恽代英革命的一生始终与人民群众同呼吸共命运,对人民群众中的不同群体心理活动、利益诉求、未来希望都了若指掌。所以无论他在主编《光华学报》、指导武汉学生联合会和互助社成员编辑《学生周刊》、《新声》、《互助》,还是后来主编《中国青年》、《新建设》和《红旗》,都能及时在报刊中反映人民的呼声,从而使报刊更加贴近社会,贴近人民生活,具有很强的感召力、号召力和吸引力,受到广大人民群众的热烈欢迎。

1961 年 4 月 29 日,董必武在《纪念恽代英同志被害三十周年》中写道:"抓住青年进取心,手书口说万人钦"[1]。这是对恽代英从事革命新闻工作的真实反映和客观评价,也是他注重读者心理研究的必然结果。

(2)关于报刊的内容、形式

因为报刊的内容是报刊的根本载体,没有丰富内容的报刊无可读性可言。同时,内容只有通过生动活泼的形式表达出来,才能吸引读者,因此报刊的内容和形式,是关乎新闻可读性原则的根本要求。研究读者的心理固然重要,但要将读者的心理活动、利益诉求、未来希望用生花之笔生动表现出来,也不是一件容易的事情。因此,还必须重视报刊的内容与形式。

---

① 《董必武诗选》,人民文学出版社 1977 年版,第 143 页。

如前所述,早在五四时期,恽代英对这个问题就有深刻的认识。在他看来,报刊要有可读性,所载新闻和文章必须重要、新颖实用且具知识性和趣味性。

第一,关于重要。所谓重要,就是"撰述解决时局之要文"①,报道"国家大势及爱国活动"②等。我们仅以五四运动中武汉和上海等地各大报纸刊登的恽代英所写的新闻稿为例说明。现已可查,从1919年5月中旬至7月中旬,恽代英代武汉学生联合会先后写了《武昌学生团宣言书》(《大汉报》1919年5月13日—17日)、《武汉中等以上学生电北京大总统及国务院》(《汉口新闻报》1919年5月17日)、《湖北全体学生上督军省长书》(《大汉报》1919年5月30日)、《学生周报发刊词》(《国民新报》5月31日;又载上海《时事新报》1919年7月3日)《武汉学生联合会宣言书》(上海《新申报》1919年6月21日)、《武汉学生被官厅解散最后留言》(《大汉报》1919年6月7日;又载长沙《湘江评论》临时增刊,1919年7月2日)、《武汉学生联合会提出对于全国学生联合会意见书》(载上海《时事新报》副刊《学灯》,1919年7月8日—12日;又载《汉口新闻报》1919年7月15日—23日)等重要文稿。这些也都是当时武汉乃至全国人民最关注的重大新闻。特别是1919年6月1日、6月3日两天,湖北督军王占元镇压湖北学生运动,公然命令军警和保安向手无寸铁的爱国学生大开杀戒,制造了"六·一"、"六·三"血案。

6月1日,武汉中等以上全体学生5969人,响应武汉学联的号召,实行总罢课,并发表罢课宣言,要求北洋军阀政府解决:一则外交问题,二则责斥国贼问题;三则自由问题。今全体学生概行罢课,"俟上所举三端得政府圆满解决为止"③。

当天清晨,王占元派出大批军警包围各校,不允学生出校门上街游行。

①　《恽代英日记》,中共中央党校出版社1981年版,第121页。
②　《恽代英日记》,中共中央党校出版社1981年版,第547页。
③　《汉口新闻报》1919年6月4日。

包围武昌高师的军警,对抵达头门的学生持枪乱戳,当场十余名学生被刺伤,一个叫陈开泰的学生,身受数刀,血流遍地。同日,文华大学、高等商科学校、第一中学、甲种工业学校等均有学生受伤,数十名学生被捕。这就是震惊全国的"六·一"惨案。惨案发生后,王占元又采用釜底抽薪的办法,勒令武汉各校提前放暑假,限学生三天内全部离校,强留者取消伙食,并命令各旅馆不准接纳学生,强行解散武汉学生联合会,取消学生暑假补习功课等一切活动。

6月3日,中华大学、第一师范的爱国学生在武昌劝业场宣讲提倡国货。军警和保安气急败坏,对学生大打出手,据恽代英日记记载,当天仅中华大学就有汤济川、杨理恒等9名同学受伤。"六·一"、"六·三"惨案震惊全国。众所周知,北京五四运动兴起,北洋军阀政府派军警镇压学生,尚未发生流血事件,仅有逮捕学生之举。而湖北则发生两次血案,这在全国是仅见的,因而激起全国社会各界公愤。汉口总商会、湖北旅沪同乡会、旅宁、沪湖北同乡会、湖北旅京学生、全国学生联合会等团体纷纷致电北洋军阀政府,一致谴责王占元派军警"残害士林,蹂躏教育"的罪行,并强烈要求释放被捕学生,诊治受伤学生,从严惩治野蛮军警。

然而,督军王占元却颠倒是非,混淆黑白,在致北京国务院、陆军部、内务部、教育部的电文中,百般狡赖,矢口否认,千方百计掩盖惨案真相。竟胡说警察为维持秩序,遂邀附近军队驰往劝解,"不得已用枪托搪抵,致有一生误触刺刀,伤及腿部"①。恽代英无比愤慨,对于这一重大社会新闻,他当然不会漠视。为揭露事实真相,批驳王占元的谎言,经过6月4日夜酝酿,5日晨起,一气呵成《学生联合会报告军警蹂躏状况书》、《武昌中等以上学生放假留言》,油印分发社会各界,将"六·一"、"六·三"惨案真相诉之于世,愤怒声讨王占元镇压爱国学生的滔天罪行,发挥了很强的战斗力。尤其是《武昌中等以上学生放假留言》,其哀而动人的文辞和辛辣犀利的笔锋,使读者无不动容。6月7日,该文被《大汉报》全文转载;7月1日,毛泽东主

①　《北洋政府陆军部档案(一〇二)189》,1919年6月2日。

编的《湘江评论》临时增刊第 1 号也转载了该文,足见媒体对该文的重视。

首先,恽代英指出,"六·一"、"六·三"惨案,"我们不愿多说了,亦不敢多说了,你们有眼睛都看见了的,有耳朵都听见了的……我们犯的究竟是甚么罪? 我们平日在学校里,教师总叫我们爱国,今天我们尽我们所能尽的力量,来做一点爱国的事情,未必这便是我们的罪? 未必这还是一个极大的罪? 竟然应受这样的待遇吗? 我们所受的待遇,简而言之,有用刺刀戳穿胫骨的,有用刺刀直撞心窝的,有用枪背打得筋肉青肿的,肺部损伤的,有用老拳打得上头流血、下面便血的……"①这段朴实的白描,深刻地揭示了在北洋军阀统治下暗无天日的情景,真是爱国有罪,卖国有功!

其次,恽代英说道:"若日本人打我们,即令比今天受伤还狠,此亦只有认个晦气……若是这狠的警察,这狠的保安队,能够替我们向日本争青岛,他便打死我们,亦所甘心。只是他们除了对于我们手无寸铁的学生,诬以扰乱秩序,将我们毒打以外,看了外国人哼亦不敢哼一句……原来我们完税纳租养一般警察完全是为日本人的,他们才把维持秩序四个字禁止我们一切爱国举动。""我们现在同警察们磕一百个头,难得你们这些大爷的鸿慈,放我们一条生路,让我们改过自新,好与你们同去做了日本的奴隶。亦最要感谢甚么叫做杜杰所领的保安队,实在会用他的刺刀同枪背,撞着没有不吐血的,打着没有不断骨的,这真了不起! 日本人看了当然要钦佩非常。有日本人钦佩,这亦算是伟人了。"②这辛辣的讽刺,犹如投枪匕首,直刺反动军警保安心脏。

最后,恽代英驳斥了所谓"维持秩序"的谬论及提前放假的阴谋。他说:"我们又不是土匪,为甚么要扰乱秩序? 我们一张白嘴两手空拳,有什么可以扰乱秩序? 现在难得这些维持秩序的警察,同什么保安队闹得满街鸡犬不宁,人人不晓得这到底还算不算人的世界。这好会维持秩序! 学校又提前放假了,实在无异解散了一样……听说督军同省长实在没有叫保安

---

①　《恽代英文集》上卷,人民出版社 1984 年版,第 82 页。
②　《恽代英文集》上卷,人民出版社 1984 年版,第 82—83 页。

队打人的命令,所以打人的事都是由于无知识军警的误会。然而这无知识的军警打伤了许多人,便是一个革职罚薪就算惟一的办法吗?我们今天为免除危险计,不能不离开武昌。象官厅这样办法,将来或酿生他变。我们不走,必定又将归罪于我们的煽惑……少陪了,请你们与我们转达官厅,若是不改变办法,索兴[性]请他贴个告示,写明禁止爱国,违者重惩,免得一般象我们的糊涂虫,当真爱起国来,又要累官厅生气……"①这就一针见血地指出了王占元的所谓"维持秩序",就是"禁止爱国";提前放暑假,就是要"解散"爱国学生队伍。

这篇受到媒体青睐的文字,短小精悍,全文约 1400 字,既哀而动人,又柔中有刚;既义正词严,又语言幽默,将发生在湖北的这一重大新闻及时述评于众,打击了敌人,教育了人民,是五四时期全国有重大影响的新闻评论之一。

第二,关于新颖与实用。新颖与实用,就是报刊"每期或译或撰均取新颖或切于实用之文字"②,要"撰述最近精神物质两方面之新发明"③,报刊在办理上,要以"关于社会、家庭、职业、卫生、新知识之研究为主",因为这是"为各方面人所同欲知也",所以,每期都"应注意介绍新颖或合用之学说与纪事,尤须注意有价值之调查"④。

恽代英的这些思想,在其办报刊的实践中,得到了充分的体现。

试以其主编《光华学报》为例说明。他接手主编的《光华学报》第二年第二期有论丛、学海、译玄、杂俎、名谭等栏目。每个栏目所载内容,都给人耳目一新的感觉。在"论丛"栏目中,既有纵论世界时政的《欧战与永远和平》,又有关于我国工业学校教育改革方法探讨的《甲种工业学校整理方法刍议》;在"学海"栏目中,既有探讨人生观、价值观的《我之人生观》,又有探究破除迷信思想的《迷信之解剖及其效用》;"译玄"栏目,则是翻译介绍美

---

① 《恽代英文集》上卷,人民出版社 1984 年版,第 83—84 页。
② 《恽代英日记》,中共中央党校出版社 1981 年版,第 93 页。
③ 《恽代英日记》,中共中央党校出版社 1981 年版,第 121 页。
④ 《恽代英日记》,中共中央党校出版社 1981 年版,第 264 页。

国等西方发达国家的卫生保健方面知识的《种痘疗病说》、《呼吸论》、《医理与卫生》等。"杂俎"和"名谭"栏目刊载的内容,更是贴近社会、贴近学校、贴近师生生活的最新消息,如《清华大学纪略》,介绍了该校各专业教学和科研的最新发展状况,便于学生升学就业参考。《余日章演说》,介绍基督教的道德修养问题。这些内容的确是既新颖又实用,颇得社会和学校师生的好评。

再以恽代英主编的《中国青年》为例说明。《中国青年》所刊载的文字,更是既新颖又切实用。特别是时事评论和通信栏目的内容都是如此。

1923年10月,曹锟以贿选手段当上了总统。这一丑闻揭露后,全国哗然。其时,钟耐成、陈妙贞这对新婚夫妇,"非为金钱,非为债务,非为情恋",而仅为住不惯这"贪污恶浊世界",看不惯"贿选成功,战祸弥漫"而自杀。这在当时无疑是一个重大新闻。一位青年读者给《中国青年》写信,认为这对新婚夫妇死得"太不值得了。'人生百年一死,死不要紧,然要死的痛快。像这样的死,未免太不痛快了'……为什么不用手枪多打杀世上的几个恶魔?"

为了正确引导革命青年,让广大青年从这个悲剧新闻中吸取教训,得到教益,恽代英编发这封信后写了一段按语。他指出:"自杀的功罪,曾经许多人讨论过的,在我则以为这只是个人的事。人要生活,便有对社会的责任。若不要生活了,一切赞美和责备,对于他全无意义。"恽代英说:"自杀的人应该先打死几个该杀的人,这自然是不自杀的人的一种希望。然而我们若认定社会的罪恶是经济制度所造成的,死了几个该杀的人,而不能改变经济制度,仍然是无益的事。我们最要紧是努力,求改正经济制度。为求改正经济制度打死几个该杀的人,是极应当的。不然,打死几个,又来几个,这种该杀的人那一天打死得完呢?"①

在恽代英看来,首先,人的生命应该得到尊重,人活着应该承担起社会的责任,如果不敢承担社会责任,不要生活了,一切赞美和责备,都是无意义

---

① 《中国青年》1923年第8期。

的。其次,造成"贿选成功,战祸弥漫"社会罪恶的根本原因是经济制度,不从改变经济制度这个根本问题上做起,仅靠幻想暗杀几个军阀,是无济于事的。因此恽代英强调说,我们当务之急最要紧的,是要努力去为改变中国不合理的经济制度而奋斗。

恽代英就是这样,通过引导青年对国内重大新闻的讨论,使他们懂得经济基础决定上层建筑的道理,并从中获得切实有用的知识,指引他们走上革命的道路。

在有价值的调查方面,恽代英也十分重视。他主编《光华学报》,几乎每期都刊有调查报告。如第二年第一期刊登有涂允檀①写的《北京大学纪略》,本报记者(恽代英本人)写的《本大学毕业生状况调查》;第二年第二期刊有李嘉齐②的《清华大学纪略》和记者的《学界纪事》,恽代英还为《清华大学纪略》这篇调查报告写了编者按。按语说:"此篇叙清华学校内部实情及近来进步极为详尽,该校成绩,脍炙人口,然此篇所言,或非人人能所知也。本社编全国学校状况调查,竭力就实际上叙述,务求足以供求学者选择学校确实之南针,并令有教育之责者,均得所观摩资效,故其内容绝对与一般参观学校笔记不可相提并论……记者尤当介绍者,篇中所叙该校近行之分组式教育方法,大可供现今教育界之参考,而于该校师生感情之厚,学生自动事业之发达,亦颇能洞抉[彻]其原因所在。海内有志者,得此篇而读之,共于教育改良之道,思过半矣。记者得从事编辑此稿,意亦甚自幸也。"③由此可见恽代英对这篇调查报告的重视程度。

《中国青年》更是刊登了大量有价值的调查报告。他不仅自己写了《湖北黄陂农民生活》④这篇调查报告,对黄陂农民的痛苦生活和各个阶段占有土地的情况作了生动详尽的叙述,而且还指导革命青年要重视农村运动。

---

① 涂允檀(1897—1976),恽代英中华大学同学,时为中学部同事,后留学美国,中华人民共和国成立后任外交部顾问,政协第二、三届全国委员会委员,1976年病故。

② 李嘉齐,生卒年月不详,恽代英的友人,时为清华大学高等班学生。

③ 见《光华学报》1917年第2期。

④ 见《中国青年》1924年第23期。

他写了《农村运动》①提纲,提出了下列问题,给从事农村运动的青年参考:(1)"什么人最便于做农村运动? 假期回乡的学生们,与乡村的小学教师"。(2)"为什么要作农村运动? 大多数被压迫民众觉悟了,才能督促而夹持革命的势力"。(3)"中国革命不能成功的主因——农民不知渴望革命"。(4)"农民不知渴望革命,是宣传的材料和方法不合当。"(5)"今天的农村运动最大的意义,不是鼓吹宣传任何事情……"而是"联络农民的感情"。(6)"注意农民,特别注意青年农民"。在这个提纲的最后,恽代英特别强调指出:"今天到乡村去,决不要说革命、反抗,乃至一切新奇可怕的名词,去结交农民! 去团结农民! 去教育农民! 而且最重要的[是]去研究农民!"正因如此,恽代英还制作了《暑假农村运动成绩表》②,使暑假回乡从事农民运动的青年学生明确了向农民作调查的内容和方法。

这个成绩表共有所交结的农民人数姓名(成年、青年)最有效的联络方法之心得、农村运动态度上应注意各点之心得、学习农民言语的心得(农民土语请用国语解释)、农民的问题(应注意他们对于各种苦痛来源的解释,及已经或希望用何种方法抵抗)五个栏目。在农民问题一栏中,恽代英还列出了 16 个具体问题:(1)农民对于自身生活以为苦抑以为乐?(2)农民是否感百物昂贵抑希望彼之生产物涨价?(3)农民是否感税捐繁重抑仅地主有此感觉?(4)农民是否感受派款派公债痛苦抑仅地主有此感觉?(5)农民是否感佃租苛重对地主憎恨反感?(6)农民是否感觉拉夫痛苦?(7)农民借款时是否感受高利痛苦?(8)农民是否感受典当业或代当业高利痛苦?(9)农民是否感受土地、资本缺乏的痛苦?(10)农民是否感自身与子弟不能受教育的痛苦?(11)农民是否感无相当娱乐事业的痛苦?(12)农产物生产量是否逐年减少?(13)农民是否感受官吏压迫?(14)农民是否感受劣绅压迫?(15)农民是否感受收买农产品行商之剥削?(16)农民是否感受兵匪的痛苦? 这 16 个问题,包含了农民经济、政治、文化、教育、社会

---

①　见《中国青年》1924 年第 37 期。
②　见《中国青年》1924 年第 37 期。

方方面面的问题。按照恽代英指导的这些方法去做,从事农民运动的青年,写出的调查报告,必然都是新颖与实用的。例如,刊登在《中国青年》第48期上署名小卒写的《农民运动之一得》,就是按照恽代英指点的方法,经过深入调查研究后写出来的。文中生动地描绘了他开始从事调查研究时,农民对他由"一种难以形容的疑惧态度",到他脱去长衫、放下身架子,在午休或晚上,亲访农民田舍,和农民联络感情,取得了农民信任,认他为朋友,从而"一变从前浮泛之言辞",转变为"痛快淋漓的详述无遗",从而获得了许多有关农村、农民前所未闻的材料,受益匪浅。这篇文章,从文字到内容,都非常朴实清新,对其他青年从事农村调查,也有很好的借鉴作用。

第三,关于知识性和趣味性。

知识性和趣味性,是评价新闻价值的要素之一,对提高新闻阅读率,扩大报纸杂志发行量至关重要,任何一位新闻工作者和报刊的编辑,都要研究如何使自己写的报道和主办的报纸杂志,能够引起社会大众的共鸣。在恽代英看来,要做到这样,报纸和杂志就必须"加意选材料"①,"多译著,多新学说,多名人论文"②,"提倡有趣问题之研究"③。从而达到使"阅者有极大之兴趣"④的目的。由此可见,在知识性和趣味性的关系上,恽代英是把知识性放在第一位的,报刊应以传播新知识为己任,使其受众从中受到教益。当然,对于趣味性,不同的时代、社会、民族、阶级和个人会有不同的解释,但国外最新的自然科学、社会科学著作和国内外各个学派最新学术观点的著作以及名人的论著、各种学术观点和社会热点的讨论,毕竟能够使广大受众普遍感到有趣。因此,知识性强、信息量大、社会热点报道及时的报纸杂志,必然为广大受众所欢迎。反之,知识陈旧、信息量少、脱离现实、回避社会热点、闭门造车编出来的东西,必然使受众感到乏味而最终被淘汰。

恽代英在其编辑实践中,是非常注重新知识传播的。

---

① 《恽代英日记》,中共中央党校出版社1981年版,第262页。
② 《恽代英日记》,中共中央党校出版社1981年版,第264页。
③ 《恽代英日记》,中共中央党校出版社1981年版,第121页。
④ 《恽代英日记》,中共中央党校出版社1981年版,第262页。

在《光华学报》第二年第二期编后之《编辑室之谈话》中,恽代英说:"凡学术之进步,在贵有创造的能力之人物,本社编辑上之微忱,即在提倡此旨,故凡有怀抱特殊见解之论稿……而复能自圆其说者,皆本社之所欢迎。其能介绍世界最新之思潮者,本社亦当虚左以俟。学术以有纷异而后有争论,有争论而后有发达,吾国学术界之现象,如古井不波者久矣,倘能以本报之力使之活动,使之进步,使之为世界学人所注目,则本报亦与有荣矣。""学术上之辩论,彼此各一是非,以各能言之成理,最易引起议论者极大之兴趣,而为思想发达之一助力。本报本社已辟读者俱乐部一栏,想凡有对于本报言论有不满之读者诸君,必不吝赐教也"①。在第三期编后之《编辑室之谈话》中恽代英又说,本报"颇愿多得下列各项文字,为本报篇幅[增]光":"(一)关于德者之格言,或笔记,以能平情说理,立言新确,足以鼓舞人而提撕[携]人者为宜。(二)关于科学之论著,以能自出心裁,为有系统之研究为宜,而尤以能有发明性的文字为最合格。(三)有兴味有意义之短篇故事,以能有益于少年身心者为宜"。②

由上可见,恽代英所述《光华学报》的用稿标准,道出了选稿的基本要求,即知识性(含新思潮、新学术)和趣味性。据笔者不完全统计,从现在能够见到的恽代英主编的《光华学报》第二年第一至三期要目看,都基本上体现了这一标准。③ 如下表:

光华学报期数	要目总篇数	译著篇数	新学说新思想篇数	名人论文篇数	调查报告篇数
第二年第一期	11	2	6	2	1
第二年第二期	12	2	6	2	2
第二年第三期	12	2	7	2	1

---

① 《编辑室之谈话》,《光华学报》1917 年第 2 期。
② 《编辑室之谈话》,《光华学报》1917 年第 2 年第 3 期。
③ 据笔者检索,中国国家图书馆现藏有《光华学报》第 2 年第 3 期和第 2 年第 1 至 3 期共 4 期,装订成册。

这就不难解释,为什么恽代英主编的《光华学报》一经面世,就受到学术界的高度评价和重视。

至于恽代英主编的《中国青年》,更是全国青年的良师益友。为了将该刊办得更有趣味性,《中国青年》第七十期刊发了《我们请求读者诸君帮助》①一文。这篇文章虽然未署作者名,但从该文的文风看,显然是恽代英所作。该文明确说,《中国青年》从七十一期后,要多刊载关于讨论批评各种思想的文字,多刊登研究关于社会科学、哲学、文学科学的文字。恽代英要求广大青年读者,多提出"可以讨论的问题,让我们可以在《中国青年》上面,开始一些有趣味的辩论"。文中还特别强调要扩大通信讨论的范围,"使《中国青年》变成功[为]更有趣味,更有意义的小刊物……我们现在'摆垒台拜访打手',请你们就所怀疑的地方,为我们驳得一个体无完肤,看我们是否还有可以申说的理由"。我们愿意使《中国青年》"成为公开争辩的战场",欢迎广大青年读者踊跃参加辩论。

我们明显地看到,从第七十一期开始,《中国青年》办得更加活泼,更加有趣味,像磁铁一样地吸引了广大青年。尤其是通信专栏,直接关联着青年的职业、学业、读书、生活、修养、恋爱、婚姻、家庭、革命活动等问题。每篇文章都牵连着广大青年的心,既见识卓越,思想性强,又短小精悍,尖锐泼辣,深受全国广大青年的喜爱,也获得了全国广大各阶层受众的认同。《中国青年》在第七十期以前,在军阀的查禁下,发行量有时还不到四千册,最多时也仅有五六千册,从此以后发行量不断攀升,1926 年 3 月达到一万册以上,1927 年上半年发行更达到三万册。这固然与革命形势的发展有关,但更是与该刊的知识性、趣味性强分不开的。

3. 依靠群众办报办刊的原则

依靠群众办报办刊,是中国共产党的群众路线在新闻工作中的具体体现,它是在马克思主义新闻思想指导下,党在长期办报办刊的实践中形

---

① 载《中国青年》1925 年第 70 期。

成的。

马克思主义认为,党是无产阶级的先锋队,代表着广大人民群众的根本利益,而党报党刊则是党的喉舌和斗争武器,它应为人民群众的翻身解放和切身利益而呐喊。因此,党领导的革命报刊必须依靠人民群众,注意培养工人、农民、士兵写文章。早在1843年,马克思在《"莱比锡总汇报"的查封》一文中就论证了报刊与人民的关系。1850年他与恩格斯主办《新莱茵报政治经济评论》,就十分注重培养工人通信员,并帮他们修改文章。1904年,列宁在《给同志们的信》中便指出,有人认为似乎著作家而且只有著作家才能够办好党的机关报,"恰恰相反,要把机关报办得生动活泼,生气勃勃,有5个负责领导和经常写作的著作家,就需要有500个、5000个非著作家撰稿人"①。他又指出:"我们请求所有的人,特别是工人,给我们写通信稿。让工人们有更多的机会给我们的报纸写稿,可以写各种各样的问题,尽量多写些自己的日常生活、感兴趣的问题和工作情况,没有这种材料,社会民主党机关报就一文不值,因而也就不配称为社会民主党的机关报。"②由此可见,革命导师都十分重视群众办报办刊,只有这样才能使党报党刊真正成为党的宣传员、鼓动员和组织者。

包括恽代英在内的中国共产党人依靠群众办报办刊的新闻思想是马克思列宁主义新闻思想的继承和发展,也是恽代英办报办刊一以贯之的坚持原则。他的这一思想,主要有以下内容:

(1)欢迎读者投稿评刊

如前所述,早在主编《光华学报》时,恽代英便设立了"读者俱乐部"栏目,专门刊登有价值的读者来信与商榷文章。他还鼓励青年学生投稿,从而使《光华学报》一举成为在全国学术界颇具影响的杂志。

担任《中国青年》主编后,恽代英更是敞开编辑部的大门,请广大青年群众参与到报刊的编务工作中来。由恽代英写的《中国青年》发刊词明确

---

① 《列宁全集》第9卷,人民出版社1987年版,第86页。
② 《列宁全集》第9卷,人民出版社1987年第2版,第86—87页。

写道:"中国的唯一希望,便要靠这些还勃勃有生气的青年","诚恳地要求阅者诸君,大家要给我们一些仁爱的帮助以补我们的不周到地方"①。

《中国青年》出版到第四期时,恽代英又写了《我们的希望》一文,进一步表达了希望广大青年关注和参与《中国青年》编务工作的心愿。恽代英首先指出:"《中国青年》现在已经出版到第四期了。我们每次编辑《中国青年》,常挟有很热烈的希望。希望我们的精诚能藉这小小的一个刊物,使青年界发生一些好的影响。"

接着,恽代英说:"但是我们编辑《中国青年》已经四期了。我们不能不怀疑究竟我们所做的,是不是正合一般青年之所需要,我们是不是有许多做错了的地方。"

这说明,《中国青年》从创刊起,就以广大青年为读者对象,诚心愿为青年读者服务,满足他们的需要。为此,恽代英诚恳向广大青年读者征求对已出版的《中国青年》杂志的意见:

"第一,我们文稿所选的标准,是不是合当? 我们的立论,是不是只顾了一方面,忘了别的一方面? 我们所选的材料,是不是嫌太单调? 是不是嫌太枯燥? 是不是还不合于青年今天所需要的?"

"第二,我们的文字,是不是有许多不醒豁? 不能有趣味,是不是用了许多一般青年看不懂的词句与名词,是不是还有许多别的弊病?"

"总而言之,是不是还不能十分引起一般青年的注意? 还不能十分影响青年的思想与行为? 我们的缺点在什么地方? 要用什么方法来补救? 我们以一百二十分诚恳的希望爱读《中国青年》的人,不客气地指导我们。便是很年幼弟弟们,读了这个小刊物,觉得有什么不满意,觉得要怎样的改良,亦要不客气的写信告诉我们"。

读到这里,我们不能不感动。恽代英视青年读者如朋友如兄弟,与他们平等对话,没有一点主编的架子,这在当时的中国新闻出版界当属罕见。

最后,恽代英殷切希望广大青年踊跃投稿:"我们的才力是太有限的,

---

① 《发刊词》,《中国青年》1923 年第 1 期。

我们的心有余而力不足,一定还有许多更有益而且亦更有味的稿子,要希望爱《中国青年》的好朋友,大家多多的赐给我们。《中国青年》是大家的,是大家的中国的青年……我们希望任何有益而有味的稿子,我们希望任何青年所作,或为青年而作的有价值的稿子"①。

《中国青年》出版后,不断收到青年读者来信。四川成都市青年张霁帆来信说,对于本刊第一期刊发的恽代英的《对于有志者的三个要求》,成都蓉社"已经完全采用"。张向恽代英报告说:"你的三个要求,已拿在蓉社去实验","因为你是著这出戏的戏材的人,所以演这戏时先告诉你"。

江苏南京市青年陈默若致信恽代英,对《中国青年》第八期刊登的《八股》一文"极表同情"。陈是从《时报》(上海)上看到转载的《八股》一文的,又从同一天的《时报》上读到了杨效春主张将英文改为中学选修课程的文章,认为恽代英、杨效春两位先生的文章,"如我肺腑中流出,不觉为之手舞足蹈……使我心中痛快至于极点。故此致书两先生,望以为可教而教之。"

恽代英收到这两封信,"觉着十分欣慰"。他说,《中国青年》告诉了读者许多话,若读者都能像张霁帆、陈默若一样,凡见着合于本心的便能立即实行,那正是编者所期望的。恽代英指出:"我们知道《中国青年》对于中国所引起来的影响,将非任何刊物可比"。"只有青年是有活力,有生气的。这便是我们特别愿为青年效力的原故"。他最后再次向青年读者发出呼吁:"爱《中国青年》的读者,你们读《中国青年》已经十二期了。在这中间你们对于所认为好的话,曾经怎样'做'呢?"②

《中国青年》出版25期后,恽代英又在第26期刊出《我们的广告》,进一步欢迎广大青年读者就下列问题投稿:"一、每月政治经济报告;二、研究社会改造理论及革命问题;三、各国青年活动;四、中国各地青年活动;五、农人、工人、学生、妇女、市民、兵士运动的理论、方法与实际经济;六、读书的指导;七、青年利益问题的讨论;八、对于本刊论文疑问及解答;九、对于青年出

---

① 以上引文皆见《我们的希望》,《中国青年》1924 年第 4 期。
② 以上引文皆见代英《勖读者》,《中国青年》1924 年第 12 期。

版物的批评;十、改造性质团体的小消息。"①

随着革命形势的发展,根据斗争的需要,《中国青年》依靠青年群众办刊,欢迎广大青年投稿,将编辑部的大门敞得更大。《中国青年》在出版100期后,恽代英又指出:"《中国青年》所负的使命,是为革命的青年作革命的指导……为了更要满足读者拥护的盛意与要求,我们决从本期起,要做到:一、积极地提出拥护青年利益的主张,指导他们为自己的利益参加各种革命运动;二、系统地注重科学的社会主义之介绍与研究上之指导;三、系统地帮助青年研究一切社会科学——世界的、中国的、一切政治经济状况及一般的社会问题;四、系统地作一般的书报之介绍与批评;五、从各种反动思潮中,引导青年趋向于正确的革命之途,廓清一般文化界湿热浓蒙之迷雾;六、特别注重一般青年界之活动,特别注意介绍活动中所得的心得与成绩,以供青年界中从事于国民革命者之观摩、砥砺、交换经验而互通声气。"因此,《中国青年》"欢迎青年界送给我们这样的稿件,亦欢迎一切革命的文艺之投稿"②。

(2)欢迎读者通信讨论

《中国青年》的通信栏目,是恽代英与编辑部联系广大青年的纽带和桥梁,也是该刊最具特色的栏目之一。恽代英在《我们请求读者诸君帮助》一文中指出:"我们要使《中国青年》更能深入群众,要使他[它]的材料更能适合于青年群众的要求,要使他[它]的销路更能普遍到各方面去,所以在七十一期以后,我们还希望有一个大大的改良"。加强与广大青年的联系,开展通信讨论,就是改革的重大举措之一。其目的,就是通过改革,使《中国青年》"变成全国青年界的机关报纸"。所以,恽代英明确地说:"我们欢迎各地青年团体藉《中国青年》做他的通信机关;一切与青年有关系的进步的团体,亦可以在《中国青年》中间报告他们的消息,以及表示他们对于一般青年的希望。然只要这种通信对于一般青年界的联合而向上可以有好的影

---

① 《我们的广告》,《中国青年》1924 年第 26 期。
② 《一百期以后的本刊》,《中国青年》1925 年第 101 期。

响,我们总愿在篇幅的可能范围之内,尽量的与[予]以揭载。"①因此,我们看到,第七十一期以后的《中国青年》,除继续坚持原有的"青年团体消息"、"新刊批评"、"民间的调查"、"青年问题"等特色栏目外,通讯栏目办得更加生动活泼,刊登的读者通信篇幅越来越多。

恽代英、萧楚女等编辑部的同仁,十分重视读者来信,对有典型性、代表性和青年普遍关心的问题,总是耐心地与他们讨论,循循善诱,解答他们提出的问题。据不完全统计,《中国青年》刊登读者来信来稿仅由恽代英回复或写跋语的有:《读什么书与怎样读语》、《自杀》跋语(第 8 期)、《学术与救国》、《革命与"杀人主义"》、《脱离学校问题》(第 28 期)、《文学与革命》(第 31 期)、《研究清史问题》(第 32 期)、《关于政治运动的八问题》(第 39 期)、《农民运动之一得》跋语(第 48 期)、《退学主义》、《开除的冤枉与自学问题》(第 50 期)、《军事运动问题》、《告一个脱离家庭的青年》(第 54 期)、《叫化子问题》、《复托荐职业者的信》(第 56 期)、《怎样做恶劣环境下的教师与学生》(第 59 期)、《答启之问三题》、《退学呢? 使全家跟着吃苦呢?》(第 62 期)、《一个小学教师对于农民运动的意见》跋语(第 70 期)、《婚约解除之困难》(第 72 期)、《广东军官学校与国民党问题》、《结婚呢? 还是抱独身主义呢?》(第 74 期)、《广州的革命青年军》跋语(第 75 期)、《归途——赴县国民会议促成会以后》跋语(第 76 期)、《怎样打破灰色的人生》(第 79 期)、《中国所要的文学家》、《答问三则》(第 80 期)、《改造妻子问题》、《马克思主义者与恋爱问题》(第 82 期)、《被压迫青年的问题》(第 87 期)、《应该怎样开步走?》(第 96 期)、《民族国际与民族解放》、《怎样安置妻子》(第 99 期)、《山西学生的抗税运动》跋语(第 101 期)、《穷汉的穷谈》跋语、《生活与压迫虐待》(第 102 期)、《五卅运动与阶级争斗》(第 103 期)、《同善会与孔教会》、《黑暗教育下军官学生生活》、《怎样对付教职员的诡计》(第 104 期)、《对于青年指导者的悲观》(第 108 期)、《"木石鹿豕"与宣传工作》(第 109 期)、《想到民间去者的生活问题》(第 112 期)等 40

---

① 《我们请求读者诸君帮助》,《中国青年》1925 年第 70 期。

余篇。

笔者列出上述通信讨论的篇目,旨在说明:

第一,从1923年10月20日《中国青年》创刊,到1926年1月初恽代英离开《中国青年》编辑部,在这短短的二十余个月里,他便和全国众多革命青年开展了通信讨论(慕名前来编辑部与恽代英当面交流的无法统计),充分体现了他对全国革命青年的尊重和人文关怀。像恽代英这样参与读者平易近人交流的编辑在中国近现代新闻出版史上实属少见。

第二,通信讨论的题材广泛,内容丰富,涉及政治、经济、文化、教育、学习、就业、恋爱、婚姻、家庭等方方面面。这么多的革命青年参与到编辑部的编务活动中来,对于提高《中国青年》的办刊质量,进一步提升了它在全国青年中的知名度和影响力。这是中国共产党群众办报办刊思想的生动体现。

第三,经过通信讨论,在恽代英的具体指导帮助下,一批又一批的青年走上了革命的道路,成为坚定的马克思主义者。如自称恽代英是"我的第一个共产主义老师"[①]的陆定一,坦承"我就是深受恽代英思想影响的一个人"[②]的薄一波等等,都对恽代英这一时期的指导毕生难忘。

恽代英依靠群众办报办刊的思想,还有一个很重要的方面,就是特别重视普通工人、农民、红军战士的来稿,对这些作者,他总是热情鼓励,并对他们的来稿精心修改,予以发表。

1930年2月,担任中共中央机关刊物《红旗》主编的恽代英,收到上海一位女工写的《上海女工的生活状况》,该文反映了上海女工在资本家、工头欺压下的悲惨生活,事实真切,文字朴实,经适当文字修改后,在《红旗》第82期发表。恽代英还加了编者按。按语说:"这是本刊出版以来之最有价值的稿件之一。我们认为这确是真正由上海女工心窝里说出的话,确是

---

① 陆定一:《我的第一个共产主义老师》,载《回忆恽代英》,人民出版社1982年版,第8—10页。

② 薄一波:《致华中师范大学》,转引自李良明:《"九原可作在民苑"——深切缅怀薄老对华中师大中共党史学科建设的支持》,载《中共党史研究》2007年第2期。

代表着广大上海女工群众的呼声"。

综上所述,恽代英依靠群众办报办刊的理论与实践,不仅对当时办好党报党刊发挥了重要作用,而且在今天仍然有着很强的现实指导作用。在新的历史时期,党的新闻工作更离不开广大人民群众。我们高兴地看到,目前许多报刊,都开设有"读者"专栏,接受群众的批评,听取读者的心声,接纳读者的建议,拉近了党报党刊与人民群众的关系,从而更加密切了党群关系,报刊的质量也得到提高。这正是包括恽代英在内的老一辈无产阶级革命家新闻思想的继承与发展。

二、恽代英的文学思想

新文化运动中,恽代英除在政治上取得了杰出成就外①,在文学革命方面也有新的建树。他十分关心和密切注视五四新文学运动发展起来的文学潮流演变趋向,坚持了五四新文学发展的正确方向,为无产阶级革命文学的诞生付出了艰辛的努力。研究他的文学思想,是研究中国化的马克思主义美学思想发展的题中应有之义。

(一)在新文化运动文学革命方面的建树

五四时期,恽代英的政论和学术研究方面的成果丰硕,文学方面的著述不是很多。目前我们能够见到的仅有小说两篇。但仅从这些成果看,恽代英在文学革命方面也是颇有建树的。

1.《真男儿》故事梗概

1918 年 12 月 12 日,恽代英在《端风》年刊第一号发表小说《真男儿》,小说的主人翁姓甄名新,是一名十七岁的在读中学生。他向来勤学,每次考

---

① 关于恽代英在新文化运动中的历史功绩,参见李良明、孙泽学:《湖北新民主革命史》(中共创建与大革命时期卷),华中师范大学出版社 2008 年版,第 6—11 页。

试成绩总是名列前茅,对一般醉生梦死的同学"甚为可厌",总觉得人海茫茫,"尽是一些鬼禽兽","一天一天的越觉得善人少,恶人多。"所以,"人家与他谈市井猥琐的话,他固然觉得不堪入耳;便是人家与他谈道德学问,他亦是一笑置之,以为这亦不过是鹦鹉学舌罢了,谁信他当真懂得什么道德学问呢!"

一天下午,甄新听了一场"怎样救国家"的讲演会,心灵受到极大震撼。演讲人说,我们若以为国家是我们的,我们就应该救国家。但救国家不是一个人的力量能救的,要"合群"。不要愤世嫉俗,动不动便唉声叹气,认为"天下没有好人",其实未必如此。平心自问,这岂不是笑话么?"我问你为什么不替社会国家做事? 你便说一木怎能支大厦呢? 你为什么不找可以协同做事的人一路做事,谁叫你一木去支大厦呢? 我想你懒惰罢了,你自己先便不愿意做;你骄傲罢了,你自己不肯折节以交天下有志之士。倘若你能把骄气惰气从根本上铲除了,切实的做去,可交的人多得很呢! 可做的事多得很呢!"

这句句话似乎是故意说给甄新听的,将他"从大梦中喝醒",他想着从前所为的事,何曾不是骄不是惰呢,"国家的事,危急如千钧一发,又怎还容得懒惰!"从此以后,他像"改变了一个人"似的,待朋友谦恭了,做事情勤快了,能看到朋友的优点和才能,"并加以称赞推美",这样一来,他亦被其朋友所信爱。因此,"现在他的精神格外畅爽了"。

甄新有一个在邻县居住的亲戚,家主姓向名原,仕宦后裔,"有一等的家产",是当地一个很有名的绅士。这年夏天,甄新放了暑假,向原邀他到自己家里歇暑。向原得见甄新长得一表人才,气象峥嵘,言词流畅,颇觉欢喜,早晚常与甄新交谈。但可惜,一旦论到国家的事情,"总是格格不入"。在甄新看来,向原"有这好的凭借,正好为社会做事";而向原则认为甄新的话是"孩儿之见"。向原赌博、吃酒、烧香拜菩萨有钱有时间,但要他为社会做事,却无钱无时间了。甄新"只好暗为向原可惜罢了!"

向原有两个儿子,亦有十几岁了,但是没有受到什么良好教育,且沾染了社会上的许多恶习。甄新很为向家前途担忧,但向原不以为然,还认为甄新的话莫名其妙，"一般少年却是如此昏昏的过日子，我们又何必定于他们不同!"

转眼间，甄新中学毕业，毕业时考试成绩为甲等第一名。他的同学纷纷约他报考上海交通专门学校，或清华大学、北京大学、南京高等师范，但由于家境贫寒，"只好自笑这是梦想罢了"。很多人都为甄新惋惜。但"有价值的人，总是有价值"。由于他品学兼优，毕业不到一个月，就被一所小学聘为教师。任职期间，甄新"总是勉力尽个人的责任"，勤勤恳恳教孩子们，也用自己的良好操守影响周围的同事，为社会做实实在在的事情。甄新在教学之余，也刻苦自修，每月要花十余串钱买新书报看，他还和自己的朋友经常写信，"告诉他们应如何互勉做一个切实而勤快的人"。

在甄新的教育和影响下，他的学生们"一天一天大有长进"。甄新又将他品学最优的几个同学推荐到该校任教。这样，甄新所在的学校，"新势力一天大似一天"，"学生因此居然个个成德达材"，其前途"不可限量"，甄新从而也实现了自己的人生价值。

相比之下，甄新亲戚向原的两个孩子，由于骄惰惯了，虽然勉强混了个中学毕业，但在其父向原死了以后，坐吃山空，没有几年，向家便败落了。这真是"各人的前途，是要靠各人自己奋斗，各人的戏，是要各人自己唱的"。在小说的最后，作者画龙点睛说："路不走不到，事不做不成，谁是有志做真男儿的，请看甄新做的事罢! 谁是还没有立志的，请看向原父子的事罢!"

这就是《真男儿》的故事梗概。

2.《枕头上的感想》故事梗概

丈夫病了，病得十分可怜，面庞消瘦了许多，一定很痛苦。妻子照顾他，晚上总睡不安神，才朦朦地睡着了，又无端地惊醒了，到凌晨四点钟了，还在胡思乱想，越想越睡不着。她想了些什么呢? 这正是 1919 年 12 月，恽代英发表上《端风》年刊第 2 期家庭问题号上的《枕头上的感想》要讲的故事。

这对年轻夫妻，三年前互不认识，结婚后感情却非常好，"我与他简直同一个人似的"，最奇怪的是心灵的感应，"他害病我亦似害病，他痛苦我亦感痛苦。"

"我遇着了他,大概总算有幸福了"。她原以为是这样,但现在仔细一想:"我当真算有幸福的人吗?"她以为他能体谅她,其实她还有许多的痛苦,他何曾知道?

"人家说做女子的是前生造了冤孽的果报,这固然是迷信,没理由。然而女子过的日子,其实何尝是人过的日子呢?"这正是我睡不着深深思索的一个问题。

他总说他们一家人都还知道理,我也很承认。他的母亲、姑母、父亲都待我好,他们兄弟几个也和睦得真可爱,只是小妹年纪轻不懂什么事显得刁狡些,这算不了什么;只是妯娌间的关系难堪一点。我待妯娌,没有什么失礼的地方,但妯娌们总搁不下我。其实我知道妯娌们的心思:"无非翁姑爱我了,占了他们的上风了,怕翁姑把家当都给我做私房了"。唉!这卑鄙不值钱的心思!其实,我和丈夫一样,便不稀罕这份家当。我只愿丈夫赶快学成了,就了职业了,去过自己的日子去。"好男不吃分家饭,好女不穿嫁时衣。这家当原不是我们争来的,亦不是你们争来的。你们要,好,你们拿去吧!"

唉!若说不是造了孽的人做女子,为什么女子该这样?但回头想想,我们女子都可怜,亦用不着怪自己的妯娌。她们的可怜至少同我是一样,或者要比我还可怜些。她们以为我同她们抢家当,其实我若不是为着他,我一点什么东西都不要。再回头想,我以为她们同我抢家当,她们是为她们自己呢,还是为她们的丈夫呢?"我们大家为的都是一家人,为的是他们那样和睦的兄弟,然而我们却暗地成了仇敌,人家还要说女子是离间家庭的人呢!"再深一层思考,如果不早婚,男子都赚了钱再结婚,各人的家眷,可以靠他各人的力量自己供养,或者要少些这样的弊病。但偏偏这些做父母的,总要老早就教他儿女婚嫁。譬如我们的婚姻,为什么要这早举行?"简直做父母的人莫名其妙"!

他总说男女平等,什么叫做男女平等?为什么结婚总是女子到男子家里来,总是女子一切服从男子?他说男女平等,这自然不错。那便换一次,

"教结婚的男子都到女子家里去,凡事男子一切服从女子,这亦可以么？把姊姊的丈夫同妹妹的丈夫,亦教他做娅婳,勉强他们假马儿的做兄弟样子,像现在的人勉强我们姊妹一样,这亦可以么？"

还说什么男女平权,"这世界上人何曾把女子当人呢？"我还记得母亲曾告诉我,我母亲生下我的时候,以前已生了三个姊姊,祖母因为我母亲只会生女儿,久已不耐烦了。母亲怀上我的时候,祖母就常常说,不要又是丫头了,家里养不了这许多丫头呢。母亲听了这话,常常恼得哭。待我出生时,祖母说,这真是家运,偏偏又是个丫头。这几句话,把我母亲气得昏死了过去。"为什么我们是丫头,是不应该生的呢？祖母不是女子吗？还要把女子这样轻看。"

我还听张妈说,他们乡里生多了女儿,便把新生的丢到池里淹死。张妈还说,她自己亦曾有一次生了一个女儿,被她丈夫拿去淹死了。张妈同她丈夫拼死地闹,她翁姑同邻舍的人,还说她不应该,他们以为淹死女儿是应该的。"咳！可恨！最可恨的,许多女子亦相信是应该这样。"

我还记得,我从前上学,母亲向父亲要学费,父亲很不愿意地说,女孩上学堂做什么？横竖是人家的人。"咳,他是我亲生的父亲,还这样外看我！其实他说我是人家的人,人家又何曾把我当他家的人呢？"

他病得这样,倘若死了呢？咳！不要胡想！

然而,我偏偏又想起他说过的话:倘若我先死了,他不愿意再娶。他似乎不是说假话。"然而那有男子肯这般的呢？况且他便不愿意再娶,他家里那里能由他呢？他们说,男子三妻四妾,那都是应当的,还能由他不再娶？"

他还说,女子不一定要守寡。然而仔细想想,为什么一定要人不再娶,要人守寡？"倘若我死了,他找着与我一样或比我还好些的人,为什么他一定死守那些枯寂的贞操,不去与那个人结婚呢？倘若他死了,我找着与他一样或比他还好些的人,为什么我一定要死守那枯寂的贞节,不去与那个人结婚呢？"

最好是我们同年同月同日同时死,省得许多事。再不然,还是让我先死,无论他再娶不再娶……我爱他,我愿意这样。"但我不愿他死在我之先。我不愿守寡,也不愿再嫁,而且亦不敢再嫁。"

这就是一个妻子一夜的胡思乱想!

3.《真男儿》、《枕头上的感想》的文学价值

《真男儿》、《枕头上的感想》两篇短篇小说,文字朴实,情节也比较简单,但现实性强,思想内涵丰富深刻,是新文化运动文学革命大潮中的两朵晶莹发亮的浪花。

随着新文化运动的发展,中国在文学方面也出现了一次革命。从 1917 年起,《新青年》响亮地提出了"提倡白话文,反对文言文,提倡新文学,反对旧文学"的口号,并且从 1918 年 1 月出版的四卷一号起,改用白话文,采用新式标点。陈独秀在《文学革命论》中明确提出了"文学革命"的口号,强调文学不仅要改革形式,也要改革内容,极力主张"推倒雕琢的阿谀的贵族文学,建设平易的抒情国民文学","推倒陈腐的铺张的古典文学,建设新鲜的立诚的写实文学","推翻迂晦的艰涩的山林文学,建设明了的通俗的社会文学"①。《文学革命论》的发表,吹响了向封建文学进攻的号令。在全国,钱玄同、刘半农、鲁迅等立即响应并投入战斗。

在湖北从事新文化运动的恽代英与黄负生,堪称全国灿烂群星中武汉的双子星座。黄负生先后写了《孤儿》、《夕阳会》、《和平的死》、《盆花》等小说和《奴婢》、《木芙蓉》等新诗,与恽代英的《真男儿》、《枕头上的感想》一起,可视作湖北响应陈独秀文学革命的代表作。

五四运动前后,是中国传统文化走向现代文化的转折时期。这一时期文学革命的显著特点,表现为,作品题材日益广泛,作品的主题更加切合时代,反帝反封建和弘扬爱国主义的思想表现得十分强烈。《真男儿》、《枕头上的感想》正好反映了这一时代特点。因而具有极高的文学价值。

第一,做一个堂堂正正的真男儿。

---

① 陈独秀:《文学革命论》,《新青年》1917 年第 2 卷第 6 号。

这正是恽代英在《真男儿》中要揭示的主题。

首先,恽代英以洗练的语言,暗示了当时中国社会的思想状况。新文化运动兴起后,以李大钊、陈独秀为代表的一代知识精英,英勇奋起,积极探索救国真理;也有少数受封建文化毒害很深的青年,继续沉溺于恶劣的环境中自甘堕落;绝大多数的知识青年,则像甄新那样处在彷徨中。他们勤学、有正义感,讨厌醉生梦死的生活;但又自觉清高,不合群,想救国,也不知从何着手。可见,甄新这个艺术典型,在当时中国具有广泛的代表性,一旦甄新们觉醒过来,国家的前途便大有希望。

其次,恽代英明确说明要使甄新们觉醒过来,就必须向他们大喝一声,使他们的心灵受到震撼。这就引出了甄新去听演讲会并受到教育的情节。演讲人的讲演,特别是"我们若以为国家是我们的,我们就应该救国家"这句话,起到了振聋发聩的效果。试想,有哪一个有正义感的青年不认可国家是我们大家的呢?既然明晓了国家是我们大家的,我们大家就应该起来反对帝国主义的侵略和封建专制统治,拯救我们的国家。

再次,恽代英告诉了救国家的基本方法。这就是要"合群",即团结自己周围的朋友一起去做爱国的事。为要达到这个目的,就应一不要懒惰,二不要骄傲。只有不懒惰,才肯愿意替国家做事;只有不骄傲,才肯放下自己的身段去结交天下有志之士。这便能彻底铲除惰气骄气,结交更多的朋友,替国家做更多的事情。

最后,恽代英用较多的篇幅着重叙述了甄新思想转变后,实实在在去替国家做事的情形。甄新开始想改变自己亲戚向原及他的两个儿子,但向原认为他的话是"孩儿之见","莫名其妙",对其子极尽放纵。这说明家庭教育对子女的成长是多么的重要!甄新第一次做的事就这样失败了。但他没有气馁。甄新以甲等第一名的成绩中学毕业,由于家庭贫困,他放弃了进入高等学校进一步升造的机会,在朋友们都为他惋惜时,他并不怨天尤人,而是面对现实,选择了小学教师的职业岗位。

他在这个岗位上勉力尽责,不仅勤勤恳恳教孩子们,还在假期和孩子们一起学习游戏,采集动植物标本,陶冶了孩子们爱祖国、爱学习、爱科学的情操;他还拒绝吃酒打牌,用自己良好的操守影响周围的同事;更难能可贵的是,他的薪金虽然微薄,但还是每月节省十余串钱买新书新报,不仅自己学习,还借给朋友们看,以至他这里成了"同学的俱乐部了"。在同事辞职他去后,甄新便向校长推荐他过去品学兼优的几个同学一起来校工作,由他一个好教员引来几个好教员,从而使学校呈现一派生机,新的善势力一天天扩大。这些学生毕业后升入到中学,甄新还在品行学业上帮助他们,使这些学生"居然个个成德达材,在各学校中都是出色的人物"。甄新为国家所做的这些实实在在的事,无疑是救国家的爱国表现。

再对照向原的两个孩子,在向原死了以后,既不做事,又不安分,不到几年,向家便败落了。

小说写到这里,寓意十分清楚了:甄新就是一个堂堂正正的"真男儿",要做"真男儿",就要尽快立志,向甄新学习。如果谁还没有立志,就要以向原的两个孩子为鉴戒。

纵观《真男儿》,我们看到,这篇小说用叙述和白描的手法,以写实为主,紧紧围绕人物思想转变及转变后如何为国家做实事这条主线展开,层层递进,比较成功地塑造了甄新这个典型艺术形象。甄新这个艺术形象,并不是完美无缺,在未听演讲会以前,他爱学习,有正义感,但却清高,这正是五四那个特定历史时期青年知识分子的共性。正是这样一位知识青年思想的转变,才更有很强的现实教化作用。这篇小说所反映的思想,与恽代英同时的许多政治论文、学术论文一样,体现了他教育救国、道德救国的思想,虽然具有一定的历史局限性,但毕竟适合了当时文学革命发展的主流方向。

第二,反对封建婚姻,批判封建礼教,追求男女平等。

"我"的一夜胡思乱想的那些事,无一不是对封建婚姻、家庭丑恶、男尊女卑的封建礼教制度的批判、控诉和对经济独立、男女平等生活的美好追求。

首先,揭露了封建婚姻家庭的丑恶和表达了"我"对经济独立生活的渴望。文中指出,他算是能体贴我的,但是,我还有许多痛苦,他何曾知道?说起妯娌两个字"我真有点害头痛",横竖想了一百遍,"究竟不能懂"。我待妯娌，自觉没有什么失礼的地方，但她们总是"搁不下我"。其实，我知道她们的心思："无非翁姑爱我了，占了他们的上风了，怕翁姑把家当都给我做私房。"这句话一针见血，讲到了根本处。在中国传统封建家庭中，子女经济未能独立，分家争家当是不可避免的。这是造成一般妯娌不和、兄弟成仇的主要原因。

文中说，这"卑鄙不值钱的心思"！他和我一样并不稀罕这份家当。"我只愿意他赶快儿学成了，就了职业了，我们去过我们的日子去。"这正是五四新青年渴望立志谋求经济独立思想的真实写照。"好男不吃分家饭，好女不穿嫁时衣"，如果不能自谋职业，经济独立，仅靠"吃分家饭"、"穿嫁时衣"，总是不能长久的。

妯娌们为什么产生这样的"心思"呢？再往下品读，原来是母亲给了我"这个钟"，"那个羊皮统"，使她们产生了疑心。"钟呢，我为他要上学堂去，要有个准确些的时候好起身；皮统子呢，我为他的衣服单薄了，怕冻坏了他的身子，预备为他做件新皮袍。"可见，我接受母亲的馈赠，都是为着他，不然，"我一点什么东西都不要"，怎么是同她们"抢家当"呢？

这段内心倾诉说明，这对青年夫妇是在学业未成、经济未独立前，尊"父母之命、媒妁之言"早婚的。"我想若是都赚了钱才结婚，各人的家眷，可以靠他各人的力量自己供养，或者要少些这样的弊病"。这应该是至理名言了。可是，"偏偏这些做父母的，不知发些什么疯，总是老早就教他儿女婚嫁……譬如我们这一场婚姻，为什么要这早举行？简直做父母的人，亦莫名其妙。"这表明，"我"对父母教儿女早婚是强烈不满的。

其次，控诉了男尊女卑。文中说，他总说男女平权。实际上"男女平权总靠不住"，"这世界上何曾把女子当人呢？"这也是字字见血的。文中又说，两千多年来，中国封建社会传统，男尊女卑，男女从来没有平权过。无论是我母亲怀我生我时祖母说的把母亲"气昏了，几乎死了"的那些话，还是张妈讲的在乡里，生多了女儿，"便把新生的送到池里淹死"的事；更有甚者，张妈向丈夫抗争把亲生的骨肉女儿送去淹死，不仅没有得到同情、支持，反而遭到她"翁姑同邻舍的人"的无理指责。就连我的母亲为我从前上学向父亲要学费,也一样被父亲拒绝。这些血淋淋的事实,不正是对封建社会男尊女卑的血泪控诉吗?同时,我们也看到,这几件事关联到的我的祖母、张妈的丈夫、我的父亲三个人物,他们都是男尊女卑的"卫道者",真是可恶可悲!

最后,批判了封建礼教。文中说,在万恶的封建礼教下,妻子死了,丈夫可以马上再娶,即使三妻四妾,也不为过。但是,若是丈夫死了,妻子则必须为丈夫守寡,不能改嫁。他也算是新青年,他对我说,假若我先死了,他不愿意再娶。说明他对封建礼教是有反叛精神的。他"温文诚实",我"信得过他",然而"他诚实到这一步田地,我却难得信"。这是很自然的。我先死了,即使他不愿娶,他的父母、他的家族、亲戚朋友能够"由他不再娶吗?"当然不能够。所以,"论我的心,亦愿意他再娶,我亦不愿死早了,离开了他。"然而宁我先死呢,还是他先死呢?还是我先死的好。"我死了他便再娶",这比"他死了我过的日子好些"。

想到这儿,我再也抑制不住内心的激情,向封建礼教发出了强烈的挑战:"为什么一定要人不再娶,要人守寡?"并且作了理直气壮的回答。如果我先死,他遇到比我更好的,或者他先死,我遇到比他更好的,就要娶,就要嫁!

由上可见,恽代英在《枕头上的感想》中,以第一人称手法,向读者描述了一位觉醒了的五四新女性"我"的形象。"我"不满封建婚姻家庭的丑恶现象,渴望过经济独立的生活;控诉了吃人的男尊女卑封建礼教制度,渴望男女平等。这正反映了五四时期长期受到封建制度压迫的广大妇女渴望解放的心声,具有极强的现实性和时代感。因而现在读来,仍有强大的冲击力。

(二)对无产阶级革命文艺理论的贡献

如果说恽代英的文学思想在五四新文化运动中的表现,主要体现在适应时代潮流、直接创作了适合文学革命发展方向的小说作品上的话,那么,恽代英在成长为职业革命家尤其是在主编《中国青年》后,他的文学思想,则主要体现在对无产阶级革命文艺理论的研究上。他倡导建立无产阶级的革命文学,坚决反对洋八股;他积极引导和鼓励青年作者投身中国共产党领导的革命实践斗争中去,培养自己的革命感情,创作出充满革命感情的优秀作品;他也十分重视无产阶级革命文学在革命斗争中的宣传鼓动作用。

1. 倡导无产阶级革命文学,坚决反对洋八股

倡导无产阶级的革命文学,就是要顺应中国新民主主义革命的历史潮流,在中国无产阶级及其政党的领导下,创作出能够激发民众革命精神的新文学,使文学成为民族民主革命斗争的有力武器。因此,恽代英认为,在相应的文学观念上要有一个彻底的变革,即应由文学革命向革命文学转变。为此,他先后写了《八股》(《中国青年》第 8 期)、《文学与革命》(《中国青年》第 31 期)、《中国所要的文学家一文的按语》(《中国青年》第 80 期)、《怎样做一个宣传家?》(《中国青年》第 84 期)等著名论文和相关讲演、报告和书信,深刻地论述了这个问题。民主主义的新文学,是相对于明清以来影响中国的封建旧文学而言的,这种旧文学的表现形式,就是按明清科举制度所规定的八股文体的要求,用文言文去写作。八股文也称"时文"、"制义"或"制艺"。文章都按一成不变的固定格式和要求写作。每篇文章由破题、承题、起讲、入手、起股、中股、后股、束股八部分组成。破题用两句点破题目要义;"承题"是承接破题的意义而进一步加以说明的;"起讲"是题议论的开始;"入手"是起讲义入手之处;从"起股"至"束股"才是议论,"中股"为全篇的重心。在这四股中,每股都要有两段相比偶的文字,合共八股,故称"八股文",也称"八比"。其题材和内容必须根据宋代朱熹的《四书集注》,不许有作者自己的思想。这种封建王朝为了维护其统治、束缚知识分子思想的文体,数百年来,不知坑害了多少人。因此,五四新文化运动时期的文学革命,其实质就是用民主主义的新文学,反对以八股为主的封建旧文学,主张用白话文代替文言文。所以五四新文学运动一开始就对文言文和八股文体展开了猛烈的攻击。

恽代英其时也参加了战斗。他以一位觉醒的新青年的身份,批判这种

"古昔相传"的封建教育下的呆板文体,严重脱离实际,束缚人们的思想。他指出,在科举时代,"一般学人之重文字,即因彼等直认学文字即所以求生活之技能"①,即把读四书五经和按八股文体赋文,看成升官发财的阶梯。他们"自有生以来,只知消磨此岁月于黄卷青灯中……乃一涉足人世,便茫然不知何以处此",乃至"米不能辨糯粳,鱼不能辨鲂鲤,布不能辨绫罗,色不能辨茶褐"②。"我们中国二千年的业儒,便是中这个毛病。"③

五四新文学是以现实主义和浪漫主义精神为代表的。它的突出特征是:其作品思想内容的基本倾向是深刻剖析丑恶的现实和热烈憧憬美好的未来,采用白话文进行创作,冲破八股文和旧诗格律的束缚,追求自由创造,具有新鲜活泼的气势和大胆泼辣的革命情趣。这种从内容到形式崭新的新文学,完全不同于旧的八股文,从而一扫文坛和社会上压抑沉闷的污浊空气,给文学和社会带来了生机与活力和一系列新的变化。1920年,北洋政府教育部不得不承认白话为"国话"。自《新青年》首先发表白话文章和作品后,《每周评论》、北京《晨报》副刊等,随后也相继发表用白话写成的文学作品和翻译作品,成效卓著。

然而,为封建专制制度服务的八股文体,在新文化运动中受到严重打击后并没有销声匿迹,相反,随着中国革命的兴起,一些自命为"革命"的文学青年,他们背弃了新文学的革命方向,在内容和形式上,盲目崇拜外国文学,狂热追求一种脱离民族的审美习惯和审美情趣,并以欧化为荣,"以浮辞为文学,以玄学为哲学",并以"革命作家"自居。其实,他们中"许多人并不知道文学、哲学的真价值"④。他们"反对物质的改造,反对革命,只知做空文章,说废话,甚至于吟几句怨詈咀咒的诗歌,这只是无聊的流氓而已"⑤。他们或是"放荡于滥调的文艺"之中,或是"很时髦的在那里做那些空洞无物

---

① 《恽代英文集》上卷,人民出版社1984年版,第57页。
② 《恽代英文集》上卷,人民出版社1984年版,第21页。
③ 《恽代英文集》上卷,人民出版社1984年版,第143页。
④ 《恽代英文集》上卷,人民出版社1984年版,第143页。
⑤ 《恽代英文集》上卷,人民出版社1984年版,第415页。

的自由解放的文章",①"他们最高兴的,是吟两三句无聊的小诗,再不然,便谈一点甚么主义的玄学。他们便看了一两本甚么新文化的书籍,亦是只能将几个食而不化的新名词,生吞活剥的在无识者面前卖弄风骚。他们还很轻看中国的实际问题。他们还不认得究竟中国今天是如何受国际的盘剥;他们还要说兵匪流氓完全是中国的莠民。他们对于中国的将来,全没有一个明了的理想,所以他们对于中国革命的步骤,全没有一个正确的观念,因而他们对于革命的成功,亦全没有一个坚定的信仰。他们虚骄的自信,以为他们很纯洁,他们要成为未来的革命领袖,然而他们一天与有组织的旧势力相结触,便只有成为屈服的俘虏了"②。他们甚至"不顾一切耻辱危殆,只知颠倒于诗酒恋爱之中;进一步的,亦只知从事于无目的的学问美术,以满足其浮薄的感情"③。

正因如此,中国的现实文坛,又泛起了一阵"洋八股"的污泥浊水,使广大革命青年甚为反感。正如一位读者在致恽代英、林育南的信中所指出:"我们随意翻开许多种的任何一种杂志,几乎本本有几首令人读了肉麻的诗和着几篇平铺直叙不关痛痒的小说,真是令人作呕。中国所急于需要的是富刺激性的文学,不是那些歌舞升平,讲自然,谈情爱,安富尊荣不知人间有痛苦事的文学"。今日中国,国内军阀一天胜一天专横,外面列强一层进一层的剥削,民智愚暗,社会昏乱,在这种境况下,中国的文坛,竟"没有一篇读了令人兴起或者读了至少令人落泪的东西出现"④。

恽代英认为,所谓"洋八股"新文学的出现不是偶然的,它是有着极其深刻的历史根源和现实社会根源的。

从历史上看,自明清以来八股文的流毒根深蒂固,不是轻而易举可以荡涤干净的。虽然五四文学革命取得了很大成绩,但毕竟"我们离八股的时

①　《恽代英文集》上卷,人民出版社1984年版,第464页。
②　《恽代英文集》上卷,人民出版社1984年版,第442页。
③　《恽代英文集》上卷,人民出版社1984年版,第358页。
④　济川:《今日中国的文学界》,《中国青年》1925年第80期。

代不远,而且重文轻实的风气,还遍满国中"①。

从社会现实看,一是当时文坛上一些自命为"革命作家"的青年作者,他们把自己禁锢在自己的狭小生活天地里,远离人民群众的火热斗争。"不知中国是什么样的国家,他们是什么样的人"。"他们不知道中华民族的独立,是他们为自身、为种族,不能不负的重大使命。……质而言之,他们失却了一切独立民族的灵性。他们因为在外国侵略的文化政策或教会教育之下,已经把灵性被那些恶魔障蔽了。"②因此,这些自命"革命作家"的青年作者,创作出来的洋八股式的所谓"新文学",唯美主义倾向和欧化倾向是十分严重的。他们从事文学创作并不是为了唤醒人民群众的觉醒,而是出于偷惰的习气。他们"看见理化数学便头痛",因而喜爱起文学创作,他们的文学创作从来是不肯"把中国人零碎所受宰割的苦痛,以及中国完成独立的可能,详阐于国民之前。"③二是当时这些自命为"革命作家"的青年作者,在批判封建时代的文学遗产时,根本没有注意到吸收它的合理性部分和民主性的精华,乃至走向虚无主义的全盘否定民族文学的优秀传统,而对外国文学特别是欧洲文学一味盲目地崇拜,只注意翻译外国的文学,而且翻译的水平"多是太糟糕了","与其说是欧化语言,毋宁说是不通"。现在所谓新诗更是笑话,大半是些矫揉造作的东西,首首离不开"伊",句句离不开"爱",完全成为闺怨诗。这种洋八股式的所谓"新文学",对新文学的进一步发展和繁荣妨碍极大。它并不是真正的新文学,只不过是新文学发展过程中产生的一种畸形儿,是一种已经欧化了的冒牌的"新文学"。这说明,这些所谓"革命作家",完全不了解中国受压迫的原因,更没有联合反抗的意识,"所以他们至多发为委靡失望的诗歌,因为他们自己找不着一条出路,到不胜烦闷的时候,索性借一种侥幸的幻想,浮薄的嗜欲,以麻醉自己之苦痛,于是成为风花雪月、醇酒美人之'文学'"④。

---

① 《恽代英文集》上卷,人民出版社 1984 年版,第 143 页。
② 《恽代英文集》上卷,人民出版社 1984 年版,第 358 页。
③ 《恽代英文集》上卷,人民出版社 1984 年版,第 412 页。
④ 《恽代英文集》下卷,人民出版社 1984 年版,第 670 页。

恽代英对这样的"革命作家"不屑一顾,十分厌恶。他说:"我实在厌闻现在一般所谓新旧之事,我想所谓新的,必不是仅仅穿洋装,读外国文,做几篇解放改造顺应潮流的杂志文,便够了。所谓旧的,亦必不是仅仅哼古文,穿方马褂,吃鸦片烟,做几篇寿序、墓志铭,肉麻的诗文小说便够了。依我的意见,大概新旧之争,总是问我们要怎样做人。果然如此,我以为没有甚么争的。"①

因此,恽代英坚决反对"洋八股"。他坚定地说:"我们为现在的新文学若是能激发国民的精神,使他们从事于民族独立与民主革命的运动,自然应当受一般人的尊敬;倘若这种文学终不过如八股一样无用,或者还要生些更坏的影响,我们正不必问他有什么文学上的价值,我们应当像反对八股一样地反对他。"他指出,废止了八股的文学,却这样高兴提倡洋八股的文学,真是咄咄怪事。"我们为八股无用,所以废八股","我们为八股斲丧人的性灵,所以废八股","我们为八股只可以做进学中举的敲门砖,没有别的用处,所以废八股"②。

由此可见,恽代英倡导无产阶级革命文学,坚决反对洋八股,旗帜鲜明,态度坚决。然而,恽代英反对旧文学,提倡新文学并没有全盘否定旧文学的价值。他说:"新文学固便通俗,然就美的方面言,旧文学亦自有不废的价值,即八股文字亦有不废的价值,惟均不宜以之教授普通国民耳"③。由此可见,恽代英只是认为八股文只能由少数学者去研究,普通国民则不宜教授。

2. 积极引导和鼓励青年作者投身革命斗争实践

建设无产阶级革命文学,必须引导青年作者投身于中国共产党领导的民族民主革命斗争实践中去,培养他们的无产阶级革命情感。只有这样,才

---

① 《恽代英文集》上卷,人民出版社1984年版,第167页。
② 《恽代英文集》上卷,人民出版社1984年版,第390页。
③ 《恽代英日记》,中共中央党校出版社1981年版,第439页。

能创造出反映时代的充满革命情感的优秀作品。

恽代英指出:"许多朋友都在要求中国要产生革命的文学家,而且许多朋友亦已经以革命的文学家自命,不过我总觉得他们的成绩是不能满意的。"①这是什么原因呢? 因为他们作品内容中所表现的思想感情与无产阶级格格不入。像中国今天这样一个半殖民地半封建的社会,无产阶级受到重重压迫的社会生活,他们发出的种种呻吟的声音,作为一个革命的青年作家,不仅应该倾听得到,而且亦应该同无产阶级一样有改变这悲苦境况的愿望,和他们一起奋斗。果能如此,他们自然便会产生革命的情感,创作出革命的文学来。不然,他们虽然自称赞成革命,也仅不过只是从理论上得着一种觉悟而已,他们其实不明了自己的生活之有需于革命,他们瞒却自己生活的卑污与苦恼,专门矫揉虚伪地以为革命是牺牲、为社会做好事。"在这样不知道革命或不从自己真正情感为出发点以从事革命的人当中,怎么会产生革命的文学呢?"②

恽代英强调说,既然文学是"人类高尚圣洁的感情的产物",因此,"自然是要先有革命的感情,才会有革命文学的。"然而,"现在的青年,有几个真可称为有革命的感情呢? 普通的人,脑筋里只装满了金钱、虚荣与恋爱,他们偶然写几个'奋斗'、'革命'的字样,亦不过是鹦鹉学舌。"像这样的青年,"他们亦配做得出革命的文学么? 倘若他们做出那些完全不是高尚圣洁感情所产生的所谓革命的文学,那亦配称为文学么?"③

恽代英又尖锐指出:"现在的青年,许多正经问题不研究,许多正经事不做,自己顺着他那种浅薄而卑污的感情,做那些象有神经病,或者甚至于肉麻的哼哼调,自命为是文学,自命为是文学家,这却不怪我们藐视而抹煞了。"④

由此可见,恽代英对那些自命"革命作家"和他们创作出的"革命文学"

① 《恽代英文集》下卷,人民出版社1984年版,第670页。
② 《恽代英文集》下卷,人民出版社1984年版,第670—671页。
③ 《恽代英文集》上卷,人民出版社1984年版,第532页。
④ 《恽代英文集》上卷,人民出版社1984年版,第532—533页。

是根本否定的,既不承认他们是革命作家,也不承认他们创作的所谓作品是革命文学。在恽代英看来,如果这些自命"革命作家"的青年作者,不改变他们的思想观念和生活状况以及他们的精神状态,他们是不能成长为革命作家,也是创作不出真正的革命文学的。

为此,恽代英认为,一定要正确引导青年作者走出"象牙之塔",从"亭子间"走向社会生活,投身于伟大的轰轰烈烈的革命斗争实践中去,培养自己高尚圣洁的无产阶级革命感情。他还从中国的现实情况出发,提出了一系列发展中国革命文学的政治主张。

第一,青年作家应该从思想上认清自己的出路。恽代英明确指出,要创作出革命文学吗?要成为革命文学家吗?"我以为第一要使大家认清自己的出路,要他相信中国的革命是'为他自己'的必要而且不是不可能的事情"①。这就是说,青年作家必须将自己的命运和中国革命的命运紧密联系在一起,认识到中国革命既是中华民族解放的需要,同时也是为自己确立正确的世界观、人生观、价值观的需要。只有这样,才能主动深入民众,了解人民群众的疾苦与需求,真正从思想感情上与人民群众打成一片,从而使自己走上革命的文艺道路,使革命成为自己的必要成为可能。

第二,青年作家应该从实践上"赤裸裸的承认自己的地位,要明白剖析自己一切奴婢、娼妓、盗贼式的生活,使自己认定革命是'为自己'刻不容缓的事情"②。这也就是说,青年作家必须正视自己在人生的道路上曾经经历过的非真正的革命生活,严格解剖自己的过去,并立即自觉投身革命实践,在革命的实践中不断改造旧我,逐渐实现新我。因为"文学是情感生活的'真实'的表现",只有投身火热的革命斗争实践,才能从现实革命生活中获得创作的源泉,从而创作出真正的能够激发人民革命斗争的优秀作品来。"若并没有要求革命的真实情感,再作一百篇文要求革命文学的产生,亦不

---

① 《恽代英文集》下卷,人民出版社1984年版,第671页。
② 《恽代英文集》下卷,人民出版社1984年版,第671页。

过如祷祝鸡生蛋,未免太苦人所难了呢!"①因为"'诗人是生的,不是做的。'那便是说,诗人是由于他的情感自然成功的,不是没有那种情感矫揉造作所产生得出来的"②。

恽代英还以自己的切身经历告诉革命青年说:"我们为想编集充满革命精神的浅显读物或歌调,曾与朋友发起平民书局,编印《平民之友》周刊及平民丛书,近来又编印种种劳动青年周刊。不过这究竟是不够用的。我还觉得最大的缺点,是现在大家所知道的民间痛苦太少,所以说出的一些话,总不免隔靴搔痒的弊病。"所以,真能确实了解农民的痛苦,并能说出切实地救济痛苦的方法的人,"编读物亦好,演说亦好,唱大鼓亦好,都可以使农民声入心通,引他们发生革命的要求"。他衷心地希望革命青年多留心从客观方面考察农民的实际生活情形:究竟他们苦到什么田地? 这些苦处是从何而来的? 是不是可以有办法救济? 我们所提倡的许多办法,究竟是不是真能救济他们?"真了解农民生活的人,才会真表同情于农民;只有这种人说出话来能打中农民的心坎,他亦自然会唱出为农民要求革命的歌调"③。

恽代英上述思想清楚说明了亲身投入革命实践,深入社会生活,对于一个有志于成为革命作家的青年来说是多么的重要!

所以,恽代英坚定地说:"倘若你希望做一个革命文学家,你第一件事是要投身于革命事业,培养你的革命的感情。"④这就清楚地告诉文学青年,要想使自己成为革命的文学家,最要紧的是要先"能够做脚踏实地的革命家"⑤。

恽代英上述关于什么是革命文学、什么是革命文学家以及希望做一个革命的文学家,首先必须投身革命,做脚踏实地的革命家的论述,以马克思

① 《恽代英文集》下卷,人民出版社1984年版,第671页。
② 《恽代英文集》上卷,人民出版社1984年版,第532页。
③ 《恽代英文集》下卷,人民出版社1984年版,第640页。
④ 《恽代英文集》上卷,人民出版社1984年版,第533页。
⑤ 《恽代英文集》上卷,人民出版社1984年版,第532页。

列宁主义文艺理论为指导,结合中国的革命实际,提出了我国无产阶级革命文艺发展的一些基本理论问题。这在中国共产党人的早期著作中同样是少见的。他的这些思想现在看来虽然还很稚嫩,不尽完美,但却具有开创性,为党的革命文艺理论奠定了坚实的基础。

3. 重视文学作品的影响与作用

马克思主义者认为,文学属于上层建筑,是一种特殊的社会意识形态,它是社会存在的反映。这种特殊的社会意识形态,在人类社会中对人生与社会有没有影响与作用,有什么样的影响与作用,历来是文学理论争论不休的一个重要问题。

唯美主义者只承认文学自身在艺术上有审美价值,否认文学对于人生和社会在思想上有审美教育作用,他们孤立地空洞地讲文学"为人生而艺术",极力排斥和反对进步的革命文学在思想上对于人生和社会的影响与教育作用,在"艺术至上"的招牌下,极力鼓吹消极、悲观、颓废甚至荒诞无稽的淫秽作品。对于这种唯美主义的美学观点,恽代英是断然反对的。在他看来,文学是一定社会生活在人的头脑中的反映,是从属于一定阶级的。在阶级社会里,文学的发展与阶级斗争密切相关;不同阶级或阶层的作家,对现实生活有不同的认识和反映,其作品必然是为不同阶级利益服务、起着不同社会影响和教育作用的。优秀进步的文学作品,一般能够正确地反映人类历史的进程和社会变革以及人们的社会生活情况,塑造体现时代精神的各种典型人物,表达人们的深刻思想和崇高感情,从而达到教育人民,并满足人民多样性的审美要求和欣赏情趣,从而推动历史前进。这些思想观点表现如下:

第一,反对消极颓废的文学作品,向青年推荐追求远大理想的优秀作品。

针对唯美主义者的观点,恽代英讥讽道:"我对于新文学的什么主义什么主义,老实地说,完全是一个外行。不过就我所知道的,新文学也并不一定要与人生有用,甚至于他虽然对于人生没有用,反转还要发生一些消极颓废的思想,终究不妨害他有他的文学上的价值。我常想可惜外国没有八股这种东西,若是将来也有什么德国人、奥国人或者南斯拉夫的人,发明了一种洋八股的文体,加上一个未来主义或者什么主义的名目,我看中国的文学杂志还要为他出专号、鼓吹一鼓吹哩。"①

恽代英在这里讲得很清楚,唯美主义者所鼓吹的新文学,不过是"洋八股文体"再加上一个"未来主义或者什么主义的名目"而已,这样的新文学,不仅对于人生与社会在思想上没有用,反而还要发生一些消极颓废思想,若要说这样的文学有价值的话,那只能是消极负面的影响。

正因如此,恽代英坚决反对这种对于人生与社会在思想上"没有用"反而有害的作品。而且,他的这一思想,自新文化运动以来是一以贯之的。我们看到,早在五四运动前,他就提出要慎重选择所读的书,特别是文学作品,明确指出:"择小说当如择友。盖阅小说时,无异以精神与书中人物接触,即交友之损益,不过因以精神相接触故也……良小说之价值至少与良友等……若恶劣小说,其效正与上反。"②他在致互助社朋友的信中还说:"淫亵之小说,多少是以鼓动吾人之色情,在少年正居色情发动期者尤甚。故此书于隐处或显处,每易使吾人戕身之事。小如手淫乃至妄想,此乃自然之结果,故不宜看也。每阅一部小说后,数日之感想多少必受此书中主人影响,如交劣友,而言引以为戒,实则无形中反以为法耳"③。中国大革命刚刚兴起,恽代英又告诉中国青年,特别是青年学生要读好小说,不要读坏小说。他说:"太滥调的小说,未免得不着益处;专谈家庭恋爱的小说,徒然引起些儿女子缠绵的幻想,最好不必寓目。"④

恽代英在反对消极颓废的文学作品,告诫青年慎重择书的同时,又不忘向他们极力推荐激励人们思想向上、具有高尚情操、追求远大理想的优秀作

---

① 《恽代英文集》上卷,人民出版社 1984 年版,第 389 页。
② 《恽代英日记》,中共中央党校出版社 1981 年版,第 131 页。
③ 《恽代英日记》,中共中央党校出版社 1981 年版,第 290 页。
④ 《恽代英文集》上卷,人民出版社 1984 年版,第 438 页。

品及其读书方法。他说,看曹雪芹的《红楼梦》,要"从反面看"①。指出:"看小说。最好是看水浒或这几年出版的有理想的小说。我们要希望从小说上激发我们的精神,使我们为社会上被压迫的人奋斗。"②

他特别希望青年看中国近代史、西洋史。即中国从鸦片战争以来、西洋从美国独立或法国大革命以来的历史,要从中国近代史中,"学得许多革命烈士,为中国的前途献身的伟绩";还要看中外历史上伟人的传记。"最好是注意革命的伟人";如果还有剩余的时间,也可以看几本历史劄记书。古代历史、四书、五经、老子、庄子、荀子、墨子等,亦可以选看一两种,要从中国这些传统文化中"晓得中国人常用的一些口语"③。恽代英还在致《中国青年》一位读者的信中写道:"倘若中国今天,真有你所述的石达开、唐才常、谭嗣同的诗文,有知识的人都不能不称颂拜服,我敢说那是没有用么?我还记得在我做学生的时候,我亦曾钞录古今悲壮雄伟的诗歌若干首,以自己锻炼精神,可惜现在已散失了。你能搜集这种材料,我十二分的盼望你的成功。"④

恽代英的以上论述表明,他是承认文学对人生与社会在思想上是有审美教育作用的。

第二,充分发挥革命文学的宣传鼓动作用。

既然文学这种特殊的意识形态在阶级社会里是为不同的阶级利益服务的,那么,无产阶级就应该充分发挥革命文学的宣传鼓动作用,以达到宣传人民,教育人民,鼓舞人民为民族解放和自己解放而斗争之目的。所以,恽代英又始终坚决主张将革命文学的审美教育作用与现实革命斗争的实际结合起来,到人民群众中去进行宣传。他说:"我并不蔑视讲学与文字鼓吹的功效,不过我信读书的人,若非自身投入实际社会生活,那便讲学与文学鼓

---

① 《恽代英日记》,中共中央党校出版社 1981 年版,第 131 页。
② 《恽代英文集》上卷,人民出版社 1984 年版,第 438 页。
③ 《恽代英文集》上卷,人民出版社 1984 年版,第 438 页。
④ 《恽代英文集》上卷,人民出版社 1984 年版,第 532 页。

吹,亦每易不能合于实际社会生活。我们中国二千年的业儒,便是中这个毛病。"①恽代英这里强调的,就是讲学与文字鼓吹要合于革命实际。同样的道理,革命文学也要合于中国的现实社会生活实际。只有这样,它的审美教育作用才会在党领导下的新民主主义革命斗争中充分发挥其强大的思想教育作用。

怎样使革命文学合于实际? 恽代英认为,这就是要发挥革命文学的审美教育功能,通过一切宣传鼓动手段,使其成为发动群众和组织群众的有力武器。他明确指出,我赞成"用历史、文学的教育,发达国民对国家的感情,使他在理既觉必须为国家奋斗,在情亦不能自禁其起而为国家奋斗。如此,比徒然以一个义务观念迫促他的,更可靠得多"②,他还强调指出:"我们要唤起人民为自己的利益而奋斗。要用哲学、文学、各种讲演、演剧的法子,打破中国人的所谓'安分'之说。"③我们要"宣传那些应当要求改造世界的人起来学我们一同改造世界。我们要宣传到使勇敢的人起来帮着我们宣传,我们要宣传到使怯弱的人都了解而赞助我们的主张,我们要宣传到一切被压迫的人们都联合起来,大多数向来为统治阶级作爪牙效奔走的人们都对于统治阶级倒戈相向,于是统治阶级便土崩瓦解的倒下来了!"④

为了充分发挥革命文学作品的宣传鼓动作用,恽代英认为,对农民进行政治宣传,"若是用描述故事的态度为农民解说各种世界以及中国的大事,他们是很愿意听的……我们能有人将时事预先编成比较长篇的小说,以为宣传之根据最好,此等小说宜注意除捉住每件事的主要部分以外,要多搜集有味的琐事,以鼓励听众的兴趣。如能将政治上各种事实编成歌曲、弹词、剧本自然更好。"⑤他还认为,在文化方面的宣传,如反对旧风俗、习惯礼教

---

① 《恽代英文集》上卷,人民出版社 1984 年版,第 143 页。
② 《恽代英文集》上卷,人民出版社 1984 年版,第 412 页。
③ 《恽代英文集》上卷,人民出版社 1984 年版,第 340 页。
④ 《恽代英文集》下卷,人民出版社 1984 年版,第 696 页。
⑤ 《恽代英文集》下卷,人民出版社 1984 年版,第 759 页。

迷信等,"最好用新剧表演,形容其滑稽荒谬"①,这样农民才容易接受,愿意接近我们。由此可见,在恽代英看来,在反帝反封建的新民主主义革命斗争中,广大人民群众是需要用形象化的文学形式去宣传、去鼓动的,通过这种宣传鼓动,人民群众便会在审美享受中觉醒起来,投身伟大的革命斗争中。

当然,恽代英从来没有把革命文学的审美教育功能及宣传鼓动作用放在不恰当的地位而加以无限夸大。他只是认为这是无产阶级革命中的重要工作之一。

中国革命的胜利,最终要靠一个"如布尔塞维克党"一样的党的领导。"中国必须要有一个这样的党,中国才有办法"②。所以,他号召一切有志改造社会的青年加入到党里来,由这个党指挥,并使许多党员到农人、工人中间去,"引导农人、工人为他们的利益而奋斗"③。

恽代英关于无产阶级革命文艺的理论,产生于中国大革命高潮刚刚兴起的时候。中国共产党在这时的工作中心是如何领导和发动全国的工农运动,还没有顾及建设和发展无产阶级革命文学的问题。恽代英却从中国新民主主义革命的全局出发,以超前的眼光,及时地提出这个问题,并进行了有益的探索。囿于历史的局限,他的上述思想应该说还是不够完美成熟的,只是涉及建设和发展无产阶级革命文学的最基本的一些问题;而且他的这些思想,一般自命为"革命作家"的青年也是一时难以完全理解和接受的,因而在当时还未能成为革命文学发展的主导思想。但是,恽代英的这些思想,毕竟是中国共产党人探索中国无产阶级革命文艺理论的先声,具有重大的理论价值和实践意义。只要我们将恽代英的这些思想,与毛泽东1942年5月发表的《在延安文艺座谈会上的讲话》认真比较一下,不难发现,毛泽东的讲话,与恽代英的思想是相通的,是坚持和发展了包括恽代英在内的中国共产党人早期探索的这些思想成果的。

---

① 《恽代英文集》下卷,人民出版社1984年版,第761页。
② 《恽代英文集》上卷,人民出版社1984年版,第474页。
③ 《恽代英文集》上卷,人民出版社1984年版,第502页。

第 八 章

恽代英的教育思想

　　恽代英一生的革命活动与教育活动紧密相连。1918 年 7 月,他留任湖北武昌中华大学附中部主任(即校长),并兼任国文、英语教师。其后,到位于安徽宣城的安徽省立第四师范学校任教务主任,到位于四川泸州的川南师范学校担任教务主任、校长,还到四川成都高等师范学校任教、讲学过。即使在紧张的革命活动中,恽代英也没有脱离教育工作,他曾在中国共产党创办的上海大学任教授,国共合作时期担任过黄埔军校的政治主任教官,并主持了中央军事政治学校(简称武汉军校)的领导工作,担任中国社会主义青年团重要领导职务时,一项重要职责就是负责学生工作。

　　恽代英在实践中不断总结经验、探索新的理论,从"教育救国论"者逐步成长为无产阶级革命教育家。他以睿智的目光和宽广的襟怀,孜孜不倦地探索前进,构建了具有他个人特色的"养成健全的公民的教育"的完整的教育思想体系,其实践探索和理论观点,具有十分独特的历史地位和弥足珍贵的现实价值。

一、恽代英教育实践与教育思想的发展

恽代英在中华大学求学五年。学习期间,他除按照哲学专业课程的要求,阅读了从《周易》到经书、子书、伦理、哲学史和印度哲学等书籍外,还把自己的宿舍取名为"读万卷书斋",无论古今中外的文、史、哲、教育、卫生,还是化学、无线电的书籍,佛教、基督教的经典,他都如饥似渴地阅读研究。

在这一阶段,他虽然只是一个学生,但他视野开阔、思维敏捷、擅长写作,先后在《东方杂志》、《新青年》、《光华学报》、《妇女杂志》等刊物发表研究论文 50 余篇,其中直接深刻论述教育问题的有 20 多篇,如《愚蠢的提问》、《家庭教育论》、《思考力之修养法》、《改良私塾刍议》、《学校体育之研究》、《〈儿童游戏时间之教育〉按语》、《不用书教育法之研究》、《〈儿童读书年龄之研究〉的按语》、《学问与职业一贯论》、《统一的教育行政》、《小学校职业教育实施法》等,可见他对教育的关注与投入。在这些教育文章中,恽代英不乏超前的现代教育理念和对教育的独特见解。1918 年 5 月 6 日,他听了艾迪先生的演讲,对"教育之为能力,可使国强,可使国亡"[1]深有同感,便在 5 月 27 日的日记中写道:"余尝思,果有机会可服务母校,当以养成学业一贯之人才为宗旨,将使此校为中国有名之大学,亦即因势成事之意也。"[2]他的"因势成事之意"就是救国,就是他所向往理想社会的愿望能借以实现。显然,这时他已萌发了教育救国的理想。

1918 年 7 月 2 日,中华大学校长陈时正式聘任恽代英为中学部主任(即校长)。从此,恽代英开始为"养成学业一贯之人才"而奋斗。他也为自己"职业定"而"热潮涌起"[3]。

1919 年 1 月,恽代英确立了中华大学附中部训练的最高理想和教育的

---

①　《恽代英日记》,中共中央党校出版社 1981 年版,第 366 页。

②　《恽代英日记》,中共中央党校出版社 1981 年版,第 389 页。

③　《恽代英日记》,中共中央党校出版社 1981 年版,第 424 页。

全部目的。他明确规定,训练之最高理想是"勤敬",分"活动"(活泼、劳动、向上、勇敢、博爱、知时)和"切实"(守规、纯洁、诚实、精密、恒久、谦和)两项;教育之全部目的是:"(一)国民常识之养成:国学常识,科学常识,世界常识。(二)生活技能之养成:手工制造,化学制造,国文改良,小学教育研究。(三)公民资格之养成:公民知识,公民道德,协同生活之训练,社会服务之提倡。(四)升学能力之养成:英文程度提高,各科平均注重,每上课时口问,月考,提倡预习,提倡自由研究,择校之辅助"①。

恽代英认为,要实现训练的最高理想从而达到教育的全部目的,必须首先对学生进行道德品性的教育。在学校,恽代英充分发挥互助社成员的模范作用,首先要求互助社成员互相激励,互相观摩。恽代英还经常通过训话、自修课、自修会对学生进行道德品性教育。

当时,武人摧残教育,腐败的清朝遗老把持教育,学校充塞着令人窒息的封建主义、帝国主义"奴化教育"的毒焰。恽代英以"养成学业一贯之人才"为宗旨,对中华大学中学部的教育教学进行了全面的改革。

恽代英在学校管理上十分严格,以"铁面孔"著称,坚持新生入学,必须经过考试,"择优录取"。还制定了严格的教学规章制度,任何人都不能违犯。但他又认为,"学校管理之严,乃教育之手段,非教育之目的。提掖学生之自动自治,乃其目的也"②,因此主张改变由学监禁锢学生的被动的消极的管理为帮助学生由学生自主管理的主动的积极的管理。他要求教师爱护学生,主张师生平等,反对师道尊严,他反复叮咛学生中的互助社社友们:"切不要把尊师的道理待我",并提醒自己"做教职员的时候,切不要勉强人尊师,以养成高于'人'的观念"③。他认为做教师的"应该把真品行真学问教学生敬、爱、信、化,秩序不待维持而维持了"④。他这样治校,中华大学中学部的校风曾一时享誉武汉三镇,家长争相把子女送到该校学习。

---

① 《恽代英日记》,中共中央党校出版社1981年版,第461页。
② 《恽代英日记》,中共中央党校出版社1981年版,第505页。
③ 《恽代英日记》,中共中央党校出版社1981年版,第613页。
④ 《恽代英日记》,中共中央党校出版社1981年版,第613页。

五四运动爆发后,恽代英立即领导武汉学生投入到火热的斗争中去,成为武汉地区公认的学生领袖。

五四运动后,恽代英考虑到培养"学业一贯之人才",最需要的是培养他们的"领袖精神",即活动做事的能力。在 1919 年 7 月,他又为中华大学中学部拟定《愿活动做事的人应具的能力(领袖的精神)》的培养内容。

风潮过去不久,军阀王占元即拿出八百块银元给中华大学校长陈时,要陈时解聘恽代英,否则将封闭中华大学,社会上和学校里的封建卫道士早已对恽代英一年多来进行的激烈的民主主义改革耿耿于怀,此时正好趁机攻击,恽代英经过一段时间难分难舍的彷徨之后,终于 1920 年 1 月辞职离去。他在日记中留下了"教育权不在我辈之手,一切进行亦不自由,何时望全国觉悟?"①的感悟之言。

这一时期,恽代英投身中华大学中学部的教育实践和五四爱国运动,发表了大量的教育研究论文,主要有:《理想的儿童俱乐部》、《学生课外之事业》、《中学部之未来观》、《教育学概论》、《中学改制论》、《教育究竟是什么》、《职业教育之目的》、《教师的地位》、《理想的中学课程》、《做事与结会》、《中学生之求业问题》、《中学国文教授之研究》、《践履道德的勇心》、《与黄胜白先生论中学体育》、《中学职业与文化运动》、《试验主义教育》等。这些文章偏重于他"以人为本"与"培养人的社会性"相结合的教育活动与教育实践的论述。

1920 年 2 月 1 日,恽代英与林育南等人创办的利群书社在武昌横街头正式营业。恽代英开始"专心做文化运动的事业"。他的教育思想也由单纯学校教育,发展到"倡导社会教育"。从这时至 1920 年 11 月安徽省立第四师范学校校长章伯钧聘请他为该校教务主任,这一时期,恽代英对教育的研究更深入了一步,先后又写了《平民教育社宣言书》、《敬告高等师范教职员及学生》、《驳杨春效君"非儿童公育"》、《再驳杨春效君"非儿童公育"》、《中学英文教授刍议》、《大家为"儿童公育"努力》、《编辑中学教科书的先

---

① 《恽代英日记》,中共中央党校出版社 1981 年版,第 582 页。

决问题》等。这些论著有的是在中华大学中学部实践经验的升华,如:《中学英文教授刍议》,总结的是他个人教授中学英文的经验;《敬告高等师范教职员及学生》,是依据他在中华大学中学部对教师的要求,提出要把高师的学生培养成"改进中学的教育家";《编辑中学教科书的先决问题》,是把他在中华大学中学部对教材的改革系统理论化的结晶。还有一些论著则反映了他开始用唯物史观对中国教育问题的深刻分析。如《驳杨春效君"非儿童公育"》、《再驳杨春效君"非儿童公育"》、《大家为"儿童公育"努力》等。从这三篇论文看,他已经在自觉运用恩格斯的《家庭、私有制和国家的起源》中的观点分析中国的社会、教育、妇女等问题了。他认识到中国不良的教育、道德都是因经济压迫所致,"世界全部的改造","才是各种问题的根本解决"。他与杨春效的论战的意义远非讨论儿童公育问题,而是通过这个问题扩展到了探讨改造国家的道路。由此可以看出,恽代英正在扬弃他过去所热衷的"教育救国论",经过实践,不仅他的教育理念更加明晰、更加充实了,而且正在探求新的突破。

1920年11月恽代英来到宣城安徽省立第四师范学校。他一就任就着手破除旧的框框,大刀阔斧地进行革新,充实图书馆,扩充教学设备,改革教学方法;他所担任的国文、修身等课程都废除了旧教材,自行编写讲义,采用新材料、新观点;他经常讲一些有关列宁和俄国十月革命的故事。同时健全了学生自治会,建立了学生的各种文艺会社和各班班会,在班会下建立小组,指导学生订立班级自治规约。还在学生中成立了互助组,互助组在经济上互相帮助,重点支援贫寒学生;在学习上互相探讨,推介《新青年》、《新潮》、《少年中国》等进步书刊。

恽代英经常以服务劳动和放下架子鼓励学生并且身体力行。他行装简朴,饮食粗淡,却经常接济贫寒学生。不论课内课外,他常以"天下兴亡,匹夫有责"的警句,激励学生关心国家大事,不忘拯救国家危亡。他还利用假期带领学生接触社会、了解社会、向社会作调查。他在各种集会上慷慨陈辞,激励学生、民众团结一心,奋起救亡。他的演讲,正如他的文章一样,极富吸引力。

　　1921 年 5 月,恽代英离任。他在宣城省立第四师范学校的实践和他对旧教育制度的考察,使他更加看清了造成旧教育制度的种种弊端的社会根源。他在给芜湖省立第五中学教师沈泽民、高语罕的复信中明确表示同意沈泽民所说:"教育问题,正和一切问题一样,非把全部社会问题改造好了,是不得会解决的。"①这就表明,他已开始把教育问题同整个社会问题的根本改造联系在一起来考虑,这正是他转向马克思主义者的一个重要步骤。

　　1921 年 10 月,恽代英到达四川泸州,就任川南师范学校教务主任。恽代英在离开安徽宣城时,发表了一篇《拟发起新教育建设社的意见书》,总结了自己的教训,决定再也不利用已成势力以建成事业。② 但他为什么又到川南就职呢? 这是因为,盘踞在泸州的四川军阀杨森一时"趋新",提出建设"新川南"的口号,开始推行"新政",在教育上聘请了新派人物卢思为教育科长,并根据卢思的提议聘任少年中国学会会员王德熙和恽代英分别担任川南师范学校的校长和教务主任,同时聘任了一批新派人物取代了川南师范和附属小学原有的教师,泸州教育界呈现出了一片生机。

　　恽代英一到任就雷厉风行。主持制定了学校的教育目的:"培养小学教师,同时又是社会运动家。"他尖锐地批评了奴隶教育,鲜明地提出:学生学习的目的,不是为了毕业以后饭碗主义地找个教师职业糊口,而是为了改造社会。因此他提出了自己的主张:培育学生具备刚健、刻苦、周密、恒久的品性;能服从真理,反对非理性。在教学内容上,他确定了科目的轻重,国文课改为语体文,选五四以来的进步文章作教材。教学方法改用讨论式。课余的各种分科研究会也组织起来了,由学生会选拔同学负责,科任教师参与辅导。新辟了图书阅览室,购置了大量进步书刊报纸。师生吸取了新文化、新思潮的养料,精神面貌日益朝气蓬勃。恽代英还以"劳工神圣"为口号,提倡师生共同劳动,一扫旧学校轻视劳动,师生四体不勤的陋习。

　　恽代英作风民主,事事以身作则,凡学校的重要事情,他都召集教职员

---

①　《恽代英文集》上卷,人民出版社 1984 年版,第 297 页。
②　恽代英:《拟发起新教育建设社的意见书》,《中华教育界》1921 年第 11 卷第 4 期。

充分讨论,再作决议。在他的倡导下,学校成立了教育研究会,扩充了夜课学校,引导学生实践社会服务,从而锻炼学生的决策能力、计划能力、组织能力、协作能力。他除了直接领导学生自治会和夜课学校外,还直接辅导演讲团的活动,以提高学生宣传群众、鼓动群众的能力。寒假期间,他还率领由6名成员、24名学生组成的川南师范旅行讲演团,步行川南9个县,往返1个月,行程2000余里,沿途边作社会调查边演讲。

1922年4月底,恽代英接替王德熙任川南师范学校校长,随即发起了学校公有运动,将川南师范学校的改革推向了新的阶段。

不久,四川爆发了"一、二军之战",杨森的第二军败北,第一军赖心辉部占领泸州。一时泸州封建势力活跃起来,孔教会、教育界的旧势力公开咒骂川南师范学校是"罪恶之薮",叫嚣要把现任教职员及其创办的事业"连根拔除"。面对这样的现实,恽代英终于彻底醒悟:"不倚赖旧势力以建设事业的觉悟还要更深切啊!"①此时的恽代英立即反复宣传自己从实践中找到的真理:"旧社会的罪恶,全是不良的经济制度所构成。舍改造经济制度,无由改造社会。"②"我们应研究唯物史观的道理,唤起被经济生活压迫得最利(厉)害的群众,并唤起最能对他们表同情的人,使他们联合起来,向掠夺阶级战斗。只有他们是我们的武器,是我们的军队。"③1922年5月,他在川南师范学校及附属小学部教师中组织了马克思主义研究会,组织革命师生学习马克思主义。

1923年3月,四川最早的马克思主义传播者、时任成都高等师范学校校长的成都社会主义青年团的创建人王右木,邀请恽代英去给他领导的一个马克思读书会讲述阶级斗争问题,不久又邀请他去学校给学生演讲,并被聘请到学校讲授《教育学》。

在师范学校的教育实践中,恽代英写了《儿童公育在教育上的价值》、

---

① 《恽代英文集》上卷,人民出版社1984年版,第326页。
② 《恽代英文集》上卷,人民出版社1984年版,第326页。
③ 《恽代英文集》上卷,人民出版社1984年版,第332页。

《教育改造与社会改造》、《致杨效春》的两封信、《我对于学生自治问题的意见》、《去年下学期的川南师范》、《川南师范的学校公有运动》、《知识经验与感情》、《学生与民权运动》、《做人的第一步》等。这一时期，恽代英已转变成了马克思主义者。他深知教育对革命的重要性，在《教育改造与社会改造》中提出："我们要改造教育，必须同时改造社会。要改造社会，必须同时改造教育。"[1]而要使这两者同时改造的关键就"要使学生一个个为社会上有益的人"。[2] 亲身的体验使他认识到当时的社会是"恶社会"，要培养学生成为社会上有益的人，学校就应以学生能在这种"恶社会"里站得住并能改造这种"恶社会"为要求，培养学生的品格、学问与能力。就品格说，要注重刚健、和平、周密、勤劳、刻苦、恒久的美德，并给他们以知识和能力。因此，必须使他们先做学校的主人，于是他写了《我对学生自治问题的意见》。他总结其在川南师范的实践，写了重点论述学生自治问题的《去年下学期的川南师范》。即使在他《致杨效春》的两封信中，也是谈对学生人性化的管理的。在学校管理上，恽代英认为专有学生自治还是远远不够的，于是他又写了《川南师范的学校公有运动》，提倡教职员和学生对学校实行民主管理。可见，培养目标一定要从社会的需要、从改造社会出发，是恽代英的基本出发点。他提出培养对社会有益的人，比他先前的脱离社会性的"造成善良分子"的思想进步了，也使他先前抽象论述的"培养人的社会性"具体化了，但这些都仍没能从时代的要求来确定培养目标。

恽代英在旧学校的教育实践中，逐渐认识到仅靠教育是救不了国的，而要救国又是离不开教育的，这离不开的教育，首先是对青年学生进行革命教育，教育青年学生投身于反帝反封建的革命斗争，他终于认清了反动统治阶级控制的学校教育，只是为学生"造了个刮地皮、杀人的资格"[3]，"这种多少有些饭碗主义的形式教育，是没有希望的。"[4]于是他表示愤然地与旧学

---

[1] 《恽代英文集》上卷，人民出版社1984年版，第293页。
[2] 《恽代英文集》上卷，人民出版社1984年版，第288页。
[3] 《恽代英文集》上卷，人民出版社1984年版，第298页。
[4] 《恽代英文集》上卷，人民出版社1984年版，第298页。

校决裂:"不容与迷他的魔鬼一同办形式的学校。"①1923 年 7 月他到达上海,当时正值第一次国共合作期间,他出任国民党上海执行部宣传部秘书,并兼任中共创办的上海大学社会学系教授,为学生授课,教育他们走革命救国的道路。1926 年 1 月,他离开上海到广州出席国民党"二大"会议,会后留广州指导粤区委的"青运"工作,5 月被任命为黄埔军校政治主任教官,并在广州农民运动讲习所授课。1927 年 1 月,他又回到武汉,参加筹备中央军事政治学校(简称武汉军校)的工作,任政治主任教官、军校常务委员,成为该校的实际总负责人。恽代英主持武汉军校时,亲自给学生讲课,"他旁征博引而又深入浅出,使人感到通俗易懂、生动活泼、幽默风趣、确有其真知灼见。学生们越听越爱听,历久不倦。"②恽代英还经常到毛泽东主持的"武昌中央农民运动讲习所"讲课,他生动活泼的讲课,每次都给学员留下了深刻的印象,学员涂国林曾回忆说:"每周一时事讲话由恽代英同志担任","他每次都是从国外讲到国内,从军事讲到政治,中间常常插上诙谐语言,生动活泼,使学生越听越爱听。"③他还先后聘请陈独秀、董必武、周恩来、毛泽东、陈潭秋为武汉军校作报告。

在上海期间,恽代英在担任中国社会主义青年团中央委员时,还主编了团中央机关刊物《中国青年》。他时常为该刊写文章,使《中国青年》很快就成为当时青年学生的向导。这时的恽代英集革命家与教育家于一身:革命家,对青年学生的教育更加高瞻远瞩,目标鲜明;教育家对青年学生的引导更加人性化、科学化、成效卓著。正因为如此,他被周恩来誉为"中国青年热爱的领袖"④。

这一阶段,是恽代英以马克思主义教育家睿智的目光,站在革命的高度论述教育问题的时期。他的教育论著可以分为四类:第一类是更深刻更鲜

---

① 《恽代英文集》上卷,人民出版社 1984 年版,第 297 页。

② 《恽代英和女生队》,《回忆恽代英》,人民出版社 1982 年版,第 64 页。

③ 原武昌中央农民运动讲习所学员回忆录,稿件存武汉市文物管理处。

④ 此为 1950 年 5 月周恩来为纪念恽代英烈士牺牲 19 周年的题词,原件存武汉市档案馆。

明地阐述教育与经济、与革命的关系,如:《学术与救国》、《读〈国家主义的教育〉》、《革命运动中的教育问题》、《再论学术与救国》、《退学呢?使全家跟着吃苦呢?》、《什么地方有较好的学校呢?》等;第二类是对青年学生的指导,如:《救自己》、《怎样才是好人?》、《对于有志者的三个要求》、《怎样做不良教育下的学生》、《学生加入政党问题》、《假期中做的事》、《怎样做小学教师》、《脱离学校问题》、《整顿学生会》、《打倒学阀——告江苏青年学生》、《甘肃平民教育问题》、《军事教育问题》、《学生军与军事运动问题》等;第三类是明确地表达自己教育思想的中心问题,如:《八股?》指出"中学教育应该是养成健全公民的教育",《民治教育》又对"养成健全公民"的内容作了具体的阐述;第四类是反对帝国主义的殖民化教育,如:《我们为什么反对基督教》、《基督教实在只是外国人软化中国的工具》、《惊心动魄的五月》、《广州"圣三一"学生的民族斗争》、《徐州教会学生的奋斗》等。

"每个人的自由发展是一切人的自由发展的条件。"[①]"公民"这一概念,从实质上讲,就是在未来民主社会自觉地维护"一切人的自由发展"的每个自由发展的人。显然"养成健全的公民",这个具有鲜明的划时代性的培养目标,是恽代英用马克思主义的世界观,对他日益丰富的"以人为本"与"培养人的社会性"相交融的教育思想进行的科学的总结。

二、恽代英教育思想的主要内容

(一)以改造教育与改造社会相统一为前提

1. 只靠教育是不能改造社会的,运用马克思主义的观点,系统地批判了"教育救国论"

1920 年 10 月,恽代英在担任中华大学中学部主任的时候,在填写《少年中国学会会员终身职业调查表》中的"终身从事之业"一栏中,填的是"教

---

① 《马克思恩格斯选集》第 1 卷,人民出版社 1995 年版,第 294 页。

育运动"①,这与毛泽东不谋而合。恽代英认为中国当时民族危机深重的原因,不在于国家没有资源,不在于国家没有能力,而在于国民思想落后,自私自利,一盘散沙,这些都是没有受到教育或者是受到的不良教育所致的,于是他与其他爱国志士一样,深信只有教育才能救中国,认为"教育是改造的唯一切实的工具"②。

但当他在实践教育救国的理想的时候,残酷的现实一次又一次地告诉他,教育在黑暗的社会中是不能独善其身的,在这样的情况下,"许多'盲目的向上'的教育家,听见人家说教育是高尚、纯洁、根本改造社会的事业,便自命为他们是社会托命的人。然而他们的教育,除了糟蹋社会上的金钱,做房子,买仪器以外,低的只能给学生一些模糊影响的知识,高的亦只能为学生养成慵懦柔顺的品格,将来最大的成就,只是姓张的学生,能够做刮地皮的官僚;姓李的学生,能够做杀人的资本家。"于是,他认为"这种成绩,只是那些教育家,前生该了姓张的姓李的冤孽债,今生轮着变马变牛的为他家里生一笔利息一样的事情。"③在《学术与救国》、《再论学术与救国》等文章中,他同样辛辣地指出:"中国的事业,一天天陷落到外国人手里,纵然有几千几百技术家,岂但不能救国,而且只能拿他的技术,帮外国人做事,结果技术家只有成为洋奴罢了。"④因此,他说他不反对任何人真正地研究各种学术,但是一定"要打破任何学术都可以救国的谬想"⑤。他还运用马克思主义的观点,系统地驳斥了"教育救国论"。

当时,有些"教育家"说什么中国之所以到今天这个样子,"都只怪教育不普及","我国百人中有八十人不识字"是"实业颓废谋生无术"的根本原因,识字运动是"救国的根本"。恽代英指出,识字的人越多,对于社会越好,但是若以为全国人都像他们有学问,都会作几篇"注一"、"注二"的文

① 转引自《五四时期的社团》(一),三联书店1979年版,第125页。
② 恽代英:《敬告高等师范教职员及学生》,《少年世界》1920年第1卷第4期。
③ 《恽代英文集》上卷,人民出版社1984年版,第286—287页。
④ 《恽代英文集》上卷,人民出版社1984年版,第388页。
⑤ 《恽代英文集》上卷,人民出版社1984年版,第447页。

章,写几百首"伊的他"、"他的伊"的诗,中国实业便发达了,谋生便有术了,那就太可笑了。他尖锐批驳道:"成千上万的毕业生,结成'北大系'、'南京系'、'东洋系'、'西洋系'的到处发生排挤倾轧的风潮,这便是有谋生之术么?""上海大中华纱厂,恒丰纱厂的停工,汉冶萍公司的全靠日本借款维持,都是怪中国百人中有八十人不识字的原故吗?""这真是闻所未闻的高论。"针对有些"教育家"说"教育可以使人有生活技能"的论点,恽代英深刻指出,现在学校的教育,并没有教给学生掌握真正生活的技能,只是教给他们"许多不合于职业家的习性"和"许多洋八股的知识",到社会上"并不能做事"。再则,中国在外国经济剥削之下,国内衣食日用所需,许多都靠廉价的外国货物输入。农工失了生路,国家债台高筑。在这种状况下,学生毕业即失业。因而"教育可以使人有生活技能",只是"教育家"们"书本上的话"。还有些教育家说,只有"用教育来提高国民道德","中国才可以翻身"。对此,恽代英把道德、风习放到整个社会、整个人类历史中来考察,他尖锐地指出:"若是靠教育来提高国民道德,中国才可以翻身,这无异对中国宣布了死刑。"这都"是冠冕堂皇的话"。他指出"不是教育了一切的人,才可以改造环境;是改造了环境,才可以有好教育。我们说的改造环境是说要整顿政治,发展产业,抵御外侮。非做到这些事,教育总不能有实在的用处"。"只有在较好的社会中间才会有较好的学校","现在是不会有所谓好的学校的"。他强调指出,学校应使学生"看清他们社会的责务,做一个为责务预备一切的人",而不应当"只知养成一般学生为适应眼前社会的人,不能养成他们为改造理想社会的人"①。他指出:古今中外的历史表明,国家强弱与道德高低并无必然的联系。弱国的道德绝不是不如强国,强国战败而成为弱国,也不是道德陡然堕落。从教育史考察,孤立地靠教育来提高道德是无效的。中国教育办了几千年,然而越办而人心越"不古",就是明证。

当然,对于恶劣风俗是非改不可的。但是风俗的形成和改变,决定因素

---

① 恽代英:《革命运动中的教育问题》,《新建设》1924 年第 1 卷第 3 期。

是经济,经济不改变,教育是无能为力的。恽代英指出:"不谋改变经济背景,而专说什么改良风俗,是如何不经济而错误的事情。"①他举例说,闭塞的民风,要靠交通的发展来扫除;宗法社会的权威,要靠大工业生产的发展来改变;女子的生活方式,要靠女子在政治上经济上取得与男子一样的平等地位来解决……他认为教育家不明了这个道理,只是想靠教育来改变恶劣的风俗是"钻烟囱"。

对于知识与技能教育,恽代英认为同样是与社会环境分不开的。在好的社会环境中,可以引起人们学习知识技能的兴趣和欲望,反之,便不然。如果国民谋生的权利都不能保证,知识与技能教育同社会的实际相脱离,这种教育又怎能有什么实效呢?

至于靠教育普及科学常识救国,恽代英认为更是无稽之谈。他说,倘若一个人受了教育,学了科学常识,他便可讲卫生了,不迷信了,做一个发明家了,中国会比今天更有希望了。然而,这都不是教育能解决得了的问题。讲卫生,那些终日奔波而免不了啼饥号寒的"下等人"办得到吗? 科学发明,没有一定的经济条件也是痴人说梦,至于迷信与国家强弱似乎也没有关系,日本人、欧美人也很迷信,"神"还是不能妨害他们的强盛光大。

恽代英将这一切归结为"教育目的问题",要求每一个教育者都要明确:"我们办教育,不是为我们自己的欣赏,是要引起环境的改变"。教育家对社会的"真贡献",便是用他们的力量去"影响到政治经济上面来"。强调教育的任务是改造社会培养人才。在半殖民地半封建社会的教育工作者"最要是自己能够到群众中去宣传,而且尽力促进革命,以根本改造这种社会。"②

2. 没有教育也是不能改造社会的,只有革命的教育才是改造社会的有力工具

恽代英又是辩证地看待教育问题的。他既认为单靠教育不能改造社

---

① 恽代英:《革命运动中的教育问题》,《新建设》1924 年第 1 卷第 3 期。
② 恽代英:《革命运动中的教育问题》,《新建设》1924 年第 1 卷第 3 期。

会,同时又承认教育的社会功能,认为没有教育也是不能改造社会的。

他说:"一件事是大家承认的,我们必须改造社会。"①而谈到改造社会,他虽然说"我想若我们照今天的样子谈什么办教育,救国家,改造社会,总是一场笑话",但是他接着说"然则这种教育便须一律停办么? 既然学问不足以救中国,中国便不应讲求学问么? 自然我便发神经病,亦还不够主张这等说法"。② 显然,恽代英认为不能因为要革命,要救国,要改造社会,就否定教育。只不过他否定了在1920年年初提出的"教育是改造的唯一切实的工具",但他在1924年年初,仍然提出了"教育确是改造社会的有力工具",他认为只靠教育虽然不能改造社会,但是没有教育也不能改造社会。

恽代英认为问题在于要以改造社会为目的来办教育,要以社会的需要来决定教育应该怎么办。他认为要根据社会的实际情况来决定教育方针,来改造教育,他说:"要看什么是今天最急最要的事情以决定教育的方针"。③ 他认为"要使学生一个个为社会上有益的人。这样,我们的努力直接放在学生身上,间接便都到社会上去了。不然,便学生得了任何益处,我总觉得这种努力,是可耻可怜"。④ 他反对固守传统不变的教育理论,囿于教育方法的改良;反对无视社会的实际状况,空谈教育救国,空谈改造社会。认为"虽开口闭口总说教育救国,然而他们专给学生一些不痛不痒的学术品性。结果或禁学生过问国事,或引得学生只知羡慕外人、蔑视自己,或养成学生一些消极态度;再不然,亦只是使学生习染一般虚骄浮夸等恶习,究于救国全无益处"⑤。他认为教育要成为改造社会的有力工具,首先要看教育怎样来改造社会。究竟教育怎样改造社会呢? 他作了以下推论:"中国今日精神的堕落,许多地方都是出于物质的贫乏。不从物质上救济中国,恐

①　恽代英:《革命运动中的教育问题》,《新建设》1924年第1卷第3期。
②　《恽代英文集》上卷,人民出版社1984年版,第287页。
③　恽代英:《革命运动中的教育问题》,《新建设》1924年第1卷第3期。
④　《恽代英文集》上卷,人民出版社1984年版,第288页。
⑤　《恽代英文集》上卷,人民出版社1984年版,第410页。

怕终如前几年前几十年所空唱的救国自强,结果终只是空唱而已。"①而"要求经济的独立,终必须经过一番政治革命。但我以为必须认清这个政治革命,完全是为求经济独立去障碍的法子。"②"而欲恃教育以求经济独立,以救中国,必为不易成功的事。"③于是,他指出了正确的途径:"我们必须知如何能求经济独立,然后能知在此等独立运动中,须要有何等品性、知识、材能的人,然后能知要施何等的教育,以为国家培养这等人。"④这就是以改造社会为目的,根据改造社会对人才的要求来改造学校,只有这样的革命教育,才能是改造社会的有力工具。

3."教育家必须把改造教育与改造社会打成一片"

恽代英认为学校与社会应该有相同的改造理想,他在《教育改造与社会改造》一文中写道:"教育家必须把改造教育与改造社会打成一片,用自己所养的人,去做自己所创的事,创自己能做的事,以容自己所养的人,这样才人无不有合当的事,事无不有合当的人;再说明显些,教育家必同时兼容各种社会事业,办学校,只是完成他社会运动的一个手段。换过来亦可以说,社会运动,只是完成他教育事业的一个手段。"⑤他反对将改造教育和改造社会相分离,认为革命家不重视教育,或者教育家不关心革命,是"各只做了半截子的事业",而"我们要改造教育,必须同时改造社会。要改造社会,必须同时改造教育。不然,总不能有个理想圆满的成效"⑥。

1924年春,恽代英在《革命运动中的教育问题》一文中,更加深刻地阐发了社会环境与教育的关系。

第一,我们所谓教育,不一定限于请那般"教育家"办学校,环境是一个

---

① 《恽代英文集》上卷,人民出版社1984年版,第406页。
② 《恽代英文集》上卷,人民出版社1984年版,第408页。
③ 《恽代英文集》上卷,人民出版社1984年版,第410页。
④ 《恽代英文集》上卷,人民出版社1984年版,第410页。
⑤ 《恽代英文集》上卷,人民出版社1984年版,第293页。
⑥ 《恽代英文集》上卷,人民出版社1984年版,第293页。

好的教育者。譬如说,国民道德的堕落,我们可以推出三种原因:(一)法纪废弛。有强力的人犯了法纪,无从制裁。"人到没有制裁的时候,能不做坏事的人是很少的"。(二)民生穷蹙。"由于民生穷蹙,普通所谓饥寒起盗心,孟子所谓凶岁弟子多暴。到了人民嚣然丧其乐生之意的时候,要想靠法纪禁人为恶,都有些时候是做不到的"。(三)自暴自弃心理蔓延。"人到了不顾面子的时候,什么倒行逆施的事,都做得出来。中国今天有许多人,正是这种情况"。恽代英指出,这三种原因及根源,都必须改造社会环境才可以挽救过来。

第二,社会环境不但本身是一个教育者,而且社会环境还可以给被教育者许多好的刺激,使学校的教育容易收到成效。学校教育若不能得着好环境,他永不能办到理想的田地。譬如说知识与技能,在好的环境中,可以引起人们学习的要求,学了以后亦可以用得着。恽代英指出,现在许多学生毕业即失业,找不着生活,这不全是学校教的内容不好,而是社会环境造成的。只有改变社会环境,增加国民谋生的机会,提高他们人生的权利,教育才能收到实效。

第三,在教育与改造环境的关系上,"不是专做不痛不痒的事情,便能有改造环境的功效。"同时,"不是教育了一切的人,才可以改造环境"。而是改造了环境,才可以有好的教育。这里所说的改造环境,是指改革政治,发展实业,抵御外侮。"非做到这些事,教育总不能有实在的用处"。此外,要把教育的力量影响到政治经济层面上来,促使环境的改变。因为一切的变更,只有政治经济的力量最大,特别是经济的变迁,往往引起政治变革。

第四,教育与改造环境的关系,具体地体现在立志从事"改造环境教育"的教育家,同组成社会的各阶层、各界人们的关系。教育家如果以改造环境为己任,来向社会各阶层、各界人士提出要求,让大家共同努力,以达到改造环境的目的,那是完全行不通的。"若不是环境先变了,教育家永不能同化各界的人。教育家要与各界接近,只有自己屈尊一点,同化于各界。"①

---

① 　恽代英:《革命运动中的教育问题》,《新建设》1924 年第 1 卷第 3 期。

教育家只有把他们的力量用到影响政治和经济层面上来,才能对今天的中国有些贡献。

第五,教育如果只能从道德风俗、知识技能、科学常识的改良来试图推动环境的改造,是远远不够的。固然,道德风俗、知识技能、科学常识是应该改良,但是改良的前提只能是改造教育与改造社会的统一。

第六,恽代英从中国处于半殖民地半封建社会的实际出发,对"改造教育与改造社会打成一片"的问题,提出要改造社会,必须使国民觉悟,必须革命,而要革命,最急需的是好的革命家,是能够掌握政治经济局面的人才;而改造教育就是要培养这样的人才和革命家,教育的目标、内容与方法朝这个方面改造,就是把"改造教育与改造社会打成一片"。基于当时的国情,恽代英认为:

一是"情意的教育应当重于知识的教育"。他批评当时的教育家,几乎把知识看成了教育的全部内容;"他们看见学生感情的表现,便要说许多闲言语,意志强固的学生,更容易被他们指为顽劣无可救药"①,总之是以顺为正。他指出,以顺为正,是革命的大障碍。他强调的情意的教育,情是强烈的感情,意是一往无前的自信力。"人类的行为感情才是大动力。对于似乎不可抵抗的恶势力,进行革命的奋斗,尤其非感情的鼓动不可。青年必须有强烈的感情,且必须辅以一往无前的自信力,然后可以视死如归。"②恽代英指出,知识本可以指导人们更正确的趋向,但是对于情感疏薄的人,知识恰足以引起他们的计较心,恰足以教他们许多趋避之术,使他们成为"革命的大障碍"。

二是"才能的教育应当重于理论的教育"。所谓才能的教育,就是要教学生学会处人、处事,而不是培养那些善谈理论的装饰品、认不清自己所处的世界、做不了实际事情的书呆子。他认为,如果培养出来的学生,只认得书,才算是真学者。如果真的都是这样,"我希望中国不要有一个学者",因

---

① 恽代英:《革命运动中的教育问题》,《新建设》1924 年第 1 卷第 3 期。
② 恽代英:《革命运动中的教育问题》,《新建设》1924 年第 1 卷第 4 期。

为这样的学者,"他们做不了什么实际事情"。恽代英指出,我们第一要紧的是把我们的人民从贫困纷扰中拯救出来。为此,我们要培养出有"大能力大手腕的领袖",使学生有一种成就感。这就要使学生在实际生活和斗争中经过陶冶,否则便不可能达到这个目的。

三是"社会科学的教育应当重于自然科学技术的教育"。恽代英说:"要学生成为好的革命家,他们必须明了社会进化的律例,与他们所处社会的实况。他们自然最好是能有丰富的自然知识与日用技术,但关系最密切的,还是莫过于社会科学的知识。他们应当注意近代的历史,因为中国已经卷入世界潮流的漩涡中。他们应当把西洋工业革命以后的历史,与中国鸦片战争以后的历史,看作一样的重要。他们应当注意本国与世界政治经济的实在状况,以及政治经济上各种大变化的原因结果。他们要研究怎样运用政治经济。现在的'教育家'不然。他们只教学生一些除了为考试完全无别用的功课……'教育'只是一种愚民政策,说什么用教育改造社会呢?"[1]

四是"天才的教育应当重于普通的教育"。恽代英说,我所谓的天才,"不是指那些天生耽于幻想的名士诗家",而是那些"感情热烈、气质厚重","能反抗恶势力","感觉灵敏,情感纯挚,意志强固,气质朴实","抵抗力强,切实精密,然而能奋斗不倦"的人。[2] 他认为中国在内力外力层层压迫之下,抵抗力不强,奋斗不能坚持的人一定不能夺得最后胜利。在革命时期,能影响时局的,总是少数领袖人物。凡能不顾一切,坚忍决斗的,自古以来,总是只占少数。为革命起见,必须注重培养那些具有"天才气质"的人,必须对学生施以天才的教育。

五是"成年人的教育应重于儿童的教育"。因为改造社会环境必须靠成年人。如果要为改造社会而专在小孩子身上用力,便令有效,亦不知几十年以后的事了。既然办教育不是为了欣赏,而是为了改造社会环境,就应当

---

① 恽代英:《革命运动中的教育问题》,《新建设》1924 年第 1 卷第 4 期。
② 《恽代英文集》上卷,人民出版社 1984 年版,第 411 页。

首先重视成年人的教育。要把成年人武装起来,对他们施以情意的、才能的、社会科学的教育,使他们知道并且愿意为改造环境而奋斗。

在成人教育中,恽代英又特别重视平民教育。他曾著文说:要"多注意社会事业与成人教育","要知道成人切实有关生活的教育,比儿童教育十倍重要"。早在1919年6月草拟的《武汉学生联合会提出对于全国学生联合会意见书》中,就将"注意下级平民的通俗教育"作为学生联合会的宗旨之一。并提出开展平民教育的办法为"(1)刊印《学生报》,传播时事及本会真精神;(2)刊印各种通俗小册子或送阅或廉价发售;(3)定期演讲以传播时事及通俗科学、日用常识;(4)演有意义的新剧"。1920年3月,在由他起草的湖北《平民教育社宣言书》中,提出应举办平民学校,把办平民学校作为普及教育的重要步骤。1924年3月1日,他在《怎样做小学教师》中,鼓励青年教师朋友"多注意社会事业与成人教育",并对如何从事成人教育作了具体指导和论述。尽管当时社会上提倡平民教育者不少,但恽代英后期所提倡的平民教育目的性十分明确,即不单纯是"教他们认字写信",也不是"专讲些破除迷信、女子剪发放脚等劳而无力之谈",而是"告诉这些人,现在国家政治经济状况,本地生活变迁原因,改良本地生活之方法",要启发他们参加反对帝国主义、封建军阀的斗争。并且要求平民教育工作者,不要"孤独"地去做这些事情,"最好是加入革命的党"①。

恽代英还在《平民教育与"圣经"》②中,批驳了上海有的人打着平民教育的旗号,在部分平民学校"所采课本,普通皆为圣经"的荒谬做法。在提倡平民教育的同时,恽代英坚决反对教会教育。他先后写了《打倒教会教育》、《反对帝国主义的文化侵略》等论文,严肃指出:"设立教会学校推行宗教教育"是"帝国主义者施行这种文化政策的方法"之一。是"外国人软化中国人的工具"。它和帝国主义办的其他许多"慈善事业,享有种种特权"。教会学校"不受中国教育部管辖","即不向教育部注册备案,亦不受中国教

---

① 代英:《怎样做小学教师》,《中国青年》1924年第20期。
② 代英:《平民教育与"圣经"》,上海《民国日报》副刊《觉悟》1924年4月5日。

育团体的干涉"。它"好比是购买我们中国民族精神的代价","这些钱从外国送到中国来越多,我们的民族精神消磨了的亦便越多"①。1926 年 5 月 23 日,恽代英在岭南大学演说中大声疾呼:"第一个希望,便是还要在学校内提高反帝国主义的精神"。"还有一层,便是希望岭南大学能够把圣经、礼拜等功课完全取消了,不要拿这些神话迷信扰乱我们青年的脑筋,虚耗我们青年的光阴精神"②。恽代英称赞 1924 年至 1925 年间,各地教会学校风起云涌的爱国学潮,是"一种民族精神的怒潮",是对教会教育"空前的大打击"。号召"救救教会学校下面的青年","要封闭一切教会学校,要驱逐一切教会教育家"。努力争取"基督教徒、教会学生们起来,共同参加反文化侵略运动","把他们联合起来,与我们里应外合,扑灭教会教育的毒焰"③。

(二)提出实行以"养成健全的公民教育"为中心的教育改造

1."养成健全的公民"是民主时代的要求

恽代英在《民治的教育》一文中,首先论述了"养成健全的公民的教育"的时代背景。他写道:"从前皇帝时代,皇帝就是一国的主人翁,所以那时的教育,只要使大家知道忠君报国,换句话说,就是只要使大家知道为皇帝服务,旁的象民众和社会的事情,可以完全不管;所以教育的要义,要叫大家明白君主有如何的威严,君主应如何的尊重,如何的敬仰,使大家对于君主,看得至尊无上,那才算尽教育的能事。"④那种教育就是使受教育者"只知道忠君爱国,只知道有皇帝,不知道有自己,也不知道有民众"⑤,而"民国时代与此大不相同,主人翁就是民众,所以要大家明白自己的地位,知道自己的

---

① 恽代英:《反对帝国主义的文化侵略》,《广东青年》1926 年第 4 期。
② 恽代英:《耶稣、孔子与革命青年——在岭南大学演说辞》,《中国青年》1926 年第 120 期。
③ 恽代英:《打倒教会教育》,《中国青年》1925 年第 60 期。
④ 《恽代英文集》上卷,人民出版社 1984 年版,第 578 页。
⑤ 《恽代英文集》上卷,人民出版社 1984 年版,第 575 页。

责任"①。因此,就要实行"养成健全的公民的教育"。② 显然,恽代英是从时代的变迁的角度,提出了培养目标的变迁,提出了要实施"养成健全的公民的教育"的新课题。

2."健全的公民"必须具备的素质

恽代英认为健全的公民必须具备的五大素质,即:独立思想、独立行动、自尊、自信、练习团体生活。这就是要让每个青年学生都认识到自己的价值、义务和权利,获得个人感受世界和认识世界的方式,进而获得个人自由选择的理性能力,并学会为个人选择承担个人的责任,同时具有个人与他人相协作的团队精神。

为要养成学生独立的思想、独立的行动,恽代英提倡对学生采取"放任而随时加以诱掖指导"的教育方法。他指出,从前的教育,儿童一有了独立的思想,一有了独立的行动,当教员的就要压抑他,阻止他,说他不应该;其实儿童有儿童的事情,成人决不宜压抑他,也决不宜阻止他,他们到经验丰富了,自然也和成人一样,譬如走路,起初学步,总是一蹑就跌,久而久之自然纯熟,自然能疾趋疾行。但"从前的教育,不明白这个道理"。恽代英强调:"教师的职务,是在帮忙儿童,指示儿童,使儿童不发生大谬,不走入歧路,决不是压抑的,阻止的,替儿童走路的。所以做教师的人,应该时常考查他们,遇他们有能力不足,就应该帮他们的忙;遇他们有谬误,就应指示他们的误,使他们不致畏难,不致有大谬,不致入歧路为止。此外,就不应该再事过问"。③ 他认为旧教育,对学生一味地阻止,或一味地溺爱,不知循循善诱,使得儿童的本能不能得到充分的发展,所以一般人办事能力不高,遇事不能措置裕如。

为要使学生"自尊"、"自信",他认为首先要"叫他知道自己是个人",

---

① 《恽代英文集》上卷,人民出版社 1984 年版,第 575 页。

② 恽代英称为"自主自治的教育",他用"自主自治"提示"公民"的内涵,参见《民治的教育》,《恽代英文集》上卷,人民出版社 1984 年版,第 575 页。

③ 《恽代英文集》上卷,人民出版社 1984 年版,第 576 页。

"应该使他自知为中国的主人翁,并且还要叫他了解中国的事情。"①他指出"从前的教师,不明白这个道理,只教他尊敬圣贤,尊敬师长,并不教他尊敬自己,只教他信仰圣贤,信仰师长,并不教他信仰自己,所以一个儿童,一读了几年书,就忘记了自己是个人"。恽代英认为,"这种观念,实在是大谬特谬的"。② 因此,恽代英指出,教师应视学生如朋友,并且如尊敬朋友,切不可再有轻视的表示,否则,遇谬误,责骂随之,怎么能培养出自尊自信的人呢? 因此,他主张教师平日对学生的陶冶,就是要叫学生自己做事情,"不依靠人家,有时有了错误也不要即加责备,应当缓言劝慰",恽代英举例说,譬如某学生做错了事,教师就应该说:"不要紧! 不要紧! 你的智慧很聪明,办事能力也不差,不过稍微有些不对"。这样一来,学生就高兴了,他就能勉力改过了,自己也不致轻视自己了。此外,学生有错误,"也要推求他的原因,看他究竟是家庭的关系,或是其他环境的关系,寻到了他的原因,就从原因上设法补救,那末他的教育,容易有效果,学生就有自尊自信的习惯了。"③反之,如果对学生动辄责骂,使学生见了老师如老鼠见猫,以致学生看待自己,并不是个主人翁而是个奴隶,这样造就出来的人才,就会只有奴性。

为要使学生"练习团体生活",他认为"共和国家是多数人组成的,所以个个人是主人翁,个个人应当办事,既然个个人办事,就个个人应当说话,个个人应当负责,并且还要虚心下人,遇有相左,亦不应即生意见。这是因为从前的学校,学生没有自治的组织,一有问题,就完全取决于教师,以致造就的学生,既没有办事的能力,更没有团体生活的习惯。将来出外应事,既不能应付裕如,并且意见横生,越弄越糟,这就是皇帝时代遗传下来的教育所造成的,因为这种学校的内部组织,既像专制时代的君主国家,那末教师、校长,就好象一个皇帝,学校中的一切事情,均由校长、教师专断,学生哪里再

---

① 《恽代英文集》上卷,人民出版社 1984 年版,第 577 页。
② 《恽代英文集》上卷,人民出版社 1984 年版,第 576 页。
③ 《恽代英文集》上卷,人民出版社 1984 年版,第 577 页。

有办事的机会呢？办事的机会既少，办事的能力即无从养成，并且同学接触的机会一少，学生就在书本上做工夫，哪里再有练习团体生活的机会呢？"①因此，他提出"现在的学校组织，应该象一个共和国家有立法、司法、行政等机关，使学生在这小国家里练习各种团体生活养成各种办事能力，将来到社会上，才能够尽主人翁的责任，不然，怎样能恰象主人翁的身分呢？"②显然，在这里他设想的是把整个学校办成"养成健全的公民的教育"的熔炉。

3. "健全的公民"应把"为民众服务"当成"应尽的义务"

恽代英认为，为民众服务是"健全的公民"应尽的义务。他指出："学生的本分，若在于造福社会，那便一种能够造福社会的本领，还须在能够造福社会的活动中训练出来。"③学校就要教育学生愿为民众的利益而努力。读书、学习，将来到社会上工作，其目的都是为民众。目光要放在全体民众身上。学生读书，是为民众，教员教书，也是为民众。反之，就是要克服为赚钱而学习、工作。对教育界来说，不能以谋生为职业。钱是要赚的，但要认识到这只是为民众的报酬。

恽代英认为，要为民众服务，必须注意以下三点：

第一，要为民众服务，就要教育学生"尊敬民众"。恽代英认为，要尊敬民众，首先要克服等级观念。传统的错误观念，把士、农、工、商分成等级，士应受尊敬，农、工、商应受轻视。这是专制时代形成的观念，认为读书人是为皇帝做事的，所以"高贵"。现在是共和时代，主权在民众，所以现在大多数民众，就不应有贵贱尊卑之分。"现在读书人所做的事情，是为民众，民众是一律平等的，哪里还觉得尊贵呢！"并且读书人还受了民众的养护，简直就是我们的恩人，自己又是民众的一个，"那么所做的事情，也是应尽的义务。所以我们对于民众，非但不应该再轻视他，并且要表示相当的尊敬"。④

---

① 《恽代英文集》上卷，人民出版社 1984 年版，第 577—578 页。

② 《恽代英文集》上卷，人民出版社 1984 年版，第 578 页。

③ 恽代英：《学生的社会活动》，《学生杂志》1923 年第 10 卷第 2 号。

④ 《恽代英文集》上卷，人民出版社 1984 年版，第 579 页。

第二，要为民众服务，还要教育学生了解民众明白农民、工人的情状。只有了解农民、工人的情况，才可以为他们办事。即使是农民、工人出身的学生，他们所知道的，也只限于他们个人的境遇，至于社会的状况，超出一般民众的直接经验、感受，如不施行特别的教育、训练，他们就不了解，也就无法为民众只办事。恽代英所说的民众情况，是指民众所处的社会、国家和地方的环境，近代国势的衰替及其原因，外交的失败，内政的紊乱，上海的租界等等，以及民众的现实状况，了解了这些，才能为民众办事，做事才能合乎民意。那种只读过去的老书，不知道今天工农的状况；只重古代，不知道近代、现代的教育，是不能够为民众办事的。"所以现在办教育的人，要叫学生了解民众情状，也是应当注意的一点！"①

第三，要为民众服务，还要教育学生"愿为民众利益努力"。恽代英说，民众的情况既然了解了，"就应该想法子，为民众帮忙"。做了事情，总有毁誉两面，应该本着"誉我不足为荣，毁我不应消极"的态度，不能一遇到挫折，就消极不做了。若是这样的话，便是忘了自己的本分，这也不是共和国家的公民应有的态度。所以，"现在的教育界，除了使读书人尊敬了解民众外，还要教他们愿为民众利益努力，这也是我们应当注意的一点"。②

4."健全的公民"应有对国事的参与意识

恽代英认为"教育如不能影响到政治经济上面，那只是一句空话"③。他特别批评了旧教育认为"学生不应该干涉政治，不应该为民众办事"的论调，指出那样"造就出来的人才，都是'各人自扫门前雪，莫管他家瓦上霜'，置国家政治于不闻不问，以致大权旁落，为督军省长辈所播弄，所压抑"④的状况，指出"中国的事，只有靠我们，只有靠我们从社会活动方面努力"，⑤强

---

① 《恽代英文集》上卷，人民出版社 1984 年版，第 580 页。
② 《恽代英文集》上卷，人民出版社 1984 年版，第 581 页。
③ 恽代英：《革命运动中的教育问题》，《新建设》1924 年第 1 卷第 3 期。
④ 《恽代英文集》上卷，人民出版社 1984 年版，第 581 页。
⑤ 《恽代英文集》上卷，人民出版社 1984 年版，第 179 页。

调的是公民对国事的参与意识。

他认为,学校必须培养学生的参与的技能,也就是提高学生群众生活的修养,他指出:"向来所说的道德与修养,最缺乏两个要素:一便是活动的修养,一便是合群的修养,合而言之,便是所说群众生活的修养了。活动的修养,是就做事的材(才)干说;……合群的修养,是就与群众一同做事的材(才)干说",①并且他认为这两方面的才干,只有在活动(参与)中,在人们的互相关系中培养。

(三)以"养成健全的公民"为中心的教育改造的实施方案

恽代英以"改造教育与改造社会相统一"为他的教育思想的出发点,确定"养成健全的公民"为根本的目标。他认为,对每个人来说,应"要求他的身心各方面发展,可以有利益于他自身及他同时以及后代人类的生活"。②教育要普及人的一生,从婴儿到老年,都要受教育的陶冶。他把培养目标的基点定在中等教育上,认为一个人受教育到了中学毕业,即受完了普通教育,即是在社会上负有法定责任和义务的一员,应该是一位"健全的公民"。从而认为儿童教育就要为"健全的公民"打下基础,高等师范教育是为中等教育培育师资的,就应该成为培育"养成健全的公民"的师资的教育。

1. 儿童教育——为"健全的公民"打好基础

恽代英对儿童教育的改造体现在他积极提倡的家庭教育和儿童公育上。

第一,关于家庭教育。

恽代英本人受益于家庭教育,所以他对家庭教育特别重视。他认为学年前的儿童,应以游戏为主,寓教于乐,使儿童在游戏中获得知识,不要禁止儿童游戏,应引导之。他说,严肃的家长,动辄以游戏为戒。但"游戏本小

---

① 《恽代英文集》上卷,人民出版社1984年版,第178页。
② 恽代英:《儿童公育在教育上的价值》,《中华教育界》1920年第10卷第6期。

儿之所好也,岂能以人力强加压制? 若相率为此为戒,是使小儿失其所以为小儿也"。他进而指出:"游戏为小儿各种发达之原动力,若禁遏之,严阻止,不使出此,是无异灭尽小儿一切发达之基础,长使之为麻木不仁之人耳。"他翻译介绍了美国教育家斯通勒夫人之自然教育法思想,认为斯通勒夫人的教育理念为"其教育即游戏也,游戏即教育也"。所以"受教之儿童,合游戏与课业为一,无无趣之课业,亦无无益之游。此其裨益于儿童,岂寻常哉"! 对比我国当时的儿童教育,恽代英深有感慨:"吾国之人,好以教育与读书并为一谈。不知读书者,仅智育之一部分,而智育者,仅教育之一部分也。儿童教育,尤当与读书划作二事。以未达学龄者,不当以读书损其心性也。"① 为此,恽代英写了《家庭教育论》②,深刻论述了家庭教育在教育上的地位、家庭教育的内容等。他认为,人生之教育,自堕地以后乃至受胎以后即已开始,胎教、孩提之教,也是教育的一种,故家庭教育十分重要,且家庭教育,较少社会恶习染之妨害,易于成功。"如幼年受良善之家庭教育,长大与社会接触,亦易有强固之把握,不为恶习染所熏弱",所以"家庭教育既为收效最易之教育,而又为学校教育之助……岂不重哉"! 而且,"家庭教育实占人生教育之大部分,其于学校,既为之树根底,又为之匡谬补缺"。因此他提醒中国父母,切不可忽视家庭教育。

恽代英认为,家庭教育的内容:

(1)德育。德育为父母"以身作则为最要亦最易有效"。因为儿童"尚未成熟时,其行为几一切皆依模仿性而发生……故儿童的德育,以有善良可资模仿之模范为最要,而儿童之模仿者,恒为其朝夕不离之父母。故父母为教育儿童计,不可不利用此时期,为之养成无数好德性……自修其身,务使是为儿童之良善模范"。而父母的修身要应注意:一是"须自备有秩序之习惯",即善养子者,"示以好恶有常"。二是"自备有勤俭之习惯",即父母要以身作则,养成勤俭之德。三是"自备有好善之习惯",即父母要有好善心。

---

① 恽代英:《自然之母教》的按语,《妇女杂志》1916 年第 2 卷第 7 号。
② 恽代英:《家庭教育论》,见《妇女日报》第 20 号、21 号,1916 年 11 月、1917 年 4 月。

四是"自备有清洁之习惯",即父母要自身清洁。同时,父母还要关注儿童个性之发展。

(2)智育。恽代英认为,常人谓智育为读书,"此实误解"。读书不过是智育的一部分。其实,很多的知识,"不由读书而得者甚多"。因为书籍为死物,不足以尽天下之活理。"欲知天下之活理,惟有取自然之活书而一一读之"。且书籍为前人遗于后人,只是前人的经验,后人不经实验而信书籍,则"谬误之观念不得纠正也","遗漏之记述不得补充也"。更书籍之中,文字句读,讲解易歧。故"尽信书,则不如无书"。恽代英在这里当然不是否定读书,而是强调不要把读书看得过重。他介绍美国的先进教育理念。美国的儿童教育,常用观察及实验二法,使学生进步神速。他认为这值得中国借鉴。所以儿童的知识,不完全从书本中来。恽代英说:"儿童好仿效大人,为各种事务,并好用实物以供其游戏……如声色之区别,度量衡弊之计算,布帛之种类,凡可以以实物与之游戏者,皆不妨与以实物"。这些教育,是单从书本中学不到的。故家庭对于儿童之智育,是"为人父母者最大之天职也"。

(3)体育。恽代英说,今日言体育,"当以身体强健为惟一目的。欲使身体强健,则家庭之体育亦不可不讲究也。"中国人一般之于儿童,"宁于美观上着想,使之外观有耀",须不知,若不知从卫生上着想,使之身心发达,反并身体而亦败之。"故此等之美观,吾人绝对宜扫除之者也"。在他看来,人身自有天然的美观,"身心完全发达,人身天然之美观,自然表现如面貌丰腴,不求自致是也"。而达到这一目标,当应注重家庭体育。家庭的体育教育,一是须使儿童"平时习为秩序的生活",小儿的起居饮食,均宜以卫生的原理,订一适宜的时间。二是当使儿童"常为户外生活"。为父母者,但知溺爱其子女,夜睡则闭户,昼处则鲜出门庭,不让儿童呼吸新鲜空气,这是不利于儿童身心健康的。三是"当使小儿自幼习运动"。应选择适合小孩生理原理之运动。

(4)游戏。恽代英认为,游戏之于儿童,"实为教育惟一之法者也"。无游戏,即无教育。唯要进行有益的游戏。如"蹴鞠放风筝,既为小儿之所喜,又与卫生亦有关系,宜为小儿适宜之游戏"。父母应与儿童共同游戏,教他们唱儿歌歌谣。但要注意小儿歌谣的内容,选良去恶。赌博及近于赌博之事,"均要切禁"。他还翻译了殿腾氏(Denton)著《儿童游戏时间之教育》一文,加上按语,发表在1917年9月5日出版的《妇女杂志》第3卷第9号上。

以上所述,说明家庭教育对儿童从小打下"健全的公民"基础是非常重要的。

第二,关于儿童公育。

恽代英说,他写《儿童公育在教育上的价值》①的目的,只是想从教育方面研究儿童公有的价值,"盼望教育界热心改造世界的人注意"。

恽代英从"人的本能"和"个人与社会的关系"两个方面的结合点上来阐述儿童公育。在谈到儿童教育的重要性上,他说:"人类的本能,多在幼稚的时候逐渐发达。在这个时候,若无合当的指导,易因彼此仿效,发达于错误的方面(这是取沃尔特·史密斯(Walter Smith)的说法)。这样,那便幼稚时候的教育,乃关于人的圆满发达最重要的事。儿童在他初出娘胎的时候,无所谓性善性恶。能善导他的本能,使他本能发达于个人及社会有益的方面,那便成为善。不善导他的本能,以致他本能发达于个人及社会有害的方面,那便成为恶。……所以谈改良人类改良社会,没有什么比幼稚教育更要紧。"于是,恽代英认为,要为人的一生打下有益于个人有益于社会的基础,从五六岁开始受教育"是于人类极不利的",必须从婴儿时期就开始实现儿童公育。所以,"人类的教育不应当以法律上的学龄为起点"。

恽代英对儿童公育的设想是:设置公育机构,聘任既具备教育能力又热心于教育事业的教育工作者,来对从襁褓中开始的儿童进行教育。他认为,之所以要实施儿童公育,是因为在现在经济制度之下,许多人的家庭,"卑湫狭隘",特别是城市中,"繁稠拥挤"。"这样,便只有成人生活竞争的战

---

① 恽代英:《儿童公育在教育上的价值》,载《中华教育界》1920年第10卷第6期。以下引文,皆见此文,不另注。

场,更没有儿童自由发展的余地。正如比尤拉·肯纳德(Beulah Kennara)叙匹兹堡(Pittsburgh)市情形所说,工厂稠密,房租昂贵,为图工作方便,减轻房租,许多家庭居住两三间房中。在这种小而不通气的一隅中,有无数的床铺。日工与夜工的人,交换睡眠。城市中大都是这个样子,还谈什么家庭教育呢?所以家庭原不是儿童合宜的教育场所,夫妇亦原不是合宜的教育者,"因此,"只有儿童公育,能集合许多夫妇所生育的儿童在一处,从很小时让他习于相处之道。"这样,让儿童从小生活在社会之中,在生活中逐渐懂得了"个人和社会"的关系,习惯于"个人和社会"相处,从而为成长为一个社会的人,一个"健全的公民"打下基础。他还打了一个生动的比喻:"这些儿童,从生下地便是在社会中生长的,不是在家庭中生长,像一个盆景花卉,长成了才移植于社会里面来的一样。这使我们自易知道公育的儿童,必能相适于社会生活。"所以就人类社会来说,现代社会的复杂生活要适应,现在的世界要改造,而"人类原无不可从小便在社会中生活,偏要先把他关在一个地方,然后移到一个地方……是何等无意义?"因而要实现儿童公育。

恽代英认为对儿童公育的具体要求,那就需要从生物学、社会学、生理学、心理学的理论中,找到一个正确的方案。人们说起教育,往往用读书来取代,其实这是一种误解,读书只不过是智育的一部分罢了。儿童教育不能像改良私塾那样,特别是婴儿阶段的教育,课本、黑板、粉笔几乎没有用处。需要靠各种刺激以引起恰当的反应,不是靠灌注以养成储积的知识。如:培养表达能力的教育,比只是容纳知识的教育更为重要;德育方面,要善导其本能朝着有益于个人及社会方面发展;要利用儿童游戏、猎奇、搜集、模仿诸种本能,引导他们获得正确的知识,正确的技能;体育、美育方面,要适当地培养、训练,使之强健与优美,避免荏弱冗杂的习气等。他相信,"我们从共同生活的小团体,去求儿童公育的实现,是绝对可能的事。一部分儿童的公育,果然试验得一个理想的成功,那便他的成绩是一种广告,他的出品将是人类中最优秀最健全的分子"。

总之,恽代英提倡的儿童公育,并不是作为解除成人特别是妇女后顾之忧的社会福利事业,也不仅仅是为了每个儿童的前途,而是要传播人的教育,去改造社会,他说:"儿童公育显然有比家庭教育优长之点:便是靠这儿童教育才能求真正的社会化。"由此看来,他确是把儿童公育作为"养成健全的公民教育"的起点的。

由上可知,恽代英提倡儿童公育,这时在他的思想上不仅仍存在互助论与共同生活的影响,而且儿童公育在当时中国的历史条件下也是实现不了的。但无论如何,他关于从小就应该为培养儿童"健全的公民"打下良好的基础的教育理念,还是很有远见的。

2. 中等教育——养成健全的公民

恽代英在中华大学中学部的教育实践中,亲身体会到,那时我国的中等教育,"简直是人道的仇敌,文化的障碍"①,他在《敬告高等师范教职员工及学生》②一文中,对现行的中等教育制度造成的谬误作了具体的描述:"现在一般青年的中学生,可怜极了:他们的本能斫丧了,他们的光阴消耗了,所受教育,若不是不合理的,便是不需要的,再不然便是无效果的。他们虽说受了教育,然而这种教育,不是不能使他们为有知识的人,便是不能使他们为有能力的人。他们不知道人生与世界究竟应该怎么样,即令知道了,他们亦不能而且亦不敢照着应该怎么样的工作。"他认为当时的中等教育完全是立足于谬误的根基之上的,认为教育目的、宗旨、培养目标是错误的,教育体制是不符合我国国情的,教材是陈腐的,教学方法是没有效的,可以说是一种社会的病态,于是他提倡从各个方面进行根本的改造:

(1)关于中等教育的宗旨和目的的改造——中等教育应是"养成健全的公民的教育"

培养什么样的人,是涉及办学宗旨与目的的教育的根本问题,也是中等教育的根本问题。办学体制、学校管理、课程设置、教材内容、教学方法、学

---

① 恽代英:《编辑中学教科书的先决问题》,《中华教育界》1920 年第 10 卷第 3 期。
② 恽代英:《敬告高等师范教职员及学生》,《少年世界》1920 年第 1 卷第 4 期。

制制定都是从属于培养什么样的人的,都是办学宗旨与目的的具体实践。恽代英指出,当时的中等教育之所以那么谬误,是因为军阀政府办教育是为了装饰门面和培养御用爪牙;帝国主义办教育是为了培养它在中国的买办势力;"知识阶级的贵族"用它来作为自己垄断的领地,以作为争权夺利的工具;大多数教师受雇用,求衣食,把学校作为"混饭吃"的场所;大部分学生则把受教育当成自己谋职业,跻身上流社会,甚至"升官发财"的阶梯。这种满足个人欲望的教育目的,体现帝国主义、封建军阀利益的办学宗旨,使当时的中等学校把"培养学者"作为唯一目标,实际上成了大专学校的预科,一切都从升学升级出发。恽代英在《编辑中学教科书的先决问题》中进一步分析说:"升学升级,又为的什么呢? 高深的研究,又为的什么呢? 现在的教育,只有有学者秉赋的人,能最得益。因为他才可以用学者的脑筋去领会他。其余的人,既以其无关于日常生活,不易引起研究的兴味,便会觉得这些抽象的教材,是玄秘,是枯寂。既自信不能领会,亦复不肯耐耐烦烦去领会他。这是所以现在中学,每班三四十人中,总只成就得三五个人的原故。而且这三五个人,便成就了,亦只是为读书而读书,为求学而求学。结果只能成为 Love wisdom for its own sake[为智慧而爱智慧]的哲学家。"①

中等教育既然把"培养学者"作为唯一目的,一切都从升学升级出发,那各种教学必然随着这个目的片面地注重"广博高深"。"教英文的,盼望学生成就一个莎士比亚、阿尔文。教数学的,盼望学生成就一个温德华士、查理斯密。教理化的,盼望学生成就一个牛顿、爱迪生。以至其他学科,都是仿佛这个样子。"恽代英感到这种教育还谈什么改造社会,所以他说:"这样下去,中学教育,简直是无希望。"

因此,他必须从"改造社会"的宗旨出发,首先改造中等学校的宗旨和目的。恽代英认为,"就教育宗旨说,现在还有人相信,中学只是一个专门学校的预备科;亦有人相信中学是给一般青年鼯鼠五技的常识教育机关;亦

① 恽代英:《编辑中学教科书的先决问题》,《中华教育界》1920 年第 10 卷第 3 期。以下引文,皆见此文。

有人相信中学是培养奴隶他人,或为他人奴隶的军国民教育机关。就他所信不同,自然所谓中学教育,亦使各不相同了。"接着他提出了自己的中等学校的办学宗旨和目的:"不过我的意见,以为中学教育,是养成一般中等国民应有的品格、知识、能力的教育。"他还具体地分析道:"人是生于宇宙间的,那使宇宙间有关于人生的,不可不知道。人是生于人群间的,那便怎样能使群己进步而愉快的,不可不修养。人是生于衣食住问题之中的,那便怎样能有求生善生能力的,不可不训练。至于其余不急要的学问,无益日用的常识,我们都不应消耗精力在这中间。"

显然,恽代英在这里所说的"中等国民",不是指国民地位等级,而是指"应有的品格、知识能力"的程度。而在这里恽代英提出的中等学校培养的目标"养成一般中等国民应有的品格、知识、能力的教育",也就是他同时说的"以养成美满的中等国民为目的",仍是一个没有鲜明的时代性的模糊的概念,直到1923年12月,恽代英已成为一位马克思主义者、中国社会主义青年团的领导人时,他才对中等教育提出了确切的、具有鲜明的时代性的培养目标:"养成健全的公民的教育。"

(2)关于学校管理的改造——自主自治

在提出"中等教育应该是养成健全的公民的教育"后,不久,恽代英就在《民治的教育》一文中提倡让学校师生自主自治,他说:"主人翁就是民众,所以要大家明白自己的地位,知道自己的责任。"①为要使学生从小就成为"明白自己的地位,知道自己的责任"的公民,他认为:"所以现在的学校组织,应该象一个共和国家有立法、司法、行政等机关,使学生在这小国家里练习各种团体生活养成各种办事能力,将来到社会上,才能够尽主人翁的责任,不然,怎样能恰象主人翁的身分呢?"②虽然有的学者认为这是杜威的学校即社会、教育即生活的翻版,但恽代英为学生提供"养成健全的公民"的环境,即便是把杜威的理论拿来为我所用也是无可厚非的。

---

① 《恽代英文集》上卷,人民出版社1984年版,第575页。
② 《恽代英文集》上卷,人民出版社1984年版,第578页。

恽代英要把"学校组织"办成"小国家"的构想在当时是不可能实现的。但他为了使学校成为"养成健全的公民"的摇篮,认为首先要在学校实行让教职员和学生自主自治的民主管理。他的民主管理思想分三个层次:

第一,使学校成为一个独立的办学实体,这是实行自主自治的民主管理的先决条件。首先,他认为:"靠政府办教育是没有希望的"。因为"今日遍国的兵祸官祸,财政已经濒于破产之局,本无人真心知道办教育有甚么必要。纵然一般'秀才兵'能够涎皮涎脸的争得了甚么独立的教育基金,但是到军饷战费不应手时,商民都可以勒索劫夺,这个甚么教育基金岂有能不先受剥夺之理? 所以靠政府是绝望了的"。其次,他认为:"靠已成的学校,完全实现新教育理想是不可能的";因为这些学校,"或为公立的,便受官府牵制;或为私立的,便受董事掣肘。又加上旧教职员本以饭碗主义相结合,没有什么教育理想。无论想完全推翻他们是不可能的事;即令把他们推翻了,想自己起而代之,必被人骂为植党争权,党同伐异,亦必然达不到目的的"。再次,恽代英认为:"非先有教育理想一致而又肯向上负责的同志团体,不能望新教育的建设成功";因为对于现在的教育,我们虽然能将它批得体无完肤,"但若使我们真个有全权处理一个学校,每每因人才缺乏,同志稀少,终究自己办理的成绩亦赶不上始愿的什一"。他指出"凡事预则立,不预则废",所以要建设新教育,当下之急,须"预备理想一致而向上负责的同志要紧"。最后,恽代英认为:"非先于新教育有最合宜实验的地方望新教育的建设……一百次书本研究,不如一次实地练习;一百次口头宣传,亦不如一次实物指示。要令人家乃至自己确然相信新教育不是不可能的空想,非先结真心同志,自力建设学校不可"。因此,他在全国拟发起新教育建设社,并提出详尽的建社大纲,征求教育界朋友的意见。他所理想的目标就是教职员和学生应"有全权处理一个学校。"①

第二,在学校内部要实现教职工和学生对学校的自主自治的民主管理。1922 年,恽代英曾在川南师范学校发起了学校公有运动,他提出 12 条大

① 恽代英:《拟发起新教育建设社的意见书》,《中华教育界》1921 年第 11 卷第 4 期。

纲,交付教职员讨论,并写成《学校持久公有运动》一文,在上海《中华教育界》上发表,希望得到全国教育界的响应。恽代英指出:要防止校长或少数教职员利用特权,以排斥异己,引用私人,改变学校用人行政的根本计划,必须学校公有;要防止外力倾轧,排斥学生表同情的教职员,及不良教职员靠外力或求校长欢心滥竽充数,必须学校公有;要学校用钱及用人,能使大家贡献最好的意见,必须学校公有。恽代英提出的12条大纲的核心是成立校务会议,作为学校的最高权力机构。恽代英写道:"校务会议,由全体教职员(事务员以下不在内)与总共同数目的各级学生代表组织之"、"学校校务各方面的大计划,以及校款支配的大计划,其拟定与修改,均由校务会议议决,全校必须遵守"、"由校务会议互举七人(不拘学生或教职员)组织经济委员会,每日轮值查核用款,遇发现有须商议事时,得自召集会议,召集校务会议商议之。"①这样,教职员和学生就是学校的主人,学生在学校学习、实践行使"公民"权利,履行"公民"的义务,"然后将来进为公民"。②

第三,恽代英在教育实践中,废除了陈腐的学监制度,建立了学生自治会。他认为管理人员应以亲厚的态度对待学生,注重人格感化,反对强迫的、拘禁的训练。他还在《致杨效春》的信中对与自己在学生自治方面的不同意见作了解释,他说:"(一)职教员要行新试验新主张,要得学生同意,延误时日或致不能实行。依我的见解,学生对教师,爱便易信,信便易从,果然爱了、信了,将见指挥如意。这中间还得极力求为他们避免轻信盲从之弊才好。若不爱而使信,不信而使从,这果是你所谓练习公民资格,养成学生自尊心和独立精神的道理么?(二)学生滥用权力,使教职员要拍马屁,教课绝对不能严紧。至于什么事情自治会议决了,任何人不得反对,成了学生奴视教员。这倒是一篇理由。但是教职员就不成器到甘于拍学生马屁,甘于受学生奴视,这种人便不学生自治,又是甚么了不起的人师呢。我于学生自治有句格言,以为'凡事应由学生严格监督职教员,职教员严格监督学

---

① 恽代英:《学校公有运动》,《中华教育界》1922 年第 11 卷第 11 期。
② 恽代英:《我对于学生自治问题的意见》,《中华教育界》1922 年第 11 卷第 10 期。

生。'……（三）学生得了权力，不能或不肯使用，结果到（倒）反乱了学校……但是我以为正惟学生不能或不肯使用权力，故要用学生自治使他有练习养成的机会。故学生自治是学校的一种教育，学生既得了自治权，终久仍不能或不肯使用他，这仍不是不良的教育者之罪么？中国人对于公众的事，不勤不勇；而学生又浅薄软弱。他们的自治成绩不良，乃至有些越出轨道，本何足怪异？教职员不想为养成民治的国民不可不悉心斟酌的辅掖指导……反立于旁观发无责任的讥评，这简直是教育界的蟊贼，误人子弟，如何只顾责那些自我未发达的青年呢？"①总之，恽代英认为"学生自主自治"这是一个让学生"养成健全的公民"的锻炼，正因为中国长期以来实施的是奴化教育，学生在这个锻炼中一定会出现这样或那样的问题，这不足怪，作为教职员要细心地热情地去辅导帮助他们，切不可站在一旁指手画脚妄加讥评。

（3）关于教育内容与教材的改造——"养成健全的公民"独立解决问题的能力

随着对教育宗旨和目的的改造，自然要对教学内容与教材作相应的改造。恽代英对教育内容的改造的构想是废止八股式的教育，从培养健全的公民的目的出发，来考虑课程的设置和各种课程的目的要求；对教材的改造的构想是便于辅导自学，便于启发式教学，为"养成健全的公民"培养独立思考、独立解决问题的能力。

关于教育内容，他曾针对当时的情况指出："废止了八股的教育，却很普遍地很坚决地提倡洋八股的教育，这却更是一件怪事了。"他说洋八股的教育，"专就中等教育说，现在一全国的中学生，每天要花很多的时间去学习英文、几何、三角，因此总计一全国，不知造成了几千几万半通不通的英文、数学学者。这种人若是不升学，若是升学不是学习数、理、工科，他们的英文、数学终究是要忘记干净，但他们从前为学习英文、数学所冤枉糟蹋的

---

① 《恽代英文集》上卷，人民出版社 1984 年版，第 302—303 页。

时间精力，没有一个大教育家觉得可惜的。"①恽代英通过教学实践对课程设置有许多独到的见解。首先，他认为应该有爱国主义、改造社会的内容。他主张在中学"教有关人生的社会常识——历史、地理、社会学、政治、经济——宜较现制多加时间，看作主要的功课"，"以便学生明白社会形成之理"，树立正确的人生观。② 他十分重视社会科学的教育，他说："要破坏，需要社会科学；要建设，仍需要社会科学。"③他十分强调历史课的教学，特别是世界近代史和中国近代史的教学。

1920 年，恽代英在《编辑中学教科书的先决问题》④一文中，曾经以他当时提出的培养"中等国民应有的品格、知识、能力的教育"为目的，提出过中学的课程设置和授课要求，大体是：

①思想品德方面。设"修身"：唤起向上精神的模范事实；以教授立身、求学、合群、处事的必要常识，而能使之实践为目的。"社会学"：以使学生明白社会形成之理和群己之关系为目的。

②"国文"：以练习能想、能说、能看、能写为目的，教师要指导学生阅报、演说、作日记。"外国文"：以练习能说话、能写信、能供较高年级用原本教科书及参考书报为目的。

③"数学"：一年级以教学算术代数日用急切需要的知识为目的；二年级以教学物理、化学为目的；代数、几何、三角，打通教学，打破各自独立的系统。"物理"、"化学"，都以教切近日用生活的理、化常识为目的。

④"卫生学"：以传授生理学、心理学中有关中学生急切需要的卫生常识为目的。"生理学"：以传授生物的发生、适应、分布、应用等常识为目的，以使学生知道生物与人的关系，增加卫生学的效益。

⑤"历史"：本国史，使学生从具体的史实中，得到关于社会学的重要知识，以应付群众生活为目的；"外国史"：以教授不可不知的外国历史常识，

① 《恽代英文集》上卷，人民出版社 1984 年版，第 390 页。
② 恽代英：《恽代英来鸿去燕录》，北京出版社 1981 年版，第 141—142 页。
③ 《恽代英文集》上卷，人民出版社 1984 年版，第 388 页。
④ 恽代英：《编辑中学教科学的先决问题》，《中华教育界》1920 年第 10 卷第 3 期。

并得到社会学参证的资料为目的。"地学":以教授自然地理、人文地理、地质学中关于人生必要的常识为目的。

⑥"音乐":以陶冶性情为目的。"图画":以能辅助生物学、手工、数、理,乃至其他工业学科为目的。"手工":以实地教以生利的工作为目的。"体操":以强健身体,矫正姿势为目的。

而且,在中学的后期还将分别开设心理学、修辞学、工业大意、农业大意以及职业指导。

这种课程开设及基本要求当然是探索性的,但是我们不难看出它的两个基本特点:一是开设的课程都有明确的目的和基本的要求,而各科的目的要求都与总的培养目标一致;二是中学阶段学习完毕,普通教育受完了,学生即将进入社会,以上各学科的开设与目的要求,表明中学教育是为学生进入社会,做一个健全的公民作准备的,完全排除了中学作为大学预科的教育,如果学生要升学,则另外补习升学所需的学科。

关于教材。恽代英说:"关于中学教科书的改造意见,盘旋于我脑筋中两年多了"、"我于现在教科书的弱点,却反复经了多次的研究"。他盼望教材改造从大处、难处、根本处下手,认为教科书改造得好,将是青年的福音、人类的福音、未来的希望。他之所以对教科书的改造这么重视,是因为他站在"养成健全的公民的教育"的高度,看到了现行教科书的致命的问题。他指出:

①"现有教科书是为教授的非为自学的"。自矜笔法简洁,注释参考乏味,是为教师编写的,学生依赖教师讲授,完全是教师注入式的教材,不适用于学生自学。

②"现在教科书是用演绎法的非用归纳法的"。"总是无头无脑的叙出来一个归纳后的结论,然后渐渐的加些演绎",这是违背人的认识规律的,也是不适合青年求知的心理的。

③"现在的教科书是彼此独立的不是相互联络的"。"究竟是彼此独立的地方多。无论何学科,都可以说是大学讲义的缩型。这实在是极无道理的事。然而这便是从前教会教育、古典教育、以养学者为唯一职志的

遗毒。"

④"现在的教科书是合学理的非合实用的。"编法是不自觉地因袭大学讲义;多是抽象教材,不切日用生活;是依据伦理学编辑的,而非依据心理学编辑的;是以教师为中心的,而不是以学生为中心的。

针对这些弊病,恽代英以便于学生自学、便于启发式教学为方法,以切近现实、切合实用为内容提出了对中学教科书的改造意见:

①本着自学辅导主义的原则,做到:(一)文字要浅俗,(二)叙述要详明,(三)要附有费考虑的问题,(四)要附有可供参考的书名章节页数,使学生得一课本,便一目了然。恽代英认为,有了这样的教科书,便用不着教师在讲坛上"气竭声嘶地闹把戏",教师"只站在辅导的地位,其余一切让学生自己去做"。他特别强调,教科书应便于学生自学,这是编教科书的"标准"。

②应该遵循从感性到理性的认识规律,用归纳法编辑教科书。恽代英说:"我们最忌的是无头无脑的给人家一个甚么学理。因为人家不但难得相信,信亦难得亲切明确"。所以我们编教科书,"要少说些抽象的理论",运用归纳法,把事实排队叙出来,"让学生自己去求他的共同点,自己去抽出那应该抽出的概念知识……使学生自己得出他的结论"。

③应注意各学科之间的相互联系。"中学教育,是给一般国民中等的必要的知识……并不是为社会预备些具体而微的专科学者",因此,要重视各门学科的互相应用,彼此联系。恽代英指出,现在一般教师只注重高深,只注重广博。至于数学与理化有什么关系,外国语与数学理论有什么关系,"却很少人过问"。教英文的,则以为学生除了预备英文,没有别的功课。教数学的,又以为除了预备数学,没有别的功课。"学生在这种教授法之下,疲于奔命"。因此,在编辑教科书时,一定"要求各科教材真能彼此联络"。这虽然是一件极不容易的事,但应该详细考究,应该重新"厘定中学教育目的及各学科教授目的"。

④教科书要注意实效,要以学生为中心,要使学生能看得懂。

(4)关于教学方法的改造——自学辅导主义和启发式

恽代英从"养成健全的公民"的目标出发,他认为培养学生的自学能力是"唯一有效的教授方法"。因此,他反对传统的注入式的教学方法,极力提倡自学辅导主义和启发式教学。他对传统的教学方法进行考察后,归纳出八种弊病:"(一)上课时教师太劳,学生太逸。(二)学生因无事可做,反脑筋退化,活动力减少。(三)教材既不能于一时间传习太多,教师只好做许多不必要的解释参考功夫,糟蹋有用光阴。(四)学生因依赖教师,功课反是模糊笼统。(五)既有书本,不用口说,本为重复功夫;而因学生既无自己求学的心,精神亦不聚集,所以上课时间无异虚掷,学生并易假寐。(六)既以一教师同时讲授功课于全班学生,自然无法注意个性;优等生劣等生程度,亦无法调剂。(七)学生要求能了解功课,必须下课后自己用一番自习功夫;因此上课以外做功课的时间太多,没时间做其他课外的事。(八)学生太重看了教师。自己不能养成好学研究思考的习惯,所以离了学校,离了教师,便求不成学问。"他还讲了自己的亲身体验:"我曾用种种方法来图补救。然而无论你讲解如何详明,譬喻如何巧切,讲得有味时,学生只当笑话听,不能因而引起他深邃的考虑;讲得寡味时,学生都昏沉沉的要瞌睡了。这样下去,只能教学生成一个无意识承受知识的器皿,脑筋中不能有一点创造能力。"他概括道:"虽美其名为注入式教育,然而注则有之,入则未也。我看这只好说是教书匠吃饭的伎俩,不配说什么教育观。"因此,他指出:"幼年不良之教育,每使脑筋失其自由运用之能力,至成完全机械的。故注入的机械教育,实戕贼灵性的教育也。"①

因此,他极力提倡启发式教学法和自学辅导主义。他说:"复习的考问最好是须有引起思想的力量,但是不可太难,那便优等生有所用心,劣等生亦赶得上他用心求进步的可能度。至于讲解的时光,移以备自学的问询,虽似麻烦一点,于学生益处大多了。……依我考察出来注入的传授,许多用心的学生一样不能承受,所以,一定要改革。"②他提出:若不能用自学辅导的

①　《恽代英日记》,中共中央党校出版社1981年版,第476页。
②　《恽代英日记》,中共中央党校出版社1981年版,第650页。

方法,总收不了什么成效,"除了自学辅导,没有完全有效的教授方法。"①他还提倡引导学生自学,他认为教师辅导学生自学的好处有四点:"(一)可以增加学生注意力。(二)引起其疑问之习惯。(三)养成无师自习之习惯。(四)便于个别指导。"②

恽代英亲自担任国文、英文的教学,深入教学领域不断探索、总结经验。他认为,不同的学科,有不同的内容和教学规律,因此教法"因时因地而各求其适宜"。例如中学英文要"用英美原本教授",教师首先应该教学生读音标,在每一个生字上必注上音标,读法务求准确,应多读多写,进度不宜太快,应"缓进",反复练习,反复考问,加深印象。他每课分生字、续篇、问题、参考、作文五部分。生字尽量用英文解释,续篇的材料,"以选于历史、科学、时事,乃至名人故事的为主,鬼怪无谓的教材不阑入"。每续篇"只限于二三节,决不宜长",宜于学生"熟读背诵"。问题栏中问题分两种性质:"一为对于续篇中所叙意义的考问,以查出学生是否解释续篇能完全正确;一为对于续篇中文法的考问,以唤起学生对于旧有的文法知识的温习,新得的文法知识的注意"。参考栏内"以用浅显的文字叙述关于续篇所叙事实的参考资料为主"。作文栏"特别注意句法的构造剖解,与用语的变换颠倒"。他特别强调口译,指出"口头问答","速听速记"是会话的基础。为了加强学生听读的能力,他还组织学生用英语演文明戏,这样既活跃了气氛,也增加了学生学习英语的兴趣。③ 对于语文教学,他认为要"以求些优美的文学知识为目的",它和历史教学都要结合国际形势。在语文教学中,他特别重视作文教学,认为作文是提高语文教学的一种主要手段。对初习作文者,不应要求过高,首先应要求学生做到语句流畅,其办法是:"(一)多做。能每日作日记,并宜稍记长,最佳。(二)用心做。凡恐讹误之句之字,皆宜慎查再用,用后如觉不妥,宜问人,或注意看书时之比较。(三)不甚明白之典故

---

① 恽代英:《编辑中学教科书的先决问题》,《中华教育界》1920年第10卷第3期。
② 《恽代英日记》,中共中央党校出版社1981年版,第531页。
③ 恽代英:《中学英文教授刍议》,《中华教育界》1920年第10卷第1期。

及辞藻,最好少用。虚字亦以少用为宜。(四)多看课外书报,使脑中多造句模范之观念。"此外,还须注意"文气文调文格",①当文句流畅以后,再求深造,讲究文章的风格同时,再多选平时最喜欢的文章反复阅读以养成有条理的思维。体育是学校教育的重要学科,它的内容除了体操和运动外,还应包括"生理卫生学"、"安全运动"等教育。在教学中"对于各学生,无论其体质强弱,平均加以注意",但要因材施教,女生和男生,由于生理的差异,应有所区别。体操也要按照学生"身心强弱以分班教授,以强健身体,矫正姿势为目的"。

对于成年人的教学,恽代英更是采用启发式和讨论式的方法教学。他在黄埔军校讲《政治学概论》,在每讲一个问题以前,总是先提出若干研究问题,让学员思考、讨论,然后再有针对性地讲解。例如在讲第一讲"政治国家"时提出的研究问题是:

①政治在有阶级时代,与在无阶级时代,其意义相同否?

②本党所谓全民政治,与美国、瑞士所谓全民政治有何不同?

③本党所谓全民革命与国家主义者所谓全民革命相同否?

④为甚么我们并不主张今天废弃国家,而又要反对国家主义?

⑤本党对于无政府大同主张取何种态度?

⑥何以我们要反对无政府主义者。

⑦卢梭以国家起于"民约"论,于理合当否?

⑧甚么是国家三大原素? 何以证明缺一原素即不能称为国家?

⑨何谓殖民地? 何以说中国是半殖民地,或次殖民地?

⑩本党要创造怎样的国家与政治? 其最终目的为何?②

他在讲《中国国民党与农民运动》时也是如此。例如在讲"革命政府对于农民运动的宣言"时提出的研究问题是:

①近八十年来中国农村有何变迁?

---

① 《恽代英日记》,中共中央党校出版社1981年版,第518—519页。
② 《恽代英文集》下卷,人民出版社1984年版,第857页。

②何故农民生活日益困难?

③农民协会和农民自卫军何种人不能加入?

④农民协会在政治上与社会上的地位如何?

⑤本党是否主张用农民自卫军方法以寓兵于养? 农民自卫军有解除民团武装之权否?

⑥农民协会请求罢免官吏时须用何种手续? 政府对于此等请求应当如何处置?

⑦三民主义如何方能实现?

⑧何故反动势力总要摧残农民协会? 本党应如何应付?

⑨何故农民耕地日少? 与佃农制度有关系否?

⑩何以说地主收租是不当之利?①

以上研究问题,都是当时社会现实的热点问题,也是学员最关心、最迫切需要解决的问题。因而学员学习起来有极大的热情和兴趣。恽代英通过这些研究问题,启发学员在课堂上积极思考、讨论,学员理解了的问题就不讲,重点讲解他们带普遍性的不懂的问题。所以,他的课堂是最受学员欢迎的课堂之一。

恽代英倡导的启发式和自学辅导主义教学,可以概括为:一是充分地调动学生的学习积极性,教给学生的学习方法,即:"教育是要使人自己知道好学,是要使人自己善于求学";二是进入教学过程中,即以学生为主体,即:"上课时,教师只任指定看书页数,答复疑难,考核成绩等事。"②使学生通过动眼、动手、动口、动脑去获取知识,提高能力;三是改造教科书,使便于教师讲授的教科书,改变成便于学生自学的教科书,这就要求课本文字浅近通俗,叙述详明,附有费思考的问题和可供思考的书名章节页数;四是启发学生积极思考,独立解决问题,发挥自己的创造力;五是了解学生学习中的

---

① 恽代英编:《中国国民党与农民运动》政治讲义第 6 种,中央军事政治学校政治部 1926 年版,第 3 页。

② 恽代英:《编辑中学教科书的先决问题》,《中华教育界》1920 年第 10 卷第 3 期。

勤惰、优劣,以因材施教;六是在学生养成自学能力、自治能力的基础上,中学最后阶段,分类(如志愿)分组学习,个人自学与集体讨论结合。

对于考试的改革,恽代英也反复呼吁,他反对不合理的考试,指出:"吾之反对考试有下列诸因:(1)考试每使贤者抱屈,而不肖者侥幸。盖一日之长,本不能以观常日成绩也。(2)聪颖者借考前数日之预备,即能百试百中,然数日即忘。(3)愚拙者有充分预备亦能记诵,但稍久亦忘。(4)聪颖者因好胜之故,每于预备此时用力过甚,以致戕身。(5)愚拙者不甘退败,竭力求前,以致伤身尤不鲜见。(6)启学生不肖者侥幸之心,隳贤者之志,夹带等弊自然发生,究诘不穷。故考试不足取。"①但是恽代英并不是一概反对考试,而是反对教师用死知识考学生,他认为考试不是为了争分数,不是靠死记书中的条文、语句,而是"测验教师教法之善否。以便决定改进的方法"和"帮助学生复习,并且帮他们用学过的材料,作出一种新的论著"。考试应是帮助学生掌握"活用知识"的能力。②

(5)关于学制的改造——因材施教;既打好知识与能力的根基又进行职业的训练

恽代英面向社会的实际需要,摒弃培养"学者"的目标,代之以培养健全的公民为目标,他在《编辑中学教科书的先决问题》一文中提出中学学制为四年,而且作了具体的规划:"中学的四年修业期间,前两年可用以打普通的常识同能力的根基,第三年分为甲乙二组:甲组为志愿文科生活的学生,打文科的常识同能力的根基。乙组为志愿实科(即理科)生活的学生,打实科的常识同能力的根基。第四年甲乙二组复各分为若干组。为学生职业上的知识同能力。切实修养的时间。"③

不久,他在《致舒新城》的信中,又进一步提出了中学三层次的学制设想。他说:"我以为现在中学教成许多半截货的英文数学学生,极无道理,

---

① 《恽代英日记》,中共中央党校出版社 1981 年版,第 108—109 页。
② 恽代英:《考试问题》,《中国青年》1925 年第 80 期。
③ 恽代英:《编辑中学教科书的先决问题》,《中华教育界》1920 年第 10 卷第 3 期。

浪费时间,戕贼人才,又使中学生常识缺乏,不知人事。真欲办'中国化'的教育,宜决然改弦更张。"①于是他提出中学教育可分三级:

A. 初级中学三年,以养成普通人生足够的知识技能为主。教有关人生的自然常识——天文、地质、生理卫生、博物、理化——但决不涉及专门的技术知识。理化中需要几何三角,于理化中附带教之。……教有关人生的社会常识——历史、地理、社会学、政治、经济——宜较现制多加时间,看做主要功课。教必要的日用技术——国文、算术、初步代数——太偏于理论或文艺的,都要认为不急之务。

B. 高级中学二年,以养成中等、低等职业技术人才为主。分科按地方情形需要。教该科需要的各项科目,如机械则教高等数学物理,农业则教地质化学及其他一切专门学科。

C. 补习一年,主要为学生需要升学者开设,教学生可进可不进,亦可只选一种课。此一年可在初级毕业后,亦可在高级毕业后。半日学习英文,每日不断,年长比年幼时观念丰富故易学,连续学习不致忘记,故比不连续学习有效;一学便学到可用,多应用更有味而不致虚耗光阴。半日学习几何、三角及其他升学应补之课。

恽代英认为,中学教育分三级比盛行的分四五年学习期会有成效,因为,不升学的人不会因不必要之课而害其成就。②

恽代英学制改造的特点在于:既根据社会实际需要,又照顾学生特点,同时,基础与职业、升学与就业,统一的班级与因材施教等问题都得到了解决。

3. 高等师范的教育改造——培育"养成健全的公民的教育"的师资

恽代英认为现在中学教育的诸多谬误,都是由高等师范教育造成的。

---

① 恽代英:《恽代英来鸿去燕录》,北京出版社 1981 年版,第 141 页。
② 恽代英:《恽代英来鸿去燕录》,北京出版社 1981 年版,第 141—142 页。

他在《敬告高等师范教职员及学生》①中指出:"现在的罪过,不能不责备他们;将来的改良,亦不能不期望他们。"也就是说,要改造中等教育,必须正本清源,先得改造为中等教育培育师资的高等师范的教育,要把中等教育由"培养学者的教育"改造成"养成健全的公民的教育",必先把高等师范的教育改造成培育"养成健全的公民的教育"的师资的教育。他认为,在这方面,高等师范的教职员和学生,负有很重的责任。然而,现实的情况是,当时我国高等师范学生的专业思想极不稳固,究其原因:一是有许多高等师范的学生,并没有做教育家的志愿与兴趣。自然投考高等师范的学生,多半原只有节省金钱,并非先有什么意志上的选择;二是我国教育不发达,职业不神圣;三是一般教职员,只知注意分科的功课,不知注意教育研究。又于学生的教育家修养,完全不知注意,所以学生不但有不愿入教育界,而且亦有不能入教育界的。他强调高等师范应培养学生稳固的专业思想和崇高的为教育事业献身的精神,"高等师范的训练,应该使学生知道他们是为人类服役的人,他们是负有教育年幼些有同胞的完全负责的人"。"他们惟一应该注意的,便是怎样能使他们的学生能完全或多数成为有益于人类的人"。成为"理想的好教育家"。

恽代英列举了当时高等师范教职员三件"不该的事",并提出自己的"改造"意见:

"第一件不该的事:便是不该只将高等师范当成一个寻常的学校办,完全不注意高等师范与中学教育的关系。"这样,高等师范造就出来的人,尽有好学生,却没有好教师。

"第二件不该的事:便是不该只知养成一般学生为适应眼前社会的人,不能养成改造成理想社会的人"。

"第三件不该的事:便是不该只知注意学校的便利,不顾社会的利害。"

如何改进这三个不应该? 恽代英对症下药,提出了自己的意见。

---

① 恽代英:《敬告高等师范教职员及学生》,《少年世界》1920 年第 1 卷第 4 期。以下引文皆见此文,不另注。

　　针对第一个不应该,恽代英首先指出:"高等师范的课程,应该以教育为主体,不应该以分科的学科为主体。因为他们的学生,将来虽然是分科的教师,毕竟他们应该研究的主要问题,在于怎样传授那分科的知识于他人。"恽代英这里强调的不是说分科知识不重要,而是说高等师范的学生应重视教育学、心理学的学习与研究,以便更好地向学生传授分科知识。

　　其次,恽代英认为:"高等师范教育,应该以中学教育为主体,不应该以一般教育为主体。因为高等师范,原系培养中学教师的教育机关"。如果不以中学教育为主体,将高等师范教育按一般教育来办,势必学生"用非所学,一出学校,讲义便没有用了"。恽代英这里强调的是,高等师范教育一定要明确自己培养的目标,要有针对性地组织教学。

　　最后,恽代英说:"高等师范的学生,于一切学科,应注意他的普通化,应该看各学科伦理上心理上实用上的相互关系,比他的程度的深造还重要"。因为高等师范的毕业生,是做中学教师的,中学生的知识容纳量与他的需要量,用不着太专门了的知识。所以未来的教师,除须了解他将来相关的教材及高些博些的参考书外,没有必要做此等目的以外的高深研究,但"于学科方面有求普通化的必要"。显然,恽代英认为,中学教师的知识面应该广而博,除自己所授课程外,对其他课程的知识也应该熟悉。这才是一名好的中学教师应具备的素质。

　　针对第二个不应该,恽代英认为,一个好的高等师范的教职员,是应该明白人生的目的是要改造世界的,他们应该眼光这大。所以高等师范学校学生的训练,必须如下:

　　首先,高等师范的训练,"应该使学生独立自尊,都自己觉得是堂堂的一个人"。恽代英说,我们的国民性,受两千年君主专制的摧抑,委靡不振,青年学生,每不免自暴自弃,过分依赖教职员,有的教职员又以受学生的依赖为荣耀,所以学生间不易养成独立自尊的风气。在做学生时,觉得自己是比教师低一等的人;在做教师时,又觉得自己是比学生高一等的人。因此,高等师范不将平等精神的好模范给学生看,在学生中发展平等精神,"是不应该的事"。

其次,高等师范的训练,"应该注意发展学生的反抗精神"。怎样发展这种反抗精神呢?"应该先教他们不怕反抗自己的教职员",恽代英当然不是提倡学生无理地反对教职员,而是说教员亦非圣人,其"号令措施,自然不免有时不能完全合理。在这种时候,应该容纳,而且提倡学生起来加以纠正,不应该有一毫凭借权力,怙过是非"。恽代英这里提倡的其实是教师和学生要平等讨论问题,民主教学,教学相长。

再次,高等师范训练,"应该使学生知道他们是为人类服役的人,他们是负有教育年幼些的同胞的完全责任的人"。高等师范毕业的学生,将来是要到教育界去的。应该使他们懂得,到教育界去,"不是为他们自己的利益或名誉,亦不是为他们所服役的学校或学校创办人的利益或荣誉,他们惟一应注意的,便是怎样能使他们的学生能完全或多数成为有益于人类的人"。否则,就完全辜负了师范教育这四个字。

最后,高等师范的训练,"应使学生知道教育是正在改进的途径中的事业,没有至善至美的学说,亦没有至善至美的方法"。因此,"应该提醒学生研究实验的精神,无论以前,现在,人家做的、自己做的谬误的地方,总不惜力求改良进步"。如果对于教育,除了几本讲义,再不知道有什么研究,虽然亦说些什么自学法啊,启发式啊,这统统不过是一句空话。这样的学生,毕业后是不能给予学生以需要的、合理的、有效力的教育的。

针对第三个不应该,恽代英指出,高等师范从培养学生方面,应该注意:第一,"应该预备做教育家"。这是社会所盼望的,"无非盼望得良善些的教育家,因而可以有良善些的社会"。第二,"应该预备做中学的教育家"。因为高等师范从分工来讲,是直接负责中学教育的。第三,"应该预备做改进中的中学教育家"。因为现在的中学教育,无论在宗旨上、训育上、课程上、教科书上、教授法上,都有许多谬误,存在许多应该改进的地方。正因如此,恽代英强调说,高等师范的学生,"最应该看清他们对社会的责务,责务看清了,应该决定他自己做一个为责务予备一切的人"。

那么怎样预备呢?恽代英也提出了自己的看法:

第一,应该至少看教育学与分科功课,一样重要。

第二,应该多用力于进步些的观察研究,比书本上的学习更要紧。

第三,应该以中学教育为学习研究的中心。

第四,应该注意功课的能使人了解,比自己了解更要紧。

第五,应该注意各学科互相联络的方法,比一学科的深造更要紧,所以应该多求普通些的知识。

第六,应该彻底了解自由平等的真谛,预备牺牲自己便利,发展中学生应该发展的,无论便利教职员与否的精神。

总而言之,恽代英说:"高等学校的教职员及学生,都应该有个彻底的觉悟。应该知道他们在分工的社会里,所负的责务;应该知道他们的责务,不是什么可以轻心以掉的事。"他特别要求,高等师范的教职员,在个人应用品格上,如清洁、勤慎、节俭、和平等方面,"都应作出表率"。只有这样,才能培养出更多的"养成健全的公民的教育"的师资。

恽代英关于高等师范教育改造的理论,距今整整100年。100年过去了,我们今天读来,仍感到十分亲切,其基本精神对于我们如何办好今天的高等师范教育仍然具有很强的指导作用。

(四)根源于"养成健全的公民的教育"思想的其他教育理念

1."事业与职业统一"的职业教育观

恽代英在提出"中学教育应该是养成健全的公民的教育"的同时,强调指出:"我以为要升学或要深造的人,若是需要英文、数学,尽可以在中学毕业以后,用短的期限去补习这种学问。我们要让中学生多有些时间精力去学习读书、写字、算帐的必要技术,自然科学的常识以及历史、地理、政治、经济的大概","现在的中学毕业生,仅学了些半通不通的英文、数学,他对于一个人与一个公民所需要的常识,仍是全然无有,我真不知道这比八股教育有什么好处?"①

---

① 《恽代英文集》上卷,人民出版社1984年版,第391页。

他提出的中学课程的设置和授课基本要求,都是从社会实际需要出发的,在设计中学三层次的学制时,第一层初中三年是"以养成普通人生足够的知识技能为主";第二层高中二年是"以养成中等、下等职业技术人才为主";第三层补习一年"主要为学生需要升学者开设",可见他认为一个公民既要有普通人生足够的知识与能力,又要掌握职业技术,同时,他又多次批评了"饭碗主义",他提出:"第一必须求能站脚于现在的职业界。然而又决不仅求能站脚于现在的职业界,必须有能力改善现在的职业界,而必不可把品性为现在的职业界所改。"①在这里,他认为,养成的健全公民,一是掌握了职业技术,能在社会中从事作为主要生活来源的工作,即有职业,二是要去改善自己所从事的职业,而不是让旧职业把自己的品性改掉。也就是说既要把职业当成谋生的手段,又要有事业心,把职业当成改造社会的工具,把职业和事业统一起来,切莫抱着"饭碗主义"。

恽代英的"事业与职业统一"的教育观包括下列内容:

(1)职业都可以成为事业。恽代英说:"青年也,则就青年之地位与能力以救国,夫岂有人居于不能救国之地位,与丝毫无救国之能力者乎?"②天下兴亡,匹夫有责,人们不论从事何种职业,也无论能力大小,都可以为救国贡献自己的力量。因此,就应教育学生在学校接受教育,不只是为今后的职业作准备,而且还要不仅仅把职业看成个人追求良好物质条件的手段,而应树立将自己的职业同救国、改造社会密切联系起来的观念,把职业同事业统一起来。

(2)事业高于职业。职业是个人在社会中从事的工作,是生活的主要来源,没有职业就不能生活下去,而事业则是人的理想追求,没有事业心,职业也只能是"混一碗饭吃"。恽代英教育青年对待职业,不仅要为自己着想,而且更要为社会着想。他批评高等师范的教职员"不该只知学校的便利,不顾社会的利害",他希望他们"预备牺牲自己的便利,发展中学生应该

---

① 《恽代英文集》上卷,人民出版社 1984 年版,第 211 页。

② 《恽代英文集》上卷,人民出版社 1984 年版,第 72 页。

发展的,无论便利教职员与否的精神。"这正体现了他事业高于职业的教育思想。他认为青年不能仅为谋生而就业,不能仅满足于当一个雇佣,当一个工具,他对自己"做了年余荒谬的教育家",感到"不胜良心的责罚"①,他说:"不办自己理想的事,我几于失了我生存的意味了"②。在那个特殊的年代里,大部分青年无力从事较理想的职业,只有退而从事报酬微薄而地位又极不安定的职业,恽代英特别强调把"职业与事业统一"起来,"在这苟延残喘的时间,最要的是拼命尽力赞助革命运动,只有改造了国家,才可以使一切事业安定而报酬加厚的"③。

(3)学问与职业一贯。恽代英认为中国百业凋敝,学术荒废,人才缺乏现象严重,其根本原因在于学问与职业不一贯。世人求学,是为学得生活技能养成职业能力。如果学问与职业相脱离,无论对学生还是对社会都会造成巨大的危害。要使学问与职业一贯,在学问上,就应该注重社会上的需求和适用;在品行道德上,就应具备敬业精神;在体质上,就应养成吃苦耐劳的能力,也就是恽代英指出的:"在智识方面,须有充分之职业教育;在道德方面,须有谦恭服从之涵养;在体质方面,须有能耐劳苦之能力。"④

(4)顾及学生的特长和兴趣。恽代英从论述家庭教育开始,就要求家长对孩子"智育的教授,有不可不十分注意者,即观其个性之所趋向,而察其将来合宜之职业,为之预为画策,以全力养成其将来对于此职业之技艺,使之胜任而无失败之患。又凡对于此职业无关系之智识,非为儿童所需要者,即不必强之学习"。⑤ 在中学学制的构想中,对文科和实科(理工科)的分类,就要依据学生的志愿,对有志于职业者提出的四项要求中,也强调"不可不审察自己才能,而就其特长者加以培植之"⑥。

---

① 恽代英:《敬告高等师范教职员及学生》,《少年世界》1920 年第 1 卷第 4 期。
② 《恽代英文集》上卷,人民出版社 1984 年版,第 309 页。
③ 恽代英:《恽代英来鸿去燕录》,北京出版社 1981 年版,第 207 页。
④ 《恽代英文集》上卷,人民出版社 1984 年版,第 59 页。
⑤ 恽代英:《家庭教育论》,《妇女日报》第 20 号、21 号,1916 年 11 月、1917 年 4 月。
⑥ 《恽代英文集》上卷,人民出版社 1984 年版,第 60—61 页。

（5）职业和社会活动兼顾。恽代英说：当"我们为谋生活而就职业，本来我们便只是一个雇佣，一个工具"①，那就应该"一方求个谋生活赚钱的职业，这种职业以不亏损社会、亏损良心为主"，"一方自己组织一个团体，一种事业。这种团体与事业，便用作理想事业的一个切实根据。"②这样也能把赖以谋生的职业与实现理想的社会活动（事业）统一起来。

2. "全面"的教育观

恽代英早年就批评了读书是唯一的教育，学校是唯一的教育机关，教师是唯一的教育者的"以教育为仅读书而已"的片面的教育观，他提出"读书不过一部分之智育而已"③。以德育而论，如仅靠书本传授，"使生徒因而误视为一种智育，完全失实践道德之本旨"④。以体育而论，要重视卫生习惯之养成、体格之检查、体操钟点之增加、猛烈运动之提倡、安全运动之提倡，更不是"读书"能概括得了的。恽代英提出了自己的全面教育观。

1921 年 4 月 20 日，他在《教育改造与社会改造》一文中，深刻揭露半殖民地半封建的教育，"是古典教育的影子"，"是秉从古以来的养成书篓的宗旨，给学生许多片段浮薄的知识。除此以外，德育、体育，都只是门面话"⑤。他坚决主张改革旧的教育，强调教育要培养全面发展的"为社会上有益的人"，使学生"身（体育）、心（智育）、性（德育）各方面均完全发达"。

恽代英坚决主张对学生进行道德品性的教育。他经常利用训话、自修会、修养课，教育青年学生要养成"高尚纯洁的平民精神"、"勤劳服役的习惯"和"坚忍不移的节操"。他特别重视用爱国主义思想教育学生，并热情支持学生的革命行动，他反对学生脱离社会，让学生"两耳不闻窗外事，一心只读圣贤书"，明确说："学校不要脱离社会"。"我们为与其读死书，不如

---

① 《恽代英文集》上卷，人民出版社 1984 年版，第 219 页。
② 《恽代英文集》上卷，人民出版社 1984 年版，第 220 页。
③ 恽代英：《家庭教育论》，《妇女日报》第 20 号、21 号，1916 年 11 月、1917 年 4 月。
④ 恽代英：《不用书教育法的研究》，《青年进步》1918 年第 9、10 册。
⑤ 《恽代英文集》上卷，人民出版社 1984 年版，第 288 页。

教认何谓帝国主义？中山之为人如何？"他希望"把过去的死教育放下来，办有用的活教育"①，为革命培养人才。

在智育方面，他认为学生应有广博的知识，不仅要有丰富的普通文化科学知识，还要掌握一些生产的知识技能。他指出，学校将国文、英文、算术作为必修课，而将手工、图画、体操作为随意课，是"违背教育原理"的。他认为，学生所学到的知识，必须是比较完全的而不应是片面的，这就既要从书本中学，还要从实践中学。他特别重视培养学生的实际工作能力，认为书本知识堆积再多，而没有实际工作的能力，这样的学生必然到社会难以立身，既害了学生，也无益于社会。为此，他提倡学生加强课外活动，并著有专文——《学生课外之事业》②，论述了培养学生能力的重要性，以及培养学生能力的内容和方法。他说："大抵所谓学生课外事业，总可别为三种，一课外研究问；二课外服务社会；三课外之经营生利，是也"。在谈到应提倡学生课外研究学问时，他说："今日之世界学术上政治上均变动不居著也，为今日之学生，非有日新又新之学业，自强不息之修养，不足以与世界相适应"。在谈到应提倡课外服务社会时，他指出："欲使学生不孤僻，莫如使之爱人；欲使学生不骄矜，莫如使之事人。故使学生营社会服务事业，无异一亲切有味之修身教法也"。而且具体阐明"学生之应营社会服务事业者，（一）知服务社会，则有以骄其只知自事之弊，而培植其爱群利他之思想。（二）能实行社会服务事业，则与社会常接触，自然使之骄矜之习日减，逊和之习渐成。（三）能实行社会服务事业，则思想日趋缜密，才力日趋切实，盖经一番实行，容易得一种切实之教训，不比书籍所云云，漠然不亲切也"。在谈到应提倡课外营生利事业时，强调"此在吾等民穷财尽之国家，多数人皆无力受较高之教育者，为绝对应提倡之事，且其利益，初不独为受苦学生谋学费而已，凡能以此力求学者，每于不觉间养成其独立自尊之观念，且以

---

①　《恽代英在教职员协会欢迎第四次全省代表大会上的演说》，《汉口民国日报》1927 年 1 月 17 日。

②　恽代英：《学生课外之作用》，《青年进步》1918 年第 18 册。

知金钱之不易得,自然勤学修业,节省费用,又在求学时有执业之必要,则于执业之一切良习惯,不待督责,而自然养成"。

恽代英也十分重视体育。他认为,"活动为教育之重要条件,而身体之活动尤要。"他还写过《学校体育之研究》、《与黄胜白先生论中学体育》等论文,阐述他对体育的看法,力主学生操八段锦、课间操、踢毽子、打球和开展各种文艺活动。

除此以外,恽代英还提出了一些相关的其他教育思想:

(1)活动为教育上最重要的条件。自动教育、兴趣教育、创造教育都靠活动来实现,他认为学校应以博物、理化、手工、体操、国画为主科,因为这些学科可以促进学生的活动。他在学校组织学生郊游、演文明戏、开演讲会并且积极提倡学生组织各种社团,开展课外研究、课外服务社会、课外经营生利的课外事业,借以实现他提出训练的最高理想——"勤敬"。

(2)知识与技能并重。他为中学设计的各门课程要求,都特别强调技能,如修身,以能实践为目的;国文,以练习能想、能说、能看、能写为目的;数学,以教授日用急切需要的知识为目的;本国史,以应付群众生活为目的;物理、化学,以教授切近日用生活的理化常识为目的……功课以外,还安排有每日早操,二十分钟体操,阅报、演说、集会、游戏,写信作日记等。

(3)注重学生在实践中成长。他提倡学生作社会调查,参加社会活动;提倡学生自治,"要逐渐使学校主权操于学生",使学生从"善于操使学校主权,然后将来进为公民。"①他说:"我们要学生将来做主人,不可只顾叫他们在学校里做奴隶。要他做社会的主人,须先让他们做学校的主人,以练习做主人的能力与品性。"②

(4)重视生活潜移默化的教育作用。在恽代英的教育论著中,对游戏、读书、交友等生活细节及学校家庭生活环境的潜移默化的教育作用的论述

---

① 恽代英:《我对于学生自治问题的意见》,《教育月刊》创刊号,1922 年 2 月 1 日。
② 恽代英:《家庭教育论》,《妇女时报》第 20 号、21 号,1916 年 11 月,1917 年 4 月。

随处可见。如他说："今欲使小儿于游戏中得教育，当以使小儿为有目的之游戏为上"。① 他在中学课程设置中也安排了游戏。对于读书、交友等环境的影响，恽代英认为也都属于教育的范畴，他主张教师要指导学生的课外阅读，他认为"择小说当如择友。盖阅小说时，无异以精神与书中人相接触，即交友之损益，不过因以精神相接触故也。"②除了要使学校成为"养成健全的公民"的熔炉外，他对家庭教育潜移默化的作用也有一段精辟的论述："且父子之教，初不必耳提面命，夏楚横施，全在以潜移默化为蒙养惟一之手段，亦不虑有责善则离之事也。故如孔子之教伯鱼，其平居言行，所以陶铸之于无形者甚多。过庭之间，初不过教育之微末，岂孔子之教子，但限于二三语，其疏之乃如是之甚乎。潜移默化四字在教育中为最上之法门"。③

这些内容，更加丰富了他的全面教育观。

3. "以人为本"的教师观

恽代英生活在欧美资本主义国家从传统教育向现代化教育转换的年代。欧美资本主义国家，以按照青少年生长的实际需要实施的教育，逐渐取代了 19 世纪形成的"教师中心，教材中心，课堂中心"的金科玉律，教师的作用，被定位于为学生引路导航，而在我国，虽然 1904 年建立了第一个现代学制，但学校仍然弥漫着令人窒息的奴化教育气息，师生关系仍然是主宰和被主宰的关系。恽代英对此不以为然，他认为，教师应该知道"他们是为人类服役的人，他们是负有教育年幼些的同胞的完全负责的人"，"他们唯一应该注意的，便是怎样能使他们的学生能完全或多数成为有益于人类的人"④，这正体现了他的"以人为本"的教师观。恽代英"以人为本"的教师观，主要体现在下列几个方面：

（1）教师应使学生觉得自己"是堂堂正正的一个人"。他指出"教师权

① 恽代英：《家庭教育论》，《妇女时报》第 20 号、21 号，1916 年 11 月，1917 年 4 月。
② 《恽代英日记》，中共中央党校出版社 1981 年版，第 131 页。
③ 恽代英：《家庭教育论》，《妇女时报》第 20 号、21 号，1916 年 11 月，1917 年 4 月。
④ 恽代英：《敬告高等师范教职员及学生》，《少年世界》1920 年第 10 卷第 3 期。

威第一"的教育,实际上是"奴隶教育"。他要求教师教育学生"只知服从理性,不知服从权力,而且不但不服从权力,对于不正当的权力应该反抗",教师要注意"学生的反抗精神","应该使学生独立自尊,使自己觉得自己是堂堂正正的一个人",成为"改造理想社会的"人。

教师"应该彻底了解自由平等的真谛,预备牺牲自己的便利",发展学生"应该发展的,无论便利教职员与否的精神"。教师既是学生知识的传授者,又是学生思想品德形成的指导者,因此,必须"多读有关社会改造的书报",要教育学生了解"现在国家政治经济状况,本地生活变迁原因,改良本地生活的方法","教师要全然与学生平等,甚至起居、饮食、自修、游戏都在一块。"要改变那种"教师远在天上的状况"。①

(2)教师要以慈母之心关爱学生。恽代英提倡教师对学生采取"放任而随时加以诱掖指导"的方法,要求教师要以慈母之心关爱学生,他说:"教育乃一贯事,应皆为慈祥恺悌之人所职掌。严虽有时可为教育之手段,然此手段非不得已即无足取之价值,故父之严,直不适于教,又何论育。母之慈,不但适于育,亦且适于教",②他用母爱的力量说明爱在教育中的力量,要求教师爱学生:"寻常之为母者,虽无完全之智识,不难教育其子,使其成效十百倍于无关爱之教师,何则,以教师多不知爱其子也。故为爱者,其为教始周详恳切、知无不言,言无不尽",因此,他认为"学生对教师,爱便易信,信便易从,果然爱了、信了,将见指挥如意",③教师则"最妙莫如以平等博爱之真精神贯注生徒,此似新奇而实平正,最易得多情而智慧之少年的同情,加以促其活动与服务,其能力有所发,其心志有所托,则庶几蔚为良学风矣!"④

(3)教师的工作是"立人"。"立人",即养成"明白自己的地位,知道自己责任"的"健全的公民"。教师的责任就是"在利导人类可教育的本

---

① 参见恽代英:《敬告高等师范教职员及学生》,《少年世界》1920 年第 10 卷第 3 期。

② 恽代英:《家庭教育论》,《妇女日报》第 20 号、21 号,1916 年 11 月、1917 年 4 月。

③ 《恽代英文集》上卷,人民出版社 1984 年版,第 302 页。

④ 《恽代英日记》,中共中央党校出版社 1981 年版,第 505 页。

能……以达到增进人类幸福,个人身心壮健之目的,"①"利导人类可陶冶的本能……使各种本能合当发达,社会由之改进。"②在这里,"利导人类可教育的本能","利导人类可陶冶的本能"就是教师"以人为本"的工作手段;"以达到增进人类幸福,个人身心壮健的目的","使各种本能合当发展,社会由之改进"就是教师"以人为本"的工作目的。其中的"使各种本能合当发展",即使学生的德、智、体、美、劳、群诸方面都得到发展。

恽代英认为教师要把"以人为本"的理念贯穿在教学中,要求学校管理要提倡学生自治;教材内容要适合社会需要,编辑要便于学生自学;教法要采取"自学辅导主义"和启发式,还要引导学生参加社会实践。

(4)教师的前提是"己立"。"以人为本"的教师,不靠师道尊严,不靠"权威第一",而靠自己高尚的人格、丰富的学识、睿智的目光、卓越的才能,他认为教师必须"己立","欲立人者,必先己立"。③"己立"是"立人"的前提。

恽代英认为教师必先"己立",才能赢得学生的爱戴与尊敬,而"爱便易信,信便易从",这样教育才能成功。恽代英做校长,首先给自己立下"一言一行,不愧人师"的标准,同时要求教师对学生必须"以真人格示之","以赤心血诚之语感化之","以大公无我恒久不懈之精神灌注之",④他认为,只有教师的"真"(真人格、真心意、真无私),才具有对学生心灵的感染力、震撼力。

此外,关于创建人民军队的军校教育观的思想,请参阅本书第六章。

综上所述,通观恽代英的教育思想,我们发现,他的教育思想是一个比较完整的、科学的、缜密的体系。其教育思想的基本点是:以"改造教育与改造社会相统一"为前提,以"养成健全的公民的教育"为中心实施教育改造。其中,包含了一系列建立在其实践基础上的理论观点:儿童教育为"健

---

① 《恽代英日记》,中共中央党校出版社1981年版,第494页。
② 《恽代英日记》,中共中央党校出版社1981年版,第507页。
③ 《恽代英日记》,中共中央党校出版社1981年版,第23页。
④ 恽代英:《恽代英来鸿去燕录》,北京出版社1991年版,第33页。

全的公民"打好基础;中等教育应是"养成健全的公民的教育";高等师范教育必须被改造成培育"养成健全的公民的教育"的师资的教育。与此相联系,还形成了根源于"养成健全的公民的教育"的系统教育理念:"事业与职业统一"的职业教育观,"全面"的教育观,"以人为本"的教师观等。"养成健全的公民",既是恽代英教育思想的灵魂和核心,又是恽代英教育思想的目标和归宿,也是恽代英教育思想在中国近现代教育史上享有重要影响,独具魅力,具有恒久的认识和借鉴价值之所在。

结　　语

当我们比较全面地梳理了恽代英的思想后,由衷地对他产生无限感佩和崇敬之情。他与李大钊、陈独秀、瞿秋白、毛泽东、周恩来、萧楚女等,都无愧是中国共产党内的最有才学的一批老一辈无产阶级革命家。然而可惜的是,恽代英牺牲得太早了,他的才学未能更充分地发挥出来。

然而,就已有取得的理论成果看,在中国共产党的理论宝库中,也应该占有极其重要的地位。

我们可以清楚地看到,恽代英的思想理论不是局限于某一个领域,例如哲学方面,而是涵盖了哲学、政治、经济、军事、文化、教育等各个领域,非常全面,而且在每一个领域中,都形成了自己独立的思想体系,这在早期中共党人中还是不多见的。

恽代英的论著,结构严谨,逻辑性强。实事求是,一切从中国的实际出发,是恽代英立论的逻辑起点;运用马克思主义的立场、观点、方法分析问题,是他立论的主要方法。因此,他的论著有血有肉,不仅论述深刻,理论性强,而且极具思想启迪性。

恽代英的论著,高屋建瓴,行文势如破竹,既有气势,又具有前瞻性。例如 1922 年 9 月,他便提出了"纸老虎"、"真老虎"的概念,说明一切反动派具有两重性。1923 年在讨论与孙中山领导的国民党建立革命统一战线政策方针时,他不仅论述了与国民党合作的必要性,而且提出在合作时要"为无产阶级专政树立确实根基如俄国前例"。1924 年,他更是明确指出,中国民主革命胜利后的前途是社会主义,并对社会主义的经济制度和经济政策提出了一系列的科学构想,特别强调在产业落后的中国,建设社会主义必须改革开放,"开发富源","利用外资",像这样闪光的具有前瞻性的思想还有许多,足见他多么的高瞻远瞩。

马克思主义认为,无产阶级理论的全部价值在于,这个理论在本质上是批判的和革命的,因而具有极强的革命性和战斗性。恽代英的思想理论也是这样,无论是他对国家主义派的批判,还是对国民党新老右派和国民党改组派的批判,一篇篇论文,都如投枪,如匕首,直刺论敌的胸膛,具有极强的战斗力,真是一笔胜似三千枪。

恽代英短暂的一生能够取得如此丰硕的理论成果,一是源于他对马克思主义的坚定信仰。他自从接受马克思主义以后,从来没有动摇过,自觉地运用马克思主义武装自己的头脑,指导自己的实践,将马克思主义中国化。完全可以说,他的论著是马克思主义中国化的理论结晶。

二是源于他对中国共产党领导的坚定相信。他自从加入了中国共产党,就把党当做自己的"家",坚信党的领导,服从党的领导,并以主人翁的态度维护和巩固这个"家"的团结。即使在他受到不公正的待遇和"左"的错误打击时,他也坚信,党一定能够纠正错误,使这个"家"更加兴旺起来。他的许多论著,就是对党在各个历史时期斗争实践经验的总结。

三是源于他对革命前途必胜的坚定信念。恽代英始终充满革命的乐观主义精神,对革命的前途充满必胜的坚定信念。1927 年大革命失败后,他鼓励革命青年说:"古语说'秀才造反三年不成',假如我们下决心造三十年反,决不会一事无成的。年轻人! 要有决心干三十年革命,那你还不过五十岁。接着搞三十年的建设,你不过八十岁。我们的希望,我们的理想社会主义、共产主义恐怕也实现了。"①正是这种坚定的信念，激励他不断地去思考、去研究、去写作，用以指导中国革命，成为中国共产党早期著名的理论家。

我们研究恽代英，要学习和继承他的革命精神，像他那样，坚定信仰马克思主义，坚定相信中国共产党的领导，对中国革命和建设的前途充满必胜的坚定信念。

让我们永远记住周恩来总理1950年5月6日为纪念恽代英烈士殉难19周年的题词："中国青年热爱的领袖——恽代英同志牺牲已经十九年了，他的无产阶级意识、工作热情、坚强意志、朴素作风、牺牲精神、群众化的品质、感人的说服力，应永远成为中国青年的楷模。"

---

① 陈同生：《代英同志的教导毕生难忘》，转引自《回忆恽代英》，人民出版社1982年版，第241页。

恽代英著译目录

篇名	署名	发表日期	期刊名	卷号
义务论	恽代英	1914 年 10 月 1 日	《东方杂志》	第 11 卷 4 号
愚蠢的提问	恽代英	1915 年 2 月	《学生杂志》（英文版）	第 2 卷 2 期
新无神论	恽代英	1915 年 5 月 1 日	《光华学报》	第 1 年第 1 期
怀疑论	天逸	1915 年 5 月 1 日 1916 年 3 月 3 日	《光华学报》	第 1 年第 1 期 第 3 期
文明与道德	恽代英	1915 年 12 月	《东方杂志》	第 12 卷 12 号
苗族之文明	恽代英	1916 年 1 月 7 日	《光华学报》	第 1 年第 2 期
原分	恽代英	1916 年 3 月 7 日	《光华学报》	第 1 年第 3 期
《自然之母教》一文按语	恽代英	1916 年 7 月 5 日	《妇女杂志》	第 2 卷第 7 号
自然之母教	恽代英	1916 年 7 月 5 日	《妇女杂志》	第 2 卷第 7 号
自讼语	恽代英	1916 年 8 月 20 日	《学生杂志》	第 3 卷第 8 号
家庭教育论	恽代英	1916 年 11 月 1917 年 4 月	《妇女时报》	第 20 号、21 号
社会性之修养	恽代英	1917 年 1 月 7 日	《光华学报》	第 2 年第 1 期
安稟	恽代英	1917 年 2 月 9 日	恽代英日记	"书札录存"

本大学毕业生状况之调查	学报记事部	1917 年 1 月 7 日	《光华学报》	第 2 年第 1 期
编辑室之谈话	记者	1917 年 1 月 7 日	《光华学报》	第 2 年第 1 期
致叔澄师函	恽代英	1917 年 2 月 26 日	恽代英日记	"书札录存"
物质实在论——哲学问题之研究	恽代英	1917 年 3 月 1 日	《新青年》	第 3 卷第 1 号
编辑室之谈话	记者	1917 年 3 月 7 日	《光华学报》	第 2 年第 2 期
欧战与永久和平	恽代英	1917 年 3 月 7 日	《光华学报》	第 2 年第 2 期
致子强弟书	恽代英	1917 年 3 月 7 日	恽代英日记	
思考力之修养法	恽代英	1917 年 3 月 7 日	《光华学报》	第 2 年第 2 期
我之人生观	恽代英	1917 年 3 月 7 日	《光华学报》	第 2 年第 2 期第 2 年第 3 期
学界纪事	记者	1917 年 5 月 7 日	《光华学报》	第 2 年第 3 期
政治家之诚意	恽代英	1917 年 5 月 7 日	《光华学报》	第 2 年第 3 期
辟奴	恽代英西神	1917 年 4 月 5 日	《妇女杂志》	第 3 年第 4 期
和平损失与战争损失	恽代英译	1917 年 5 月 7 日	《东方杂志》	第 14 卷第 4 号
致天豪书	恽代英	1917 年 5 月 3 日	恽代英日记	第 3 卷第 5 号
顽童	恽代英译	1917 年 5 月 5 日	《妇女杂志》	第 3 卷第 5 号
四答刘子通先生	恽代英	1917 年 5 月 13 日	恽代英日记	
五答刘子通先生	恽代英	1917 年 5 月 30 日	恽代英日记	
复毕儿菴书	恽代英	1917 年 5 月 30 日	恽代英日记"书札录存"	
笑	恽代英译	1917 年 6 月 5 日	《妇女杂志》	第 3 卷第 6 号
再复毕儿菴书	恽代英	1917 年 6 月 8 日	恽代英日记"书札录存"	
改良私塾刍议	恽代英	1917 年 6 月	《青年进步》第 4 册	中华书局图书馆
学校体育之研究	恽代英	1917 年 6 月	《青年进步》第 4 册	中华书局图书馆

美国元老院议员之健康	恽代英	1917 年 6 月 15 日	《东方杂志》	第 14 卷第 6 号
论信仰	恽代英	1917 年 6 月 20 日	《新青年》	第 3 卷第 5 号
致志道函	恽代英	1917 年 6 月 26 日	恽代英日记	
六答刘子通先师书	恽代英	1917 年 6 月 12 日	恽代英日记	
七答刘子通先师函	恽代英	1917 年 7 月 1 日	恽代英日记	
八答刘子通先师书	恽代英	1917 年 7 月 19 日	恽代英日记	
九答刘子通先师书	恽代英	1917 年 8—9 月	恽代英日记	
论睡眠	恽代英译	1917 年 7 月 15 日	《妇女杂志》	第 3 卷第 7 号
结婚问题之研究	恽代英	1917 年 7 月 15 日	《东方杂志》	第 14 卷第 7 号
爱情与知识	恽代英译	1917 年 8 月 5 日	《妇女杂志》	第 3 卷第 8 号
《儿童游戏时间之教育》一文按语	恽代英	1917 年 9 月 5 日	《妇女杂志》	第 3 卷第 9 号
儿童游戏时间之教育	恽代英译	1917 年 9 月 5 日	《妇女杂志》	第 3 卷第 9 号
经验与知识	恽代英	1917 年 10 月 15 日	《东方杂志》	第 14 卷第 10 号
女子生活问题	恽代英	1917 年 10 月	《青年进步》第六册	中华书局图书馆
致子通师书	恽代英	1917 年 10 月 16 日	恽代英日记	
户外生活	恽代英译	1917 年 10 月 5 日	《妇女杂志》	第 3 卷第 10 号
禁食疗病说	恽代英译	1917 年 11 月 5 日	《妇女杂志》	第 3 卷第 10 号
民国六年日记	恽代英	1917 年 1 月—12 月		
不用书教育法之研究	恽代英	1918 年 1 月	《青年进步》	中华书局图书馆藏 9—10 册
致聘三书	恽代英	1918 年 2 月 23 日	恽代英日记	
人寿保险事业之新发展与长生会	恽代英译	1918 年 2 月	《东方杂志》	第 15 卷第 2 号

儿童问题之解决（一）	恽代英译	1918 年 2 月	《妇女杂志》	第 4 卷第 2 号
儿童问题之解决（二）	恽代英译	1918 年 3 月	《妇女杂志》	第 4 卷第 3 号
儿童问题之解决（三）	恽代英译	1918 年 4 月	《妇女杂志》	第 4 卷第 4 号
儿童问题之解决（四）	恽代英译	1918 年 5 月	《妇女杂志》	第 4 卷第 5 号
儿童问题之解决（五）	恽代英译	1918 年 6 月	《妇女杂志》	第 4 卷第 6 号
《儿童读书年龄之研究》一文按语	恽代英	1918 年 3 月	《妇女杂志》	第 4 卷第 3 号
儿童读书年龄之研究（残篇）	恽代英	1918 年 3 月	《妇女杂志》	第 4 卷第 3 号
学问与职业一贯论	恽代英	1918 年 3 月	《青年进步》中华书局图书馆藏第 11 册	
致沈葆秀书（一）	恽代英	1918 年 3 月 1 日	恽代英日记	
致沈葆秀书（二）	恽代英	1918 年 3 月 28 日	恽代英日记	
致沈葆秀书（三）	恽代英	1918 年 6 月 3 日	恽代英日记	
致沈葆秀书（四）	恽代英	1918 年 7 月 2 日	恽代英日记	
致涂瞻叔书（一）	恽代英	1918 年 4 月 3 日	恽代英日记	
致涂瞻叔书（二）	恽代英	1918 年 4 月 20 日	恽代英日记	
致啸虎书	恽代英	1918 年 4 月 3 日	恽代英日记	
致吴致觉书	恽代英	1918 年 4 月 27 日	恽代英日记	
致舒遹菴书	恽代英	1918 年 5 月 2 日	恽代英日记	
实现生活（武昌来函）	恽代英	1918 年 6 月 20 日	《劳动》	第 1 卷第 4 号
一国善势力之养成	恽代英	1918 年 10 月	《青年进步》中华书局图书馆第 16 册	
理想之儿童俱乐部	恽代英	1918 年 10 月	《青年进步》中华书局图书馆第 16 册	
卫生之婴儿哺乳法	恽代英译	1918 年 11 月	《东方杂志》	第 16 卷第 3 号

力行救国论	恽代英	1918 年 11 月	《青年进步》第 17 册	中华书局图书馆
互助社的第一年	恽代英	1918 年 10 月 8 日	《互助》	第 1 期 1920 年 10 月出版
学生课外之事业	恽代英	1918 年 12 月	《青年进步》第 18 册	中华书局图书馆
向上	恽代英	1918 年 12 月 12 日	《端风》年刊	第 1 号
武昌仁社章程	恽代英	1918 年 12 月 12 日	《端风》年刊	第 1 号
真男儿(小说)	恽代英	1918 年 12 月 12 日	《端风》年刊	第 1 号
民国七年日记	恽代英	1917 年 2 月—7 月		
致香浦书	恽代英	1919 年 1 月 27 日	恽代英日记	
致聘三书	恽代英	1919 年 2 月 2 日	恽代英日记	
致子强弟书	恽代英	1919 年 4 月 14 日	恽代英日记	
四年五月七日之事	恽代英	1919 年 5 月 6 日	恽代英日记	
武昌学生团宣言书	恽代英	1919 年 5 月 10 日	《大汉报》	1919 年 5 月 13 日—17 日连载
武汉中等以上学生致北京大总统国务院电	恽代英	1919 年 5 月 11 日	《汉口新闻报》	1919 年 5 月 17 日
湖北全体学生上督军省长书	恽代英	1919 年 5 月 12 日	《大汉报》	1919 年 5 月 13 日
呜呼青岛	恽代英	1919 年 5 月 17 日	选自恽代英	1919 年日记
《学生周刊》发刊词	恽代英	1919 年 5 月 29 日	《大汉报》	1919 年 5 月 31 日
学生的风潮	恽代英	1919 年 6 月 5 日	恽代英日记	
武昌中等以上学生放假留言	恽代英	1919 年 6 月 5 日	《大汉报》	1919 年 6 月 7 日
为什么要罢市	恽代英	1919 年 6 月 10 日	恽代英日记	
武汉学生联合会宣言书	恽代英	1919 年 6 月 11 日	《新申报》	1919 年 6 月 21 日
学生联合会极重大之二事	恽代英	1919 年 6 月 16 日	恽代英日记	

武汉学生联合会提出对于全国学生联会会意见书	恽代英	1919 年 6 月 19 日	《汉口新闻报》	1919 年 7 月 15 日—23 日连载
	恽代英	1919 年 6 月 19 日	《时事新报》	1919 年 7 月 8 日—12 日连载
致希葛信最警策语	恽代英	1919 年 6 月 22 日	恽代英日记	
复李白华信	恽代英	1919 年 7 月 3 日	恽代英日记	
复吉珊信	恽代英	1919 年 7 月 4 日	恽代英日记	
致希葛函	恽代英	1919 年 7 月 5 日	恽代英日记	
复伯华片	恽代英	1919 年 7 月 5 日	恽代英日记	
复复初信	恽代英	1919 年 7 月 5 日	恽代英日记	
复伯平书	恽代英	1919 年 7 月 6 日	恽代英日记	
复复初信	恽代英	1919 年 7 月 8 日	恽代英日记	
教师的地位	恽代英	1919 年 8 月 24 日	恽代英日记	
致子孚信	恽代英	1919 年 8 月 29 日	恽代英日记	
致若愚信	恽代英	1919 年 9 月	恽代英日记	
赠夏长青诗二首	恽代英	1919 年 8 月	《战地》增刊	1979 年第 4 期
致希葛信	恽代英	1919 年 9 月 3 日	恽代英日记	
致王光祈君信	恽代英	1919 年 9 月 9 日	恽代英日记	
我们与中国的前途	恽代英	1919 年 9 月 27 日	恽代英日记	
婴儿之体操	恽代英译	1919 年 9 月 5 日	《妇女杂志》	第 5 卷第 9 号
聪明之女郎	恽代英译	1919 年 9 月 5 日	《妇女杂志》	第 5 卷第 9 号
最近最深切的觉悟	恽代英	1919 年 10 月 2 日	恽代英日记	
践行道德的勇气	恽代英	1919 年 10 月 17 日	恽代英日记	
自杀的讨论	恽代英	1919 年 11 月 24 日	恽代英日记	
我们的前途	恽代英	1919 年 10 月 3 日	恽代英日记	
我们的新生活	恽代英	1919 年 12 月 2 日	恽代英日记	
废除婚姻的讨论	恽代英	1919 年 12 月 25 日	恽代英日记	

致业裕书	恽代英	1919 年 12 月	恽代英日记	
枕头上的感想	恽代英	1919 年 12 月	《端风》年刊	第 2 期家庭问题号
驳不孝有三无后为大	恽代英	1919 年 12 月	《端风》年刊	第 2 期家庭问题号
共同生活的社会服务	恽代英	1919 年 12 月	《端风》年刊	第 2 期"附录"
民国八年日记	恽代英	1917 年 1 月—12 月		
中华民国九年	恽代英	1920 年 1 月 3 日	《社会新闻》	第 2 期
武昌工学互助团组织大纲	恽代英等	1920 年 2 月 2 日	《时事新报》	1920 年 2 月 2 日
致宗伯华	恽代英	1920 年 2 月 23 日	《时事新报》	副刊《学灯》
平民教育社宣言书	恽代英 刘功辅	1920 年 3 月 29 日	《国民新报》	1920 年 3 月 29 日、30 日、31 日、4 月 2 日、3 日连载
怀疑论	恽代英	1920 年 4 月 15 日	《少年中国》	第 1 卷第 10 期
敬告高等师范教职员及学生	恽代英	1920 年 4 月	《少年世界》	第 1 卷第 4 期
驳杨效春君"非儿童公育"	恽代英	1920 年 4 月 18 日	《解放与改造》	第 2 卷第 15 期
致少年中国学会同人	恽代英	1920 年 4 月 22 日	《少年中国》	第 1 卷第 11 期
致少年中国学会全体同志	恽代英	1920 年 4 月 22 日	《少年中国》	第 1 卷第 11 期
致夏敬隆	恽代英	1920 年 4 月	《少年中国》	第 1 卷第 12 期
金钱与工作	代英	1920 年 4 月 21 日—22 日	《时事新报》	副刊《学灯》
怎样创造少年中国？	恽代英	1920 年 7 月、9 月	《少年中国》	第 2 卷第 1 期 第 3 期
再驳杨效春君"非儿童公育"	恽代英	1920 年 6 月 11—14 日、16—21 日	《时事新报》	副刊《学灯》
中学英文教授刍议	恽代英	1920 年 7 月 20 日	《中华教育界》	第 10 卷第 11 期
大家为"儿童公育"努力	恽代英	1920 年 8 月 19 日	《民国日报》	副刊《觉悟》

美国人对于早婚之意见	恽代英译	1920 年 9 月	《东方杂志》	第 17 卷第 16 号
编辑中学教科书的先决问题	恽代英	1920 年 9 月 20 日	《中国教育界》	第 10 卷第 3 期
革命的价值	恽代英	1920 年 10 月 10 日	《时事新报》	副刊《学灯》
代英提议	恽代英	1920 年 10 月	《少年中国》	第 2 期第 4 期"少年中国学会消息"
英哲尔士论家庭的起源	恽代英译	1920 年 10 月	《东方杂志》	第 17 卷第 19、20 期
未来之梦	恽代英	1920 年 10 月	《互助》	第 1 期
利群书社	恽代英	1920 年 10 月	《互助》	第 1 期
互助社的第一年	恽代英	1920 年 10 月	《互助》	第 1 期
致胡业裕	恽代英	1920 年 10 月	《互助》	第 1 期
论社会主义	恽代英	1920 年 11 月 15 日	《少年中国》	第 2 卷第 5 期
致刘仁静	恽代英	1920 年 12 月 21 日	《互助》	第 1 期
儿童公育在教育上的价值	恽代英	1920 年 12 月 20 日	《中华教育界》	第 10 卷第 6 期
少年中国学会问题	恽代英	1921 年 1 月	《少年中国》	第 2 卷第 7 期
阶级争斗(单行本)	恽代英译	1921 年 1 月	新青年丛书	第 8 种
我的宗教观	恽代英	1921 年 2 月 15 日	《少年中国》	第 2 卷第 8 期
商榷学校工厂——致林育英、林洛甫	恽代英	1921 年 4 月 16 日	《我们的》	1921 年 4 月 16 日
教育改造与社会改造	恽代英	1921 年 4 月 20 日	《中华教育界》	第 10 卷第 10 期
致沈泽民、高语罕	恽代英	1921 年 4 月 29 日	《芜湖》第 1 号	1921 年 5 月 15 日
致上海商业储备银行奚季耕片(一)	恽代英	1921 年 9 月 3 日	上海市档案馆存	
致上海商业储备银行奚季耕片(二)	恽代英	1921 年 9 月 26 日	上海市档案馆存	

学生除名问题	恽代英	1921 年 5 月 20 日	《中 华 教 育 界》	第 10 卷第 11 期
致王光祈	恽代英	1921 年 6 月 15 日	《少年中国》	第 2 卷第 12 期
致杨效春	恽代英	1921 年 6 月 9 日	《少年中国》	第 3 卷第 5 期
拟发起新教育建设社意见书	恽代英	1921 年 10 月 20 日	《中 华 教 育 界》	第 11 卷第 4 期
致杨效春	恽代英	1921 年 11 月	《少年中国学会会员通讯录》	第 1 期
致杨钟健	恽代英	1921 年 11 月	《少年中国学会会员通讯录》	第 1 期
法拉格论古代共产制(摘译)	恽代英	1921 年 12 月 27 日	《民国时报》	副刊《觉悟》
《和含学会会刊》创刊序言	恽代英	1921 年	手稿存中国革命博物馆	
我对于学生自治问题的意见	恽代英	1922 年 2 月 1 日	《教育月刊》	创刊号
去年下学期的川南师范	恽代英	1922 年 5 月 1 日	《中 华 教 育 界》	第 11 卷第 10 期
川南师范的学校公有运动	恽代英	1922 年 5 月 8 日	《中 华 教 育 界》	第 11 卷第 11 期
为少年中国学会同人进一解	恽代英	1922 年 6 月 1 日	《少年中国》	第 3 卷第 11 期
致杨钟健	恽代英	1922 年 9 月 1 日	《少年中国学会会员通讯录》	第 1 期
民治运动	恽代英	1922 年 9 月 25 日	《东方杂志》	第 19 卷第 18 号
青年与偶像	恽代英	1923 年 2 月 5 日	《民国日报》	副刊《觉悟》
学生的社会活动	恽代英	1923 年 2 月 5 日	《学生杂志》	第 10 卷第 2 号
知识经验与感情	恽代英	1923 年 3 月 5 日	《学生杂志》	第 10 卷第 3 号
混乱政局中警告议员们的话	子毅	1923 年 4 月 10 日	《共进》	第二版
学生与民权运动	恽代英	1923 年 5 月 5 日	《学生杂志》	第 10 卷第 5 号

做人的第一步——比研究正确的人生观还重要些的一个问题	子怡	1923 年 5 月 5 日	《学生杂志》	第 10 卷第 5 号
收拾时局的一个提议	恽代英	1923 年 5 月	《少年中国》	第 4 卷第 3 期
中国社会革命及我们目前的任务——致存统	恽代英	1923 年 6 月 15 日	《先驱》	第 23 期
致葛季膺书	恽代英	1923 年 6 月 19 日	存中国革命历史博物馆	
妇女解放运动的由来和其影响	恽代英	1923 年 10 月 10 日	《民国日报》	《妇女周报》国庆日增刊
少年中国学会苏州大会宣言	恽代英	1923 年 10 月 14 日	《少年中国》	第 4 卷第 8 期
《中国青年》发刊词	恽代英	1923 年 10 月 20 日	《中国青年》	第 1 期
怎样才是好人	代英	1923 年 10 月 20 日	《中国青年》	第 1 期
对于有志者的三个要求	代英	1923 年 10 月 20 日	《中国青年》	第 1 期
蔡元培的话不错吗?	代英	1923 年 10 月 27 日	《中国青年》	第 2 期
我们还要议会制度否	但一	1923 年 10 月 27 日	《中国青年》	第 2 期
华洋贸易册中可注意的事	代英	1923 年 10 月 23 日	《中国青年》	第 2 期
基督教与人格救国	代英	1923 年 11 月 23 日	《中国青年》	第 3 期
道德的生活与经济的生活	代英	1923 年 11 月 3 日	《中国青年》	第 3 期
怎样做不良教育下的学生?	但一	1923 年 11 月 3 日	《中国青年》	第 3 期
关于学生参加政党问题	恽代英	1923 年 11 月 5 日	《学生杂志》	第 10 卷第 11 号
救自己	代英	1923 年 11 月 10 日	《中国青年》	第 4 期

中国分立运动	代英	1923 年 11 月 10 日	《中国青年》	第 4 期
学生加入政党问题	但一	1923 年 11 月 20 日	《新建设》	第 1 卷第 1 期
论三民主义	但一	1923 年 11 月 20 日	《新建设》	第 1 卷第 1 期
中国贫乏的真原因	但一	1923 年 11 月 20 日	《新建设》	第 1 卷第 1 期
考试制度与言官	但一	1923 年 11 月 20 日	《新建设》	第 1 卷第 1 期
国际行政院与国际法庭	但一	1923 年 11 月 20 日	《新建设》	第 1 卷第 1 期
土耳其复兴	但一	1923 年 11 月 20 日	《新建设》	第 1 卷第 1 期
强压下的德国	但一	1923 年 11 月 20 日	《新建设》	第 1 卷第 1 期
时论的误点	恽代英	1923 年 11 月 25 日	《东方杂志》	第 20 卷第 22 号
学术与救国	代英	1923 年 12 月 1 日	《中国青年》	第 7 期
八股？	代英	1923 年 12 月 8 日	《中国青年》	第 8 期
我们为什么反对基督教	代英	1923 年 12 月 8 日	《中国青年》	第 8 期
读什么书与怎样读书	但一	1923 年 12 月 8 日	《中国青年》	第 8 期
《自杀》一文按语	代英	1923 年 12 月 8 日	《中国青年》	第 8 期
附《自杀》		1923 年 12 月 8 日	《中国青年》	第 8 期
致舒新城书	代英	1923 年 12 月 13 日	选自舒新城：《回忆恽代英同志》《五四时期的社团》（一）	
收回关税主权的第一声	代英	1923 年 12 月 15 日	《中国青年》	第 9 期
研究社会问题发端	代英	1923 年 12 月 15 日	《中国青年》	第 9 期

"训政"说研究	恽代英	1923 年 12 月 20 日	《新建设》	第 1 卷第 2 期
少年中国学会苏州大会宣言	恽代英	1923 年 12 月 11 日	《少年中国》	第 4 卷第 8 期
读《国家主义的教育》		1923 年 12 月 16 日	《少年中国》	第 4 卷第 9 期
革命与党	恽代英	1923 年 12 月 20 日 1924 年 1 月 20 日	《新建设》	第 1 卷第 2 期 第 3 期
研究社会政策（读书录）	恽代英	1923 年 12 月 22 日	《中国青年》	第 10 期
《中国青年》1—10 期出版后编者的话		1923 年 12 月 22 日	《中国青年》	第 10 期
社会主义与劳工运动（读书录）	代英	1923 年 12 月 29 日	《中国青年》	第 11 期
革命政府与关税问题	恽代英	1924 年 1 月 5 日	《前锋》	第 3 期
青年的恋爱问题	恽代英	1924 年 1 月	《学生杂志》	第 11 卷第 1 号
前途的乐观	代英	1924 年 1 月 5 日	《中国青年》	第 12 期
勖读者	代英	1924 年 1 月 5 日	《中国青年》	第 12 期
假期中应做的事	代英	1924 年 1 月 12 日	《中国青年》	第 13 期
□　□	代英	1924 年 1 月 12 日	《中国青年》	第 13 期
致团中央信——关于林育南代表资格问题的初步调查	代英	1924 年 1 月 17 日	存湖北省档案馆	
实行职业普选的必要	子毅	1924 年 1 月 25 日	《共进》	第 54 期
革命运动中的教育问题	恽代英	1924 年 1 月	《新建设》	第 1 卷第 3 期
列宁与中国革命	代英	1924 年 2 月 2 日	《中国青年》	第 16 期"列宁特号"
再论学术与救国	代英	1924 年 2 月 9 日	《中国青年》	第 17 期
纪念施伯高兄	恽代英	1924 年 2 月 25 日	《民国日报》	"施洋纪念号"
青年工人应注意的事项	但一	1924 年 2 月 16 日	《中国青年》	第 18 期

评国民党政纲	但一	1924 年 2 月 16 日 1924 年 3 月 1 日	《中国青年》	第 18、19 期
何谓国民革命	但一	1924 年 2 月 23 日	《中国青年》	第 20 期
怎样做小学教师	代英	1924 年 3 月 1 日	《中国青年》	第 20 期
世界大势	代英	1924 年 3 月 8 日	《中国青年》	第 21 期
香港的青年	但一	1924 年 3 月 8 日	《中国青年》	第 21 期
造党——答陈守虞君	代英	1924 年 3 月 8 日	《中国青年》	第 21 期
蠹鱼的故事	但一译	1924 年 3 月 8 日	《中国青年》	第 21 期
列宁与新经济政策	代英	1924 年 3 月 9 日	《上海追悼列宁大会特刊》	
矫正对于"打倒军阀"的误解	代英	1924 年 3 月 16 日	《中国青年》	第 22 期
中国经济状况与国民党政纲	尹子怡	1924 年 3 月 20 日	《新建设》	第 1 卷第 4 期
民族主义	恽代英	1924 年 3 月 20 日	《新建设》	第 1 卷第 4 期
统一与分裂	但一	1924 年 3 月 20 日	《新建设》	第 1 卷第 4 期
列强卵翼下的北京政府	但一	1924 年 3 月 20 日	《新建设》	第 1 卷第 4 期
怎样研究社会科学	代英	1924 年 3 月 23 日	《中国青年》	第 23 期
湖北黄陂农民生活	但一	1924 年 3 月 23 日	《中国青年》	第 23 期
答问七则——致汪冀贤君	代英	1924 年 3 月 23 日	《中国青年》	第 23 期
国际的暗斗	但一	1924 年 3 月 24 日	《民国日报》"评论之评论"第 1 期 副刊	
评中国改制问题	子怡	1924 年 3 月 24 日	《民国日报》"评论之评论"第 1 期 副刊	
北庭与中俄交涉	代英	1924 年 3 月 30 日	《民国日报》	"评论之评论"第 2 期
评"党建国"	代英	1924 年 3 月 30 日	《民国日报》	"评论之评论"第 2 期
手枪炸弹与革命	代英	1924 年 4 月 5 日	《中国青年》	第 25 期
平民教育与"圣经"（杂感）	代英	1924 年 4 月 5 日	《民国日报》"觉悟" 副刊	
最近一周的中国	代英	1924 年 4 月 6 日	《民国日报》"评论之评论"第 3 期 副刊	

自从五四运动以来	代英	1924 年 4 月 12 日	《中国青年》	第 26 期
革命与革命后的变乱	代英	1924 年 4 月 13 日	《民国日报》"评论之评论"第 4 期副刊	
北庭现形记	子怡	1924 年 4 月 13 日	《民国日报》"评论之评论"第 4 期副刊	
告欢迎泰戈尔的人	代英	1924 年 4 月 19 日	《民国日报》《觉悟》副刊	
诠释畏垒君的几句话	子怡	1924 年 4 月 20 日	《民国日报》"评论之评论"第 5 期副刊	
玄妙的华会条约	代英	1924 年 4 月 20 日	《民国日报》"评论之评论"第 5 期副刊	
中国革命的基本势力	恽代英	1924 年 4 月 20 日	《新建设》	第 1 卷第 5 期
庚子赔款与最近政治	代英	1924 年 4 月 20 日	《新建设》	第 1 卷第 5 期
中国货币不统一的影响和改良	子毅	1924 年 4 月 20 日	《共进》	第 60 期
学术与救国——答正厂	代英	1924 年 4 月 26 日	《中国青年》	第 28 期
革命与杀人主义——答郁青	代英	1924 年 4 月 26 日	《中国青年》	第 28 期
脱离学校问题——答震泰	代英	1924 年 4 月 26 日	《中国青年》	第 28 期
北方四头的活跃	代英	1924 年 4 月 27 日	《民国日报》"评论之评论"第 6 期副刊	
如何方可利用外资	但一	1924 年 4 月 27 日	《民国日报》"评论之评论"第 6 期副刊	
中国的五一节	代英	1924 年 5 月 1 日	《民国日报》	五一特刊
惊心动魄的五月	代英	1924 年 5 月 3 日	《中国青年》	第 29 期
广州"圣三一"学生的民族革命	但一	1924 年 5 月 3 日	《中国青年》	第 29 期
农村运动——答惠民	代英	1924 年 5 月 3 日	《中国青年》	第 29 期
怎样整顿学生会	代英	1924 年 5 月 4 日	《民国日报》《觉悟》副刊	

这一周时局的变化	代英	1924 年 5 月 4 日	《民国日报》"评论之评论"第 7 期 副刊
泰晤士报对于学生 的训词	代英	1924 年 5 月 4 日	《民国日报》"评论之评论"第 7 期 副刊
学生政治运动与入 党问题的讨论	代英	1924 年 5 月 5 日	《学生杂志》 第 11 卷第 5 期
我们现在应该如何 努力？	恽代英	1924 年 5 月 7 日	《民国日报》"觉悟" 副刊
今日之国耻	代英	1924 年 5 月 9 日	《民国日报》"觉悟"五九国耻纪念 副刊 特刊
我们要雪的耻岂独 是"五九"吗	恽代英	1924 年 5 月 18 日	《南海周刊》 第 4 卷第 9 号
"卧薪尝胆"	代英	1924 年 5 月 10 日	《中国青年》 第 30 期
新刊批评	代英	1924 年 5 月 10 日 1924 年 5 月 17 日	《中国青年》 第 30 期、第 31 期
文学与革命——答 王秋心	代英	1924 年 5 月 17 日	《中国青年》 第 31 期
中国财政状况述评	恽代英	1924 年 5 月 20 日	《新建设》 第 1 卷第 6 期
预备暑假的乡村运 动——到农村去	代英	1924 年 5 月 24 日	《中国青年》 第 32 期
徐州教会学生的奋 斗	但一	1924 年 5 月 24 日	《中国青年》 第 32 期
研究清史问题—— 答若思	代英	1924 年 5 月 24 日	《中国青年》 第 32 期
顾维钧宅之炸弹案	子毅	1924 年 6 月 11 日	《向导周报》 第 69 期
中国革命与世界革 命	代英	1924 年 6 月 14 日	《中国青年》 第 35 期
中国的现状	但一	1924 年 6 月 14 日	《中国青年》 第 32 期
出版物与实际运动	恽代英	1924 年 6 月 14 日	《中国学生》 第 32 期
基督教与社会服 务——答南京民作 君	代英	1924 年 6 月 16 日	《民国日报》《觉悟》 副刊
出版物与实际运动	恽代英	1924 年 6 月 14 日	《中国学生》 第 2 期
农村运动	代英	1924 年 6 月 28 日	《中国青年》 第 37 期

中国民族独立问题	恽代英	1924 年 6 月 29 日	《民国日报》《觉悟》副刊	
告因学潮退学的人们	代英	1924 年 7 月 5 日	《中国青年》	第 38 期
关于政治运动的八问题——答郁青	代英	1924 年 7 月 12 日	《中国青年》	第 39 期
川江木船帮船户的生存权	代英	1924 年 7 月 13 日	《民国日报》副刊	"评论之评论"第 17 期
神童	毅	1924 年 7 月 13 日	《民国日报》副刊	"评论之评论"第 17 期
猪与男女合校问题	毅	1924 年 7 月 13 日	《民国日报》副刊	"评论之评论"第 17 期
毕业生生活问题——答泽鸿	代英	1924 年 7 月 19 日	《中国青年》	《中国青年》第 40 期
乡村运动问题——答孝承	代英	1924 年 7 月 19 日	《中国青年》	《中国青年》第 40 期
国民党中的共产党问题	但一	1924 年 7 月 19 日	《中国青年》	《中国青年》第 41 期
"江苏人之人格"	代英	1924 年 7 月 20 日	《民国日报》副刊	"评论之评论"第 18 期
民治的教育	代英	1924 年 8 月 28 日、29 日	《民国日报》《觉悟》副刊	
士	代英	1924 年 8 月 30 日	《中国青年》	第 42 期
甘肃平民教育的问题——答李恭	代英	1924 年 9 月 20 日	《中国青年》	第 45 期
不平等条约之研究	恽代英	1924 年 9 月 20 日	《新建设》	第 2 卷第 2 期
惑	代英	1924 年 10 月 5 日	《民国日报》副刊	"评论之评论"第 29 期
学生运动	代英	1924 年 10 月 11 日	《中国青年》	第 48 期
《农民运动之一得》一文编后语 附:农民运动之一得	代英	1924 年 10 月 11 日	《中国青年》	第 48 期
告自己与为自己	代英	1924 年 10 月 12 日	《民国日报》副刊	"评论之评论"第 30 期

"辛丑条约精神"与"赤色帝国主义"	代英	1924 年 10 月 12 日	《民国日报》副刊	"评论之评论"第 30 期
反动派的黄花岗	代英	1924 年 10 月 12 日	《民国日报》副刊	"评论之评论"第 30 期
失败的双十节	但一	1924 年 10 月 18 日	《中国青年》	第 49 期
为什么有这多内战	代英	1924 年 10 月 18 日	《中国青年》	第 49 期
退学主义——答歔衷	代英	1924 年 10 月 18 日	《中国青年》	第 50 期
为黄仁惨案之重要声明	恽代英	1924 年 10 月 18 日	《民国日报》	
生活问题	但一	1924 年 10 月 18 日	《中国青年》	第 50 期
开除的冤枉与自学问题——答 TN	代英	1924 年 10 月 18 日	《中国青年》	第 50 期
内战的浪费	但一	1924 年 10 月 26 日	《民国日报》副刊	"评论之评论"第 32 期
介绍八十一期以后之"向导"	但一	1924 年 11 月 1 日	《中国青年》	第 51 期
国家主义者的误解	代英	1924 年 11 月 1 日	《中国青年》	第 51 期
苏俄与世界革命	代英	1924 年 11 月 8 日	《中国青年》	第 52 期
苏俄与中国革命运动	但一	1924 年 11 月 8 日	《中国青年》	第 52 期
请段祺瑞入京与召集和平会议	代英	1924 年 11 月 9 日	《民国日报》副刊	"评论之评论"第 34 期
评王光祈著《少年中国运动》	代英	1924 年 11 月 15 日	《中国青年》	第 53 期
最近的政局	记者	1924 年 11 月 22 日	《中国青年》	第 54 期
怎样进行革命运动	代英	1924 年 11 月 22 日	《中国青年》	第 54 期
军事运动问题——答砍石	代英	1924 年 11 月 22 日	《中国青年》	第 54 期
告一个脱离家庭的青年——答崔苏	但一	1924 年 11 月 22 日	《中国青年》	第 54 期

为"国民会议"奋斗	但一	1924 年 11 月 29 日	《中国青年》	第 55 期
洋皇帝	代英	1924 年 11 月 29 日	《中国青年》	第 55 期
介绍"平民之友"周刊	记者	1924 年 11 月 29 日	《中国青年》	第 55 期
埃及民族独立的奋斗	代英	1924 年 12 月 6 日	《中国青年》	第 56 期
叫化子问题——答嘉猷	代英	1924 年 12 月 6 日	《中国青年》	第 56 期
复托荐职业者的信	代英	1924 年 12 月 6 日	《中国青年》	第 56 期
革命的整理财政方法	代英	1924 年 12 月 7 日	《民国日报》副刊	《评论之评论》第 38 期
国民党左派与共产党	FM	1924 年 12 月 13 日	《中国青年》	第 57 期
生活、知识与革命——答李显衫三君	代英	1924 年 12 月 13 日	《中国青年》	第 57 期
整顿学生会	代英	1924 年 12 月 20 日	《中国青年》	第 58 期
可鄙的诅咒与可笑的离间	FM	1924 年 12 月 20 日	《中国青年》	第 58 期
东南大学教职员亦过问政治了吗	代英	1924 年 12 月 20 日	《中国青年》	第 58 期
打倒学阀——告江苏青年学生	FM	1924 年 12 月 27 日	《中国青年》	第 59 期
怎样做恶劣环境下的教师与学生——答 YC	代英	1924 年 12 月 27 日	《中国青年》	第 59 期
打倒教会教育	代英	1924 年 1 月 3 日	《中国青年》	第 60 期
军事运动问题——答刘佩隆君	代英	1924 年 1 月 3 日	《中国青年》	第 60 期
附:军事运动问题	刘佩隆	1924 年 1 月 3 日	《中国青年》	第 60 期
通讯三则——答启之	代英	1924 年 5 月 10 日	《中国青年》	第 61 期

退学呢？使全家跟着吃苦呢？——答景良	代英	1924 年 5 月 10 日	《中国青年》	第 61 期
中国共产主义青年团	FM	1924 年 1 月 31 日	《中国青年》	第 63、64 期
中国劳动阶级斗争第一幕	FM	1924 年 2 月 7 日	《中国青年》	第 65 期
预备一九二五年上期的工作计划	代英	1924 年 2 月 7 日	《中国青年》	第 65 期
学潮问题	但一	1924 年 2 月 14 日	《中国青年》	第 66 期
一个基督教徒讨论非基督教运动	但一译	1924 年 2 月 14 日	《中国青年》	第 66 期
蹂躏华侨青年的赵正平	但一	1924 年 2 月 14 日	《中国青年》	第 66 期
东南大学的前途	代英	1924 年 2 月 21 日	《中国青年》	第 67 期
纠正对于马克思学说的一种误解	FM	1925 年 2 月 21 日	《中国青年》	第 67 期
反对基督教者杀无赦	代英	1925 年 2 月 25 日	《民国日报》副刊	《非基督教教特刊》第 23 期
妇女运动	代英	1925 年 3 月 7 日	《中国青年》	第 69 期
上海日纱厂罢工中所得的教训	但一	1925 年 3 月 14 日	《中国青年》	第 70 期
《一个小学教师对于农民运动的意见》一文按语	代英	1925 年 3 月 14 日	《中国青年》	第 70 期
附：一个小学教师对于农民运动的意见	王卓如	1925 年 3 月 14 日	《中国青年》	第 70 期
孙中山先生	恽代英	1925 年 3 月 21 日	《中国青年》	第 71 期"哀悼孙中山先生特刊"
孙中山先生逝世与中国	恽代英	1925 年 3 月 21 日	《中国青年》	第 71 期"哀悼孙中山先生特刊"
怎样使学问与口才双方进步	但一	1925 年 3 月 28 日	《中国青年》	第 72 期
婚约解除之困难——答方斌	代英	1925 年 3 月 28 日	《中国青年》	第 72 期

与李琯即君论新闻国家主义	代英	1925 年 4 月 4 日	《中国青年》	第 73 期
孙中山先生死后	恽代英	1925 年 4 月 4 日	《民国日报》	《觉悟》
烦闷的救济	但一	1925 年 4 月 4 日	《中国青年》	第 73 期
《广州的青年革命军》一文按语	代英	1925 年 4 月 11 日	《中国青年》	第 74 期
附:广州的青年革命军	秋人	1925 年 4 月 11 日	《中国青年》	第 74 期
广东军官学校与国民党问题——答刘英	代英	1925 年 4 月 11 日	《中国青年》	第 74 期
结婚呢? 还是抱独身主义呢? ——答刘小梅	但一	1925 年 4 月 11 日	《中国青年》	第 74 期
矫正国民党中最流行的误解	代英	1925 年 4 月 18 日	《中国青年》	第 75 期
再论东大问题	代英	1925 年 4 月 18 日	《中国青年》	第 75 期
评醒狮派	代英	1925 年 4 月 28 日	《中国青年》	第 76 期
《归途——赴县国民会议促成会以后》一文按语	代英	1925 年 4 月 25 日	《中国青年》	第 76 期
附:归途——赴县国民会议促成会以后	王卓如	1925 年 4 月 25 日	《中国青年》	第 76 期
五七国耻与不平等条约	代英	1925 年 5 月 2 日	《中国青年》	第 77、78 合期
军事教育问题	代英	1925 年 5 月 2 日	《中国青年》	第 79 期
《福州学生流血记》一文按语	代英	1925 年 5 月 9 日	《中国青年》	第 79 期
附:福州学生流血记	张珪	1925 年 5 月 9 日	《中国青年》	第 79 期
怎样打破灰色的人生——答淮阴儿	代英	1925 年 5 月 9 日	《中国青年》	第 79 期
讨论丁子昂君"学生与政党"一文	代英	1925 年 5 月 12 日	《民国日报》	《觉悟》副刊
章士钊与段祺瑞	但一	1925 年 5 月 16 日	《中国青年》	第 80 期
考试问题	代英	1925 年 5 月 16 日	《中国青年》	第 80 期

《中国所要的文学家》一文按语	代英	1925 年 5 月 16 日	《中国青年》	第 80 期
附：中国所要的文学家	张刃光	1925 年 5 月 16 日	《中国青年》	第 80 期
答问三则	代英	1925 年 5 月 16 日	《中国青年》	第 80 期
谨防破坏团体的人	遽轩	1925 年 5 月 23 日	《中国青年》	第 81 期
学生的背水阵	但一	1925 年 5 月 23 日	《中国青年》	第 81 期
致杨立生信	恽代英	1925 年 5 月 25 日	存湖北省档案馆	
辟三种洋奴的论调	代英	1925 年 6 月 13 日	《民族日报》	第 4 号
告激愤的国民	代英	1925 年 6 月 15 日	《民族日报》	第 6 号
答《醒狮周报》三十二期的质难	代英	1925 年 6 月 15 日	《中国青年》	第 82 期
改造妻子问题——答立木	代英	1925 年 6 月 15 日	《中国青年》	第 82 期
马克思主义者与恋爱问题——答王永德	代英	1925 年 6 月 15 日	《中国青年》	第 82 期
革命势力与反革命势力	但一	1925 年 7 月 23 日	《中国青年》	第 83 期
暑假的工作与苏俄研究——答笑秦	代英	1925 年 7 月 23 日	《中国青年》	第 83 期
怎样做一个宣传家	代英	1925 年 7 月 25 日	《中国青年》	第 84 期
致柳亚子	代英	1925 年 7 月	存中央档案馆	
读《孙文主义之哲学的基础》	代英	1925 年 8 月 8 日	《中国青年》	第 87 期
学生军与军事运动问题	FM	1925 年 8 月 8 日	《中国青年》	第 87 期
一种机会主义——党化教育运动	但一	1925 年 8 月 8 日	《中国青年》	第 87 期
被压迫青年的问题——答刘忍	代英	1925 年 8 月 8 日	《中国青年》	第 87 期
我们的战略	FM	1925 年 8 月 8 日	《中国青年》	第 88 期
帝国主义对于中国的压迫	恽代英	1925 年 8 月 21 日	《夏令讲演会讲义》第 2 号	

民族革命的共产党	FM	1925 年 8 月 22 日	《中国青年》	第 89 期
《陕西学生驱吴运动之经过》一文按语	但一	1925 年 8 月 22 日	《中国青年》	第 89 期
附:陕西学生驱吴运动之经过	安人	1925 年 8 月 22 日	《中国青年》	第 89 期
悼廖仲恺先生	代英	1925 年 8 月 25 日	《中国青年》	第 90 期
国民党与阶级争斗——国家主义者亦敢赞成国民党对于阶级斗争的态度么?	代英	1925 年 8 月 25 日	《中国青年》	第 90 期
《修学上的错误与纠正方法》一文按语	代英	1925 年 8 月 25 日	《中国青年》	第 90 期
辛丑条约对于中国的影响	子毅	1925 年 9 月 7 日	《向导周报》	第 128 期
辛丑条约笺释	代英	1925 年 9 月 7 日	《中国青年》	第 93、94 合期
"应该怎样开步走"?	代英	1925 年 9 月 21 日	《中国青年》	第 96 期
读报杂感	FM	1925 年 9 月 21 日	《中国青年》	第 96 期
致少年中国学会	恽代英 沈泽民	1925 年 9 月 27 日	选自《五四时期的社团》（一）	
民族国际与民族解放——答忠迪	代英	1925 年 9 月 28 日	《中国青年》	第 99 期
怎样安置妻子——答交通	代英	1925 年 9 月 28 日	《中国青年》	第 99 期
中国经济状况	佚名	1925 年 10 月 10 日	《中国青年》	第 100 期
耶稣的力量——答 HY	代英	1925 年 10 月 10 日	《中国青年》	第 100 期
革命的广州	FM	1925 年 11 月 7 日	《中国青年》	第 101 期
《山西学生的抗税运动》一文编后语	但一	1925 年 11 月 7 日	《中国青年》	第 101 期
附:山西学生的抗税运动	乔刚	1925 年 11 月 7 日	《中国青年》	第 101 期

赤俄与世界革命	FM	1925 年 11 月 20 日	《中国青年》	第 102 期
《穷汉的穷谈》一文编后语	代英	1925 年 11 月 20 日	《中国青年》	第 102 期
附:穷汉的穷谈	郭沫若	1925 年 11 月 20 日	《中国青年》	第 102 期
究竟中国有没有资本家?	但	1925 年 11 月 20 日	《中国青年》	第 102 期
究竟苏俄是怎样的国家?	但	1925 年 11 月 20 日	《中国青年》	第 102 期
生活与压迫虐待——答王玄章	英	1925 年 11 月 20 日	《中国青年》	第 102 期
学潮与革命运动	但一	1925 年 11 月 28 日	《中国青年》	第 103 期
什么地方有较好的学校呢?	代英	1925 年 11 月 28 日	《中国青年》	第 103 期
国家主义者的工作	英	1925 年 11 月 28 日	《中国青年》	第 103 期
"真正三民主义!"	英	1925 年 11 月 28 日	《中国青年》	第 103 期
五卅运动与阶级斗争——答重良	代英	1925 年 11 月 28 日	《中国青年》	第 103 期
时局的推测与我们的责任	FM	1925 年 12 月 6 日	《中国青年》	第 104 期
《同善社与孔教会》编后语	英	1925 年 12 月 6 日	《中国青年》	第 104 期
附:同善社与孔教会	童慧僧	1925 年 12 月 6 日	《中国青年》	第 104 期
《黑暗教育下军官学生的生活》编后语	英	1925 年 12 月 6 日	《中国青年》	第 104 期
附:黑暗教育下军官学生的生活	饮血	1925 年 12 月 6 日	《中国青年》	第 104 期
《怎样对付教职员的诡计》编后语	英	1925 年 12 月 6 日	《中国青年》	第 104 期
附:怎样对付教职员的诡计	得君	1925 年 12 月 6 日	《中国青年》	第 104 期

《苏俄国家的教育》一文按语	代英	1925 年 12 月 12 日	《中国青年》	第 105 期
附:苏俄国家的教育	沈至精译	1925 年 12 月 12 日	《中国青年》	第 105 期
孙中山主义与戴季陶主义	恽代英	1925 年 12 月 27 日	《中山主义》	第 2 期
怎样可以加入 CY——答复一个表示愿加入 CY 的国民党员	FM	1925 年	《中国青年》	第 106 期
农民中的宣传工作	代英	1925 年 12 月 29 日	《中国青年》	第 106 期
致柳亚子	恽代英	1925 年	存中央档案馆	
真正三民主义	代英	1925 年	《三民主义研究》	1927 年 1 月出版
对于青年指导者的悲观(通信)——答何挺颖	楚女代英	1926 年 1 月 2 日	《中国青年》	第 108 期
秀才造反论	代英	1926 年 1 月 9 日	《中国青年》	第 109 期
"木石鹿与宣传工作(通信)"——答洛斯	代英	1926 年 1 月 9 日	《中国青年》	第 109 期
想到民间去者的生活问题(通信)——答纲枢	代英	1926 年 1 月 31 日	《中国青年》	第 112 期
在国民党第二次全国代表大会上的演说	恽代英	1926 年 1 月 9 日	《中国国民党第一次全国大会会议记录》中国国民党中央执行委员会 1926 年 4 月印行	
为什么产业无产阶级最富于革命性?	代英	1926 年 2 月 6 日	《黄埔潮》	第 34 期
记与萧淑宇君的谈话	代英	1926 年 2 月 6 日	《中国青年》	第 113 期
我们应当开办小工厂小商店吗	代英	1926 年 2 月 20 日	《中国青年》	第 114 期

甘地与列宁（通信）——答仲岩	代英	1926 年 2 月 20 日	《中国青年》	第 114 期
党纪与军纪	代英	1926 年 2 月 20 日	《黄埔潮》	第 35 期
在欢迎省港罢工工友代表大会上的演说	恽代英	1926 年 2 月 27 日	《工人之路》	第 236—238 期
旅行潮汕的感想	恽代英	1926 年 3 月 30 日	《人民周刊》	第 7 期
宣布共产	代英	1926 年 4 月 24 日	《中国青年》	第 119 期
革命之障碍	恽代英	1926 年 4 月	《黄埔潮》	第 46—52 期
五七纪念应有的一个认识	代英	1926 年 5 月 4 日	《人民周刊》	第 11 期
日本帝国主义——大英帝国主义在东方的走狗				
耶稣孔子与革命青年	代英	1926 年 5 月 22 日	《中国青年》	第 120 期
反对帝国主义的文化侵略	恽代英	1926 年 6 月 30 日	《广东青年》	第 4 期
五卅运动	恽代英	1926 年 6 月	中国国民党政治讲习班印行	
北伐期中怎样巩固后方	代英	1926 年 8 月 4 日	《黄埔日刊》	革命之路"北伐专号"
纪律	代英	1926 年 8 月 5 日	《黄埔日刊》	
本期同学录序	恽代英	1926 年 8 月 19 日	《黄埔日刊》	
廖仲恺与黄埔军校	代英	1926 年 8 月 20 日	《人民周刊》	第 19 期
"共产"果真是这样的吗？（读者之声）——答正启	代英楚女	1926 年 8 月 7 日	《中国青年》	第 129 期
前一周时事述评	代英	1926 年 8 月 16 日	《黄埔日刊》	
我对于廖陈二先生的印象	代英	1926 年 8 月 20 日	《黄埔日刊》副刊	
国民革命与阶级斗争	恽代英	1926 年 8 月 25 日	《革命生活》	第 17 期
革命青年与家庭问题——答铁符	楚女、代英	1926 年 8 月 31 日	《中国青年》	第 131—132 期

主义	代英	1926 年 9 月 1 日	《少年先锋》	第 1 卷第 1 期
CY	代英	1926 年 9 月 1 日	《少年先锋》	第 1 卷第 1 期
国家主义是什么？——答张梓湘	代英 楚女	1926 年 9 月 7 日	《中国青年》	第 133 期
辛丑条约笺释	代英	1926 年 9 月 7 日	《黄埔日刊》	
为自己的利益而奋斗	代英	1926 年 9 月 11 日	《少年先锋》	第 1 卷第 2 期
狮子眼中的"苏俄帝国主义"	代英	1926 年 9 月 11 日	《少年先锋》	第 1 卷第 2 期
校长问题	代英	1926 年 9 月 21 日	《少年先锋》	第 1 卷第 3 期
军队中政治工作的方法	恽代英	1926 年 9 月 15 日	《政治工作演讲集》	第一集
政治学概论	恽代英	1926 年 9 月	中国国民党中央军事政治学校政治部出版	
人满之患 附:忠勇君来信	代英	1926 年 10 月 21 日	《少年先锋》	第 1 卷第 3 期
怎样做一个共产党员	代英	1926 年 10 月 1 日	《少年先锋》	第 1 卷第 4 期
国民革命	恽代英	1926 年 9 月	中央军事政治学校政治部出版政治讲义第二种《国民革命》	
对于革命者的悲观（通信）——答永年	记者	1926 年 9 月 21 日	《中国青年》	第 134 期
恋爱问题	但一	1926 年 10 月 1 日	《少年先锋》	第 1 卷第 4 期
去牺牲他们自己吧！（通信）——答蒋方正 让迷恋旧风俗礼教的人	代英	1926 年 10 月 1 日	《少年先锋》	第 1 卷第 4 期
十五年来的双十节	代英	1926 年 10 月 11 日	《少年先锋》	第 1 卷第 5 期
择师问题	代英	1926 年 10 月 21 日	《少年先锋》	第 1 卷第 6 期

缴费与上课问题	代英	1926 年 10 月 21 日	《少年先锋》	第 1 卷第 6 期
盘古拿什么开辟天地(通信)——答波涛	代英	1926 年 10 月 21 日	《少年先锋》	第 1 卷第 6 期
俄党(?)	代英	1926 年 11 月 11 日	《少年先锋》	第 1 卷第 8 期
三民主义与中国革命运动	代英	1926 年 12 月 1 日	《黄埔日刊》	"革命之路"专刊
广东土匪问题与广州学生	代英	1926 年 12 月 1 日	《少年先锋》	第 1 卷第 10 期
革命青年的缺点	恽代英	1926 年 12 月 1—7 日	《黄埔日刊》《革命之路》专刊	
工农商学联合政策	恽代英	1926 年 12 月 8 日	《黄埔日刊》《革命之路》专刊	《革命之路》
青年最急要了解的是什么?	代英	1926 年 12 月 20 日	《中国青年》第 145—146 合期	
告投考黄埔军校的青年	代英	1926 年 12 月 20 日	《中国青年》第 145—146 合期	
《过去的福州学生运动》一文编后语	恽代英	1926 年 12 月 20 日	《中国青年》第 145—146 合期	
附:过去的福州学生运动	志已	1926 年 12 月 20 日	《中国青年》第 145—146 合期	
国民党中央各省联席会议之经过	恽代英	1926 年 12 月 20 日	《革命军》半月刊	
国民党与国民革命	恽代英	1926 年 12 月 30 日	《革命军》半月刊	
中国民族革命运动史	恽代英	1926 年	广州国光书店 1927 年 3 月版	

世界革命与中国革命	恽代英	1926 年	国民革命军第一军第三师政治部出版	
国民革命与农民	恽代英	1926 年	国民革命军总司令部政治部印行丛书第三种	
组织群众与煽动群众	恽代英	1926 年	国民革命军总司令部政治部印丛书 26 种	
官长的权力	代英	1926 年	国民革命军前敌总指挥部前敌旬刊社编辑	《前敌》丛书第 11 种
思想界"反赤"运动之过去、现在与将来	代英	1927 年 1 月 1 日	《中国青年》	第 148 期
计划一九二七年工作	代英	1927 年 1 月 1 日	《中国青年》	第 148 期
过去的一年	FM	1927 年 1 月 1 日	《中国青年》	第 148 期
寒假期间我们的工作	代英	1927 年 1 月 1 日	《中国青年》	第 148 期
警告从歧路上自拔归来的青年	代英	1927 年 1 月 8 日	《中国青年》	第 149 期
时事片断	FM	1927 年 1 月 8 日	《中国青年》	第 149 期
什么是机会主义	FM	1927 年 1 月 22 日	《中国青年》	第 151 期
广东的青年劳动军人	代英	1927 年 1 月 22 日	《中国青年》	第 151 期
怎样救治浪漫病	代英	1927 年 1 月 12 日	《中国青年》	第 153—154 期
"二七"与中国国民革命运动	代英	1927 年 2 月	《中国青年》	"二七"四周年纪念特刊
民主主义与封建势力之斗争	FM	1927 年 3 月 11 日	《群众》	第 11、12 期合刊
在欢迎湖北农民代表会上的演讲	恽代英	1927 年 3 月 19 日	汉口《民国日报》	1927 年 3 月 30 日
国民革命的障碍	代英	1927 年 4 月 10 日	《少年先锋》	第 2 卷第 19 期
国民党中央执行委员联名讨蒋通电	恽代英等	1927 年 4 月 20 日	汉口《民国日报》	

纪念孙中山先生	代英	1927 年 11 月 14 日	广东《红旗》	第 5 期
中央军政分校最近改革意义	代英	1927 年 5 月 3—4 日	《革命生活》	
关于中央军政分校情况的报告	恽代英	1927 年 5 月 12 日	中国国民党中央执行委员政治委员会第 20 次会议速记录	
冬防	代英	1927 年 11 月 17 日	广东《红旗》	第 6 期
广州暴动与工会	恽代英	1928 年初出版广东《红旗》		
苏维埃的建立	恽代英 李立三	1928 年 2 月	广东省档案馆	
致迈、敦、弼三同志信	代英	1928 年 8 月 25 日	广东省档案馆	
第三党——欺骗劳动平民的东西	代英	1928 年 9 月 10 日	《多数》创刊号	
给党中央的报告——广东省委扩大会议的经过和内容	恽代英	1928 年 12 月 3 日	广东省档案馆	
广东省党组织概况	恽代英	1928 年 12 月 4 日	广东省档案馆	
关税自主与工农生活问题	代英	1928 年 12 月 18 日	《红旗》	第 5 期
寸铁(七则)	代英	1928 年 12 月 18 日	《红旗》	第 5 期
卖国交易中资产阶级与豪绅买办阶级的斗争	代英	1928 年 12 月 25 日	《红旗》	第 6 期
汉口日本炮车轧死车夫水杏林案	代英	1929 年 1 月 2 日	《红旗》	第 7 期
川战——蒋桂战争之信号	代英	1929 年 1 月 2 日	《红旗》	第 7 期
英国的船又在南京开炮了——又是一个南京条约	代英	1929 年 1 月 2 日	《红旗》	第 7 期

谁阻碍了中国裁兵？——蒋介石	代英	1929 年 1 月 9 日	《红旗》 第 8 期
卖国殃民的"关税自主"	代英	1929 年 1 月 9 日	《红旗》 第 8 期
汉口反日大罢工	代英	1929 年 1 月 16 日	《红旗》 第 9 期
全上海的工人看看社会局的真面目	代英	1929 年 1 月 16 日	《红旗》 第 9 期
编遣会议的结果便是这样了罢	代英	1929 年 1 月 23 日	《红旗》 第 10 期
算一算国民党的账	代英	1929 年 1 月 23 日	《红旗》 第 10 期
日本芳泽来华	代英	1929 年 1 月 30 日	《红旗》 第 11 期
"刻薄成家"的丝厂资本家	代英	1929 年 1 月 30 日	《红旗》 第 11 期
施存统对于中国革命的理论	代英	1929 年 2 月 1 日	《布尔什维克》 第 2 卷第 4 期
二月一日的关税自主	代英	1929 年 2 月 7 日	《红旗》 第 12 期
津浦沪宁沪杭铁路工人的斗争	代英	1929 年 2 月 7 日	《红旗》 第 12 期
卖国的外交又便宜了日本帝国主义	代英	1929 年 2 月 14 日	《红旗》 第 13 期
蒋介石为谁说话	代英	1929 年 2 月 14 日	《红旗》 第 13 期
国民党的排日与日货进口增加	代英	1929 年 2 月 21 日	《红旗》 第 14 期
什么时候中国才可以统一太平？	代英	1929 年 2 月 21 日	《红旗》 第 14 期
"总理"与帝国主义	代英	1929 年 2 月 21 日	《红旗》 第 14 期
日本帝国主义与纱厂工人	稚宜	1929 年 3 月 15 日	《红旗》 第 16 期
革命不成功中国不得太平	代英	1929 年 3 月 15 日	《红旗》 第 16 期
邮电工人的斗争	代英	1929 年 3 月 15 日	《红旗》 第 16 期
孙中山究竟是一个什么东西？	代英	1929 年 3 月 15 日	《红旗》 第 16 期

国民党的扣船与限制航线政策	稚宜	1929 年 3 月 15 日	《红旗》	第 16 期
国民党对铁路工人的诚意在那里？	稚宜	1929 年 3 月 15 日	《红旗》	第 16 期
国民党出卖济案	代英	1929 年 4 月 13 日	《红旗》	第 17、18 期合刊
国民党第三次全国代表大会的成绩	代英	1929 年 4 月 13 日	《红旗》	第 17、18 期合刊
帝国主义者八小时工作制	代英	1929 年 5 月 1 日	《红旗》	第 19 期"五一"特刊
资产阶级自己供认的剥削成绩	稚宜	1929 年 5 月 1 日	《红旗》	第 19 期
答刘三保工友	稚宜	1929 年 5 月 15 日	《红旗》	第 21 期
新的军阀混战与改组派的作用	代英	1929 年 5 月 21 日	《红旗》	第 22 期
浙江省的建设事业与预征钱粮	代英	1929 年 5 月 21 日	《红旗》	第 22 期
唐山工人阶级的力量	稚宜	1929 年 5 月 21 日	《红旗》	第 22 期
五卅惨案的起因与经过	代英	1929 年 5 月 28 日	《红旗》	第 23 期
工商学联合会	稚宜	1929 年 5 月 28 日	《红旗》	第 23 期
英帝国主义阿富汗的内乱	代英	1929 年 7 月 1 日	《红旗》	第 3 卷第 7 期
反对国民党对苏联挑战	代英	1929 年 7 月 24 日	《红旗》	第 33 期
中东路问题与一般流行的错误意见	稚宜	1929 年 7 月 31 日、8 月 7 日	《红旗》三日刊	第 35、37 期
反攻	代英	1929 年 8 月 7 日	《红旗》三日刊	第 37 期
打破中国的监狱	稚宜	1929 年 9 月 16 日	《红旗》三日刊	第 45 期
请看闽西农民造反的成绩	代英	1930 年 2 月	《红旗》三日刊	第 83 期
闽西苏维埃的过去与将来	代英	1930 年 3 月 26 日	《红旗》三日刊	第 87 期

在狱中给党组织的信	王作林	1930 年 5 月	存中国革命博物馆
时代的囚徒	恽代英	1930 年作于狱中	
狱中诗	恽代英	1930 年	选自《革命烈士诗抄》

恽代英研究篇目索引

杨新华：《恽代英的生涯》，《社会新闻》第 1 卷第 8 期，1932 年 10 月 25 日。

谭公：《恽代英印象记》，《社会新闻》第 1 卷第 12 期，1932 年 11 月 6 日。

少离：《恽代英被捕前访问记》，《社会新闻》第 2 卷第 27 期，1933 年 3 月 21 日。

陈征帆：《为恽代英生死问题质疑》，《社会新闻》第 2 卷第 27 期，1933 年 3 月 21 日。

刘光：《谈恽代英同志的工作作风与生活态度》，《新华日报》1940 年 6 月 29 日。

张方：《十年回顾——忆恽代英同志》，《新华日报》1940 年 6 月 29 日。

可安：《十二年前的一颗陨星——纪念恽代英同志》，《新华日报》1941 年 6 月 29 日。

可安：《恽代英年谱》，《新华日报》1941 年 6 月 29 日。

柏林：《纪念恽代英同志》，《中国共产党烈士传》，中共广州市委宣传部编，1949 年。

邓拓：《〈中国青年〉和恽代英同志》，《中国青年》1949 年第 23 期。

余修：《大革命时期的〈中国青年〉是我的启蒙老师》，《中国青年》1949 年第 26 期。

郭沫若：《由人民英雄恽代英想到〈人民英雄列传〉》，《中国青年》1950 年第 38 期。

沈葆英：《学习代英同志的革命精神》，《中国青年》1950 年第 38 期。

谢云巢：《与代英同志在狱中的时候》，《中国青年》1950 年第 38 期。

温济泽：《恽代英同志在狱中的二三事》，《中国青年》1950 年第 38 期。

肖枫：《永远是青年的榜样——代英同志生前友好访问记》，《中国青年》1950 年第 38 期。

《恽代英同志传略》，《中国青年》1950 年第 38 期。

编者：《关于恽代英同志的殉难日期及其他》，《中国青年》1950 年第 38 期。

编者：《纪念恽代英同志》，《中国青年报》1956 年 4 月 28 日。

秦德君：《回忆李大钊、邓中夏、恽代英三同志》，《新观察》1956 年第 9 期。

农菲：《恽代英同志的话——三十年回忆录一页》，《文汇报》1957 年 1 月 25 日。

沈葆英：《同代英生活在一起的日子》，《中国青年》1957 年第 3 期。

行之：《恽代英同志的日记》，《文汇报》1957 年 4 月 29 日。

陈同生：《恽代英同志给我的教导》，《上海青年报》1957 年 4 月 26 日。

农菲：《永远的怀念——纪念恽代英同志就义 26 周年》，《文汇报》1957 年 4 月 29 日。

编者：《唤起我们崇敬的土地》，《上海青年报》1957 年 4 月 19 日。

农菲：《中国青年运动的旗帜——恽代英》，《解放日报》1957 年 5 月 4 日。

温济泽：《学习恽代英同志》，《中国工人》1958 年第 8 期。

张凯之整理：《恽代英同志五四运动时期的日记》，《历史研究》1958 年第 11 期。

郭煜中：《恽代英在安徽》，《安徽日报》1959 年 5 月 4 日。

肖崇素：《回忆五四时期四川的几个革命先烈》，《四川日报》1959 年 5 月 4 日。

张济民：《恽代英在川南师范》，《成都日报》1959 年 8 月 15 日。

郭煜中：《恽代英同志创办利群书社的动机、目的和时间》，《光明日报》1959 年 10 月 15 日。

陈同生：《恽代英同志给我的教导》，《老共青团员回忆录》，中国青年出版社 1959 年版。

董必武：《纪念恽代英同志被害三十周年》，《董必武诗选》，人民文学出版社 1977 年版。

原冰：《恽代英同志活在我们心里》，《解放日报》1961 年 4 月 29 日。

陈同生：《代英同志的教导毕生难忘》，《中国青年报》1961 年 4 月 29 日。

平辑：《青年们要到工农中去——纪念恽代英殉难三十周年》，《中国青年报》1961 年 4 月 29 日。

沈葆英：《高度爱人民　无比恨敌人——关于恽代英同志生活和斗争的一些回忆》，《中国青年报》1961 年 4 月 29 日。

李伯刚：《五四时期的恽代英同志》，《武汉晚报》1961 年 5 月 4 日。

佚名：《恽代英》，《雨花》1961 年第 7 期。

恽子强：《回忆恽代英烈士生平》，《中国青年》1961 年第 9 期。

江上风：《革命先驱的伟大脚印——读恽代英日记》，《解放日报》1962 年 4 月 28 日。

南京水利电力仪表厂工人学习小组：《恽代英烈士艰苦奋斗的故事》，《工农兵评论》1977 年第 3 期。

张光宇：《恽代英战斗的一生》，《武汉大学学报》1977 年第 3—4 期。

［日］秋吉久纪夫：《恽代英的思想》，九州大学中国哲学研究会编《中国哲学论集》(4)，1978 年 10 月。

沈葆英：《重读恽代英一九一九年的日记》，《革命文物》1979年第3期。

朱光明等：《中国青年的良师益友——恽代英是怎样做青年思想工作的》，《中国青年报》1979年4月24日。

胡传扬：《革命青年的楷模——恽代英》，《湖北日报》1979年5月1日。

张光宇：《寒夜初破晓，举火燃楚天——五四时期的恽代英同志》，《长江日报》1979年5月4日。

张注洪：《五四时期的恽代英》，《百科知识》1979年第1期。

编者：《周恩来1953年亲笔录恽代英的狱中诗》，《中国青年》1979年第2期。

龙文：《〈中国青年〉的创办者恽代英》，《中国青年》1979年第2期。

丁守和：《恽代英同志革命思想的发展》，《中国哲学》1979年第2辑。

王宗华、张光宇、欧阳植梁：《五四时期恽代英同志的思想发展和革命实践》，《武汉大学学报》1979年第3期。

廖鑫初：《恽代英同志在五四时期的革命活动》，《理论与实践》1979年第2期。

"五四运动在武汉"写作组：《五四运动在武汉》，《江汉论坛》1979年第1期。

［日］小野信尔：《从恽代英看五四时期的理想主义》，《东洋史研究》第38卷2号,1979年9月。

冯拾：《五四时期的恽代英》，《五四时期的历史人物》,中国青年出版社1979年版。

编者：《恽代英烈士》，《新华日报》1980年1月1日。

张至桌：《恽代英同志在泸州》，《社会科学研究》1980年第1期。

田子渝：《恽代英与互助社》，《艺丛》1980年第2期。

张羽：《人间还有真情在——记恽代英和沈葆英》，《青年一代》1980年第2期。

任止戈：《春风雨露润灵根——记恽代英烈士二三事》，《解放日报》

1980 年 4 月 10 日。

武汉市三十三中"恽代英烈士纪念室":《恽代英在中华大学》,《湖北日报》1980 年 5 月 3 日。

李良明:《恽代英同志在中华大学任职期间二三事》,《湖北教育》1980 年第 5 期。

冯拾:《恽代英同志革命战争的一生》,《历史教学》1980 年第 5 期。

铁流:《剃爱国头和蝴蝶纷飞》,《武汉儿童》1980 年第 5 期。

夏康民:《中国革命青年的楷模——恽代英烈士》,《长江日报》1980 年 6 月 22 日。

沈葆英:《一代青年的引路人——回忆恽代英同志》,《青年脚步》,中国青年出版社 1980 年版。

徐则浩:《五四时期恽代英在安徽》,《常州古今》1980 年第 9 期。

羊牧之:《恽代英同志的小故事》,《常州古今》1980 年第 9 期。

贺忠贤:《为革命战斗一生的恽代英烈士》,《常州古今》1980 年第 9 期。

徐则浩:《关于恽代英在宣师时间的考证》,《江淮论坛》1980 年第 5 期。

林谷良:《恽代英早期思想评价的一个问题》,《党史研究资料》1980 年第 10 期。

李良明、田子渝:《恽代英在中华大学的教育思想及其教育实践》,《武汉师范学院学报》1980 年第 4 期。

徐则浩:《恽代英 1925 年在芜湖的革命活动》,《安徽师范大学学报》1980 年第 4 期。

团萍乡市委青年运动史研究小组:《恽代英同志视察安源青年运动》,《青运史研究资料》1980 年第 6 期。

张注洪:《恽代英著译系年目录》,《近代史研究》1980 年第 4 期。

姜之铮:《恽代英二三事》,《随笔》12 集,广东人民出版社 1980 年版。

铁流:《留得豪情作楚囚——恽代英的故事》,湖北人民出版社 1980

年版。

林谷良:《五四时期恽代英的品德修养》,《学习与研究》1981 年第 1 期。

沙壬:《恽代英同志与利群书社》,《文史通讯》1981 年第 1 期。

贺忠贤:《恽代英生日祖籍考》,《党史资料丛刊》,第 1 辑,上海人民出版社 1981 年版。

俞兴茂:《李大钊、邓中夏、恽代英是否出席了少年中国学会 1922 年年会》,《光明日报》1981 年 2 月 10 日。

雍桂良:《恽代英与外语》,《湖北日报》1981 年 4 月 22 日。

鄂学玉:《一代青年的引路人——沈葆英谈恽代英在中华大学附中》,《湖北日报》1981 年 4 月 24 日。

田子渝:《长夜举火炬　马恩为师范——纪念恽代英牺牲五十周年》,《长江日报》1981 年 4 月 26 日。

沈葆英:《致代英——〈恽代英来鸿去燕录〉代序》,《中国青年报》1981 年 4 月 28 日。

沈葆英:《恽代英与他的日记》,《工人日报》1981 年 4 月 28 日。

魏天祥:《特别的"拜年片"》,《中国青年报》1981 年 4 月 29 日。

张羽:《"永鳏痴廊"的爱情》,《中国妇女》1981 年第 4 期。

孙洞庭:《千秋彪炳楚囚诗》,《长江日报》1981 年 4 月 29 日。

田永、高平:《留得豪情作楚囚》,《北京晚报》1981 年 4 月 29 日。

沈葆英:《高度爱人民　无限恨敌人》,《中国青年报》1981 年 4 月 29 日。

夏康民:《一代风范　肝胆照人——纪念中国青年运动的杰出领袖恽代英烈士》,《长江日报》1981 年 4 月 29 日。

编者:《恽代英与武汉学生的爱国运动——〈恽代英日记〉选登》,《长江日报》1981 年 4 月 30 日。

钟碧惠:《学习恽代英同志的爱国主义精神——读〈恽代英日记〉(1917—1919)》,《长江日报》1981 年 4 月 30 日。

李宁、周恩珍:《恽代英年谱初编(上)》,《江苏师院学报》1981 年第 1 期。

李宁、周恩珍:《恽代英年谱初编(下)》,《江苏师院学报》1981 年第 2 期。

张羽:《江城火炬——五四时期的恽代英同志》,《时代的报告》1981 年第 2 期。

徐铸成:《听恽代英演讲》,《报海旧闻》,上海人民出版社 1981 年版。

张羽:《同时开步走,生死各千秋——记恽代英的互助社员十人照》,《文物天地》1981 年第 2 期。

钟碧惠:《〈恽代英日记〉中的格言》,《文物天地》1981 年第 2 期。

李畅培:《恽代英同志在四川活动述略》,《四川现代革命史研究资料》1981 年第 2 期。

兰家纯:《恽代英在泸轶事》,《中国青年报》1981 年 5 月 3 日。

钟碧惠:《恽代英与体育》,《体育报》1981 年 5 月 4 日。

刘跃光:《为节约几个铜板支援革命——恽代英同志艰苦奋斗二三事》,《长江日报》1981 年 5 月 28 日。

刘跃光:《恽代英同志和青年谈理想》,《长江日报》1981 年 5 月 28 日。

张羽:《江城火炬——五四时期的恽代英》,《五四群英》,河北人民出版社 1981 年版。

姚维斗:《恽代英和他的〈来鸿去燕录〉》,《人物》1981 年第 3 期。

田子渝:《恽代英传略》,《武汉师范学院学报》1981 年第 2 期。

连尹:《恽代英同志在福建二三事》,《理论与实践》1981 年第 2 期。

李良明、田子渝:《恽代英》,《华中师院学报》1981 年七一增刊。

刘瑞龙:《永不熄灭的火种——深切怀念恽代英同志》,《解放日报》1981 年 7 月 5 日。

李良明、田子渝:《恽代英——湖北党史人物介绍》,《长江日报》1981 年 7 月 9 日。

雍桂良:《先驱者的心声——读恽代英日记》,《文汇报》1981 年 7 月

21 日。

陈荣升：《恽代英上黄山》，《旅游报》1981 年 8 月 11 日。

澄碧：《恽代英〈孤儿〉歌的产生与流传》，《解放日报》1981 年 8 月 12 日。

方之中：《缅怀恽代英同志》，《天津日报》1981 年 8 月 24 日。

沈葆英：《忆代英》，《长江日报》1981 年 8 月 31 日。

张羽：《艑舟入大江》，《儿童文学》1981 年第 4 期。

众之：《纪念恽代英的一次座谈会》，《党史研究资料》1981 年第 4 期。

林谷良：《恽代英、肖楚女组团质疑》，《党史研究资料》1981 年第 8 期。

记者：《恽代英同志日记摘抄》，《中国青年》1981 年第 9 期。

恽代英：《恽代英书信(2 件)》，《人物》1981 年第 3 期。

张光宇：《大革命时期恽代英反对国民党右派的斗争》，《楚晖》第 2 辑，湖北人民出版社 1981 年版。

恽代英：《学校体育之研究》，《新体育》1981 年第 9 期。

中央档案馆、中国革命博物馆、中共中央党校出版社编：《恽代英日记》，中共中央党校出版社 1981 年版。

张羽、姚维斗、雍桂良编注：《来鸿去燕录》，北京出版社 1981 年版。

沈葆英：《追忆恩来与代英》，《人民日报》1982 年 1 月 22 日。

郭儒灏：《恽代英同志在暨南大学活动事迹》，《青运史研究》1982 年第 1 期。

任武雄、李良明、田子渝：《恽代英战斗在广东》，《羊城晚报》1982 年 4 月 29 日。

钟碧惠：《丹心热血为中华——五四前后的恽代英同志》，《中国青年报》1982 年 5 月 4 日。

付道慧、张培德：《恽代英与五卅运动》，《上海青运史资料》第 2 辑，1982 年。

雍桂良：《恽代英与图书馆》，《四川图书馆学报》1982 年第 2 期。

冯拾：《恽代英同志学生时代的品德修养》，《青运史研究》1982 年第

4 期。

田子渝、李良明:《青年恽代英思想初探》,华中师范学院《社会科学论丛》,1982 年 4 月。

田子渝:《峥嵘岁月 战斗年华——1927 年恽代英在武汉的革命活动》,《武汉春秋》1982 年第 5 期。

许祖范:《恽代英同志在安徽》,《安徽日报》1982 年 5 月 29 日。

岑淑全:《不屈的共产党人恽代英在狱中的斗争》,《中学历史教学》1982 年第 5 期。

雍桂良:《恽代英与黄鹤楼旧址》,《长江日报》1982 年 7 月 18 日。

胡荣祉:《邓中夏、恽代英、肖楚女与新文化运动》,《江汉论坛》1982 年第 7 期。

任武雄、李良明、田子渝:《恽代英》,《中共党史人物传》,第 5 卷,陕西人民出版社 1982 年版。

李霁野:《为共产主义事业献身的英勇战士——读〈恽代英日记〉》,《人民日报》1982 年 8 月 25 日。

阳翰笙:《照耀我革命征途的第一盏明灯》,《龙门阵》第 5 卷,1982 年。

田子渝:《关于恽代英早期思想转变的时间》,《江汉论坛》1982 年第 10 期。

张光宇:《杰出的青年领袖——恽代英传略》,《不屈的共产党人》,第 3 卷,人民出版社 1983 年版。

张羽、万冈、刘凤珠、马志卿编:《回忆恽代英》,人民出版社 1982 年版。

张羽:《〈中国青年〉第一任主编恽代英》,《中国青年》1983 年第 2 期。

王鼎元:《恽代英编〈政治学概论〉一书的发现》,《宁夏大学学报》1983 年第 2 期。

田子渝:《〈恽代英年谱初编〉的辨误和补遗》,《苏州大学学报》1983 年第 2 期。

李良明、田子渝:《大革命时期恽代英对中国革命基本问题的认识》,《党史研究》1983 年第 3 期。

田子渝：《恽代英在中华大学》，《武汉春秋》1983年第3期。

任武雄：《恽代英同志在上海》，《上海青运史资料》第5辑，1983年。

雍桂良：《恽代英的别名、笔名考》，《武汉春秋》1983年第5期。

雍桂良、张羽、姚维斗：《恽代英年谱简编》，《近代中国人物》，中国社会科学出版社1983年版。

沈生杠：《恽代英论幼儿教育》，《教育研究》1983年第9期。

汪刘生：《恽代英在宁国》，《安徽教育》1983年第10期。

聂啸虎：《恽代英早期体育思想和实践》，《体育文史》1983年第3期。

倪崇高：《恽代英印象记》，《雨花台烈士故事》，江苏人民出版社1983年版。

匡亚明：《关于恽代英烈士的一些情况》，江苏人民出版社1983年版。

〔日〕后藤延子：《恽代英在五四前夜的革命思想》，日本信州大学《文学部论集》16号，1983年。

倪忠文：《毛泽东、董必武、恽代英等在国民党二届三中全会上的革命活动》，《楚晖》第4辑，湖北人民出版社1983年版。

任良渝：《恽代英编过哪些报刊》，湖北人民出版社1983年版。

李良明：《恽代英同志谈演讲》，《演讲与口才》1984年第1期。

雍桂良：《互助社十人照》，《武汉春秋》1984年第1期。

陈鑫明：《恽代英·图书馆·读书活动》，《图书馆员》1984年第1期。

佚名：《我国无产阶级前教育思想的先驱——恽代英》，《幼儿教育》1984年第2期。

夏德清：《恽代英阅读〈红楼梦〉》，《红楼梦学刊》1984年第3期。

王连弟：《关于恽代英"团中央宣传部长"的职务名称问题》，《青运史研究》1984年第5期。

罗章龙等：《恽代英同志在泸州》，《党史通讯》1984年第8期。

钟心见：《恽代英旅行读书团在江北》，《重庆党史研究资料》1984年第8期。

吕希晨：《恽代英哲学思想研究》，《社会科学战线》1984年第4期。

张注洪、任武雄编:《恽代英文集(上卷)》,人民出版社 1984 年版。

张注洪、任武雄编:《恽代英文集(下卷)》,人民出版社 1984 年版。

黎永泰:《略论"纸老虎"理论形成的历史过程》,《党史研究》1984 年第 6 期。

田子渝、任武雄、李良明,《恽代英传记》,湖北人民出版社 1984 年版。

刘长徽:《恽代英和第一次国共合作》,《上海师范大学学报》1985 年第 1 期。

胡长水:《反帝反封建思想就民主主义吗?》,《党史研究》1985 年第 1 期。

宋恩夫:《"有生一日,必为人类做一日事"——记五四时期的恽代英同志》,《长江日报》1985 年 5 月 4 日。

赵春谷:《五四前后恽代英哲学思想的转变》,《思想战线》1985 年第 4 期。

李良明、田子渝:《恽代英早期思想与无政府主义》,《武汉成人教育学院学报》试刊号,1985 年 7 月。

沈葆英:《理想——光明之灯》,《湖北日报》1985 年 8 月 14 日。

赵振宇:《像恽代英那样战斗——访恽代英烈士的夫人沈葆英同志》,《长江日报》1985 年 8 月 19 日。

宣英:《近年来恽代英研究评介》,《华中师大学报》1985 年第 5 期。

李良明:《纪念恽代英诞辰九十周年学术讨论会在我校召开》,《华中师大学报》1985 年第 5 期。

李良明:《纪念恽代英诞辰九十周年学术讨论会简介》,《党史通讯》1985 年第 11 期。

韩凌轩:《首次恽代英思想学术讨论会综述》,《文史哲》1985 年第 6 期。

钟碧惠、魏天祥编注:《恽代英论青年修养》,河南人民出版社 1985 年版。

李良明等主编:《恽代英学术讨论会论文集》,华中师范大学出版社

1985 年版。

李良明:《恽代英是走着由无政府主义到马克思主义的道路吗?——与胡长水同志商榷》,《党史研究》1986 年第 1 期。

田子渝:《恽代英与妇女解放》,《妇女研究资料》1986 年第 1 期。

张羽:《中国青年的领袖恽代英》,《中华英烈》1986 年第 1 期。

任武雄:《恽代英研究中的几个问题》,《党史研究》1986 年第 1 期。

邓寿明:《恽代英同志早期在川活动的杰出贡献》,《四川党史研究资料》1986 年第 2 期。

韩凌轩:《恽代英早期的义务论思想》,《东岳论坛》1986 年第 3 期。

萧崇素:《恽代英二三事》,《四川党史研究资料》1986 年第 3 期。

胡东:《恽代英传记评介》,《湖北大学学报》1986 年第 3 期。

李本先:《试论恽代英早期的认识论思想》,《青海社会科学》1986 年第 4 期。

冯拾:《论恽代英早期的民主与科学思想》,《河北学刊》1986 年第 5 期。

洪犁:《恽代英提出过"帝国主义是一戳便穿的纸老虎"》,《四川党史资料研究》1986 年第 6 期。

胡长水:《再论恽代英早期政治思想的基本倾向》,《党史研究》1987 年第 2 期。

李凤程:《学校体育之研究与我国学校体育》,《体育科学》第 7 卷,1987 年第 2 期。

韩凌轩:《恽代英早期思想的特点和主流》,《文史哲》1987 年第 3 期。

张国琦:《南昌起义的前敌委员李立三、恽代英、彭湃》,《江西日报》1987 年 8 月 1 日。

田子渝:《温馨的回忆——访恽代英烈士夫人沈葆英同志》,《幸福》1987 年第 8—9 期。

徐瑞清:《恽代英对统一战线问题的理论贡献》,《南京大学学报》增刊,1987 年。

马建国:《试论恽代英早期思想的主流》,《华中师范大学研究生学报》1988 年第 3 期。

韩凌轩:《早期恽代英与基督教》,《近代史研究》1988 年第 2 期。

陈友琴:《与恽代英烈士同行》,《人民日报》1988 年 4 月 6 日。

田子渝:《恽代英与沈氏两姐妹》,《春秋》1989 年第 6 期。

李宗远:《恽代英的哲学思想探索》,《青海社会科学》1989 年第 6 期。

田子渝:《论五四时期恽代英政治思想的主流》,《湖北大学学报》1989 年第 3 期。

〔日〕狭间直树:《五四运动的精神背景——对恽代英无政府主义思想的历史评价》,《广东社会科学》1989 年第 3 期。

方振益:《恽代英和他创办的利群书社》,《编辑之友》1989 年第 4 期。

佚名:《泸州新发现的恽代英手迹》,《四川文物》1989 年第 5 期。

王美兰:《我党青年报刊最早的杰出主编——恽代英》,《新闻与写作》1989 年第 9 期。

徐晓林:《恽代英从事农民运动的方法》,《党校论坛》1989 年第 3 期。

宋小庆:《试论恽代英的中西文化观》,《党校论坛》1990 年第 3 期。

晓领:《恽代英的文明观》,《精神文明建设》1990 年第 11 期。

陈汉忠:《恽代英在狱中最后的日子里》,《南京史志》1990 年第 6 期。

胡长水:《恽代英中国革命前途思想评述》,《四川党史月刊》1990 年第 9 期。

李崇远:《恽代英对现代中国社会发展取向的探讨》,《青海民院学报》1991 年第 1 期。

田子渝:《恽代英》,《著名马克思主义哲学家评传》,山东人民出版社1991 年版。

王柏华:《试谈恽代英同志的早期思想》,《渤海学刊》1991 年第 3 期。

李怡:《恽代英早期伦理思想的主要特点》,《华中师范大学学报》1991 年第 5 期。

杨善文:《恽代英的职业教育思想及其现实意义》,《教育与职业》1991

年第 6 期。

中央教科所编:《恽代英教育文选》,湖北教育出版社 1991 年版。

陈三鹏:《恽代英旅行潮汕的感想的内容和价值》,《汕头大学学报》1992 年第 1 期。

曲宋成:《五四时期的恽代英同志》,《齐齐哈尔师院学报》1992 年第 4 期。

李怡:《恽代英早期政治思想》,《马克思主义理论研究论文集》,华中师范大学出版社 1992 年版。

钟碧惠:《宣传家恽代英的理论和实践》,《出版发行研究》1993 年第 1 期。

黄锂:《新发现的一本有恽代英眉批的唐际盛日记》,《文物天地》1993 年第 3 期。

田子渝:《恽代英与五四新文化运动》,《江汉论坛》1993 年第 5 期。

李良明:《五四时期恽代英与毛泽东的友谊》,《毛泽东与现代人物论》,华中师范大学出版社 1993 年版。

李耀农:《五四运动前后恽代英的思想转变探因》,《湖南社会科学》1994 年第 3 期。

李良明:《毛泽东江城遇知音》,《党史天地》1994 年第 7 期。

编者:《弘扬革命先烈的精神　加强对"三杰"的研究——纪念恽代英同志诞辰 100 周年》,《常州工学院学报》1995 年第 1 期。

张羽、铁风:《恽代英传》,中国青年出版社 1995 年版。

常州市恽代英研究会编:《恽代英的故事》,华中师范大学出版社 1995 年版。

田子渝:《坚信马列的恽代英》,《长江日报》1995 年 8 月 8 日。

王川:《论新民主主义教育家恽代英的教育思想——纪念恽代英诞辰一百周年》,《四川教育学院学报》1995 年第 4 期。

吕芳文:《恽代英与湘南新文化运动》,《求索》1995 年第 6 期。

徐晓林:《国民革命时期恽代英对农民问题的分析》,《华中理工大学学报》(社会科学版)1995 年第 4 期。

童志强:《论恽代英的早期思想转变》,《党史研究与教学》1995 年第 3 期。

吴之光:《恽代英家世考》,《常州工学院学报》1995 年第 1 期。

李怡:《恽代英家世考》,《华中师范大学学报》,(哲学社会科学版) 1995 年第 4 期。

张羽:《播火者恽代英》,《红岩春秋》1995 年第 1 期。

刘育钢:《恽代英坟前求婚》,《福建党史月刊》1995 年第 1 期。

曾宪刚:《恽代英的体育思想初探》,《体育学刊》1995 年第 3 期。

胡提春:《恽代英在广东的革命实践》,《广东党史》1995 年第 4 期。

张羽:《黄浦怒潮——恽代英传(一)》,《上海党史与党建》1996 年第 2 期。

张羽:《黄浦怒潮——恽代英传(二)》,《上海党史与党建》1996 年第 3 期。

郭圣福:《恽代英与五四时期的无政府主义思潮》,《党史研究与教学》 1996 年第 2 期。

李资源:《略论恽代英的人生观教育思想和实践》,《中南民族学院学 报》(哲学社会科学版)1996 年第 1 期。

编者:《恽代英烈士诗抄》,《党史博采》1996 年第 2 期。

潘国琪:《恽代英的教育思想简论》,《浙江大学学报》(人文社会科学 版)1996 年第 4 期。

李良明、杨新起、赵永康主编:《恽代英诞辰 100 周年纪念会暨学术讨 论会论文集》,华中师范大学出版社 1996 年版。

田子渝:《浅析恽代英的经济思想》,《中共党史研究》1996 年第 3 期。

邵燕祥:《读〈恽代英传〉》,《瞭望》1996 年第 10 期。

金玉芳:《简析恽代英对西方文化的价值取向》,《社会科学辑刊》1996 年第 5 期。

金玉芳:《试论恽代英的政治文化思想》,《江苏社会科学》1996 年第

6 期。

宣英:《十年来恽代英早期思想研究评介》,《华中师范大学学报》(哲学社会科学版)1996 年第 3 期。

李良明:《为革命的主义奋斗到底——恽代英 1926 年在广东》,《黄埔》1996 年第 4 期。

胡正强:《恽代英编辑思想论略》,《编辑学刊》1997 年第 4 期。

张秉政、胡正强:《恽代英论编辑素质》,《编辑学刊》1997 年第 6 期。

曾成贵:《也谈恽代英在军校的实践与理论建树》,《江汉论坛》1997 年第 3 期。

王列平:《志同道合的知交——毛泽东与恽代英》,《湖南党史》1997 年第 5 期。

刘美奋等:《学习恽代英的体育思想　开拓新时期的学校体育工作——纪念恽代英〈学校体育之研究〉发表 80 周年》,《体育文史》1997 年第 5 期。

刘作忠:《师生情结——记恽代英与启蒙老师李沅蘅》,《党史纵横》1997 年第 6 期。

陈荣升:《恽代英烈士纪念碑筹建始末》,《紫金岁月》1997 年第 2 期。

杨小毅:《热心倡导图书馆的恽代英》,《图书界》1997 年第 1 期。

黄寿良:《恽代英铁面无私》,《教师博览》1997 年第 12 期。

余三乐:《恽代英与王光祈——五四时代同始异终的典型》,《北京党史》1998 年第 4 期。

王从团:《浅谈恽代英教育思想的现实指导意义》,《连云港师范高等专科学校学报》1998 年第 1 期。

柳菁:《恽代英就义处——国民党中央军人监狱》,《紫金岁月》1998 年第 2 期。

李正兴:《恽代英"国民革命"观略述》,《江西社会科学》1999 年第 2 期。

曾宪明:《江城双星恽代英和萧楚女的战友情缘》,《党史文汇》1999 年第 7 期。

朱守芬:《恽代英:学识不出于学校而出于图书馆》,《津图学刊》1999
年第 4 期。

曾宪明:《真情挚爱昭日月——恽代英的两次婚姻生活》,《党史文汇》
2000 年第 11 期。

田子渝:《青年恽代英的思想演绎及其特点》,《商丘师范学院学报》
2000 年第 1 期。

范硕:《留得豪情作楚囚——怀念恽代英》,《黄埔》2000 年第 4 期。

鞠健:《恽代英人民主体论思想初探》,《河南大学学报》2000 年第
4 期。

涂雪峰:《对恽代英经济改造思想之浅见》,《宜春师专学报》2000 年第
6 期。

蒋建英:《名人相册　恽代英》,《档案与建设》2001 年第 5 期。

杨海兰:《恽代英的国民革命观》,《思茅师范高等专科学校学报》2001
年第 1 期。

佚名:《恽代英:狱中诗》,《党政干部文摘》2001 年第 11 期。

杨海兰:《恽代英的国民革命观》,《思茅师范高等专科学校学报》2001
年第 1 期。

陈锡敏:《恽代英伦理思想研究》,《河北学刊》2001 年第 5 期。

赵忠心:《恽代英的家庭教育思想》,《教育研究》2001 年第 2 期。

王思义:《恽代英的"互助"思想初探——由民主主义转向马克思主
义》,《党史纵横》2002 年第 2 期。

徐飞:《论恽代英对党的新闻出版事业的贡献》,《新闻出版交流》2002
年第 1 期。

程协润:《用"温州模式"建设新型示范小城镇——把恽代英的故乡建
设得更美丽》,《中国乡镇企业》2002 年第 6 期。

马彦:《对恽代英早期哲学思想的探讨》,《天津大学学报》(社会科学
版)2002 年第 2 期。

叶孟魁:《张太雷恽代英早期思想发展历程简析》,《江苏工业学院学报》(社会科学版)2002 年第 3 期。

王鹏程:《论恽代英社会主义理想的确立》,《湖北行政学院学报》2002 年第 2 期。

刘一力:《恽代英与互助社》,《共产党员》2002 年第 4 期。

刘作忠:《恽代英和启蒙老师李沅蘅的一段情谊》,《湖北档案》2002 年第 7 期。

李良明:《论恽代英在中华大学的教育理论与实践》,《华中师范大学学报》(人文社会科学版)2003 年第 4 期。

柯有芳:《恽代英的文化观》,《武汉理工大学学报》2003 年第 5 期。

李良明:《革命先烈 青年楷模——恽代英的教育思想与实践》,《光明日报》2003 年 6 月 19 日。

吴庆华:《论"兴体育,移风气"——恽代英的体育思想》,《体育成人教育学刊》2003 年第 4 期。

李良明:《论五四时期毛泽东与恽代英的友谊》,《湖南科技大学学报》2004 年第 2 期。

叶孟魁:《执着追求真理 热诚相互支持——五四时期的毛泽东与恽代英》,《江苏工业学院学报》2004 年第 2 期。

张之华:《恽代英的办报业绩与新闻传播思想》,《新闻传播》2005 年第 1 期。

王鹏程:《恽代英对社会主义的认识探微》,《理论学刊》2005 年第 3 期。

李良明:《双目静观天下事 一心只写恽代英——追忆〈恽代英传〉作者、著名的编辑出版家张羽同志》,《党史天地》2005 年第 4 期。

编者:《纪念恽代英诞辰 110 周年学术研讨会征文启事》,《党史天地》2005 年第 2 期。

列平:《毛泽东与恽代英的挚友情》,《党史天地》2005 年第 2 期。

沙健孙:《恽代英先于毛泽东提出"帝国主义是纸老虎"的论点说明什

么？——读史随笔》,《中华魂》2004 年第 6 期。

李永春:《恽代英与少年中国学会》,《信阳师范学院学报》(哲学社会科学版)2004 年第 4 期。

白应华:《论恽代英的"党内合作"思想》,《临沧教育学院学报》2005 年第 3 期。

李泽民:《邓演达、恽代英派耿丹到汉口运动刘佐龙起义》,《武汉文史资料》2005 年第 12 期。

张杰:《爱情忠仆恽代英》,《人民文摘》2005 年第 10 期。

周振凡:《恽代英军队思想政治工作理论浅析》,《重庆工学院学报》2005 年第 12 期。

李良明:《薄一波回忆恽代英》,《党史天地》2005 年第 11 期。

夏海:《恽代英研究中的两个问题》,《中共党史研究》2005 年第 6 期。

蔡志荣:《恽代英幼儿教育思想探析》,《文教资料》2005 年第 30 期。

田子渝:《1995 年至 2005 年宣传、研究恽代英新成果评析》,《湖北行政学院学报》2005 年第 5 期。

曾成贵:《恽代英之论孙中山与三民主义》,《湖北行政学院学报》2005 年第 5 期。

王翔:《恽代英和毛泽东早期伦理思想之比较》,《湖北行政学院学报》2005 年第 5 期。

谭献民:《马克思主义是中国文化复兴的理论基础——恽代英文化现代化思想导论》,《湖南师范大学社会科学学报》2005 年第 5 期。

钟德涛:《恽代英:永葆党员先进性的典范》,《光明日报》2005 年 9 月 29 日。

何祥林:《恽代英精神的当代价值》,《光明日报》2005 年 11 月 9 日。

蒋柏桢:《新诗集:恽代英》,作家出版社 2005 年版。

郝赫:《恽代英年谱新编》,中国文史出版社 2005 年版。

李良明:《恽代英对党在闽西苏区局部执政经验的总结》,《光明日报》2005 年 1 月 9 日。

李良明:《恽代英研究如何深入》,《中共党史研究》2006 年第 2 期。

汪楚雄:《恽代英"自觉觉人"教育思想析评》,《河北师范大学学报》(教育科学版)2006 年第 2 期。

李良明、钟德涛主编:《恽代英年谱》,华中师范大学出版社 2006 年 4 月第 1 版,2008 年 5 月第 2 版。

王哲:《论恽代英早期教育思想与教学实践的现代意识》,《江苏技术师范学院学报》2006 年第 1 期。

丰春光:《恽代英对国家主义教育思潮的质疑》,《文教资料》2006 年第 11 期。

张荆红:《试论恽代英对新民主主义经济理论形成的历史贡献》,《理论月刊》2006 年第 6 期。

李天华:《〈恽代英年谱〉的三个特点》,《党史研究与教学》2006 年第 4 期。

赵小青:《恽代英的宗教思想初探》,《党史博采》(理论)2006 年第 1 期。

张磊:《恽代英关于青年人教育的思想及其现实意义》,《甘肃农业》2006 年第 11 期。

崔爱东:《解读恽代英的农民工作思想》,《江苏社会科学》2006 年第 1 期。

曹金国:《恽代英在早期马克思主义传播中的重要贡献——以利群书社为中心》,《常州工学院学报》(社科版)2007 年第 1 期。

黄静婧:《论恽代英青年修养的理论与实践》,《党史文苑》2007 年第 2 期。

李良明:《九原可作在民苑——深切缅怀薄老对华中师大中共党史学科建设的支持》,《中共党史研究》2007 年第 2 期。

李天华、朱迎:《恽代英青年思想与当代中国青年运动》,《中国青年研究》2007 年第 10 期。

薛志清:《论恽代英的爱国主义思想与实践》,《江苏工业学院学报》(社会科学版)2007 年第 1 期。

周挥辉:《论恽代英新闻宣传思想的现代价值》,《高等函授学报》(哲学社会科学版)2007 年第 2 期。

陈志刚:《在人生最后日子里的恽代英》,《党史博采》(纪实)2007 年第 6 期。

王列平:《毛泽东与恽代英——伟大征程中的战友挚情》,《党史纵横》2007 年第 6 期。

王娜:《管窥二十世纪二十年代儿童公育问题——以恽代英、杨效春辩论为例》,《安徽文学》(下半月)2007 年第 7 期。

黄静婧:《恽代英青年修养思想及其当代价值》,《中国德育》2007 年第 2 期。

薛志清:《恽代英——爱国主义的典范》,《厦门特区党校学报》2007 年第 3 期。

孙建娥:《刍议恽代英精神》,《伦理学研究》2007 年第 4 期。

丁士风:《恽代英写日记》,《聪明泉》(少儿版)2007 年第 7 期。

朱迎:《论当代创新型青年的培养——以青年恽代英为实证》,《吉林省社会主义学院学报》2007 年第 3 期。

陈志刚:《恽代英在生命的最后日子里》,《党史文汇》2007 年第 10 期。

张克敏:《恽代英经济思想刍议》,《党的文献》2007 年第 6 期。

马德茂:《恽代英对新民主主义时期经济理论的探索》,《党的文献》2007 年第 6 期。

陈志刚:《在人生最后日子里的恽代英》,《文史天地》2007 年第 11 期。

陈志刚:《恽代英在人生最后的日子》,《党史纵横》2007 年第 12 期。

刘艳:《恽代英青年观思想探析》,《武汉工程大学学报》2007 年第 6 期。

李锐:《恽代英与非基督教思潮》,《辽宁教育行政学院学报》2008 年第 1 期。

李杰锋:《恽代英新闻宣传的特色》,《新闻爱好者》2008 年第 2 期。

丁俊萍:《湖北党史人物对早期马克思主义大众化的贡献——以董必武、李汉俊、恽代英为例》,《湖北社会科学》2008 年第 2 期。

柳林:《中国青年的一代师表恽代英》,《中华儿女》2008 年第 5 期。

杨文海:《试析恽代英的教育思想——以川南师范学校为例（1921—1923 年）》,《党史文苑》2008 年第 2 期。

张艳丽:《恽代英与陈独秀关系试析》,《理论月刊》2008 年第 5 期。

付云鹏:《恽代英〈中国民族革命运动史〉研究》,《党史文苑》2008 年第 12 期。

程英姿:《恽代英认识论浅探》,《党史文苑》2008 年第 12 期。

付云鹏:《从〈中国民族革命运动史〉论恽代英的革命思想》,《江苏工业学院学报》(社会科学版)2008 年第 2 期。

王鹏程:《论恽代英的"物质"观》,《理论学刊》2008 年第 9 期。

王鹏程:《论恽代英哲学思想产生的条件》,《湖湘论坛》2008 年第 6 期。

张冬咬:《恽代英认识论思想初探》,《湖北行政学院学报》2008 年第 5 期。

伍绍勤:《浅论恽代英的革命宣传工作》,《福建论坛》(社科教育版)2008 年第 12 期。

翟爱东:《恽代英与毛泽东的农运思想比较》,《江苏社会科学》2008 年第 1 期。

党宁:《恽代英:忠贞不渝的革命教育家》,《教育与职业》2008 年第 10 期。

王冠中:《恽代英婚恋家庭观念研究》,《首都师范大学学报》(社会科学版)2009 年第 1 期。

赵赓:《周恩来与恽代英的友谊》,《党史博采》(纪实)2009 年第 2 期。

王翔:《毛泽东和恽代英早期伦理思想比较研究》,《经济研究导刊》2009 年第 1 期。

魏晓峰:《一生不解的情结——恽代英与图书馆事业》,《兰台世界》

2009 年第 7 期。

姜庆刚:《康白情致恽代英的一首诗》,《钟山风雨》2009 年第 3 期。

薛志清:《试析恽代英的农民问题思想》,《江苏技术师范学院学报》(职教通讯),2009 年。

屠静芬:《论恽代英青年教育思想及现实意义》,《学术论坛》2009 年第 6 期。

王鹏程:《恽代英早期人生观思想与实践探析》,《湖北行政学院学报》2009 年第 4 期。

熊焱生:《恽代英精神的科学内涵及现实意义》,《常州工学院学报》(社科版)2009 年第 4 期。

孟昭庚:《周恩来与恽代英的情谊》,《党史纵览》2009 年第 8 期。

卢国琪:《论恽代英关于青年教育的思想》,《江西师范大学学报》(哲学社会科学版)2009 年第 4 期。

王学亮:《恽代英与沈氏姐妹的传奇婚恋(下篇)》,《党史天地》2009 年第 10 期。

蔡志荣:《恽代英中学教育思想及其现实意义》,《湖北第二师范学院学报》2009 年第 10 期。

王学亮:《恽代英与沈氏姐妹花的传奇婚恋(上)》,《广东党史》2009 年第 6 期。

覃小放:《恽代英与基督教青年会》,《华中师范大学学报》(人文社会科学版)2009 年第 6 期。

赫坚:《略论大革命时期恽代英宣传与阐释新三民主义的特色》,《社会科学战线》2009 年第 12 期。

于静:《恽代英的青年学生教育思想及其对高校思想政治教育的启示》,《武汉航海》(武汉航海职业技术学院学报)2009 年第 1 期。

钟德涛:《恽代英在中国近现代教育史上的地位》,《华中师范大学汉口分校学报》2011 年第 3 期。

杜翠叶:《试论恽代英的文化改造观》,《理论界》2010 年第 4 期。

黄亦君：《恽代英的早期思想与历史叙述——围绕〈东方杂志〉所作的考察》，《湖南科技学院学报》2010 年第 5 期。

王鹏程：《恽代英早期对社会主义思潮的认识》，《社会主义研究》2010 年第 3 期。

薛志清：《恽代英青年教育思想的历史特点及现实价值》，《广西社会科学》2010 年第 6 期。

李天华：《恽代英在考察中国社会中的经济方法运用》，《学术论坛》2011 年第 3 期。

王鹏程：《论恽代英的哲学思想》，《毛泽东思想研究》2010 年第 4 期。

新华社：《广州起义的领导者恽代英》，《光明日报》2011 年 4 月 29 日。

李良明：《寻访恽代英的足迹（诗五首）》，《华中师大学报》2011 年 4 月 30 日。

李良明、申富强：《论恽代英对中国共产党军事工作的历史贡献》，《中共党史研究》2011 年第 4 期。

李良明：《100 位为新中国成立作出突出贡献的英雄模范人物·恽代英》，吉林出版集团、吉林文史出版社 2011 年版。

刘凤我：《永远的青年恽代英》，《楚天都市报》2011 年 5 月 16 日。

朱柳笛、闫宏：《"布道者"恽代英》，《新京报》2011 年 6 月 19 日。

恽子强：《二哥能感动不同政见的人》，《新京报》2011 年 6 月 19 日。

李良明：《恽代英的矢志追求》，载《信仰的力量》（精神卷），红旗出版社 2011 年版。

李良明：《恽代英与〈中国青年〉》，《党建》2011 年 7 月。

后　记

　　《恽代英思想研究》课题 2005 年 5 月批准立项以来至今已经 5 年多了。5 年多来,我和课题组全体成员一直兢兢业业,不敢有丝毫懈怠,常常夜不能寐。

　　我认为,本课题属于基础理论研究范围。要将这个课题研究深透,必须掌握恽代英的全部理论著述,以便准确把握他的思想脉搏。恽代英遗著现在公开出版的主要有《恽代英日记》和《恽代英文集》上下卷等,堪称恽代英遗著的代表作,毫无疑问是本课题研究的重要参考文献。但是,仅靠上述资料,显然又是很不够的,必须进一步查阅恽代英过去已经发表、但现在尚未公开出版的其他著述。这特别需要时间。课题立项后,我和课题组成员先后多次到中国国家图书馆、中共一大会址纪念馆、黄埔军校纪念馆等地进一步查阅和搜集恽代英遗著,基本上将恽代英 300 万字的遗著检索了一遍。在查阅恽代英遗著的同时,我们也出版了一批本课题的前期研究成果,在《中共党史研究》、《光明日报》、《党史研究与教学》、《毛泽东思想研究》、《华中师范大学学报》、《湖北行政学院学报》等报刊上先后发表了《恽代英研究如何深入》、《恽代英精神的当代价值》、《恽代英:永葆党员先进性的典范》、《恽代英对党在闽西苏区局部执政经验的总结》、《论恽代英的"物质"观》、《恽代英认识论思想初探》、《论恽代英的哲学思想》、《五四新村主义在现代中国的影响及破产原因探析》、《论陈时先生的教育思想与实践》、

《深切缅怀薄老对恽代英研究的支持》、《恽代英在考察中国社会中的经济方法运用》、《恽代英在中国近现代教育史上的地位》、《恽代英对党的军事工作的历史贡献》、《恽代英与〈中国青年〉》、《恽代英的矢志追求》15 篇学术论文。特别是 2006 年 4 月，我们以历史逻辑为主线，将恽代英的生平事迹及思想全面梳理了一遍，出版了《恽代英年谱》(30.4 万字)。该书出版后受到社会广泛好评。初印 2000 册，很快销售一空，出版社于当年年底又加印 2000 册，还是满足不了社会的需要。2008 年 5 月，出版社通知作者修订，于 8 月出版了第 2 版，再印 1500 册。在当前学术浮躁的情况下，《恽代英年谱》能有这样的销售业绩，实在是我们没有想到的。2009 年 2 月，《恽代英年谱》荣获武汉市第十一届社会科学优秀成果奖。上述研究成果，许多内容已融会在本书中。

我为能有一线串珠的丰硕成果而高兴！马克思主义认为，在分析任何一个问题时，马克思主义理论的绝对要求，就是要把问题提到一定的历史范围之内。在恽代英思想研究的过程中，我们尽量力求将恽代英放在特定的历史环境中，坚持论必有据，论从史出，将他的思想与中国近现代各种政治思想结合起来进行比较分析，客观述评，力求全面完整、准确地反映他的思想。

本课题主持人为李良明，课题组成员有王鹏程、李天华、钟德涛（排名按章次顺序）。全书编写大纲由主持人编写，李良明撰写前言、第一、三、四、六、七章、后记和附录。王鹏程撰写第二章，李天华撰写第五章，钟德涛撰写第八章。全书由李良明修改定稿。

本书吸收了五位匿名评审专家的宝贵意见，出版得到恽代英亲属和华中师范大学社科处及人民出版社领导的大力支持。我的博士研究生黄雅丽、申富强、刘源泉做了不少校对工作。人民出版社代总编辑辛广伟、政治编辑室主任张振明和责任编辑吴继平，为该书的出版也付出了辛勤的劳动，在此一并致以感谢！

李良明

2011 年 4 月 29 日

责任编辑:吴继平
封面设计:徐　晖
版式设计:陈　岩
责任校对:吕　飞

图书在版编目(CIP)数据

恽代英思想研究/李良明 等著. -北京:人民出版社,2011.12
ISBN 978 - 7 - 01 - 010456 - 0

Ⅰ.①恽…　Ⅱ.①李…　Ⅲ.①恽代英(1895~1931)-思想评论
　Ⅳ.①K827＝6

中国版本图书馆 CIP 数据核字(2011)第 246979 号

恽代英思想研究
YUNDAIYING SIXIANG YANJIU

李良明　等著

人民出版社 出版发行
(100706　北京市东城区隆福寺街 99 号)

环球东方(北京)印务有限公司印刷　新华书店经销

2011 年 12 月第 1 版　2011 年 12 月北京第 1 次印刷
开本:700 毫米×1000 毫米 1/16　印张:34.25
字数:495 千字　印数:0,001-3,000 册

ISBN 978 - 7 - 01 - 010456 - 0　定价:68.00 元

邮购地址 100706　北京市东城区隆福寺街 99 号
人民东方图书销售中心　电话 (010)65250042　65289539